Entscheidungen

des

Reichsgerichts.

Herausgegeben

von

den Mitgliedern des Gerichtshofes
und der Reichsanwaltschaft.

Entscheidungen in Zivilsachen.

110. Band.

Berlin und Leipzig 1925

Walter de Gruyter & Co.

vormals G. J. Göschen'sche Verlagshandlung - J. Guttentag, Verlagsbuchhandlung - Georg Reimer - Karl J. Trübner - Veit & Comp.

Entscheidungen

des

Reichsgerichts

in

Zivilsachen.

110. Band.

Berlin und Leipzig 1925

Walter de Gruyter & Co.

vormals G. J. Göschen'sche Verlagshandlung - J. Guttentag, Verlags-
buchhandlung - Georg Reimer - Karl J. Trübner - Veit & Comp.

Druck von Metzger & Wittig in Leipzig.

Inhalt.

I. Bürgerliches Recht.

a. Reichsrecht.

b. Landesrecht.

II. Öffentliches Recht.

III. Gerichtliches Verfahren.

Berichtigungen.

Hundertundzehnter Band.

S. 43 Z. 8 v. u. statt „II 595/14" lies „II 595/24."
„ 179 unten zu ergänzen:
I. Landgericht I Berlin.
II. Kammergericht daselbst.
„ 231 über Z. 13 v. u. zu ergänzen:
I. Landgericht Schwerin.
II. Oberlandesgericht Rostock.

1\. 1. **Zur Auslegung einer bergrechtlichen Belehnungsurkunde aus der Zeit vor dem preußischen Allgemeinen Berggesetz.**

2. Zum Begriff der Vierung (quadratura accessoria) und der Hilfsvierung (quadratura principalis) nach früherem preußischem Bergrecht.

3. Welche Ansprüche stehen demjenigen, in dessen Bergeigentume ein anderer unbefugt Mineralien gewonnen hat, gegen diesen anderen zu?

4. Zur Entschuldbarkeit des Rechtsirrtums. Berechtigt die Zweifelhaftigkeit der Rechtslage zur Vornahme einer schädigenden Handlung, auch wenn wegen dieser Handlung bereits Klage erhoben ist?

Preuß. Allg. Berggesetz §§ 215 flg.

V. Zivilsenat. Urt. v. 20. Dezember 1924 i. S. Gewerkschaft D. (Bekl.) w. Gewerkschaft V. G. u. S. (Kl.). V 846/23.

I. Landgericht Essen.
II. Oberlandesgericht Hamm.

Die Klägerin hat das Bergeigentum an einem Geviertfelde, das aus mehreren in den Jahren 1899 bis 1902 verliehenen und im Jahre 1904 zu einem einheitlichen Ganzen konsolidierten Einzelfeldern besteht. Mit diesem Geviertfeld markscheidend liegt das Längenfeld „Vereinigte Deimelsberg Flöz Buntebank", mit welchem die Beklagte unter dem 24. Februar 1840 beliehen worden ist.[1] Zu diesem Längenfelde gehören 9 Flöze, von denen Buntebank das südlichste (hangendste) ist; an dieses schließen sich die Flöze Zweifußbank, Dreifußbank usw. an; das nördlichste (liegendste) ist das Flöz Schnabel oder Sonnenschein. Vor der Beleihung hatte der Lehns-

[1] Übersichtskarte siehe S. 2.

träger der vereinigten Zechen beantragt, der Gewerkschaft die 9 Flöze durch eine besondere Belehnung zuzusichern. Ausweislich der Ver-

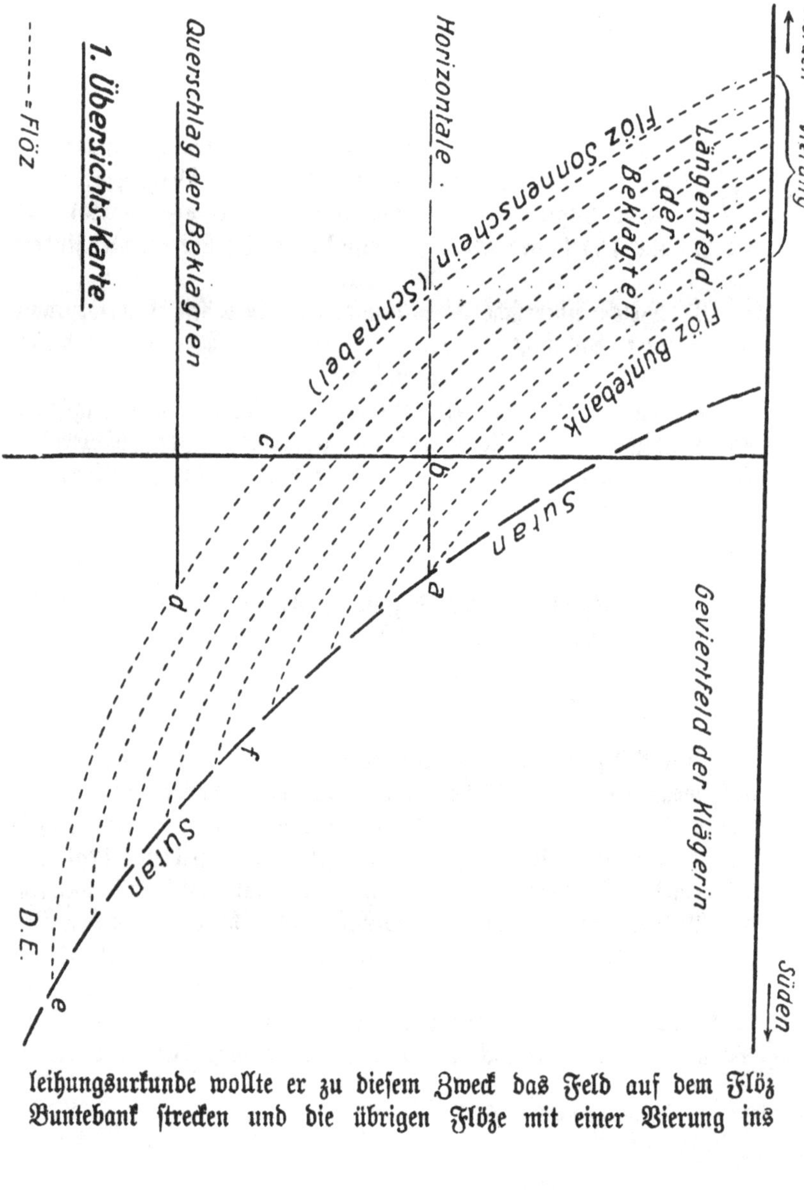

leihungsurkunde wollte er zu diesem Zweck das Feld auf dem Flöz Buntebank strecken und die übrigen Flöze mit einer Vierung ins

Liegende oder nach Norden von 95 Lachtern einschließen. Daraufhin erfolgte die oben erwähnte Belehnung „mit dem Steinkohlenflöze Buntebank... nebst einer Vierung ins Liegende oder nach Norden bis einschließlich des Flözes Schnabel".

Dieses Längenfeld erstreckt sich bis in das Geviertfeld der Klägerin hinein. Die einzelnen Flöze werden aber der Reihe nach, und zwar vom südlichsten Flöze Buntebank angefangen bis zum nördlichsten Flöze Schnabel, vom Sutan verworfen. Jenseits des Sutans ist bisher weder eine Fortsetzung des verdruckten Flözes Buntebank, noch ein anderes Flöz gefunden.

Die Beklagte hat seit dem Jahre 1902 einen Querschlag nach dem bei Punkt a verdruckten Flöz Buntebank getrieben und mit diesem im Jahre 1912 das vom Geviertfeld der Klägerin überdeckte Flöz Schnabel oder Sonnenschein erschlossen sowie zum Teil abgebaut, den Abbau auch seit der Klagezustellung (11. Januar 1920) fortgesetzt. Die Parteien streiten darüber, wem von ihnen das Abbaurecht an dem mit a b c d e f a bezeichneten Grubenfelde zusteht. Die Klägerin meint, daß das Bergeigentum der Beklagten an dem Längenfeld bei Punkt a ein für allemal sein Ende gefunden habe, weil das dort verdruckte Flöz Buntebank das Fundflöz (Leitflöz) darstelle, während die anderen Flöze nur als Vierungsflöze anzusehen seien. Die Beklagte macht dagegen geltend, daß nach der Verleihungsurkunde alle 9 Flöze als Verleihungsflöze (Fundflöze) gelten müßten; ferner leitet sie ihr Abbaurecht aus § 367 II 16 ALR. her; weiter beruft sie sich auf Ersitzung.

Mit der Klage hat die Klägerin beantragt:

a) Feststellung, daß die Beklagte zum Abbau auf dem Felde a b c d e f a nicht berechtigt sei,

b) deren Verurteilung zur Rechnungslegung hinsichtlich des abgebauten Teils, zur Herausgabe des seit Beginn des dortigen Abbaus erzielten Gewinns nebst 5 % Zinsen seit Klagezustellung sowie zum Ersatz des durch den Abbau entstandenen und noch entstehenden Schadens. Das Landgericht hat nach diesem Antrag erkannt mit der Einschränkung, daß nur 4 % Zinsen zugesprochen sind und die Schadensersatzpflicht erst seit der Klagezustellung für gegeben erklärt wurde. Beide Parteien haben Berufung eingelegt, mit welcher die Klägerin beantragte, ganz nach dem Klagantrage zu erkennen und der Beklagten ferner den Abbau in dem streitigen Teil des Grubenfeldes zu untersagen, wogegen die letztere um völlige Abweisung der Klage bat. Das Oberlandesgericht hat festgestellt, daß die Beklagte zum Abbau in dem Teil a b c d e f a des Grubenfeldes nicht berechtigt ist, daher ihr aufgegeben, den weiteren Abbau dort zu unterlassen, sie ferner verurteilt, bezüglich des bereits abgebauten Teils des Grubenfeldes der Klägerin Rechnung zu legen, und endlich ihre Verpflichtung zum Ersatz allen Schadens festgestellt, der durch den Abbau seit der Klagezustellung entstanden ist und noch entstehen wird; den Anspruch auf Schadensersatz für die Zeit vor der Klagerhebung hat es abgewiesen. Die Revision der Beklagten führte zur Aufhebung und Zurückverweisung; die Anschlußrevision der Klägerin blieb ohne Erfolg.

Gründe:

Der Revision der Beklagten war ein Erfolg nicht zu versagen.

I. Das Längenfeld der Beklagten ist ihr im Jahre 1840 verliehen, eine Umwandlung in ein geviertes Feld nach Maßgabe der §§ 215 flg. ABergG. ist unstreitig nicht erfolgt. Die Parteien haben auch übereinstimmend erklärt, daß bis zum Erlaß des Berufungsurteils eine Vereinigung des Längenfeldes mit dem es umschließenden Geviertfelde gemäß dem preußischen Gesetze vom 22. April 1922 (GesS. S. 93) oder seine Zulegung an ein anderes Feld nach Maßgabe des Gesetzes zur Regelung der Grenzen von Bergwerksfeldern vom 22. Juli 1922 (GesS. S. 203) nicht erfolgt war. Die Rechtsverhältnisse des Längenfeldes bestimmen sich somit nach der in der Verleihungsurkunde angezogenen Bergordnung für das Herzogtum Cleve, Fürstentum Meurs und für die Grafschaft Mark vom 29. April 1766, den diese ergänzenden Bestimmungen des preußischen Allgemeinen Landrechts, namentlich §§ 69 flg. II 16, sowie dem preußischen Gesetze betr. die Verleihung des Bergeigentums auf Flözen vom 1. Juli 1821. Der Klägerin ist dagegen in den Jahren 1899 bis 1904, also unter der Herrschaft des Allgemeinen Berggesetzes, ein Geviertfeld verliehen worden. Die Gerechtsame der Beklagten sind sonach älter als das Geviertfeld der Klägerin. Da das ABergG. sich im allgemeinen keine rückwirkende Kraft beigelegt hat, so sind die unter dem früheren Recht erworbenen Gerechtsame der Beklagten durch dieses unberührt geblieben und nach dem früheren Recht zu beurteilen (vgl. Klostermann-Thielmann Anm. 2, Brassert-Gottschalk Anm. 1 zu § 244 ABergG.).

Für die Frage, mit welchen Grenzen das Längenfeld der Beklagten verliehen ist, ist der Wille der verleihenden Behörde maßgebend (vgl. Brassert-Gottschalk Anm. 8 zu § 215flg.; Isay Anm. III 1 zu § 222 ABergG.; Oberlandesgericht Hamm in Zeitschr. für Bergrecht Bd. 38 S. 92; Reichsgericht das. Bd. 41 S. 113, Bd. 52 S. 264). Mit Recht hat daher das Berufungsgericht den Willen des Oberbergamts, das die Verleihungsurkunde vom 24. Februar 1840 erteilt hat, zu erforschen gesucht. Es hat dabei zu der Behauptung der Beklagten Stellung genommen, daß sämtliche Flöze von einschließlich Buntebank bis Sonnenschein ihr als ein geschlossenes Ganzes verliehen seien, so daß nicht bloß das Flöz Buntebank, sondern auch die anderen 8 Flöze als sogenannte Fund- oder Verleihungsflöze anzusehen seien. Für eine Auslegung in diesem Sinne hat es aber weder in dem Inhalt der aus der Urkunde ersichtlichen Verleihung, noch in dem ihr zugrunde liegenden Antrag irgendwie ausreichende Anhaltspunkte finden zu können geglaubt. Nach der Urkunde sei der durch die Vereinigung vom Jahre 1831 gebildeten Gewerkschaft verliehen ein näher bezeichnetes Steinkohlenflöz „nebst einer Vierung ins Liegende oder nach Norden bis einschließlich des Flözes Schnabel unter dem Namen „Vereinigte Deimelsberg, Flöz Buntebank". Das Oberlandesgericht legt dies dahin aus, daß das Flöz Buntebank als sogenanntes Fundflöz und daneben eine Vierung bis einschließlich des Flözes Schnabel verliehen werden sollte und verliehen sei; die Hervorhebung des Namens Buntebank lasse darauf schließen, daß dieses Flöz als das wichtigste und daher als das Fundflöz betrachtet worden sei; die Vierung sei auf Grund des preußischen Gesetzes vom 1. Juli 1821 in dem schon vorher für das preußische und gemeine Bergrecht anerkannten (weiter unten zu erörternden) Sinne verstanden worden; die Belehnung habe vorliegendenfalls nur die Besonderheit gehabt, daß die Größe der Vierung nicht gemäß §§ 5, 6 des erwähnten Gesetzes in einer bestimmten Zahl von Lachtern ausgedrückt sei, vielmehr ins Liegende bis einschließlich des Flözes Schnabel reichen sollte; derartige Vierungsverleihungen seien früher häufig vorgekommen. Die Richtigkeit dieser Auslegung findet es bestätigt durch den in ihr wiedergegebenen Antrag, nach welchem der Gesuchsteller das Feld auf dem Flöz Buntebank strecken und die übrigen Flöze mit einer Vierung von 95 Lachtern einschließen wollte; diese Worte könnten keine andere Bedeutung haben, als daß nach dem Willen des Antragstellers Buntebank das Fundflöz und die anderen Flöze sogenannte Vierungsflöze sein sollten.

Diese Auslegung der Verleihungsurkunde ist nicht frei von rechtlichen Bedenken. Richtig ist zwar, daß eine von den gesetzlichen Vorschriften über die Begrenzung von Längenfeldern abweichende Verleihung zu jener Zeit, unter der Herrschaft des Bergregals, zulässig war (vgl. Reichsgericht in der Zeitschr. für Bergrecht Bd. 52 S. 266; auch Obertribunal das. Bd. 14 S. 408; Achenbach, Bergrecht S. 219, 220.)

Aber anderseits war das Berufungsgericht verpflichtet, für die Auslegung der Verleihungsurkunde alle in Betracht kommenden Verhältnisse, Umstände und Erklärungen heranzuziehen (Zeitschr. für Bergrecht Bd. 52 S. 267). Als solche kommen, da eben der Wille der verleihenden Behörde hinsichtlich der Grenzen des Längenfeldes maßgebend ist, auch die Rechtsanschauungen, selbst etwa irrige, in denen die Bergbehörde zur Zeit der in Frage stehenden Verleihung befangen war, und der damalige Sprachgebrauch in Betracht. Diesem Grundsatz hat das Berufungsurteil nicht hinreichend Rechnung getragen; es hat vielmehr seine Entscheidung lediglich auf die Rechtsanschauungen über die Vierung, die in der späteren Rechtsprechung und Rechtslehre als richtig anerkannt sind (über diese unten II 2), gestützt. Allerdings können die tatsächlichen Anführungen, die in der Revisionsbegründung der Beklagten und in den von ihr in der mündlichen Verhandlung vor dem Revisionsgericht vorgelegten Abschriften aus den Verleihungsvorgängen usw. in Ergänzung ihres früheren Vorbringens neu enthalten sind, in der Revisionsinstanz nach § 549 ZPO. keine Berücksichtigung finden. Aber bereits in dem von der Klägerin zugleich mit der Klageschrift und als deren wesentlicher Bestandteil überreichten Gutachten von A. war ausgeführt, daß die Frage, ob Vierungsflöze stets an der Mulde des Verleihungsflözes endigen oder ob sie sich nicht darüber hinaus bis zur eigenen Mulde erstrecken, nicht immer unbestritten gewesen und in Preußen auch von der Ministerialinstanz nicht immer gleichmäßig entschieden worden sei. Nach einem Konferenzprotokoll vom 4./16. August

1834 hätten Mutungen auf das Tiefste von Vierungsflözen nur vorläufig und nur unter der Bedingung zugelassen werden sollen, daß die Felder innerhalb bestimmter Frist in Geviertfelder umgewandelt oder daß sie einzeln und besonders gemutet wurden. Dagegen hätten nach dem Konferenzprotokoll vom 24./26. August 1836 alle Vierungsflöze dem Grubenfeld in gleicher Weise angehören sollen, als wenn sie zu dieser Feldeslänge nach Längenmaß besonders verliehen worden wären. Erst in einem Erlaß vom 7. Januar 1851 sei das Ministerium zu dem im Protokoll von 1834 vertretenen Standpunkt zurückgekehrt; seit dieser Zeit, also seit 1851, hätte die Bergbehörde den Standpunkt vertreten, daß Vierungsflöze nicht bis zur eigenen Mulde reichten, sondern nur bis zu der durch das Tiefste der Hauptmulde des Verleihungsflözes gelegten Horizontale gebaut werden dürften. Auf diese Ausführungen ist das Oberlandesgericht nicht eingegangen. Wenn sie zutreffen, so ist es in der Tat nicht ausgeschlossen, daß das Oberbergamt und das Finanzministerium, welche im Jahre 1840, also gerade in der Zeit zwischen dem Konferenzprotokoll vom 24./26. August 1836 und dem Erlaß vom 7. Januar 1851, die hier in Frage stehende Belehnungsurkunde der Beklagten erteilt und bestätigt haben, bei der Verleihung des Längenfeldes nicht von der später als richtig erkannten Auffassung ausgegangen sind, wonach die Vierung, und zwar auch auf allen anderen in sie fallenden Flözen, ihre Grenzen in dem Tiefsten des Fundflözes findet, sondern daß sie die Verleihung in dem Umfange, daß die Vierungsflöze bis zu ihrer eigenen ewigen Teufe mitverliehen sein sollten, haben erteilen wollen, und daß dieser Wille auch als in der Belehnungsurkunde nach der damaligen Rechtsanschauung und dem damaligen Sprachgebrauch genügend zum Ausdruck gekommen anzusehen ist. Daß die Auffassung später als irrig aufgegeben worden ist, braucht für die Auslegung der Verleihungsurkunde nicht ohne weiteres maßgebend zu sein, da in erster Reihe (vgl. Reichsgericht in Zeitschr. für Bergrecht Bd. 41 S. 113) der Wille der verleihenden Behörde entscheiden muß, den sie in der Belehnungsurkunde, so wie sie sie verstand, zum Ausdruck gebracht hat. In dieser Hinsicht kann auch von Bedeutung sein, daß in dem im Jahre 1828 erschienenen „Grundriß der deutschen Bergrechtslehre“ von Karsten, der als preußischer Geheimer Oberbergrat und vortragender Rat im Ministerium des Innern eine angesehene und einflußreiche Stelle in der Wissenschaft des preußischen Bergrechts einnahm, jedenfalls auf S. 144, 145 die Ansicht vertreten ist, daß die Vierung als das wirkliche und eigentliche Grubenfeld anzusehen sei. Weiter kann Berücksichtigung verdienen der Umstand, daß nach dem Inhalt der Belehnungsurkunde die Zechen, welche sich unter dem Namen „Vereinigte Deimelsberger Erbstollen" konsolidiert hatten, bereits in früherer Zeit an den 9 in der Urkunde angegebenen Flözen Gerechtsame erworben hatten. Die dort mitgeteilten Angaben über diese Gerechtsame lassen jedenfalls die Möglichkeit offen, daß sie sich bis zu der ewigen Teufe jedes einzelnen der 9 Flöze erstreckt haben, so daß Zweifel darüber bestehen können (die in der bisherigen Begründung des Berufungsurteils nicht gelöst sind), ob die Antragsteller sich dieses Rechtes der ewigen Teufe sämtlicher 9 Flöze hätten begeben wollen.

Da die vorstehenden Gesichtspunkte, denen eine Erheblichkeit nicht von vornherein abgesprochen werden kann, vom Berufungsurteil bisher, wenigstens ausdrücklich, nicht erörtert sind, reicht dessen Begründung nicht aus, um seine Entscheidung als zweifelsfrei richtig erscheinen zu lassen; vielmehr bedarf es näherer tatsächlicher Aufklärung nach den angegebenen Richtungen. Hierzu mußte auf die Revision der Beklagten das angefochtene Urteil aufgehoben und die Sache zur anderweiten Verhandlung und Entscheidung an das Berufungsgericht zurückverwiesen werden.

II. Bei der erneuten Verhandlung und Entscheidung wird folgendes zu beachten sein:

1. Falls das Oberlandesgericht nunmehr die Belehnungsurkunde dahin auslegt, daß durch sie der Beklagten die 9 Flöze bis zur ewigen Teufe jedes einzelnen von ihnen verliehen sind, so ist die Klage unbegründet. Denn die streitige Fläche a b c d e f a umfaßt unstreitig lediglich diese 9 Flöze bis zu ihrer eigenen ewigen Teufe. Dann wäre also die Beklagte zum Abbau auf diesem Feldesteile kraft der ihr erteilten Belehnung berechtigt. Damit wäre zugleich dem mit der Anschlußrevision von der Klägerin verfolgten Anspruch auf Schadensersatz für die Zeit vor der Klagerhebung die Grundlage entzogen.

2. Anders dagegen, wenn das Oberlandesgericht wiederum zu der Entscheidung gelangt, daß der Beklagten lediglich das Flöz Buntebank als Fundflöz verliehen war, während die übrigen 8 Flöze innerhalb der Vierung (und zwar einer sogenannten großen Vierung nach dem Gesetz vom 1. Juli 1821) lagen.

Für diesen Fall gelten die nachstehenden Ausführungen:

Die Vierung (quadratura accessoria) ist der durch zwei in einem bestimmten Abstand von den seitlichen Begrenzungsflächen der Lagerstätte gelegte, diesen Flächen parallel laufende Ebenen eingeschlossene Raum, um welchen das Grubenfeld über den Körper der Lagerstätte hinaus in die Breite erweitert wurde (vgl. Veith, Bergwörterbuch unter Vierung; Klostermann, Lehrbuch des Bergrechts S. 119; Westhoff-Schlüter Anm. 1 zu § 27 ABergG.; Obertribunal in Zeitschr. f. Bergrecht Bd. 14 S. 401; Hatzfeld das. Bd. 40 S. 436). Das Recht, in diesem Raum Bergbau zu treiben (die Vierungsgerechtigkeit), ist eine mit dem verliehenen Gang oder Flöz von Rechts wegen verbundene und in der Bergbauberechtigung begriffene Gerechtsame (Achenbach, Bergrecht S. 241, 251). Die Vierung stellt, wie bereits vom Oberlandesgericht Hamm in der Zeitschr. für Bergrecht Bd. 38 S. 81, 89 ausgesprochen ist, eine gesetzliche Zugabe zu der verliehenen Lagerstätte dar; ebenso v. d. Bercken das. Bd. 2 S. 61. Auch in der Denkschrift, die v. Carnall der Kommission für Bearbeitung des preußischen Berggesetzes in der Sitzung vom 26. August 1848 vorgetragen hat, wird die Vierung als der Lagerstätte „zugegeben" bezeichnet; vgl. ferner Zerrenner, Bergrecht S. 235. Die von einzelnen, namentlich Karsten, Bergrecht S. 136, 144, 145, 347, auch Kliver in den Mitteilungen aus dem Markscheidewesen 1921 S. 42, aufgestellte Ansicht, daß die Vierung nicht ein bloßes derartiges Recht, sondern das eigentliche Grubenfeld bilde, kann, wie durch die Rechtsprechung seit dem Jahre 1851 klargestellt ist, nicht für zutreffend erachtet werden; sie ist insbesondere unvereinbar mit der Entscheidung des Obertribunals in der Zeitschr. für Bergrecht Bd. 14 S. 400, 401, daß sie sich nicht über das Fallen des Flözes erstrecken kann, mit dem sie verbunden ist; vgl. auch Hake, Bergrecht S. 148, Arndt im „Glückauf" 1913 S. 1560, 1561, wonach sie nur von dem verliehenen Hauptgange aus zu bemessen ist. Den auf die Karsten'sche Ansicht sich gründenden entgegenstehenden Ausführungen der Revision kann daher nicht zugestimmt werden. Aus § 187 II 16 ALR. ist zu ihren Gunsten nichts zu entnehmen.

Die Vierung als Zugabe der Lagerstätte findet, wie besonders in dem erwähnten Urteil des Obertribunals ausgeführt ist, rechtsgrundsätzlich ihre Grenze in dem Tiefsten des Fundflözes, und zwar auch auf allen anderen in die Vierung fallenden Flözen. Vgl. hierzu ferner Herttwig, Bergbuch § 9 zu Vierung („Und hat die Vierung eines jeden Ganges sich in die ewige Teufe nach dessen Donlege zu richten" . . .); v. d. Bercken in der Zeitschr. für Bergrecht Bd. 2 S. 62, Drucks. des Herrenhauses, Sitzungsperiode 1855/56 Nr. 152 S. 8; Arndt im „Glückauf" 1913 S. 1979. Dieser Grundsatz hat nach der insoweit mit dem Gutachten von A. übereinstimmenden Feststellung des Oberlandesgerichts auch in der Praxis der Bergbehörden schon seit langem ständige Anwendung gefunden. Den Rechtssatz von der die Gerechtsame bedingenden Kontinuität der Lagerstätte hat das Berufungsgericht auch aus der Cleve-Märkischen Bergordnung hergeleitet, die irrevisibeles Recht darstellt.

Das Verleihungsflöz Buntebank hat hier unstreitig bei Punkt a infolge der Sutanverdruckung sein Ende gefunden. Daraus ergibt sich (falls die Urkunde in dem zweiten oben wiedergegebenen Sinne verstanden wird) der Schluß, daß die Gerechtsame der Beklagten an der in diesem Punkt angelegten Horizontale (§ 6 des Gesetzes vom 1. Juli 1821) ebenfalls ihre ewige Teufe gefunden hat, die Beklagte somit nicht mehr befugt ist, auf dem streitigen Teil a b c d e f a Bergbau zu treiben.

Bei der hier zugrunde gelegten Bedeutung der Belehnungsurkunde müßte ferner der Versuch der Beklagten, ein Recht zum Bergbau auf dem streitigen Teil des Grubenfeldes über die Sutanverwerfung hinaus aus § 367 II 16 ALR. herzuleiten, scheitern. Um zu diesem Ergebnis zu gelangen, bedarf es keines Eingehens auf die ausführlichen Erörterungen der Parteien hinsichtlich der Streitfragen, die sich bei der Anwendung dieser Gesetzesvorschrift ergeben haben. Denn dem Berufungsgericht muß darin beigestimmt werden, daß die Voraussetzungen dieses § 367 im vorliegenden Fall überhaupt nicht gegeben sind. Er schreibt vor, daß, wenn ein Gang (und was für Gänge gilt, gilt auch für Flöze; vgl. Striethorst, Archiv Bd. 49 S. 88; Oberlandesgericht Hamm in Zeitschr. für

Bergrecht Bd. 38 S. 81, 82, 90; v. d. Bercken das. Bd. 1 S. 115; Karsten, Bergrecht S. 131; Klostermann-Thielmann Vorbem. zu § 26 ABergG.; Selbach, Handlexikon des Bergwesens S. 282) verdruckt und in der Vierung seiner Streichungslinie wiedergefunden ist, der wiedergefundene Gang für denselben gehalten wird, der vorher verdruckt war, und dem Älteren gehört. Er behandelt den Fall der sogenannten künstlichen oder Hilfsvierung (quadrata principalis), die dem Berechtigten unter Umständen die Befugnis gibt, im Fall der Unterbrechung des Zusammenhanges (der Kontinuität) der Lagerstätte durch Verdruckung usw. trotzdem jenseits, hinter dieser Verdruckung, den Bergbau weiter zu treiben (Arndt a. a. O. S. 1976 flg., S. 2016; Klostermann, Bergrecht S. 124; Hake, Bergrecht S. 145 flg., Karsten S. 136, 350; Hollaender in Zeitschr. für Bergrecht Bd. 53 S. 500 flg.; Hatzfeld das. Bd. 40 S. 418 flg., namentlich Figur VI; v. d. Bercken das. Bd. 2 S. 59, 65, 66; Selbach, Handlexikon S. 282). Sie setzt voraus, daß der Gang oder das Flöz verdruckt (verworfen, verschoben) ist und in der Vierung seiner Streichungslinie, d. h. in der über die Verdruckung hinaus, jenseits von ihr, konstruierten Verlängerung der Lagerstätte wiedergefunden wird. Notwendig für die Anwendung des § 367 ist also, daß der Zusammenhang (die Kontinuität) zwischen dem verdruckten und dem in der konstruierten Verlängerung der Lagerstätte (wie Arndt a. a. O. S. 1561 bemerkt: in einer gewissen Entfernung) jenseits der Verdruckung wiedergefundenen Gang oder Flöz unterbrochen war. Auch die der Revisionsbegründung beigefügten Zeichnungen gehen davon aus, daß der Zusammenhang unterbrochen ist und jenseits, hinter der Störung, wieder ein Gang oder Flöz gefunden worden ist. Die gleiche Auffassung hatte übrigens die Beklagte selbst in den Vorinstanzen vertreten. So hat sie in dem Schriftsatz vom 4. Juni 1921 darauf hingewiesen, daß nach § 367 II 16 ALR. der Beliehene, dessen Fundflöz durch eine Störung abgeschnitten ist, ein hinter der Störung in der Vierung der verlängerten Streichungslinie seines Fundflözes wiedergefundenes Flöz als sein Fundflöz annehmen kann; ebenso hatte sie im Schriftsatz vom 3. November 1922 den Fall dieses § 367 dann für gegeben erklärt, wenn ein Flöz verworfen ist und in seiner Vierung nach der Verwerfung ein Flöz gefunden wird. Vergeblich sucht sie jetzt aus dem Urteil RGZ. Bd. 70

S. 144 eine andere Auffassung zu rechtfertigen. In diesem ist zwar (jedenfalls, weil die damaligen Prozeßparteien darüber gar nicht stritten) nicht ausdrücklich hervorgehoben, daß das Flöz Johannes, welches unterhalb des Fundflözes Rosalie lag, jenseits der Störung wiedergefunden worden ist. Tatsächlich war dies aber der Fall, wie in der mündlichen Verhandlung vor dem Reichsgericht an der Hand der vorgelegten Karte über das damals streitige Bergeigentum sich ergeben hat: auch das Flöz Johannes war unterhalb des Verwerfungspunktes des Fundflözes Rosalie nach oben verdruckt, setzte sich aber darüber hinaus in der Vierung fort. Deshalb wurde in jenem Urteil der Abbau der damaligen Beklagten an ihm gemäß § 367 II 16 ALR. für gerechtfertigt erklärt. Gerade in dieser Hinsicht unterscheidet sich aber der jetzt vorliegende Fall von dem damaligen. Denn hier ist nach den übereinstimmenden Angaben beider Parteien jenseits des Sutans weder eine Fortsetzung des Flözes Buntebank, noch ein anderes Flöz gefunden. Das Flöz Buntebank hat vielmehr am Punkte a sein Ende gefunden; die übrigen 8 Flöze erstrecken sich zwar über diesen Punkt hinaus in das Geviertfeld der Klägerin, sie sind aber dort bis zu ihrem Endpunkt am Sutan nicht verdruckt (in ihrem Zusammenhang unterbrochen) und können infolgedessen nicht als wiedergefundene Flöze gelten. Weder die Fiktion, noch die Rechtsvermutung einer Fortsetzung dieser Flöze über den Verwerfungspunkt hinaus (RGZ. Bd. 70 S. 144) kommt hier in Frage, weil bei keinem Flöze bis zu seiner Verdruckung durch den Sutan eine Unterbrechung stattgefunden hat und jenseits der Sutanverdruckung kein Flöz gefunden ist. Ein Recht der Beklagten, über Punkt a hinaus auf dem streitigen Feldesteil Bergbau zu treiben, kann daher auch aus § 367 II 16 ALR. nicht entnommen werden. Das Oberlandesgericht trifft dabei nicht, wie die Revision meint, der Vorwurf eines Haftens am Wortlaut des Gesetzes; es handelt sich vielmehr nur um die Klarstellung eines unzweideutig zum Ausdruck gebrachten Willens, gegen welche auch aus seiner Entstehungsgeschichte (Brassert, Materialien S. 235 flg.) nichts herzuleiten ist.

Endlich müßte der Versuch der Beklagten versagen, ein Recht zum Bergbau an jener Stelle auf Ersitzung zu gründen. Insoweit kann dahinstehen, ob, solange die Regalität des Bergbaus bestand, eine solche Ersitzung nach dem Satz, daß das, was nicht besessen werden kann, auch nicht ersessen werden kann (Foerster-Eccius, Pr. Privatrecht Bd. 3 S. 235, 237; Rehbein, Entscheidungen des Obertribunals Bd. 1 S. 1031), gemäß §§ 2, 6 II 16 und § 664 I 9 ALR. ausgeschlossen war, oder ob mit Dernburg, Pr. Privatrecht Bd. 1 § 264 Anm. 7; Achenbach, Bergrecht S. 436; Graeff, Preuß. Bergrecht 2. Aufl. S. 38 (vgl. auch Hake S. 224) die vierundvierzigjährige Ersitzung zuzulassen war (Ersitzung des Bergregals nach § 106 II 16 ALR. steht hier nicht in Frage); denn die Beklagte hat einen Abbau von Kohle auf dem streitigen Feldesteil in der Zeit bis 1865 nicht behauptet. Ob, nachdem das Bergregal durch das ABergG. (vgl. § 244 das.) aufgehoben war, die Ersitzung eines Bergbaurechts möglich war, ist bestritten; Achenbach S. 437 und Oppenhoff, ABergG. S. 11 verneinen dies, während Dernburg a. a. O. und neuerdings Hollaender in Zeitschr. für Bergrecht Bd. 53 S. 517 es bejahen. Einer Entscheidung dieser Streitfrage bedarf es jedoch gleichfalls nicht. Denn auch abgesehen von der Frage des guten Glaubens der Beklagten und davon, ob sie auch an dem nicht abgebauten Teil des streitigen Grubenfeldes Besitz erlangt hatte, würde es in jedem Fall an einem Titel zum Besitz gefehlt haben; die ihr erteilte Verleihung erstreckte sich bei der hier zugrunde gelegten Auslegung nicht über Punkt a hinaus und auch aus dem von Hollaender a. a. O. verwerteten Gesichtspunkt der Hilfsvierung heraus kann ihr ein Titel zum Besitz nicht zugesprochen werden, weil die Voraussetzungen einer solchen Hilfsvierung, wie gleichfalls bereits erörtert ist, hier nicht gegeben sind. Ein Putativtitel (Dernburg a. a. O. § 174) genügte nach dem preußischen Recht zur gewöhnlichen Verjährung nicht, wie vom Obertribunal in Striethorst Archiv Bd. 52 S. 216 entschieden ist; vgl. auch Foerster-Eccius Bd. 3 S. 242; Rehbein, Entsch. des Obertrib. Bd. 1 S. 1055. Die Verjährung könnte also erst in 30 Jahren sich vollendet haben (§ 625 I 9 ALR.). Der einzige Abbau im streitigen Felde, den die Beklagte im Schriftsatz vom 5. Juli 1920 näher behauptet, hat aber nach ihrer eigenen Darstellung erst im Jahre 1872 begonnen. Bis zum 1. Januar 1900 können also höchstens 28 Jahre verstrichen sein, so daß die Ersitzung nicht vollendet sein konnte. Gemäß Art. 185, 169 EG. z. BGB. gelten vom 1. Januar 1900 ab die Vorschriften des neuen Rechts. Durch die neue Fassung, die § 50 ABergG. in Art. 37 Pr. AG. z. BGB. erhalten hat, ist nun aber zum Ausdruck gebracht, daß seit dem 1. Januar 1900 ein Erwerb des Bergeigentums auf Grund dreißigjährigen Eigenbesitzes nicht mehr zulässig ist, als solche Ersitzungserwerbsart nur noch die Buchersitzung nach § 900 BGB. vorgesehen ist, deren Voraussetzungen hier unbedenklich nicht gegeben sind, im übrigen das Bergwerkseigentum seitdem nur noch durch Verleihung begründet, sowie durch Konsolidation, Teilung von Grubenfeldern oder Austausch von Feldesteilen erworben werden konnte (vgl. die Begründung zu Art. 37 Pr. AG. z. BGB.; Klostermann-Thielmann Anm. 2; Isay Anm. 4; Brassert-Gottschalk Anm. 2 zu § 50 ABergG.).

Nach alledem wäre in dem hier (unter II 2) behandelten Fall die zu I des Berufungsurteils getroffene Feststellung, daß die Beklagte nicht berechtigt ist, in dem mit a b c d e f a bezeichneten Teil des Grubenfeldes Bergbau zu treiben, im Gesetz begründet.

Da die Beklagte unstreitig in diesem Teil seit dem Jahre 1912 das Flöz Schnabel oder Sonnenschein erschlossen und zum Teil abgebaut, den Abbau auch nach der Klagezustellung fortgesetzt hat, würde sich ferner das zu II des Berufungsurteils an sie ausgesprochene Gebot rechtfertigen, den weiteren Abbau zu unterlassen. Denn die Klägerin hätte dann nach § 54 ABergG. die ausschließliche Befugnis, dort die ihr verliehene Kohle aufzusuchen und zu gewinnen. Dieses ausschließliche Recht gäbe ihr die gleichen Ansprüche, welche dem Eigentümer eines Grundstücks zustehen (§ 50 Satz 3 das.), also auch die Befugnis, bei der hier vorliegenden Besorgnis weiterer Beeinträchtigungen gemäß § 1004 BGB. auf Unterlassung zu klagen (Klostermann-Thielmann Anm. 3; Westhoff-Schlüter Anm. 1 zu § 54 ABergG.; Voelkel, Grundzüge des Bergrechts 2. Aufl. S. 105). Es bedarf daher keines Eingehens auf die Frage, ob das Berufungsgericht das Unterlassungsgebot mit Recht auf den § 985 BGB. gestützt hat.

Nach den gleichen Rechtsgrundsätzen wäre die Beklagte gemäß § 812 BGB. verpflichtet, die von ihr in der Zeit seit der Verleihung des Bergeigentums an die Klägerin aus dem streitigen Grubenfelde gewonnene Kohle, selbst soweit ihr kein Verschulden bei der Erlangung zur Last fällt und auch soweit die Kohle vor der Klagezustellung gewonnen ist, nach den Grundsätzen über ungerechtfertigte Bereicherung herauszugeben und, soweit sie zur Herausgabe außerstande und noch bereichert ist, ihren Wert zu ersetzen (§ 818 BGB.); vgl. Klostermann-Thielmann, Westhoff-Schlüter und Voelkel a. a. O. Es kann daher auch hier von einer Nachprüfung der Ausführungen des Oberlandesgerichts, soweit dieses die Herausgabepflicht auf §§ 987 flg. BGB. gegründet hat, und der hiergegen gerichteten Angriffe der Revision abgesehen werden.

Die Klägerin hatte hinsichtlich der Herausgabe dieses Gewinns einen zahlenmäßig bestimmten Antrag nicht gestellt. Das Oberlandesgericht hat, namentlich da gleichzeitig die Klage auf Rechnungslegung hinsichtlich des streitigen Teiles des Grubenfeldes erhoben war, angenommen, daß es sich um zwei verbundene Klagen im Sinne des § 254 ZPO. handelt. Eine Auslegung der Klage, als einer prozessualen Handlung, hinsichtlich ihrer Bedeutung ist zulässig, und es ist Aufgabe des Gerichts, zu prüfen, welchen Sinn der Kläger mit seinem Klagantrag verbunden hat (RGZ. Bd. 86 S. 380). Entscheidendes Gewicht ist dabei nicht auf den Wortlaut der Anträge, sondern auf ihren wesentlichen Inhalt und ihre Begründung zu legen, wobei allerdings zu beachten ist, daß der Klagantrag den Beklagten darüber vergewissern muß, wogegen er sich zu verteidigen hat (RGZ. Bd. 85 S. 424, 427). Nach dieser Richtung ist die vorliegendenfalls getroffene Auslegung der Anträge nicht zu beanstanden. Von diesem Standpunkt aus hat das Berufungsgericht angenommen, daß über den Antrag auf Herausgabe des Gewinns (Nr. 3b der Klageschrift) erst, nachdem die zu 3a das. begehrte Rechnung gelegt ist, zu befinden sei; es hat demgemäß (wenn auch nicht ausdrücklich im entscheidenden Teil seines Urteils, so doch in den zu dessen Verständnis heranzuziehenden Entscheidungsgründen) die vom Landgericht ausgesprochene Verurteilung zur Herausgabe aufgehoben und die Sache zur anderweiten Verhandlung und Entscheidung über den Klagantrag zu 3b an das Landgericht zurückverwiesen. Hierdurch wäre die Beklagte an sich nicht beschwert; und auch die Klägerin hat im jetzigen Rechtszug dagegen nichts vorgebracht.

Eine Verpflichtung zur Rechnungslegung hinsichtlich des während des Bergeigentums der Klägerin bereits abgebauten Teils des streitigen Grubenfeldes besteht nun allerdings für die Beklagte keinesfalls. Die Rechenschaftspflicht, die in § 259 BGB. vorausgesetzt ist, besteht nur da, wo sie vom Gesetz für das entsprechende Rechtsverhältnis besonders vorgesehen ist (RGR. Komm. Anm. 1 zu § 259 BGB.). Die Rechtsprechung hat zwar aus den einzelnen einschlägigen Gesetzesbestimmungen den allgemeinen Grundsatz entwickelt, daß rechenschaftspflichtig ist, wer fremde Angelegenheiten oder solche besorgt, die zugleich eigene und fremde sind (RGZ. Bd. 73 S. 288). Eine Anwendung dieses Grundsatzes auf den vorliegenden Fall muß aber als ausgeschlossen gelten, da jeder Anhalt dafür fehlt, daß die Beklagte, die das Bergeigentum an dem streitigen Feldesteile für sich in Anspruch nimmt, bei einer Ausbeutung andere als ausschließlich ihre eigenen Geschäfte besorgt hat. Demgemäß hat das Reichsgericht, wie für das frühere (Zeitschr. für Bergr. Bd. 24 S. 504, Bd. 26 S. 103), so für das jetzige Recht (das. Bd. 58 S. 251, 254, 255) die Verpflichtung desjenigen, der zu Unrecht geförderte Kohlen herauszugeben hat, zur Rechnungslegung nach § 259 BGB. verneint (ebenso Klostermann-Thielmann Anm. 3; Westhoff-Schlüter Anm. 1 zu § 54 ABergG.), ihn vielmehr nur für verpflichtet erklärt, insoweit nach § 260 BGB. ein Verzeichnis vorzulegen. Übereinstimmend damit ist in RGZ. Bd. 90 S. 137, 139, dem, der wegen Vertriebs eines fremden Musters die erlangten Vorteile, den erzielten Gewinn, in Höhe der Bereicherung herauszugeben hat, die weitere Pflicht auferlegt, über diesen Inbegriff von Gegenständen, nämlich der durch den Vertrieb erlangten Vermögensvorteile, ein Verzeichnis vorzulegen. Das Oberlandesgericht hat denn auch die Verpflichtung zur „Rechnungslegung" auf den § 260 BGB. gestützt, also sich offensichtlich nur im Ausdruck vergriffen; gemeint war erkennbar eine Verurteilung der Beklagten, ein Verzeichnis des Bestandes der durch den ungerechtfertigten Bergbau im Feldesteil a b c d e f a erlangten Vermögensvorteile vorzulegen. Falls daher das Oberlandesgericht wiederum zur Verurteilung gelangt, wird es diese auf die Vorlegung eines Verzeichnisses des vorbezeichneten Inhalts zu richten haben.

Das Berufungsgericht hat weiter den auf Schadensersatz gerichteten Antrag unter 3c der Klageschrift, weil er die Verfolgung eines erst in der Zukunft liegenden Schadens im Auge habe, als einen Feststellungsantrag angesehen. Diese Auslegung ist aus den oben entwickelten Gründen zulässig; für sie spricht gleichfalls, daß die Klägerin die Höhe des Ersatzanspruchs zahlenmäßig nicht bestimmt hat; durch sie wird die Beklagte ebenfalls nicht beschwert, und auch die Klägerin hat gegen sie nichts vorgebracht. Hinsichtlich der Grundlage dieses Anspruchs ist das Berufungsgericht davon ausgegangen, daß durch den unberechtigten Abbau, den die Beklagte im Geviertfelde der Klägerin seit der Erlangung des Bergeigentums durch diese betrieben und noch während des Rechtsstreits fortgesetzt hat, die Klägerin nicht bloß insoweit geschädigt ist, als Mineralien abgebaut sind, ihr darüber hinaus vielmehr noch ein Schaden (durch Minderung des Wertes der noch anstehenden Kohlenmengen in ihrem Grubenfelde infolge der Fortnahme von Kohlen durch die Beklagte, die dadurch verursachte geringere Lebensdauer der von ihr dort noch zu errichtenden Anlagen usw.) erwächst, dessen Höhe einstweilen noch nicht zu übersehen ist. Es hat die Schadensersatzpflicht der Beklagten für die Zeit vor der Klagezustellung verneint, weil ihr ein fahrlässiges Verhalten insoweit nicht nachzuweisen sei, ihre Ersatzpflicht aber für die Zeit nach der Klagezustellung auf Grund des § 989 BGB. ausgesprochen. Auch hier bedarf es keiner Erörterung, ob aus dieser Gesetzesbestimmung die Schadensersatzpflicht zutreffend hergeleitet ist. Sie ergibt sich schon gemäß § 823 BGB. aus einer vorsätzlichen oder fahrlässigen Gewinnung fremder Mineralien (Klostermann-Thielmann Anm. 3; Westhoff-Schlüter Anm. 1, zu § 54 ABergG.; Voelkel S. 105); denn das Bergwerkseigentum gehört zu den „sonstigen Rechten“ im Sinne des § 823 Abs. 1 BGB.; vgl. RGR. Komm. Anm. 9 zu § 823. Daß der Beklagten bei der hier unterstellten Auslegung der Belehnungsurkunde Fahrlässigkeit jedenfalls seit der Klagezustellung zur Last fällt, ergibt sich aus folgenden Erwägungen:

Anerkannten Rechtes ist, daß ein Rechtsirrtum ein Verschulden im Sinne des § 276 BGB. ausschließen kann. Das gilt aber nur, falls er entschuldbar ist, d. h. wenn der Handelnde bei Beobachtung der im Verkehr erforderlichen Sorgfalt zu der rechtsirrigen Auffassung gelangen konnte, seine schädigende Handlung sei erlaubt (vgl. RGZ. Bd. 73 S. 337, Bd. 86 S. 286, 289; Warn. 1911 Nr. 268, 1922 Nr. 11). Gerade hinsichtlich der Entschuldbarkeit eines Rechtsirrtums sind aber im Einzelfall strengere Anforderungen zu stellen.

Die bloße Zweifelhaftigkeit der Rechtslage berechtigt den Verletzer nicht zur Vornahme der schädigenden Handlung, da er auch mit der Möglichkeit rechnen muß, daß seine Auffassung unrichtig ist. Diese Möglichkeit drängt sich in besonders hohem Maße auf, wenn wegen der schädigenden Handlung Klage gegen ihn erhoben wird; setzt er die Handlung trotzdem, auf die Gefahr seines Unterliegens im Rechtsstreit fort, so muß er im Fall seines Unterliegens die Folgen dieses Tuns tragen und kann sich mit Rechtsirrtum für die Zeit seit der Klagezustellung nicht mehr entschuldigen (vgl. RGZ. Bd. 92 S. 379, 380).

Nach alledem ist, falls die Belehnungsurkunde im zweiten oben erörterten Sinne auszulegen ist, die Entscheidung des Berufungsgerichts rechtlich (abgesehen von § 259 BGB.) nicht zu beanstanden.

III. Die Anschlußrevision der Klägerin kann keinesfalls als gerechtfertigt erachtet werden. Sie wendet sich dagegen, daß die Schadensersatzpflicht der Beklagten für die Zeit vor der Klagezustellung verneint ist. Soweit der zu ersetzende Schaden erst nach diesem Zeitpunkt entsteht, wird er daher von der Anschlußrevision nicht betroffen. Aber auch hinsichtlich des früheren Schadens tritt ein Rechtsirrtum in der Begründung des Oberlandesgerichts nicht zutage. Es verneint eine Fahrlässigkeit der Beklagten (Vorsatz stehe auch nach der Darstellung der Klägerin nicht in Frage) deshalb, weil erstere nach dem Urteil RGZ. Bd. 70 S. 144 sich für berechtigt halten konnte, das Flöz Sonnenschein in Abbau zu nehmen, und weil sie schon vor der Klagerhebung ein Gutachten eines Sachverständigen eingeholt habe, das dieses ihr Recht bejaht habe. Nun ist der Anschlußrevision allerdings zuzugeben, daß die Beklagte den Inhalt der ihr erteilten Verleihungsurkunde kennen mußte. Anderseits waren aber doch über die Grenzen der Belehnung (vgl. oben unter I) sowie über die Tragweite der darin verliehenen Vierung Zweifel möglich; insbesondere ist, wie oben ausgeführt, die Annahme, daß die Vierung eine bloße Zugabe zu der verliehenen Lagerstätte sei, nicht unbestritten und namentlich von Karsten die Ansicht vertreten, daß sie das eigentliche Längenfeld bilde. Wenn diese Ansicht auch nach der Klarstellung der Rechtslage durch die Rechtsprechung nicht als zutreffend erachtet werden kann, so war sie doch von einem angesehenen Lehrer des Bergrechts vertreten, und in der Verleihungsurkunde ist, jedenfalls mit zweifelsfreien Worten, nicht gesagt, in welchem Sinne die verliehene Vierung zu verstehen sei. Vom Standpunkt Karsten's aus konnte (auch abgesehen von den zu I besprochenen Zweifeln), namentlich unter Heranziehung des Urteils RGZ. Bd. 70 S. 144 (das bereits im Jahre 1909 veröffentlicht ist, also bevor die Beklagte das Flöz Schnabel erschloß, und das nicht besonders hervorgehoben hat, daß das Flöz Johannes jenseits der Verdruckung wiedergefunden war) der Schluß gezogen werden, daß die Gerechtsame der Beklagten sich über Punkt a hinaus auf das streitige Grubenfeld, insbesondere auf das genannte Flöz, erstreckte. Die Beklagte hat außerdem noch das Gutachten eines Sachverständigen eingeholt, in welchem sie ihre Auffassung bestätigt fand. Davon, daß die Einziehung eines derartigen Gutachtens den Rechtsirrtum entschuldigen, also den Vorwurf der Fahrlässigkeit ausschließen kann, ist das Reichsgericht bereits in RGZ. Bd. 73 S. 337, Warn. 1911 Nr. 268 und 1922 Nr. 41 ausgegangen. Festgestellt ist zwar nur, daß das Gutachten vor der Klagezustellung eingeholt ist, nicht auch, ob dies schon bei Beginn des Abbaus des Flözes Schnabel geschehen war. Aber die Klägerin hat nicht einmal behauptet, daß sie bereits, bevor das Gutachten erfordert wurde, das von der Beklagten beanspruchte Recht in Zweifel gezogen hätte, daß die Beklagte also damals schon die Rechtslage für zweifelhaft zu halten Anlaß hatte. Bei dieser Sachlage kann der Annahme des Oberlandesgerichts, daß die Beklagte bis zur Klagerhebung ohne Verletzung der im Verkehr erforderlichen Sorgfalt sich zum Abbau im streitigen Grubenfelde für berechtigt halten konnte, rechtlich nicht entgegengetreten werden.

Hiernach und nach den Ausführungen oben II 1 ist die Anschlußrevision in jedem Fall unbegründet.

---

2. 1. Wie war die Vierung eines Flözes bei der Verleihung eines Längenfeldes nach dem preußischen Gesetze vom 1. Juli 1821, die Verleihung des Bergeigentums auf Flözen betreffend, zu bemessen?

2. Nach welchem Rechte bestimmt sich die Anfechtung wegen

Irrtums hinsichtlich eines im Jahre 1880 geschlossenen Bergwerksausbeutungsvertrags?

Preuß. Allg. LR. Teil II Tit. 16 §§ 69 flg.
Art. 170 EG. z. BGB.

V. Zivilsenat. Urt. v. 20. Dezember 1924 i. S. Gewerkschaft J. (Bekl.) w. Gewerkschaft E. T. (Kl.). V 233/23.

I. Landgericht Bochum.
II. Oberlandesgericht Hamm.

Der Beklagten ist das Längenfeld Johannesberg im Jahre 1841 mit der Vierung nach Süden bis an die nördliche Grenze der Zechen Mecklingsbänker Erbstollen Nr. I usw. unbeschadet älterer Rechte verliehen worden. Das Längenfeld Mecklingsbänker Erbstollen Nr. I war bereits im Jahre 1833 der Rechtsvorgängerin der Klägerin verliehen worden und zwar mit einem bestimmten Flöze und einer Vierung von 500 Lachtern ins Hangende oder nach Norden.[1] Durch einen Vertrag vom 2. März 1880 überließ die Beklagte der Klägerin die Ausbeutung des im westlichen Felde der Zeche Johannesberg anstehenden Kohlenquantums bis zur Grenze der Gerechtsame nach der Teufe gegen Entgelt. Die dem Vertrage beigefügte Karte gab die Grenze der Zeche Johannesberg an der Erdoberfläche wieder. Unterhalb dieser Fläche befinden sich außer Flözen, die unstreitig zum Felde der Beklagten gehören und von der Klägerin in früheren Jahren auf Grund des erwähnten Vertrags abgebaut worden sind, auch Feldesteile, deren Abbau die Klägerin im Jahre 1891 in den Flözen Sonnenschein, Dickebank usw. begonnen hat. Zunächst waren beide Teile der Ansicht, daß diese Flöze ebenfalls zum Bergwerkseigentum der Beklagten gehörten; die Klägerin hat demgemäß an die Beklagte Zahlungen auf Grund des Vertrags geleistet. Später wurde unter den Parteien streitig, ob diese Flöze teilweise zur Gerechtsame der Klägerin an ihrem Längenfelde Mecklingsbänker Erbstollen Nr. I gehörten. Ein Teil dieser Flöze wird nämlich durch die Sutanverschiebung, die innerhalb der zu diesem Erbstollen verliehenen 500 Lachter zutage tritt, ins Liegende verworfen. Die

[1] Vgl. Übersichtskarte S. 21.

Klägerin hält die Sutanverschiebung für bedeutungslos und verlangt u. a. die Feststellung, daß

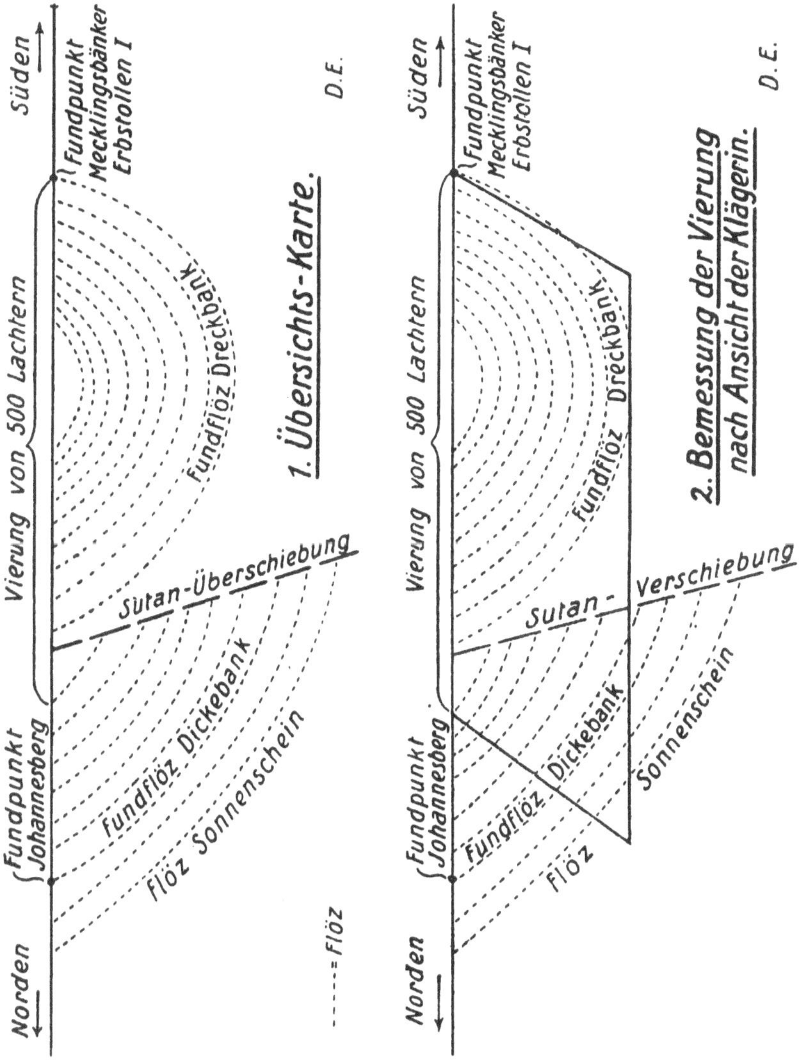

a) die Gerechtsame der Gewerkschaft des Längenfeldes Mecklingsbänker Erbstollen Nr. I im Hangenden (nach Norden) begrenzt wird durch eine Ebene, deren Lage bestimmt wird durch Vermessung 500 Lachter langer Horizontallinien von allen Punkten des Daches des Fundflözes aus (vgl. Übersichtskarte S. 21),

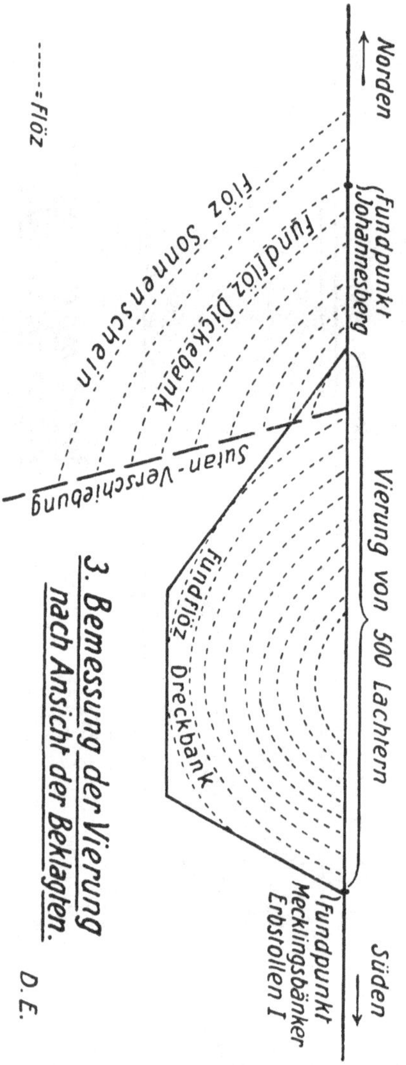

b) der Vertrag vom 2. März 1880 insoweit nichtig ist, als er sich auf Flöze bezieht, die sich nicht im Eigentum der Gewerkschaft Johannesberg befinden.

Die Beklagte verlangte dagegen widerklagend die Feststellung, daß die Gerechtsame der Gewerkschaft des Längenfeldes Mecklingsbänker Erbstollen Nr. I diejenigen Flöze umfaßt, die in die vom Fundpunkt horizontal gemessene Vierungslinie fallen (zutage treten); im zweiten Rechtszuge richtete sie den Widerklagantrag auf die Feststellung, daß die Gerechtsame der Gewerkschaft des genannten Erbstollens im einzelnen neun näher bezeichnete Flöze umfasse, daß ewige Teufe für jedes Flöz das Tiefste der Mecklingsbänker Mulde ist und daß andere Flözteile, insbesondere die Teile der Flöze Dickebank, Sonnenschein usw. unterhalb der Sutanverwerfung (Überschiebung) nicht in diese Gerechtsame fallen.[1]

[1] Bemessung der Vierung nach Ansicht der Beklagten.

Das Oberlandesgericht entsprach den Anträgen der Klägerin zu a) und b), erklärte die Widerklage hinsichtlich der einzelnen, von der Beklagten genannten 9 Flöze für dadurch erledigt und wies sie im übrigen ab. Die Revision der Beklagten blieb ohne Erfolg.

Gründe:

Beiden Parteien sind in den Jahren 1833 und 1841 Längenfelder verliehen. Eine Umwandlung in Geviertfelder nach Maßgabe der §§ 215 flg. ABergG. ist unstreitig nicht erfolgt; auch ist nichts dafür vorgebracht, daß bis zum Erlaß des Berufungsurteils die Vereinigung eines Längenfeldes mit dem es einschließenden Geviertfelde (Pr. Gesetz vom 22. April 1922, GesS. S. 93) oder die Zulegung eines der Längenfelder zu einem anderen Felde nach Maßgabe des Pr. Gesetzes vom 22. Juli 1922 (GesS. S. 203) erfolgt wäre. Die bergrechtlichen Verhältnisse der Parteien sind also zu beurteilen nach der Revidierten Bergordnung für das Herzogtum Cleve, Fürstentum Meurs und für die Grafschaft Mark vom 29. April 1766, den sie ergänzenden Vorschriften des Preußischen Allgemeinen Landrechts (§§ 69 flg. II 16), sowie dem Preußischen Gesetze, die Verleihung des Bergeigentums auf Flözen betreffend, vom 1. Juli 1821. Nach § 352 II 16 ALR. (vgl. auch § 368 das.) geschahen alle Bergwerksverleihungen unbeschadet älteren Rechten, und die jüngeren mußten den älteren weichen. Dementsprechend ist vorliegendenfalls in der der Beklagten erteilten Verleihungsurkunde vom 10. Juni 1841 noch ausdrücklich hervorgehoben, daß die Verleihung „unbeschadet älterer Rechte" erfolge. „Ältere" war hier die Klägerin, insoweit die Verleihung des Mecklingsbänker Erbstollens Nr. I bereits im Jahre 1833 geschehen war.

Verliehen war damals ein näher beschriebenes Flöz „mit der Vierung von 500 Lachter ins Hangende oder nach Norden". Die Vierung (quadratura accessoria) ist, wie in Rechtslehre und Rechtsprechung feststeht, ein durch zwei in einem bestimmten Abstand von den seitlichen Begrenzungsflächen einer Lagerstätte gelegte, diesen Flächen parallel laufende Ebenen eingeschlossener Raum, um welchen das Grubenfeld über den Körper der Lagerstätte hinaus in die Breite erweitert wird (Veith, Bergwörterbuch unter „Vierung"; Klostermann, Bergrecht S. 119, 121; Westhoff-Schlüter, Anm. 1 zu § 27 ABergG.; Obertribunal in Zeitschr. für Bergrecht Bd. 14 S. 401;

Hatzfeld, das. Bd. 40 S. 421, 422). Über die Vermessung der Vierung bestimmte die Cleve-Märkische Bergordnung vom 29. April 1766 in caput XXVII § 1:

Die Vierung eines Ganges, Bank oder Flöz ist von dem Sahlbande an zu rechnen, drei und ein halbes Lachter ins Hangende, und drei und ein halbes Lachter ins Liegende, oder aber sieben Lachter entweder ins Hangende oder Liegende allein, und zwar winkelrecht, nach dem Streichen und Fallen des im Feld befindlichen älteren Ganges, Bank oder Flöz;

ferner § 186 II 16 ALR.:

Bei Messung der Vierung eines Ganges wird an dessen beiden Saalbändern, und bei einem Flöze an dessen Dach und Sohle angehalten.

Das Berufungsgericht entnimmt daraus den Grundsatz, daß die Vierung durch Parallelflächen begrenzt wurde, welche die Lagerstätte nach allen Richtungen in einem bestimmten Abstand begleiteten, sowie daß dieser Abstand für alle Teile des Längenfeldes so zu vermessen war, daß die für die Vierung geltenden Maße immer wieder auf Linien abgetragen wurden, welche fortlaufend winkelrecht zum Dach oder zur Sohle des Fundflözes zu errichten waren. Dieser Satz gründet sich auf eine Auslegung der Cleve-Märkischen Bergordnung, welche gemäß § 549 ZPO. irrevisibeles Recht darstellt, so daß das Reichsgericht an sie schon aus diesem Grunde gebunden ist. Etwas anderes ist auch aus § 186 II 16 ALR. nicht zu entnehmen, wo namentlich nichts dafür bestimmt ist, daß die Messung nur an einem Teile (wie die Beklagte meint: an der Fundsohle) und nicht an allen Teilen der Lagerstätte zu erfolgen habe. Die Auslegung des Oberlandesgerichts entspricht weiter der älteren Rechtslehre;

so Herttwig, Bergbuch unter „Vierung":

§ 1. Ist von eines Ganges Saalbanden $3^1/_2$ Lachter ins Hangende und $3^1/_2$ Lachter ins Liegende, also, daß der Gang in der Mitte frey stehe.

§ 2. Und führet ein jedweder belehnter Gang, er falle seyger oder flach, seine Vierung mit sich, immer die Länge fort, so weit man denselben spühren kann;

ferner Hake, Bergrecht S. 148:

Sie (die Vierung) begleitet den Gang nach allen seinen Wendungen und Richtungen in gleicher Entfernung bis in die ewige Teufe;

ähnlich bemerkt Wagner in den Materialien zum Bergrecht des ALR. (Brassert, Materialien S. 162), daß die Breite des Feldes (Vierung) jederzeit $3^1/_2$ Lachter von beiden Saalbändern des Ganges betrage;

ebenso der späteren Rechtslehre:

v. d. Bercken in Zeitschr. für Bergrecht Bd. 2 S. 61:

Die Vierung begleitet als parallele Ebene das Flöz in seiner ganzen Erstreckung sowohl in der Länge als in der Tiefe;

Karsten, Bergrecht S. 136:

Die Vierung begleitet die Lagerstätte nach allen Richtungen ihres Streichens und Fallens und muß daher als eine zwar bestimmte, aber mit dem veränderlichen Verhalten der Lagerstätte selbst veränderliche Begrenzung des Grubeneigentums betrachtet werden;

und S. 62:

Bei der Vermessung der Vierungsbreite ist ... ebenfalls Rücksicht zu nehmen, damit das vermessene Feld überall eine gleiche Breite erhält;

Klostermann, Lehrbuch S. 122:

Die Grenzen des Längenfelds folgen nach allen 3 Richtungen dem natürlichen Verhalten der Lagerstätte;

Brassert-Gottschalk, Anm. 5b zu § 39 ABergG.:

Die Vermessung des Längenfeldes auf einem Gange nach der Vierung und nach der Teufe muß sich stets nach dem Streichen und dem Einfallen des Ganges richten;

sowie Anm. 8 zu §§ 215 flg. daselbst:

Das Längenfeld folgt beim Flözbergbau ebenso wie bei dem Gangbergbau im Streichen und Fallen dem Verhalten der Lagerstätte;

Westhoff-Schlüter, Anm. zu § 215 ABergG.:

Das Längenfeld folgt, wie beim Gangbergbau, so auch beim Flözbergbau im Streichen und Fallen dem Verhalten der Lagerstätte;

Hatzfeld in Zeitschr. für Bergbau Bd. 40 S. 422, 436 und wörtlich ebenso Arndt im Glückauf 1913 S. 1560, 1979:

Die Vierung begleitet die Lagerstätte nach allen Wendungen und Richtungen in gleicher Entfernung bis in die ewige Teufe;

wie auch der Rechtsprechung:

Obertribunal in Zeitschr. für Bergrecht Bd. 14 S. 401:

Die Vierung begleitet die Lagerstätte nach allen Richtungen ihres Streichens und Fallens;

ebenso Oberlandesgericht Hamm das. Bd. 38 S. 82.

Übereinstimmend damit ist in den Motiven zum Entwurf eines Gesetzes über die Bergeigentums-Verleihung von 1856 (Drucksachen des Herrenhauses, Sitzungsperiode 1855/56 Nr. 152 S. 7) ausgeführt, daß das Grubenfeld bei den gestreckten Vermessungen ganz von dem Verhalten der verliehenen Lagerstätte abhängig ist, der letzteren sowohl im Streichen als im Fallen folgt und fortgesetzt denselben Veränderungen unterliegt, welche die Lagerstätte erleidet.

Die Gestaltung der Vierung erfuhr sodann eine besondere Regelung durch das schon erwähnte Gesetz vom 1. Juli 1821, welches, soweit es hier in Frage kommt, bestimmt:

§ 1. Die Mutung und Verleihung des Bergeigentums auf Flözen soll künftig nicht bloß in Gevierten, sondern auch im gestreckten Felde nach Längenvermessung zulässig sein.

§ 2. Welche dieser beiden Arten der Vermessung in vorkommenden Fällen anzuwenden sei, bleibt dem Ermessen der Bergbehörde überlassen, je nachdem sie die eine oder andere Art dem zweckmäßigen Abbau eines Flözes nach dessen Verhalten angemessen findet.

§ 5. Bei der Verleihung eines gestreckten Feldes auf einem Flöze wird, statt der bisherigen Vierung .... eine ausgedehntere Vierung zugestanden, welche nach dem Ermessen der verleihenden Bergbehörde bestimmt werden soll, jedoch nicht über fünfhundert Lachter hinaus gehen darf.

§ 6. Es soll diese Vierung horizontal vom Dach oder von der Sohle des verliehenen Flözes gemessen, und sie kann entweder teils im Hangenden, teils im Liegenden, oder ganz im Hangenden, oder ganz im Liegenden genommen werden.

§ 7. Durch gegenwärtiges Gesetz sind die entgegenstehenden

Vorschriften der Provinzial-Bergordnungen und des Allgemeinen Landrechts aufgehoben.

Die Revision rügt, daß das Berufungsurteil den Inhalt des § 2 dieses Gesetzes nicht in Betracht gezogen habe; sie meint, daß das Gesetz sich nicht unmittelbar an die Bestimmungen der Cleve-Märkischen Bergordnung von 1766 über die Vierung angeschlossen, sondern auf die inzwischen observanzmäßig üblich gewordene Querlinienverleihung Rücksicht genommen habe, welche die Zerstückelung von Flözen verhindern sollte; maßgebend hätten nach dem Gesetz also stets die praktischen Bedürfnisse sein sollen, auch hinsichtlich der Gestaltung der Vierung. Dem kann jedoch nicht beigetreten werden. Die Auffassung der Revision findet in den Materialien des Gesetzes vom 1. Juli 1821 (Brassert in Zeitschr. für Bergrecht Bd. 2 S. 493 flg.) keine Stütze. Dort (S. 501 flg.) ist allerdings erwogen, daß das durch die Längenvermessung gestreckte Feld in den Bergordnungen auf zu geringe Maße bestimmt gewesen sei, um einen kunstgemäßen Bergbau einzurichten; man habe daher in der Grafschaft Mark den Ausweg gefunden, daß man bei Mutungen und Verleihungen zwar bei den in der Bergordnung festgesetzten Maßen stehen geblieben sei, aber die Mutungen und Verleihungen auf mehrere Flöze und Gegenflügel ausgedehnt habe; ohne gesetzliche Bestimmung eines Längenmaßes sei jedoch zu viel Willkür dabei gewesen. Deshalb wurde in den von Sethe beigefügten Gesetzentwurf eine Bestimmung aufgenommen, welche in § 5 des Gesetzes wiederkehrt, daß nämlich statt der bisherigen Vierung eine ausgedehntere Vierung zugestanden werde, welche nach dem Ermessen der verleihenden Bergbehörde, aber nicht über das — schließlich auf 500 Lachter festgesetzte — Maß hinaus, bestimmt werden solle. Die Zweckmäßigkeitsgründe sollten also maßgebend sein für die Ausdehnung der Vierung, ebenso nach § 2 des Gesetzes für die Entscheidung über die Art der Vermessung, ob nach Längenfeldern oder nach Geviertfeldern. Nicht dagegen ist der verleihenden Bergbehörde die Befugnis gegeben, auch die Gestalt der Vierung aus Zweckmäßigkeitserwägungen nach ihrem Ermessen zu bestimmen. Maßgebend hierfür blieben vielmehr auch nach dem Gesetz vom 1. Juli 1821 die bisherigen Grundsätze, soweit nicht §§ 5 und 6 das. Abweichendes bestimmten. Demgemäß ist dem Oberlandesgericht beizustimmen, wenn es die Bedeulung der Bestimmungen des Gesetzes vom 1. Juli 1821 dahin würdigt, daß durch sie die Vierung nur die ausdrücklich angegebenen Unterschiede (ausgedehntere Breite, horizontale Messung) von der älteren Vierung bekommen sollte, daß aber im übrigen die begriffsmäßigen Eigentümlichkeiten der alten Vierung beibehalten werden sollten, namentlich, daß ihre Vermessung nicht nur an einer Stelle des Fundflözes, also nicht bloß an der Fundsohle, sondern fortlaufend an allen Punkten vorzunehmen war und diese Art der Vermessung auch für beide Vierungsflächen gelten sollte.

Nach dem Wortlaut des oben wiedergegebenen § 7 sind nur die entgegenstehenden älteren Vorschriften (also die über Breite und winkelrechte Messung) aufgehoben. Nicht also ist eine vollständig neue Begriffsbestimmung der Vierung geschaffen, vielmehr dasjenige, was in §§ 5, 6 nicht betroffen ist, unverändert bestehen geblieben. Damit stimmen die oben wiedergegebenen Anführungen aus der späteren Rechtslehre überein; vgl. ferner

v. d. Bercken in Zeitschr. für Bergrecht Bd. 2 S. 62, 63:

Das Verhalten (des Vierungsflözes) ist allein maßgebend für die Bestimmung des ganzen Vierungskörpers, und zwar so, daß dieser Vierungskörper durch lauter horizontale Linien gebildet wird, welche nach der Ausdehnung der verliehenen Vierungsbreite an das Hangende oder Liegende des Flözes gelegt werden;

und Klostermann, Lehrbuch S. 122:

Die Grenzen des Längenfeldes ... werden zunächst nach dem am Fundpunkt abgenommenen Streichen und Fallen des Ganges projektiert.... Ergibt sich aber beim weiteren Aufschluß des Ganges, daß derselbe sein Streichen verändert, so nimmt das Feld die krummlinige Gestalt der wirklichen Streichungslinie an. Ebenso folgt das Feld in der Fallrichtung allen Biegungen des Ganges und seine absolute Ausdehnung an der Oberfläche und in der Teufe kann erst festgestellt werden, wenn das Verhalten des Ganges im Streichen und im Fallen vollständig bekannt, d. h. wenn der Gang vollständig abgebaut ist.

Erhebliche Beachtung verdient weiter der Umstand, daß, wie das Berufungsgericht feststellt, die von ihm als dem Gesetz entsprechend erklärte Bemessung der Vierungsbreite auf horizontalen Linien von jedem Punkt des Fundflözes aus seit Jahrzehnten bis in die Neuzeit im rheinisch-westfälischen Steinkohlenbezirk in Übung gewesen und geblieben ist. Auch diese ständige Übung spricht unterstützend für die Richtigkeit der Auslegung des Oberlandesgerichts, dem weiter darin beizustimmen ist, daß eine Mißbilligung der jahrzehntelangen Übung seitens der Gerichte nur dann zu rechtfertigen wäre, wenn Wortlaut oder Entstehungsgeschichte des Gesetzes zwingenden Anlaß dazu gäben. An solchem fehlt es aber, wie gezeigt. Die von den Vertretern der gegnerischen Anschauung betonten Schwierigkeiten, zu denen eine im Sinne des Oberlandesgerichts durchgeführte Vermessung führen kann, nötigen nicht zu einer anderen Beurteilung der Rechtslage. Sie sind mit dadurch veranlaßt, daß der Begriff der Vierung, der sich zunächst beim Gangbergbau entwickelt hatte, nachträglich auf den Flözbergbau übertragen wurde, für den er, insbesondere als dieser immer größere Ausdehnung gewann, nicht in allen Beziehungen paßte (Karsten, Bergrecht S. 131; Oberlandesgericht Hamm in Zeitschr. für Bergrecht Bd. 38 S. 90). Die infolgedessen im Laufe der Zeit zutage tretende Unzulänglichkeit der gesetzlichen Bestimmungen hat dann auch dazu geführt, daß, nachdem schon im Gesetz vom 1. Juli 1821 die Verleihung sowohl von Geviertfeldern wie von Längenfeldern vorgesehen war (§§ 1, 2 das.), nach § 26 ABergG. nur noch die Verleihung von Geviertfeldern erfolgt (Klostermann-Thielmann, Vorbem. vor § 26; Westhoff-Schlüter Anm. 1 zu § 27 ABergG.) und auf Antrag die Umwandlung der bereits bestehenden Längenfelder in Geviertfelder zu geschehen hat (§§ 215 flg. a. a. O.). Das kann es aber nicht rechtfertigen, zur Beseitigung von praktischen Schwierigkeiten die Rechtsverhältnisse der Vierung bei den bestehen gebliebenen Längenfeldern, wie solche hier in Betracht kommen, anders zu gestalten, als aus den für sie maßgebenden älteren Vorschriften sich ergibt (Oberlandesgericht Hamm in Zeitschr. für Bergrecht Bd. 38 S. 92). Dies gilt um so mehr, als Feldeszerstückelungen auch bei gevierten Feldern nicht stets zu vermeiden sind und, wie schon das Berufungsgericht bemerkt, in solchen Fällen durch Ausgleichung unter den Feldesnachbarn, durch Verträge nach der Art des unter den Parteien geschlossenen usw. Abhilfe geschaffen werden kann, in neuerer Zeit auch eine Vereinigung der Längenfelder mit dem sie einschließenden Geviertfelde nach dem preußischen Gesetz vom 22. April 1922 (GesS. S. 93) im Oberbergamtsbezirk Dortmund, sowie die Zulegung eines Feldesteils an ein anderes Feld im allgemeinwirtschaftlichen Interesse durch das preußische Gesetz vom 22. Juli 1922 (GesS. S. 203) vorgesehen ist.

Dafür, daß etwa im vorliegenden Fall die Vierung, welche mit dem Mecklingsbänker Erbstollen Nr. I verbunden, und welche dort lediglich als eine solche „von 500 Lachtern ins Hangende oder nach Norden" bezeichnet ist, anders als den damaligen gesetzlichen Bestimmungen entsprechend verliehen sein sollte, ist aus der Verleihungsurkunde vom 21. Oktober 1833 nichts zu entnehmen.

Hieraus ergibt sich die Berechtigung der im Berufungsurteil unter I 1 getroffenen Feststellung, daß die Gerechtsame dieses Längenfeldes im Hangenden begrenzt wird durch Vermessung von 500 Lachter langen Horizontallinien, gemessen von allen Punkten des Dachs des Fundflözes aus. In diese Begrenzung fallen, wie nach den Gründen jenes Urteils unstreitig ist, die neun in der Widerklage einzeln aufgeführten Flöze, so daß das Oberlandesgericht zutreffend diesen Teil des Widerklageantrags durch die vorstehend wiedergegebene Feststellung für erledigt erklärt hat.

Diese horizontal gemessene Vierung des Längenfeldes findet ihre Grenze nach unten in dem Tiefsten des Fundflözes, mit dem sie verbunden ist (hier dem Muldentiefsten des Fundflözes Dreckbank), und zwar auf allen in die Vierung fallenden Flözen (Obertribunal in Zeitschr. für Bergrecht Bd. 14 S. 400; Arndt im Glückauf 1913 S. 1979). Die unterste, 500 Lachter lange, Horizontale ist gemäß § 6 des Gesetzes vom 1. Juli 1821 an das Dach des Fundflözes in dieser Muldentiefe anzulegen. Der derart bestimmte Vierungskörper schließt, wie nach dem Gutachten von Voelkel unstreitig und auch aus den von beiden Parteien beigebrachten Karten ersichtlich ist, diejenigen Flözteile ein, die die Klägerin im vorliegenden Rechtsstreit als ihr Bergwerkseigentum in Anspruch nimmt, also sowohl die neun einzeln benannten Flöze, wie auch die Flözteile unterhalb der Sutanverschiebung. Die Ausführung der Revisionsbegründung, daß die noch tiefer liegenden Flözteile der Klägerin nicht verliehen sind und ihr nicht gehören, sind daher für die hier zu treffende Entscheidung gegenstandslos; insbesondere hat weder die Klägerin in ihrem unter

I 1 des Berufungsurteils wiedergegebenen Antrag das Bergwerkseigentum an solchen tiefer liegenden Flözteilen beansprucht, noch das Oberlandesgericht ihr ein solches zugesprochen.

Soweit es den Widerklagantrag abgewiesen hat, daß Teile der Flöze (insbesondere Dickebank, Sonnenschein usw.) unterhalb der Sutanverwerfung (Überschiebung) nicht in die Gerechtsame der Klägerin fallen (deren Tiefstes, wie gesagt, die an die Muldentiefe angelegte Horizontale bestimmt), entspricht seine Entscheidung gleichfalls dem Gesetz. Die schon angezogene Entscheidung des Obertribunals besagt nur, daß die horizontale Vierung des Längenfeldes sich im Fallen nicht über das Fallen des Flözes erstrecken kann, mit dem sie verbunden ist, daß sie also in dem jedesmaligen Tiefsten dieses Fundflözes ihre Grenze findet, daß dagegen die in der Vierung liegenden und somit mitverliehenen Flöze nicht bis zu ihrer eigenen ewigen Teufe dem Berechtigten zustehen (vgl. auch Arndt a. a. O.; v. d. Bercken in Zeitschr. für Bergrecht Bd. 2 S. 62; Herttwig, Bergbuch unter Vierung § 9: „Und hat die Vierung eines jeden Ganges sich in ewige Teuffe nach dessen Donlege zu richten"). Daraus folgt für den vorliegenden Fall, daß der Vierungskörper im Tiefsten durch die Muldentiefe des Fundflözes Dreckbank bestimmt wird, nicht aber, daß die Gerechtsame der Klägerin an der Sutanverdrückung endige. Die Sutanverdrückung bestimmt hier nicht die ewige Teufe, da sie an die Muldentiefe des Fundflözes gar nicht heranreicht. Sie unterbricht nur den Zusammenhang des nach den obigen Grundsätzen vermessenen Vierungskörpers nach Norden zu, d. h. in die Breite. Die hier in Betracht kommenden Teile unterhalb der Sutanverdrückung liegen noch innerhalb dieses Vierungskörpers. Das Wesen der Vierung besteht darin, daß die Breitenerstreckung sich nicht auf die Mächtigkeit des Ganges oder Flözes beschränkt, daß vielmehr alle, auch die mit dem Fundflöz nicht im unmittelbaren Zusammenhang stehenden Lagerstätten, welche innerhalb des Vierungskörpers liegen, als Eigentum des Bergwerkberechtigten zu betrachten sind; er hat das Recht, alle diese Lagerstätten, solange sie in der Vierung verbleiben, abzubauen (Arndt a. a. O.; Hatzfeld in Zeitschr. für Bergrecht Bd. 40 S. 436; Graeff, Preuß. Bergrecht S. 52), also auch diejenigen, welche mit dem Fundflöz nicht in „Kontinuität" sich befinden. Die Sutanverdrückung hebt daher, weil sie hier den Zusammenhang lediglich in der Breite des Vierungskörpers stört, das Bergwerkseigentum der Klägerin an den jenseits von ihr, aber noch innerhalb des Vierungskörpers liegenden Flözteilen nicht auf. Die Grundsätze über die Hilfsvierung (quadratura principalis; vgl. RGZ. Bd. 70 S. 144; Zeitschr. für Bergrecht Bd. 51 S. 296) kommen vorliegendenfalls nicht zur Anwendung. Denn sie betreffen, wie der Wortlaut des § 367 II 16 ALR. ergibt („Wenn der Gang verdrückt und in der Vierung seiner Streichungslinie wieder gefunden worden ist, ...") lediglich den Fall einer Verwerfung des Fundganges oder Fundflözes, während die Teile unterhalb der Sutanverschiebung hier nicht dem Fundflöz angehören, sondern bloß in dem Vierungskörper liegen. Eine vom Gesetz abweichende Verleihung, die etwa das Recht der Klägerin an dem Sutan enden ließe, ist nach dem Inhalt der Verleihungsurkunde hier nicht erfolgt. Ohne Grund rügt daher die Beklagte eine Verletzung der Rechtsgrundsätze über die Notwendigkeit der Kontinuität des Verstreichens oder Einfallens.

Dem Berufungsgericht muß endlich im Ergebnis auch zugestimmt werden hinsichtlich der Feststellung der Nichtigkeit des Vertrags, soweit er sich auf Flöze bezieht, die im Eigentum der Klägerin stehen, die also ohnehin zu ihrer Gerechtsame gehörten. Zwar irrt das Oberlandesgericht, wenn es die Anfechtbarkeit des im Jahre 1880 geschlossenen Vertrags nach den Grundsätzen des Bürgerlichen Gesetzbuchs beurteilt. Nach Art. 170 EG. z. BGB. sind für ein Schuldverhältnis, das vor dem Inkrafttreten des Bürgerlichen Gesetzbuchs entstanden ist, die bisherigen Gesetze maßgebend geblieben. Nach dem früheren Recht sind auch zu beurteilen die Wirkungen von Willensmängeln, insbesondere die Folgen eines Willensmangels und die Art, wie eine Anfechtung geltend gemacht werden muß (Planck Anm. 2, Niedner Anm. II 3a zu Art. 170 EG. z. BGB.; Habicht, Einwirkung des BGB. auf zuvor entstandene Rechtsverhältnisse 3. Aufl. S. 133; vgl. auch RGZ. Bd. 53 S. 380). Etwas anderes ergibt sich auch nicht aus Art. 171 EG. z. BGB., nach dem u. a. ein am 1. Januar 1900 bestehendes Pachtverhältnis sich unter gewissen Voraussetzungen nach den Vorschriften des Bürgerlichen Gesetzbuchs bestimmt.

Es bedarf keiner näheren Prüfung, ob der Vertrag der Parteien tatsächlich einen Pachtvertrag (wie das Berufungsgericht annimmt) oder einen Kaufvertrag darstellt. Die frühere Rechtsprechung des preußischen Obertribunals hat einen Vertrag, der die Überlassung der Ausbeutung eines Bergwerks gegen einen bestimmten Preis zum Gegenstande hat, als einen Kaufvertrag angesehen (Striethorst Archiv Bd. 27 S. 149, Bd. 59 S. 79; Appellationsgericht Hamm in Gruchot Beiträge Bd. 1 S. 469). Nachdem aber in § 114 ABergG. die Überlassung der Ausbeute gegen Entgelt als Verpachtung bezeichnet ist, hat das Reichsgericht Verträge, welche die Einräumung einer schuldrechtlichen Befugnis zum Gewinn von Bodenerzeugnissen gegen Entgelt betreffen, sowohl nach früherem wie nach jetzigem Recht in der Regel als Pachtverträge, nur bei besonderer Sachlage als Kaufverträge aufgefaßt (RGZ. Bd. 6 S. 4, Bd. 27 S. 279, Bd. 94 S. 280; JW. 1899 S. 62 Nr. 93, 1901 S. 266 Nr. 38, 1903 S. 131 Nr. 24, 1919 S. 379 Nr. 6; Gruchot Bd. 53 S. 964; Foerster-Eccius, Pr. Privatrecht Bd. 2 § 136 bei Anm. 40; Dernburg, Pr. Privatrecht Bd. 2 § 134 bei Anm. 4).

Für die Entscheidung des vorliegenden Rechtsstreits kann es dahin stehen, ob hier Pacht oder Kauf vorliegt.

Ein Kaufvertrag wäre nach § 39 I 11 ALR. für nicht geschlossen zu erachten, weil das Bergeigentum in dem streitigen Feldesteil in Wirklichkeit der Klägerin zustand, die Überlassung der Ausbeutung an einem der Beklagten zustehenden Feldesteil insoweit also nicht ausführbar war (Striethorst Archiv Bd. 98 S. 242; Koch Anm. 42 zu § 39 I 11 ALR.; Foerster-Eccius § 124 bei Anm. 59).

Ein Pachtvertrag anderseits unterläge der Anfechtung durch die Klägerin. Die Voraussetzung und die Wirkung der Anfechtung wäre gleichfalls nach dem früheren Recht zu beurteilen. Aus Art. 171 EG. z. BGB. ist nur zu entnehmen, daß unter den dort angegebenen Voraussetzungen sich der Inhalt der beiderseitigen Verpflichtungen aus dem Vertrag nach dem Bürgerlichen Gesetzbuch bestimmt; soweit es sich aber um die Frage der Begründung des Rechtsverhältnisses handelt, ist nach wie vor das frühere Recht anzuwenden, also auch die Rechtsbeständigkeit des Vertrags in Ansehung eines Irrtums usw. danach zu beurteilen (Habicht S. 281; Niedner Anm. 4a zu Art. 171 EG. z. BGB.). Ein Anfechtungsgrund, der erst nach dem 1. Januar 1900 entstanden ist, steht hier nicht in Frage; vielmehr soll der behauptete Irrtum bereits im Jahre 1880, beim Vertragsschluß, untergelaufen sein. Nach dem Recht des Bürgerlichen Gesetzbuchs stände übrigens der Anfechtung wegen Irrtums Fristablauf entgegen. Denn nach § 121 Abs. 2 BGB. ist die Anfechtung ausgeschlossen, wenn seit der Abgabe der Willenserklärung 30 Jahre verstrichen sind. Diese Frist ist eine Ausschlußfrist und daher von Amts wegen zu beachten (RGZ. Bd. 48 S. 163; Planck Anm. 2, Staudinger Anm. 5 zu § 121 BGB., letzterer auch Anm. 3 vor § 194 BGB.; RGR. Komm. Anm. 4 zu § 121, Anm. 1 zu § 186 BGB.). Der Hinweis des Berufungsurteils, die Beklagte habe nicht geltend gemacht, daß die Anfechtung nicht innerhalb der Ausschlußfrist erfolgt sei, geht also von einer unzutreffenden Würdigung des Wesens einer solchen Frist aus.

Die zur Anfechtung getroffenen Feststellungen des Berufungsgerichts rechtfertigen auch nach preußischem Recht die Annahme der Nichtigkeit des Vertrags (wird dargelegt)....

Nach alledem war die Revision als unbegründet zurückzuweisen.

---

3. Gilt ein eingeschriebener Brief, dessen Annahme vom Adressaten verweigert wird, als diesem zugegangen?

BGB. § 130

I. Zivilsenat. Urt. v. 5. Januar 1925 i. S. J. (Bekl.) w. F. (Kl.). I 699/23.

I. Landgericht Köln, Kammer für Handelssachen.
II. Oberlandesgericht daselbst.

Die Klägerin kaufte am 9. Juli 1922 von der Beklagten einen größeren Posten Schuhwaren. Einen Teil davon nahm sie gleich mit und leistete eine Anzahlung darauf. Sie klagt jetzt auf Lieferung der noch nicht erhaltenen Waren Zug um Zug gegen Zahlung des Vertragsrestpreises. Im ersten Rechtszug erwirkte sie ein obsiegendes Urteil. Im zweiten Rechtszuge berief sich die Beklagte auf einen Einschreibebrief der Klägerin an sie vom 21. August 1922, dessen Annahme sie zwar seinerzeit verweigert hatte, dessen Inhalt ihr aber im Laufe des Rechtsstreits bekannt geworden war. In diesem Briefe hatte die Klägerin der Beklagten zur Lieferung des rückständigen Postens Schuhwaren eine Frist mit der Erklärung bestimmt, daß sie nach Ablauf der Frist die Annahme der Leistung ablehne und die Beklagte für den Schaden verantwortlich machen werde. Die Beklagte ist der Meinung, daß schon danach der Anspruch der Klägerin auf Lieferung ausgeschlossen sei.

Das Oberlandesgericht wies die Berufung der Beklagten mit der Maßgabe zurück, daß der Vertragspreis in näher bestimmter Weise aufgewertet würde.

Die Revision der Beklagten hatte Erfolg. Das Revisionsgericht verneinte die in der Überschrift aufgeworfene Frage, kam aber aus anderen Gründen zur Aufhebung des Berufungsurteils.

Aus den Gründen:

Die Revision stellt zur Nachprüfung, ob nicht die Beklagte sich auf das Schreiben der Klägerin vom 21. August 1922 berufen kann. Hierauf kommt es in erster Reihe an. Das Berufungsgericht meint, es verstoße gegen Treu und Glauben, wenn die Beklagte ihre Weigerung, den Brief anzunehmen, nicht gegen sich gelten lassen wolle, um sich ihrer Lieferungspflicht zu entziehen. Sie müsse sich deshalb so behandeln lassen, als ob ihr die darin enthaltene Willenserklärung nicht zugegangen sei. Das Berufungsgericht geht also von der Auffassung aus, an sich müsse es so angesehen werden, als ob der Beklagten der Brief, den sie in Wirklichkeit nicht erhielt, zugegangen sei. Da aber hier die an sich gegebene Fiktion des Zugehens der Klägerin nachteilig sein würde, so könne die Beklagte selbst sich auf diese Fiktion nicht berufen. Damit teilt der Vorderrichter die Ansicht der Klägerin, wonach sich die Beklagte zwar so behandeln lassen müsse, als sei ihr der Brief zugegangen, die Klägerin sie aber nicht so zu behandeln brauche, wenn dies gegen ihr Interesse sei.

Das kann unmöglich Rechtens sein. Gilt überhaupt eine Erklärung als zugegangen, so darf sich auch der Erklärungsgegner darauf berufen. Es kann nicht wohl im Belieben des Erklärenden stehen, ob er seine Erklärung gelten lassen will oder nicht, je nachdem es ihm vorteilhaft erscheint.

Gleichwohl ist das Ergebnis, zu dem der Vorderrichter gelangt, richtig.

Darüber herrscht in Rechtslehre und Rechtsprechung kein Streit, daß es nach geltendem Recht nicht darauf ankommt, ob der Erklärungsgegner von einer an ihn gerichteten Erklärung auch Kenntnis genommen hat; es genügt, daß sie ihm zugegangen ist (sog. Empfangstheorie). Streitig ist aber, wie die Rechtslage beurteilt werden muß, wenn zwar der Erklärende alles getan hat, um seine Erklärung dem Gegner zugehen zu lassen, es aber nicht hierzu gekommen ist aus Gründen, die in der Person des Erklärungsgegners liegen. Erörtert worden ist bisher in der Rechtsprechung wesentlich nur der Fall, daß es sich um Erklärungen handelte, die innerhalb einer bestimmten Frist abzugeben waren, dem Gegner aber infolge eines von ihm zu vertretenden Umstandes verspätet zugegangen sind (RGZ. Bd. 58 S. 406, Bd. 95 S. 315; JW. 1904 S. 53 Nr. 4). In diesen Fällen ist man dazu gelangt, daß der Erklärungsgegner gehalten ist, die Erklärung als rechtzeitig zu betrachten. Ob man dieses Ergebnis mit Hilfe einer Fiktion begründen darf (RGZ. Bd. 95 S. 315) oder damit, daß man sagt, der Erklärungsgegner, dem durch eigenes Verschulden die Erklärung verspätet zuging, handle arglistig, wenn er sich hierauf berufe (RGZ. Bd. 58 S. 406), kann hier unerörtert bleiben. Denn im gegebenen Falle war die Erklärung der Beklagten überhaupt niemals zugegangen. Ebenso kann dahingestellt bleiben, ob etwa allgemein eine Pflicht anzuerkennen wäre, Vorkehrungen zu treffen, daß Erklärungen anderer empfangen werden können. Denn die Parteien standen in Vertragsbeziehungen und für diesen Fall ist solche Pflicht unbedenklich zu bejahen. Man mag ferner auf Fälle der vorliegenden Art, wo überhaupt keine Erklärung zugegangen ist, den in RGZ. Bd. 58 S. 406 aufgestellten Grundsatz für anwendbar halten, daß bei arglistiger Annahmeverweigerung das Zugehen der Erklärung fingiert wird (ebenso Warneyer, BGB. Anm. zu § 130). Arglist in diesem Sinne liegt aber offenbar nur vor, wenn der Erklärungsgegner den Inhalt der Erklärung kennt oder mit dem Zugehen einer Erklärung bestimmten Inhalts rechnet und daher die Annahme verweigert. So aber liegt der gegenwärtige Fall nicht. Die Annahmeverweigerung der Beklagten kann deshalb nur als schuldhaft bezeichnet werden. Daraus folgt aber in keiner Weise, daß das Nichtzugegangensein nun als Zugehen fingiert werden müßte. Dafür gibt das Gesetz keinerlei Grundlage. Vielmehr ist und bleibt die Erklärung nicht zugegangen. Nur hat es der Erklärende in der Hand, die Erklärung dem Gegner nach § 132 BGB. zuzustellen und, wenn er hiervon unverzüglich Gebrauch gemacht hat, muß sich unter entsprechender Anwendung der vorher erörterten Grundsätze der Empfänger so behandeln lassen, als sei ihm die Erklärung schon im Zeitpunkt der Annahmeverweigerung zugegangen. Die Annahmeverweigerung gewinnt also nur dann gegebenenfalls (d. h. falls und soweit es auf den Zeitpunkt des Zugehens ankommt) Bedeutung, wenn es später noch zu einem Zugehen der Erklärung kommt. Das war hier nicht der Fall und deshalb steht der Brief vom 21. August 1922 dem Lieferungsanspruch der Klägerin nicht entgegen. . . .

---

4. Wie ist eine auf Art. 34 des Internationalen Übereinkommens über den Eisenbahnfrachtverkehr vom 14. Oktober 1890 (JÜ.) gestützte Schadensersatzforderung aufzuwerten, wenn der Auflieferungsort in Deutschland liegt?

BGB. § 242

I. Zivilsenat. Urt. v. 5. Januar 1925 i. S. Deutsche Reichsbahnges. (Bekl.) w. Allg. Versicherungsges. Ph. (Kl.). I 241/24.

I. Landgericht Bremen.
II. Oberlandesgericht Hamburg.

Am 8. März 1921 lieferte die Speditionsfirma N. in Bremen mit internationalem Frachtbrief einen Ballen Wollwaren bei der Reichsbahn zur Beförderung an die Firma W. in Wien auf. Die Sendung ist in Verlust geraten. Die Klägerin hatte die Versicherung des Ballens zum Fakturenbetrag von 119.5.5 £ übernommen, zahlte diese Summe der Empfängerin aus und erhielt von ihr die gegenwärtige Schadensersatzforderung abgetreten. Am 13./20. April 1922 verlangte sie von der Eisenbahn Zahlung des Betrags von 119.5.5 £ und erhielt von ihr am 23. Februar 1923 29420,83 ℳ und 175 österreichische Kronen gezahlt. Diese Zahlung entsprach dem Kurse des englischen Pfundes vom 8. März 1921.

Mit der gegenwärtigen Klage begehrt die Klägerin Zahlung von 118.19.11 £. Abgerechnet ſind dabei die mit 5 sh 6 d umgerechneten Zahlungen der Beklagten. Hilfsweiſe wird Zahlung des zur Anſchaffung dieſer Summe am Zahlungstag erforderlichen Markbetrags gefordert.

Das Landgericht erkannte nach dem Hilfsantrag der Klägerin. Das Oberlandesgericht wies die Berufung der Beklagten zurück. Ihre Reviſion hatte Erfolg.

Aus den Gründen:

Das Rechtsmittel erweiſt ſich inſoweit als begründet, als die Art und Weiſe der vom Berufungsgericht vorgenommenen Aufwertung bemängelt wird. Das Berufungsgericht hat in voller Höhe aufgewertet, indem es den Fakturenbetrag in engliſchen Pfunden zugrunde legt, da die Parteien darüber einig ſeien, daß dieſer Betrag dem gemeinen Wert am Ort und Tag der Auflieferung entſpreche.

Dem kann nicht beigeſtimmt werden. Der erkennende Senat hat in neueren Entſcheidungen — zunächſt für § 88 EVO. — ausgeſprochen, daß auch im Eiſenbahnfrachtrecht trotz § 88 und der darin für die Wertermittlung angeordneten Zurückbeziehung auf den Zeitpunkt der Annahme zur Beförderung für eine Aufwertung Raum bleibt (RGZ. Bd. 109 S. 16, 61), und das muß im gleichen Sinne für das internationale Eiſenbahnfrachtrecht trotz Art. 34 IÜ. Geltung haben. Wie aber dort weiter ausgeführt worden iſt, kommen die von der reichsgerichtlichen Rechtſprechung entwickelten allgemeinen Aufwertungsgrundſätze nur aushilfsweiſe zur Anwendung, nämlich dann nicht, wenn ſchon beſondere Beſtimmungen zur Verfügung ſtehen, nach denen ein annehmbares Ergebnis zu erreichen wäre, alſo namentlich in Fällen, wo der Geldentwertungsſchaden ſchon als Verzugsſchaden Berückſichtigung finden kann. Iſt letzteres der Fall, dann erhält vom Eintritt des Verzugs an die Forderung den ihr durch die Sonderbeſtimmungen des Eiſenbahnfrachtrechts entzogenen Charakter einer reinen Schadenserſatzforderung, d. h. einer Forderung, die überhaupt nicht den Grundſätzen der Aufwertung unterſteht, ſondern ſich ſchon begrifflich in ihrer Höhe nach dem vollen Umfang des Schadens im Zeitpunkt der Urteilsfällung bemißt.

Dieſe Grundſätze führen in ihrer Anwendung auf den Streitfall zu folgendem Ergebnis:

1. Nach den bisherigen Feststellungen scheint die Eisenbahn durch die Reklamation vom 13./20. April 1922 in Verzug geraten zu sein. Bis zu dem hiernach entscheidenden Tage schuldete die Bahn nur denjenigen Papiermarkbetrag, der dem Werte des Ballens am 8. März 1921 entsprach.

2. Dieser Betrag bedarf zunächst der ziffermäßigen Feststellung, und zwar bei dem vom Vorderrichter angenommenen Einverständnis der Parteien über den Wert des Gutes unter Umrechnung von 119.5.5 £ nach dem Kurse vom 8. März 1921.

3. Es ist dann zu erwägen, ob der so ermittelte Papiermarkbetrag für die Zeit bis zum Eintritt des Verzugs einer Aufwertung bedarf. Bis dahin hatte sich zwar die deutsche Währung nicht unwesentlich verschlechtert. Allein es fragt sich, ob diese Währungsverschlechterung es bereits zu rechtfertigen vermag, einen so außerordentlichen Rechtsbehelf wie die Aufwertung heranzuziehen. Schon mehrfach hat das Reichsgericht ausgesprochen, daß keineswegs jede Geldentwertung eine Aufwertung rechtfertigt, und es ist dabei stets betont worden, erst dann lasse sich die Notwendigkeit der Aufwertung aus § 242 BGB. herleiten, wenn die vereinbarte Papiermarksumme im Verhältnis zum Wert der Gegenleistung überhaupt keine Bedeutung mehr hat oder doch in ihrem wirtschaftlichen Wert verschwindend gering geworden ist (RGZ. Bd. 107 S. 129; JW. 1924 S. 1139 Nr. 4; vgl. auch RGZ. Bd. 108 S. 296). Daran ist gegenüber dem weitergehenden Standpunkt, wie er zum Teil vom Schrifttum, insbesondere von Zeiler vertreten wird, festzuhalten. Hiernach wird sich das Oberlandesgericht schlüssig zu machen haben, ob und gegebenenfalls in welcher Höhe jener Papiermarkbetrag bis zum Eintritt des Verzugs aufzuwerten ist.

4. Diese Papiermarksumme kann nun aus dem Gesichtspunkt des Verzugsschadens eine — gegebenenfalls weitere — Erhöhung erfahren. Zunächst muß also weiter berechnet werden, wieviel der Gläubiger in wertbeständigen Zahlungsmitteln, z. B. in englischen Pfunden, sich am Tage des Verzugseintritts von jener Papiermarksumme hätte anschaffen können, und dieser Pfundbetrag wäre dann wiederum — nach Abzug der in englische Währung nach dem Zahlungstag umzurechnenden Zahlungen der Bahn von Mark und Kronen — in Reichsmark nach dem Kurse des Zahlungstags um-

zurechnen. Selbstverständlich könnte auch jede andere wertbeständige Anlage als Vergleichspunkt dienen. Es würde auch nichts entgegenstehen, die Umrechnung schon mit dem Zeitpunkt der Stabilisierung der deutschen Währung in Rentenmark vorzunehmen und jetzt auf eine Reichsmarksumme zu erkennen.

5. Das führt zu einer weiteren Einschränkung, die sowohl im Falle der Aufwertung wie bei der Ermittlung des Schadensersatzes noch beachtlich werden kann. Es ist gerichtsbekannt und schon oft vom Reichsgericht ausgesprochen worden, daß ein in Deutschland befindliches Markkapital nicht durch erlaubte rechtsgeschäftliche Anlegung oder Geschäftsverwendung wertbeständig erhalten werden konnte (RGZ. Bd. 108 S. 122). Wollte man daher einem deutschen Markgläubiger den Schadensersatz ohne Rücksicht hierauf zubilligen, so würde er einen Vorteil erhalten, der durch nichts gerechtfertigt wäre. Wie in dieser Beziehung die Verhältnisse in Österreich lagen, bedarf noch der Nachprüfung. Gegebenenfalls würde für die Klägerin das gleiche zu gelten haben und danach der Schadensersatz entsprechend geringer zu bemessen sein.

---

5. Ist eine Aufwertung der Wechselsumme als solcher möglich?
WO. Art. 50, 51.

II. Zivilsenat. Urt. v. 17. März 1925 i. S. Wirtschaftsgenossenschaft S.-P. (Kl.) w. D. (Bekl.). II 596/24.

I. Landgericht III Berlin.
II. Kammergericht daselbst.

Der Beklagte zu 1 ist Akzeptant, die Beklagte zu 2 Ausstellerin und Indossantin eines an eigene Ordre gezogenen Wechsels vom 2. August 1922, fällig am 15. September 1922, über 675000 *M*. Der Wechsel ist im Auftrag einer Indossatarin mangels Zahlung protestiert und alsdann von der Klägerin im Regreßwege eingelöst worden. Auf die im Wechselprozeß erhobene Klage der Klägerin sind die Beklagten durch rechtskräftig gewordenes Vorbehaltsurteil des Landgerichts vom 2. Dezember 1922 als Gesamtschuldner zur Zahlung der Wechselsumme nebst Zinsen und Wechselunkosten verurteilt worden. Dieses Urteil wurde durch das gleichfalls rechtskräftig gewordene Urteil desselben Gerichts vom 10. März 1923 für vorbehaltlos erklärt. Auf die Urteilsforderung ist unstreitig der Betrag von 705541 ℳ beigetrieben.

Die Klägerin verlangt mit der am 8. Februar 1924 bei Gericht eingegangenen Klage Ersatz ihres Geldentwertungsschadens in Höhe von 2020 Goldmark, indem sie die Wechselsumme nach dem Dollarstand am Tage der Fälligkeit des Wechsels (15. September 1922) auf 482 Dollar und den am 26. Juli 1923 beigetriebenen Betrag von 705541 ℳ nach dem damaligen Dollarkurs auf 1 Dollar berechnet, sodaß ihr die Beklagten noch 481 Dollar schulden würden, die sie in 2020 Goldmark umrechnet.

Beide Vorinstanzen haben die Klage abgewiesen. Die Revision hatte keinen Erfolg.

Gründe:

Das Berufungsgericht lehnt in Übereinstimmung mit dem Landgericht die Aufwertungsmöglichkeit bei Wechseln ab, und zwar im wesentlichen wegen der abstrakten Natur der Wechselschuld und wegen der unabänderlichen, erschöpfenden Regelung der Ansprüche des Wechselregreßgläubigers in Art. 50, 51 WO.

Die Auffassung der Vorinstanzen ist zutreffend. Die auf Aufwertung der Wechselsumme gerichtete Revision kann keinen Erfolg haben.

Jede Aufwertung einer durch den Währungsverfall entwerteten Geldforderung beruht auf dem Grundsatz der Billigkeit. Fehlt es an dieser Voraussetzung, so ist kein Raum dafür. Die Frage, ob diese Voraussetzung gegeben ist, kann nur nach der Natur der einzelnen Forderung beurteilt werden; eine allgemeine Aufwertung, wie sie von einzelnen Stellen gefordert wird, hat das Reichsgericht nicht zugelassen. So stützt sich die Aufwertung bei Ansprüchen aus gegenseitigen Verträgen auf den Grundsatz der beabsichtigten Fortdauer der Gleichwertigkeit von Leistung und Gegenleistung, bei Unterhaltsansprüchen auf den Zweck der Leistung, bei Darlehnsansprüchen auf den Gesichtspunkt der Bereicherung usw. Der Wechsel begründet dagegen nur eine rein abstrakte Verpflichtung. Das Wesen der abstrakten Verpflichtung besteht aber gerade darin, daß das Kausalgeschäft, falls es überhaupt zwischen den Wechselbeteiligten und nicht vielmehr zwischen dem Wechselinhaber und einem Dritten geschlossen ist, keine Rolle spielen soll. Über den Inhalt der Schuld entscheidet allein die urkundliche Feststellung. Niemals kann sich die Wechselforderung über ihren in der Urkunde verbrieften Inhalt ausdehnen. Die Wechselsumme stellt einen unabänderlichen festen Wert dar. Dieser ist bei Wechseln, die aus der Zeit vor der Befestigung der deutschen Währung — wie hier — auf Mark lauten, der Papiermarkbetrag. Nur auf der Grundlage des dem Wechsel zugrunde liegenden Rechtsgeschäfts kann je nach dessen rechtlicher Natur ein Aufwertungsanspruch oder ein Nachforderungsrecht gegeben sein.

Auch die wirtschaftliche Funktion des Wechsels als Umlaufs- und Kreditmittel steht der Aufwertungsmöglichkeit entgegen. Die für Gläubiger und Schuldner unbedingte Geltung des bestimmten Urkundeninhalts verbürgt die Sicherheit des Wechselverkehrs. Mit dem gleichen Recht, mit dem man die Aufwertung eines Wechsels verlangt, müßte man auch die Aufwertung des entwerteten Papiergeldes fordern.

Weiter scheitert die Möglichkeit einer Aufwertung der Wechselschuld an den Bestimmungen der Art. 50 und 51 WO., die das gesamte Interesse des Gläubigers an der rechtzeitigen Einlösung des Wechsels festsetzen. Unter Ausschluß des Ersatzes eines etwaigen weiteren Verzugsschadens sind hier die wechselmäßig allein zulässigen Ansprüche auf Zahlung fester Beträge bestimmt, sollte auch der Verzugsschaden für den Wechselinhaber im einzelnen Falle viel höher sein. Hiermit erledigt sich auch der Standpunkt der Revision, daß hier „jedenfalls vom Verfalltage ab der nach Maßgabe der seit diesem Tage eingetretenen Geldentwertung voll aufgewertete Verzugsschaden zugebilligt werden müsse." Übrigens geht deshalb der Wechselinhaber des Anspruchs auf Ersatz seines auf der Geldentwertung beruhenden weiteren Schadens nicht verlustig, nur müßte er sich insoweit an denjenigen halten, von dem er auf Grund bürgerlichen Rechtsverhältnisses, z. B. zur Deckung einer Schuld, den Wechsel etwa zahlungshalber erhalten haben sollte. Es wäre nicht ausgeschlossen, daß der Wechselinhaber (d. i. die Klägerin) alsdann wegen des unvorhersehbaren Versagens des Zahlungsmittels wieder auf die ursprüngliche Forderung zurückgriffe. Die erschöpfende Regelung des gesamten Interesses des Wechselgläubigers an der rechtzeitigen Einlösung des Wechsels, wie sie in Art. 50 und 51 WO. enthalten ist,

ist eben eine Folge der Loslösung der Wechselschuld von dem zugrunde liegenden Rechtsgeschäft. Deshalb ist es auch ohne Bedeutung, daß der Gesetzgeber an die Möglichkeit eines derartigen Verfalls der deutschen Währung, wie er eingetreten ist, seinerzeit nicht gedacht hat.

Mit Unrecht beruft sich die Revision für ihren Standpunkt von der Notwendigkeit der Aufwertung der Wechselsumme und der sich danach ergebenden Nachforderung des angeblich von den Beklagten noch nicht getilgten Betrags auf das Urteil des erkennenden Senats in RGZ. Bd. 108 S. 337. Dieses ist von der Revision und von Bernstein in JW. 1925 S. 50 völlig mißverstanden worden. Dort ist für den damals zur Entscheidung stehenden Fall der facultas alternativa des Art. 37 WO. ausgesprochen, daß bei einem in der Inflationszeit fällig gewordenen, auf holländische Gulden lautenden Wechsel der Wert, den die Wechselsumme zur Verfallzeit hatte, nicht nach dem Kurse der als Wertmesser unbrauchbar gewordenen Papiermark zu ermitteln sei, sondern daß unter Ausschaltung der Papiermark die Umrechnung in die stabile Währung des nordamerikanischen Dollars stattzufinden habe, und daß der Schuldner, wenn er mit deutschem Gelde erfüllen wolle, einen Betrag hinzugeben habe, der bei der Hingabe dem errechneten Dollarbetrag entspreche. Um eine Aufwertung der Wechselforderung handelt es sich dabei nicht; die allein geschuldeten holländischen Gulden wurden nicht aufgewertet, es wurde nur der Wert, den sie zur maßgebenden Verfallzeit hatten, in Ermangelung eines der deutschen Währung zu entnehmenden Maßstabs anderweit ermittelt. An dieser Auffassung hält der Senat durchaus fest und hat in der heute verhandelten Sache II 595/14 wiederum ebenso entschieden.

---

6. 1. Verhältnis von Art. 30 Abs. 1 zu Art. 31 Abs. 1 Nr. 4 des Internationalen Übereinkommens über den Eisenbahnfrachtverkehr (JÜ.).

2. Unter welchen Voraussetzungen greift die Beweisvermutung des Art. 31 Abs. 2 JÜ. Platz?

I. Zivilsenat. Urt. v. 10. Januar 1925 i. S. Deutsche Reichsbahnges. (Bekl.) w. B. (Kl.). I 197/24.

I. Landgericht Hamburg, Kammer für Handelssachen.
II. Oberlandesgericht daselbst.

Mit internationalem Frachtbrief vom 25. April 1920 lieferte die Speditionsfirma C. & A. für die Klägerin 39 Ballen Baumwollabfälle bei der Reichsbahn in H. zur Versendung an S. in N. (Tschechoslowakei) auf. Die Ladung traf am Bestimmungsort in brennendem Zustand ein. Mit der Behauptung, daß durch den Brand ein Schaden in Höhe von 153045 tschechischen Kronen entstanden sei, erhob die Klägerin als Rechtsnachfolgerin der Absenderin gegen die Eisenbahn Klage auf Zahlung dieses Betrags. Die Bahn bestritt ihre Ersatzpflicht, weil das Gut infolge seiner natürlichen Beschaffenheit, nämlich durch Selbstentzündung, in Brand geraten sei und so den Schaden erlitten habe.

Das Landgericht erklärte den Klaganspruch dem Grunde nach für berechtigt. Berufung und Revision der Bahn hatten keinen Erfolg.

Aus den Gründen:

Die Revision bittet um Nachprüfung, ob nicht die Klägerin die Beweislast dafür hatte, daß die Gefahr der Selbstentzündung bei diesen Abfällen die Ursache des Brandes nicht gewesen sei. Ein Rechtsirrtum des Vorderrichters ist jedoch hier nicht erkennbar. Der gesetzgeberische Gedanke, der dem Verhältnis von Art. 30 zu Art. 31 IÜ. zugrunde liegt, ergibt sich, soweit der Fall des Art. 31 Abs. 1 Nr. 4 in Frage kommt, aus folgendem. Schon nach Art. 30 haftet die Bahn nicht für Schäden, die durch die natürliche Beschaffenheit des Gutes selbst herbeigeführt worden sind, und schon in Art. 30 wird auf die in den folgenden Artikeln enthaltenen Maßgaben hingewiesen. So wiederholt denn auch Art. 31 Abs. 1 Nr. 4 den Haftungsausschluß der Bahn für die durch die natürliche Beschaffenheit des Gutes entstandenen Schäden. Nur zieht das Gesetz hier einen engeren Kreis. Es faßt hier lediglich diejenigen Güter zusammen, die besonders leicht verletzlich sind, nennt auch z. B. nur außergewöhnliche Leckage gegenüber der gewöhnlichen Leckage in Art. 30. Für die besonderen, erhöhten oder außergewöhnlichen Gefahren, mit denen die Beförderung solcher Güter verbunden ist, gewährt nun das Gesetz — und hierin liegt die praktische Bedeutung des engeren Kreises — zugunsten der Bahn eine Beweiserleichterung durch die

Vermutung des Absatzes 2. Diese Beweisvermutung soll dann Platz greifen, wenn „nach den Umständen des Falles" die Möglichkeit besteht, daß der eingetretene Schaden auf die besondere Gefahr zurückzuführen ist. Damit soll gesagt sein, daß keine theoretischen Erwägungen entscheiden sollen, sondern die gegenständliche (konkrete) Möglichkeit des einzelnen Falles (RGZ. Bd. 105 S. 283; Urt. v. 2. Mai 1917 I 30/17 bei Eger, Eisenbahnr. Entsch. Bd. 35 S. 164; Düringer-Hachenburg S. 943 flg. Anm. 16 zu § 459 HGB.).

Von diesem Standpunkt geht aber auch der Vorderrichter aus. Denn er stellt die „bloße Möglichkeit" der Selbstentzündung der leichten Verletzbarkeit gegenüber, womit offenbar gemeint ist, daß eine Selbstentzündung von Baumwollabfällen zwar im Bereich der Möglichkeit liege, daß aber keine besondere naheliegende Gefahr nach den Sachverständigengutachten gegeben sei. Eine besondere außergewöhnliche Gefahr der Selbstentzündung vermag er also nicht anzunehmen, und deshalb konnte die nur für Fälle erhöhter Gefahr geltende Beweisvermutung des Art. 31 Abs. 2 JÜ. der Beklagten nicht zustatten kommen.

---

7. Kann der Beklagte das Urteil des Landgerichts, das auf eine Klage aus § 1565 und § 1568 BGB. die Scheidung wegen Ehebruchs ausgesprochen hat, lediglich deswegen anfechten, weil die Scheidung nicht aus § 1568 erfolgte?

IV. Zivilsenat. Urt. v. 10. Januar 1925 i. S. Ehem. B. (Bekl.) w. Ehefr. B. (Kl.). IV 439/24.

I. Landgericht Eisenach.
II. Oberlandesgericht Jena.

Aus den Gründen:

In der für die spätere Rechtsprechung des Senats grundlegenden Entscheidung in RGZ. Bd. 55 S. 244, der auch der V. Zivilsenat in dem Urteil vom 7. Dezember 1918 V 239/18 (JW. 1919 S. 243 Nr. 11) gefolgt ist, wird ausgesprochen, daß der Scheidungskläger, der seine Klage auf Ehebruch und auf § 1568 BGB. gestützt hat, dadurch nicht beschwert ist, daß die Ehe nur aus § 1568 BGB. geschieden worden ist. Es wird hierzu ausgeführt, daß in Ansehung der privatrechtlichen Folgen der einen wie der anderen Scheidung kein Unterschied bestehe; die sich aus § 1312, 1328 BGB., § 172 StGB. ergebenden Folgen gehörten dem Gebiet des öffentlichen Rechts an und lägen außerhalb des streitigen Privatrechtsverhältnisses. Hieraus wird in den in Gruchot Bd. 49 S. 367 und in JW. 1912 S. 466 Nr. 13 veröffentlichten Urteilen des Senats die weitere Folge gezogen, daß eine reformatio in pejus nicht vorliege, wenn das Berufungsgericht zum Nachteil des Scheidungsbeklagten, Berufungsklägers, einen Ehebruch als erwiesen festgestellt habe, während das landgerichtliche Urteil die Ehe aus § 1568 geschieden hatte.

Gegen die zur Begründung dieser Rechtsprechung angestellten Erwägungen sind bereits in den Urteilen des Senats in RGZ. Bd. 96 S. 222 und JW. 1920 S. 379 Bedenken geäußert worden; sie können auch nicht aufrecht erhalten werden. Die Bedeutung des Scheidungsurteils erschöpft sich nicht in seiner Rechtskraftwirkung. Wird die Ehe wegen Ehebruchs geschieden, so sind an die Feststellung des Ehebruchs wenigstens für den Scheidungsbeklagten, um den es sich hier allein handelt, weitere Rechtsfolgen geknüpft. Diese Nebenwirkungen des Urteils bestehen darin, daß eine Prozeßvoraussetzung für seine Bestrafung nach § 172 StGB. geschaffen und eine Eheschließung zwischen ihm und derjenigen, mit der er die Ehe gebrochen hat, nach § 1312 BGB. gehindert wird. Diese Rechtsfolgen beschweren ihn, gestalten seine Rechtslage ungünstiger, als dies bei einer Scheidung aus § 1568 der Fall gewesen wäre. Er hat deswegen ein rechtliches Interesse daran, diese Folgen von sich abzuwehren. Ob jene Nebenwirkungen des Urteils auf dem Gebiet des öffentlichen Rechts liegen, ist dabei unerheblich. Auch für die Feststellungsklage hat das Reichsgericht in gleichmäßiger Rechtsprechung anerkannt, daß das in § 256 ZPO. geforderte rechtliche Interesse nicht die privatrechtliche Stellung des Klägers zu betreffen braucht. Es ist überdies nicht zutreffend, daß jene dem Scheidungsbeklagten ungünstigen Nebenwirkungen des Scheidungsurteils ausschließlich dem Gebiet des öffentlichen Rechts zugehören. Auch das Verbot des § 1312 BGB. ist allerdings im öffentlichen Interesse erlassen; das schließt aber nicht aus, daß es in das privatrechtliche Gebiet eingreift. Als Ehehindernis mit der Rechtsfolge des § 1328, der Nichtigkeit einer entgegen dem Verbot geschlossenen Ehe, hat es privatrechtliche Auswirkungen.

Hiernach ist die aufgeworfene Frage zu bejahen. Die getroffene Entscheidung setzt sich mit dem vorerwähnten Urteil des V. Zivilsenats nicht in Widerspruch. Dieses behandelt einen anders gelagerten Fall.

---

8. 1. Ist eine Bank, die den Auftrag erhalten hatte, einen auf ausländische Währung lautenden Wechsel einzukassieren, berechtigt, den Betrag ihrem Auftraggeber in deutscher Währung zu vergüten?

2. Kann das Berufungsgericht einen auf das Bestehen einer Handelssitte gerichteten Beweisantrag aus dem Grunde zurückweisen, weil die mit sachverständigen Handelsrichtern besetzte Kammer für Handelssachen das Bestehen der Handelssitte verneint hatte?

BGB. §§ 675, 667. HGB. § 346. ZPO. § 286.

I. Zivilsenat. Urt. v. 10. Januar 1925 i. S. D. Bank (Bekl.) w. Stellios D. (Kl.). I 106/24.

I. Landgericht Hamburg, Kammer für Handelssachen.
II. Oberlandesgericht daselbst.

Am 7. April 1923 überreichte die Klägerin der Beklagten einen Wechsel einer Firma L. Cz. auf die Danziger Filiale der Beklagten, lautend über 3769,37 holländische Gulden, mit der Bitte, den Wechsel am Fälligkeitstage durch ihr Danziger Haus einzulösen und den Gegenwert auf das Konto Evangelos D., Larissa, bei der Deutschen Orientbank in Hamburg zu überweisen. Die Beklagte zog die Wechselsumme ein und überwies den Gegenwert dem genannten Konto in Papiermark. Die Klägerin war hiermit nicht einverstanden und erhob Klage auf Zahlung von 3769,37 holländischen Gulden nebst Zinsen.

Das Landgericht und das Oberlandesgericht gaben der Klage statt. Die Revision der Beklagten hatte keinen Erfolg.

Gründe:

Der Auftrag der Klägerin ging dahin, den Wechsel „einzulösen" und den „Gegenwert" dem Konto Evangelos D. zu „überweisen".

Die Beklagte behauptet, dieser Auftrag habe nur dahin verstanden werden können, daß der dem einkassierten Guldenbetrag damals entsprechende Markbetrag zu überweisen sei. Sie begründet ihre Meinung damit, daß dies der Sinn des Ausdrucks „Gegenwert" sei, daß die Klägerin, wenn sie etwas anderes gewollt habe, das Wort „effektiv" habe hinzufügen müssen, daß ihr das Bestehen eines Guldenkontos des Evangelos D. bei der Orientbank unbekannt gewesen sei, und daß Devisenbeträge damals nicht hätten „überwiesen" werden können. Diese Einwendungen sind vom Berufungsgericht mit Recht zurückgewiesen. Wie der Auftrag auszuführen war, hing grundsätzlich vom Willen des Klägers ab, soweit dieser Wille erkennbar gemacht war. Wenn nun zunächst der Streitfall für sich allein als Einzelfall betrachtet wird, so berechtigten die von der Beklagten hervorgehobenen, soeben angeführten Umstände nicht zu der Annahme, daß der Kläger mit einer Vergütung in Mark einverstanden war. Die Ausdrücke „Gegenwert" und „überweisen" werden im kaufmännischen Verkehr nicht durchgehends in so streng technischem Sinne gebraucht, daß aus ihnen irgend etwas Bestimmtes mit Sicherheit geschlossen werden konnte. Allerhöchstens waren sie — ebenso wie das Fehlen des Wortes „effektiv" — geeignet, Zweifel zu erwecken. Dann aber wäre es, wie das Berufungsgericht mit Recht angenommen hat, Pflicht der Beklagten gewesen, sich durch Rückfrage bei ihrem Auftraggeber zu vergewissern. Die Beklagte vermag also nur durchzudringen, wenn über die Besonderheiten des Einzelfalles hinaus damals ein Handelsbrauch bestand, eingezogene Scheck- oder Wechselbeträge, die in fremder Währung gezahlt waren, dem Auftraggeber im Zweifel in Mark zu vergüten. Davon kann aber nicht die Rede sein. Sicherlich ging das Bestreben der Banken dahin, derartiges durchzusetzen, und es wird auch nicht zu leugnen sein, daß sie je nach den Umständen manchen Kunden gegenüber damit Erfolg gehabt haben. Aber um einen Handelsbrauch oder eine Handelssitte annehmen zu können, dazu fehlten zwei Voraussetzungen: einmal die durchgehende Zustimmung und Rechtsüberzeugung von Handel und Gewerbe und zweitens der zur Bildung eines Handelsbrauchs erforderliche Zeitraum. Es ist also rechtlich nicht zu beanstanden, wenn das Berufungsgericht den Standpunkt der Beklagten mißbilligt hat, und es ist in formeller Hinsicht ebensowenig zu beanstanden, wenn es sich dafür auf das Urteil der ersten Instanz, der kaufmännisch besetzten Kammer für Handelssachen, bezogen hat. Dazu war es nach § 114 (118) GVG. (RGZ. Bd. 2 S. 384) berechtigt.

Die Revision hebt hervor, daß die Partei, die sich auf das Gutachten Sachverständiger ausdrücklich berufen habe, schlechter gestellt werde, wenn das Berufungsgericht, statt auf diesen Beweisantrag einzugehen, sich ohne weiteres auf die eigene Kenntnis der Kammer für Handelssachen stützen dürfe. Dem ist jedoch nicht zuzustimmen. Nach den Feststellungen des Berufungsgerichts über die Person der beiden beisitzenden Handelsrichter, die für die zur Erörterung stehende Frage besonders sachverständig seien, ist deren Meinungsäußerung einem Sachverständigengutachten gleichwertig. Auch wenn ein Sachverständiger im ersten Rechtszuge vernommen wäre, hätte das Berufungsgericht nach pflichtmäßigem Ermessen von der Wiederholung der Begutachtung im zweiten Rechtszuge absehen dürfen. Die Rechte der Beklagten sind also nicht dadurch beeinträchtigt, daß das Berufungsgericht sich auf die einem Gutachten gleichwertige Meinungsäußerung der Kammer für Handelssachen über die behauptete Handelsüblichkeit gestützt hat.

In der Revisionsinstanz hat die Beklagte weiter ein Gutachten der Berliner Handelskammer angeführt, wonach es Anfang Dezember 1922 in Berlin zwischen den Banken und ihrer Kundschaft „handelsüblich" gewesen sei, für Dollarschecks auf New York den Gegenwert im Zweifel in Papiermark gutzuschreiben. Das vermag jedoch — abgesehen von allen prozessualen Fragen — an der Sache nichts zu ändern. Daß die Banken so zu verfahren versuchten, ist unstreitig. Es ist aber nicht dargelegt, daß die Kunden sich dem in solcher Weise, in solcher Zahl und während so langer Zeit gefügt haben, um eine Handelsübung feststellen zu können.

Endlich hat die Revision gerügt, es sei nicht genügend erörtert, ob nicht ein Mitverschulden der Klägerin nach § 254 BGB. anzunehmen sei, insofern nur sie — nicht die Beklagte — habe wissen können, ob sie oder Evangelos D. Gulden gebraucht habe, und ob es nicht deshalb ihre Pflicht gewesen sei, den überwiesenen Markbetrag zu behalten und Gulden dafür zu kaufen, anstatt ihn zurückzuüberweisen. Auch dieser Rüge kann nicht stattgegeben werden. Der Beklagten war deutlich mitgeteilt, daß Evangelos D. die Mark zurückweise und Gulden zu haben wünsche. Damit war die Sachlage vollkommen klargestellt. Die Beklagte konnte tun, was ihren Interessen dienlich war. Es war nicht Sache der Klägerin, den Maßnahmen der Beklagten vorzugreifen.

---

9. Ist, soweit der Einwand der rechtskräftig entschiedenen Sache in Frage steht, das Revisionsgericht befugt, den Sinn eines vorangegangenen Schiedsspruchs frei zu prüfen?

ZPO. §§ 322, 561, 1040.

VI. Zivilsenat. Urt. v. 16. Januar 1925 i. S. P. & S. (Bekl.) w. K. (Kl.). VI 248/24.

I. Landgericht Hamburg, Kammer für Handelssachen.
II. Oberlandesgericht daselbst.

Durch Schiedsspruch vom 19. April 1923 ist die Beklagte wegen Nichtannahme einer Andienung von 5000 kg Kakaopulver aus einer Schlußnote vom 30. Januar 1923 verurteilt worden, als Schadensersatz an die Klägerin unverzüglich 38375000 *M* nebst Bankprovision und Zinsen zu zahlen, sowie die Kosten des schiedsgerichtlichen Verfahrens zu tragen. Dagegen ist der Anspruch der Klägerin, ihr auch den etwa bis zur Zahlung infolge Markentwertung eintretenden Schaden zu ersetzen, vom Schiedsgericht abgewiesen worden. Nachdem der Schiedsspruch auf Antrag der Klägerin durch Urteil vom 28. Juni 1923 für vollstreckbar erklärt worden war, hat die Beklagte den zugesprochenen Betrag nebst Provision und Zinsen sowie die Kosten im Gesamtbetrage von 39796000 *M* am 16. August 1923 gezahlt. Die Klägerin hat darauf den Ersatz des ihr durch die nicht rechtzeitige Erfüllung des Schiedsspruchs erwachsenen Geldentwertungsschadens gefordert und von diesem Schaden zunächst einen Teilbetrag von 5 Milliarden Mark gegen die Beklagte beim Landgericht in Hamburg eingeklagt, das sie aber mit ihrem Anspruch durch rechtskräftiges Urteil vom 22. November 1923 mit Rücksicht auf den Schiedsspruch abgewiesen hat. Im gegenwärtigen Prozesse verlangt sie einen weiteren Teil dieses Schadens in Höhe eines Markbetrags, der zur Zeit der Zahlung einem Betrage von 1999 Dollar entspricht. Das Landgericht wies auch diese Klage ab, indem es die auf Grund des Schiedsspruchs von der Beklagten erhobene Einrede der rechtskräftig entschiedenen Sache wiederum für durchgreifend erachtete. Das Berufungsgericht aber erklärte den Anspruch der Klägerin auf Ersatz des durch die verspätete Zahlung entstandenen Verzugsschadens unter Beschränkung auf die Zeit vom 23. April 1923 an als dem Grunde nach gerechtfertigt und wies die Sache zur weiteren Verhandlung an das Landgericht zurück.

Die Revision der Beklagten blieb erfolglos.

Gründe:

Das Berufungsgericht hat den Schiedsspruch, soweit darin die Abweisung des Geldentwertungsschadens ausgesprochen ist, dahin ausgelegt, daß sich die Abweisung nur auf den Geldentwertungsschaden bis zu der nach dem Schiedsspruch unverzüglich zu leistenden Zahlung bezogen hat. Da es sich um die Frage handelt, ob durch den Schiedsspruch über den jetzt eingeklagten Anspruch bereits rechtskräftig entschieden ist, so ist das Revisionsgericht in der Lage, die Richtigkeit dieser Auslegung nachzuprüfen. Denn ebenso, wie es beim Einwand der rechtskräftig entschiedenen Sache befugt ist, den Sinn des früheren Urteils frei zu prüfen (RGZ. Bd. 30 S. 141; JW. 1903 S. 50 Nr. 18), steht ihm dieses Recht auch beim Schiedsspruch zu, der unter den Parteien die Wirkung eines rechtskräftigen Urteils besitzt (§ 1040 ZPO.). Allerdings ist vom Reichsgericht die Befugnis zur selbständigen Auslegung eines Schiedsspruchs dem Revisionsgericht in mehreren Fällen abgesprochen worden (RGZ. Bd. 8 S. 377, Bd. 40 S. 418; JW. 1911 S. 51 Nr. 47); aber in allen diesen Fällen handelte es sich darum, im Zusammenhang mit dem Vertragswillen der Parteien, d. h. an der Hand des Schiedsvertrags, den Inhalt des Schiedsspruchs festzustellen. Im gegebenen Falle aber steht nicht in Frage, was die Parteien gewollt haben, und auch nicht, daß die verbindliche Kraft des Schiedsspruchs regelmäßig auf den Vertragswillen der Parteien zurückzuführen ist, sondern es dreht sich um die Erforschung des in dem Spruch bekundeten richterlichen Willens und dessen Bedeutung für den Sinn und Umfang des Schiedsspruchs. Zwar mag auch hierbei eine Rolle spielen, inwieweit die Parteien ihren Streit der schiedsgerichtlichen Entscheidung haben unterwerfen wollen; aber da auch hierfür die Auffassung des

Richters mitspricht, so ist der Inhalt der getroffenen Entscheidung am Ende doch aus dem Entscheidungswillen des Richters zu beurteilen, besonders wenn, wie hier, zu ermitteln ist, inwieweit ein Anspruch hat abgewiesen sein sollen. Es läßt sich deshalb kein Grund finden, in dieser Beziehung den Schiedsspruch anders zu behandeln, als das rechtskräftige Urteil.

Die Angriffe, welche die Revision gegen die Auslegung des Berufungsgerichts erhebt, sind jedoch unbegründet, denn auch bei freier Nachprüfung des Sinnes der schiedsgerichtlichen Entscheidung läßt sich zu keinem von der Beurteilung des Berufungsgerichts abweichenden Ergebnis gelangen. (Es folgt die Begründung hierfür.) Es kommt aber noch hinzu, daß die Klägerin im gegenwärtigen Prozesse den seit dem Erlaß des Schiedsspruchs eingetretenen Geldentwertungsschaden ausdrücklich als Verzugsschaden fordert. Der von ihr behauptete Verzug war zwar kein neuer, der erst mit der nicht rechtzeitigen Erfüllung des Schiedsspruchs begonnen hat, sondern lediglich eine Fortsetzung des Verzugs mit der Leistung des Schadensersatzes, der von der Beklagten wegen der Nichterfüllung des Kaufvertrags geschuldet war. Aber im Schiedsverfahren war nicht erkenntlich gemacht, daß die Ausgleichung der Geldentwertung aus diesem Verzuge gefordert würde. Deshalb kann sie die Klägerin trotz der Bezeichnung als Schadensersatz vielleicht auch nur auf Grund des § 242 BGB. als Aufwertung verlangt haben, zumal bei den Geldentwertungsansprüchen, wenn auch nicht genau, so doch ziemlich allgemein, schlechtweg von Geldentwertungsschaden gesprochen zu werden pflegt. Beide Ansprüche sind aber, obwohl sie im Ergebnis vielfach auf dasselbe hinauslaufen, rechtlich voneinander verschieden, weil bei der Anwendung des § 242 BGB. die Geldentwertung nur nach Billigkeit zu berücksichtigen ist und dies unter Umständen nur zu einer geringen Aufwertung führen kann, während bei dem auf verschuldeter Zahlungsverspätung beruhenden Schadensersatz die Geldentwertung grundsätzlich voll auszugleichen ist. Es kann darum auch aus diesem Grunde nicht als bewiesen gelten, daß über den jetzigen Anspruch bereits durch den Schiedsspruch rechtskräftig erkannt ist, zumal auch die Begründung der Abweisung im Schiedsspruch dafür spricht, daß der Anspruch als Aufwertungsanspruch angesehen worden ist.

10. Wird in den Fällen der §§ 307, 309 BGB. der auf die Kenntnis des Gegners von der Nichtigkeit des Vertrags gestützte Schadensersatzanspruch nur dadurch ausgeschlossen, daß der Schadensersatz fordernde Teil Kenntnis von der Nichtigkeit hatte, oder auch dadurch, daß er sich fahrlässigerweise in Unkenntnis der Nichtigkeit befand?

VI. Zivilsenat. Urt. v. 16. Januar 1925 i. S. J. & A. (Kl.) w. F. (Bekl.). VI 334/24.

I. Landgericht Flensburg.
II. Oberlandesgericht Kiel.

Die Klägerin hat am 12. Februar 1923 an den Beklagten 300 Zentner Roggen zum Preise von 80000 Papiermark für jeden Zentner, abrufbar bis zum 16. März 1923 ohne Nachfrist, zu den Bedingungen des Mecklenburgisch-Vorpommerschen Schlußscheins verkauft. Am 15. März 1923 hat der Beklagte der Klägerin mitgeteilt, daß er die Erfüllung des Geschäfts verweigere, weil der Kaufabschluß mangels Handelserlaubnis beider Parteien nichtig sei. Die Klägerin hat darauf das im Vertrag vorgesehene Schiedsgericht des Vereins der Mecklenburgisch-Vorpommerschen Getreidehändler angerufen, das den Beklagten durch Spruch vom 14. April 1923 zur Zahlung von 13609000 M Schadensersatz wegen Nichterfüllung und zur Tragung der schiedsgerichtlichen Kosten verurteilt hat.

Mit der gegenwärtigen Klage hat die Klägerin die Vollstreckbarkeitserklärung des Schiedsspruchs verlangt und für den Fall, daß wegen ungültigen Schiedsvertrags die Unzulässigkeit des Schiedsverfahrens angenommen werden sollte, um die Verurteilung des Beklagten zur Zahlung der ihr im Schiedsspruch zugesprochenen Summe nebst Kosten gebeten. Außerdem hat sie beantragt, den Beklagten zum Ersatz des ihr durch seinen Verzug entstandenen Schadens zu verurteilen. Ihren Hilfsantrag zur Hauptsache hat sie auf die §§ 307, 309 BGB. gestützt. Der Beklagte hat dem Hauptantrag auf Vollstreckbarkeitserklärung des Schiedsspruchs widersprochen, weil zufolge der Nichtigkeit des Kaufvertrags auch die Vereinbarung der Schiedsklausel ungültig und darum das Schiedsverfahren unzulässig gewesen sei. Dem Schadensersatzanspruch aus §§ 307, 309 BGB.

hat er entgegengehalten, daß er die Nichtigkeit des Kaufvertrags weder gekannt habe, noch habe kennen müssen, wohl aber bei der Klägerin diese Kenntnis oder fahrlässige Unkenntnis vorhanden gewesen sei. Die Klägerin hat dieses bestritten und im Gegensatz zu dem Beklagten behauptet, daß eine Handelserlaubnis für das Kaufgeschäft nicht erforderlich gewesen sei, weil der Beklagte von ihr den Roggen zur Erfüllung seiner Umlagepflicht gekauft habe.

Das Landgericht wies den Hauptantrag ab und verurteilte den Beklagten auf die anderen beiden Anträge, an die Klägerin 3075 Goldmark zu zahlen und die Kosten zu tragen. Das Oberlandesgericht wies die Klage in vollem Umfang ab. Die Revision der Klägerin blieb erfolglos.

Gründe:

Das Berufungsgericht stellt aus tatsächlichen Erwägungen fest, daß der Beklagte den Roggen nicht für seinen Bedarf zur Deckung der Getreideumlage von der Klägerin gekauft hat, sondern daß der Kauf von ihm zu einem Spekulationszweck abgeschlossen worden ist. Wenn es unter diesen Umständen auf Grund der Verordnung vom 24. Juni 1916 in Verbindung mit Art. III Nr. 1 § 4b der Verordnung vom 27. November 1919 für beide Parteien eine Handelserlaubnis für erforderlich gehalten hat und wegen ihres Fehlens beim Beklagten den Kaufvertrag als nichtig angesehen hat, so ist dies rechtlich nicht zu beanstanden.

Ob aus der Nichtigkeit des Kaufvertrags ohne weiteres auch die Ungültigkeit des Schiedsvertrags herzuleiten gewesen wäre, wenn der Schiedsvertrag den Inhalt gehabt hätte, daß das Schiedsgericht auch über die Gültigkeit des Kaufvertrags sollte befinden dürfen, könnte fraglich sein. Denn in solchem Fall wäre möglicherweise die Schiedsklausel nicht bloß ein Bestandteil des Kaufvertrags, sondern eine selbständige, neben diesem bestehende Abrede gewesen und deshalb von der Nichtigkeit des Kaufvertrags nicht unbedingt betroffen worden. Aber die Klägerin hat nach dieser Richtung keine Behauptungen aufgestellt, sondern mit dem Beklagten den Standpunkt eingenommen, daß im Falle der Nichtigkeit des Kaufvertrags auch die Schiedsabrede hinfällig wurde und somit nur als Bestandteil des Kaufvertrags von den Parteien gedacht worden ist. Deshalb war es nicht rechtsirrtümlich, wenn das Berufungsgericht wegen der Nichtigkeit des Kaufvertrags das Schiedsverfahren für unzulässig gehalten und demzufolge die Klage auf Vollstreckbarkeitserklärung des Schiedsspruchs abgewiesen hat.

Der hilfsweise geltend gemachte Schadensersatzanspruch aus §§ 307, 309 BGB., der übrigens, was das Berufungsgericht verkennt, nichts anderes ist, als ein Schadensersatzanspruch für Verschulden beim Vertragsschluß (RGZ. Bd. 95 S. 60), setzt voraus, daß der Beklagte die Nichtigkeit des Kaufvertrags gekannt hat oder hätte kennen müssen. Die Revision wirft dem Berufungsgericht zu Unrecht vor, daß es sich der Feststellung dieser Voraussetzungen nicht deshalb hätte überhoben sehen dürfen, weil auch die Klägerin die Nichtigkeit des Kaufvertrags hätte erkennen müssen. Denn daß die fahrlässige Unkenntnis der Klägerin zum Ausschluß des Schadensersatzanspruchs nicht ausgereicht hätte, wenn der Beklagte die wahre Kenntnis von der Nichtigkeit des Kaufvertrags gehabt hat, kann der Revision nicht zugegeben werden. Das Gesetz gibt keinen Anhalt dafür, daß das Kennen des einen Teils durch das bloße Kennenmüssen des anderen Teils nicht aufgewogen wird und daß ein auf die Kenntnis des Gegners gestützter Schadensersatzanspruch auch wieder nur durch die Kenntnis, und nicht durch die fahrlässige Unkenntnis des schadensersatzberechtigten Vertragsteils ausgeschlossen wird. Vielmehr muß ebenso, wie eine der beiden Alternativen zur Begründung des Schadensersatzanspruchs ausreicht, auch jede von ihnen zu seinem Ausschluß genügen, weil die in den §§ 307, 309 BGB. erfolgte Berücksichtigung des beiderseitigen Verschuldens nicht auf dem Gedanken des § 254 BGB. beruht (RGZ. Bd. 57 S. 89, Bd. 105 S. 412), sondern die ursprüngliche Voraussetzung für den Schadensersatzanspruch fehlt, wenn sich der Schadensersatz fordernde Teil zufolge seiner eigenen Kenntnis oder schuldhaften Unkenntnis von der Nichtigkeit des Vertrags über seine Irreführung durch den Gegner nicht beschweren kann (vgl. auch Planck-Siber Erl. 1 zu § 307; Staudinger Erl. 3 dazu). Daß es, wie die Revision meint, schon den Grundsätzen gesunder Vernunft entspricht, die Folgen der Kenntnis nicht auch durch eine fahrlässige Unkenntnis des anderen Teils auszuschließen, ist nicht zutreffend und wird auch nicht durch die Erwägung getragen, daß das Gegenteil auf eine besondere Begünstigung des sonst vom Gesetz besonders scharf behandelten Vorsatzes hinauslaufen würde (so Oertmann, „Schuldverhältnisse" Erl. 4 zu § 307). Denn indem das Gesetz sowohl für die Begründung wie für den Ausschluß des Schadensersatzanspruchs das Kennen und Kennenmüssen vollkommen gleichstellt, will es zwischen beiden keinen Unterschied machen. Seine Berechtigung kann darum auch nicht in dem Verhältnis beider Alternativen zueinander anerkannt werden. Darum wäre es auch willkürlich, die zweite Alternative von Satz 2 ausschließlich auf die entsprechende zweite Alternative von Satz 1 zu beziehen (Oertmann a. a. O.).

Die Fahrlässigkeit der Klägerin hat das Berufungsgericht zwar hauptsächlich auf die Frage abgestellt, ob sie ohne Verschulden über die spekulative Natur des Kaufgeschäfts in Unkenntnis gewesen ist, während es in Wirklichkeit darauf ankommt, ob die Klägerin die Nichtigkeit des Vertrags, also die Rechtsfolge, hätte kennen müssen. Aber ein Rechtsirrtum fällt ihm hierbei nicht zur Last. Da die fahrlässige Unkenntnis des Nichtigkeitsgrundes die notwendige Voraussetzung für die schuldhafte Unkenntnis der Nichtigkeit ist, so war es richtig, zunächst die Kenntnis oder das Kennenmüssen vom Zweck des Kaufgeschäfts auf seiten des Beklagten zu untersuchen. Im Anschluß daran hätte allerdings auch die Feststellung getroffen werden müssen, daß die Klägerin, wenn sie aus Fahrlässigkeit den Kaufzweck des Beklagten nicht erkannt hat, sich auch über die Nichtigkeit des Kaufvertrags in fahrlässiger Unkenntnis befunden hat, weil ihr die Bestimmungen der in Frage kommenden Verordnungen über den Handel mit Lebensmitteln wegen ihrer berufsmäßigen Tätigkeit im Getreidehandel oder auch aus anderen Gründen geläufig gewesen sind. Aber da das Berufungsgericht an anderer Stelle ausdrücklich feststellt, daß die Unkenntnis der Nichtigkeit des Vertrags bei der Klägerin auf Fahrlässigkeit beruht hat, so ist die aus der fahrlässigen Unkenntnis des Nichtigkeitsgrundes gebotene Schlußfolgerung ersichtlich nicht unterblieben und darum die hervorgehobene Unterlassung unschädlich.

---

11. 1. Ist das eine prozeßhindernde Einrede verwerfende Urteil auch dann in betreff der Rechtsmittel als Endurteil anzusehen, wenn das Gericht abgesonderte Verhandlung über die Einrede nicht angeordnet hat?

2. Ist ein die Einrede der örtlichen Unzuständigkeit verwerfendes Urteil mit der Berufung anfechtbar?

ZPO. §§ 275, 303, 512a.

III. Zivilsenat. Beschl. v. 16. Januar 1925 i. S. B. (Bekl.) w. P. (Kl.) III B. 1/25.

I. Landgericht Kiel.
II. Oberlandesgericht daselbst.

Gründe:

Der Kläger hat Klage erhoben auf Zahlung von 12128,35 *M* nebst Zinsen als Vergütung für die Leitung eines Neubaues. Der Beklagte hat die Einrede der örtlichen Unzuständigkeit erhoben. Der Einzelrichter des Landgerichts hat durch Zwischenurteil die Einrede verworfen. Die vom Beklagten eingelegte Berufung hat das Oberlandesgericht durch Beschluß als unzulässig verworfen. Gegen diesen Beschluß richtet sich die frist- und formgerecht eingelegte Beschwerde des Beklagten.

Das Oberlandesgericht legt zunächst dar, daß die Entscheidung des Gerichts erster Instanz gemäß § 512a ZPO. jeder Nachprüfung entzogen sei, und fügt dann hinzu, es komme deshalb im vorliegenden Falle nicht darauf an, ob sie schon aus dem Grunde der Berufung entzogen sei, weil der Einzelrichter hier ein Zwischenurteil gemäß § 303 ZPO. habe fällen wollen, wofür der Umstand spräche, daß er die abgesonderte Verhandlung laut Protokoll nicht besonders durch Beschluß angeordnet habe, oder ob der Einzelrichter ein Zwischenurteil gemäß § 275 Abs. 1 und 2 ZPO. habe erlassen wollen und die Anordnung der abgesonderten Verhandlung nur versehentlich unterlassen habe, so daß ein Verfahrensmangel vorläge. Dieser vom Vorderrichter hinsichtlich der Anwendbarkeit des § 275 Abs. 2 ZPO. gehegte Zweifel erledigt sich jedoch ohne weiteres dadurch, daß nach der Neufassung des § 303 ZPO. ein Zwischenurteil über ein einzelnes selbständiges Angriffs- oder Verteidigungsmittel nicht mehr zulässig ist. Ein Urteil, das eine prozeßhindernde Einrede verwirft, kann also seine Rechtsgrundlage nur noch in § 275 ZPO. finden und steht deshalb in betreff der Rechtsmittel einem Endurteil gleich, selbst wenn es unter Nichtbeachtung des Abs. 1 dieser Vorschrift erlassen ist. Es fehlt an einem Anhalt, daß der Einzelrichter des Landgerichts, der seine Befugnis, über die Unzuständigkeitseinrede zu entscheiden, nur dem nach seiner Wortfassung ersichtlich auf § 275 zurückverweisenden § 349 Abs. 1 Nr. 2 ZPO. entnehmen konnte, diese Rechtslage verkannt hätte. Er hat allerdings die Einrede durch Urteil verworfen, ohne daß zuvor abgesonderte Verhandlung über sie angeordnet war. Darin liegt aber, da sich infolge der erwähnten Gesetzesänderung die Annahme eines Zwischenurteils im Sinne des § 303 ZPO. verbietet, nur ein für die Zulässigkeit der Urteilsanfechtung unwesentlicher Prozeßverstoß, und zwar einerlei, ob der Einzelrichter abgesonderte Verhandlung über die Einrede selbst hätte anordnen dürfen, oder ob er sie der Zivilkammer hätte überlassen müssen. Da weder vom Einzelrichter noch von der Zivilkammer eine solche Anordnung ergangen ist, kann die in der Vorinstanz eingehend behandelte Frage, wer zu ihr befugt gewesen wäre, nicht weiter erörtert werden.

Das die Unzuständigkeitseinrede verwerfende Urteil des Einzelrichters des Landgerichts steht sonach gemäß § 275 Abs. 2 in Verbindung mit § 350 Abs. 2 ZPO. hinsichtlich seiner Anfechtbarkeit einem landgerichtlichen Endurteil gleich. Sie wird aber — und darin ist dem Oberlandesgericht beizutreten — durch § 512a ZPO. ausgeschlossen. Nach dieser Vorschrift kann die Berufung in Streitigkeiten über vermögensrechtliche Ansprüche — ein solcher ist hier Gegenstand des Prozesses — nicht darauf gestützt werden, daß das Gericht erster Instanz seine örtliche Zuständigkeit mit Unrecht angenommen hat. Es können also, wenn die Bejahung der örtlichen Zuständigkeit in einem zur Hauptsache ergangenen Urteil ausgesprochen ist, in der Berufungsinstanz Angriffe gegen die Entscheidung in diesem Punkte nicht mehr erhoben werden. Ein Urteil aber, das lediglich die örtliche Zuständigkeit bejaht, ist durch diese Bestimmung der Berufung schlechthin entzogen. Sie ist gegen ein Urteil solchen Inhalts überhaupt unzulässig. Dem uneingeschränkten Wortlaute der Vorschrift gegenüber ist es unmöglich, ihre Anwendbarkeit zu begrenzen auf Urteile der erstgenannten Art, auf solche, die auch in der Sache selbst entscheiden. Es liegt kein innerer Grund vor, Urteile, welche lediglich die Einrede der örtlichen Unzuständigkeit verwerfen, der Anwendung des § 512a ZPO. zu entziehen. Die höheren Instanzen sollen, wie die jetzt geltende Zivilprozeßordnung mit besonderer Deutlichkeit erkennen läßt, von Zuständigkeitsfragen möglichst verschont bleiben; diese sollen zudem mit tunlichster Beschleunigung erledigt werden. Dem dient für den Fall der Verneinung der Zuständigkeit durch das angegangene Gericht der § 276 ZPO., der die Verweisung an das zuständige Gericht durch unanfechtbaren Beschluß zuläßt. Für den Fall der Bejahung der örtlichen Zuständigkeit (für den Fall der Bejahung der sachlichen Zuständigkeit durch das Landgericht vgl. den bereits früher geltenden § 10 ZPO.) soll § 512a ZPO. die Erreichung des angestrebten Zieles gewährleisten. Damit wäre eine Anfechtbarkeit auch nur der nach § 275 ZPO. erlassenen Urteile unvereinbar. Zutreffend hat das Oberlandesgericht bereits auf den § 549 Abs. 2 ZPO. verwiesen, der, durch die Novelle von 1905 geschaffen, schon früher für die Revision die Einschränkung gebracht hat, die jetzt § 512a ZPO. für die Berufung einführt. Ihn hat das Reichsgericht (RGZ. Bd. 93 S. 351 und JW. 1916 S. 1022 Nr. 11) bereits ohne Bedenken auf Entscheidungen angewendet, die lediglich die Einrede der örtlichen Unzuständigkeit verworfen hatten. Es hat sie für unanfechtbar erklärt und eine Revision dagegen auch mit der Begründung nicht zugelassen, daß dem Vorderrichter ein Verstoß gegen andere Prozeßnormen als die Zuständigkeitsvorschriften zur Last falle. Für die Berufung muß nach § 512a ZPO. dasselbe gelten.

Das Oberlandesgericht hat die genannte Vorschrift demnach mit Recht auf den vorliegenden Fall für anwendbar erklärt. Die Beschwerde des Beklagten ist als unbegründet zurückzuweisen.

---

12. 1. Unter welchen Voraussetzungen darf der Spediteur von den Anweisungen seines Auftraggebers abweichen?

2. Kann der Spediteur, der von den Anweisungen seines Auftraggebers abgewichen ist, sich auf Freizeichnungen in den allgemeinen Geschäftsbedingungen von Spediteuren berufen?

HGB. §§ 407, 408, 413.

I. Zivilsenat. Urt. v. 17. Januar 1925 i. S. Sch. & Co. (Bekl.) w. St. & Söhne (Kl.). I 39 u. 227/24.

I. Landgericht Köln, Kammer für Handelssachen.
II. Oberlandesgericht daselbst.

Die Kunsthandlung Dr. in München beauftragte im November 1919 die in München ansässige Beklagte, zwei Ölgemälde an die Klägerin in Köln als Eilgut zu senden. Dabei übergab sie der Beklagten einen von ihr als Absenderin ausgestellten und unterzeichneten, für Eisenbahnbeförderungen vorgesehenen „Eilfrachtbrief" vom 6. November 1919. In diesem Frachtbrief war die Klägerin als Empfängerin aufgeführt und das Frachtgut als eine Kiste bezeichnet, als Inhalt waren 2 Ölgemälde und als Wert 5000 *M* angegeben. Die Beklagte leitete die Kiste in einer Eilgutsammelladung an die Mannheimer Lagerhausgesellschaft in Mannheim mit dem Auftrage, sie zu Schiff an die Alltrans AG. in Köln weiterzusenden. Gleichzeitig beauftragte sie die Alltrans in Köln, die Kiste nach Ankunft an die Klägerin auszuliefern, veranlaßte auch, daß die Kiste für die Beförderung zu Schiff mit 5000 *M* versichert wurde. Die Kiste wurde dann mit einem Dampfer der Niederländischen Dampfschiffreederei als Sammelgut von Mannheim nach Köln befördert und dort in der von der Kölner Speditions- und Transportgesellschaft m. b. H. verwalteten Lagerhalle der Reederei untergebracht. Dies soll am 5. oder 7. Dezember 1919 geschehen sein. Am 8. Dezember versuchte die Alltrans AG. die Kiste mit den Ölgemälden zu erlangen, erhielt sie aber nicht ausgeliefert, weil sie angeblich in der Lagerhalle nicht aufzufinden war. Die Kiste war aber offenbar in der Lagerhalle vorhanden, denn sie ist dort in das am 26. Dezember 1919 und erneut Mitte Januar 1920 aufgetretene Hochwasser geraten, das die Lagerhalle überflutete. Sie ist mit den Gemälden, die stark beschädigt waren, Ende Januar 1920 an die Klägerin ausgehändigt worden. Die Firma Dr. hat die ihr als Absenderin zustehenden Ansprüche an die Klägerin abgetreten. Diese verlangte Ersatz des auf 200000 *M* bezifferten Schadens von der Beklagten und der zunächst mitbeklagten Niederländischen Dampfschiffreederei.

Das Landgericht erklärte den Anspruch gegenüber der Beklagten dem Grunde nach für gerechtfertigt, wies aber die Klage gegenüber der Reederei ab. Die Berufung der Beklagten wurde zurückgewiesen. Auch die Revision hatte keinen Erfolg.

Gründe:

1. Das Berufungsgericht hat ausgeführt, die Zedentin der Klägerin, die Firma Dr. in München, habe durch Übergabe des von ihr ausgefüllten und unterschriebenen Eilfrachtbriefes vom 6. November 1919 der Beklagten den Auftrag erteilt, die Kiste mit den Ölgemälden an die Klägerin als Eilgut mit der Eisenbahn zu senden. Von der ihr so gegebenen Anweisung sei die Beklagte wissentlich abgewichen, indem sie die Kiste zwar bis Mannheim mit der Bahn als Sammelladung, dann aber, und zwar gleichfalls als Sammelladung, zu Schiff nach Köln an die Alltrans AG. geschickt habe. Zu einer solchen Abweichung von der ausschließlich auf Bahnbeförderung lautenden Anweisung des Absenders wäre die Beklagte ohne ausdrückliche Einholung des Einverständnisses der Absenderin nur berechtigt gewesen, wenn dafür ganz dringende Gründe vorgelegen hätten und anzunehmen gewesen wäre, daß die Absenderin mit dieser Abweichung einverstanden sein würde. Das sei aber nicht der Fall gewesen. Insbesondere habe die Beklagte aus besonderen, vom Berufungsgericht näher dargelegten Gründen damit rechnen müssen, daß das Frachtgut von der Absenderin nur für die von ihr vorgesehene Bahnbeförderung, und zwar über den in dem Eilfrachtbrief angegebenen Wert von 5000 ℳ hinaus, versichert worden sei, wie dies auch tatsächlich der Fall gewesen sei. Diese Versicherung sei durch die von der Beklagten ohne Wissen der Absenderin veranlaßte Beförderung zu Schiff ab Mannheim hinfällig geworden. Einen ausreichenden Ersatz dafür habe die Beklagte durch die von ihr vorgenommene Nachversicherung nicht herbeigeführt, was sie bei Anwendung gehöriger Sorgfalt hätte erkennen müssen. Denn diese Nachversicherung habe nur auf 5000 ℳ gelautet und nur die eigentliche Beförderung zu Schiff gedeckt, während — auch für die Beklagte erkennbar — der wahre Wert der Güter weit höher gewesen sei und die Reisegefahr für die Güter während ihres Aufenthalts oder Lagerns in Güterhallen usw. viel größer gewesen sei, als während der eigentlichen Beförderung und außerdem die Reedereien vertraglich die Haftung für die Güter während ihres Lagerns am Lande ablehnten.

Diese Erwägungen des Berufungsgerichts bewegen sich im wesentlichen auf tatsächlichem Gebiet und lassen einen Rechtsirrtum nicht erkennen. Die dagegen von der Revision erhobenen Einwendungen sind nicht gerechtfertigt. Wenn, wie das Berufungsgericht ohne ersichtlichen Rechtsirrtum annimmt, unter den obwaltenden Umständen die Übergabe des Eilfrachtbriefs an die Beklagte, auch für diese erkennbar, die Weisung enthielt, die Güter mit der Eisenbahn an die Klägerin nach Köln zu schicken, so bedeutete das Vorgehen der Beklagten allerdings eine wissentliche Abweichung von diesem Auftrag. Und wenn eine Abweichung von diesem Auftrag ohne gehörige und rechtzeitige Mitteilung an die Absenderin die vom Berufungsgericht dargelegten schwerwiegenden und für die Beklagte vorhersehbaren Folgen hatte, so durfte diese die Einholung einer Genehmigung der Absenderin selbst dann nicht unterlassen, wenn die Firma Dr. in ihrem früheren Geschäftsverhältnis zur Beklagten gegen Abweichungen von ihren für den Versand erteilten Anweisungen keinen Widerspruch erhoben haben sollte. Bei dieser Sachlage ist die von der Beklagten aufgestellte Behauptung, daß die Firma Dr. bei rechtzeitiger Benachrichtigung mit den Maßnahmen der Beklagten ohne weiteres einverstanden gewesen sein würde, nicht schlüssig. Denn ein solches Einverständnis konnte grundsätzlich nur dann in Frage kommen, wenn der geänderte Reiseweg, insbesondere die Beförderung zu Schiff und die anschließende Lagerung der Güter in dem Reedereischuppen, in derselben Weise durch Versicherung gedeckt worden wäre, wie dies durch die von der Absenderin für die Bahnbeförderung genommene Versicherung der Fall war.

2. Wären die Güter in der von der Absenderin laut Eilfrachtbrief vom 6. November 1919 vorgesehenen Weise ausschließlich mit der Bahn befördert worden, so wäre nach den Feststellungen des Berufungsgerichts die ganze Reise durch eine den vollen Wert der Güter umfassende Versicherung gedeckt gewesen. Es würde der streitige Schaden entweder überhaupt nicht entstanden oder durch die Versicherung abgegolten sein. Das Berufungsgericht hat daher ohne Rechtsirrtum einen ursächlichen Zusammenhang zwischen dem geschilderten Verhalten der Beklagten und dem eingeklagten Schaden bejaht. Die Möglichkeit, daß das Vorgehen der Beklagten einen derartigen Schaden im Gefolge hatte, und daß dies von der Beklagten bei gehöriger Sorgfalt in den Kreis ihrer Erwägungen gezogen werden mußte, ist vom Berufungsgericht eingehend und rechtlich unbedenklich dargelegt worden.

3. Nach den Feststellungen des Berufungsgerichts ist davon auszugehen, daß der Schaden für die Absenderin und die Klägerin nicht eingetreten wäre, wenn die Beklagte die Versendung so ausgeführt hätte, wie sie laut Eilfrachtbrief vom 6. November 1919 vorgesehen war. Es ist daher unerheblich und kann jedenfalls nicht, wie die Revision meint, der Absenderin zum Verschulden zugerechnet werden, daß sie nicht die Beklagte angewiesen hat, die Beförderung möglichst bis zur Wiederaufnahme des Personenzugverkehrs zurückzustellen, weil dann die Beförderung als beschleunigtes Eilgut möglich gewesen wäre. Denn tatsächlich hätte die Beförderung als einfaches Eilgut genügt, wenn sie nur auf der ganzen Strecke durch die Eisenbahn erfolgt wäre. Des weiteren hat das Berufungsgericht mit eingehender und rechtlich nicht zu beanstandender Begründung dargelegt, daß die Absenderin unter den besonderen obwaltenden Umständen die Beklagte nicht auf den die Summe von 5000 *M* übersteigenden Wert der Güter oder darauf ausdrücklich hinzuweisen brauchte, daß eine Versicherung nur für die Bahnbeförderung genommen sei. Auch lassen die Ausführungen des Berufungsgerichts zur Genüge erkennen, daß es der Absenderin nicht zum Verschulden zugerechnet werden kann, wenn nicht rechtzeitig, d. h. bevor der Schade an den Gütern entstanden war, wegen ihres Fehlens bei der Beklagten Beschwerde geführt oder die Beklagte auf den hohen Wert der Güter aufmerksam gemacht worden ist.

4. Die im wesentlichen auf tatsächlichem Gebiet liegende Feststellung des Berufungsgerichts, daß die Eigenschaft der Güter (Ölgemälde) als Kunstgegenstände der Beklagten genügend deutlich erkennbar gemacht sei, läßt einen Rechtsirrtum nicht erkennen. Im übrigen hat das Berufungsgericht mit Recht angenommen, daß die Beklagte, wenn sie — wovon nach obigem auszugehen ist — in unzulässiger Weise wissentlich von den ihr seitens der Absenderin hinsichtlich der Versendung gegebenen Weisungen abgewichen ist, sich nicht auf die einschlägigen Freizeichnungen in den Allgemeinen Beförderungsbedingungen des Vereins deutscher Spediteure berufen kann. Es liegt ein vertragswidriges Verhalten der Beklagten bei der Versendung der Güter vor, welches für den Schaden ursächlich gewesen ist. Diese Verletzung des mit der Absenderin geschlossenen Vertrags hat die Beklagte als eigenes Verschulden ihrer Vertrags-

gegnerin gegenüber zu vertreten. Einem solchen, auf wissentlicher Vertragsverletzung beruhenden eigenen Verschulden der Beklagten gegenüber kommen die betreffenden Freizeichnungsklauseln nicht in Betracht. Und zwar gilt dies ohne Rücksicht darauf, ob die von dem Berufungsgericht vertretene Annahme einer Monopolstellung der Beklagten als Mitglieds des Vereins deutscher Spediteure begründet ist oder nicht.

Damit entfällt die Bezugnahme der Beklagten auf die Allgemeinen Beförderungsbedingungen des Vereins deutscher Spediteure sowohl wegen der Beschränkung der Höchstgrenze der Haftpflicht der Beklagten als auch hinsichtlich der Ausschließung von § 413 Abs. 2 HGB. bei Sammelladungen. Dabei ist zu beachten, daß die Beklagte nach dem Tatbestand und der Begründung des Berufungsurteils die Güter auch auf der Strecke von Mannheim nach Köln als Sammelladung befördert hat oder hat befördern lassen. Demgemäß hatte die Beklagte auch für diese Strecke ausschließlich die Rechte und Pflichten eines Frachtführers. Sie haftet also gemäß § 429 HGB. grundsätzlich für die Beschädigung, welche die Güter bis zu ihrer Ablieferung an die Klägerin erlitten haben. Und zwar hat sie auch für ein etwaiges Verschulden der Kölner Speditions- und Transportgesellschaft oder der Niederländischen Dampfschiffreederei oder der Alltrans gegenüber der Absenderin und somit auch gegenüber der Klägerin einzustehen. Denn jene Gesellschaften waren die Erfüllungsgehilfen der Beklagten bei Erledigung der von ihr gemäß § 413 HGB. übernommenen Pflichten eines Frachtführers (§ 432 HGB.).

Demgemäß ist die Revision zurückgewiesen worden.

Vom Berufungsgericht ist auch über die Kosten der Berufungsinstanz entschieden worden, obgleich der Klaganspruch gegen die Beklagte noch nicht endgültig klargestellt, vielmehr bislang nur dem Grunde nach für berechtigt erklärt worden ist. Diese Kostenentscheidung war — wie mit dem Urteil des Reichsgerichts vom 21. Februar 1922 III 353/21 im Gegensatz zu der bei Gruchot Bd. 48 S. 911 Nr. 90 abgedruckten Entscheidung anzunehmen ist — formell nicht erforderlich, wohl aber rechtlich zulässig....

13. 1. Zulässigkeit der weiteren Beschwerde gegen eine auf Anordnung des Beschwerdegerichts vorgenommene Grundbucheintragung.

2. Kann die Wiedereintragung auf Grund der 3. Steuernotverordnung aufzuwertender Hypotheken, die auf Grund einer unter Vorbehalt ausgestellten Quittung gelöscht worden sind, im Wege des Grundbuchberichtigungsverfahrens gemäß § 22 GBO. erfolgen?

3. Darf im Beschwerdeverfahren die Wiedereintragung der Hypothek oder nur die Eintragung eines Widerspruchs angeordnet werden?

4. Ist die Wiedereintragung zum Papiermarkbetrage in voller Höhe für den Gläubiger statthaft oder nur zu dem aufgewerteten Goldmarkbetrage des dem Gläubiger nach Abzug der geleisteten Zahlungen verbliebenen Restbetrags?

5. Ist es für die Berechnung des Restbetrags von Bedeutung, ob die geleisteten Teilzahlungen vom Gläubiger mit oder ohne Vorbehalt angenommen worden sind?

6. Wie ist der nach der 3. StNVO. aufzuwertende Restbetrag der Hypothek zu berechnen?

7. In welcher Fassung ist der Widerspruch gegen die Richtigkeit des Grundbuchs einzutragen, wenn der ziffermäßige Betrag der Resthypothek nicht angegeben werden kann?

Grundbuchordnung §§ 22, 54, 71. 3. Steuernotverordnung vom 14. Februar 1924 §§ 1, 2, 11. BGB. § 242.

V. Zivilsenat. Beschl. v. 13. März 1925 in der Grundbuchsache Münster Bd. 163 Bl. 2255. V B. 3/25.

I. Amtsgericht Münster.
II. Landgericht daselbst.

Aus den Gründen:

Eingetragene Eigentümer des Grundstücks Münster Band 163 Blatt 2255 sind die Witwe R. und ihre drei Kinder, die in fortgesetzter allgemeiner Gütergemeinschaft des Bürgerlichen Gesetzbuchs leben. In Abt. III Nr. 1 des Grundbuchs stand seit 1906 eine brieflose Hypothek von 106000 ℳ für ein Annuitätendarlehn der Bayerischen Hypotheken- und Wechselbank in München eingetragen. In der notariell beglaubigten Erklärung vom 28./29. September 1923 bekannte die Gläubigerin, die Darlehnsforderung teils durch Fortentrichtung der vereinbarten Annuitäten seitens der sukzessiven Eigentümer teils den Restbetrag durch die Witwe R. am 26. September 1923 zurückbezahlt erhalten zu haben, und willigte in die Berichtigung des Grundbuchs. Diesen Erklärungen war folgender Vorbehalt beigefügt:

> Unbeschadet ihrer vorstehenden Zustimmung zur grundbuchamtlichen Löschung behält sich die Bank, vor allem für den Fall einer Änderung der Gesetzgebung oder Rechtsprechung, alle Ansprüche vor, insbesondere soweit ihre Befriedigung in einer gegenüber dem hingegebenen Darlehn minderwertigen Valuta erfolgte.

Auf Grund dieser Erklärung der Gläubigerin und des Antrags der Witwe R. wurde die Hypothek am 8. November 1923 im Grundbuch gelöscht. Die Bank beantragte im August 1924 mit Rücksicht auf den von ihr gemachten Vorbehalt unter Bezugnahme auf die Vorschriften der 3. Steuernotverordnung (StNVO.) die Wiedereintragung der gelöschten Papiermarkhypothek. Das Grundbuchamt lehnte den Antrag ab, das Landgericht ordnete auf die Beschwerde der Bank die Wiedereintragung der gelöschten Hypothek an. Das Grundbuchamt trug darauf die Hypothek am 28. November 1924 wieder ein. Mit der weiteren Beschwerde hat die Witwe R. beantragt, die wiedereingetragene Hypothek gemäß § 54 Abs. 1 Satz 2 GBO. zu löschen, hilfsweise die Sache zur anderweiten Verhandlung und Entscheidung an die Vorinstanz zurückzuverweisen. In erster Linie führt die weitere Beschwerde aus, daß eine Wiedereintragung gelöschter Hypotheken trotz eines in der Löschungsbewilligung gemachten Vorbehalts nach den Vorschriften der 3. StNVO. nicht zulässig sei, in zweiter Linie macht sie geltend, daß auf die Darlehnsforderung in den vereinbarten Jahresleistungen bereits 16000 *M* in gutem Gelde getilgt gewesen seien, als die Schlußrückzahlung von 90000 *M* am 26. September 1923 erfolgte, so daß mindestens in Höhe der 16000 *M* eine Eigentümergrundschuld entstanden und nur 90000 *M* als neue Gläubigerhypothek einzutragen gewesen seien.

Das Kammergericht vertritt den Standpunkt, daß grundsätzlich die Wiedereintragung einer Hypothek, die auf Grund einer unter Vorbehalt erklärten Quittung oder Löschungsbewilligung des Gläubigers gelöscht worden sei, nach den Vorschriften der 3. StNVO.

für zulässig anzusehen sei. Es nimmt weiter an, daß die Löschung der Hypothek in Höhe des von der Witwe R. am 26. September 1923 bezahlten Restbetrags zufolge des in der Quittung der Gläubigerin gemachten, auf das persönliche und dingliche Recht zu beziehenden Vorbehalts nicht habe erfolgen dürfen, weil insoweit zufolge des der Gläubigerin zustehenden Aufwertungsrechts diese Inhaberin auch des dinglichen Rechts geblieben und die etwa in der Erklärung der Gläubigerin zu findende Löschungsbewilligung infolge des gemachten dinglichen Vorbehalts als Löschungsunterlage nicht geeignet gewesen sei. Insoweit sei daher eine Grundbuchberichtigung durch Wiedereintragung der Hypothek unter gleichzeitiger Berücksichtigung der Aufwertung gemäß § 22 GBO. zulässig gewesen. Dagegen sei in Höhe der vor der Restzahlung geleisteten sogenannten Annuitätenzahlungen, soweit sie in vollwertigem Gelde bewirkt oder doch ohne Vorbehalt angenommen worden seien, die Darlehnsforderung getilgt und die Hypothek zur Eigentümergrundschuld geworden. Zu diesem Betrage sei durch die Löschung der Hypothek das Grundbuch nicht unrichtig geworden, vielmehr eine Unrichtigkeit des Grundbuchs durch die Wiedereintragung der ganzen Hypothek herbeigeführt worden. Im Hinblick auf diese unter Verletzung der Vorschriften des § 22 GBO. und der §§ 1163, 1177 BGB. erfolgte unrichtige Eintragung seien die Voraussetzungen für die Eintragung eines Widerspruchs aus § 54 Abs. 1 Satz 1 in Verb. mit § 71 Abs. 2 Satz 2 GBO. gegeben und deshalb würde das Grundbuchamt anzuweisen sein, durch Zwischenverfügung gemäß § 18 GBO. auf den Nachweis der einzelnen Jahreszahlungen nach Zeit, Höhe und etwaigem Vorbehalt hinzuwirken und bei Bemessung des Betrags, zu dem der Widerspruch einzutragen sei, auch diejenigen Jahreszahlungen in Abzug zu bringen, die zwar in entwertetem Gelde geleistet, aber ohne Vorbehalt angenommen seien. An einer dahingehenden Anweisung an das Grundbuchamt sieht sich das Kammergericht durch das Urteil des Reichsgerichts vom 3. Dezember 1924 (RGZ. Bd. 109 S. 111) gehindert, in dem ausgesprochen worden ist, daß das dingliche Hypothekenrecht auf Grund des § 11 der 3. StNVO. dem bisherigen Gläubiger trotz vorbehaltloser Annahme der in entwertetem Gelde geleisteten Zahlung verbleibe, wenn er nicht auch die Löschung vorbehaltlos bewilligt habe.

Das Kammergericht nimmt aber weiter an, daß das Grundbuch durch die Wiedereintragung der Hypothek auch insoweit, als das dingliche Recht trotz der Löschung bei der Gläubigerin verblieben sei, unrichtig geworden sei, weil diese Wiedereintragung nicht zu dem ursprünglichen Papiermarkbetrage habe erfolgen dürfen, sondern auf einen entsprechenden Antrag nur als aufgewertete Goldmarkhypothek einzutragen gewesen sei, da das Recht zur Zeit seiner Wiedereintragung nicht mehr zu dem ursprünglichen Papiermarkbetrage, sondern zu dem aufgewerteten Goldmarkbetrage bestanden habe. Mit dieser Auffassung setze sich das Kammergericht in Gegensatz zu dem Bayerischen Obersten Landesgericht, das in der Entscheidung in der Zeitschrift des Deutschen Notarvereins von 1924 S. 310 und in späteren Entscheidungen die Wiedereintragung der ursprünglichen Papiermarkhypothek für zulässig erachtet habe.

Das Kammergericht hat aus diesen Gründen die weitere Beschwerde dem Reichsgericht gemäß § 79 GBO. zur Entscheidung vorgelegt.

Die Voraussetzungen des § 79 GBO. sind aus den vorstehend wiedergegebenen, vom Kammergericht dargelegten Gründen als vorliegend anzusehen, die Zuständigkeit des Reichsgerichts zur Entscheidung über die weitere Beschwerde ist daher begründet.

Was zunächst die Zulässigkeit der weiteren Beschwerde anbetrifft, so besteht in dieser Hinsicht kein Bedenken. Zwar richtet sich die weitere Beschwerde gegen die auf Anordnung des Landgerichts erfolgte Wiedereintragung der Hypothek. Das Reichsgericht hat jedoch bereits in dem Beschluß vom 28. Januar 1909 (RGZ. Bd. 70 S. 234) ausgesprochen, daß mit der weiteren Beschwerde gegenüber einer von dem Beschwerdegericht angeordneten und ausgeführten Eintragung gemäß §§ 71, 54 GBO. die Beseitigung der Eintragung, falls diese sich nach ihrem Inhalt als unzulässig erweist, und in allen übrigen Fällen die Eintragung eines Widerspruchs verlangt werden kann, wenn das Grundbuch durch eine unter Verletzung gesetzlicher Vorschriften vorgenommene Eintragung unrichtig geworden ist. Eine ihrem Inhalt nach unzulässige Eintragung steht gegenwärtig nicht in Frage; der mit der weiteren Beschwerde gestellte Antrag auf Löschung der Hypothek ist daher unbegründet. Dagegen ist der Hinweis der weiteren Beschwerde auf die jedenfalls teilweise erfolgte Tilgung der Hypothekenforderung dahin aufzufassen, daß hilfsweise die Eintragung eines Widerspruchs zugunsten der Beschwerdeführerin beantragt werden soll, soweit das Grundbuch durch Wiedereintragung der Hypothek in voller Höhe als Gläubigerhypothek unrichtig geworden ist. In diesem Umfange erweist sich die weitere Beschwerde auch als begründet.

Voraussetzung für die im Beschwerdeverfahren anzuordnende Eintragung eines Widerspruchs ist, daß das Grundbuch durch eine unter Verletzung gesetzlicher Vorschriften vorgenommene Eintragung unrichtig geworden ist. Es genügt also nicht, daß die Eintragung den nach dem materiellen Recht bestehenden Zustand unrichtig wiedergibt, sondern die Eintragung muß auch unter Verletzung gesetzlicher Vorschriften vorgenommen sein. Beide Voraussetzungen liegen vor.

Die Löschung der ursprünglichen Hypothek war vom Grundbuchamt zufolge des Antrags der Witwe R. auf Grund der Erklärung der Gläubigerin vom 28./29. September 1923 vorgenommen worden. Diese Erklärung der Gläubigerin hätte bei richtiger Beurteilung der Rechtslage Anlaß zur Beanstandung des Löschungsantrags der Witwe R. geboten. Denn der dieser Erklärung angefügte Vorbehalt ließ deutlich erkennen, daß die Zahlungen auf die durch die Hypothek gesicherte Darlehnsforderung wenigstens zum Teil in entwertetem Gelde erfolgt waren. Daraus ergab sich, daß die zum Nennbetrage geleisteten Zahlungen keine volle Befriedigung der Gläubigerin wegen ihrer Darlehnsforderung und keine volle Tilgung ihres hypothekarischen Rechts herbeigeführt hatten. Wie in der Rechtsprechung des Reichsgerichts anerkannt ist, konnte der Gläubiger einer Darlehnshypothek, die aus der Vorkriegszeit herrührte, auch schon vor dem Erlaß der 3. StNVO. auf Grund der allgemeinen Vorschriften, insbesondere der §§ 157, 242 BGB., im Hinblick auf die in der Folgezeit eingetretene Geldentwertung eine Aufwertung sowohl seiner persönlichen Forderung (Entsch. Bd. 107 S. 78) als auch seines dinglichen Rechts (RGZ. Bd. 108 S. 292; Warn. 1925 Nr. 1; Beschluß vom 13. Februar 1925 V B 2/25 in der Grundbuchsache Dorotheenstadt Bd. 6 Bl. 416 des Amtsgerichts Berlin-Mitte) verlangen. Daß aber die Gläubigerin auf das ihr zustehende Aufwertungsrecht weder in Ansehung der persönlichen Forderung noch bezüglich ihres hypothekarischen Rechts hat verzichten wollen, hat sie in dem ihrer Quittungserklärung und Grundbuchberichtigungsbewilligung beigefügten Vorbehalt in unzweideutiger Weise ausgesprochen. Konnte hiernach die Erklärung der Gläubigerin weder die völlige Tilgung der Darlehnsforderung noch eine gänzliche Aufgabe des Rechts aus der Hypothek beweisen, so bildete sie keine geeignete Grundlage für eine Löschung der Hypothek in voller Höhe. Die trotzdem auf Antrag der Witwe R. vorgenommene Löschung ist daher unter Verletzung gesetzlicher Vorschriften erfolgt und hat das Grundbuch insoweit unrichtig gemacht, als die Hypothek in Höhe des ungetilgten Teils der aufzuwertenden Darlehnsforderung trotz der Löschung im Grundbuch als Gläubigerhypothek bestehen blieb. Die Gläubigerin konnte daher im Wege der Beschwerde gemäß §§ 71, 54 GBO. nur die Eintragung eines Widerspruchs gegen die Löschung der Hypothek in Höhe des Betrags verlangen, zu dem ihr die Hypothek noch zustand. Das Landgericht hat daher gegen die Vorschrift des § 71 GBO. verstoßen, indem es an Stelle der Eintragung eines Widerspruchs die Wiedereintragung der Hypothek, also die Beseitigung der Löschungseintragung, angeordnet hat, und zugleich den § 22 GBO. verletzt, indem es die Wiedereintragung in voller Höhe als Gläubigerhypothek ohne Berücksichtigung der teilweisen Tilgung und der durch die in der Zwischenzeit ergangene 3. StNVO. vorgeschriebenen Aufwertung auf 15 v. H. des Goldmarkwerts veranlaßt hat. Das Grundbuchamt wäre auf Antrag der Gläubigerin zur Wiedereintragung des ihr noch zustehenden Teils der Hypothek gemäß § 22 GBO. in der Lage gewesen, wenn es den Nachweis der durch die Löschung herbeigeführten Unrichtigkeit des Grundbuchs als erbracht angesehen hätte. Die Gläubigerin hat demgemäß auch zunächst beim Grundbuchamt den Antrag auf Wiedereintragung der Hypothek gemäß § 22 GBO. gestellt. Nachdem dieser Antrag vom Grundbuchamt abgelehnt worden war, konnte aber auf die dagegen erhobene Beschwerde der Gläubigerin gemäß § 71 GBO. nur noch die Eintragung eines Widerspruchs angeordnet werden. Wenn § 71 Abs. 2 Satz 1 GBO. eine Beschwerde gegen eine Eintragung für unzulässig erklärt, so muß diese Vorschrift auch für den Fall gelten, daß nicht sofort über die Eintragung Beschwerde geführt, sondern zunächst das Grundbuchamt um Beseitigung oder Berichtigung der Eintragung gebeten und darauf ein ablehnender

Bescheid erteilt wird. Denn andernfalls würde die Bestimmung des § 71 Abs. 2 Satz 1 GBO. jederzeit durch eine Anrufung des Grundbuchamts ausgeschaltet werden können und damit völlig gegenstandslos werden. In Wirklichkeit richtet sich in derartigen Fällen die Beschwerde in gleicher Weise wie die Vorstellung beim Grundbuchamt lediglich gegen die Eintragung, deren Beseitigung oder Berichtigung damit verfolgt wird. Es muß daher an dem bereits in dem Beschlusse des Reichsgerichts vom 21. Oktober 1903 (RGZ. Bd. 55 S. 404) eingenommenen und vom Kammergericht in dem Beschlusse vom 31. Januar 1910 (KGJ. Bd. 39 S. A 283) nochmals eingehend begründeten Standpunkt festgehalten werden, daß eine Berichtigung des Grundbuchs im Beschwerdewege nur dann zulässig ist, wenn die Berichtigung auf Grund einer späteren, nach der vorliegenden Eintragung eingetretenen Rechtsänderung erfolgen soll.

Das Kammergericht hat nun angenommen (Beschl. vom 11. Dezember 1924 I X 552/24; ferner Ztschr. des deutsch. Not.-Ver. 1924 S. 380), daß die Wiedereintragung einer vor dem Erlaß der 3. StNVO. zu Unrecht gelöschten Hypothek auch im Beschwerdewege angeordnet werden könne, wenn die Wiedereintragung des zu Unrecht gelöschten Teils der Hypothek zu dem gemäß den Vorschriften der 3. StNVO. aufgewerteten Betrage beantragt werde. Es führt aus: Durch das Inkrafttreten der 3. StNVO. habe sich die Rechtslage insofern nachträglich geändert, als die außerhalb des Grundbuchs fortbestehenden Papiermarkhypotheken nunmehr aufgewertet würden und seitdem nicht mehr so wie vor der Löschung, sondern zu dem gesetzlichen Aufwertungsbetrage beständen, und daß es sich insoweit, als das Grundbuch sie zu dem aufgewerteten Betrage nicht wiedergebe, um eine erst nachträglich durch die 3. StNVO. verursachte Unrichtigkeit handle. Demgemäß will das Kammergericht eine Beschwerde mit dem Antrag auf Wiedereintragung des fortbestehenden Teils der Hypothek zu dem aufgewerteten Goldmarkbetrage zulassen, dagegen die Beschwerde, wenn damit die Wiedereintragung zum Papiermarkbetrage begehrt wird, als auf Beseitigung einer bereits durch die Löschungseintragung entstandenen ursprünglichen Unrichtigkeit gerichtet für unzulässig ansehen. Diese nach dem Inhalt des Eintragungsantrags gemachte Unterscheidung kann nicht als gerechtfertigt anerkannt werden. Entscheidend kann nur sein, ob durch die Löschung der Hypothek nach dem im Zeitpunkt der Eintragung des Löschungsvermerks bestehenden Rechtszustande das Grundbuch unrichtig geworden ist. Trifft das zu, so ist eine Beschwerde nur in dem durch § 71 Abs. 2 Satz 2 GBO. bestimmten Umfange gegeben. Daran kann nichts dadurch geändert werden, daß nach der Löschung der Hypothek und der dadurch herbeigeführten Unrichtigkeit des Grundbuchs nachträglich eine Änderung an dem außerhalb des Grundbuchs bestehenden dinglichen Recht eingetreten ist, die, wenn das Recht noch eingetragen gewesen wäre, eine Unrichtigkeit dieser Eintragung und deshalb einen auch im Beschwerdewege verfolgbaren Berichtigungsanspruch begründet haben würde. Denn diese in Ansehung des Rechts eintretende Veränderung kann keine Unrichtigkeit des Grundbuchs bewirken, wenn das Recht im Grundbuch überhaupt nicht eingetragen ist. Die Unrichtigkeit besteht vielmehr lediglich in dem Mangel der Eintragung des Rechts im Grundbuch und dieser ist durch die Löschung des Rechts herbeigeführt worden. Die außerhalb des Grundbuchs eintretende Änderung des zu Unrecht gelöschten Rechts begründet keinen selbständigen, im Wege des Grundbuchverfahrens verfolgbaren Anspruch auf Wiedereintragung des Rechts, es kann vielmehr nur unter der Voraussetzung, daß gegenüber der Löschungseintragung ein Anspruch auf deren Beseitigung besteht, verlangt werden, daß bei der Wiedereintragung des Rechts die in der Zwischenzeit daran eingetretene Änderung berücksichtigt wird.

Anders würde die Sache liegen, wenn aus den Vorschriften der 3. StNVO. zu entnehmen wäre, daß eine Eintragung der Aufwertung dergestalt hätte vorgeschrieben werden sollen, daß danach ohne Rücksicht auf die Bestimmungen der Grundbuchordnung, und insbesondere der §§ 71, 54, die Zulässigkeit einer Wiedereintragung der Hypotheken unbeschränkt im Wege des Grundbuchverfahrens anzunehmen wäre. Das Bayerische Oberste Landesgericht glaubt eine derartige Regelung als im Sinne der 3. StNVO. liegend annehmen zu sollen (Ztschr. d. deutsch. Not.-Ver. 1924 S. 310; 1925 S. 34). Es erwägt: Die Rechtslage des Gläubigers, der sich seine Rechte bei Zahlung oder Löschung des Hypothekenkapitals vorbehalten habe, sei in der 3. StNVO. nicht näher geregelt, sie ergebe sich aber mittelbar aus der für den entgegengesetzten Fall im § 11 gegebenen Regelung. Hieraus und nach allgemeinen Rechtsgrundsätzen dürfe angenommen werden, daß der Gläubiger, der einen Vorbehalt gemacht habe, rechtlich jenem Gläubiger gleichgestellt bleiben sollte, dessen Rechte noch unverkürzt im Grundbuch eingetragen seien, da die Tatsachen einer Aufkündigung oder Heimzahlung nicht an ihn herangetreten seien. Eine derartige Gleichstellung werde sich nicht bloß auf die schuldrechtliche, sondern auch nach der dinglichen Seite entsprechend auswirken müssen. Die Vorschrift des § 2 Abs. 3 Satz 2 der 3. StNVO., daß die Aufwertung, sofern das aufgewertete Recht eingetragen ist, auf Antrag des Gläubigers oder Schuldners im Grundbuch einzutragen sei, könne nicht als eine Einschränkung aufgefaßt werden. Denn hier sollten nur die allgemeinen Grundsätze über Rang und Eintragung des Aufwertungsbetrags als solchen für den Regelfall aufgestellt werden. Der Sonderfall des Gläubigers mit Rechtsvorbehalt werde erst nachfolgend im § 11 mittelbar berührt. Im übrigen falle das infolge des Vorbehalts wieder eintragbare Recht in die allgemeine Regelung jenes Abs. 3 Satz 2 des § 2.

Diesen Ausführungen ist insoweit beizutreten, als jedenfalls aus der Vorschrift des § 2 Abs. 3 Satz 2 keine neben den § 11 tretende weitere Einschränkung des Aufwertungsrechts für den Fall zu entnehmen ist, daß ein an sich aufzuwertendes dingliches Recht auf Grund einer unter Vorbehalt erklärten Löschungsbewilligung bei dem Inkrafttreten der 3. StNVO. gelöscht war. Der Vorbehalt enthält die Erklärung des Gläubigers, das Recht in Höhe des aufzuwertenden Betrags nicht aufgeben zu wollen; das Recht ist also in diesem Umfange ungeachtet der Löschung mangels der zur Aufhebung nach § 875 BGB. erforderlichen Aufgabeerklärung des Gläubigers nicht untergegangen. Durch § 2 Abs. 1 der 3. StNVO. ist die Aufwertung, die nach den allgemeinen Vorschriften nach Treu und Glauben und Billigkeitsrücksichten zu bemessen war, für den Regelfall auf 15 v. H. des Goldmarkbetrags begrenzt und festgesetzt worden. Eine Unterscheidung bezüglich der Zulässigkeit der Aufwertung, je nachdem ein an sich bestehendes Recht im Grundbuch noch eingetragen steht oder nicht, ist in der 3. StNVO. nicht gemacht. Die Bestimmung des § 2 Abs. 3 Satz 2 enthält lediglich eine positive Vorschrift über die Eintragung des in den vorangegangenen Bestimmungen geregelten Aufwertungssatzes in das Grundbuch. Sie besagt, daß bei eingetragenen Rechten die Aufwertung auf Antrag des Gläubigers oder des Schuldners einzutragen sei, macht aber die Aufwertung selbst nicht von der Eintragung abhängig. Die Vorschrift findet ihre Erklärung darin, daß es namentlich unter den Reallasten, die nach § 1 Abs. 2 Nr. 2 uneingeschränkt aufgewertet werden, Rechte gibt, die nicht in das Grundbuch eingetragen werden (z. B. Überbau- und Notwegrenten nach §§ 914, 917 BGB.; ferner die unter Art. 114 EG. z. BGB. fallenden Rechte, die landesgesetzlich von der Eintragung ausgenommen sind). Ob an den Fall, daß ein gelöschtes Recht außerhalb des Grundbuchs fortbesteht, besonders gedacht worden ist, erhellt nicht. Jedenfalls ist ein Wille, derartige Rechte von der Aufwertung auszuschließen, in keiner Weise zum Ausdruck gelangt.

Dagegen kann dem Bayerischen Obersten Landesgericht darin nicht gefolgt werden, daß auf Grund der Vorschriften der 3. StNVO. die Wiedereintragung gelöschter, außerhalb des Grundbuchs fortbestehender Hypotheken auch im Beschwerdewege gegen die ablehnende Verfügung des Grundbuchamts verlangt werden könne. Der § 11 VO., der lediglich für bestimmte Fälle eine Ausschließung der Aufwertung festsetzt, kommt für die Gläubiger, die bei der Annahme der Zahlung oder bei der Bewilligung der Löschung einen Vorbehalt gemacht haben, nicht in Betracht; die Rechtsstellung dieser Gläubiger bestimmt sich vielmehr nach den Vorschriften der §§ 1 flg. Dort ist aber abgesehen von dem dritten Absatz des § 2 über die grundbuchmäßige Behandlung der Aufwertung nichts bestimmt. Der Abs. 3 des § 2 beschränkt sich auf die Bestimmungen, daß der Aufwertungsbetrag den Rang des dinglichen Rechts hat und die Aufwertung, sofern das aufgewertete Recht eingetragen ist, auf Antrag des Gläubigers oder des Schuldners im Grundbuch einzutragen ist. Gerade der Umstand, daß die Eintragung der Aufwertung nur auf Antrag des Gläubigers oder des Schuldners erfolgen soll, spricht für die Annahme, daß die 3. StNVO. die Eintragung der Aufwertung als eine im Wege der Grundbuchberichtigung vorzunehmende Eintragung gemäß § 22 GBO. aufgefaßt hat. Daraus folgt für den Fall, daß ein aufzuwertendes dingliches Recht infolge materiell unbegründeter Löschung außerhalb des Grundbuchs fortbesteht, einerseits die Zulässigkeit, zugleich aber auch im Hinblick auf den Zweck des Berichtigungsverfahrens die Notwendigkeit, daß bei der Berichtigung des Grundbuchs durch Wiedereintragung des Rechts dieses zu dem

Aufwertungsbetrag eingetragen wird, anderseits die Anwendbarkeit der für das Berichtigungsverfahren bestehenden Vorschriften der Grundbuchordnung. Die Ansicht des Bayerischen Obersten Landesgerichts, daß die Wiedereintragung des ganzen ursprünglichen Rechts zu seinem Papiermarkbetrag und zwar auch im Beschwerdeverfahren unter Abweichung von den Vorschriften der Grundbuchordnung für zulässig zu erachten sei, findet in der 3. StNVO., insbesondere in deren § 2 Abs. 3 keine Stütze. Zutreffend macht die Beschwerdeführerin geltend, daß diese Ansicht sich nicht mehr in den Grenzen einer Auslegung der 3. StNVO. hält, sondern in sie etwas hineinlegt, was darin auch nicht einmal andeutungsweise Ausdruck gefunden hat. Mit Recht hat demnach das Kammergericht im Gegensatz zu dem Bayerischen Obersten Landesgericht angenommen, daß die Wiedereintragung der teilweise zu Unrecht gelöschten Hypothek nur zu dem aufgewerteten Goldmarkbetrage des noch ungetilgten Teils der Hypothek erfolgen dürfe. Wenn aber das Kammergericht unter dieser Voraussetzung die Anordnung der Eintragung im Beschwerdeweg unter dem von ihm angegebenen Gesichtspunkt, daß es sich um die Berichtigung einer erst nach der Löschung der Hypothek eingetretenen Unrichtigkeit handle, mit den Vorschriften der Grundbuchordnung glaubt in Einklang bringen zu können, so muß auch dieser Auffassung aus den oben dargelegten Gründen die Billigung versagt werden. Diese Auffassung würde zutreffend sein, wenn das dingliche Recht mit der Löschung untergegangen und erst durch die 3. StNVO. in Höhe des Aufwertungsbetrags rückwirkend wieder ins Leben gerufen wäre; sie ist aber mit dem vom Reichsgericht eingenommenen Standpunkt, daß auch die dinglichen Rechte schon auf Grund der allgemeinen Vorschriften vor dem Erlaß der 3. StNVO. aufzuwerten waren und daher trotz der Löschung in Höhe des aufzuwertenden Betrags außerhalb des Grundbuchs bestehen geblieben sind, nicht vereinbar. Die Rechtslage ist von diesem Standpunkt aus dahin zu beurteilen, daß das Grundbuchamt zwar unter den Voraussetzungen des § 22 GBO. den ungetilgten Teil der Hypothek zu dem Aufwertungsbetrage für den Gläubiger wieder eintragen kann, daß aber gegenüber einer die Wiedereintragung ablehnenden Verfügung des Grundbuchamts im Beschwerdeverfahren nur die Eintragung eines Widerspruchs und zwar auch nur bei dem Vorliegen der Voraussetzungen des § 54 GBO. angeordnet werden kann, während gegenüber einer ohne Verletzung gesetzlicher Vorschriften vorgenommenen Löschung dem Gläubiger bei Ablehnung seines Berichtigungsantrags seitens des Grundbuchamts die Erwirkung einer die Eintragung eines Widerspruchs anordnenden einstweiligen Verfügung überlassen bleiben muß. Es soll nicht verkannt werden, daß im Interesse der Gläubiger, die im Hinblick auf die vor dem Erlaß der 3. StNVO. bestehende Unsicherheit der materiellen Rechtslage Quittung oder Löschungsbewilligung unter Vorbehalt erteilt haben, eine gesetzliche Vorschrift zur Erleichterung der Wiedereintragung ihrer materiell zu Unrecht gelöschten Hypotheken erwünscht gewesen wäre. Da aber die 3. StNVO. eine derartige Vorschrift nicht enthält, muß es zur Zeit bei dem sich nach den Bestimmungen der Grundbuchordnung ergebenden Verfahren, insbesondere bei der durch die §§ 71, 54 bestimmten Begrenzung des Beschwerdeverfahrens sein Bewenden behalten.

Ist hiernach die im Beschwerdeverfahren angeordnete und ausgeführte Wiedereintragung der Hypothek der Bayerischen Hypotheken- und Wechselbank als unter Verletzung gesetzlicher Vorschriften erfolgt anzusehen, so ist ferner durch diese Eintragung das Grundbuch insofern unrichtig geworden, als es die teilweise getilgte Hypothek als in voller Höhe der Gläubigerin zustehend angibt und den aus dem Grundstück zu zahlenden Aufwertungsbetrag nicht ersehen läßt. Die Hypothek war vom 1. Oktober 1909 „durch Fortentrichtung vierundeinhalbprozentiger Annuitäten aus der ursprünglichen Anlehenssumme zu tilgen". Nach der notariell beglaubigten Quittungserklärung der Gläubigerin ist der Nennbetrag der Darlehnsforderung „teils durch Fortentrichtung der vereinbarten Annuitäten seitens der sukzessiven Eigentümer", teils durch eine von der Witwe R. am 26. September 1923 geleistete Zahlung beglichen worden. Eingetragener Eigentümer war während der ganzen früheren in Betracht kommenden Zeit der Ehemann der Beschwerdeführerin, bei dessen im Jahre 1921 erfolgten Tode sind die Beschwerdeführerin und deren mit ihr in fortgesetzter allgemeiner Gütergemeinschaft lebende Kinder Eigentümer des Grundstücks geworden. Soweit daher infolge der geleisteten Zahlungen die Hypothek Eigentümergrundschuld geworden war, unterlag sie der Verfügung der Beschwerdeführerin und ist sie zufolge der auf deren Antrag erfolgten Löschung untergegangen und die Belastung des Grundstücks endgültig aufgehoben worden (RGZ. Bd. 104 S. 72, § 21 Abs. 2 des Hypothekenbankges. vom 13. Juli 1899). Insoweit war also durch die Löschung der Hypothek das Grundbuch nicht unrichtig geworden, sondern hat die Wiedereintragung der Hypothek zu ihrem vollen ursprünglichen Betrage, wie sie erfolgt ist, das Grundbuch unrichtig gemacht. Das in der weiteren Beschwerde zu findende Verlangen der Witwe R. nach Eintragung eines Widerspruchs zugunsten der Grundstückseigentümer ist daher begründet.

Zu welchem Betrage dieser Widerspruch einzutragen ist, richtet sich danach, in welcher Höhe durch die auf die Forderung der Gläubigerin geleisteten Zahlungen die Hypothek auf die Grundstückseigentümer übergegangen ist. Es bedarf daher der Feststellung, welche einzelnen Zahlungen stattgefunden haben, in welchen Zeitpunkten sie geleistet sind und mit welchem Goldmarkbetrage sie gemäß den Bestimmungen der 3. StNVO. und der dazu ergangenen ersten Durchführungsverordnung vom 1. Mai 1924 zu bewerten sind. Das Kammergericht vertritt die Ansicht, daß auch die in entwertetem Gelde geleisteten Jahreszahlungen, die ohne besonderen Vorbehalt von der Gläubigerin angenommen worden sind, in voller Höhe in Anrechnung zu bringen seien, indem es grundsätzlich annimmt, daß bei ratenweiser Tilgung einer Schuld der Gläubiger zur Erhaltung seines vollen Aufwertungsrechts bei Annahme jeder einzelnen Zahlung einen Vorbehalt habe machen müssen oder doch wenigstens seines Aufwertungsrechts insoweit verlustig gegangen sei, als er Zahlungen vor einem allgemeinen, auch für künftige Zahlungen ausgesprochenen Vorbehalt angenommen habe. Ob dieser Ansicht unbedingt zuzustimmen sein würde, kann dahingestellt bleiben. Denn auch wenn mit dem Kammergericht angenommen würde, daß die Gläubigerin, soweit sie die Jahreszahlungen ohne besonderen Vorbehalt angenommen hat, keine Aufwertung mehr verlangen kann, würde nach dem Standpunkt, den das Reichsgericht hinsichtlich der Auslegung des § 11 der 3. StNVO. in dem Urteil vom 3. Dezember 1924 (RGZ. Bd. 109 S. 111) eingenommen und gegenüber der abweichenden Ansicht des Kammergerichts neuerdings in dem Beschluß vom 13. Februar 1925 (V B 2/25) festgehalten hat, dieser Verlust des Aufwertungsrechts nur in Ansehung der persönlichen Forderung eingetreten, das Aufwertungsrecht der Gläubigerin aber in Ansehung des dinglichen Rechts auch insoweit bestehen geblieben sein, da die Gläubigerin nicht ohne Vorbehalt die Löschung der Hypothek bewilligt hat. Es kann sich nur fragen, ob in Höhe des Betrags, zu dem der Gläubigerin das Recht zur Aufwertung der persönlichen Forderung nach § 11 der 3. StNVO. zu versagen wäre, das ihr verbliebene dingliche Recht mangels Fortbestehens einer gesicherten Forderung den Charakter einer Gläubigergrundschuld angenommen hat oder ob es unter Annahme des Fortbestehens einer klaglosen persönlichen Verbindlichkeit nach wie vor als Hypothek zu behandeln ist. Der Wortlaut des § 11 der 3. StNVO. (eine Aufwertung kann nicht verlangt werden) gibt an sich keinen sicheren Anhalt, welche der beiden Konstruktionen den Vorzug verdient. Erwägt man aber, daß die 3. StNVO. das Aufwertungsrecht nicht geschaffen, sondern nur in den nach den allgemeinen Vorschriften bestehenden Rechtszustand eingegriffen hat, daß nach den §§ 362flg. BGB. die vorbehaltlose Annahme des in entwertetem Gelde gezahlten Nennbetrags der Forderung, da diese Zahlung nicht die in Wahrheit geschuldete aufzuwertende Leistung darstellte, das Aufwertungsrecht des Gläubigers bestehen ließ, mithin die Bestimmung des § 11 der 3. StNVO. eine Beschränkung der gesetzlichen Rechte der Gläubiger enthält, so muß die hiernach gebotene enge Auslegung mangels eines klar zum Ausdruck gebrachten weitergehenden Willens des Gesetzes zu der auch vom Oberlandesgericht in Hamburg in seinem Urteil vom 13. Oktober 1924 — Bf. I 209/24 — (Hanseat. Ger.-Ztg. Beibl. f. Zivilrechtsfälle S. 225) und vom Reichsfinanzhof in dem Gutachten vom 21. November 1924 (D. Jur.-Ztg. 1925 Sp. 189/190) vertretenen Annahme führen, daß dem Gläubiger, der eine Zahlung in entwertetem Gelde vorbehaltlos angenommen hat, durch § 11 der 3. StNVO. nur die Geltendmachung der Aufwertung in Ansehung der persönlichen Forderung im Klagewege untersagt, im übrigen aber seine Rechtsstellung unberührt geblieben ist. Danach muß das Fortbestehen des dinglichen Rechts als einer Gläubigerhypothek unter Annahme einer klaglosen Forderung des Gläubigers nach Art der gemeinrechtlichen naturalis obligatio bejaht werden. Insofern als das Recht der Gläubigerin uneingeschränkt als Hypothek zur Sicherung der Darlehnsforderung bezeichnet ist, liegt also keine Unrichtigkeit des Grundbuchs vor.

Zweifelhaft ist, wie der Aufwertungsbetrag des dem Gläubiger verbliebenen Teils der Hypothek in Fällen der vorliegenden Art zu berechnen ist. Nach dem Rechtszustand, den die 3. StNVO. bei ihrem Inkrafttreten vorfand, war der Betrag, zu welchem durch die in entwertetem Gelde geleisteten Zahlungen eine Tilgung der Hypothek erfolgt war, und der dem Gläubiger danach verbliebene Restbetrag der Hypothek nach den im Urteil des Reichsgerichts vom 28. November 1923 angegebenen Gesichtspunkten (RGZ. Bd. 107 S. 87) zu berechnen. Es mußte festgestellt werden, welche Summe in Goldmark nach Treu und Glauben der Gläubiger bei Aufwertung des eingetragenen Nennbetrags der Hypothek am Zahlungstage zu beanspruchen hatte, und davon der Goldmarkwert der geleisteten Zahlung in Abzug gebracht werden, wobei der Goldmarkwert nicht nach dem Dollarkurse, sondern nach der inneren Kaufkraft der Mark zu berechnen war. Diese Berechnung mußte bei mehrfachen Teilzahlungen für jeden neuen Zahlungstag nach Maßgabe des Fortschreitens der Geldentwertung wiederholt werden. Der bei dieser Berechnungsart für den 14. Februar 1924 sich ergebende Goldmarkwert der Resthypothek stellte den Betrag dar, den der Gläubiger bei der nach den Grundsätzen von Treu und Glauben vorgenommenen Aufwertung im Zeitpunkt des Inkrafttretens der 3. StNVO. noch aus dem Grundstück zu fordern hatte, und nur in Höhe dieses Betrags bestand in Fällen wie dem vorliegenden, in dem die ganze Hypothek auf den Antrag des Eigentümers gelöscht worden war, das dingliche Recht außerhalb des Grundbuchs fort. Eine Aufwertung nach den Vorschriften der 3. StNVO. kommt daher in diesen Fällen nur in Ansehung des dem Gläubiger noch zustehenden Restes der Hypothek in Betracht. Die Höhe, bis zu welcher diese Resthypothek aufzuwerten ist, kann aber keine andere sein, als sie ohne die Löschung der Hypothek bei dem Fortbestand des ganzen dinglichen Rechts dem Gläubiger für seinen Anteil an der Hypothek zukommen würde. Denn dadurch, daß der Eigentümer den gemäß den §§ 1163, 1177 BGB. auf ihn übergegangenen Teil des dinglichen Rechts löschen läßt und dadurch gemäß § 875 BGB. zur Aufhebung bringt, wird die Rechtsstellung des Gläubigers in Ansehung des ihm verbliebenen Teils der Hypothek in keiner Weise berührt und kann daher auch sein Aufwertungsanspruch nicht beeinflußt werden. Der Fall, daß die Hypothek durch Löschung im Grundbuch teilweise untergegangen ist, bedarf daher keiner besonderen Erörterung, es kann vielmehr von dem Fall ausgegangen werden, daß die Hypothek noch zum vollen Papiermarkbetrag im Grundbuch eingetragen ist und in Höhe des sich nach dem Wert der geleisteten Zahlungen bestimmenden Betrags als Grundschuld dem Eigentümer, in Höhe des Restes dem Gläubiger zusteht.

Soweit die Aufwertung der Hypothek im ganzen in Betracht kommt, hat die 3. StNVO. im § 2 an die Stelle der nach Billigkeitsgrundsätzen geschehenden Aufwertung einen festen Aufwertungssatz von 15 v. H. des nach dem Dollarkurse zu berechnenden Goldmarkbetrags der Hypothek gesetzt und bestimmt, daß bei den vor dem 1. Januar 1918 erworbenen Hypotheken als Goldmarkbetrag der Nennbetrag gelten soll, an dessen Stelle der Erwerbspreis zu treten hat, wenn er niedriger ist. Daß diese Vorschrift auch dann zur Anwendung zu bringen ist, wenn die Hypothek mehreren Personen zu je einem bestimmten Teilbetrag zusteht, wie dies auch infolge teilweiser Befriedigung des Gläubigers durch teilweisen Übergang der Hypothek auf den zahlenden persönlichen Schuldner (§ 1164 BGB.) oder auf den Grundstückseigentümer (§§ 1163, 1177 BGB.) eingetreten sein kann, unterliegt keinem Bedenken. Zweifel können aber nach der Richtung bestehen, ob auch die Berechnung des Bruchteils, zu welchem infolge der vor dem Inkrafttreten der 3. StNVO. geleisteten Zahlungen die Hypothek auf den persönlichen Schuldner oder auf den Grundstückseigentümer übergegangen und zu welchem sie Gläubigerhypothek geblieben ist, durch die 3. StNVO. rückwirkend dergestalt hat geändert werden sollen, daß auch für die Berechnung des Wertes dieser Zahlungen und seines Verhältnisses zu dem Wert der Hypothek die im § 2 Abs. 2 der 3. StNVO. aufgestellten Grundsätze zur Anwendung zu kommen haben, oder ob das bei dem Inkrafttreten der 3. StNVO. bestehende Anteilsverhältnis des Gläubigers und des Eigentümers an der Hypothek unverändert geblieben ist.

Drei verschiedene Berechnungsarten des dem Gläubiger zuzusprechenden Aufwertungsbetrags finden sich vertreten:

1. Das Kammergericht legt den ursprünglichen vollen Papiermarkbetrag der Hypothek zugrunde, nimmt von dessen gemäß § 2

Abs. 2 der 3. StNVO. und § 1 der 1. DurchfVO. vom 1. Mai 1924 berechneten Goldmarkwert 15 v. H., zieht davon den in gleicher Weise berechneten Goldmarkwert der geleisteten Zahlungen ab und spricht den verbleibenden Rest der 15 v. H. dem Gläubiger als Aufwertungsbetrag zu.

2. Die preuß. VO. vom 15. November 1924 über die Aufwertung von Ansprüchen aus Pfandbriefen und Schuldverschreibungen landschaftlicher (ritterschaftlicher) Kreditanstalten und Landeskulturrentenbanken (GS. S. 743) bestimmt im § 5, daß Bareinzahlungen zum Tilgungsfonds, soweit dessen Belegung nicht satzungsmäßig vorgeschrieben oder nicht erfolgt ist, zu ihrem Goldmarkbetrag am Tage der Einzahlung von dem nach § 2 Abs. 2 der 3. StNVO. zu berechnenden Goldmarkbetrage der Hypothek abzuziehen sind; der sich ergebende Rest soll den mit 15 v. H. aufzuwertenden Goldmarkbetrag der Hypothek darstellen.

3. Mügel (Kommentar zu den Aufwertungsvorschriften der 3. StNVO. 2. Aufl. S. 121) nimmt an, der Goldmarkwert der geleisteten Zahlung sei nicht mit 15 v. H. des Goldmarkbetrags der Hypothek zu vergleichen, sondern mit dem Goldmarkbetrage, auf den die Hypothek zur Zeit der Zahlung nach den Grundsätzen von Treu und Glauben aufzuwerten gewesen sei; zu dem sich hiernach ergebenden Bruchteil sei die Hypothek auf den Eigentümer übergegangen, während der Rest Gläubigerhypothek geblieben sei; beide Bruchteile der Hypothek seien dann nach Maßgabe der 3. StNVO. aufzuwerten.

Die Ergebnisse dieser Berechnungsarten sind, wie sich aus folgendem Beispiel ergibt, sehr verschieden. Bei einer vor 1918 vom Gläubiger erworbenen Hypothek von 100000 *M*, die bei Aufwertung nach Billigkeitsgrundsätzen am Zahlungstage einen Goldmarkwert von 50000 *M* besessen hat und zu ihrem Nennbetrage zu einem Goldmarkwert von 20000 *M* zurückgezahlt worden ist, führen die vorstehend beschriebenen Berechnungsweisen zu folgenden Ergebnissen:

1. Berechnungsart:
Goldmarkwert der Hypothek nach der 3. StNVO. = 100000 *M*, Aufwertungsbetrag = 15000 Goldmark; Goldmarkwert der Zahlung 20000 Goldmark.

Ergebnis: Der Gläubiger hat auf die ihm zustehenden 15000 Goldmark bereits 20000 Goldmark erhalten, hat also nichts mehr zu fordern.

2. Berechnungsart:
Goldmarkwert der Hypothek nach der 3. StNVO. = 100000 M. Davon geht ab der Goldmarkwert der Zahlung mit 20000 M. Es verbleibt ein auf 15 v. H. aufzuwertender Betrag von 80000 M.

Ergebnis: Der Gläubiger kann als Aufwertungsbetrag $\frac{80000 \cdot 15}{100} = 12000$ Goldmark verlangen.

3. Berechnungsart:
Goldmarkwert am Zahlungstage bei Aufwertung nach Billigkeitsrücksichten = 50000 M. Goldmarkwert der Zahlung = 20000 M. Mithin sind getilgt $^2/_5$, Gläubigerhypothek geblieben $^3/_5$ der Hypothek. Nach der 3. StNVO. beträgt der Aufwertungsbetrag der Hypothek 15000 Goldmark, dem Gläubiger stehen davon entsprechend seinem Anteil an der Hypothek $^3/_5$ zu.

Ergebnis: Der Gläubiger kann als Aufwertungsbetrag 9000 Goldmark verlangen.

Es ist nicht zu verkennen, daß die ersten beiden Berechnungsweisen jederzeit die Feststellung des Aufwertungsbetrags ermöglichen, wenn die Beträge und die Tage der geleisteten Zahlungen feststehen, und daß daher auch bei ihrer Anwendung einer Berichtigung des Grundbuchs in Fällen der vorliegenden Art keine Schwierigkeiten entgegenstehen würden, während die dritte Berechnungsart, die eine nach den Verhältnissen des einzelnen Falles zu treffende Feststellung des nach Billigkeitsgrundsätzen anzunehmenden Aufwertungsbetrags der Hypothek erfordert, zu großen Weiterungen und Schwierigkeiten führt und für das Grundbuchverfahren ganz ungeeignet ist. Gerade im Hinblick auf die mit einer Aufwertung nach Billigkeitsgrundsätzen für den Verkehr verbundenen Unzuträglichkeiten ist von der 3. StNVO. ein fester Maßstab für die Berechnung des Aufwertungsbetrags eingeführt worden, man hat damit eine Aufwertung nach Treu und Glauben ausschließen wollen. Trotz dieser gegen die dritte Berechnungsart sprechenden schwer wiegenden Bedenken kann sie nach den zurzeit bestehenden Vorschriften allein als die richtige anerkannt werden.

Die 3. StNVO. bestimmt im § 1, daß bestimmte, näher bezeichnete Vermögensanlagen aufgewertet werden. Danach findet die Aufwertung, soweit nicht in der 3. StNVO. besondere Ausnahmen gemacht sind, in Ansehung aller nach dem bisherigen Recht bestehenden Rechte statt, die sich als Vermögensanlagen der im § 1 bezeichneten Art darstellen. Eine Vermögensanlage des Gläubigers einer teilweise getilgten Hypothek war bei dem Inkrafttreten der 3. StNVO. in Höhe des damals noch ungetilgten Betrags der Hypothek vorhanden. Dieser dem Gläubiger nach dem bisherigen Recht noch zustehende Anteil an der Hypothek unterliegt daher der Aufwertung. Die Geltendmachung eines Aufwertungsanspruchs wird durch § 11 nur insoweit ausgeschlossen, als bei persönlichen Ansprüchen Zahlungen ohne Vorbehalt angenommen worden sind, bei dinglichen Rechten eine vorbehaltlose Löschungsbewilligung ausgestellt worden ist. Daß darin keine rückwirkende Änderung der nach dem bisherigen Recht eingetretenen Gestaltung der Rechtslage, in Ansehung der Anteile des Gläubigers und des Schuldners an dem dinglichen Recht, sondern lediglich der Ausschluß eines klagbaren Anspruchs auf den Aufwertungsbetrag zu finden ist, ist bereits oben ausgeführt worden. Um so weniger läßt sich die Annahme rechtfertigen, daß hinsichtlich der Anteilsverhältnisse an der Hypothek die Rechtslage im Falle eines bei der Zahlungsannahme oder bei der Ausstellung der Löschungsbewilligung gemachten Vorbehalts durch die 3. StNVO. materiell geändert worden sei, zumal die 3. StNVO. diesen Fall überhaupt nicht besonders geregelt hat. Es muß also grundsätzlich davon ausgegangen werden, daß der Gläubiger einer in entwertetem Gelde zurückgezahlten Hypothek in Ansehung des Betrags, zu dem die Hypothek nach allgemeinen Aufwertungsgrundsätzen noch ungetilgt und daher Gläubigerhypothek geblieben war, eine Aufwertung dieses ihm an der Hypothek zustehenden Anteils gemäß der 3. StNVO. verlangen kann und daß sich das Maß dieser Aufwertung nach dem Bruchteilsverhältnis bestimmt, in dem der Anteil des Gläubigers zu dem Gesamtbetrag der Hypothek steht.

Von diesem Standpunkt aus muß die oben an erster Stelle erwähnte Berechnungsart abgelehnt werden. Denn sie berücksichtigt das Verhältnis, in dem die Anteile des Gläubigers und des Eigentümers an der Hypothek zueinander stehen, in keiner Weise und führt in den Fällen, in denen der Goldmarkwert der Zahlungen 15 v. H. des Goldmarkwerts der Hypothek erreicht oder übersteigt, zu dem mit den vorstehenden Ausführungen nicht zu vereinigenden Ergebnis, daß der Gläubiger keine Aufwertung für seinen Anteil an der Hypothek erhält, vielmehr des ihm nach dem bisherigen Recht zustehenden Aufwertungsanspruchs ohne jede Abfindung verlustig geht und damit des ihm noch zustehenden hypothekarischen Rechts überhaupt beraubt wird. Der Fehler dieser Berechnungsart liegt darin, daß unter Außerachtlassung der materiellen Rechtslage die Hypothek zu ihrem vollen Betrag als bei dem Inkrafttreten der 3. StNVO. noch dem Gläubiger zustehend und die früher geleisteten Zahlungen so behandelt werden, als hätten sie erst nach diesem Zeitpunkt stattgehabt. Die Zahlungen werden dabei auf den Aufwertungsbetrag angerechnet, während ihre rechtliche Bedeutung in Ansehung des dinglichen Rechts nur darin besteht, daß dieses Recht teilweise auf den Eigentümer übergegangen ist, und demnach auch nur diese Rechtswirkung der Zahlungen bei der Aufwertung der Hypothek eine Rolle spielen kann, so lange nicht gesetzlich ausdrücklich etwas anderes vorgeschrieben wird.

Die zweite Berechnungsart geht zwar von einer Aufwertung des dem Gläubiger nach den Zahlungen verbliebenen Restbetrags der Hypothek aus, sie greift aber insofern in die beim Inkrafttreten der 3. StNVO. bestehende materielle Rechtslage rückwirkend ein, als sie den Anteil, zu dem die Hypothek infolge der Zahlungen auf den Gläubiger übergegangen ist, abweichend von dem damals geltenden Rechtszustand unter Anwendung der im § 2 Abs. 2 der 3. StNVO. für die Berechnung des Goldmarkwerts der Hypothek aufgestellten Regeln berechnen will. Damit wird für das Verhältnis zwischen Gläubiger und Eigentümer in Ansehung des durch die Zahlungen als getilgt anzusehenden Betrags eine Aufwertung der Hypothek auf volle 100 Prozent eingeführt, was mit den Grundsätzen der nach Billigkeitsrücksichten vorzunehmenden Aufwertung im Widerspruch steht. Diese Berechnungsart würde sich also nur rechtfertigen lassen, wenn ein derartiger rückwirkender Eingriff in die materielle Rechtslage zuungunsten des Eigentümers in den Vorschriften der 3. StNVO. eine ausreichende Stütze fände. Das ist aber, wie vorstehend dargelegt ist, nicht der Fall. Zugunsten dieser Berechnungsart ließe sich der von der 3. StNVO. verfolgte Zweck anführen, die mit einer Aufwertung nach Billigkeitsrücksichten verbundenen praktischen Schwierigkeiten uud die sich daraus ergebende Rechtsunsicherheit, die Anlaß zu zahllosen Rechtsstreitigkeiten geben kann, grundsätzlich auszuschließen. Zur Erreichung dieses Zwecks sind aber die in der 3. StNVO. enthaltenen Vorschriften mangels einer Regelung der durch die Zahlungen zwischen Gläubiger und Eigentümer geschaffenen materiellen Rechtslage in Ansehung der Hypothek nicht ausreichend. Bei dem Charakter der 3. StNVO. als eines ganz ungewöhnlichen Ausnahmegesetzes ist es nicht angängig, im Wege einer auf die Vereinfachungsabsicht des Gesetzgebers abgestellten ausdehnenden Auslegung einen rückwirkenden Eingriff in die materielle Rechtslage als angeordnet anzusehen, der im Gesetz selbst keinen deutlichen Ausdruck gefunden hat. Es erscheint sehr zweifelhaft, ob es im Sinne der 3. StNVO. gelegen hat, einen Teil der Hypothek ohne weiteres bis auf 100 Prozent aufzuwerten. Es muß, wie schon in dem Beschluß vom 13. Februar 1925 in der Sache V B. 2/25 ausgesprochen worden ist, dem Gesetzgeber überlassen bleiben, die in der 3. StNVO. enthaltenen Lücken durch den Erlaß weiterer gesetzlicher Vorschriften zur Erreichung seiner vollen Absicht nachträglich auszufüllen.

Die Vorschrift des § 5 der Preuß. VO. vom 15. November 1924 kann für die Auslegung der 3. StNVO. nicht herangezogen werden. Es handelt sich dabei um die der Landesgesetzgebung vorbehaltene Regelung für einen besonderen Fall. Die Beiträge zu den Tilgungsfonds der landschaftlichen Kreditanstalten führen gemäß den in Art. 167 EG. z. BGB. und Art. 21 Preuß. AG. zur GBO. für die Satzungen dieser Anstalten gemachten Vorbehalten keine Tilgung der den einzelnen Teilzahlungen entsprechenden Teile der Landschaftshypotheken herbei, vielmehr bleibt hier die volle Hypothek als Gläubigerhypothek bestehen, bis sie im Wege der Verrechnung mit dem angesammelten Tilgungsfonds getilgt wird. An sich würden also für die Aufwertung der Landschaftshypotheken die zum Tilgungsfonds gezahlten Beiträge, soweit eine Verrechnung noch nicht stattgefunden hatte, überhaupt nicht in Betracht kommen. Wenn gleichwohl eine Anrechnung dieser Beiträge besonders vorgeschrieben und dabei die Art dieser Anrechnung näher geregelt worden ist, so läßt sich daraus nichts für die gänzlich anders liegenden Fälle entnehmen, in denen die Zahlungen nach den allgemeinen Vorschriften den Übergang des dinglichen Rechts auf den Eigentümer zur Folge haben, wie dies auch bei den Tilgungsraten der für Hypothekenbanken und andere als landschaftliche Kreditinstitute eingetragenen Tilgungshypotheken der Fall ist (RGZ. Bd. 104 S. 68, § 21 Abs. 2 Hypothekenbankgesetzes vom 13. Juli 1899).

So lange hiernach keine abweichende gesetzliche Regelung erfolgt, muß bei der Frage, welcher Bruchteil der Hypothek im Zeitpunkt des Inkrafttretens der 3. StNVO. noch dem Gläubiger zugestanden hat und daher für ihn aufzuwerten ist, von dem Verhältnis ausgegangen werden, in welchem der Goldmarkwert der nach Billigkeitsgrundsätzen aufgewerteten Hypothek zu dem Goldmarkwert der geleisteten Zahlungen gestanden hat. Nach diesem Verhältnis bestimmt sich, welcher Bruchteil der Hypothek auf den Eigentümer übergegangen ist. Der verbleibende Restbruchteil stellt den Anteil des Gläubigers an der gemäß § 2 Abs. 2 der 3. StNVO. aufzuwertenden Hypothek dar. Eine Eintragung des dem Gläubiger zustehenden Aufwertungsbetrags in das Grundbuch wird hiernach, insofern keine Einigung erfolgt, im Wege des Grundbuchberichtigungsverfahrens regelmäßig nicht möglich sein, da die Grundlagen für die Berechnung des dem Gläubiger zustehenden Bruchteils der Hypothek nicht mit den für das Grundbuchverfahren in Betracht kommenden Beweismitteln dargetan werden können. Dagegen wird zum Schutz des Gläubigers gegen die ihm aus § 892 BGB. drohenden Gefahren bei einer Löschung der Hypothek die Eintragung eines Widerspruchs unter Angabe der für die Beurteilung der Rechtslage in Betracht kommenden Tatsachen für zulässig zu erachten sein etwa in der Fassung: „Ein Widerspruch für X. gegen die Löschung der Hypothek Abt. III Nr. ... von ... *M* in Höhe des ihm nach Abzug folgender Teilzahlungen (anzugeben nach Tag und Betrag der einzelnen Zahlungen) verbliebenen, gemäß der 3. StNVO. aufzuwertenden Restbruchteils der Hypothek."

Der Mißstand, daß eine ziffermäßige Angabe des dem Gläubiger zustehenden Rechts nicht erfolgen kann, muß als eine

Folge der Geldentwertung und des Mangels ausreichender gesetzlicher Vorschriften für eine genaue Berechnung des Aufwertungsbetrags hingenommen werden.

Im vorliegenden Falle, in dem das Grundbuch durch die Wiedereintragung der Hypothek zu ihrem vollen Papiermarkbetrage für die Gläubigerin unrichtig geworden ist, wird nach Maßgabe der vorstehenden Erörterungen der zugunsten der Eigentümer einzutragende Widerspruch etwa folgende Fassung erhalten müssen: „Widerspruch für die Witwe N. und deren Kinder Geschwister N. gegen die Wiedereintragung der Hypothek Abt. III Nr. 9 von 106000 ℳ der Bayerischen Hypotheken- und Wechselbank in München, soweit der eingetragene Betrag den bei Berücksichtigung folgender Teilzahlungen (einzurücken die einzelnen Zahlungen nach Tag und Betrag) der Gläubigerin verbliebenen, nach der 3. StNVO. aufzuwertenden Bruchteil der Hypothek übersteigt".

Die Sache muß hiernach unter Aufhebung der Entscheidung des Landgerichts an das Grundbuchamt zurückverwiesen werden, das im Wege der Zwischenverfügung gemäß § 18 GBO. der Beschwerdeführerin aufzugeben hat, die für die Eintragung des Widerspruchs erforderlichen Nachweisungen zu erbringen.

---

14. 1. Ist gegen die Ablehnung des Antrags, eine gelöschte, jedoch auf Grund der 3. StNVO. aufzuwertende Hypothek zu ihrem ursprünglichen Papiermarkbetrage für den Gläubiger wieder einzutragen, die Beschwerde zulässig?

2. Wie ist bei Zahlungen von ganz geringfügigem Goldwert der einzutragende Aufwertungsbetrag der Resthypothek zu berechnen?

3. Bildete ein im Jahre 1923 ausgestelltes, über den „Nennbetrag der Hypothek" lautendes Empfangsbekenntnis des Gläubigers eine geeignete Grundlage für die Löschung der Hypothek?

4. Enthielt ein Anfang 1923 gestelltes Verlangen nach Zahlung des Nennbetrags der Hypothek einen Verzicht auf Aufwertung?

Grundbuchordnung §§ 71, 22. 3. Steuernotverordnung vom 14. Februar 1924 §§ 2, 11. BGB. § 242.

V. Zivilsenat. Beschl. v. 13. März 1925 in der Grundbuchsache Bielefeld Bd. 122 Blatt 633. V B 8/25.

I. Amtsgericht Bielefeld.
II. Landgericht daselbst.

Aus den Gründen:

Im Grundbuch von Bielefeld Band 122 Blatt 633 standen für die Beschwerdeführerin zwei Tilgungshypotheken eingetragen, nämlich in Abt. III Nr. 17 210000 ℳ seit dem 6. Februar 1918 und in Abt. III Nr. 19 120000 ℳ seit dem 12. Oktober 1921. Beide Hypotheken sind auf Antrag des Grundstückseigentümers am 20. Oktober 1923 auf Grund einer notariell beglaubigten Erklärung der Beschwerdeführerin gelöscht worden. In dieser Urkunde, die unter dem 23./24. August 1923 ausgestellt ist, haben die Vertreter der Beschwerdeführerin nach Bezeichnung der beiden Hypotheken erklärt:

> Wir haben vorgenannten Nennbetrag nebst Zinsen durch den Grundstückseigentümer W. H. zurückerhalten und bewilligen die Berichtigung des Grundbuchs.

Im September 1924 beantragte die Beschwerdeführerin, im Wege der Berichtigung die Hypotheken in voller Höhe von 210000 und 120000 ℳ wiederherzustellen. Sie überreichte dabei die Abschrift eines Schreibens vom 23. August 1923, mittels dessen sie die Urkunde vom 23./24. August 1923 nebst den Hypothekenbriefen an den Eigentümer übersendet haben will, in dem es heißt:

> Wir können uns durch die Zahlung in so stark entwerteter Papiermark in Höhe des Nennbetrags nicht befriedigt erklären, behalten uns vielmehr alle Rechte aus der besseren Währung, besonders für den Fall einer gesetzlichen Regelung, ausdrücklich vor.

Der Grundstückseigentümer widersprach der Wiedereintragung der Hypotheken, weil die Beschwerdeführerin selbst die Hypotheken gekündigt und Zahlung des Nennbetrags verlangt habe und der bei der Rückzahlung des Geldes gemachte Vorbehalt daher bedeutungslos sei. Das Grundbuchamt lehnte durch Verfügung vom 16. Oktober 1924 die Wiedereintragung der Hypotheken ab. Das Landgericht in Bielefeld wies die Beschwerde der Bank zurück, weil die Bewilligung vom 23. August 1923 keinen Vorbehalt im Sinne des

§ 11 der 3. Steuernotverordnung enthalte, das Grundbuch daher durch die Löschung der Hypotheken nicht unrichtig geworden sei. Das Kammergericht möchte die weitere Beschwerde als unzulässig verwerfen, weil mit ihr die Wiedereintragung der bisherigen Papiermarkhypotheken ohne Berücksichtigung der Aufwertung, also die Beseitigung einer ursprünglichen, nicht einer erst nachträglich durch die Vorschriften der 3. StNVO. herbeigeführten Unrichtigkeit begehrt werde. Es sieht sich jedoch daran gehindert durch die Beschlüsse des Bayerischen Obersten Landesgerichts vom 12. Juli und 4. Oktober 1924 (Ztschr. d. Deutsch. Not.-Vereins von 1924 S. 310; 1925 S. 34), in denen in gleichliegenden Fällen im Beschwerdeverfahren die Wiedereintragung gelöschter Hypotheken zum vollen unaufgewerteten Papiermarkbetrage angeordnet worden ist, und hat deshalb die weitere Beschwerde gemäß § 79 GBO. dem Reichsgericht zur Entscheidung vorgelegt.

Die Voraussetzungen des § 79 GBO. sind gegeben, die Zuständigkeit des Reichsgerichts zur Entscheidung über die weitere Beschwerde ist daher begründet.

In der zwischen dem Kammergericht und dem Bayerischen Obersten Landesgericht streitigen Frage ist, wie in dem gleichzeitig ergangenen Beschlusse des Reichsgerichts vom 13. März 1925 in Sachen V B 3/25 (RGZ. Bd. 110 S. 65) näher ausgeführt ist, der Ansicht des Kammergerichts beizutreten. ... Eine Wiedereintragung der gelöschten Hypotheken könnte im Beschwerdewege nur dann angeordnet werden, wenn durch die Löschung das Grundbuch nicht unrichtig geworden, die Hypotheken also damals tatsächlich erloschen gewesen und erst nachträglich durch die 3. StNVO. wieder ins Leben gerufen wären, eine Unrichtigkeit des Grundbuchs also erst nachträglich eingetreten wäre. So liegt aber die Sache nicht. Das Reichsgericht hat im Anschluß an das Urteil vom 28. November 1923 (RGZ. Bd. 107 S. 78) in späteren Entscheidungen ausgesprochen, daß nach dem vor dem Inkrafttreten der 3. StNVO. geltenden Recht auch dingliche Rechte aufzuwerten seien (RGZ. Bd. 108 S. 292; Warn. 1925 Nr. 1; Beschluß vom 13. Februar 1925 in Sachen V B 2/25), daß demgemäß die 3. StNVO. auch in Ansehung der Hypotheken ein Aufwertungsrecht nicht erst eingeführt, sondern nur das nach den allgemeinen gesetzlichen Vorschriften bestehende Aufwertungsrecht näher geregelt hat. Daraus folgt, daß die Löschung von Hypotheken, die auf Grund einer in entwertetem Gelde geschehenen Zahlung des Nennbetrags erfolgt ist, sofern nicht etwa eine vorbehaltlose Löschungsbewilligung erteilt war, in allen Fällen das Grundbuch unrichtig gemacht und zur Folge gehabt hat, daß die Hypotheken in Höhe des ungetilgt gebliebenen Aufwertungsbetrags außerhalb des Grundbuchs als Gläubigerhypotheken bestehen geblieben sind. Die Wiedereintragung der Hypotheken stellt sich also stets als die Beseitigung einer durch die Löschung herbeigeführten Unrichtigkeit des Grundbuchs dar und kann deshalb nach § 71 Abs. 2 Satz 1 GBO. nicht im Beschwerdewege angeordnet werden. ...

Dem Kammergericht ist aber weiter auch darin beizustimmen, daß im Wege der Berichtigung des Grundbuchs die Wiedereintragung zu Unrecht gelöschter Hypotheken nur mit einem Inhalt geschehen darf, der das Grundbuch mit der zurzeit bestehenden materiellen Rechtslage in Einklang bringt. Die Wiedereintragung darf daher für die Gläubiger nur zu dem Betrage geschehen, zu dem sie zurzeit den Gläubigern zustehen. Es ist deshalb bei den vor dem Inkrafttreten der 3. StNVO. geleisteten Zahlungen zu prüfen, zu welchem Goldmarkbetrage nach den Grundsätzen, die das Reichsgericht in dem Urteil vom 28. November 1923 (RGZ. Bd. 107 S. 87) aufgestellt hat, die Papiermarkhypothek aufzuwerten war und welchen Bruchteil dieses in Gold aufgewerteten Betrags die in Papiermark geleistete Zahlung nach ihrem Goldwerte zur Zeit der Zahlung darstellte. Der gleiche Bruchteil des Papiermarkbetrags gilt als getilgt und der verbleibende Restbruchteil ist nach der Vorschrift der 3. StNVO. für den Gläubiger aufzuwerten (vgl. Mügel, die Aufwertungsvorschriften der 3. StNVO. 2. Aufl. zu § 11 Anm. 6 S. 121, Anm. 11 S. 123; Beschluß des Reichsgerichts vom 13. März 1925 V B 3/25 (RGZ. Bd. 110 S. 65). Nur die Wiedereintragung des sich hiernach ergebenden Betrags können die Gläubiger für sich beanspruchen.

Hiernach erweist sich allerdings der in der weiteren Beschwerde gestellte Antrag, die Hypotheken zu ihrem vollen ursprünglichen Papiermarkbetrage wieder einzutragen, als nicht gerechtfertigt. Daraus kann aber nicht mit dem Kammergericht die Unzulässigkeit der weiteren Beschwerde gefolgert werden. Zulässig ist die weitere Beschwerde, vorausgesetzt, daß die Löschung der Hypotheken unter Verletzung gesetzlicher Vorschriften erfolgt ist, mit dem Ziele auf Eintragung eines Widerspruchs gegen die Löschung, soweit die Hypotheken zu ihrem aufgewerteten ungetilgten Betrage der Beschwerdeführerin noch zustehen. Anhaltspunkte, die für die Annahme sprechen könnten, daß die Beschwerdeführerin, falls die Wiedereintragung der Hypotheken nicht antragsgemäß angeordnet werden kann, die Eintragung eines Widerspruchs nicht wolle, sind aus dem Sachverhalt nicht zu entnehmen. Es muß daher angenommen werden, daß in dem gestellten Wiedereintragungsantrag auch der Antrag auf eventuelle Eintragung eines Widerspruchs enthalten sein soll. Diese Annahme ist um so mehr geboten, als bei Zugrundelegung der Angabe der Beschwerdeführerin, die Darlehne seien seitens des Grundstückseigentümers am 30. Juli 1923 in völlig entwerteter Papiermark zurückgezahlt worden, alle für die Eintragung des Widerspruchs maßgebenden Umstände bekannt sein würden. In vielen Fällen wird der Widerspruch nicht zu einem bestimmten ziffermäßigen Betrage eingetragen werden können, da die für die Berechnung des dem Gläubiger zustehenden Bruchteils der Hypothek erforderliche Feststellung, auf welche Summe die Hypothek nach Billigkeitsrücksichten für den Zahlungstag aufzuwerten war, im Grundbuchverfahren nicht getroffen werden kann (vgl. Beschluß des Reichsgerichts vom 13. März 1925, V B 3/25). Im vorliegenden Falle wird indessen, falls in der Tat nur eine am 30. Juli 1923 geleistete Zahlung in Frage steht, die Eintragung eines Widerspruchs zu einem bestimmten Betrage möglich sein. Die am 30. Juli 1923 angeblich bezahlten 330000 Papiermark stellten nur einen Betrag von etwas mehr als 1 Goldmark dar, und es ist daher im vorliegenden Falle unbedenklich, diesen Betrag bei der Feststellung der Höhe der noch bestehenden Gläubigerhypotheken und bei der Berechnung ihres Goldmarkbetrags gemäß § 2 der 3. StNVO. unberücksichtigt zu lassen und in der Weise zu verfahren, daß der nach § 2 a. a. O. berechnete Goldmarkbetrag der Hypotheken mit 15 v. H. aufgewertet und von diesem Betrag der Goldmarkwert der geleisteten Zahlung, also bei jeder Hypothek etwa 1 ℳ abgezogen wird. ...

Es fragt sich hiernach nur, ob das Grundbuchamt mit der Löschung der Hypotheken gegen gesetzliche Vorschriften verstoßen hat. Das ist zu bejahen. Maßgebend für die Entscheidung dieser Frage ist der Inhalt der dem Grundbuchamt als Löschungsunterlage vorgelegten Erklärung der Gläubigerin vom 23./24. August 1923. Der angeblich dem Eigentümer mittels eines Begleitschreibens vom 23. August 1923 mitgeteilte Vorbehalt der Gläubigerin ist damals nicht zur Kenntnis des Grundbuchamts gelangt, konnte also bei der Entscheidung über den Löschungsantrag vom Grundbuchamt nicht berücksichtigt werden. In der Urkunde vom 23./24. August 1923 hat die Gläubigerin über den Rückempfang „des Nennbetrags" der Forderungen quittiert und die „Berichtigung des Grundbuchs" bewilligt. Bei Zugrundelegung der richtigen Rechtsauffassung, nach der damals bereits die Gläubigerin sowohl hinsichtlich ihrer persönlichen Forderungen, als auch auf Grund ihrer hypothekarischen Rechte die Zahlung entsprechend aufgewerteter Beträge verlangen konnte, bildete die Urkunde vom 23./24. August 1923 keine hinreichende Grundlage, um die Löschung der beiden Hypotheken in voller Höhe vorzunehmen. Denn das Empfangsbekenntnis hinsichtlich „des Nennbetrags" ließ deutlich erkennen, daß die Forderungen in Ansehung ihres aufzuwertenden Betrags nicht getilgt seien. Daraus folgte, daß auch entsprechende Teile der Hypotheken noch den Gläubigern zustanden, der Eigentümer also zur Verfügung über die Hypotheken nur in Höhe der nach dem Zeitpunkt der Zahlungen festzustellenden Beträge berechtigt war. Im Wege der Grundbuchberichtigung hätten hiernach die Hypotheken nicht gelöscht werden dürfen. Selbstverständlich kann von einer Fahrlässigkeit des Grundbuchamts bei der Vornahme der Löschungen keine Rede sein, denn bei der allgemeinen Unsicherheit, die damals hinsichtlich der Aufwertbarkeit von Hypothekenforderungen und namentlich der dinglichen Rechte selbst bestand, kann niemandem daraus ein Vorwurf gemacht werden, wenn er in dieser Hinsicht eine Rechtsansicht vertreten hat, die nachträglich durch die Rechtsprechung als unrichtig verworfen worden ist. Das ändert aber nichts daran, daß die in voller Höhe vorgenommene Löschung der Hypotheken als unter Verletzung gesetzlicher Vorschriften erfolgt anzusehen ist. Denn diese Frage kann nur vom Standpunkt der richtigen Rechtsauffassung aus entschieden werden.

Die weitere Beschwerde ist hiernach zulässig und, soweit sie als auf Anordnung der Eintragung eines Widerspruchs gerichtet anzusehen ist, auch sachlich begründet. Der Hinweis des Grundstückseigentümers darauf, daß die Kündigung der Hypotheken von der Gläubigerin ausgegangen sei und diese Zahlung des Nennbetrags verlangt habe, vermag an der Beurteilung der Rechtslage nichts zu ändern. Von Erheblichkeit könnte nur sein, wenn zwischen den Beteiligten eine vertragliche Ausschließung jeder Aufwertung der Rechte der Gläubigerin stattgefunden hätte. Dafür ist aber nichts beigebracht. Ein bei der Kündigung ausgesprochenes Verlangen der Gläubigerin nach Auszahlung des Nennbetrags würde sich damit erklären, daß die Gläubigerin sich des ihr nach dem damals bestehenden Rechtszustand bereits zustehenden Aufwertungsrechts nicht bewußt gewesen ist. Ein Verzicht auf etwa bestehende Aufwertungsansprüche liegt darin nicht und kann darin um so weniger gefunden werden, als die Gläubigerin, wie der Eigentümer selbst zugegeben hat, die demnächstige Zahlung nur unter Vorbehalt ihrer weitergehenden Ansprüche aus der Geldentwertung angenommen hat.

Unbegründet ist auch die Ansicht des Beschwerdegegners, daß das dingliche Recht der Gläubigerin durch die Herausgabe der Hypothekenbriefe und die Erteilung einer Löschungsbewilligung, auf die der Vorbehalt nicht zu beziehen sei, erloschen sei. Eine Löschungsbewilligung ist von der Gläubigerin überhaupt nicht ausgestellt worden, sondern nur eine Bewilligung der Berichtigung des Grundbuchs gemäß ihrem vorangegangenen Empfangsbekenntnis bezüglich des Nennbetrags der Forderungen. Diese Erklärung besagt also nur, daß die Gläubigerin darin einwillige, daß das Grundbuch mit der durch die Zahlung des Nennbetrags geschaffenen materiellen Rechtslage in Einklang gebracht werde. Eine nach § 875 BGB. zur Aufhebung dinglicher Rechte erforderliche Erklärung, daß sie die ihr noch zustehenden Hypotheken aufgebe, wie sie in der Erteilung einer vorbehaltlosen Löschungsbewilligung zu finden sein könnte, hat die Gläubigerin nicht abgegeben. Eine Ausschließung des Aufwertungsrechts kann hiernach auch in Ansehung der Hypotheken selbst auf Grund des § 11 der 3. StNVO. nicht in Frage kommen. . . ."

15. 1. Findet § 185 Abs. 2 Satz 1 Halbsatz 3 BGB. auf Verfügungen des Vorerben im Sinne des § 2113 BGB. Anwendung?

2. Wird eine Verfügung, die der Erblasser als Vorerbe, ohne dazu berechtigt zu sein, zugunsten eines der mehreren berechtigten Miterben getroffen hat, nach § 185 Abs. 2 Satz 1 Halbsatz 3 wirksam, wenn er von allen Berechtigten beerbt wird (§ 2063 Abs. 2 BGB.)?

IV. Zivilsenat. Urt. v. 19. Januar 1925 i. S. B. (Kl.) w. M. (Bekl.). IV 474/24.

I. Landgericht Hildesheim.
II. Oberlandesgericht Celle.

Die Eheleute Anbauer Heinrich M. und Johanne geb. H. errichteten am 22. Juni 1917 zu gerichtlichem Protokoll ein gemeinschaftliches Testament, in dem sie sich gegenseitig zu Vorerben und ihre Kinder Heinrich, Gustav (den Beklagten), Meta, Emma und die beiden Kinder ihres verstorbenen Sohnes Wilhelm, namens Wilhelm und Adele (die Klägerin) zu Nacherben auf dasjenige einsetzten, was von der Erbschaft beim Eintritt der Nacherbfolge übrig sein würde. Sie bestimmten auch, daß der Vorerbe berechtigt sein solle, ihren beiderseitigen Nachlaß sowohl unter Lebenden wie von Todes wegen unter ihre Kinder oder Kindeskinder zu verteilen. Nachdem im Jahre 1918 die Ehefrau M. verstorben war, übertrug der überlebende Ehemann durch gerichtlichen Vertrag vom 1. März 1919 sowohl seinen eigenen als auch den Grundbesitz seiner verstorbenen Frau dem Beklagten. Die Auflassung ist erfolgt. Die Klägerin macht geltend, die Übertragung sei nach § 2113 BGB. unwirksam, da sie sich als unentgeltliche Verfügung darstelle. Durch die Auflassung sei das Grundbuch unrichtig geworden. Den Anträgen der Klägerin entsprechend hat das Landgericht den Beklagten verurteilt: 1. anzuerkennen, daß das Eigentum an dem Grundbesitz und an dem zugehörigen Inventar der aus dem Beklagten, seinen drei Geschwistern, der Klägerin und ihrem Bruder bestehenden Erbengemeinschaft zustehe; 2. zu bewilligen, daß diese Erbengemeinschaft als Eigentümerin im Grundbuch eingetragen werde; 3. der Klägerin und den übrigen Miterben den Mitbesitz an der Erbschaft einzuräumen und den Mitgebrauch der einzelnen Erbschaftsgegenstände zu gestatten.

Auf die Berufung des Beklagten hat das Oberlandesgericht die Klage abgewiesen. Die Entscheidung ist darauf gestützt, daß die Verfügung des Großvaters der Klägerin gemäß § 185 Abs. 2 BGB. wirksam geworden sei, da der Großvater von der Klägerin als der Berechtigten beerbt worden sei und die Klägerin für die Nachlaßverbindlichkeiten unbeschränkt hafte. Die Klägerin habe nicht behaupten können, die Beschränkung ihrer Haftung durch die gesetzlichen Mittel nach § 1975 flg. herbeigeführt zu haben. Daß die Erbenhaftung der Klägerin eine unbeschränkbare nach § 1994 BGB. geworden sei, sei zur Anwendung des § 185 Abs. 2 nicht erforderlich.

Die Revision der Klägerin führte zur Aufhebung des Urteils.

Aus den Gründen:

... In der Sache selbst fragt es sich in erster Reihe, ob § 185 Abs. 2 auf eine Verfügung des Vorerben im Sinne des § 2113 BGB. überhaupt Anwendung findet. Die Frage ist zu bejahen. Allerdings ist die Verfügung des Vorerben zunächst wirksam. Aber sie wird unwirksam, wenn der Fall der Nacherbfolge eintritt. Es handelt sich also um eine bedingt unwirksame Verfügung (vgl. Warn. 1914 Nr. 126) und es ist nicht abzusehen, weshalb diese nicht in dem Falle des § 185 Abs. 2 endgültig Bestand gewinnen sollte, wenn sogar von vornherein ganz unwirksame Verfügungen nach dieser Vorschrift wirksam werden. Erst recht ist dies unbedenklich, wenn wie hier die Verfügung durch Eintritt des Nacherbfalls in demselben Augenblick endgültig unwirksam wird, in dem die Beerbung eintritt.

Weiter ist zu entscheiden, ob sich die Klägerin auf § 2063 Abs. 2 BGB. berufen kann; denn beide Parteien sind Miterben ihres Großvaters und Vaters Wilhelm M., der die unwirksame Verfügung getroffen hat. Der gesetzgeberische Grund für die Vorschrift des § 185 Abs. 2 Satz 1 Halbsatz 3 liegt darin, daß im Falle der unbeschränkten Erbenhaftung eine Vereinigung von Recht und Pflicht in der Person des Erben eintritt. Er kann deshalb von dem Dritten, dem der Erblasser eine ihm (dem Erben) gehörige Sache übertragen hat, diese nicht zurückverlangen, weil er sie, wenn er sie zurückerhielte, wegen der auf ihn übergegangenen Herausgabepflicht des Erblassers an den Dritten zurückgeben müßte. Deshalb muß der Erbe „facta defuncti prästieren" (vgl. Motive zu Entw. I § 310 Bd. 2 S. 139 Abs. 2). Umgekehrt soll die Konvaleszenz nicht eintreten, wenn der Erbe nur unter Beschränkung auf den Nachlaß haftet, weil in diesem Falle eine Vereinigung von Recht und Verbindlichkeit nicht stattfindet (§§ 1976, 1991 Abs. 2). Dabei ist allerdings zunächst wohl an den regelmäßigen Fall gedacht, daß einmal der Erwerber ein Dritter und nicht Miterbe des Berechtigten ist, und ferner, daß der Erbe allen Nachlaßgläubigern gegenüber nur unter Beschränkung auf den Nachlaß haftet. Aber der Grund des Gesetzes zwingt dazu, die Vorschrift auch auf den Fall anzuwenden, wenn der Erwerber und der Berechtigte Miterben sind und deshalb nach § 2063 Abs. 2 im Verhältnis zwischen ihnen beiden die Haftung auf den Nachlaß beschränkt ist. Denn aus letzterem Grunde tritt zwischen ihnen eine Vereinigung von Recht und Pflicht nicht ein. Der Berechtigte kann also Herausgabe des Gegenstandes, über den der Erblasser unberechtigterweise verfügt hat, verlangen und der Erwerber kann nicht einwenden, die Verpflichtung des Erblassers sei auf den Berechtigten übergegangen. Der Berechtigte im Sinne des § 185 Abs. 2 BGB. ist nun im vorliegenden Falle nicht die Klägerin allein, sondern alle Erben in Gemeinschaft. Dem steht aber die Anwendbarkeit jener Vorschrift nicht entgegen. Denn die Klägerin macht gegen den Beklagten auf Grund des § 2039 BGB. die Rechte sämtlicher übrigen Miterben geltend.

Ist hiernach im vorliegenden Falle die Haftung der Erben, insbesondere auch der Klägerin, endgültig eine beschränkte, so braucht nicht untersucht zu werden, ob in Fällen, in denen es sich nicht um das Verhältnis der Miterben untereinander handelt, die grundsätzlich unbeschränkte Haftung des Erben (vgl. RG. in LZ. 1914 Sp. 1966 Nr. 8) ausreicht, um das Wirksamwerden der Verfügung herbeizuführen, oder ob dies nur dann der Fall ist, wenn der Erbe von den Mitteln, beschränkte Haftung herbeizuführen (§§ 1975 flg., 1990), keinen Gebrauch mehr machen kann, die Haftung also eine unbeschränkbare geworden ist. . . .

---

16. 1. Muß das Berufungsurteil aufgehoben werden, wenn das Berufungsgericht die Klage zu Unrecht für unzulässig erklärt, jedoch auf die Widerklage hin eine den ganzen Streitstoff erschöpfende, zutreffende Entscheidung gefällt hat?

2. Kann eine Behörde im ordentlichen Rechtswege Feststellung verlangen, daß ein Beamter nicht berechtigt sei, eine andere Einstufung zu beanspruchen?

3. Über wohlerworbene Gehaltsansprüche von Gemeindebeamten bei einer Eingemeindung.

ZPO. §§ 564, 565. GVG. § 13. RV. Art. 129.

III. Zivilsenat. Urt. v. 20. Januar 1925 i. S. W. (Kl.) w. Stadtgemeinde B. (Bekl.). III 392/24.

I. Landgericht I Berlin.
II. Kammergericht daselbst.

Der Kläger war in der Gemeinde H. als Oberingenieur lebenslänglich angestellt und in Gruppe Ib des für ihn geltenden Besoldungsplanes eingestuft. Nachdem die genannte Gemeinde ein Teil der Stadt B. geworden und Kläger in deren Dienst übernommen worden war, zahlte letztere, die Beklagte, ihm zunächst Bezüge in Höhe derjenigen der staatlichen Gruppe 10. Später hat ihn die Beklagte als Stadtingenieur in Gruppe 8 ihres Besoldungsplans eingestuft, deren Bezüge er seitdem erhält. Der Kläger behauptet, ein wohlerworbenes Recht auf die Bezüge der Gruppe 10 zu besitzen und verlangt — nach fruchtloser Anrufung der Verwaltungsstellen — einen hiernach berechneten Gehaltsrückstand. Mit diesem Begehren sowie mit Nebenansprüchen ist er vom Berufungsgericht abgewiesen und auf die Widerklage der Beklagten ist festgestellt worden, daß ihm Ansprüche auf Besoldung in Höhe der Dienstbezüge der Gruppe 10 nicht zustehen. Der Kläger legte Revision ein. Diese wurde zurückgewiesen.

Gründe:

Das Berufungsgericht hat die Klage abgewiesen, weil es sie als unzulässigen Versuch angesehen hat, die dem Rechtsweg entzogene Frage der Einstufung des Klägers der gerichtlichen Entscheidung zu unterstellen (RGZ. Bd. 107 S. 326, Bd. 108 S. 405). Der Vortrag des Klägers nötigt indessen nicht zu dieser Auffassung. Sein Vorbringen ist vielmehr dahin zu verstehen, daß er lediglich bezweckt, sich den Bezug eines Gehalts zu sichern, auf das er ein wohlerworbenes Recht zu haben glaubt, nämlich desjenigen aus Gruppe 10, die der vormaligen Gruppe Ib gleichgestellt worden sei. Eine solche

Klage ist nach Art. 129 Abs. 1 Satz 3 RV. zulässig; sie hätte daher nicht als unzulässig abgewiesen werden dürfen.

Gleichwohl erübrigt sich im vorliegenden Falle die Aufhebung und Zurückverweisung der Sache in die Berufungsinstanz, die bei anderer Gestaltung der Prozeßlage unvermeidlich gewesen wäre. Das Berufungsgericht hat nämlich in zulässiger Weise zugleich auf die Widerklage entschieden und damit den gesamten Rechtsstreit materiell erledigt, so daß es gemäß § 565 Abs. 2 ZPO. nur noch zu einer Wiederholung des hier bereits getroffenen Urteilsspruchs kommen könnte. Zu einem solchen Formalismus zwingt jedoch das Gesetz nicht.

Hinsichtlich der Widerklage ist vorab zu bemerken, daß ihre Erhebung schon deshalb als zulässig anzusehen ist, weil die Klage, wie oben dargelegt, statthaft angebracht war und der in § 33 ZPO. vorgesehene rechtliche Zusammenhang gegeben erscheint. Dagegen konnte die Fassung ihres Antrags Bedenken darüber erregen, ob sie inhaltlich zulässig war. Denn ebensowenig wie die ordentlichen Gerichte befugt sind, darüber zu erkennen, ob der Kläger eine andere Einstufung verlangen kann, können sie darüber entscheiden, ob er ein solches Verlangen nicht erheben darf. Insoweit ist der Rechtszustand auch durch die Gesetzgebung des Jahres 1920 nicht geändert. Hierzu hat der Kläger, wenn auch in anderem Zusammenhang, ausgeführt, es sei durch das Reichsgesetz zur Sicherung einer einheitlichen Regelung der Beamtenbesoldung vom 21. Dezember genannten Jahres (RGBl. S. 2117) eine obere Grenze für die Besoldungsregelung der Gemeindebeamten gezogen worden, anderseits habe das preußische Gesetz vom 8. Juli 1920 betr. vorläufige Regelung verschiedener Punkte des Gemeindebeamtenrechts (GS. S. 383) eine untere Grenze bestimmt. Nun seien aber im Reich und in Preußen die Beamtengehälter in gleicher Weise geregelt und die Gemeinden seien durch diese beiden Gesetze gezwungen, sich dieser Regelung anzuschließen. Daher sei, solange diese Gesetze in Kraft seien, für die selbständige Bestimmung der Gemeinden über die Einstufung ihrer Beamten gesetzlich kein Raum mehr. Solange wirke daher die Einstufung der Beamten seitens der Gemeinden nicht mehr rechtsbegründend, sondern enthalte nur eine Angabe, deren Richtigkeit auf dem Prozeßwege nachzuprüfen deshalb keinem Bedenken unterliege. Dieser Schlußfolgerung kann nicht zugestimmt werden. Mag auch infolge der vorgenannten Gesetze die Betätigung der Gemeinden auf diesem Gebiete erheblich eingeengt worden sein, so ist doch dadurch deren rechtliches Wesen nicht beseitigt worden; auch bei eingeschränkter Selbständigkeit der Gemeinden bleibt die von ihnen vorgenommene Einstufung ihrer Beamten doch eine lediglich ihnen obliegende und allein von der Aufsichtsbehörde nachzuprüfende, der richterlichen Nachprüfung entzogene Angelegenheit.

Die Widerklage mag daher in ihrer Fassung zu beanstanden sein, inhaltlich ist sie statthaft. Sie bezweckt die Feststellung, der Kläger sei bei gegenwärtiger Sach- und Rechtslage überhaupt, also auch in der Folgezeit nicht befugt, Bezüge, die er nach Gruppe 10 beziffert, von der Beklagten zu verlangen. In diesem Sinne ist auch die der Widerklage stattgebende Entscheidung des Berufungsgerichts aufzufassen und rechtlich nicht zu beanstanden. Der Kläger gibt nämlich an, daß die von ihm verlangten Beträge den Bezügen der Gruppe 10 entsprächen, und behauptet, diese sei der vormaligen Gruppe Ib gleichgestellt. Er folgert das zunächst daraus, daß ihm die Beklagte bis zum 30. Juni 1922 die Bezüge aus Gruppe 10 gezahlt habe. Das ist aber, wie festgestellt, nur unter Vorbehalt geschehen, wobei unerörtert bleiben kann, ob der Kläger diesem Vorbehalt zugestimmt und weshalb er das getan hat. Sodann hat das Berufungsgericht ausgeführt, daß in den einschlägigen ortsrechtlichen Bestimmungen, auf die sich der Kläger weiterhin beruft, eine Gleichstellung der Gruppen 10 und Ib nicht ausgesprochen worden sei. Ob das zutrifft, kann gemäß § 562 ZPO. nicht nachgeprüft werden. Hieraus kann daher der Kläger Rechte nicht herleiten. Auch seine Bezugnahme auf den preußischen Ministerialerlaß vom 25. Februar 1921 versagt, da dieser insoweit nur eine Belehrung der Gemeinden enthält und Ansprüche der in Betracht kommenden Beamten gegen diese nicht begründen kann.

Hiernach bleibt nur noch zu erörtern, ob der Kläger, der, wie das Berufungsgericht ohne ersichtlichen Rechtsirrtum annimmt, ein wohlerworbenes Recht auf die Bezüge der Gruppe Ib hat, bei der jetzigen Gehaltsregelung weniger als diese Bezüge erhält. Das ist jedoch nach der aus dem angefochtenen Urteil ersichtlichen tatsächlichen Annahme des Berufungsgerichts nicht der Fall, denn es hat mit dem erstinstanzlichen Erkenntnis auf die dem Kläger erteilten Verwaltungsbescheide Bezug genommen, in denen ausdrücklich festgestellt ist, daß die vom Kläger nunmehr bezogenen Sätze — nicht nur die gegenwärtige Zahlung — höher sind als die Bezüge der vormaligen Gruppe Ib. Dann aber ist der Kläger nicht befugt, den mit der Widerklage abgewehrten Anspruch zu erheben, die angefochtene Entscheidung hinsichtlich der Widerklage also begründet.

---

17. Umrechnung von Vergleichsrenten, welche ihren Anlaß in einem Eisenbahnunfall haben, infolge der Geldentwertung. Worauf stützt sich die Klage auf Aufwertung der Rente? Greift die Verjährung nach dem Haftpflichtgesetz ein? Stehen frühere Urteile, welche die Rente erhöht haben, entgegen?

BGB. §§ 157, 242.

VI. Zivilsenat. Urt. v. 23. Januar 1925 i. S. H.er Hochbahn (Bekl.) w. S. (Kl.). VI 268/24.

I. Landgericht Hamburg.
II. Oberlandesgericht daselbst.

Im Jahre 1903 hat der Kläger im Betriebe der Beklagten einen Unfall erlitten. Der Entschädigungsprozeß wurde durch einen am 15. Mai 1909 geschlossenen gerichtlichen Vergleich beendet. Danach hatte die Beklagte dem Kläger bis an sein Lebensende als Ersatz für seine Erwerbsbeschränkung monatlich im voraus 125 *M* und für Verpflegungs- und Heilungskosten monatlich im voraus 33,33 *M* zu zahlen. Im Frühjahr 1921 klagte der Kläger wegen des gesunkenen Geldwerts auf Erhöhung der Rente. Durch rechtskräftig gewordenes Urteil vom 21. Mai 1921 wurde die Beklagte verurteilt, außer den 158,33 *M* weitere 141,67 *M* monatlich im voraus zu zahlen. Im April 1922 erhob der Kläger aus demselben Anlaß eine neue Klage. Auf die mündliche Verhandlung vom 11. Dezember 1922 erging das ebenfalls rechtskräftig gewordene Urteil des Oberlandesgerichts Hamburg vom 22. Januar 1923, welches die Monatsrente vom 1. Januar 1923 auf 6300 *M* erhöhte. Freiwillig hat die Beklagte vom 1. Mai 1923 ab monatlich 18900 *M* und vom 1. Juli 1923 ab 120000 *M* gezahlt. Eine weitere Erhöhung der Rente hat sie abgelehnt. Daraufhin hat der Kläger die gegenwärtige Klage erhoben. Ihr Hauptantrag ging schließlich dahin, die Beklagte zu verurteilen, dem Kläger monatlich denjenigen Betrag zu zahlen, der unter Zugrundelegung der großen Hamburger Teuerungszahl einem Friedensbetrage von 158,33 ℳ monatlich entspricht. Diesem Antrag entsprach das Landgericht für die Zeit vom 15. Juli 1923 an. Die Berufung der Beklagten wurde mit der Maßgabe zurückgewiesen, „daß die Beklagte in entsprechender Abänderung des Vergleichs vom 15. Mai 1909, sowie der Urteile vom 21. Mai 1921 und 22. Januar 1923 verurteilt wurde, dem Kläger vom 15. Juli 1923 an monatlich im voraus 158,33 Goldmark (eine Goldmark = 10/42 Dollar der Vereinigten Staaten von Nordamerika) zu zahlen.“ Die Revision der Beklagten blieb ohne Erfolg.

Gründe:

... Die dem Kläger in dem Vergleich vom 15. Mai 1909 zugebilligte Rente ruht zwar rechtlich auf der Grundlage eines Schadensersatzanspruchs nach dem Haftpflichtgesetz, sie stellt sich aber gleichwohl als eine Unterhaltsrente dar. Als solche bezweckt sie, dem Rentenempfänger ein bestimmtes, dem Geldwert entsprechendes Maß des zum Lebensunterhalt Erforderlichen zu verschaffen. Ändert sich der Geldwert, so wird durch die Zahlung der gleichbleibenden Rente das nicht mehr erfüllt, was die Parteien gewollt haben. An diesen, vom Senat RGZ. Bd. 106 S. 235 ausgesprochenen und seitdem wiederholt bestätigten Rechtsgrundsätzen (vgl. JW. 1924 S. 1864 und Urt. vom 6. Mai 1924 VII 571/23) ist festzuhalten. Danach ist der Klaganspruch der auf die §§ 157, 242 BGB. gestützte Anspruch auf die sogenannte Aufwertung, richtiger Umrechnung der Vergleichsrente. Die Vorschrift des § 323 Abs. 4 ZPO. kommt nur insoweit in Betracht, als sie ausspricht, daß auch ein gerichtlicher Vergleich aus materiellrechtlichen Gründen abgeändert werden kann (RGZ. Bd. 106 S. 234). Das hat auch der Berufungsrichter zutreffend erkannt, wenn er ausführt, daß der Kläger Abänderung seines ursprünglichen Vergleichs mit der Beklagten fordert und daß sich die Klage letzten Endes nicht auf den Unfall vom Jahre 1903, sondern auf das im Jahre 1909 getroffene Abkommen stützt. Mit Recht hat deshalb der Berufungsrichter den aus dem Haftpflichtgesetz hergeleiteten Verjährungseinwand zurückgewiesen. Der Kläger macht eben nicht neue Ansprüche geltend, die ihm durch Änderung der Verhältnisse erwachsen sein sollen, er verlangt nur, daß seine wohlbegründeten Vergleichsansprüche in einer Weise erfüllt werden, wie es dem Vertragswillen der Parteien und dem den Rechtsverkehr beherrschenden Grundsatz von Treu und Glauben entspricht.

Die beiden früher zugunsten des Klägers ergangenen Urteile stehen seinem jetzigen Verlangen nicht entgegen. Ob der von dem Berufungsrichter für diesen Satz gegebenen Begründung beizutreten ist, kann unerörtert bleiben. Die Richtigkeit des Satzes ergibt sich schon daraus, daß jene beiden Urteile noch von der Regel beherrscht werden: Mark gleich Mark. Für das Frühjahr 1921, als die erste Klage erhoben wurde und das erste der beiden Urteile erging, ist diese Regel auch vom Standpunkt der heutigen Rechtsanschauungen aus noch als richtig anzuerkennen. Damals gab es noch keinen sogenannten Aufwertungsanspruch, damals war der Kläger in der Tat darauf angewiesen, seine Klage auf das Haftpflichtgesetz zu stützen und neue Ansprüche geltend zu machen. Auf derselben Unterlage beruhen auch noch die Klage und das Urteil in dem zweiten Vorprozeß, obwohl zur Zeit der letzten mündlichen Verhandlung vor dem Berufungsgericht am 11. Dezember 1922 die sogenannte Aufwertung schon verlangt werden konnte. Betrachtet man die beiden Vorprozesse unter dem Gesichtspunkt der Regel: Mark gleich Mark, so zeigt sich, daß die damals erhobenen Klagen und die damals erlassenen Urteile die Rente des Klägers erhöhen wollten, und daß ihm seine ursprüngliche Rente von 158,33 ℳ weder ganz noch teilweise abgesprochen worden ist. Das kam in dem ersten der beiden Urteile durch die Trennung der ursprünglichen Rente von dem neu zugesprochenen Betrage zum klaren Ausdruck, gilt aber auch für das zweite Urteil. In dem hier festgesetzten Monatsbetrage von 6300 Papiermark steckten auch die ursprünglichen Vergleichsbeträge von 158,33 ℳ monatlich, und zwar sind diese auch nur als Papiermark gewertet worden. Dem Kläger ist es jetzt unbenommen, den mit den beiden Vorprozessen eingeschlagenen Weg zu verlassen, auf den ursprünglichen Rentenbetrag zurückzugehen und, fußend auf der inzwischen herrschend gewordenen Lehre, seine Umrechnung zu verlangen. Die Beklagte will eine Umrechnung höchstens der in den Vorprozessen zugesprochenen Urteilsbeträge zulassen; maßgebend dafür müsse der Geldstand zur

Zeit der letzten mündlichen Verhandlungen sein. So kommt sie jetzt auf eine Monatsrente von 32,43 Goldmark, zeitweise hatte sie monatlich nur 1,40 Goldmark zahlen wollen. Es ist aber nicht zulässig, die in den früheren Urteilen von einem anderen Standpunkt aus zuerkannten Beträge nachträglich unter die Goldmarkrechnung zu stellen und die Urteilssprüche so in ihr Gegenteil zu verkehren, aus ihnen nicht eine Erhöhung, sondern eine Herabminderung der Rente herauszulesen.

Gegen die Art der vorgenommenen Umrechnung sind keine Bedenken zu erheben. Wenn der Kläger heute 158,33 Goldmark erhält, so bekommt er im Ergebnis immer noch weniger, als er vor dem Kriege mit 158,33 Friedensmark erhielt, denn er kann sich heute für seine Rente weniger kaufen, als vor dem Kriege. Als am 5. Mai 1924 das Urteil des Oberlandesgerichts erging, waren die Beamtengehälter allerdings noch wesentlich unter den Friedensstand und wohl auch unter den allgemeinen Einkommensstand hinuntergedrückt. Diese Regelung war aber nur der harten Not entsprechend vorgenommen worden, sie war von vornherein als unzureichend erkannt und ist seitdem gebessert worden. Gerade die unteren Besoldungsgruppen, die nach dem Rentenbetrage, der dem Kläger zusteht, zum Vergleich heranzuziehen sind, erhalten jetzt wieder mindestens ihr volles Friedenseinkommen. Es war also richtig vom Berufungsrichter, wenn er die nur vorübergehende Schlechterstellung der Beamten nicht zur Grundlage seiner, eine Dauerregelung aussprechenden Entscheidung machte.

---

18. Wer ist in Disziplinarangelegenheiten der vorgesetzte Minister der nicht technischen Mitglieder der Regierungen?

Preuß. Gesetz betreffend die Dienstvergehen der nicht richterlichen Beamten vom 21. Juli 1852 § 23 Nr. 1, § 50.

III. Zivilsenat. Urt. v. 23. Januar 1925 i. S. Preuß. Staat (Bekl.) w. K. (Kl.). III 326/23 u. 490/23.

I. Landgericht Cassel.
II. Oberlandesgericht daselbst.

Gegen den Kläger, der damals Regierungsrat bei der Regierung in Cassel war, wurde durch Beschluß des Ministers des Innern vom 23. März 1920 das Disziplinarverfahren zum Zweck der Entfernung aus dem Amte eröffnet. Durch denselben Beschluß wurde er für die Dauer des Disziplinarverfahrens vom Amte suspendiert. Auf Grund der Suspension wurden ihm vom 1. April 1920 ab nur noch die halben Dienstbezüge ausgezahlt.

Der Kläger ist der Auffassung, daß der Minister des Innern allein zur Einleitung des Disziplinarverfahrens und zur Verhängung der Suspension gegen ihn nicht befugt gewesen sei. Die Disziplinargewalt über die bei den Regierungen angestellten Beamten der allgemeinen Staatsverwaltung ruhe in den Händen des Ministers des Innern und des Finanzministers. Nur beide Minister gemeinsam könnten Disziplinarmaßnahmen gegen die genannten Beamten anordnen. Der vom Minister des Innern ohne Mitwirkung des Finanzministers erlassene Beschluß sei rechtsunwirksam. Die Einbehaltung des halben Gehalts des Klägers entbehre sonach der Rechtsgrundlage. Durch Beschluß vom 21. Dezember 1921 habe der Minister des Innern das Disziplinarverfahren auf weitere Anschuldigungspunkte ausgedehnt, diesmal allerdings zugleich im Namen des Finanzministers. Dieser Beschluß habe aber den früheren unwirksamen Maßnahmen des Ministers des Innern keine Gültigkeit verleihen können.

Im Urkundenprozeß hat der Kläger auf Zahlung eines Teils des ihm einbehaltenen Gehalts Klage erhoben, und zwar auf 5000 M von dem seit 1. April 1920 einbehaltenen Gehalt und auf 10 M von dem am 1. Januar 1922 fällig gewordenen Gehalt, beide Beträge mit 4 % Zinsen seit Klagzustellung.

Der Beklagte hat Klagabweisung beantragt. Er hält den Minister des Innern für berechtigt, die fraglichen Disziplinarmaßnahmen selbständig zu treffen. Jedenfalls aber habe der Finanzminister durch seine Mitwirkung bei dem Beschluß vom 21. Dezember 1921 den früheren Beschluß des Ministers des Innern mit rückwirkender Kraft genehmigt.

Das Landgericht hat der Klage stattgegeben. Das Oberlandesgericht hat durch Urteil vom 6. März 1923 die Berufung des Beklagten zurückgewiesen, jedoch dem Beklagten die Ausführung seiner Rechte vorbehalten. In dem sich anschließenden ordentlichen Verfahren hat der Kläger seine Ansprüche dahin erweitert, daß der Beklagte verurteilt werde, ihm an einbehaltenem Gehalt noch 33990 ℳ nebst 4 % Zinsen seit dem 1. Januar 1922 zu zahlen, und daß festgestellt werde, daß der Beklagte verpflichtet sei, dem Kläger allen aus der Nichtzahlung entstandenen Schaden, insbesondere den der Geldentwertung, zu ersetzen. Der Beklagte hat demgegenüber Aufhebung des im Urkundenprozeß vom Oberlandesgericht erlassenen Urteils und Abweisung der Klage beantragt. Das Oberlandesgericht hat durch Urteil vom 18. Mai 1923 sein früheres Urteil mit der Maßgabe aufrechterhalten, daß der Vorbehalt wegfalle, und hat zugleich den erweiterten Anträgen des Klägers auf Verurteilung und Feststellung in vollem Umfang entsprochen.

Die von dem Beklagten gegen die beiden Urteile des Oberlandesgerichts eingelegten Revisionen wurden zurückgewiesen.

Gründe:

Der Anspruch des Klägers auf Nachzahlung der einbehaltenen Hälfte seines Diensteinkommens ist dann begründet, wenn seine Suspension vom Amte, auf die sich gemäß § 51 des Disziplinargesetzes die Einbehaltung stützte, nicht von der zuständigen Stelle verhängt worden und daher unwirksam ist. Ausgesprochen ist sie vom Minister des Innern. Der Kläger ist demgegenüber der Auffassung, daß für diese Maßnahme nur der Minister des Innern und der Finanzminister gemeinsam zuständig seien. Dieser Standpunkt hat mit Recht die Billigung der Vorinstanzen gefunden.

Nach § 50, § 23 Nr. 1 des Disziplinargesetzes ist der dem angeschuldigten Beamten vorgesetzte Minister zu seiner Suspension befugt. Der Vorgesetzte eines Beamten ist grundsätzlich der ihm sachlich vorgeordnete Beamte, der, dessen Weisungen er in seiner Amtstätigkeit folgen muß. Der einem Beamten vorgesetzte Minister ist also der, dessen Geschäftsbereich er angehört. Erst aus der sachlichen Nachordnung folgt, daß der Minister auch in den persönlichen Dienstangelegenheiten des Beamten zu verfügen hat. Die Anwendung dieses an sich klaren und einfachen Grundsatzes vermag zu Schwierigkeiten zu führen, wenn ein Beamter in dem Geschäftsbereich mehrerer Minister tätig ist. Gerade bei den nicht technischen Mitgliedern der Bezirksregierungen, welche Behörden das Organ sämtlicher Minister, mit Ausnahme des Justizministers, bilden (§ 1 der Regierungsinstruktion vom 23. Oktober 1817 GS. S. 248; vgl. auch § 11 der

Verordnung wegen verbesserter Einrichtung der Provinzialbehörden vom 30. April 1815 (GS. S. 85), könnten in dieser Hinsicht Zweifel entstehen. Sie sind indessen gelöst durch die Rechtsentwicklung, wie sie in Preußen im Anschluß an die angeführte Verordnung vom 30. April 1815 stattgefunden hat. Danach sind vorgesetzte Minister der Beamten der allgemeinen Verwaltung, insbesondere der genannten Regierungsmitglieder, zu denen der Kläger gehört hat, der Minister des Innern und der Finanzminister. Gegenüber diesen Beamten haben sie die in § 23 Nr. 1, § 50 des Disziplinargesetzes gegebenen Befugnisse gemeinschaftlich auszuüben.

Die Verordnung vom 30. April 1815 sieht allerdings eine Trennung der Disziplinarzuständigkeiten der beiden Minister vor, indem sie die Disziplin und Besetzung der Stellen der ersten Hauptabteilung der Regierungen dem Minister des Innern (§§ 12, 11), die der zweiten Hauptabteilung dem Finanzminister (§§ 25, 24) überträgt. Diese Teilung ist auch niemals ausdrücklich aufgehoben worden. Sie ist aber durch die späteren Veränderungen in der Organisation der Regierungen alsbald undurchführbar geworden. Schon die Kabinettsorder, betr. eine Abänderung in der bisherigen Organisation der Provinzialverwaltungsbehörden, vom 31. Dezember 1825 (GS. 1826 S. 5), hat, ohne allerdings die formelle Geltung der Verordnung vom 30. April 1815 zu berühren, wenigstens für die Regierungen von größerem Umfang die Zahl der Abteilungen vermehrt. Auch später noch hat die — keineswegs bei allen Regierungen gleiche — Zahl der Abteilungen und die Abgrenzung ihrer Geschäftsbereiche Änderungen erfahren, die im einzelnen hier nicht verfolgt zu werden brauchen, wie auch die Aufhebung der Regierungsabteilung des Innern (§ 18 LandesverwaltungsG.) in diesem Zusammenhang besonderer Erörterung nicht bedarf. Jedenfalls hat die Einrichtung, daß die Regierungen in zwei Abteilungen zerfielen, von denen die eine vom Minister des Innern, die andere vom Finanzminister ressortierte, keinen Bestand gehabt. Es trat bei ihnen eine Vermischung der Geschäfte der allgemeinen und der Finanzverwaltung ein, die nach der persönlichen Seite noch dadurch vermehrt wurde, daß es Beamte gab, die in beiden Geschäftszweigen tätig waren. Mit dieser Umgestaltung der Dinge war die in der Verordnung vom 30. April 1815 vorgesehene Teilung der Personalangelegenheiten zwischen den beiden Ministern nicht mehr vereinbar. In Anpassung an die eingetretenen Veränderungen hat sich deshalb alsbald die dauernd festgehaltene Übung entwickelt, daß beide Minister gemeinsam die Disziplinargewalt über die Regierungsmitglieder handhabten. Diese Übung ist nicht vom Gesichtspunkt der Bildung eines das Gesetz ändernden oder ergänzenden Gewohnheitsrechts aus zu bewerten. Man hielt vielmehr durchaus an dem aus der Verordnung vom 30. April 1815 zu entnehmenden Satz fest, daß die Regierungen in persönlicher Hinsicht dem Minister des Innern und dem Finanzminister unterstellt sein sollten, und wandte ihn nur sinngemäß auf die Sachlage an, wie sie sich durch den Wegfall der von der genannten Verordnung vorausgesetzten Trennung der Regierungen in zwei Abteilungen mit bestimmten Geschäftsgebieten gestaltet hatte. Gab es diese, von denen die eine ausschließlich die Geschäfte des Finanzressorts, die andere die übrigen Geschäfte zu erledigen hatte, nicht mehr, so mußten die Personalbefugnisse mit Notwendigkeit beiden Ministern gemeinsam zufallen. Dies folgte aus Sinn und Zweck der Verordnung vom 30. April 1815 um so mehr, als die Regierungen, wenn sie auch, wie schon erwähnt, das Organ sämtlicher Minister, mit Ausnahme des Justizministers, bildeten, jedenfalls anfänglich mit der Hauptmasse ihrer Tätigkeit dem Geschäftsbereich der beiden Minister des Innern und der Finanzen zugehörten. Inwieweit darin später durch die Abzweigung neuer Ministerien aus dem Ressort des Ministers des Innern eine Änderung eingetreten sein mag, kann dahingestellt bleiben, da diese neuen Minister an der Ausübung der Disziplinargewalt über die Beamten der allgemeinen Verwaltung unzweifelhaft nicht beteiligt worden sind.

Die dargelegte Art der Anwendung der gegebenen Bestimmungen auf die veränderten Verhältnisse ist rechtlich völlig bedenkenfrei. Sie ist denn auch ohne Beanstandung von irgendeiner Seite dauernd praktisch geübt worden. Es war in Preußen allgemein anerkannt, daß der Minister des Innern und der Finanzminister in Hinsicht der allgemeinen Verwaltung die „Disziplinarminister“ waren. Sogar in der Gesetzsammlung sind sie als solche bezeichnet, allerdings nicht in einem Gesetz, wohl aber in dem durch Kabinettsorder vom 27. Februar 1846 bestätigten Regulativ über die Befähigung zu den höheren Ämtern der Verwaltung vom 14. Februar 1846

(GS. S. 199), das verschiedentlich die Minister des Innern und der Finanzen unter dem Ausdruck „Disziplinarminister" („Disziplinarministerien") zusammenfaßt. Einen besonders schlagenden Beweis für diese Auffassung enthalten die dem Senat mit Rücksicht auf die unten noch zu erörternde Kabinettsorder vom 8. September 1882 vorgelegten Akten des Ministeriums des Innern betr. Bearbeitung der Personalangelegenheiten der Mitglieder der Regierungen usw. in einer Kabinettsorder vom 21. Juni 1838. Sie will die „über die Teilnahme des Chefs der Domänenverwaltung (sie war damals dem Minister des Königlichen Hauses übertragen worden) an den Funktionen der Disziplinarminister" entstandenen Differenzen ausgleichen, trifft hierüber Bestimmungen und sagt dann am Schluß: „Auf Ihren, des Finanzministers, eventuellen Antrag, Sie von allen Disziplinarbefugnissen zu entbinden, habe ich keine Rücksicht nehmen können, da die Disziplinarfunktion Ihrer Stelle als Finanzminister inhäriert." Auch bei Erlaß des Gesetzes über die allgemeine Landesverwaltung vom 30. Juli 1883 (GS. S. 195) hat über diese Stellung der beiden Minister kein Zweifel obgewaltet. Sie sind die dort in den §§ 9, 20, 21 Abs. 2 genannten „zuständigen Minister". Eben weil sie die Disziplinarminister sind, steht ihnen die Regelung der Stellvertretung der Oberpräsidenten und Regierungspräsidenten in besonderen Fällen zu (vgl. die entsprechenden Bestimmungen in den §§ 9, 19 und 20 Abs. 2 des dem Landesverwaltungsgesetz vorangegangenen Gesetzes über die Organisation der allgemeinen Landesverwaltung vom 26. Juli 1880 GS. S. 291 und dazu Bericht der Kommission des Herrenhauses — Drucksachen des Herrenhauses 1879/80 Bd. 2 S. 508 — über die Gründe, die zu der keine sachliche Änderung enthaltenden Ersetzung der Worte des Entwurfs „die Minister des Innern und der Finanzen" durch die Worte „die zuständigen Minister" geführt haben). Das Oberlandesgericht sieht in diesen von ihm angezogenen Bestimmungen des Landesverwaltungsgesetzes nicht, wie die Revision anzunehmen scheint, erst eine Übertragung der Disziplinarbefugnisse auf die beiden Minister, sondern nur — durchaus zutreffend — eine Bestätigung dafür, daß sie ihnen bereits allgemein zustanden. Einen Beleg endlich aus neuester Zeit dafür, daß der Minister des Innern und der Finanzminister noch heute gemeinsam die Vorgesetzten der Beamten der allgemeinen Verwaltung sind, bietet § 15 Abs. 3 der Preuß. Personalabbauverordnung vom 8. Februar 1924, wonach bei diesen Beamten die einstweilige Versetzung in den Ruhestand durch beide Minister erfolgt.

Die danach nur gemeinsam gegebene Zuständigkeit des Ministers des Innern und des Finanzministers in den Disziplinarangelegenheiten der Regierungsmitglieder erschöpft sich, wie der Vorderrichter zutreffend angenommen hat, nicht in einer Bindung nach innen, so daß jeder von ihnen nach außen allein handeln könnte. Vielmehr folgt aus der auf diesem Gebiet bestehenden Gemeinschaft, daß die Minister bei Ausübung der Disziplinarbefugnisse auch dem Beamten gegenüber zusammen tätig werden müssen. Die von dem Minister des Innern allein verfügte Suspension des Klägers ist nach den rechtlich bedenkenfreien Darlegungen des Berufungsrichters auch nicht etwa von dem Finanzminister nachträglich genehmigt worden. Sie ist also unwirksam, sofern nicht die bei den bisherigen Erörterungen zurückgestellte Kabinettsorder vom 8. September 1882 zu einem anderen Ergebnis führt.

Die Nichtanwendung dieser Kabinettsorder macht die Revision dem Berufungsrichter hauptsächlich zum Vorwurf. Zu diesem Revisionsangriff ist vorweg zu bemerken, daß die Kabinettsorder niemals veröffentlicht worden ist. Der Vertreter des Beklagten im zweiten Rechtszuge hat auf sie zwar hingewiesen, einen Antrag, sie herbeizuziehen, aber ausweislich des Tatbestandes des zweiten Berufungsurteils schließlich nicht aufrecht erhalten. In dieser Instanz ist dann von dem Prozeßbevollmächtigten des Beklagten ein Antrag auf Verlängerung der Revisionsbegründungsfrist gestellt und damit begründet worden, daß das Staatsministerium angesichts der gegenwärtigen politischen Verhältnisse zurzeit nicht in der Lage sei, sich mit dem der Revisionsbegründung zu gebenden Inhalt zu befassen, insbesondere nach der Richtung, ob die in Frage kommende, bisher nicht veröffentlichte Kabinettsorder in der Revisionsbegründung nunmehr bekannt gegeben werden solle, eine Frage, über welche wegen ihrer politischen Bedeutung dem Staatsministerium die Entscheidung vorbehalten werden müsse. Dem erkennenden Senat ist sie dann auf Ersuchen seines Vorsitzenden in beglaubigter Abschrift unter Beifügung der ihren Erlaß behandelnden, oben bereits erwähnten Akten des Ministeriums des Innern vorgelegt worden. Es handelt sich bei der Kabinettsorder also um eine Vorschrift, die dem Oberlandesgericht nicht bekannt war und auch nicht bekannt sein konnte. Erst das Revisionsgericht ist zu ihrer Prüfung instandgesetzt worden.

Die an das Staatsministerium gerichtete Kabinettsorder hat folgenden Wortlaut:

„Auf den Bericht des Staatsministeriums vom 18. v. Mts. bestimme ich, daß die bisher von den Ministern des Innern und der Finanzen gemeinschaftlich erfolgte Bearbeitung der Personalangelegenheiten der Oberpräsidenten, Regierungspräsidenten und Regierungsvizepräsidenten, der nicht technischen Mitglieder der Bezirksregierungen beziehungsweise Landdrosteien und der den Oberpräsidenten beigegebenen höheren Verwaltungsbeamten — mit Ausnahme der auf die Etats- und Besoldungsverhältnisse derselben bezüglichen, sowie der in den §§ 8, 12, 13 und 14 des Gesetzes über die Befähigung für den höheren Verwaltungsdienst vom 11. März 1879 bezeichneten Angelegenheiten — auf den Minister des Innern übergeht, mit der Maßgabe, daß die Bearbeitung der Personalangelegenheiten der Abteilungsdirigenten der Finanzabteilungen aller Bezirksregierungen, sowie der Steuer-Departements- und Kassenräte im Einverständnis mit dem Finanzminister zu erfolgen, und dieser demgemäß die bezüglichen Immediatberichte, Verfügungen und Bestallungen mitzuzeichnen und zu kontrasignieren hat.

Breslau, den 8. September 1882."

Ihr wesentlicher Inhalt geht also dahin, daß die bisher von den Ministern des Innern und der Finanzen gemeinschaftlich erfolgte Bearbeitung der Personalangelegenheiten der höheren Beamten der allgemeinen Verwaltung auf den Minister des Innern allein übergehen solle. Der Beklagte rechnet zu der Bearbeitung der Personalangelegenheiten auch die Ausübung der in § 23 Nr. 1, § 50 des Disziplinargesetzes dem vorgesetzten Minister übertragenen Befugnisse und nimmt sie deshalb für den Minister des Innern allein in Anspruch, woraus dann ohne weiteres die Rechtmäßigkeit der von diesem Minister allein gegen den Kläger verfügten Suspension folgen würde. Der Disziplinarhof für die nicht richterlichen Beamten hat sich diesem Standpunkt in seinem gegen den Kläger erlassenen Urteil vom 20. Juni 1923 unter eingehender, insbesondere die Entstehungsgeschichte der Order berücksichtigender Begründung angeschlossen. Sie erscheint jedoch nicht als überzeugend. In dem entscheidenden Punkt muß sie als verfehlt bezeichnet werden.

Vorauszuschicken ist, daß aus der von der Kabinettsorder vom 8. September 1882 gebrauchten Wendung „Bearbeitung der Personalangelegenheiten“ nicht unmittelbar entnommen werden kann, ob auch die nach den angeführten Bestimmungen des Disziplinargesetzes dem vorgesetzten Minister zustehenden Rechte auf den Minister des Innern allein haben übertragen werden sollen. Schon das Wort „Bearbeitung“ läßt sich auf disziplinare Anordnungen der hier in Betracht kommenden Art nur mit einer gewissen Gewaltsamkeit erstrecken. Aber auch der Ausdruck „Personalangelegenheiten“ ist nicht unzweideutig, zumal angesichts des Sprachgebrauchs, der in der preußischen Verwaltung geherrscht hat. Die Verwendung der Worte „Personalangelegenheiten“ und „Disziplinarangelegenheiten“ ist dort keine gleichmäßige gewesen. Bald hat man beide einander gleichgesetzt und in den Begriff „Disziplinarangelegenheiten“ die gesamten Personalsachen der Beamten, nicht bloß die Dienstzucht im engeren Sinne, sondern auch ihre Anstellung, Versetzung, Beförderung, Auszeichnung, Pensionierung einbezogen, aus welchem Gebrauch sich die Bezeichnung der mit ihrer Erledigung für den Beamtenkörper der allgemeinen Verwaltung betrauten Minister des Innern und der Finanzen in erster Linie erklärt. Man hat aber auch den „Personalangelegenheiten“ als engeren Begriff die „Disziplinarangelegenheiten“, die Angelegenheiten der Dienstzucht, gegenübergestellt, freilich unter Erstreckung dieses Begriffs über den Rahmen des Disziplinargesetzes hinaus. So geht z. B. aus einem in den vorgelegten Ministerialakten befindlichen, noch in anderem Zusammenhang zu erwähnenden Schreiben des Ministers des Innern an den Finanzminister vom 1. Juli 1890 hervor, daß man sogar die Verleihung von Titeln und Orden als „Disziplinarsache“ behandelt hat. Es muß deshalb aus anderen Umständen erschlossen werden, wieweit die Kabinettsorder die Personalangelegenheiten in der Hand des Ministers des Innern hat vereinigen wollen, ob das insbesondere auch hinsichtlich der Wahrnehmung der gesetzlichen Disziplinarbefugnisse gegenüber den Regierungsmitgliedern hat geschehen sollen.

Die Entscheidung zugunsten einer einschränkenden Auslegung ergibt sich aus der Handhabung der Kabinettsorder durch die beteiligten Minister: sie ist von Anbeginn an nicht auf die Fälle des eigentlichen Disziplinarverfahrens angewandt worden. Seine Einleitung ebenso wie die vorläufige Dienstenthebung ist auch nach Erlaß der Kabinettsorder hinsichtlich der hier in Betracht kommenden Beamtengruppe, von einigen wenigen Ausnahmefällen in allerneuester Zeit abgesehen, stets von beiden Ministern gemeinsam verfügt worden. Diese Übung ist nicht, wie der Disziplinarhof meint, als mißbräuchlich außer acht zu lassen, unterliegt auch nicht der Prüfung von dem Gesichtspunkt der Entstehung eines Gewohnheitsrechts aus. Vielmehr bildet sie das nächstliegende Hilfsmittel zur Erkenntnis der Tragweite, die das Staatsministerium bei Erwirkung der Kabinettsorder ihr beizulegen beabsichtigt hat und die der Träger der Krone darüber hinaus unzweifelhaft nicht hat erstrecken wollen. Auf die Entschließung der Minister des Innern und der Finanzen, denen das Staatsministerium beigetreten ist, ist das Ergehen der von ihnen sogar wörtlich verfaßten Kabinettsorder zurückzuführen. Mit einem bewußten oder unbewußten Abweichen von ihr bei ihrer Anwendung durch diese beiden Minister kann deshalb schlechterdings nicht gerechnet werden. Wenn sie die Kabinettsorder von vornherein nicht auf das eigentliche Disziplinarverfahren bezogen haben, so beweist das mit voller Sicherheit, daß mit ihr in die Zuständigkeiten nicht hat eingegriffen werden sollen, die für die auf Grund des Disziplinargesetzes zu treffenden Maßnahmen bestanden.

An der ursprünglichen Auffassung, daß die Kabinettsorder vom 8. September 1882 die Disziplinarangelegenheiten nicht betreffe, ist innerhalb der beteiligten Ministerien auch späterhin stets festgehalten. Kennzeichnend ist in dieser Hinsicht z. B. das bereits erwähnte Schreiben des Ministers des Innern an den Finanzminister vom 1. Juli 1890, das eine etwaige Erweiterung der Kabinettsorder erörtert. In ihm heißt es gegen Ende:

„Es ist nämlich bisher die Verleihung von Titeln und Orden an die Angehörigen der Regierungen nicht wie jede andere Personalangelegenheit, sondern als Disziplinarsache behandelt und deshalb auch da, wo die Bearbeitung der Personalangelegenheiten ausschließlich dem Minister des Innern oblag, der Mitwirkung des Herrn Finanzministers unterstellt worden. Die Aufhebung dieser, über die Zuständigkeit in Disziplinarsachen hinausgehenden, tatsächlich geübten Mitwirkung dürfte sich zur Vereinfachung der Geschäfte und außerdem auch grundsätzlich von der Erwägung aus empfehlen, daß demjenigen Ressort, welchem die Ernennung und Beförderung eines Beamten angehört, auch die Erwirkung einer Anerkennung desselben durch die Verleihung eines Titels oder eines Ordens nicht wohl verschränkt werden kann."

Die Notwendigkeit einer Beteiligung des Finanzministers an den — von den Personalangelegenheiten unterschiedenen — disziplinaren Maßnahmen wird hier als selbstverständlich vorausgesetzt.

Eine erhebliche Bedeutung ist in diesem Zusammenhang der Äußerung von Drews in seinen „Grundzügen einer Verwaltungsreform" S. 162 beizumessen. Drews, dem nach seiner langjährigen Tätigkeit im Ministerium des Innern, an dessen Spitze er sogar gestanden hat, eine besondere Vertrautheit mit den preußischen Ressortverhältnissen zuzugestehen ist, schreibt in dieser auf amtliche Veranlassung verfaßten Arbeit, daß dem Minister des Innern und dem Finanzminister gemeinschaftlich die Disziplinargewalt über die Beamten der allgemeinen Verwaltung zustehe, und fährt dann fort:

„Ursprünglich waren auch beide Minister gemeinschaftlich zuständig für die Entscheidung aller anderen Personalangelegenheiten dieser Beamtenkategorien, bis durch die Allerhöchste Order, d. d. Breslau 8. September 1882, — es ist das die hier zur Erörterung stehende — eine Regelung dahin stattgefunden hat, daß der Minister des Innern für die Bearbeitung der Personalangelegenheiten aller höheren Verwaltungsbeamten mit Ausnahme der auf die Etats- und Besoldungsverhältnisse derselben bezüglichen ausschließlich zuständig sein sollte.... M. E. kann dieser nur historisch zu erklärende Zustand ... nicht fortbestehen. Gerade auf dem Gebiete der Personalien und der Handhabung der Disziplinargewalt ist es ganz besonders erwünscht, die Befugnisse in einer Hand zu vereinigen. Schon Fürst Bismarck hat sich in der vertraulichen Besprechung des Königlichen Staatsministeriums vom 8. Juni 1888 dahin ausgesprochen, daß die Verantwortlichkeit für eine Maßregel dieser Art grundsätzlich auf einer Person ruhen müsse."

Es ergibt sich daraus, daß bereits Fürst Bismarck, der die Kabinettsorder von 1882 an erster Stelle gegengezeichnet hat, den Dualismus in der Handhabung der Disziplinargewalt, trotz seines

Fortfalls auf dem Gebiet der Personalien im allgemeinen, als fortbestehend angesehen hat, und daß an dieser Auffassung der Kabinettsorder bis zuletzt — Drews war zur Zeit der Umwälzung selbst Minister des Innern — kein Zweifel aufgetaucht ist.

Demgegenüber kann das nicht durchschlagen, was das Urteil des Disziplinarhofs ausführt, dessen Begründung sich der Beklagte zur Rechtfertigung seiner Revision angeeignet hat. Es stützt die weitere Auslegung der Kabinettsorder sowohl auf die Gründe, die zu ihrem Erlasse geführt haben, als auch auf einzelne Äußerungen in dem bei dieser Gelegenheit geführten ministeriellen Schriftwechsel. Ein Eingehen auf alle Einzelheiten dieser Darlegungen ist nicht erforderlich. Zu ihnen soll nur bemerkt werden, daß die Kabinettsorder ihre Entstehung allerdings den Nachteilen verdankt, die die ressortmäßige Gemeinschaft der Minister des Innern und der Finanzen auf dem Gebiet der Personalien mit sich gebracht hatte. Ihnen sollte die Kabinettsorder abhelfen; ob aber auf dem Wege völliger Aufhebung oder einer bloßen Beschränkung dieser Gemeinschaft, das ist eben die zu entscheidende Frage, deren Beantwortung sich aus den mit der Neuordnung im allgemeinen verfolgten Zielen nicht entnehmen läßt. Es ist auch nicht richtig, daß es des Sinnes ermangelte, wenn man die Disziplinarsachen von der Übertragung auf den Minister des Innern allein ausschloß. Schon die Tragweite, die die Einleitung des Disziplinarverfahrens und die Suspension für den betroffenen Beamten haben, konnte ihre Sonderbehandlung rechtfertigen. Maßnahmen wie z. B. Versetzung und Pensionierung sind keineswegs von größerer Bedeutung als jene disziplinarischen Eingriffe, zumal das förmliche Disziplinarverfahren nur dann eingeleitet zu werden pflegt, wenn die vorläufigen Verhandlungen eine sichere Unterlage für den Antrag auf Amtsentsetzung darbieten (vgl. Ministerialerlaß vom 8. Januar 1869, InnMinBl. S. 72).

Die vom Disziplinarhof den Ministerialakten entnommenen Wendungen, die aus Anlaß der Vorbereitung und Ausführung der Kabinettsorder gebraucht worden sind, sind deshalb nicht beweiskräftig, weil der Sprachgebrauch, wie bereits erwähnt, schwankend war. Die vom Disziplinarhof herausgehobenen Ausdrücke „Disziplinarangelegenheiten", „Disziplinarminister" usw. können sehr wohl nur zur Bezeichnung der Personalangelegenheiten im allgemeinen benutzt worden sein. Der Inhalt der Akten kann sogar insofern gegen die Meinung des Disziplinarhofes verwertet werden, als es, wenn sie zuträfe, höchst auffallend wäre, daß in dem die Kabinettsorder behandelnden Schriftwechsel niemals auch nur angedeutet worden ist, daß die dem vorgesetzten Minister nach dem Disziplinargesetze zustehenden Befugnisse hinsichtlich der Regierungsmitglieder nunmehr allein von dem Minister des Innern ausgeübt werden sollten. Ihre große Bedeutung hätte ihre Erwähnung, sei es in dem bei Vorlegung des Orderentwurfs dem Könige erstatteten Thronberichte, sei es in den sonstigen Schreiben, mindestens sehr nahe gelegt. Ihre Nichterwähnung wäre jedenfalls dann völlig unerklärlich, wenn, wie der Beklagte jetzt behauptet, gerade die Übertragung der Bearbeitung der Personalangelegenheiten disziplinaren Charakters im engeren Sinne auf den Minister des Innern den eigentlichen Zweck der ganzen Kabinettsorder gebildet haben sollte. Gegen diese Ansicht spricht auch der Umstand, daß ausweislich der Ministerialakten die von dem Minister für Landwirtschaft, Domänen und Forsten erhobenen Ansprüche auf Mitwirkung bei den Personalangelegenheiten der Beamten der Domänenabteilung, die nach der eigenen Darstellung des Beklagten den Anstoß für die zum Erlaß der Kabinettsorder vom 8. September 1882 führenden Verhandlungen gebildet haben, sich auf Mitwirkung bei der Stellenbesetzung richteten. Ansprüche auf die aus dem Disziplinargesetz sich ergebenden Befugnisse hat er, soweit ersichtlich, nicht geltend gemacht. Als mit der Ansicht des Beklagten und des Disziplinarhofs von der Tragweite der Kabinettsorder kaum vereinbar ist schließlich noch aus dem Thronbericht, mit dem der Orderentwurf dem Kaiser und König vorgelegt wurde, der Satz hervorzuheben, daß die Bestimmungen der Order lediglich ein Internum der Verwaltung beträfen. Als innere Verwaltungsangelegenheiten kann man die Einleitung des Disziplinarverfahrens und die Suspension, die in die Rechtsstellung des Beamten unmittelbar eingreifen, nicht mehr bezeichnen. Die Nichterwähnung der eigentlichen disziplinaren Aufgaben in der Aufzählung der dem Finanzminister verbleibenden Befugnisse in Thronbericht und Kabinettsorder erklärt sich zwanglos daraus, daß man ihre Erledigung überhaupt nicht als zur Bearbeitung der Personalangelegenheiten gehörig angesehen hat.

Die Kabinettsorder vom 8. September 1882 enthält also keineswegs die von dem Beklagten darin gesehene Übertragung der bisher dem Minister des Innern und dem Finanzminister gemeinsam zustehenden Disziplinarbefugnisse auf ersteren allein. Es bedarf deshalb keiner Erörterung, ob eine solche Maßnahme durch Königliche Verordnung hätte getroffen werden können oder ob ein Gesetz nötig gewesen wäre. Ebenso kann dahingestellt bleiben, ob die Kabinettsorder, wenn sie die vom Beklagten behauptete Tragweite hätte, in der Gesetzsammlung hätte veröffentlicht werden müssen. Immerhin ist die Behandlung, die sie erfahren hat, nicht ohne Belang. Sie ist, wie schon erwähnt, nirgends veröffentlicht worden. Lediglich ist sie durch Erlaß der beteiligten beiden Minister vom 14. Oktober 1882 den Oberpräsidenten zur Kenntnisnahme und Beachtung mitgeteilt worden mit dem Ersuchen, den Regierungspräsidenten und Regierungen von ihr Kenntnis zu geben. Im übrigen scheint sie nach den oben mitgeteilten Vorgängen in diesem Rechtsstreit geradezu geheim gehalten zu sein. Ein solches Verfahren ist bei einem lediglich Angelegenheiten des innern Geschäftsverkehrs betreffenden Erlaß durchaus verständlich. Sollte die Kabinettsorder vom 8. September 1882 aber, wie der Beklagte meint, in das disziplinarrechtliche Verhältnis der Minister zu den ihnen unterstellten Beamten eingreifen, sollten diese nunmehr der ausschließlichen Disziplinargewalt des Ministers des Innern unterstellt werden, so wäre das Unterlassen ihrer Bekanntgabe unerklärlich. Mit dem Wesen eines Rechtsstaats wäre es unvereinbar, wenn ein Beamter sich so schwerwiegende Eingriffe in seine gesetzlich gewährleisteten Rechte gefallen lassen müßte, wie es die Einleitung des Disziplinarverfahrens und die Suspension sind, ohne daß er in der Lage wäre, die Befugnis des sie verfügenden Beamten dazu feststellen zu können. Dem Kläger ist allerdings in dem gegen ihn eingeleiteten Disziplinarverfahren die Kabinettsorder mitgeteilt worden. Es muß aber — auch schon nach der Rechtsauffassung, wie sie das preußische Beamtenrecht vor der Umwälzung beherrschte, — als unerträglich bezeichnet werden, daß es von dem Ermessen der vorgesetzten Verwaltungsbehörde abhängen soll, ob ein Beamter die Rechtsgrundlage eines gegen ihn eröffneten Disziplinarverfahrens nachzuprüfen in der Lage ist. Mit Sicherheit kann angenommen werden, daß das Staatsministerium sich diesen

Erwägungen nicht verschlossen, vielmehr, wenn es eine Kabinettsorder von der ihr jetzt vom Beklagten beigelegten Tragweite hätte erwirken wollen, mit Rücksicht auf die beteiligten Beamten ihre allgemeine Bekanntgabe in irgendeiner Form veranlaßt haben würde. Ihre im Gegenteil nahezu völlige Geheimhaltung bildet einen Anhaltspunkt mehr für ihre beschränktere Bedeutung.

Der Beklagte muß sonach dem Kläger die einbehaltene Gehaltshälfte nachzahlen. . . .

---

19. 1. Steht der gemäß § 766 ZPO. ergangene, nicht angefochtene Beschluß des Vollstreckungsgerichts, daß die nach § 244 BGB. vorzunehmende Umrechnung eines dem Gläubiger rechtskräftig zuerkannten Betrags holländischer Gulden in Reichswährung nicht nach dem Kurswerte des Tages der Beitreibung, sondern nach dem niedrigeren Kurswerte des Fälligkeitstages zu erfolgen habe, der erneuten Zwangsvollstreckung wegen des infolgedessen nicht gedeckten Teiles der Urteilsforderung entgegen?

2. Ist der Gläubiger gehindert, auf Zahlung des nicht gedeckten Teiles der Urteilsforderung von neuem zu klagen?

II. Zivilsenat. Urt. v. 23. Januar 1925 i. S. P. (Kl.) w. Erben S. (Bekl.). II 903/23.

I. Landgericht Zwickau, Kammer für Handelssachen.
II. Oberlandesgericht Dresden.

Beide Fragen wurden verneint aus folgenden

Gründen:

Der am 12. August 1920 vom Kläger mit der Zwangsvollstreckung aus den Urteilen vom 26. November 1918, vom 13. Mai 1919 und vom 24. Februar 1920 beauftragte Gerichtsvollzieher hat die in holländischen Gulden ausgedrückte Urteilsschuld der Beklagten nach dem Kurse vom 13. August 1920 auf ungefähr 100000 M berechnet und am 14. August 1920 die Beklagten zur Zahlung dieser Summe aufgefordert. Die Beklagten haben zwar zur Vermeidung der Zwangsvollstreckung die geforderte Summe gezahlt, aber gleichzeitig gegen die Umrechnung Erinnerung gemäß § 766 ZPO. eingelegt, und das Vollstreckungsgericht hat auf diese Erinnerung durch Beschluß vom 4. Oktober 1920 dahin entschieden, daß die Umrechnung nach dem Kurse vom 26. November 1918 zu erfolgen habe, weil spätestens an diesem Tage, an welchem das erste der drei Urteile ergangen war, die Urteilsschuld fällig geworden sei. Dieser Beschluß blieb unangefochten; er ist daher formell rechtskräftig.

Materielle Rechtskraft in dem Sinne, daß die Guldenforderung des Klägers aus den drei Urteilen endgültig auf den Markbetrag festgesetzt worden wäre, der sich aus der Umrechnung des Guldenbetrags nach dem Kurse vom 26. November 1918 ergibt, hat dagegen der Beschluß nicht erlangt; denn der Entscheidung des Vollstreckungsgerichts ist keinesfalls eine über die Erledigung des Vollstreckungsauftrags vom 12. August 1920 hinausgehende sachliche Bedeutung beizumessen. Der Beschluß vom 4. Oktober 1920 steht somit einer Zwangsvollstreckung wegen desjenigen Teiles des durch die drei Urteile zuerkannten Guldenbetrags, der durch die infolge des Vollstreckungsauftrags vom 12. August 1920 am 27. Oktober 1920 in den Besitz des Klägers gelangten 18974,95 *M* nicht gedeckt ist, nicht entgegen (RGZ. Bd. 101 S. 312). Der Kläger ist vielmehr nach wie vor berechtigt, die Zwangsvollstreckung aus den drei Urteilen (nötigenfalls nach Erwirkung je einer weiteren vollstreckbaren Ausfertigung gemäß § 733 ZPO.) wegen eines Markbetrags zu betreiben, der nach dem Kurswert am Tage der tatsächlich erfolgenden Zahlung dem noch nicht getilgten Betrage seiner Guldenforderung entspricht (vgl. das bei Warneyer, Jahrbuch 1923, zu § 244 BGB. unter Nr. 1 angeführte Urteil des V. Zivilsenats vom 16. Dezember 1922). Daraus folgt jedoch nicht etwa, daß die gegenwärtige Klage, mit welcher der Kläger die nochmalige Verurteilung der Beklagten zur Bezahlung des Restes der ihm durch jene drei Urteile rechtskräftig zugesprochenen Forderung verlangt, eine überflüssige Inanspruchnahme des Prozeßgerichts und eine unnötige Behelligung der Beklagten enthielte und deshalb abzuweisen wäre (vgl. RGZ. Bd. 16 S. 435, Bd. 35 S. 359, Bd. 39 S. 5, Bd. 46 S. 306, Bd. 88 S. 270). Dieser Folgerung steht gerade der Umstand entgegen, daß der vom Kläger im August 1920 unternommene Vollstreckungsversuch nur wegen eines Teiles der Urteilsforderung zur Befriedigung geführt hat, weil die Beklagten damals gegen die Beitreibung einer dem derzeitigen Kurswerte des zuerkannten Guldenbetrags entsprechenden Summe deutschen Geldes gemäß § 766 ZPO. mit Erfolg geltend gemacht haben, daß die Umrechnung in deutsches Geld nach dem Kurswerte des Fälligkeitstags stattzufinden habe. Allerdings ist dies vor dem Beschlusse der Vereinigten Zivilsenate des Reichsgerichts vom 24. Januar 1921 (RGZ. Bd. 101 S. 312) geschehen, und es mag anzunehmen sein, daß das Vollstreckungsgericht, wenn es erst nach dem Bekanntwerden dieses Beschlusses von den Beklagten angerufen worden wäre, ihre Erinnerung zurückgewiesen hätte. Allein die Beklagten haben sich der Auffassung der Vereinigten Zivilsenate von der Bedeutung des § 244 BGB. nicht gefügt, sie haben sogar aus der zu ihren Gunsten ergangenen Entscheidung des Vollstreckungsgerichts vom 4. Oktober 1920 die endgültige Beschränkung ihrer Urteilsschuld auf die am 27. Oktober 1920 an den Kläger abgeführten 18974,95 M herzuleiten versucht. Infolgedessen mußte der Kläger damit rechnen, daß die Beklagten im Fall einer nochmaligen Zwangsvollstreckung aus den drei rechtskräftigen Urteilen wegen des Restes der ihm zuerkannten Forderung gemäß § 767 ZPO. die Vollstreckungsgegenklage erheben würden. Dem durfte der Kläger mit der gegenwärtigen Klage zuvorkommen, und die Beklagten, die dieser Klage gegenüber bis zuletzt dabei verblieben sind, daß der Kläger wegen seiner Forderung aus den drei rechtskräftigen Urteilen durch den Empfang der 18974,95 M voll befriedigt worden, können nicht damit gehört werden, daß die Klage wegen Fehlens eines Rechtsschutzbedürfnisses abzuweisen sei. ...

---

20. 1. Welche Gesichtspunkte sind entscheidend für die Frage, ob ein Kommissionsvertrag oder ein Kaufvertrag anzunehmen ist?

2. Ist der Kommittent an die beim Vertragsabschluß festgesetzten Preise gebunden?

3. Welchen Einfluß hat die Geldentwertung hierauf?

HGB §§. 383 flg. BGB. §§ 433 flg., 242.

I. Zivilsenat. Urt. v. 24. Januar 1925 i. S. P. (Kl.) w. O. (Bekl.).
I 728/23.

I. Landgericht II Berlin, Kammer für Handelssachen.
II. Kammergericht daselbst.

Die Streitteile haben am 14. September 1920 einen schriftlichen Vertrag geschlossen, der den Verkauf eines dem Kläger gehörenden Grabsteinlagers durch den Beklagten zum Gegenstand hatte. Eine genaue Liste der Steine übersandte der Kläger dem Beklagten unter dem 7. Oktober 1920, in der für jeden Stein ein bestimmter Preis ausgerechnet ist. Im Vertrag wird gesagt, der Kläger gebe dem Beklagten die Steine „in Kommission". Es heißt dort ferner unter Nr. 2:

„Die in Kommission gegebenen Denkmäler bleiben unbeschränktes Eigentum der Firma Granitwerk Eisenhammer (d. h. des Klägers) und behält diese darüber jegliches Verfügungsrecht. Jeder Verkauf eines Denkmals ist der Firma oder deren Vertreter unverzüglich zu melden und die Bezahlung hat vor Aufstellung des Denkmals zu erfolgen. Erst mit der Bezahlung geht das betreffende Denkmal in den Besitz und Verfügungsrecht des Herrn O. (Bekl.) über."

Die Vertragsdauer war „zunächst" auf drei Jahre bestimmt. Der Beklagte, der die Grabsteine vom Kläger zugesandt erhalten hatte und auf seinem Stätteplatz auf Lager nahm, hat bis gegen Ende 1921 eine Anzahl Steine verkauft und dafür an den Kläger die Preise der Liste vom 7. Oktober 1920 gezahlt. Schon bald entstand Streit unter den Vertragsteilen darüber, ob die Preise der Liste von 1920 oder die jeweiligen Tagesmindestpreise vom Beklagten für die von ihm verkauften Stücke zu entrichten wären. Für drei Verkäufe des Beklagten vom November und Dezember 1921 verlangte und berechnete der Kläger höhere Preise, als sie ihm der Beklagte nach der Liste vom 7. Oktober 1920 gezahlt hatte. Mittels Schreibens vom 20. April 1922 erklärte der Beklagte dem Kläger, er übernehme nunmehr das gesamte noch vorhandene Steinlager zum Vertragspreise, und sandte diesen dem Kläger. Der Kläger fordert mit der Klage einmal Herausgabe der in den letzten drei Verkaufsanzeigen vom Jahre 1921 genannten Grabsteine oder Nachzahlung des verlangten Mehrbetrags, ferner Herausgabe der sämtlichen dann noch übrig bleibenden Steine des Lagers.

In beiden Vorinstanzen ist er unterlegen. Seine Revision hatte teilweise Erfolg.

Aus den Gründen:

1. Das Kammergericht ist dem ersten Richter darin lediglich beigetreten, daß das Vertragsverhältnis der Parteien als Kauf, nicht als Kommissionsvertrag anzusehen sei. Hierfür hatte das Landgericht folgende Begründung gegeben: Es sei ein fester oder doch feststellbarer Preis vereinbart, eine Provision dagegen nicht festgesetzt worden. Auch habe der Kläger niemals Abrechnung über die vom Beklagten erzielten Verkäufe gefordert. Ebenso spreche Nr. 2 des schriftlichen Vertrags für die Annahme eines Kaufvertrags, weil danach die Bezahlung vor Aufstellung der Grabsteine zu erfolgen gehabt habe.

Diese rechtliche Würdigung wird jedoch der Besonderheit des Streitfalls nicht gerecht. Der Umstand, daß der Vertrag keine ausdrückliche Abrede über eine Provision enthält, kann nicht ausschlaggebend sein. Eine Provision kann auch schlüssig vereinbart werden, in der Weise nämlich, daß der Kommissionär den über die ihm gesetzte Preisgrenze erzielten Mehrerlös für sich behalten darf. Eine solche Abrede liegt beispielsweise nicht selten dem gewöhnlichen Mäklervertrag zugrunde. Das Fehlen der Vereinbarung über eine Provision nach Erlösprozenten und die Tatsache, daß im Vertrag von „Provision" überhaupt nichts gesagt ist, sind also Umstände, die wegen ihrer Mehrdeutigkeit keine sicheren Unterscheidungsmerkmale geben. In solchen Fällen teilen, wirtschaftlich genommen, die Vertragsschließenden sich in das Ergebnis der Tätigkeit des Kommissionärs, der dadurch ein gewisses Unternehmerrisiko auf sich nimmt. Man kann daher auch nicht als allemal und unbedingt zutreffendes Unterscheidungsmerkmal den Satz verwenden, daß es darauf ankomme, wem der wirtschaftliche Erfolg des Weiterverkaufs zufalle. Allerdings hat der erkennende Senat in der vom Landgericht angezogenen Entscheidung (RGZ. Bd. 94 S. 66) gesagt, in der Regel sei entscheidendes Merkmal, ob ein fester Preis vereinbart sei. Allein der dort ausgesprochene Grundsatz gilt eben nur „in der Regel", nicht ausnahmslos. Es bedarf also jedesmal einer genauen Prüfung der Umstände des Falles, und letztere sind nach Ansicht des Senats von den Vorinstanzen nicht gebührend berücksichtigt worden.

Zunächst einmal spricht der schriftliche Vertrag von „Kommission" und nirgends von einem Kaufpreis. Selbstverständlich entscheidet hier nicht allein der Wortlaut. Wählten aber die Vertragsteile gerade den Ausdruck „Kommission“, so kann das doch immerhin einen gewissen Anhalt für die Vorstellung geben, von der sie sich leiten ließen, und man wird dann nach positiven Gründen suchen müssen, die den gewählten Ausdruck als sachlich nicht zutreffend darzutun vermöchten. Da fällt nun zunächst auf, daß die Parteien während der ganzen Dauer ihrer Geschäftsverbindung und auch noch im Laufe des ersten Rechtszugs darüber vollkommen einig waren, daß ein Kommissionsverhältnis bestanden habe. Erst das Landgericht hat durch seine Entscheidung die Frage nach der Natur der Parteibeziehungen aufgerollt. Aber auch im zweiten Rechtszug hat der Beklagte, mindestens anfänglich, an seiner früheren Auffassung festgehalten. (Dies wird im einzelnen dargetan und auch der Briefwechsel herangezogen.)

Es kommt hinzu, daß Gegenstand des Vertrags ganz allgemein „Denkmäler“ bildeten, also Sachen, deren Auswahl doch im wesentlichen der Kläger bestimmte. Für den Abschluß eines Kaufvertrags wäre das immerhin ungewöhnlich und auffallend. Von Bedeutung ist auch, daß der Vertrag sich offenbar nicht auf die einmalig übersandten Steine beschränken sollte. Denn es wird darin gesagt, er sei „zunächst“ auf die Dauer von drei Jahren abgeschlossen. Auch der Beklagte erwähnt gelegentlich die Möglichkeit von „weiteren Sendungen“. Alles das spricht ebenfalls unverkennbar dafür, daß die Parteien, wenn sie im Vertrag und späterhin im Briefwechsel von „Kommission“ sprachen, auch in Wirklichkeit einen Kommissionsvertrag gemeint und gewollt haben. Andernfalls ergäbe sich eine eigenartige Folge. Denn dann wäre kein eigentlicher Kaufvertrag abgeschlossen, sondern ein Rechtsverhältnis besonderer Art begründet worden, wonach der Kläger dem Beklagten die Ware auf eine sehr lange Dauer fest an die Hand gab, derart, daß es im Belieben des Beklagten stand, ob und was er davon kaufen wollte. Und hier greift ein wirtschaftlicher Gesichtspunkt ein. Bedenkt man nämlich, daß das Kapital, das der Kläger in dem Steinlager hatte, für ihn bis zum Verkauf völlig unverzinst dalag, so steht auch dieser Umstand der Annahme entgegen, daß der Kläger sich so lange in der Weise, wie es die Vorinstanzen angenommen haben, festlegen wollte und konnte.

Allerdings heißt es im Vertrag unter Nr. 2, die in Kommission gegebenen Denkmäler blieben unbeschränktes Eigentum des Klägers. Das wäre bei einem Kommissionsvertrag selbstverständlich. Aber Dritten gegenüber konnte die Hervorhebung des Eigentumsrechts des Klägers Bedeutung gewinnen. Offenbar glaubte der Kläger, sich nach jeder Richtung hin sichern zu sollen, wie das auch die Bestimmung unter Nr. 5 des Vertrags über das Recht zum Betreten des O.schen Lagerplatzes zur Genüge erkennen läßt. Aus dem gleichen Grunde kann daraus nichts hergeleitet werden, daß es ebenda im Vertrage heißt, Bezahlung habe vor Aufstellung zu erfolgen.

2. Ist aber danach das Vorliegen eines Kommissionsvertrags anzunehmen, so war der Kläger in dem Falle, wie er hier lag, auch berechtigt, dem Beklagten andere Verkaufspreise vorzuschreiben. Allerdings wird bei Festsetzung von Verkaufspreisen, mag es sich nun um solche für die Kundschaft oder, wie hier, für das Innenverhältnis handeln, oft und sogar regelmäßig der Kommittent nicht einseitig dem Verkaufskommissionär andere Preise vorschreiben können (zu vgl. Düringer-Hachenburg in Anm. 4 zu § 386; Weidmann, das Kommissionsgeschäft Bd. I S. 106). Denn, falls feste Verkaufspreise in Frage kommen, läßt sich der Kommissionär vielfach, zumal bei Dauerverhältnissen, auf das Geschäft nur ein, wenn er auf der Grundlage eben dieser Preise einen ihm genehmen Verdienst zu erreichen glaubt, und deshalb werden solche Preisfestsetzungen dann einen wesentlichen Bestandteil des Vertrags bilden. Anderseits freilich, da der Kommissionär Dienste höherer Art zu leisten hat, also § 627 BGB. auf den Kommissionsvertrag anwendbar ist (JW. 1905 S. 20 Nr. 17), hat es der Kommittent in der Hand, das Vertragsverhältnis zu lösen und damit eine Lage herbeizuführen, die das Recht des Kommissionärs auf Beibehaltung der Preisfestsetzung gegenstandslos macht. Aber auch hier kann im Einzelfall ein anderes gelten. Namentlich dann, wenn ein Dauerverhältnis vorliegt und etwa der Kommissionär mit Rücksicht hierauf geschäftliche Verfügungen für längere Dauer zu treffen, Geschäfts- und Lagerräume zu mieten hatte und dergleichen. Dann wird das Vertragsverhältnis nach Treu und Glauben regelmäßig dahin ausgelegt werden müssen, daß der Kommittent ohne wichtigen Grund auch das Vertragsverhältnis selber nicht vorzeitig lösen darf.

So aber lag der Fall zunächst hier, und das ist auch im Vertrag dadurch zum Ausdruck gekommen, daß danach der Vertrag nur „bei groben Verstößen" fristlos gekündigt werden konnte.

Aber es darf bei alledem nicht übersehen werden, daß seit dem Abschluß des Vertrags im September 1920 bis gegen Ende 1921 die deutsche Währung sich in ganz erheblichem Maße verschlechtert hatte. Zieht man beispielsweise den Stand der Goldmark heran, so betrug dieser zur Zeit des Vertragsabschlusses 11,83, am Ende der ersten Woche des Dezember 1921 schon gegen 50 und am 20. April 1922 sogar gegen 66. Ein ähnliches Bild geben die allgemeinen Großhandelsindexzahlen, die für September 1920 die Zahl 14,98, für Dezember 1921 dagegen die Zahl 34,87 und für April 1922 die Zahl 63,55 aufweisen. Hält man hiermit die früher schon erwähnte Tatsache zusammen, daß das durch das Steinlager dargestellte Kapital dem Kläger bis zu den einzelnen Verkäufen völlig zinslos dalag, so ist der Schluß unabweisbar, daß die Währungsverschlechterung die Geschäftsgrundlage völlig umgestaltet hatte (RGZ. Bd. 103 S. 332), derart, daß nunmehr in der Tat der Kläger an die früher bestimmten Preise nicht mehr gebunden war und ebensowenig an die vorher vereinbarte Vertragsdauer. ...

---

21. 1. Gewährt das Mieterschutzgesetz vom 1. Juni 1923 dem Untermieter Schutz gegenüber dem Hauptvermieter?
2. Fällt die Klage des letzteren gegen den ersteren auf Herausgabe von Räumen unter § 27 des Gesetzes?

III. Zivilsenat. Urt. v. 27. Januar 1925 i. S. T. (Kl.) w. N. (Bekl.). III 516/24.

I. Landgericht Königsberg.
II. Oberlandesgericht daselbst.

Die Klägerin hat laut Vertrag vom 3. Mai 1923 von einer Witwe P. das Haus Steindamm 13/15 in K. gekauft. Die im Juni 1923 erklärte Auflassung hat zu einer Eintragung im Grundbuch nicht geführt, weil die Verkäuferin wegen Geisteskrankheit unter vorläufige Vormundschaft gestellt und die Eintragung auf Antrag des Vormundes durch einstweilige Verfügung untersagt worden ist. Die das Grundstück betreffenden Mietverträge sind nach § 6 des Vertrags auf die Klägerin übergegangen.

Im Jahre 1918 hat der Rechtsvorgänger der Frau P. an einen gewissen D. Räume des Hauses vermietet unter der Bedingung, daß im Falle eines Verkaufs des Hauses der Mieter sie nach einer seitens des neuen Erwerbers erfolgenden und an eine Frist von sechs Monaten gebundenen Kündigung gegen Zahlung einer Entschädigung von 6000 ℳ zu räumen habe. Am 7. August 1920 hat alsdann die Beklagte mit D. einen Untermietervertrag abgeschlossen und sich darin derselben Bedingung unterworfen.

Die Klägerin behauptet nun, sie habe sofort nach dem Kaufabschluß dem D. zum 1. Oktober 1923 gekündigt, und er habe die Kündigung angenommen. Mit ihrer Klage, die sie als Kondiktionsklage bezeichnet, fordert sie die Herausgabe der Räume.

Das Landgericht hat die Klage wegen Unzuständigkeit des Gerichts abgewiesen und das Oberlandesgericht hat die Berufung der Klägerin zurückgewiesen.

Die Revision der Klägerin führte zur Aufhebung des Berufungsurteils und zur Zurückverweisung der Sache.

Gründe:

Das Berufungsgericht entnimmt aus der Begründung zu § 18 des Mieterschutzgesetzes vom 1. Juni 1923 eine „Tendenz" des Gesetzes, auch dem Untermieter Mieterschutz zu gewähren. Mit ihr lasse sich einerseits eine Versagung des Schutzes des Untermieters gegenüber dem Hauptvermieter kaum in Einklang bringen, wenn der Hauptvermieter freiwillig das Hauptmietverhältnis aufgebe. Anderseits könne dies dem Hauptmieter nicht verwehrt und ihm nicht zugemutet werden, die Aufhebungsklage betreffs des Untermietverhältnisses in Gang zu bringen. Ein billiger Ausgleich sei darin zu finden, daß man dem Hauptvermieter die Aufhebungsklage gegen den Untermieter anzustrengen auferlege, die er auf die Aufhebung des Hauptvertrags stützen könne. Ob § 27 des Gesetzes herausgezogen werden könne, sei zweifelhaft, jedenfalls stehe sein Wortlaut dem nicht entgegen. Für die erhobene Klage sei danach das Amtsgericht ausschließlich zuständig.

Dem kann nicht zugestimmt werden.

Der bisherige Mieterschutz erstreckte sich nur auf die Mietverhältnisse. Ein solches bestand aber nur zwischen dem Hauptvermieter und dem Hauptmieter einer- und dem Hauptmieter und Untermieter anderseits. Zwischen dem Hauptvermieter und dem Untermieter bestand überhaupt kein Vertragsverhältnis. Die einzige zwischen ihnen aus § 556 Abs. 3 BGB. sich ergebende Beziehung bedeutete nur eine Erweiterung des dem Hauptvermieter gegen den Hauptmieter zustehenden vertragsmäßigen Anspruchs auf Herausgabe, ein Vertrags- oder gar ein Mietverhältnis zwischen Hauptvermieter und Untermieter wurde durch diese Bestimmung nicht begründet. Mangels eines Mietverhältnisses entfiel aber auch der Mieterschutz für den Untermieter gegenüber dem Hauptvermieter — § 2 der Bekanntmachung zum Schutze der Mieter vom 23. Sept. 1918/22. Juni 1919 und 11. Mai 1920/11. Juli 1921.

Hieran hat das Mieterschutzgesetz vom 1. Juni 1923 nichts geändert, auch es findet nur auf Mietverhältnisse Anwendung, also nicht im Verhältnis zwischen Hauptvermieter und Untermieter, zwischen denen ein solches nicht besteht.

Nun will das Berufungsgericht aus der Begründung zu § 18 des Gesetzes eine „Tendenz", dem Untermieter auch dem Hauptvermieter gegenüber den Schutz des Gesetzes zu gewähren, herauslesen. Dieser Auffassung, die anscheinend den Eingang der Begründung übersieht, kann sich das Revisionsgericht nicht anschließen. Es heißt dort: „Im § 18 werden die Vorschriften der §§ 1—16 auch auf Untermietverhältnisse ausgedehnt. Diese waren schon bisher den Mieterschutzvorschriften unterworfen und können gerade im gegenwärtigen Zeitpunkt von der Zwangswirtschaft um so weniger frei gelassen werden, als unter dem Druck der Wohnungsnot zahlreiche Personen, die früher eine eigene Wohnung bezogen haben würden, gezwungen sind, als Untermieter zu wohnen, so daß den Untermietverhältnissen eine erheblich höhere volkswirtschaftliche Bedeutung zukommt, als ehedem. Immerhin bleibt dabei zu berücksichtigen, daß der Untermieter regelmäßig mit dem Hauptmieter eng zusammen wohnt, woraus sich besonders leicht Reibungen und Streitigkeiten ergeben, sowie daß bei Untervermietung von Räumen vielfach Einrichtungsgegenstände mitvermietet werden, und daß Räume zur Untermiete gemeinhin erheblich leichter zu finden sind, als zur Hauptmiete. Diese Verhältnisse lassen es geboten erscheinen, die Möglichkeit einer Aufhebung des Mietverhältnisses, soweit sie aus einem in der Person des Vermieters (Hauptmieters) liegenden Grunde verlangt wird, erheblich zu erleichtern. Der Vermieter kann daher die Aufhebung bereits verlangen, wenn er nachweist, daß er ein „begründetes“ Interesse an der Wiedererlangung des Mietraumes hat ... auch erschien es nicht erforderlich, dem Untermieter den weitgehenden Vollstreckungsschutz, wie er im § 6 Abs. 1 zwingend vorgeschrieben ist, zu gewähren. ...“

Aus diesen Sätzen ergibt sich das gerade Gegenteil von dem, was das Berufungsurteil hineinlegt. Das Gesetz will den bisher bestandenen Schutz des Untermieters, der nur im Verhältnis zwischen Mieter und Untermieter Platz griff, nicht nur nicht auf das Verhältnis zwischen Hauptvermieter und Untermieter ausdehnen, es will ihn sogar in seinem bisherigen Umfang nicht einmal bestehen lassen, sondern erheblich einschränken, wie dies in § 24 auch ausdrücklich geschehen ist.

Hiernach ist die Rechtslage zwischen Hauptvermieter und Untermieter durch das Mieterschutzgesetz vom 1. Juni 1923 gegen früher in keiner Weise geändert. Zwischen ihnen besteht kein Miet- oder sonstiges Vertragsverhältnis, demnach auch kein Mieterschutz.

Für den vorliegenden Fall findet daher das Gesetz vom 1. Juni 1923, dessen Geltungsbereich sich — und das gilt auch für den von dem Berufungsurteil angezogenen § 27 — nur auf Mietverhältnisse erstreckt, keine Anwendung.

---

22. **1. Steht die rechtskräftige Entscheidung über den Nennbetrag einer Forderung in Papiermark dem entgegen, daß der Gläubiger in einem zweiten Rechtsstreit Aufwertung verlangt?**

2. Unter welchen Umständen darf ein Verzicht des Gläubigers auf seinen Aufwertungsanspruch angenommen werden?

BGB. § 242.

VI. Zivilsenat. Urt. v. 27. Januar 1925 i. S. Sch. (Kl.) w. K. & Co. G. m. b. H. (Bekl.). VI 378/24.

I. Landgericht Magdeburg.
II. Oberlandesgericht Naumburg a. S.

Im März 1920 hatte der Kläger der Beklagten 400 Ztr. Hafer für 240 ℳ je Zentner verkauft. Da die Beklagte die Abnahme verweigerte, schritt er am 17. April 1920 zum Selbsthilfeverkauf, bei dem ein Versteigerungserlös von 66000 ℳ erzielt wurde. Mit einer im Mai 1920 erhobenen Klage forderte der Kläger Zahlung des 30000 ℳ betragenden Unterschieds zwischen dem Vertragspreis und dem Erlös zuzüglich 678,70 ℳ Versteigerungskosten und 224,80 ℳ für Reisespesen und Unkosten bei Wahrnehmung des Verkaufstermins. Am 11. Juni 1921 verurteilte das Landgericht Magdeburg die Beklagte zur Zahlung von 30678,70 ℳ nebst 5 v. H. Zinsen seit dem 17. April 1920, während es den Kläger mit der Mehrforderung von 224,80 ℳ abwies. Die Berufung der Beklagten wurde durch rechtskräftiges Urteil des Oberlandesgerichts Naumburg vom 26. Februar 1923 zurückgewiesen. Am 19. März 1923 bezahlte die Beklagte die Urteilssumme mit Zinsen, der Kläger nahm die Zahlung ohne Vorbehalt an.

Mit der im Februar 1924 erhobenen neuen Klage verlangte der Kläger Aufwertung seines Anspruchs. Er berechnete dessen Goldwert am 17. April 1920 auf 2072,88 GM. nebst 302 GM. Zinsen für die Zeit bis zum 19. März 1923, brachte die damals empfangene Zahlung mit 7,09 GM. der Beklagten gut und forderte 2367,79 GM. mit 5 v. H. Zinsen seit dem 20. März 1923. Die Vorinstanzen wiesen die Klage ab. Die Revision führte zur Aufhebung des Berufungsurteils und zur Zurückverweisung der Sache.

Gründe:

1. Der Berufungsrichter hat die von der Beklagten erhobene Einrede der rechtskräftig entschiedenen Sache verworfen. Er meint, die im Vorprozeß der Parteien ergangene Entscheidung stehe weder der Geltendmachung eines noch höheren Kaufpreises, noch derjenigen eines weiteren Verzugsschadens entgegen. Diese Auffassung ist zu billigen.

Zunächst ist aus der Abweisung der früheren Klage zum Betrage von 224,80 ℳ, die im ersten Rechtsgang erfolgte, nichts herzuleiten, was dem Kläger im gegenwärtigen Rechtsstreit nachteilig sein könnte. Denn es liegt klar zutage, daß sich diese Abweisung lediglich auf die Nebenforderung an Reise- und Terminsunkosten hat erstrecken sollen, die das Landgericht mit besonderer Begründung für ungerechtfertigt erklärt hat (vgl. RGZ. Bd. 41 S. 130). Nichts spricht dafür, ihr die Tragweite beizulegen, daß etwa dem Kläger alle über 30678,70 Papiermark hinausgehenden Ansprüche aus dem Kaufvertrag vom März 1920 aberkannt worden wären.

Allerdings hat in einem Urteil vom 22. November 1924 (IV 185/24) der IV. Zivilsenat des Reichsgerichts einen Fall, bei dem im Vorprozeß der auf das Reichshaftpflichtgesetz gegründete Schadensersatzanspruch teilweise abgewiesen worden war und sodann im zweiten Rechtsstreit wegen des zugesprochenen Betrags Aufwertung verlangt wurde, dahin beurteilt, daß die Rechtskraft des früheren Urteils der Geltendmachung des Aufwertungsanspruchs entgegenstehe, soweit dieser bis zum Zeitpunkt der mündlichen Verhandlung entstanden war, auf die das in jenem Falle zunächst erlassene bedingte Endurteil erging. Der IV. Zivilsenat nimmt an, es handle sich insoweit um ein Element des bis zu dem für die Entscheidung im Vorprozeß maßgebenden Zeitpunkt entstandenen Schadens, und da über den Schadensersatzanspruch damals endgültig entschieden, die Aufwertung aber vom Kläger nicht geltend gemacht sei, könne er darauf jetzt einen neuen Anspruch nicht mehr gründen.

Ob der erkennende Senat, wenn er vor den gleichen Fall gestellt wäre, dieser Auffassung würde beipflichten können, mag dahinstehen. Eine Veranlassung, die Entscheidung der vereinigten Zivilsenate anzurufen, ist gegenwärtig deshalb nicht gegeben, weil für die Stellungnahme des IV. Zivilsenats, wie seine mitgeteilten Gründe zeigen, die rechtliche Natur des ihm unterbreiteten Anspruchs als Schadensersatzanspruch von wesentlicher Bedeutung war, hier jedoch ein Anspruch auf Schadensersatz nicht in Frage steht. Allgemein wird anerkannt, daß der aus § 373 HGB. hergeleitete Anspruch des Verkäufers auf Bezahlung des Unterschieds zwischen dem Vertragspreis und dem beim Selbsthilfeverkauf erzielten Erlös auf Vertragserfüllung, nicht auf Leistung von Schadensersatz wegen Nichterfüllung gerichtet ist (vgl. RGZ. Bd. 41 S. 64, Bd. 53 S. 13; die Urteile II 27/08 vom 30. Juni 1908, teilweise abgedruckt RGZ. Bd. 69 S. 125, und II 242/11 vom 5. Dezember 1911; Staub-Koenige Anm. 51 zu § 373 HGB.). Der Verkäufer rechnet gemäß § 373

Abs. 3 HGB. den empfangenen Erlös des Selbsthilfeverkaufs dem Käufer auf die vertraglich geschuldete Summe an und verlangt von ihm Zahlung des danach verbleibenden Kaufpreisrestes. Sonach steht für den erkennenden Senat nichts im Wege, die Abweisung eines Teils des im Vorprozeß geltend gemachten Anspruchs anders zu beurteilen, als es von seiten des IV. Zivilsenats geschehen ist.

Eine andere Frage ist die, ob etwa der positive Teil der Entscheidung im Vorprozeß die Einrede der rechtskräftig entschiedenen Sache zu stützen vermag. Auch dies ist aber zu verneinen. In Urteilen des V. Zivilsenats des Reichsgerichts vom 3. Dezember 1898 (JW. 1899 S. 36 Nr. 23) und vom 11. Mai 1904 (V 59/04 und V 129/04) findet sich die Ansicht ausgesprochen, eine rechtskräftige Entscheidung liege nicht schon dann vor, wenn im Vorprozeß über einen nach damaliger Auffassung des Klägers bestehenden Anspruch erkannt wurde, sondern nur dann, wenn der frühere Rechtsstreit einen ausdrücklichen oder stillschweigenden Verzicht des Klägers auf ein zu forderndes Mehr ergebe. Und in RGZ. Bd. 73 S. 219 verwarf der VI. Zivilsenat die Einrede der Rechtskraft mit folgender Begründung: „Diese findet einem nachträglich auf denselben Rechtsgrund gestützten weiteren Anspruch gegenüber nicht schon deshalb statt, weil dieser im Vorprozeß noch nicht zuerkannt ist, sondern nur dann, wenn er in demselben geltend gemacht war, aber vom Gericht abgesprochen worden ist." Diesen Erwägungen ist, in Übereinstimmung mit dem I. Zivilsenat (RGZ. Bd. 109 S. 195), zu folgen und dabei für den vorliegenden Fall noch besonders in Betracht zu ziehen, daß während des Schwebens des Vorprozesses, der am 26. Februar 1923 zu Ende ging, weder den Parteien noch dem Gericht bekannt sein konnte, daß ein Anspruch auf Aufwertung der Papiermarkforderung von der Rechtsprechung anerkannt werden würde. Dieser Umstand bietet der hier vertretenen Meinung, die allein eine gerechte Lösung der in dieser Gestalt durchaus neuen Rechtsfrage gewährleistet, eine wesentliche Stütze. Denn schon in früheren Entscheidungen hat man mehrfach erwogen, daß auch die Auffassung und der Wille des Richters, die Gedanken, von denen er sich hat leiten lassen, für die Ermittelung des Umfangs der Rechtskraft seines Urteils von Bedeutung sind (vgl. RGZ. Bd. 79 S. 232 und die Urteile V 202/01 vom 12. Oktober 1901, IV 583/10 vom

16. Januar 1911, I 81/16 vom 28. Oktober 1916, III 180/17 vom 11. Dezember 1917, auch RGZ. Bd. 97 S. 121). Hier kann nun das Oberlandesgericht Naumburg am 26. Februar 1923 unmöglich den Willen gehabt haben, ein Urteil zu erlassen, das dem Kläger Aufwertungsansprüche abschnitt; eine Erledigung auch dieses Punktes lag völlig außerhalb der Erwägungen und Absichten der sämtlichen Prozeßbeteiligten.

Der erkennende Senat hat bereits in seinem Urteil vom 11. November 1924 RGZ. Bd. 109 S. 152 hinsichtlich der Rechtskraftwirkungen einer Vorabentscheidung über den Grund eines Schadensersatzanspruchs dargelegt, daß auch dann, wenn die ursprüngliche Klageforderung derart beziffert war, daß sie den vollen Schaden des Klägers darstellen sollte, eine rechtskräftige Entscheidung über den Gesamtanspruch nicht als getroffen zu erachten ist, wenn bis zum Erlaß des Grundurteils die Geldentwertung in erheblichem Maße eingewirkt hatte. Alsdann kann der Papiermarkbetrag, in Ansehung dessen der Grund des Anspruchs festgestellt wurde, nur noch als Teilbetrag des Schadens gewertet, und somit die Rechtskraft der Vorabentscheidung auch nicht weiter erstreckt werden. Ohne Zweifel folgt aus dieser Auffassung, daß Entsprechendes auch dann zu gelten hat, wenn es sich um die Rechtskraftwirkung eines den Prozeß erledigenden Endurteils handelt. Und ebensowenig kann es einem Bedenken begegnen, sie auf Rechtsstreitigkeiten zu übertragen, bei denen nicht Schadensersatzforderungen, sondern andere Geldansprüche verfolgt werden (vgl. JW. 1921 S. 22 Nr. 1; RGZ. Bd. 109, S. 345, 375).

Daß der hier vertretenen Meinung das Erkenntnis des V. Zivilsenats des Reichsgerichts vom 10. Januar 1923, Warn. Bd. 16 S. 91 Nr. 75, sowie das dort verwertete Erkenntnis RGZ. Bd. 31 S. 259 nicht entgegenstehen, hat bereits der I. Zivilsenat in seinem angeführten Urteil RGZ. Bd. 109 S. 195 eingehend dargelegt. Der jetzt erkennende Senat schließt sich dem an.

2. War bisher der Standpunkt des Berufungsrichters zu billigen, so kann doch seinen weiteren Erwägungen nicht beigestimmt werden. Er meint, dem Klaganspruch stehe der Umstand entgegen, daß der Kläger sich während des früheren Rechtsstreits einen weitergehenden Anspruch nicht vorbehalten und den Urteilsbetrag ohne Vorbehalt angenommen habe. Soweit er von der Beklagten, die sich seit dem

17. April 1920 im Verzug befunden habe, Verzugsschaden ersetzt verlange, sei anzunehmen, dieser Anspruch stehe mit dem Anspruch auf Zahlung der Verzugszinsen in einem so nahen inneren Zusammenhang, daß Treu und Glauben mit Rücksicht auf die Verkehrssitte es erforderten, daß der Gläubiger zum mindesten bei der Zahlung dem Schuldner kundgebe, ob er außer den Verzugszinsen noch einen weiteren Schaden geltend machen wolle. Habe er dies nicht getan, so seien die in der Zahlung und in deren vorbehaltloser Annahme liegenden Willenserklärungen dahin auszulegen, daß die Parteien die Schuld einschließlich des entstandenen Verzugsschadens als getilgt ansehen wollten. Wenn der Kläger sein Verhalten nur mit Rücksicht auf die damalige Rechtsprechung so eingerichtet habe, dann ändere dies nichts daran, daß die Unterlassung eines Vorbehalts in der mündlichen Verhandlung oder spätestens bei der Zahlung als die Erklärung, sich bescheiden zu wollen, aufzufassen sei. Sehe man von der Haftung für Verzugsschaden ab und betrachte den Klaganspruch nur unter dem Gesichtspunkt des aufgewerteten Kaufpreises, dann erforderten Treu und Glauben noch mehr die Annahme, daß nach der Willenserklärung beider Parteien mit der Zahlung des Urteilsbetrags die Schuld beglichen sein sollte. Der Kläger habe im früheren Rechtsstreit seine Forderung auf Grund der getroffenen Vereinbarungen und des Selbsthilfeverkaufs genau berechnet und während der langen Dauer des Prozesses und trotz der fortschreitenden Geldentwertung nie zum Ausdruck gebracht, daß seine Forderung nur einen Teil des geschuldeten Kaufpreises ergreife; unter diesen Umständen müsse er sich gefallen lassen, daß die Kaufpreisschuld mit der ebenfalls vorbehaltlos angenommenen Zahlung des Urteilsbetrags als getilgt anzusehen sei.

Diesen Ausführungen gegenüber ist zunächst hervorzuheben, daß nach dem Eintritt der völligen Entwertung der deutschen Währung die Entrichtung des Nennbetrags einer früher begründeten Schuld in Papiermark regelmäßig keine Bewirkung der geschuldeten Leistung darstellt, die das Erlöschen des Schuldverhältnisses gemäß § 362 Abs. 1 BGB. herbeizuführen vermöchte. Demnach hat die von der Beklagten am 19. März 1923 bewirkte Zahlung als eine unvollständige Leistung zu gelten. Weiter ist der hierauf bezüglichen Vorschrift des § 363 BGB. zu entnehmen, daß trotz der Annahme der

Leistung, mag sie auch vorbehaltlos erfolgt sein, der Kläger die Befugnis behalten hat, deren Unvollständigkeit geltend zu machen, ohne daß dabei — da die Unvollständigkeit offenkundig ist — der Regelung der Beweislast im § 363 eine Bedeutung zukäme. Es kann sich mithin bei dieser Rechtslage nur fragen, ob etwa der Kläger auf seinen Aufwertungsanspruch verzichtet hat. Die Darlegungen des Oberlandesgerichts laufen, obwohl das Wort „Verzicht" nicht gebraucht wird, darauf hinaus, einen solchen anzunehmen. Für seine Auffassung, die Parteien hätten vereinbarungsmäßig die Höhe der von der Beklagten zu gewährenden Leistung auf den tatsächlich von ihr gezahlten Betrag festgesetzt, fehlt es hier aber nach den Umständen des Falles an jeder Grundlage. Der Kläger hat nichts weiter getan, als das ihm angebotene Geld anzunehmen. Wollte man in solchem Verhalten einen Verzicht auf den Aufwertungsanspruch, der zudem wie alle Verzichte nicht zu vermuten ist, finden, dann würde damit die Bedeutung der Vorschrift im § 363 ohne weiteres weggeräumt. Die Meinung des Vorderrichters ließe sich nur begründen, wenn zu der einfachen Annahme der Zahlung noch eine besondere Abmachung hinzutreten würde, die einen von der Beklagten angenommenen Verzicht des Klägers ergäbe. Eine solche brauchte nicht ausdrücklich getroffen zu sein, vielmehr würde z. B. auch daraus, daß etwa ein Gläubiger längere Zeit nach der Erlangung sicherer Kenntnis davon, daß er Aufwertung einer Schuld zu fordern berechtigt sei, sich schweigend und untätig verhält, auf einen Verzichtswillen geschlossen oder doch mindestens angenommen werden können, daß er nach dem Grundsatz des § 242 BGB. seinen Anspruch verwirkt habe. Hiervon ist aber im gegebenen Falle nicht die Rede, da es feststeht, daß der Kläger schon wenige Wochen nach dem Empfang der Papiermarksumme der Beklagten gegenüber mit seinem Verlangen nach Erstattung des Geldentwertungsschadens hervorgetreten ist, und da zudem nicht vor dem Herbst 1923 vorausgesetzt werden könnte, es habe sich in den Kreisen der Rechtsuchenden die Kunde von der oberstrichterlichen Anerkennung des Aufwertungsanspruchs verbreitet.

Abzulehnen ist auch die Ansicht des Berufungsrichters, daß Treu und Glauben mit Rücksicht auf die Verkehrssitte der Beklagten zustatten kämen. Im Gegenteil würde es, wie schon der I. Zivilsenat in RGZ. Bd. 109 S. 199 angenommen hat, Treu und Glauben widerstreiten, wollte man in der vorbehaltlosen Annahme des Geldes einen Verzicht auf einen angemessenen Schadensausgleich finden. Mit Recht weist die Revision darauf hin, daß es jeder Billigkeit widersprechen würde, wenn sich die Beklagte von der Urteilssumme, die im Vorprozeß dem Kläger als seit dem 17. April 1920 geschuldet zuerkannt worden war, drei Jahre später durch Zahlung eines gänzlich entwerteten Papiermarkbetrags hätte befreien dürfen. Daß der Kläger damit einverstanden sein würde, durfte — bei Unterstellung der Rechtsbeständigkeit seines Aufwertungsanspruchs — die Beklagte nach Treu und Glauben keinesfalls annehmen. Dieselben Erwägungen verbieten es auch, dem Umstand, daß der Kläger in dem früheren Rechtsstreit von einem den Nennbetrag seiner Klageforderung übersteigenden Anspruch nichts hatte verlauten lassen, die vom Berufungsgericht gewollte Deutung zu geben. Da er offenbar selbst an seinen Aufwertungsanspruch damals noch nicht glaubte, war von ihm nicht zu verlangen, daß er seinen Klagantrag entsprechend erhöhte und sich damit der Abweisung der Mehrforderung aussetzte; auch läßt sich nicht sagen, daß er nach Treu und Glauben im Verkehr gehalten gewesen wäre, im Rechtsstreit einen Vorbehalt zum Ausdruck zu bringen. Für die Beurteilung der Dinge unter diesem Gesichtspunkt ist auf den Stand der Rechtsprechung in der Zeit des Vorprozesses und der Zahlungsleistung erheblicher Wert zu legen. Dies verkennt der Berufungsrichter. Sein Ansinnen an den Kläger, daß er zu Zeiten einer noch ganz ungeklärten Rechtsprechung, als die wirtschaftliche Entwicklung noch völlig im Fluß war und niemand deren Wirkungen auf die Rechtsbeziehungen übersehen konnte, durch Ablehnung der Zahlung in Papiermark oder durch Stellung eines Vorbehalts bei ihrer Annahme die Gefahr einer Klage des Gegners oder sonstiger Weiterungen hätte auf sich nehmen sollen, erscheint ebenso unbillig wie die Zumutung, im Vorprozeß den Klagantrag ins Ungewisse hinein zu erhöhen.

Hiernach ist die Begründung des angefochtenen Urteils in den entscheidenden Punkten von Rechtsirrtum beeinflußt. Dies gilt sowohl für die Erwägungen, die sich mit dem Anspruch auf Schadensersatz wegen Verzugs befassen, wie auch für die auf den allgemeinen Aufwertungsanspruch bezüglichen. Auf diese letzteren würde es übrigens im gegebenen Falle kaum ankommen, da das Berufungsgericht feststellt, daß sich die Beklagte seit dem 17. April 1920 im Leistungsverzug befunden habe, und da für die allgemeine Aufwertung erst dann Raum ist, wenn kein anderer, den Geldentwertungsschaden mit umfassender Anspruch begründet ist (vgl. RGZ. Bd. 109 S. 63).

Der Vorderrichter hat die 3. Steuernotverordnung vom 14. Februar 1924 nicht erwähnt. Dennoch sei zur Klarstellung bemerkt, daß sie — da nur § 12 Abs. 2 das. hier in Betracht kommen kann — nicht anwendbar ist, und daß eine rechtsähnliche Anwendung der Bestimmungen des § 11 das. abgelehnt werden muß. Die dort für die Rechtsfolgen der vorbehaltlosen Annahme einer Zahlung getroffene positive Regelung steht in enger Wechselbeziehung zu der Aufzählung der Vermögensanlagen im § 1 Abs. 2 und gibt schon dadurch selbst zu erkennen, daß sie sich auf deren Kreis beschränken will. Aber auch aus grundsätzlichen Erwägungen erscheint jede ausdehnende Auslegung der Vorschriften jener Verordnung, die Änderungen des geltenden bürgerlichen Rechts mit sich bringen, unstatthaft.

Der erkennende Senat sieht sich im zweiten Abschnitt dieser Darlegungen in Übereinstimmung mit der Auffassung des V. Zivilsenats (RGZ. Bd. 109 S. 111) und des I. Zivilsenats (Urteil I 55/24 vom 3. Dezember 1924).

---

23. Über die Anfechtung eines Urteils, welches vom Landgericht in einem Ehescheidungsprozeß über Klage und Widerklage unrichtigerweise in der Art erlassen ist, daß die Entscheidung nach der einen Seite auf das Ausbleiben des Klägers, nach der anderen Seite auf sachliche Erwägungen gestützt wird.

ZPO. §§ 614 flg.

IV. Zivilsenat. Urt. v. 29. Januar 1925 i. S. Ehem. D. (Kl.) w. Ehefr. D. (Bekl.). IV 373/24.

I. Landgericht Freiburg i. B.
II. Oberlandesgericht Karlsruhe.

Der Ehemann D. hat Klage, die Frau Widerklage auf Scheidung der Ehe erhoben. Das Landgericht hat am 12. Dezember 1922 ein Urteil erlassen, durch das die Klage des Mannes abgewiesen und auf die Widerklage der Frau die Scheidung aus Verschulden des Mannes ausgesprochen worden ist; die Begründung der Abweisung der Klage ist darauf gestützt, daß der Kläger zur mündlichen Verhandlung nicht erschienen sei, die Zusprechung der Widerklage ist mit sachlicher Begründung erfolgt. Der Kläger hat gegen dieses Urteil Einspruch eingelegt. Das Landgericht hat nach neuer Verhandlung über Klage und Widerklage unterm 18. Dezember 1923 ein Endurteil dahin erlassen, daß das Urteil vom 12. Dezember 1922 aufgehoben und die Ehe aus beiderseitigem Verschulden wegen Ehebruchs geschieden wurde. Auf die gegen das Urteil vom 18. Dezember 1923 eingelegte Berufung der Beklagten hat das Oberlandesgericht dahin erkannt, daß dieses Urteil aufgehoben und die im Versäumnisurteil vom 12. Dezember 1922 getroffene Entscheidung über Abweisung der Klage aufrecht erhalten werde. Die Revision des Klägers führte zur Aufhebung des Berufungsurteils.

Gründe:

Das Landgericht hat durch das Urteil vom 12. Dezember 1922, das seiner Begründung nach auf der einen Seite — soweit es die Klage abwies — ein Versäumnisurteil, auf der andern Seite — soweit es der Widerklage auf Scheidung stattgab — ein streitgemäßes Endurteil ist, einen Verstoß gegen den in ständiger Rechtsprechung des Reichsgerichts anerkannten Grundsatz begangen, daß in Ehesachen nur einheitlich verfahren und erkannt, und namentlich auch nicht ein Urteil erlassen werden darf, das zu einer Spaltung des Verfahrens führen kann. Wenn hier im Sinne des bezeichneten Urteils weiter verfahren worden wäre, so hätte sein einer Teil mit Einspruch, sein anderer Teil mit Berufung angegriffen werden müssen; die Sache wäre also zum Teil in der ersten Instanz anhängig geblieben, zum Teil in die Berufungsinstanz gekommen. Das Landgericht hat seinen Fehler erkannt; es hat, nachdem der Kläger Einspruch, aber nicht Berufung eingelegt hatte, nicht nur über die im Versäumnisweg abgewiesene Klage weiterverhandelt, sondern auch über die Widerklage, obgleich es hierüber schon ein Endurteil erlassen hatte. Es hat dann im Urteil vom 18. Dezember 1923 den Ausspruch des Urteils vom 12. Dezember 1922 zur Widerklage, daß die Ehe wegen Ehebruchs des Klägers geschieden werde, wiederholt. Zur Klage, die im Versäumnisweg abgewiesen war, hat es nunmehr abweichend dahin erkannt, daß die Scheidung auch wegen Ehebruchs der Beklagten erfolge.

Die Entscheidung des Berufungsgerichts bestätigt inhaltlich die Entscheidung, wie sie im Urteil des Landgerichts vom 12. Dezember 1922 getroffen war; sie beruht auf der Erwägung, daß die Folgen des vom Landgericht begangenen Prozeßverstoßes nur durch Einlegung der Berufung hätten beseitigt werden können; da diese nicht eingelegt worden sei, hätte das Landgericht sich darauf beschränken sollen, auf den Einspruch des Klägers hin die im Versäumnisweg getroffene, auf Abweisung der Klage lautende Entscheidung zu bestätigen. Dabei geht das Berufungsgericht selbst davon aus (unter Bezugnahme auf JW. 1916 S. 193 Nr. 11), daß der Einspruch gegen das Urteil vom 12. Dezember 1922 an sich zulässig gewesen sei, nimmt aber an (unter Verweisung auf JW. 1913 S. 607 Nr. 22), daß das bezeichnete Urteil, soweit es nicht Versäumnisurteil sei, nur mit Berufung hätte angegriffen werden können, daß beim Unterbleiben dieses Rechtsmittels der nicht angegriffene Teil des Urteils rechtskräftig geworden sei und daß der im letzteren enthaltene Ausspruch der Scheidung der Ehe auf die Widerklage jede weitere Verhandlung und Entscheidung über die Scheidung der nämlichen Ehe ausschließen müsse. Es glaubt daher, daß die im Urteil vom 12. Dezember 1922 enthaltene Entscheidung sowohl zur Klage als zur Widerklage aufrecht erhalten werden müsse, obwohl es der Anschauung ist, daß diese Entscheidung der materiellen Sachlage nicht gerecht werde. (Mit letzterem soll wohl gesagt werden, daß das Berufungsgericht in Übereinstimmung mit dem landgerichtlichen Urteil vom 18. Dezember 1923 das Scheidungsverlangen des Klägers wegen Ehebruchs der Beklagten für begründet ansieht.) Da das Berufungsgericht Zweifel hatte, ob an der von ihm angeführten Rechtsprechung des Reichsgerichts festzuhalten sei, hat es die Revision für zulässig erklärt.

Die Revision macht geltend, daß nach der Rechtsprechung des Reichsgerichts in Fällen dieser Art der Einspruch zulässig sei und daß, wenn dies der Fall sei, wegen des Grundsatzes von der Einheitlichkeit der Entscheidung in Ehesachen, durch den Einspruch der ganze Rechtsstreit ebenso noch einmal zur Verhandlung und Entscheidung gestellt worden sei, wie dies der Fall gewesen wäre, wenn das Urteil im ganzen mit der Berufung angegriffen worden wäre.

Dem Berufungsurteil und der bisherigen Rechtsprechung des Reichsgerichts ist darin beizutreten, daß das ordnungsmäßige Rechtsmittel gegen ein Urteil der hier in Rede stehenden Art die Berufung wäre; denn mit der Berufung kann nicht nur der streitig ergangene Teil eines solchen Urteils angegriffen werden, sondern auch der im Versäumnisweg ergangene Teil, letzterer in dem Sinne, daß die Unzulässigkeit des eingeschlagenen Verfahrens durch die höhere Instanz ausgesprochen werden kann. Über die Frage, wie sich die Sache gestaltet, wenn gegen ein solches Urteil nur der Einspruch eingelegt wird, liegt noch keine Entscheidung vor. Der Senat glaubt, in weiterer Entwicklung der bisherigen Rechtsprechung über einheitliche Verhandlung und Entscheidung in Ehesachen, zulassen zu müssen, daß gegenüber einem zwiespältigen Urteil der in Rede stehenden Art auch dem Einspruch eine Wirkung beigemessen wird, welche über den als Versäumnisurteil gemeinten Teil des Urteils hinausgreift und nicht nur diesen Teil des Rechtsstreits, sondern auch den streitig verhandelten Teil in die Lage zurückversetzt, in der er sich vor Eintritt der Versäumnis befunden hatte. Es muß hier der Grundsatz Anwendung finden, den die Rechtsprechung zu §§ 303, 304 ZPO. entwickelt hat: die Partei darf nicht dadurch Nachteil in ihren Rechten erleiden, daß sie durch ein unrichtiges Verfahren des Gerichts in eine prozessual schwierige Lage versetzt wird; wie dort die Zulässigkeit der Berufung auch dann anerkannt wird, wenn das Landgericht nicht ein Zwischenurteil im Sinne von § 304 erlassen, aber sein Urteil als solches bezeichnet hat, und umgekehrt, so muß auch hier die Partei vor Schaden bewahrt werden, wenn sie von dem Rechtsbehelf Gebrauch gemacht hat, auf den sie durch unrichtiges Verfahren des Gerichts hingewiesen worden ist. Die Sache kann im einzelnen Fall so liegen, daß die Partei den streitig ergangenen Teil des Urteils sachlich gar nicht zu bekämpfen vermag und sich ausschließlich gegen den als Versäumnisurteil ergangenen Teil wenden will. Daß sie das durch Einlegung der Berufung tun soll, die sich doch zunächst gegen den nicht zu bekämpfenden streitig ergangenen Teil des Urteils richtet, kann leicht übersehen werden. An solchen prozessualen Schwierigkeiten darf man das sachliche Recht der Parteien nicht scheitern lassen, am wenigsten in Ehesachen, die Lebensfragen für die Parteien bedeuten.

Nach alledem ist auszusprechen, daß durch den gegen das Urteil vom 12. Dezember 1922 eingelegten Einspruch der ganze Rechtsstreit in die Lage zurückversetzt worden ist, in der er sich vor Eintritt der Versäumnis befunden hatte. Dann hat das Landgericht mit Recht von neuem über Klage und Widerklage verhandelt und entschieden, und dem Berufungsgericht obliegt nun eine sachliche Nachprüfung der im Urteil vom 18. Dezember 1923 getroffenen Entscheidung; zu diesem Zweck muß die Sache in die Vorinstanz zurückverwiesen werden.

Auf die vom Berufungsurteil angedeutete Frage, ob nicht das in unzulässiger Weise ergangene zwiespältige Urteil als nichtig behandelt werden könnte (vgl. Förster-Kann Anm. 5b Abs. 4 a. E. zu § 615 ZPO.), braucht nach dem Gesagten nicht eingegangen zu werden. Läge wirklich, wie das Berufungsgericht annimmt, ein rechtskräftig gewordenes, die Scheidung aussprechendes Urteil des Landgerichts vor, dann könnten Billigkeitserwägungen wohl nicht ausreichen, um ein solches Urteil zu behandeln, als ob es nicht vorhanden wäre. Die Fälle RGZ. Bd. 107 S. 350, JW. 1914 S. 48 Nr. 18 lagen anders.

---

24. Aufwertung einer Rechtsanwaltsgebührenforderung.

BGB. § 242. Gebührenordnung für Rechtsanwälte §§ 85, 86.

III. Zivilsenat. Urt. v. 30. Januar 1925 i. S. H. (Kl.) w. O. (Bekl.). III 526/24.

I. Landgericht Erfurt.
II. Oberlandesgericht Naumburg a. S.

Der klagende Rechtsanwalt vertrat als Prozeßbevollmächtigter den Beklagten in einem Rechtsstreit, der durch gerichtlichen Vergleich vom 17. September 1923 erledigt wurde, wonach der Beklagte seine außergerichtlichen Kosten tragen sollte. Durch Beschlüsse vom 20. und 24. Oktober 1923 setzte das Prozeßgericht den Streitwert fest. Mit Schreiben vom 27., zugegangen 31. Oktober 1923, übermittelte Kläger seine Kostenrechnung über 709610385120 ℳ Gebühren und Auslagen dem Beklagten und bemerkte dabei, die Rechnung gelte für den 17. September 1923 als Stichtag, demgemäß betrage die Rechnung 20890 Goldmark oder 4974 Dollars. Im Juni, Juli und September 1923 hatte Beklagter Vorschüsse geleistet, die auf Dollargrundlage umgerechnet, rund 60 Dollars ergeben. Der Kläger vertritt den Standpunkt, daß auch seine Kostenrechnung unter Zugrundelegung des 17. September 1923 aufgewertet werden müsse. Er erhob Klage mit dem Antrag, den Beklagten zur Zahlung eines (Teil-) Betrags von 5000 Billionen Papiermark nebst Zinsen zu verurteilen. Beklagter bat, die Klage abzuweisen, und auf seine Widerklage festzustellen, daß dem Kläger kein Anspruch auf 30000 Goldmark zustehe. Das Landgericht wies die Klage ab und gab der Widerklage statt. Im Berufungsverfahren erklärte der Kläger auf richterliches Befragen, daß er sich, falls die Aufwertungsberechtigung verneint werde, auf Verzug des Beklagten nicht stützen wolle. Das Oberlandesgericht verurteilte den Beklagten zur Zahlung von 36 Billionen Papiermark nebst Prozeßzinsen, wies im übrigen die Klage ab und stellte zur Widerklage fest, daß dem Kläger ein weiterer Anspruch als zugesprochen nicht zustehe. Die Revision des Klägers hatte Erfolg.

Gründe:

Der Klaganspruch ist nach den Feststellungen des Berufungsrichters in Höhe von 633235241817 (Papier-) Mark außer Streit. (Wird ausgeführt, daß die Mehrforderung des Klägers unbegründet sei.)

Im übrigen steht nur zur Entscheidung, ob und unter welchen Umständen ein Rechtsanwalt die Aufwertung seiner Gebührenforderung (einschließlich des Ersatzes seiner Auslagen, wofür die nämlichen Grundsätze zu gelten haben) verlangen kann.

Der Gläubiger einer in deutscher Papiermark ausgedrückten Forderung kann auf Grund des § 242 BGB. dem Schuldner gegenüber Aufwertung verlangen, wenn, soweit und sobald ihm angesichts der fortschreitenden Entwertung der deutschen Währung nach Treu und Glauben nicht mehr zugemutet werden kann, die Zahlung des

Nennbetrags der Forderung in entwerteten Papiergeldzeichen als Befriedigung seines höherwertigen Rechts gelten zu lassen. Mit Recht hat daher der Berufungsrichter ausgesprochen, daß in Hinsicht auf die Aufwertung nicht alle Forderungsrechte gleich behandelt werden dürften, daß es vielmehr auf die Natur der einzelnen Forderung ankomme. Bei dem eingeklagten Rechtsanwaltsgebührenanspruch will indessen, mit Rücksicht auf dessen besondere Natur und rechtliche Ausgestaltung, der Berufungsrichter die Aufwertung grundsätzlich versagen. Dem kann nicht beigetreten werden.

Das Vertragsverhältnis zwischen der Partei und dem Rechtsanwalt als ihrem Prozeßbevollmächtigten ist ein Dienstvertrag. Die dem Rechtsanwalt zukommende Vergütung ist durch ein Sondergesetz, die Gebührenordnung für Rechtsanwälte mit ihren verschiedenen, im Laufe der Aufblähungszeit erlassenen Abänderungen und Ergänzungen, geordnet. Bis zu der Verordnung vom 13. Dezember 1923 war die Gebührenordnung auf der damals geltenden (Papier-) Markwährung aufgebaut. Der Auftraggeber hatte eine nach dem Streitwert zu berechnende Papiermarksumme zu entrichten; durch deren Zahlung befreite er sich, gleichviel, ob das Ergebnis der Billigkeit entsprach und dem Anwalt eine angemessene Entlohnung für seine Mühewaltung gewährleistete. Den Rücksichten auf die auskömmliche und angemessene Entlohnung der anwaltlichen Dienste suchte der Gesetzgeber durch Änderungen der Gebührenordnung selbst Rechnung zu tragen. An Stelle des ihm hiernach zukommenden Papiermarkbetrags andere Beträge, etwa auf der Grundlage der Dollar-, Goldmark- oder einer sonstigen sog. wertbeständigen Grundlage zu fordern, war der Anwalt nicht berechtigt, und darum war auch die Partei nicht verpflichtet, solche zu leisten. Demgemäß war für die Entstehung der Gebührenforderung ausschließlich die Papiermarkwährung maßgebend, was denn auch allgemein angenommen wird.

Dem Auftraggeber gegenüber wird die Gebührenforderung des Anwalts mit einem ganz bestimmten Zeitpunkt fällig, § 85 RAGebO. Erst zu diesem Zeitpunkt kann der Rechtsanwalt die Forderung geltend machen und hat der Schuldner sie zu bereinigen. In diesem Zeitpunkt ist sie notwendig noch Papiermarkforderung; denn die Absicht des Gesetzes ist ersichtlich die, daß der Rechtsanwalt erst in diesem Zeitpunkt die Forderung in dem gesetzlich errechneten Betrag soll fordern dürfen. Auch hierin wird eine Abweichung von dem erblickt werden müssen, was sich bei der Anwendung der allgemeinen Rechtsgrundsätze ergäbe. Diese führen dahin, daß der Gläubiger seine Forderung regelmäßig schon von ihrer Entstehung, nicht erst von ihrer Fälligkeit an aufgewertet verlangen kann. Der Gläubiger, der am 1. Oktober 1917 ein Darlehen auf sechs Jahre unkündbar hingegeben hat, wird am 1. Oktober 1923 dieses Darlehen aufgewertet zurückverlangen können, obwohl seine Forderung erst auf den 1. Oktober 1923 fällig geworden ist. Dementsprechend könnte man annehmen, daß auch der Rechtsanwalt seine Gebührenforderung, wenn überhaupt, dann schon von dem Zeitpunkt an aufgewertet verlangen dürfte, an dem sie entstanden ist, mithin die Prozeßgebühr, die Verhandlungs- und die Vergleichsgebühr je von dem Tag an, an dem die einzelne Gebühr erwachsen ist. Das muß als ausgeschlossen gelten. Dieses Verfahren würde die gesetzliche Gebührenordnung auf einem Umweg wieder aus den Angeln heben, insofern an die Stelle der gesetzlich bestimmten Gebührenbeträge wiederum unbestimmte, nach dem Aufwertungsmaßstab zu berechnende Gebühren treten würden.

Damit ist nun aber dem Wesen der Gebührenordnung als einer gesetzlich bestimmten Vergütungsordnung hinreichend Rechnung getragen. Die Aufwertung in noch weiterem Umfang auszuschließen, namentlich sie auch für die Zeit abzulehnen, in welcher die Forderung nach eingetretener Fälligkeit unbefriedigt bleibt, dazu liegt kein ausreichender Anlaß vor. Daß der Anwalt die Aufwertung gemäß § 286 BGB. jedenfalls dann verlangen kann, wenn der Schuldner mit der Zahlung im Verzug ist, nimmt auch der Berufungsrichter an. Aber mit Rücksicht auf die Erklärung des Klägers, daß er sich auf Verzug des Beklagten nicht stützen wolle, hat der Berufungsrichter den Gesichtspunkt des Verzugs beiseite gestellt. Es muß daher auch hier die Frage ohne Rücksicht auf einen etwaigen Schuldnerverzug geprüft werden. Auch wenn dies geschieht, liegt kein Grund vor, der Rechtsanwaltsgebührenforderung die Aufwertung nach Maßgabe des § 242 BGB. zu versagen. Wie sich aus dem Wesen des Anwaltsdienstvertrags und aus § 85 RAGebO. ergibt, hat der Anwalt für die Regel (abgesehen von seiner Befugnis zur Einforderung von Vorschüssen oder von statthaften besonderen Abmachungen) vorzuleisten. Hat er vorgeleistet und bleibt der Schuldner mit der Entrichtung der Gebührenschuld nach deren Fälligkeit (auch ohne Verzug) im Rückstand, so ist die Schuld des Auftraggebers zu einer einseitigen Geldschuld geworden, in keiner andern Art wie etwa rückständige Mietzinsen. Für einen Mietzinsrückstand hat der erkennende Senat die Aufwertung bereits gutgeheißen (Urteil vom 8. April 1924 III 345/23); entsprechendes muß für eine rückständig gebliebene Dienstvergütung gelten. Es wird denn auch wohl niemand Bedenken tragen, die Aufwertung zuzulassen, falls ein Rechtsanwalt in die Lage käme, eine ältere, etwa aus dem Jahre 1915 stammende Gebührenforderung heute noch gegen den Auftraggeber einzuklagen. Nun kommt es bei der Aufwertung keineswegs auf das Alter der Schuld an, sondern lediglich auf das Ausmaß, das die Geldentwertung inzwischen angenommen hat; Aufwertung kann der Gläubiger heischen, sobald ihm nicht mehr zuzumuten ist, entwertetes Papiergeld zum Nennwert in Zahlung zu nehmen.

Gegen die Aufwertbarkeit auch einer Rechtsanwaltsgebührenforderung besteht hiernach kein Bedenken, sobald man nur die Entstehung der Forderung, einschließlich ihrer Fälligkeit, die sich lediglich nach der Gebührenordnung und damit nach der Papiermarkwährung bestimmen, hinreichend auseinanderhält von der Frage, wie die Forderung zu beurteilen ist, wenn sie, fällig geworden, noch eine gewisse Zeit hindurch unbefriedigt bleibt. Für den zuletzt bezeichneten Zeitabschnitt liegt kein Grund vor, von den heute anerkannten, die Aufwertung zulassenden Grundsätzen abzuweichen. Namentlich ist es nicht gerechtfertigt, daraus, daß sich die Forderung bei Entstehung und Fälligkeit nach einem starren gesetzlichen Maßstab bemißt, die Folgerung abzuleiten, daß die Forderung auch später nicht mehr von diesem starren Maßstab abweichen könne. Nach den bisherigen Rechtsanschauungen war das Grundbuch dazu bestimmt, die Belastung eines Grundstücks mit Hypothekenrechten in einem gewissen starren Rahmen zu halten, dergestalt, daß das Grundstück nicht über den aus dem Grundbuch ersichtlichen Rahmen hinaus haften sollte; hat sich die Rechtsentwicklung in bezug auf die Aufwertung über diesen Grundsatz hinweggesetzt, so besteht kein Bedenken, dies auch bezüglich der gesetzlich festgelegten Anwaltsgebührenforderung zu tun.

Daß der Anwalt in der Lage ist, durch Einforderung von Vorschüssen sich selbst in einem gewissen Umfang gegen die Geldentwertungsgefahr zu sichern, beweist nicht, daß der Anwalt nicht auch Aufwertung seiner Forderung verlangen kann, wenn er hinreichenden Vorschuß nicht verlangt oder trotz Verlangens nicht erhalten hat. Die großen Unzuträglichkeiten dieses Aushilfsmittels hat übrigens der Berufungsrichter selbst zutreffend hervorgehoben.

Von größerer Erheblichkeit ist folgendes Bedenken: solange eine bestimmte Gebührenordnung in Kraft steht, muß sich der Anwalt die Berechnung seiner Gebühren nach dieser Ordnung gefallen lassen, gleichviel welches Ausmaß die Geldentwertung in dieser Zeit annimmt. Der Rechtsanwalt, der z. B. Ende Oktober 1923 Aufwertung einer im September fällig gewordenen Gebührenrechnung verlangt, müßte sich mit dem unaufgewerteten Betrag begnügen, wenn er die nämlichen Dienste bei nämlichem Streitwert geleistet hätte, die Instanz aber erst Ende Oktober beendigt worden wäre, § 85 GebO. Das mag als unbillig empfunden werden; das Ergebnis ist aber unmittelbarer Ausfluß der gesetzlichen Ordnung und kann nicht hindern, die in der gänzlichen Versagung jeder Aufwertung zu erblickende Unbilligkeit wenigstens insoweit zu beseitigen, als das Gesetz nicht im Wege steht. Übrigens wird der Anwalt, der bei weiter vorgeschrittener Geldentwertung erst Dienste leisten soll, sich um so mehr überlegen, ob er sich nicht durch Vorschußeinforderung oder statthafte Gebührenvereinbarung Deckung verschaffen oder gar den Auftrag ablehnen oder, soweit angängig, niederlegen will.

Nach alledem ist das Berufungsurteil, das die Aufwertbarkeit der Rechtsanwaltsgebührenforderung in rechtsirrtümlicher Weise gänzlich verneint hat, aufzuheben. Der Berufungsrichter wird sich nunmehr der Aufgabe zu unterziehen haben, die eingeklagte Forderung unter Berücksichtigung aller Umstände des Falles so aufzuwerten, wie es der Billigkeit und den Anforderungen von Treu und Glauben, § 242 BGB., entspricht. Als zeitlichen Ausgangspunkt der Aufwertung wird er im allgemeinen den Zeitpunkt der Fälligkeit der Forderung, § 85 RAGebO. zu wählen, dabei jedoch zu beachten haben, daß dem Schuldner eine gewisse angemessene Zeitspanne zur Befriedigung des Klägers immerhin gelassen werden mußte. Anderseits erschiene es nicht hinreichend gerechtfertigt, als Ausgangspunkt für die Bemessung der Aufwertung etwa erst den 31. Oktober 1923 zu wählen, an welchem Tage der Kläger dem Beklagten die Berechnung der Gebühren und Auslagen hat zugehen lassen. Allerdings durfte der Kläger vor der Mitteilung einer solchen Berechnung seine Gebühren nicht vom Beklagten einfordern, § 86 RAGebO. Im Einklang mit der Rechtsprechung (vgl. JW. 1916 S. 63) ist anzunehmen, daß die Vorschrift des § 86 RAGebO. nicht sowohl die Fälligkeit der Forderung weiter hinausschieben, als vielmehr eine Nebenbestimmung treffen will, die sich auf die Art und Weise der Geltendmachung des Anspruchs bezieht. Daß die vom Beklagten dem Kläger gezahlten Vorschüsse ihrerseits gleichfalls aufzuwerten sind, versteht sich von selbst.

---

25. Genügt bei der Gesamtvertretung schon das Verschulden eines der Vertreter, um eine Haftung der vertretenen juristischen Person aus vertraglichem Verschulden zu begründen?

BGB. §§ 31, 166, 278.

VI. Zivilsenat. Urt. v. 30. Januar 1925 i. S. Milchversorgungs-Gesellschaft N. (Kl.) w. Molkereigenossenschaft Th. (Bekl.). VI 301/24.

I. Landgericht Nürnberg.
II. Oberlandesgericht daselbst.

Die Klägerin hat am 10. März 1922 mit der Beklagten einen Milchlieferungsvertrag geschlossen, durch den die Beklagte sich verpflichtete, ihr die gesamte überschüssige Milch, mindestens aber 2800 l täglich zu liefern.

Die Beklagte hat von Mitte August 1923 die Milchlieferung eingestellt. Sie behauptet, am 15. Dezember 1922 den Vertrag durch ihr dazu beauftragtes Vorstandsmitglied H. gekündigt zu haben. Ihr Vorstand bestand aus mehreren Mitgliedern, von denen mindestens je zwei nur zusammen vertretungsberechtigt waren. Die Klägerin bestreitet die Kündigung und verlangt wegen schuldhafter Nichterfüllung des Vertrags von der Beklagten die Zahlung einer im Vertrag vereinbarten Vertragsstrafe. Die Beklagte hält sich zu deren Zahlung u. a. auch darum nicht für verpflichtet, weil sie nach dem

Bericht des H. an die Kündigung habe glauben können und deshalb nicht schuldhaft die Erfüllung unterlassen habe. Das Landgericht hat die Entscheidung von einem Eide des gesetzlichen Vertreters der Klägerin abhängig gemacht. Das Berufungsgericht hat die Klage abgewiesen. Die Revision hatte Erfolg.

Aus den Gründen:

Rechtsirrig sind die Ausführungen, mit denen das Berufungsgericht die schuldhafte Nichterfüllung der Beklagten verneint. Ihm kann zugegeben werden, daß, wenn die Beklagte des Glaubens sein konnte, der Vertrag sei ordnungsmäßig gekündigt, ein Verschulden ihrerseits ausgeschlossen sein würde. Aber dieser Glaube wurde nicht dadurch hergestellt, daß das Vorstandsmitglied H. den anderen Vorstandsmitgliedern berichtete, daß er gekündigt habe. Denn wenn dies nicht richtig gewesen ist und H. selber auch das Vorliegen einer Kündigung ohne Verschulden nicht annehmen konnte, so stand schon sein Verschulden der Beklagten entgegen. Es ist verfehlt, ihn dabei in Gegensatz zu dem „Vorstand als solchen" zu bringen. Sollte er damit als Beauftragter des Vorstandes von diesem unterschieden sein, so bleibt zu berücksichtigen, daß H. die Kenntnis, die er als Beauftragter des Vorstandes gewonnen hat oder hätte gewinnen müssen, auch in seiner Eigenschaft als Vorstandsmitglied gehabt hat oder hätte haben müssen. Wenn er aber dem Gesamtvorstand gegenübergestellt sein sollte und das Berufungsgericht etwa davon ausgegangen ist, daß die Beklagte nur dann für die Nichterfüllung des Vertrags einzustehen hat, wenn die sämtlichen Vorstandsmitglieder oder mindestens die vertretungsberechtigte Zahl derselben ein Verschulden gezeigt haben, so liegt in letzterem ein Rechtsirrtum. Denn auch bei der Gesamtvertretung genügt schon das Verschulden eines Vertreters, um eine Haftung der vertretenen juristischen Person zu begründen. Dies ist für die Verbindlichkeiten aus unerlaubter Handlung vom Reichsgericht wiederholt ausgesprochen worden (RGZ. Bd. 57 S. 94, Bd. 74 S. 257, Bd. 78 S. 353), muß in gleicher Weise aber auch für die Haftung aus vertraglichem Verschulden gelten. Die Grundsätze über die Wirksamkeit und rechtlichen Folgen einer Willenserklärung im Falle der Gesamtvertretung dürfen auf die Haftung für ein Verschulden des Vertreters bei der Erfüllung des Vertrags nicht ausgedehnt werden. Dies verbietet sich schon darum, weil dort, wo es sich um Willenserklärungen handelt, der Vertragsgegner zwar in der Lage ist, auf die Erfüllung der sich aus der Gesamtvertretung ergebenden Rechtsbedingungen Bedacht zu nehmen, dagegen nicht darauf Einfluß hat, daß sich die berufene Zahl der Gesamtvertreter auch bei der Erfüllung des Vertrags betätigt, oder gar darauf hinwirken kann, daß das die Haftung begründende Verschulden an der Nichterfüllung des Vertrags bei allen Gesamtvertretern zu verzeichnen ist. In diesen Fällen kommen überhaupt nur tatsächliche Vorgänge in Betracht, für welche die rechtsgeschäftliche Vertretungsmacht keine Rolle spielt (Recht 1918 Nr. 960). Maßgebend ist allein das Verhältnis zum Geschäftsherrn bei der Verrichtung. Aus diesem aber ergibt sich auch die Haftung für das Verschulden eines von mehreren Vorstandsmitgliedern bei der Vertragserfüllung, gleichviel ob sie aus § 31 oder aus § 278 BGB. hergeleitet wird. Deshalb muß sich die Beklagte, soweit das Verschulden an der Nichterfüllung des Vertrags durch die Kenntnis oder fahrlässige Unkenntnis eines einzelnen Vorstandsmitglieds von der Nichtkündigung des Vertrags vermittelt wird, diese auch entgegenhalten lassen.

26. Zur Frage der Aufwertung rechtskräftig zuerkannter Papiermarkforderungen.

ZPO. § 322 Abs. 1.

VI. Zivilsenat. Urt. v. 30. Januar 1925 i. S. A. Versicherungsaktiengesellschaft (Bekl.) w. W. & B. (Kl). VI 381/24.

I. Landgericht I Berlin, Kammer für Handelssachen.
II. Kammergericht daselbst.

Die Klägerin hatte bei der Beklagten und einer anderen Versicherungsaktiengesellschaft ihr Geschäftslokal gegen Einbruch versichert. Beide hat sie wegen eines am 27. Februar 1919 bei ihr erfolgten Einbruchsdiebstahls in Anspruch genommen. Die Beklagte ist durch Urteil des Landgerichts I in Berlin vom 11. Februar 1922 zur Zahlung von 104684,50 *M* nebst Zinsen an die Klägerin verurteilt worden. Die Weiterverfolgung der Revision gegen das die Berufung gegen dieses Urteil zurückweisende Urteil ist durch Beschluß des Reichsgerichts vom 3. Juli 1923 für unzulässig erklärt worden, weil die Revisionssumme nicht vorlag. Die Beklagte hat am 5. April 1923 43599,35 ℳ und am 3. Juli 1923 61085 ℳ an die Klägerin gezahlt. Im vorliegenden Rechtsstreit verlangt die Klägerin Aufwertung mit dem Antrag auf Verurteilung der Beklagten zur Zahlung eines Teilbetrags von 10000 G.-M. in Papiermark nach dem Reichsbankkurs am Zahlungstage.

Das Landgericht verurteilte die Beklagte am 17. Oktober 1923 zur Zahlung von 10000 G.-M. Die auf Klagabweisung zielende Berufung der Beklagten wurde zurückgewiesen. Ihre Revision hatte Erfolg.

Aus den Gründen:

Im Gegensatz zum Vorderrichter vertritt die Revision die Meinung, daß dem Aufwertungsbegehren der Klägerin die Rechtskraft des im Vorprozeß ergangenen Urteils entgegenstehe. Diese Ansicht geht fehl. Im Vorprozeß ist die Beklagte zur Zahlung von 104684,50 ℳ rechtskräftig verurteilt; auf diese Verurteilung ist der Umfang der Rechtskraft beschränkt. Es ist also zu prüfen, welche Bedeutung der Verurteilung beizulegen ist; dabei ist von dem Willen des damals erkennenden Gerichts auszugehen, soweit er in der Urteilsformel zum Ausdruck gekommen ist. Die Urteilssumme entsprach im wesentlichen dem Nennbetrag des von der Klägerin in der Klage (Oktober 1919) dargelegten Gesamtschadens. Aus der Tatsache, daß die Urteilssumme sich hiernach äußerlich mit dem Betrag des rechtshängig gewordenen Schadensersatzanspruchs in Übereinstimmung befindet, darf indessen nicht geschlossen werden, daß in dem Urteil der Klägerin die gesamte Schadensersatzforderung zugebilligt worden sei, denn zwischen Klagerhebung und Urteil lag die Entwertung des deutschen Geldes. Die der Klägerin zugesprochene Papiermarksumme deckt nur einen kleinen Teil ihres Schadens, und dieses Umstandes ist sich das damals erkennende Gericht bewußt gewesen. Zweifel können nur darüber bestehen, ob das Gericht der Klägerin die zugesprochene Papiermarksumme als solche, also einen auch in der Zukunft voraussichtlich erheblichen Veränderungen ausgesetzten Wert, hat zuerkennen wollen, oder ob es beabsichtigte, ihr den Goldwert, den die Papiermarksumme zur Zeit der letzten mündlichen Verhandlung hatte, zuzubilligen. Für die Beantwortung dieser Frage im erstgedachten Sinne spricht ausschlaggebend der Umstand, daß das Gericht weder in der Formel, noch in den Gründen des Urteils angedeutet hat, daß es etwas anderes als eine reine Papiermarksumme ohne Rücksicht auf ihren damaligen Wert bei Erlaß des Urteils im Auge hatte. Mangels einer solchen Erläuterung konnte die Zwangsvollstreckung aus dem Urteil nur wegen des Papiermarknennbetrags erfolgen; die Frage, ob die Revisionssumme erreicht war, hing lediglich von der Höhe des Nennbetrags ab, und durch dessen Bezahlung wurde die Urteilsschuld getilgt. Für den Umfang der Rechtskraft gilt nichts Abweichendes; in Ansehung des den Papiermarknennbetrag des Urteils übersteigenden Schadens der Klägerin ist eine rechtskräftige Entscheidung im Vorprozeß nicht ergangen, die Beklagte kann sich daher dem jetzt erhobenen Anspruch gegenüber nicht auf die Rechtskraft des Vorprozeßurteils berufen. Dies gilt auch, soweit sich die Klägerin auf die Geldentwertung stützt, die nach Erlaß des Vorprozeßurteils eingetreten ist. (Vgl. auch RG.Urteil v. 27. Januar 1925 VI 378/24 Seite 127 dieses Bandes.)

Ebensowenig wie das Urteil im Vorprozeß der jetzigen Klageforderung entgegensteht, schneidet es Einwendungen gegen sie ab. Das Berufungsgericht ist anderer Meinung; es führt aus, daß die im Vorprozeß erhobenen Einwendungen durch die Rechtskraft des Vorprozeßurteils erledigt und daher nicht mehr zulässig seien. Die Rechtskraft des Urteils erstreckt sich an sich nicht auf die dem Klaganspruch entgegengesetzten Einwendungen (§ 322 Abs. 1 ZPO.), solche Einwendungen sind aber nicht mehr zulässig, wenn sie den festgestellten Anspruch betreffen, es sei denn, daß sie nach dem Schluß der letzten mündlichen Verhandlung vor dem erkennenden Tatrichter erwachsen wären (§ 767 ZPO.). Da nun, wie oben dargetan ist, im Vorprozeß lediglich eine Papiermarkforderung der Klägerin festgestellt ist, und der im gegenwärtigen Prozeß erhobene Klaganspruch einen anderen Gegenstand hat — er geht auf den Unterschied zwischen dem Betrag des der Klägerin durch den Versicherungsfall entstandenen Schadens und dem Wert der im Vorprozeß festgestellten Papiermarkforderung — so bestehen gegen die Zulässigkeit von Einwendungen, über die im Vorprozeß erkannt ist, keine begründeten Bedenken. Das Berufungsgericht hätte sich der Prüfung solcher Einwendungen unterziehen, insbesondere auf die Frage eingehen müssen, welcher Einfluß auf die Verpflichtung der Beklagten dem Umstand beizumessen ist, daß die Klägerin neben der Versicherung bei der Beklagten eine Bruchteilsversicherung bei einer anderen Gesellschaft genommen hatte....

---

27. 1. Kann eine Verletzung des § 308 ZPO. im Wege des § 295 ZPO. geheilt werden?
2. Kann in einem Antrage auf Zurückweisung der Berufung des Gegners eine Erweiterung des eigenen erstinstanzlichen Antrags gefunden werden?

ZPO. §§ 295, 308, 521.

VI. Zivilsenat. Urt. v. 3. Februar 1925 i. S. Deutsche Reichsbahn-Gesellschaft (Bekl.) w. G. (Kl.). VI 276/24.

I. Landgericht Essen.
II. Oberlandesgericht Hamm.

Wegen eines Eisenbahnunfalls, welcher der Klägerin im Jahre 1901 zugestoßen ist, ist ihr die Beklagte schadensersatzpflichtig. Im Oktober 1923 hat die Klägerin auf Neufeststellung ihrer Unterhaltsrente geklagt, die ihr damals im Betrag von 3000000 *M* vierteljährlich gewährt wurde; ihr Antrag war auf Zahlung von 750 Goldmark vierteljährlich gerichtet. Das Landgericht erkannte ihr eine Rente von 14000 *M* vierteljährlich zu, vervielfältigt mit der Zahl, die sich aus dem Verhältnis der Reichsindexziffer für Lebenshaltung mit Bekleidung vom Oktober 1921 (15,04) zu der vor dem Zahlungstage zuletzt veröffentlichten gleichen Indexziffer ergibt.

Die Deutsche Reichsbahn, die Rechtsvorgängerin der heutigen Beklagten, legte Berufung ein mit dem Antrag auf Klagabweisung. Die Klägerin beantragte Zurückweisung der Berufung, schloß sich dieser an und verlangte weiter Zahlung von 175 Goldmark zur Anschaffung eines neuen Krankenwagens. Das Oberlandesgericht wies die Berufung zurück, während es der Anschlußberufung stattgab.

Auf die Revision der Beklagten wurde das Berufungsurteil insoweit aufgehoben, als der Klägerin hinsichtlich der Rente mehr als 750 Goldmark vierteljährlich zugesprochen waren, und die Sache in diesem Umfang an das Oberlandesgericht zurückverwiesen.

Gründe:

Die Revision rügt Verletzung des § 308 ZPO. und macht geltend, die Ausrechnung der der Klägerin zuerkannten Beträge nach den jeweiligen Reichsindexziffern habe mindestens seit dem 1. Januar 1924 Summen ergeben, die erheblich über den von der Klägerin verlangten Satz von 750 Goldmark im Vierteljahr hinausgingen. In Ansehung der überschießenden Beträge sei der Klägerin etwas zugesprochen worden, was sie nicht beantragt habe.

In der Tat ist der gerügte Verstoß festzustellen. Schon das Landgericht hätte beachten sollen, daß nach der von ihm gewählten Berechnungsart, bei der es auf den jeweiligen Stand der Reichsindexziffer für Lebenshaltung mit Bekleidung entscheidend ankommt, der Rentenbetrag in der Zukunft 750 Goldmark im Vierteljahr übersteigen konnte, und dieser Möglichkeit, die eine Verletzung des im § 308 ZPO. aufgestellten Grundsatzes mit sich brachte, durch Beifügung der Maßgabe in der Urteilsformel Rechnung tragen sollen, daß die Beklagte mehr als 750 Goldmark vierteljährlich niemals zu zahlen habe. Indem der Berufungsrichter das mit diesem Fehler behaftete Urteil des ersten Richters durch Zurückweisung der Berufung der Beklagten bestätigte, verletzte er auch seinerseits die angeführte Vorschrift der Prozeßordnung.

Vergeblich macht die Revisionsbeklagte den Versuch, darzutun, daß der Fehler im zweiten Rechtsgang geheilt worden sei. Zwar ist es richtig, daß in diesem der dem Landgericht zur Last fallende Verstoß nicht gerügt worden ist. Eine Verletzung des im § 308 ZPO. niedergelegten Grundsatzes verstößt aber gegen das materielle Prozeßrecht, nicht gegen die das Verfahren und insbesondere die Form einer Prozeßhandlung betreffenden Bestimmungen; § 295 ZPO. ist deshalb hier nicht anwendbar.

Auch die Auffassung, daß die Klägerin, indem sie Zurückweisung der Berufung der Beklagten beantragte, ihren ursprünglichen Antrag um die 750 Goldmark vierteljährlich übersteigenden Rentenbeträge stillschweigend erhöht hätte, ist abzulehnen. Jener Antrag wandte sich gegen den von der Gegenseite mit dem Rechtsmittel der Berufung erhobenen Angriff und konnte nur dessen Abweisung, nicht aber eine Verstärkung der eigenen prozessualen Stellung der Berufungsbeklagten zum Ziele haben. Wollte die Klägerin den im ersten Rechtsgang von ihr gestellten Antrag erweitern, so hätte sie dies nur im Wege der Anschlußberufung tun können (vgl. das Urteil JW. 1899 S. 435 Nr. 14). Sie hat sich zwar der Berufung der Beklagten angeschlossen, dabei jedoch einen Antrag auf Zuerkennung der vom Landgericht festgesetzten Rentenbeträge nicht gestellt. . . .

---

28. Ist in dem Falle, daß bei einem Feuerversicherungsvertrag nachträglich die Versicherungssumme erhöht wird und dabei über die zu tragende Gefahr ausführliche Angaben gemacht werden, eine zwischen dem Abschluß des ursprünglichen und dem Abschluß des nachträglichen Vertrags eingetretene Gefahrerhöhung schon „bei Abschluß des Vertrags" vorhanden gewesen oder erst „nach Abschluß" eingetreten?

Versicherungsvertragsgesetz §§ 16 flg., 27 flg.

VI. Zivilsenat. Urt. v. 9. Januar 1925 i. S. K. & G. (Kl.) w. M.er Vers.-Ges. (Bekl.) u. Deutsches Reich (Streitgeh.). VI 275/24.

I. Landgericht Königsberg i. Pr.
II. Oberlandesgericht daselbst.

Die Klägerin betreibt ein Automobilgeschäft. Begründet ist es von E. K.; er hat später R. G. als Teilhaber aufgenommen. Noch als Einzelkaufmann versicherte E. K. sein Lager usw. laut Versicherungsschein vom 28. Juli 1919 bei der Beklagten und der O.er Versicherungsgesellschaft in Höhe von insgesamt 104000 *M* gegen Feuersgefahr. Später übernahm die Beklagte diese Versicherung allein. Das geschah durch den Nachtrag vom 6. September 1919. In der „Veränderungsanzeige" vom 17. August 1920 wurde der Eintritt des R. G. in das Geschäft mitgeteilt und gebeten, die Versicherungssumme auf 577000 *M* zu erhöhen. Durch den Nachtrag vom 8. September 1920 wurde die Versicherung auf die Klägerin umgeschrieben und die Versicherungssumme durch Nachversicherung von 473000 *M* auf 577000 *M* erhöht.

Im ursprünglichen Versicherungsantrag vom 27. Mai 1919 war angegeben worden, daß „Benzin in polizeilich vorschriftsmäßig hergerichteten Anlagen Martini und Hunicke" gelagert werde. In der Veränderungsanzeige wurde die entsprechende Frage dahin beantwortet, daß „Benzin im massiven Keller der Polizeivorschrift gemäß aufbewahrt" werde. Inzwischen war aber im März 1920 ein Teil der Garage vom Deutschen Reich beschlagnahmt und der Ententekommission in Königsberg zur Verfügung gestellt worden. Deren Chauffeure kehrten sich nicht an die Polizeivorschriften und lagerten übermäßige Mengen von Benzin in den Boxen der Garage selbst.

In der Nacht vom 20. zum 21. Oktober 1920 brannte die Garage der Klägerin nieder. Der etwa zu erstattende Schaden wurde im Sachverständigenverfahren auf 475204 ℳ festgesetzt; die Beklagte lehnte indessen jede Zahlung ab. Die Klägerin verlangte im Klagewege in erster Instanz 461300 ℳ, in zweiter Instanz 2000 G.-M. als Teilbetrag ihres Schadens. Beide Instanzen haben die Klage abgewiesen. Die Revision hatte Erfolg.

Gründe:

Der Berufungsrichter stellt fest, daß durch das polizei- und vertragswidrige Verhalten der Ententechauffeure die Gefahr der Versicherung erhöht worden ist, daß aber die Klägerin diesen Umstand nicht angezeigt und in der „Veränderungsanzeige" vom 17. August 1920 sogar bewußt wahrheitswidrige Angaben über das Lagern des Benzins gemacht hat. Er hat auf diese Verhältnisse die §§ 27 flg. VersVG. angewendet. Er nimmt an, daß sich die Gefahr unabhängig vom Willen des Versicherungsnehmers und nach dem Abschluß des Vertrags erhöht hat, § 27 Abs. 1 a. a. O., daß der Versicherungsnehmer nach erlangter Kenntnis von der Gefahrerhöhung verpflichtet war, unverzüglich dem Versicherer Anzeige davon zu erstatten, § 27 Abs. 2, und daß der Versicherer mangels einer solchen Anzeige von der Verpflichtung zur Leistung frei geworden ist, weil der Versicherungsfall später als einen Monat nach dem Zeitpunkt eingetreten ist, in welchem die Anzeige dem Versicherer hätte zugehen müssen, § 28 Abs. 1. Die Revision bekämpft die Annahme, daß der für die Anwendung dieser Vorschriften maßgebende Vertragschluß der vom 28. Juli 1919 sei, sie will ihn im Abschluß des Nachtragsvertrags vom 8. September 1920 erblicken. Ist das richtig, so ist die im März 1920 einsetzende Erhöhung der Gefahr nicht nach dem Vertragsschluß eingetreten, sie war alsdann vielmehr schon beim Vertragsschluß vorhanden und die Klägerin hat gegen § 16 Abs. 1 VersVG. verstoßen; sie hat bei der Schließung des Vertrags nicht alle ihr bekannten Umstände, die für die Übernahme der Gefahr erheblich sind, dem Versicherer angezeigt, oder sie hat über einen erheblichen Umstand eine unrichtige Anzeige erstattet, § 17 daselbst. Die Rechtsfolgen dieser Verfehlungen sind andere als die oben entwickelten. Sie gaben dem Versicherer das Recht, vom Versicherungsvertrag zurückzutreten, § 16 Abs. 2, aber nur innerhalb eines Monats von dem Zeitpunkt an, in welchem der Versicherer von der Verletzung der Anzeigepflicht Kenntnis erlangt hat, § 20 Abs. 1. Daneben bleibt das Recht des Versicherers, den Vertrag wegen arglistiger Täuschung über Gefahrumstände anzufechten, unberührt, § 22 VersVG., §§ 123flg. BGB. Im einen wie im andern Falle, beim Rücktritt wie bei der Anfechtung, ist eine entsprechende Erklärung des Versicherers gegenüber dem Versicherungsnehmer erforderlich, § 20 Abs. 2 Satz 1 VersVG., § 143 Abs. 1 BGB. Daß solche Erklärungen abgegeben worden wären, ist bisher noch nicht festgestellt.

In der hiernach zunächst entscheidenden Frage ist der Ansicht der Revision beizutreten. Im Sinne der angezogenen Vorschriften des VersVG. und der darauf beruhenden Bestimmungen in den §§ 4 und 6 der Allgemeinen Versicherungsbedingungen ist der maßgebende Vertragschluß der Abschluß des Nachtragsvertrags vom 8. September 1920. Damals wurde der Vertrag auf eine neue Grundlage gestellt, sowohl hinsichtlich der Versicherungssumme, die auf beinahe den fünffachen Betrag erhöht wurde, als auch hinsichtlich der zu tragenden Gefahren. Darüber waren in der Veränderungsanzeige vom 17. August 1920 ausführliche neue Angaben erfordert und auch abgegeben worden. Sicherlich ist ein neuer Vertrag zustande gekommen in Höhe der zur Nachversicherung gelangten 473000 M. Insoweit bestand vorher überhaupt noch kein Vertrag. Der am 8. September 1920 über eine Versicherungssumme von 577000 M einheitlich abgeschlossene Vertrag läßt sich aber hinsichtlich der Gefahrtragung nicht teilen. Man kann nicht sagen: In Ansehung der ursprünglichen Versicherungssumme von 104000 M ist der Vertrag am 28. Juli 1919 geschlossen worden, jede nach diesem Zeitpunkt sich ergebende Erhöhung der Gefahr ist nach dem Vertragschluß eingetreten; in Ansehung der Nachversicherungssumme von 473000 M aber ist der Vertrag erst am

8. September 1920 abgeschlossen worden, jede vor diesem Zeitpunkt aufgetretene Gefahr war bei Schließung des Vertrags schon vorhanden. Bei dieser Auffassung würde man dazu gelangen, die Ordnungswidrigkeiten der Ententechauffeure, die mit dem März 1920 einsetzten, zum Teil als eine Gefahr anzusehen, die bei Schließung des Vertrags vorhanden war, zum Teil aber auch als eine Gefahr, die erst nach Schließung des Vertrags eingetreten ist. Das wäre ein in sich unmögliches Ergebnis. Nur eine einheitliche Beurteilung kann in Frage kommen und diese führt dazu, daß der ganze Vertrag am 8. September 1920 geschlossen worden ist, daß also die von den Ententechauffeuren drohende Gefahr bei Schließung des Vertrags bereits vorhanden war.

Unter diesen Umständen reicht, wie dargelegt, die Begründung des Berufungsrichters nicht aus, um die Abweisung der Klage zu tragen.

---

29. Wie gestaltet sich die Rechtslage des Verkäufers, der nach ergebnislosem Ablauf einer dem säumigen Käufer gemäß § 326 BGB. gesetzten Frist die Ware nach den Vorschriften des § 373 HGB. versteigern läßt, dabei selbst den Zuschlag erhält und Vergütung des Unterschieds zwischen dem eigenen Höchstgebot und dem Vertragspreise als Schadensersatz wegen Nichterfüllung verlangt?

BGB. §§ 249, 326. HGB. § 373.

VI. Zivilsenat. Urt. v. 3. Februar 1925 i. S. M. & Co. (Bekl.) w. M. A., G. m. b. H. (Kl.). VI 274/24.

I. Landgericht Magdeburg, Kammer für Handelssachen.
II. Oberlandesgericht Naumburg.

Die klagende Gesellschaft behauptet, durch Briefwechsel vom 20./21. April 1920 der verklagten Firma 4000 Rollen Asphaltdachpappe zur Ausfuhr ins Ausland — je die Hälfte nach Stockholm und Amsterdam — zu den jeweiligen Konventionspreisen zuzüglich 2 v. H. für Vermittelungsspesen verkauft zu haben. Sie klagte mit der am 29. Mai 1920 eingereichten Klage auf Abnahme und Zahlung. Sodann setzte sie mit Schreiben ihres Rechtsanwalts vom 28. Juli 1920 der Beklagten in Gemäßheit des § 326 BGB.

eine Frist bis zum 15. August 1920 zur Abnahme der Ware und zur Zahlung des auf 316200 *M* berechneten Kaufpreises. Nachdem die Frist ergebnislos verstrichen war, forderte nunmehr die Klägerin Schadensersatz wegen Nichterfüllung, indem sie der Berechnung ihres Schadens eine auf ihre Veranlassung am 28. August 1920 vorgenommene öffentliche Versteigerung der 4000 Rollen Dachpappe zugrunde legte, bei der ihr selbst der Zuschlag erteilt worden war. Den Unterschied zwischen dem Vertragspreis und dem Versteigerungserlös berechnete sie auf 213190 *M*, wovon sie zunächst nur einen Teilbetrag von 25000 *M* forderte.

Das Landgericht Magdeburg, Kammer für Handelssachen, erklärte am 18. November 1922 diesen Anspruch für dem Grunde nach gerechtfertigt. Die dagegen von der Beklagten eingelegte Berufung wurde durch rechtskräftiges Urteil des Oberlandesgerichts Naumburg vom 17. Mai 1923 zurückgewiesen.

Im weiteren Verfahren vor dem Landgericht erhöhte die Klägerin ihre Forderung auf den vollen Schadensbetrag von 213190 *M* nebst Zinsen und beantragte ferner, die Beklagte für verpflichtet zu erklären, ihr den infolge des Verzugs der Beklagten mit der Zahlung dieser Summe durch die Geldentwertung erwachsenden Schaden zu erstatten. Der erste Richter erkannte am 16. Oktober 1923 nach diesem Antrag. Die Beklagte legte abermals Berufung ein mit dem Antrag auf Abweisung der Klage. Die Klägerin beantragte Zurückweisung der Berufung und im Wege der Anschließung Verurteilung der Beklagten zur Zahlung von 10000 Goldmark. Das Oberlandesgericht erkannte am 5. Juni 1924 nach den Anträgen der Klägerin.

Auf die Revision der Beklagten hat das Reichsgericht die Klage abgewiesen.

Gründe:

Die Auffassung des Berufungsrichters, infolge der Nichterfüllung des Kaufvertrags von seiten der Beklagten sei der Klägerin ein Schaden entstanden, begegnet rechtlichen Bedenken.

Nachdem die Klägerin den Weg des § 326 BGB. beschritten hatte und, ohne daß Klagänderung gerügt worden wäre, von ihrem ursprünglichen Anspruch auf Vertragserfüllung zum Anspruch auf Schadensersatz wegen Nichterfüllung übergegangen war, entbehrte die auf ihr Betreiben am 28. August 1920 vorgenommene Versteigerung der Ware des rechtlichen Charakters, den die Vorschriften des § 373 HGB. dem Selbsthilfeverkauf beilegen. Insbesondere entfällt die dem am Vertrag festhaltenden Verkäufer zukommende Befugnis, zu verlangen, daß der nach § 373 Abs. 2 vorgenommene Verkauf als für Rechnung des Käufers erfolgt gelte. Soll das Ergebnis einer gemäß § 373 bewirkten Versteigerung der Berechnung des Schadens, dessen Ersatz der Verkäufer begehrt, zugrunde gelegt werden, so kommt es lediglich als ein Bestandteil der Schadensrechnung in Betracht, und als solcher ist der Selbsthilfeverkauf nicht anders zu würdigen, als jedes sonstige Element der Schadensberechnung (vgl. RGZ. Bd. 53 S. 14flg., Bd. 57 S. 107, Urteil II 356/09 vom 1. April 1910, teilweise abgedruckt Leipz. Zeitsch. 1910, Sp. 460 Nr. 3; Staub-Koenige HGB. Anm. 30 im Anh. zu § 374). In den angeführten Entscheidungen wird ein Selbsthilfeverkauf bei derartiger Rechtslage zur begrifflichen Abgrenzung als „Deckungsverkauf" bezeichnet; er entspricht in der Tat dem Deckungskauf des Käufers und hat wie dieser nur Bedeutung für die Aufmachung einer konkreten Schadensberechnung, wie sie — dies bemerkt die Revision zutreffend — hier allein in Rede steht.

Der Berufungsrichter verkennt diesen rechtlichen Unterschied. Er ist sich zwar darüber klar, daß es sich bei der Versteigerung vom 28. August 1920 nicht um einen Selbsthilfeverkauf nach § 373 HGB. handelt, meint aber unter Berufung auf die Grundsätze von Treu und Glauben, da die Klägerin vor dem Ablauf der Frist aus § 326 BGB. befugt gewesen sei, den Selbsthilfeverkauf nach § 373 HGB. vorzunehmen und auf Grund seines Ergebnisses mit der Beklagten abzurechnen, dürfe sie durch die Setzung der Nachfrist und deren fruchtlosen Ablauf gegenüber dem säumigen Käufer nicht schlechter gestellt sein, als sie es vorher gewesen sei; die nach § 326 BGB. begründete Schadensersatzpflicht der Beklagten begreife die Verpflichtung in sich, einen unter Beobachtung der Vorschriften des § 373 HGB. vorgenommenen Selbsthilfeverkauf als Grundlage für die Feststellung des entstandenen Schadens gegen sich gelten zu lassen.

Diese Darlegungen stehen im Gegensatz zu den eingangs entwickelten Grundsätzen und erweisen sich somit als rechtsirrig. Die Auffassung des Oberlandesgerichts läuft darauf hinaus, die Vorschrift im 3. Absatz des § 373 HGB. auch für solche Fälle als anwendbar zu erklären, wo ein Selbsthilfeverkauf im Sinne des § 373 nicht vorgenommen wurde, sondern nur ein Deckungsverkauf in Frage steht. Gegensätzlich wird aber in RGZ. Bd. 53 S. 15 hervorgehoben, daß der Deckungsverkauf auf Rechnung des Verkäufers geht. Das Berufungsgericht verkennt die Verschiedenheit der Rechtslage des Verkäufers, der am Vertrag festhält, und desjenigen, der nach Ablehnung der Annahme der Leistung des Käufers Schadensersatz verlangt. Die Heranziehung der Grundsätze von Treu und Glauben im Verkehr vermag die Ansicht des Vorderrichters nicht zu stützen. Die Änderung der Rechtsbeziehungen zur Beklagten, die durch ein Vorgehen nach § 326 BGB. im Falle ergebnislosen Fristablaufs herbeigeführt werden würde, mußte der Klägerin bewußt sein; wenn sie dennoch aus freien Stücken den Entschluß faßte, den Weg der Fristsetzung zu beschreiten und dann Schadensersatz wegen Nichterfüllung zu verlangen, mußte sie die etwaige Schwierigkeit, ihren Schaden nachzuweisen, in den Kauf nehmen; demnach kommt es nicht in Frage, daß etwa Treu und Glauben erforderten, bei solchen Umständen die rechtliche Lage des Verkäufers zu bessern.

Im weiteren Fortgang seiner Erörterung erklärt der Berufungsrichter die Tatsache, daß bei der Versteigerung die Klägerin selbst die Ware angesteigert und somit behalten hat, für unerheblich und meint, es komme nur darauf an, welche Preise bei der Versteigerung erzielt worden seien. Auch hier ist er offenbar von der Vorstellung beherrscht, daß trotz des Nichtvorhandenseins der im § 373 HGB. vorausgesetzten Lage die den Verkäufer begünstigenden Bestimmungen des Paragraphen, auch die Sondervorschrift des 4. Absatzes, bindende Kraft behielten. Hätte sich der Vorderrichter klar gemacht, daß es sich lediglich um die Ermittelung des der Klägerin etwa entstandenen Schadens handelte, so würde er wohl nicht haben annehmen können, daß ein Deckungsverkauf an einen Dritten und ein Verbleiben der Ware in der Hand des Verkäufers gleichwertige Vorgänge darstellten. In wirtschaftlicher Beziehung, die doch bei der Feststellung des Schadens ausschlaggebend ist, war die Versteigerung vom 28. August 1920 angesichts des Ergebnisses, das sie hatte, offenbar ohne jede Bedeutung.

Des weiteren lehnt das Berufungsgericht die Anführung der

Beklagten ab, die Klägerin habe deswegen gar keinen Schaden gehabt, weil sie die Ware behalten und diese ihren Wert behalten habe. Es erwägt, die Ansteigerung der Ware bei der Versteigerung durch die Klägerin sei nicht anders zu beurteilen, als wenn sie bei irgendeiner Gelegenheit im Betrieb ihres Handelsgewerbes ein gutes Geschäft gemacht habe; diesen in erlaubter Weise errungenen Vorteil könne die Beklagte nicht zu ihren Gunsten buchen, da er mit dem Schadensersatzanspruch nur in einem äußerlichen und tatsächlichen, aber in keinem innerlichen und rechtlichen Zusammenhang stehe.

Auch diese Ausführung ist zu beanstanden. Sie erscheint ebenfalls von der Vorstellung beeinflußt, daß dem angeblichen Verkauf vom 28. August 1920 die rechtlichen Wirkungen eines Selbsthilfeverkaufs gemäß § 373 HGB. zukämen. Eine Untersuchung, die sich allein mit der Schadensermittlung befaßt, muß zu einem anderen Ergebnis führen. Mit Recht verweist die Revision auf die Urteile des Reichsgerichts in RGZ. Bd. 89 S. 282 und bei Warn. 1918 S. 271 Nr. 184. Dort wird grundsätzlich ausgesprochen, daß bei konkreter Schadensberechnung der Verkäufer sich den Einwand gefallen lassen muß, er sei im Besitz der Ware verblieben und deshalb in der Lage, sie an einen Dritten, und zwar mindestens ebenso vorteilhaft wie an den Käufer, zu veräußern. Es ist nicht einzusehen, aus welchem Grunde dieser Satz hier unanwendbar sein sollte. Die Vornahme der Versteigerung am 28. August 1920 begründet keine derartige Besonderheit des vorliegenden Falles, daß andere Grundsätze Platz greifen müßten. Sie kann den ursächlichen Zusammenhang zwischen der Nichtabnahme der Ware durch die Beklagte und der Erhaltung des Besitzes an ihr bei der Klägerin nicht unterbrechen, vielmehr nur als fehlgeschlagener Versuch eines Deckungsverkaufs bewertet werden, durch den nichts daran geändert wurde, daß der Klägerin das Eigentum an den 4000 Rollen Dachpappe und die Verfügungsgewalt darüber verblieb. Die Möglichkeit für sie, diese Ware ohne Verlust an einen Dritten abzusetzen, erhellt aus der vom Berufungsrichter getroffenen Feststellung, daß die maßgebenden Konventionspreise am Tage der Versteigerung dieselben waren wie zur Zeit des Vertragsschlusses zwischen den Parteien. Zudem hatte die Beklagte, offenbar ohne Widerspruch, vorgetragen, diese Preise seien auch tatsächlich bei Verkäufen um jene Zeit erzielt worden.

Der erörterte Einwand der Beklagten greift somit nach Lage der Dinge in vollem Umfang durch. Demnach ist die Aufhebung des Berufungsurteils geboten, ohne daß auf seinen weiteren Inhalt und die sonstigen Angriffe der Revision noch einzugehen wäre. Da die Klägerin eine andere als die von ihr gewählte konkrete Schadensberechnung nicht aufgemacht hat, eine abstrakte Berechnung auch offensichtlich an der vom Berufungsgericht festgestellten Stetigkeit der vereinbarten Konventionspreise scheitern müßte, ist die Sache zur Endentscheidung reif (§ 565 Abs. 3 Nr. 1 ZPO.). Die Klage ist unter Abänderung des landgerichtlichen Urteils abzuweisen, weil der Klägerin kein Schaden entstanden ist. Dem steht die Rechtskraft der Vorabentscheidung über den Grund des Klaganspruchs, die in Ansehung der zunächst geforderten 25000 Papiermark ergangen war, nicht entgegen (vgl. JW. 1898 S. 141 Nr. 8, 1899 S. 35 Nr. 19, 20; Gruchot Bd. 39 S. 442, Bd. 45 S. 108).

---

30. Über die Frage der Zulässigkeit des Rechtswegs in kirchlichen Bausachen nach Erlaß des Preuß. Staatsgesetzes vom 8. April 1924 betr. die Kirchenverfassungen der evangelischen Landeskirchen. Findet Art. 17 dieses Gesetzes auch auf anhängige Rechtsstreitigkeiten Anwendung?

IV. Zivilsenat. Urt. v. 5. Februar 1925 i. S. Preuß. Staat (Bekl.) w. Kirchengemeinde L. (Kl.). IV 419/24.

I. Landgericht Köslin.
II. Oberlandesgericht Stettin.

Die klagende Kirchengemeinde wird von der Witwe des Ende 1918 im Amte verstorbenen Pastors K. in L. auf Zahlung einer Mietsentschädigung in Anspruch genommen, weil dort kein Predigerwitwenhaus vorhanden ist. Sie ist der Ansicht, daß der Beklagte als Patron der Kirche auf Grund der Königlichen Verordnung vom 13. Januar 1713 verpflichtet gewesen sei, ein Predigerwitwenhaus nebst Stallung zu bauen. Weil der Beklagte dieser Verpflichtung schuldhaft nicht nachgekommen sei, hat sie Klage auf Befreiung von ihrer Verbindlichkeit gegenüber der Witwe K. durch Zahlung von jährlich 500 ℳ erhoben, und in zweiter Instanz den Antrag dahin gestellt, daß der Beklagte zur Erstattung der für das erste Jahr gezahlten 500 ℳ verurteilt und daß seine Verpflichtung festgestellt werde, die Klägerin mit Wirkung vom 1. Oktober 1920 von der Pflicht der Zahlung einer Mietsentschädigung an die Witwe K. zu befreien. Der Beklagte hat, und zwar zunächst unter Hinweis auf §§ 707flg. II 11 Allg. LR., die Unzulässigkeit des Rechtswegs geltend gemacht, da über die Notwendigkeit und Art des Baues noch nicht entschieden sei. Er hat weiter bestritten, daß ihm — von der gewöhnlichen Baulast abgesehen — eine besondere gesetzliche Verpflichtung, für die Unterkunft der Predigerwitwen zu sorgen, obliege.

Die Vorinstanzen haben nach dem Antrag der Klägerin erkannt. Auf die Revision ist der Rechtsweg für unzulässig erklärt worden aus folgenden

Gründen:

Nach §§ 708, 709 II 11 Allg. LR. ist eine Vorabentscheidung der Verwaltungsbehörde (ein sog. Bauresolut) erforderlich, wenn über die Notwendigkeit oder die Art des kirchlichen Baues unter den Beteiligten gestritten wird. Im vorliegenden Fall herrscht Streit sowohl über die Frage, ob an Stelle der Kirchengemeinde dem Beklagten als Patron die Baupflicht als solche, nicht also die bloße Beitragspflicht gesetzlich obliegt, wie auch darüber, ob der Bau überhaupt notwendig ist. Über die erste Frage hatte nach dem bisherigen Recht der ordentliche Richter, über die zweite die Verwaltungsbehörde zu befinden. Erst wenn sie im Einzelfall die Notwendigkeit des Baues anerkannt hatte, war für den weiteren Streit über das Bestehen der Baupflicht an sich und über das Maß der Verpflichtung des Patrons der Rechtsweg offen. Hieran ist durch die neueren, bis zur Verkündung des Berufungsurteils erlassenen Gesetze über die Bezüge der Geistlichen und ihrer Witwen und Waisen nichts geändert worden (RGZ. Bd. 93 S. 215, 217).

Im vorliegenden Fall hat der Berufungsrichter unbeachtet gelassen, daß auch die Notwendigkeit des Baues vom Beklagten bestritten worden ist und daß hierüber eine Vorabentscheidung der Verwaltungsbehörde nicht vorliegt. Die Frage, ob beim Fehlen des Bauresoluts der ordentliche Rechtsweg nach dem bisherigen Recht auch für einen Anspruch ausgeschlossen ist, der, wie hier, nicht auf Errichtung des

Baues, sondern nur auf Ersatz des Schadens wegen verzögerter Erfüllung der Baupflicht gerichtet wird, oder ob etwa der so erhobene Anspruch als zur Zeit unbegründet abzuweisen wäre, kann auf sich beruhen bleiben. Denn mit Recht weist die Revision auf das preußische Staatsgesetz vom 8. April 1924, betr. die Kirchenverfassungen der evangelischen Landeskirchen (GS. S. 221) hin, das in Ansehung des Rechtswegs eine wesentliche Änderung des bisherigen Rechtszustandes herbeigeführt hat. Das Gesetz ist erst nach dem Erlaß des Berufungsurteils, und zwar am 1. Oktober 1924 vollwirksam in Kraft getreten vgl. Artikel 1 des Gesetzes, § 1 des Einführungsgesetzes zur Verfassung der evangelischen Kirche der altpreußischen Union (GS. 1924 S. 266) und § 1 der Verordnung des Landeskirchenausschusses zur Einführung der Kirchenverfassung vom 16. September 1924 (Kirchl. Gesetz- und Verordnungsblatt S. 247). Gleichwohl muß es im gegenwärtigen Verfahren Anwendung finden, soweit sich aus ihm der Ausschluß des ordentlichen Rechtswegs für Fälle der vorliegenden Art ergibt. Eine Vorschrift, die den Rechtsweg ordnet, einschränkt oder ausschließt, ist, sofern damit nicht zugleich ein Eingriff in das materielle Recht verbunden ist, regelmäßig prozeßrechtlicher Natur. In der Rechtslehre wie in der Rechtsprechung wird anerkannt, daß neue Prozeßvorschriften auch auf bereits anhängige Rechtsstreitigkeiten anzuwenden sind, es müßten denn, was hier nicht zutrifft, reine Rechtswirkungen vergangener Handlungen in Frage kommen (Wach, Handbuch des Zivilprozeßrechts I S. 214; Stein zu Art. 1 des Einführungsgesetzes zu dem Gesetz betr. Änderungen der ZPO. vom 17. Mai 1898; RGZ. Bd. 16 S. 398, Bd. 48 S. 406). Dies gilt namentlich auch in Ansehung der Zulässigkeit des Rechtswegs (RGZ. Bd. 101 S. 424 a. E., Bd. 102 S. 201 a. E.). Schließt also das Gesetz vom 8. April 1924 für Ansprüche der vorliegenden Art den ordentlichen Rechtsweg aus, ohne zugleich mittelbar oder unmittelbar Bestimmungen darüber zu treffen, wie es mit bereits anhängigen Prozessen gehalten werden soll, so muß diese Vorschrift, wenn sie erst im Laufe des Verfahrens in Kraft tritt, sofortige Anwendung finden, und zwar auch in der Revisionsinstanz, in der die Frage der Zulässigkeit des Rechtswegs schon von Amts wegen zu prüfen ist.

In Art. 17 Abs. 1 und 2 des Gesetzes vom 8. April 1924

wird nun bestimmt, daß über die Anordnung u. a. von Neubauten bei der kirchlichen Baulast unterworfenen Gebäulichkeiten, über die öffentlichrechtlichen Verpflichtungen zur Aufbringung der Baukosten, sowie über ihre Verteilung, sofern Streit entsteht, auf Antrag vorläufig die Staatsbehörde entscheidet, die auch im Interesse der Beschleunigung des Verfahrens über die Notwendigkeit, Zweckmäßigkeit und Art des Baues vorab zu beschließen hat, und daß gegen den Beschluß der Verwaltungsbehörde die Klage im Verwaltungsstreitverfahren stattfindet. Nach Abs. 3 das. unterliegen auch im übrigen Streitigkeiten der Beteiligten darüber, wem von ihnen die öffentlichrechtliche Verbindlichkeit zum Bau oder zur Unterhaltung ganz oder teilweise obliegt, der Entscheidung im Verwaltungsstreitverfahren. Entgegenstehende Bestimmungen sind in Art. 20 des Gesetzes aufgehoben. Nach der Begründung des Entwurfs (Drucksachen des Preußischen Landtags 1921/23 Nr. 7266 S. 77) sollten durch diese Vorschriften die Nachteile beseitigt werden, die sich aus dem Mangel einer einheitlichen Zuständigkeit ergaben, da bisher teils nur der Verwaltungsweg, teils auch der Rechtsweg zulässig war. Die Regelung ist derjenigen in §§ 47, 160 des Preußischen Zuständigkeitsgesetzes vom 1. August 1883 nachgebildet, wonach Streitigkeiten über Schulbauten dem ordentlichen Rechtsweg entzogen sind. Im Streitfall ergibt sich der Ausschluß des Rechtswegs, da nicht nur über die Notwendigkeit des Baues, sondern in erster Linie über die Baupflicht des Patrons, eine öffentlichrechtliche Verbindlichkeit, gestritten wird, jedenfalls aus Art. 17 Abs. 3 des Gesetzes. Überleitungsvorschriften sind nicht ergangen, und auch im übrigen läßt sich dem Gesetze nichts für die Beibehaltung des ordentlichen Rechtswegs in anhängigen Streitsachen entnehmen. Die sachliche Entscheidung des Rechtsstreits ist hiernach dem Prozeßrichter entzogen. Hieran ändert der Umstand nichts, daß der Klaganspruch nicht auf Erfüllung der Baupflicht, sondern auf Entschädigung wegen verzögerter Erfüllung gerichtet ist. Dieser Anspruch setzt das Bestehen der gesetzlichen Baupflicht des Beklagten voraus. Sie bildet den eigentlichen Gegenstand des Rechtsstreits; von ihr als der öffentlichrechtlichen Grundlage des Anspruchs kann die Frage des Verzugs und der Verzugsfolgen nicht dergestalt losgelöst werden, daß sie zum Gegenstand eines selbständigen privatrechtlichen Anspruchs gemacht und auf diesem Umweg der öffentlichrechtliche Anspruch zur Entscheidung des Prozeßrichters gebracht wird (RGZ. Bd. 25 S. 305/306, JW. 1908 S. 535 Nr. 23, 1911 S. 820 Nr. 37). Nur dann könnte die Zulässigkeit des Rechtswegs in Frage kommen, wenn die Verpflichtung des Beklagten dahin ginge, entweder das Predigerwitwenhaus zu erbauen oder der Klägerin eine Entschädigung (solarium) zu zahlen. Daß aber eine solche Verpflichtung nach Gesetz oder Herkommen begründet sei, ist nicht ersichtlich und wird auch vom Berufungsrichter, der hierzu nur eine gelegentliche Meinungsäußerung der Hinterpommerschen Regierung anführt, nicht festgestellt.

---

31. Zur Frage der Zulässigkeit des Rechtswegs für Ansprüche auf Aufwertung zurückzuerstattender Gemeindesteuern.

Preuß. Komm.=Abg.=Ges. §§ 69, 70.

VI. Zivilsenat. Urt. v. 6. Februar 1925 i. S. A. (Kl.) w. Stadtgemeinde Berlin (Bekl.). VI 385/24.

I. Landgericht I Berlin.
II. Kammergericht daselbst.

Von dem Kläger, der Ende 1921 ein in Wilmersdorf belegenes Grundstück verkauft hat, beanspruchte die Beklagte eine Wertzuwachssteuer von 9420,40 *M*. Der Kläger hat die Steuer gezahlt, aber im Verwaltungsstreitverfahren den Entscheid erzielt, daß sie in Höhe von 4926,90 *M* zu viel erhoben worden sei. Er begehrt mit der Klage, gestützt auf ungerechtfertigte Bereicherung und Verzug, Aufwertung des zurückzuerstattenden Steuerbetrags. Die Beklagte hat die Einrede der Unzulässigkeit des Rechtswegs erhoben. Das Kammergericht wies die Klage wegen Unzulässigkeit des Rechtswegs ab. Die Revision wurde zurückgewiesen.

Aus den Gründen:

Das Berufungsgericht hat die Frage, ob es sich hier um eine bürgerliche Rechtsstreitigkeit handelt, die nach § 13 GVG. vor die ordentlichen Gerichte gehört, mit Recht nach preußischem Rechte beurteilt (RGZ. Bd. 78 S. 419). Nun ist aber nach ständiger Rechtsprechung des Reichsgerichts (vgl. u. a. RGZ. Bd. 49 S. 220, Bd. 67 S. 402, Bd. 78 S. 418, Bd. 93 S. 206) in Ansehung der Verbindlichkeit zur Entrichtung öffentlicher, darunter auch kommunaler Abgaben, ebenso wie für Ansprüche auf Rückerstattung zu Unrecht erhobener Abgaben, nach preußischem Rechte der ordentliche Rechtsweg ausgeschlossen, auch dann, wenn der Anspruch auf Rückerstattung auf den Rechtsgrund der ungerechtfertigten Bereicherung gestützt wird. Eine Ausnahme ist nur kraft besonderer gesetzlicher Bestimmung für Ansprüche auf Rückerstattung zu viel gezahlter Stempelsteuern gegeben, die hier nicht in Betracht kommt. Der Kläger will diesen Rechtsstandpunkt zwar grundsätzlich gelten lassen, meint aber, die Frage, ob die Beklagte die Steuer zum Teil zu Unrecht erhoben habe, sei bereits im Verwaltungsstreitverfahren endgültig und rechtskräftig entschieden, sie bilde daher nicht mehr den Gegenstand des Rechtsstreits, sondern allein noch die Frage, ob die Beklagte den zu Unrecht erhobenen Steuerbetrag aufgewertet zurückzahlen müsse.' Der Aufwertungsanspruch sei aber ein bürgerlichrechtlicher Anspruch; mit der rechtskräftigen Entscheidung des Oberverwaltungsgerichts, jedenfalls aber mit der Rückzahlung des zu viel erhobenen Papiermarkbetrags, seien die öffentlichrechtlichen Beziehungen der Parteien endgültig beendet und das Verhältnis der in der Steuerhoheit begründeten Über- und Unterordnung beseitigt worden.

Mit Recht hat das Kammergericht diesen Ausführungen die Anerkennung versagt. Der Aufwertungsanspruch als solcher ist kein von dem Rückerstattungsanspruch verschiedener, der neben und unabhängig von diesem geltend gemacht wird, sondern mit dem Aufwertungsverlangen soll nur die Frage zur Entscheidung gebracht werden, wie die Rückerstattung zu erfolgen hat, ob zum Nennbetrage der zu viel erhobenen Steuer in Papiermark oder zu einem Betrage, der dem inneren Werte der seiner Zeit zu viel gezahlten Summe entspricht. Der Streit dreht sich also in Wirklichkeit um die Höhe des zurückzuerstattenden Betrags. Es ist der Rückerstattungsanspruch selbst, der in aufgewertetem Betrage mit der Klage verfolgt wird. Ist dieser ein öffentlichrechtlicher, so ist es auch der Aufwertungsanspruch. Die Ansicht des Landgerichts, welche die Revision zu der ihrigen macht, daß der Aufwertungsanspruch, unabhängig von irgendwelcher öffentlichrechtlichen Norm, seinem Wesen nach ein rein privatrechtlicher sei, kann hiernach nicht gebilligt werden. Auch hinsichtlich der Frage der Aufwertung des Rückerstattungsanspruchs steht die Beklagte dem Kläger nicht nur als vermögensrechtliche Person, sondern als Trägerin der Steuerhoheit gegenüber (vgl. RGZ. Bd. 103 S. 305). Nicht anders würde die Frage nach der Zulässigkeit des Rechtswegs zu beurteilen sein, wenn, wie der Kläger dies in erster Instanz getan hat, das Aufwertungsverlangen auf Verzug gestützt und damit ein Anspruch auf Schadensersatz geltend gemacht würde; denn auch auf diesem Wege könnte, wie das Reichsgericht wiederholt entschieden hat, ein öffentlichrechtlicher Anspruch nicht vor die ordentlichen Gerichte gebracht werden (RGZ. Bd. 70 S. 398, Bd. 87 S. 120, Bd. 97 S. 180). Der Rechtsweg ist demnach mit Recht für unzulässig erklärt worden.

---

32. Unter welchen Voraussetzungen ist ein eigenhändiges Testament gültig, wenn sich die Unterschrift des Erblassers nur auf dem die letztwillige Verfügung enthaltenden Umschlage befindet?

BGB. § 2231 Nr. 2.

IV. Zivilsenat. Urt. v. 7. Februar 1925 i. S. R. (Bekl.) w. R. u. Gen. (Kl.). IV 485/24.

I. Landgericht Verden.
II. Oberlandesgericht Celle.

Die Kläger sind die Geschwister, die Beklagte ist die Witwe des 1922 kinderlos gestorbenen Stellmachermeisters R. Die Beklagte will auf Grund des eigenhändigen Testaments ihres Mannes vom 9. August 1914 seine alleinige Erbin geworden sein. Die Kläger machen geltend, daß das Testament formungültig sei und daß sie neben der Beklagten die gesetzlichen Erben geworden seien. Das Landgericht wies die hierauf gegründete Klage ab, das Oberlandesgericht gab ihr statt.

Die Revision der Beklagten hatte keinen Erfolg.

Aus den Gründen:

Das mit „Mein Testament" überschriebene Blatt, auf dem der im Eingang des Textes sich selbst benennende Erblasser in eigenhändiger Niederschrift seine Frau als seine alleinige Erbin eingesetzt hat, schließt mit dem Datum „B. den 9. August 1914"; die Unterschrift fehlt. Dagegen trägt der Umschlag, in dem dieses Blatt von der Witwe dem Nachlaßgericht zum Zweck der Testamentseröffnung verschlossen übergeben wurde, unter dem eigenhändigen Vermerke „Hierin befindet sich mein Testament" die Unterschrift des Erblassers. Das Berufungsgericht unterstellt, was die Beklagte behauptet, daß der Erblasser selbst das Blatt in den Umschlag gesteckt und diesen verschlossen habe. Gleichwohl mißbilligt es die Auffassung, zu der das Landgericht auf Grund seiner Beweisaufnahme über die Entstehung des Testaments aus einem von einem Dritten gefertigten Entwurf und über den letzten Willen des Erblassers gelangt war, die Auffassung nämlich, daß der Vermerk auf dem Umschlag sich als eine Fortsetzung des eigentlichen Testaments darstelle und daß daher die Urkunde als unterschriftlich vollzogen anzusehen sei. Das Berufungsgericht führt aus:

Nach dem Gesetz sei die eigenhändige Unterschrift des Erblassers Formerfordernis des Testaments. Wenn es auch nicht nötig sei, daß sich die Unterschrift dem Texte des Testaments unmittelbar anschließe, so sei doch immer zu verlangen, daß sie zu ihm in einer derartigen räumlichen Beziehung stehe, daß sie den Text decke. Sei dies der Urkunde nicht zu entnehmen, so fehle es an der Unterschrift und das Testament sei nichtig, selbst wenn feststehe, daß der Erblasser eine letztwillige Verfügung habe errichten wollen und daß er die von ihm gefertigte Namensschrift als seine Unterschrift gewollt habe. Die mit der Unterschrift versehene Aufschrift auf dem Umschlag „Hierin befindet sich mein Testament" habe keine selbständige Bedeutung. Sie weise auf den Inhalt des Umschlags hin, knüpfe aber nach ihrer äußeren Erscheinung an den Inhalt nicht an. Es könne dies der Urkunde, als welche Text und Umschlag zusammen verstanden werde, nicht entnommen werden. Das Testament sei deshalb wegen Formmangels nichtig.

Die Revision rügt Verletzung des § 2231 Nr. 2 BGB. Unter Bezugnahme auf die Entscheidung des Senats RGZ. Bd. 61 S. 7 macht sie geltend: Es sei zu prüfen gewesen, ob der Vermerk auf dem Umschlag selbständige Natur habe oder ob er als Fortsetzung des im Umschlag eingeschlossenen Testaments oder wenigstens als mit diesem in innigem Zusammenhange stehend zu betrachten sei. Dies verkenne das Berufungsgericht, indem es verlange, daß die Beziehung zwischen Text und Unterschrift aus der Urkunde müsse entnommen werden können. Allerdings müsse die Beziehung bestehen; sie könne sich aber auch aus besonderen Umständen ergeben, wie sie in diesem Falle behauptet, unter Beweis gestellt und teilweise schon bewiesen seien.

Die Rüge ist unbegründet. Soweit § 2231 Nr. 2 BGB. für das eigenhändige Testament die Unterschrift des Erblassers vorschreibt, weicht er von der für die Fälle gesetzlicher Schriftform im allgemeinen geltenden Vorschrift des § 126 Abs. 1 BGB. nur darin ab, daß er die Ersetzung der eigenhändigen Namensunterschrift durch ein beglaubigtes Handzeichen nicht zuläßt. Nach der einen wie nach der anderen Vorschrift gilt, daß die Unterschrift den Inhalt der Erklärung der äußeren Erscheinung nach decken, sie räumlich abschließen muß (Mot. Bd. 1 S. 185; RGZ. Bd. 52 S. 280, Bd. 57 S. 67). Auch die von der Revision angezogene Entscheidung RGZ. Bd. 61 S. 7 steht ausgesprochenermaßen (S. 9) auf demselben Standpunkt. Sie nimmt von ihm aus zu der Frage Stellung, ob ein eigenhändiges Testament gültig sei, wenn die Unterschrift des Erblassers, wie hier, nur auf einem verschlossenen, das Testament enthaltenden Umschlage steht. Auf außerhalb der Urkunde, nämlich des Umschlags mit seiner Einlage, gegebene Umstände und auf den Willen des Erblassers kommt es für diese Frage nur dann an, wenn solchen Umständen entnommen werden kann, daß der Erblasser nicht den Willen hatte, mit der Testamentserrichtung fortzufahren, als er den Umschlag mit der Aufschrift versah. Dann folgt schon aus dem Fehlen des Testierwillens die Nichtigkeit des Testaments (Warn. 1908 S. 382). Dagegen ersetzt das durch Umstände außerhalb der Urkunde nachweisbare Vorhandensein des Willens des Erblassers, durch die Unterschrift auf dem Umschlage die in der Einlage enthaltene letztwillige Verfügung zu vollziehen, nicht die Erfüllung des Formerfordernisses, daß die Unterschrift die Verfügung der äußeren Erscheinung nach decken muß. Eine solche Deckung kann nur dann angenommen werden, wenn sich die Aufschrift auf dem Umschlage nach ihrem urkundlichen Inhalt als eine Fortsetzung des eingeschlossenen Schriftstückes und damit als Abschluß der Testamentserrichtung darstellt. Daß der Fall hier so liege, hat das Berufungsgericht ohne Rechtsirrtum verneint. Es sieht in dem unterschriebenen Vermerk auf dem Umschlage nur den Hinweis darauf ausgesprochen, wo sich das Testament des Unterzeichners des Vermerks befinde, und stellt damit die selbständige Bedeutung des Vermerkes fest.

---

33. 1. Ist ein Einspruch wirksam, der vor der Verkündung des Versäumnisurteils eingelegt wird?
2. Ist die Unzulässigkeit des Einspruchs gegen ein durch das Schlußurteil des Berufungsgerichts aufrecht erhaltenes Versäumnisurteil in der Revisionsinstanz von Amts wegen zu berücksichtigen?
ZPO. §§ 338, 341, 559.

IV. Zivilsenat. Urt. v. 7. Februar 1925 i. S. O. & Co. (Bekl. u. Widerkl.) w. K. (Kl. u. Widerbekl.). IV 396/24.

I. Landgericht Cassel.
II. Oberlandesgericht daselbst.

Gegenüber der Klageforderung von 135518 *M* stellte die Beklagte eine Gegenforderung von 206212 *M* zur Aufrechnung. Auf Zahlung des überschießenden Betrags erhob sie Widerklage. Das Landgericht erkannte unter Abweisung der Widerklage nach dem Klagantrage. Die Berufung der Beklagten wurde durch das — auf die mündliche Verhandlung vom 25. Juni ergangene — am 2. Juli 1923 verkündete, am 12. Juli 1923 im Parteibetriebe zugestellte Versäumnisurteil des Oberlandesgerichts zurückgewiesen. Schon am 29. Juni war bei dem Oberlandesgericht der Schriftsatz der Beklagten vom 28. Juni 1923 eingegangen, laut dem sie gegen das „am 25. Juni“ 1923 verkündete Versäumnisurteil Einspruch einlegte. Der Einspruch wurde durch Zwischenurteil für zulässig erklärt. Auf die demnächstige Sachverhandlung, in der die Beklagte ihre Widerklageforderung auf den Betrag von 3985 GM. erhöhte, erging das Schlußurteil des Berufungsgerichts dahin, daß das Versäumnisurteil aufrecht erhalten werde.

Die Revision der Beklagten hatte den Erfolg, daß das Schlußurteil und das Zwischenurteil des Berufungsgerichts aufgehoben und der Einspruch der Beklagten gegen das Versäumnisurteil des Berufungsgerichts als unzulässig verworfen wurde.

Gründe:

Damit dem mit der Revision verfolgten Berufungsantrag der Beklagten entsprochen werden könnte, müßte nicht nur das angefochtene Schlußurteil, sondern auch das ihm vorausgegangene, die Berufung der Beklagten zurückweisende Versäumnisurteil des Berufungsgerichts aufgehoben werden. Die Aufhebung des Versäumnisurteils aber hängt von der gemäß § 341 ZPO. von Amts wegen zu prüfenden Zulässigkeit des Einspruchs der Beklagten ab. Das Berufungsgericht hat diese Zulässigkeit in seinem Zwischenurteil bejaht. Das Zwischenurteil unterliegt nach § 548 ZPO. mit dem Endurteil der Beurteilung des Revisionsgerichts. Die in ihm festgestellten Prozeßvorgänge ergeben die Unzulässigkeit des Einspruchs.

Der Einspruch ist eingelegt, bevor ein Versäumnisurteil überhaupt erlassen worden war. Voraussetzung, wie eines Rechtsmittels (RGZ. Bd. 46 S. 418, Bd. 50 S. 352), so auch des Rechtsbehelfs des Einspruchs ist aber, daß eine Entscheidung vorliegt, gegen welche auf dem Wege der Anfechtung Abhilfe gesucht werden soll. In § 338 ZPO. ist dieser Grundsatz für den Einspruch ausdrücklich anerkannt. Das Berufungsgericht hat den Grundsatz nicht übersehen, jedoch geglaubt, über ihn nach den Umständen des Falles hinweggehen zu können. Es bezieht sich auf RGZ. Bd. 106 S. 265. Dort ist erwogen, daß auch wesentliche Prozeßvorschriften möglichst nicht dazu benutzt werden sollen, eine Partei in ihren Vermögensrechten zu benachteiligen und die Verfolgung ihrer Ansprüche vor Gericht zu vereiteln. Das Berufungsgericht hat bei Wiedergabe dieser Erwägung die in dem „möglichst" enthaltene Einschränkung außer acht gelassen und ist so zur Aufstellung eines Satzes gelangt, durch welchen die im Gesetz als zwingend bezeichneten Verfahrensvorschriften, insbesondere die für Rechtsmittel und Rechtsbehelfe gegebenen Form- und Fristvorschriften ihre zwingende Bedeutung verlieren würden. In RGZ. Bd. 106 S. 264 flg. handelte es sich um die Zulässigkeit der Berufung in einem Falle, in dem die Zustellung des landgerichtlichen Urteils und die Einlegung der Berufung an demselben Tage erfolgt waren und nicht festgestellt werden konnte, welche der beiden Prozeßhandlungen der anderen vorangegangen war. Das Reichsgericht hat damals die Zulässigkeit der Berufung bejaht und dies schließlich damit begründet, daß die bürgerlich-rechtlichen Vorschriften über die Verteilung und Erfüllung der Beweislast bei der von Amts wegen vorzunehmenden Prüfung von Form und Frist eines Rechtsmittels nicht Platz griffen und daß es zu einer der Rechtsordnung widersprechenden Härte führen würde, wenn einer Partei durch Anwendung von Prozeßvorschriften ein Rechtsverlust zugefügt würde, obschon das Eingreifen der Vorschriften nur bis zu einem gewissen Grade wahrscheinlich gemacht, aber nicht mit Sicherheit nachgewiesen worden sei. Der gegenwärtige Fall liegt wesentlich anders. Hier handelt es sich nicht um eine tatsächliche Ungewißheit über die Reihenfolge von Prozeßvorgängen, sondern hier steht mit Sicherheit fest, daß der Einspruch mehrere Tage vor der Erlassung des Versäumnisurteils eingelegt ist. Das Berufungsgericht sagt, die Beklagte habe nach den Vorgängen im Termin vom 25. Juni 1923 (Ablehnung eines Vertagungsantrags des Anwalts der Beklagten, darauf Erklärung dieses Anwalts, nicht auftreten zu wollen) mit aller Bestimmtheit annehmen müssen, daß das vom Gegner beantragte Versäumnisurteil auch erlassen würde; und es knüpft daran die Betrachtung, daß es ein unerträglicher Formalismus sein würde, wenn man unter diesen Umständen von der Beklagten hätte verlangen wollen, daß sie den beabsichtigten Einspruch gegen das mit Sicherheit zu erwartende Versäumnisurteil bis nach dem Verkündungstermin hinausschöbe. Diese Auffassung ist abzulehnen. Das Verlangen an eine Partei, ihre Rechtsverfolgung, zumal im Anwaltsprozeß, einem leicht zu beachtenden Verfahrensgrundsatz anzupassen, ist kein Formalismus. Endlich bemerkt das Berufungsgericht, daß der Einspruch jedenfalls noch nach Erlassung des Versäumnisurteils vorgelegen habe. Auch darin findet die Zulassung des Einspruchs keine Stütze. Die Frage der Zulässigkeit eines Rechtsmittels oder des Einspruchs vor Erlassung der Entscheidung, die den Gegenstand der Anfechtung hätte bilden können, kann überhaupt nur in dem Falle aufgeworfen werden, wenn die erwartete oder vorausgesetzte Entscheidung später erlassen wird. Die Frage ist für diesen Fall mit dem vorher Ausgeführten (in Übereinstimmung mit den beiden zuerst angezogenen Reichsgerichtsentscheidungen) bereits verneint.

Die Revision kann somit den von ihr angestrebten Erfolg einer sachlichen Nachprüfung der Vorentscheidung nicht haben. Immerhin ist ihr insoweit stattzugeben, daß das angefochtene Urteil mit dem vorausgegangenen Zwischenurteil aufgehoben wird. Diese Aufhebung kann allerdings nur dazu führen, daß der Einspruch der Beklagten gegen das Versäumnisurteil des Berufungsgerichts als unzulässig verworfen wird. Das ist jedoch insofern ein gewisser Erfolg, als diese bloße Verwerfung des vorliegenden Einspruchs an die Stelle der sachlichen Bestätigung der im Versäumnisurteil ausgesprochenen Zurückweisung der Berufung tritt, und als sich das Versäumnisurteil nur auf die damals noch in Papiermark geltend gemachte Widerklageforderung, das Schlußurteil dagegen auf die erweiterte, in Goldmark erhobene Widerklageforderung bezieht. Der Grund, aus dem hiernach die Vorentscheidung aufgehoben wird, ist freilich als Revisionsgrund (§ 554 Abs. 3 Nr. 2, § 559 ZPO.) nicht geltend gemacht. Es handelt sich indessen um einen gesetzesverletzenden unverzichtbaren Mangel des Berufungsverfahrens, der zugleich das weitere Verfahren betrifft. Denn ist der vorliegende Einspruch unstatthaft, so ist das Versäumnisurteil mit Ablauf der durch seine Zustellung am 12. Juli 1923 in Lauf gekommenen Einspruchsfrist rechtskräftig geworden. Mit der von der Revision betriebenen Aufhebung dieses Urteils würde in ein rechtskräftig abgeschlossenes Verfahren eingegriffen werden. Ein Verfahrensmangel, dessen Nichtbeachtung durch das Revisionsgericht zu einem solchen Ergebnis führen würde, braucht nicht gerügt zu werden; er ist auch in der Revisionsinstanz von Amts wegen zu berücksichtigen. In gleichem Sinne hat das Reichsgericht sich schon in mannigfachen Fällen die Pflicht auferlegt, Verfahrensmängel der Vorinstanz, die in der Revisionsinstanz fortwirken, auch ohne Revisionsrüge zu berücksichtigen, so in dem Falle einer im zweiten Rechtszug eingetretenen, dort unbeachtet gebliebenen Unterbrechung des Verfahrens (RGZ. Bd. 64 S. 361) und in dem Falle der Erlassung eines unzulässigen Teilurteils in einer Ehesache (RGZ. Bd. 107 S. 350). Ebenso ist unter der Herrschaft des früheren § 535 (jetzt § 519b Abs. 1 ZPO.), der die Amtsprüfung der Zulässigkeit der Berufung in gleicher Weise vorschreibt, wie § 341 die Amtsprüfung der Zulässigkeit des Einspruchs, vom Reichsgericht bereits ausgesprochen, daß jene Zulässigkeit auch ohne entsprechende Revisionsrüge in der Revisionsinstanz nachzuprüfen ist (Warn. 1916 Nr. 97).

---

34. 1. Zur Anwendbarkeit des § 1829 Abs. 2 BGB. auf Verträge, die von einem ausländischen Vormundschaftsgerichte zu genehmigen sind.

2. Bedarf nach deutschem Recht ein Grundstückserwerbsvertrag, den ein Vater als gesetzlicher Vertreter seines minderjährigen Kindes abschließt, der vormundschaftlichen Genehmigung, wenn darin auf dem gekauften Grundstücke ruhende Hypotheken zur Begleichung des Kaufpreises übernommen werden?

V. Zivilsenat. Urt. v. 9. Februar 1925 i. S. Ko. (Bekl.) w. Kr. (Kl.). V 161/24.

I. Landgericht Nürnberg.
II. Oberlandesgericht daselbst.

Die minderjährige, durch ihren Vater gesetzlich vertretene Beklagte hat laut notarieller Urkunde vom 28. März 1922 vom Kläger dessen Hausgrundstück in Nürnberg für 92000 M gekauft. Der Kaufpreis wurde teils durch Übernahme von Hypotheken, teils durch Barzahlung getilgt. Auf Grund der Auflassung ist die Beklagte als Eigentümerin im Grundbuch eingetragen worden.

Mit der Klage verlangt der Kläger Rückübertragung des Eigentums. Er behauptet, die vormundschaftsgerichtliche Genehmigung des Kaufvertrags sei trotz wiederholter Aufforderung nicht oder nicht rechtzeitig beigebracht worden. Während das Landgericht seine Klage abgewiesen hat, ist vom Berufungsgericht die Beklagte verurteilt worden, in die Auflassung des Grundstücks an den Kläger und dessen Eintragung als Eigentümer im Grundbuche zu willigen. Die Revision der Beklagten hatte Erfolg.

Gründe:

Nach den Feststellungen des Berufungsgerichts stammt der Vater der Beklagten aus Galizien, wo noch österreichisches Recht gilt, ist jetzt Pole, wohnt aber seit langen Jahren in Nürnberg. Die Frage, ob die vormundschaftsgerichtliche Genehmigung des Kaufgeschäfts erforderlich war, das er für die minderjährige Beklagte über das Hausgrundstück des Klägers mit diesem schloß, bejaht das Berufungsgericht. Es entnimmt zwar den Umständen des Falles, daß die Vertragsparteien sich nicht nur hinsichtlich der durch Art. 11 EG. z. BGB. geregelten Form des Rechtsgeschäfts, sondern auch in sonstigen Beziehungen dem deutschen Recht unterwerfen wollten, beurteilt und bejaht aber dennoch die erwähnte Frage nach dem in Gemäßheit der Grundsätze des internationalen Privatrechts anzuwendenden österreichischen Rechte. Aus Art. 30 EG. z. BGB. hinwider leitet es die Befugnis des Klägers her, mangels einer österreichischen Gesetzesbestimmung, die dem § 1829 Abs. 2 BGB. entspricht, nach diesem die Beklagte zur Mitteilung der Genehmigung des Vormundschaftsgerichts aufzufordern und aus dem Unterlassen rechtzeitiger Mitteilung die mit der Klage geltend gemachte Folgerung zu ziehen.

Dem Berufungsgericht ist darin beizutreten, daß das Erfordernis der vormundschaftsgerichtlichen Genehmigung der Parteiverfügung nicht unterlag und daß nach der Staatsangehörigkeit des Vaters der Beklagten dafür das österreichische Recht anzuwenden war, dessen Auslegung durch die Vorinstanz gemäß § 549 ZPO. in diesem Rechtszuge nicht nachgeprüft werden kann.

Jedoch begegnet die Anwendung des § 1829 Abs. 2 BGB. auf dem Wege über Art. 30 EG. z. BGB. im angefochtenen Urteil durchgreifenden Bedenken. Der Berufungsrichter gelangt dazu auf Grund der Erwägung, daß die Nichtgewährung der Möglichkeit, den durch das Ausbleiben der Genehmigung geschaffenen Schwebezustand zu beseitigen, gegen einen das Bürgerliche Gesetzbuch beherrschenden, namentlich auch den §§ 108, 177 zu entnehmenden Grundsatz des allgemeinen deutschen Vertragsrechts verstoßen würde. Demgegenüber könnten die aus der Stellung des § 1829 im BGB., insbesondere dem engen Zusammenhang mit § 1828 und der Kürze der vom Gesetz bestimmten Frist, entspringenden Zweifel nicht durchschlagen.

Der Berufungsrichter verkennt also selbst nicht, daß gegen die Anwendung der von ihm herangezogenen Vorschrift schon ihre Stellung im Bürgerlichen Gesetzbuch und ihr Inhalt spricht, wonach sie nur dann Geltung beansprucht, wenn es sich um die Genehmigung durch ein d e u t s c h e s Vormundschaftsgericht nach den für dieses geltenden Gesetzen und Voraussetzungen handelt. Wollte man es dem andern Vertragsteile gestatten, durch eine Aufforderung gemäß § 1829 Abs. 2 eine Ausschlußfrist von zwei Wochen auch demjenigen gegenüber in Lauf zu setzen, der die Genehmigung einer ausländischen Vormundschaftsbehörde einholen muß, so würde der Ausländer in der Regel rechtlos gemacht werden, da alsdann die Genehmigung schwerlich jemals in der kurzen Frist beschafft werden könnte. Die im § 1829 Abs. 2 gegebene Möglichkeit, dem Vertragsgegner eines Minderjährigen über die Wirksamkeit eines mit diesem abgeschlossenen Vertrags Gewißheit zu verschaffen, darf indessen zur Ausfüllung der diesbezüglichen Lücke des österreichischen bürgerlichen Rechts im vorliegenden Fall schon deshalb nicht verwertet werden, weil bei ihm der Art. 30 EG. z. BGB. überhaupt nicht eingreift. Dies wäre nur dann zuzugeben, wenn die Anwendung des ausländischen Rechts gegen die guten Sitten oder gegen den Zweck eines deutschen Gesetzes verstoßen würde. Von einem Verstoß wider die guten Sitten kann nicht gesprochen werden, wenn es sich um die Gewährung oder Versagung einer Ausschlußfrist handelt. Für die Bejahung der zweiten Möglichkeit wäre erforderlich, daß die Anwendung des ausländischen Gesetzes die Grundlagen des deutschen staatlichen oder wirtschaftlichen Lebens angreifen würde (RGZ. Bd. 60 S. 296 [300], Bd. 73 S. 366 [369], Bd. 93 S. 182; LZ. 1913 Sp. 552). Auch davon kann nicht die Rede sein. Denn entsprechend den Grundsätzen, denen der erkennende Senat in RGZ. Bd. 108 S. 364/365 gefolgt ist, wäre bei der hier gegebenen Sachlage, da es sich nicht um Belastung vorhandenen Grundbesitzes handelt und da der § 1821 Abs. 1 Nr. 4 in § 1643 BGB. nicht angezogen ist, ebensowenig nach Nr. 1 wie nach Nr. 4 in Verb. mit § 1643 BGB. die Genehmigung des streitigen Vertrags durch ein deutsches Vormundschaftsgericht erforderlich gewesen. Auch aus § 1822 Nr. 10 BGB., der nach § 1643 Abs. 1 für den Vater gleichfalls gilt, läßt sich die Notwendigkeit der Genehmigung nicht herleiten, weil es, wie in RGZ. Bd. 108 S. 364 ausgeführt ist, bei dem auf den entgeltlichen Erwerb eines Grundstücks durch ein der elterlichen Gewalt unterworfenes Kind gerichteten Vertrage gleichgültig ist, in welcher Art der Erwerbspreis beglichen wird. Ist der Vater in der Ausgestaltung des schuldrechtlichen Grundstückserwerbsvertrags völlig frei und ist er deshalb ohne Zustimmung des Vormundschaftsgerichts befugt, das Kind zur Bestellung einer

Hypothek für den gestundeten Teil des Erwerbspreises zu verpflichten, so muß er auch für berechtigt erachtet werden, ohne Genehmigung des Vormundschaftsgerichts das Kind auf dem gekauften Grundstück bereits eingetragene Hypothekenschulden in Anrechnung auf den Kaufpreis, wie es hier geschehen ist, übernehmen zu lassen. Alsdann steht das Fehlen der Möglichkeit einer Fristbestimmung nach dem ausländischen Recht selbst dann keineswegs in Widerspruch zum deutschen Gesetz, wenn man mit dem Berufungsrichter im § 1829 Abs. 2 BGB. einen allgemeinen Grundsatz des deutschen Vertragsrechts verwirklicht findet. Denn dieser Grundsatz hat für den hier gegebenen Fall keine Bedeutung, in welchem der Vertrag auch ohne Genehmigung gilt, wodurch eine Fristbestimmung gleich wie beim ausländischen Recht unmöglich gemacht wird.

Da hiernach die lediglich auf das Eingreifen des § 1829 Abs. 2 BGB. gestützte Klage vom Landgericht mit Recht abgewiesen worden ist, bedarf es weder des Eingehens auf die Frage nach der Wirksamkeit der auf die Weigerung der deutschen von der polnischen Vormundschaftsbehörde schließlich erteilten Genehmigung, noch auf die Frage, ob die Frist des § 1829 Abs. 2 erst nach Erteilung der Genehmigung durch das Vormundschaftsgericht in Lauf gesetzt werden kann.

---

35. Ist es zulässig, Exportware in Deutschland mit Warenzeichen zu versehen, die für einen anderen geschützt sind, wenn diese Ware ausschließlich in einem fremden Lande vertrieben werden soll, wo die fraglichen Warenzeichen als Freizeichen gelten?

WZG. §§ 12, 14.

II. Zivilsenat. Urt. v. 10. Februar 1925 i. S. Sociedad Vinicola (Kl.) w. Firma W. (Bekl.). II 36/24.

I. Landgericht Hamburg, Kammer für Handelssachen.
II. Oberlandesgericht daselbst.

Für die Klägerin, welche seit langen Jahren Spirituosen herstellt und nach Britisch Ostindien ausführt, sind eine Reihe von

Warenzeichen im Zeichenregister des Reichspatentamts eingetragen, welche die Bildnisse der britischen Könige Eduard VII. und Georg V. und die Worte „King Edward VII." oder „King George V." enthalten.

Die sämtlichen Warenzeichen sind für Weine und Spirituosen eingetragen und werden von der Klägerin vornehmlich als Flaschenetiketten zur Bezeichnung ihrer nach Ostindien auszuführenden Spirituosen verwendet. Die Klägerin hatte der Beklagten Waren mit ihren Etiketten für Kalkutta und Madras geliefert. Als die Beklagte im September 1921 Lieferung mit einer der für die Klägerin eingetragenen Etiketten für Bombay wünschte, lehnte die Klägerin dies mit der Begründung ab, daß ihre Marke für Bombay bereits anderweit vergeben sei. Nunmehr soll, wie die Klägerin behauptet, die Beklagte selbst in Deutschland Etiketten mit Namen und (oder) Bildnissen der Könige Eduard VII. und Georg V. von England auf Flaschen mit Spirituosen haben anbringen, diese Flaschen nach Indien (Bombay) verschiffen und Rechnungen für ihre indischen Abnehmer mit den für die Klägerin als Warenzeichen geschützten Wortmarken „King Edward VII." oder „King George V." haben versehen lassen.

Die Klägerin erhob Klage und beantragte, die Beklagte zu verurteilen:

1. es zu unterlassen, Spirituosenflaschen mit dem Bildnis der Könige Eduard VII. oder Georg V. oder mit der wörtlichen Bezeichnung „King Edward" oder „King George" zu versehen oder in Verkehr zu bringen,
2. ihr Auskunft darüber zu erteilen, wann, an wen und in welchen Mengen sie Spirituosenflaschen mit dem Namen und (oder) dem Bildnis eines dieser beiden Könige geliefert habe,
3. ihr den Schaden zu ersetzen, den sie ihr durch die bisherige Anbringung der Bildnisse und (oder) Namen der beiden Könige auf Spirituosenflaschen zugefügt habe.

Sie stützt ihre Klage auf §§ 12, 14, 15, 20 WZG., § 1 UWG. und § 826 BGB. Die Beklagte berief sich der Klage gegenüber im wesentlichen darauf, daß Bildnisse und Namen britischer Herrscher in Britisch Ostindien Freizeichen seien.

Das Landgericht gab der Klage statt, das Oberlandesgericht dagegen wies sie ab. Die Revision der Klägerin hatte Erfolg.

Gründe:

Wenn es richtig ist, daß die Beklagte Flaschen mit Spirituosen, die sie nach Britisch Ostindien ausführte, im Hamburger Freihafengebiet, also in Deutschland, mit Etiketten hat versehen lassen, welche die für die Klägerin eingetragenen Warenzeichen in identischer oder verwechslungsfähiger Form trugen, so hat sie sich des widerrechtlichen Eingriffs in die Warenzeichenrechte der Klägerin schuldig gemacht und ist den mit der Klage geltend gemachten Ansprüchen verfallen. Die Auffassung des Berufungsgerichts, daß die Geltendmachung dieser Ansprüche eine illoyale Ausnutzung formaler Rechte bedeute, weil der Beklagten der Vertrieb ihrer Waren mit den Warenzeichen der Klägerin in Britisch Ostindien ungehindert freistehe, ist rechtsirrig. Nach § 12 des Gesetzes zum Schutze der Warenbezeichnungen verschafft die Eintragung eines Warenzeichens dem Inhaber das ausschließliche Recht, seine Waren oder deren Umhüllung mit dem Warenzeichen zu versehen, die so bezeichneten Waren in Verkehr zu bringen, sowie auf Ankündigungen, Preislisten, Geschäftsbriefen, Empfehlungen, Rechnungen oder dergleichen das Zeichen anzubringen. In § 14 wird derjenige zum Schadensersatz verpflichtet, der wissentlich oder aus grober Fahrlässigkeit Waren oder deren Umhüllung oder Ankündigungen, Preislisten, Geschäftsbriefe, Empfehlungen, Rechnungen oder dergleichen mit einem für einen anderen geschützten Warenzeichen widerrechtlich versieht o d e r dergleichen widerrechtlich gekennzeichnete Waren in Verkehr bringt oder feilhält. Aus diesen Gesetzesvorschriften geht unzweideutig hervor, daß die widerrechtliche Kennzeichnung einer Ware oder ihrer Umhüllung nicht lediglich eine vorbereitende Handlung darstellt, deren Beurteilung sich nach den rechtlichen Wirkungen des Inverkehrsetzens oder Feilhaltens der Ware richtet, sondern vielmehr eine selbständige, der Inverkehrsetzung und Feilhaltung gleichgeordnete Handlung, die für sich allein die Haftbarkeit des widerrechtlich Handelnden begründet.

Diese Regelung durch das Gesetz ist bewußt erfolgt und entspricht auch den praktischen Bedürfnissen. Sobald Waren und dergleichen einmal mit dem fremden Warenzeichen versehen sind, ist eine Kontrolle darüber, was später mit ihnen geschieht, oft recht schwer. Der Eigentümer der so gekennzeichneten Waren kann seine ursprüngliche Ausfuhrabsicht ändern; die Waren können ihm wider seinen

Willen entzogen werden. Kurz und gut: dem Mißbrauch ist Tür und Tor geöffnet, und darunter soll der Zeichenberechtigte nicht leiden.

Wenn der eingetragene Zeicheninhaber bei solcher Sachlage seine Rechte geltend macht, so handelt er nicht unlauter; er verfolgt nur berechtigte Interessen. Es handelt sich dabei aber auch keineswegs um formale Rechtsbehelfe, sondern um recht praktische Dinge. Darf der Exporteur die von ihm auszuführenden Waren in Deutschland nicht mit fremden Warenzeichen versehen, so wird ihm die Durchführung seines Zwecks, die Waren mit dem fremden Zeichen im Ausland zu vertreiben, erheblich erschwert. Will der eingetragene Zeicheninhaber auch nur dies erreichen, so verliert schon dadurch die Geltendmachung der zeichenrechtlichen Ansprüche das Gepräge des rein Formalen.

Der Vertreter der Revisionsbeklagten meint, derartige Ansprüche müßten schon deshalb ausgeschlossen sein, weil Eingriffe in Warenzeichenrechte nur durch widerrechtliche Verwendung identischer oder verwechslungsfähiger Zeichen vorgenommen werden könnten, von einer Verwechslungsfähigkeit aber dann nicht wohl die Rede sein dürfe, wenn die Zeichen am Orte ihrer Vertreibung Freizeichencharakter hätten, dort also jedermann unbehindert sich ihrer bedienen könne. Diese Ansicht ist nicht haltbar. Da, wie dargelegt, schon das bloße Versehen der Waren usw. mit dem fremden Zeichen einen verfolgbaren Eingriff in das Warenzeichenrecht eines anderen enthält, so ist erforderlich, genügt aber auch, daß das verwendete Warenzeichen im Inland mit dem fremden Zeichen identisch oder verwechslungsfähig war. Für das unerlaubte „Versehen" mit Warenzeichen spielt es also keine Rolle, ob im Ausland Identität oder Verwechslungsfähigkeit vorliegt oder nicht....

---

36. Hat die Einreichung eines Gesuches um Bewilligung des Armenrechts die im § 519 Abs. 6 letzter Satz ZPO. bezeichnete Wirkung nur dann, wenn dem Antrag ein der Vorschrift des § 118 Abs. 2 daselbst genügendes Armutszeugnis beigefügt ist?

II. Zivilsenat. Beschl. v. 10. Februar 1925 i. S. Bi. (Bekl.) w. Bae. (Kl.). II B 4/25.

Die Frage ist vom Reichsgericht verneint worden aus folgenden

Gründen:

Die Weglassung des nach § 118 Abs. 2 ZPO. erforderlichen Armutszeugnisses hat nicht, wie das Kammergericht meint, die Folge, daß die Vorschrift des § 519 Abs. 6 letzter Satz ZPO. nicht anwendbar wäre. Nichts rechtfertigt die Annahme, daß das Gesetz a. a. O. unter „Beantragung der Bewilligung des Armenrechts" nur einen unter Beilegung des Armutszeugnisses gestellten, also auch nach dieser Richtung dem Gesetz genügenden Antrag verstehen würde. Die Erwägung, daß bei weniger strenger Auslegung des § 519 Abs. 6 jeder Berufungskläger in der Lage wäre, sich durch ein Gesuch um Bewilligung des Armenrechts die Verlängerung der Frist des Abs. 6 Satz 1 zu verschaffen, schlägt nicht durch. Mag auch in einzelnen Fällen mit der Vorschrift des Abs. 6 Schlußsatz von seiten der Berufungskläger ein gewisser Mißbrauch getrieben werden, so geht es doch nicht an, eine im Interesse der ganz unbemittelten oder weniger leistungsfähigen Kreise gegebene Gesetzesbestimmung so streng auszulegen, wie es das Kammergericht tut. Dadurch würde, zumal da die Erwirkung des Armutszeugnisses erfahrungsgemäß oft längere Zeit beansprucht, die Wohltat, die dem Berufungskläger durch den Schlußsatz des Abs. 6 erwiesen werden soll, erheblich verkümmert. Ob dann, wenn im Einzelfalle Grund zur Annahme besteht, daß eine in Wirklichkeit ihren Vermögensverhältnissen nach offensichtlich **nicht** unter den § 114 Abs. 1 ZPO. fallende Partei die Bewilligung des Armenrechts nur in der Absicht der Hinauszögerung der Sache beantragt, eine Abweichung von der hier vertretenen Auffassung gerechtfertigt wäre, braucht nicht erörtert zu werden; denn diese Voraussetzung liegt hier nicht vor, zum mindesten ist den Akten in dieser Richtung nichts zu entnehmen. Auch dafür gibt die Vorschrift des § 519 Abs. 6 letzter Satz und der ihr zugrunde liegende gesetzgeberische Zweck keinen Anhalt, daß dem Armenrechtsgesuch, wie das Kammergericht noch ausführt, jedenfalls dann keine den Fristlauf hemmende Wirkung zukomme, wenn das Armutszeugnis — wie hier — nicht einmal innerhalb der vom Gericht zu diesem Behufe gewährten Frist beigebracht werde. Wenn das Armutszeugnis binnen dieser Frist nicht nachgebracht wird, so mag aus diesem Grunde, wie es auch hier geschehen ist, das Armenrechtsgesuch zurückgewiesen werden; daran, daß durch den Eingang des Gesuchs, wenn auch ohne gleichzeitige Einreichung eines Armutszeugnisses, die Frist des § 519 Abs. 6 Satz 1 im Sinne des Schlußsatzes daselbst gehemmt wurde, vermag aber die nachherige Nichteinreichung des Armutszeugnisses innerhalb der vom Gericht hierzu gesetzten Frist nichts zu ändern.

---

37. Zum Begriff „neuer Stoff" im Sinne des § 35 Abs. 2 des Patentgesetzes.

I. Zivilsenat. Urt. v. 11. Februar 1925 i. S. M.-B.-Bl.-Werke (Kl.) w. L. G. (Bekl.). I 259/24.

I. Landgericht Nürnberg.
II. Oberlandesgericht daselbst.

Der Klägerin ist durch Patent 247898 ein Verfahren zur Herstellung von echten oder unechten Blattmetallfolien für Prägezwecke u. dgl. Zwecke geschützt worden, dadurch gekennzeichnet, daß man auf das den Träger für das Blattmetall bildende Häutchen aus Klebstoff vor dessen vollständigem Trocknen echtes oder unechtes Blattmetall aufträgt. Das Wesen der Erfindung besteht nach der Patentbeschreibung darin, daß man nicht auf das Blattmetall gelösten oder pulverisierten Klebstoff aufträgt, sondern aus Klebstofflösung durch teilweises Verdunsten des Lösungsmittels ein Häutchen bildet und auf dieses, solange es noch klebrig ist, das Blattmetall aufdrückt. Dadurch sollen gewisse Vorzüge in der Herstellung und an dem fertigen Erzeugnis hervorgebracht werden. Die Klägerin behauptet, daß die Beklagte das geschützte Verfahren zur Herstellung von Blattmetall mit Klebstoff benütze. Sie fordert mit dem Klagantrag Verurteilung der Beklagten zur Unterlassung, zur Rechnungslegung und zum Schadensersatz. Sie stützt sich auf die im § 35 Abs. 2 PatG. ausgesprochene Vermutung.

Die Beklagte beantragt Klagabweisung. Sie bestreitet, daß jene Vermutung auf den vorliegenden Fall zutrifft, und weigert sich, ihr Herstellungsverfahren darzulegen.

Das Landgericht und das Oberlandesgericht wiesen die Klage ab. Die Revision der Klägerin hatte keinen Erfolg.

Gründe:

Das Wesen des klägerischen Patentes ergibt sich aus dem Beschluß der Beschwerdeabteilung des Patentamts vom 4. April 1912. Die geschützte Erfindung hat zum Ziele: dünnste Metallblätter mit einer Schicht von Klebstoff zu versehen, der in der Wärme erweicht und klebkräftig wird. Die Metallfolie wird bei ihrer Verwendung mit einem erwärmten Prägestempel auf die zu verzierende Unterlage aufgedrückt, der Klebstoff erweicht dabei und verbindet die Metallfolie mit der Unterlage. Geschützt ist nun ein bestimmtes Verfahren, die Metallfolie mit Klebstoff zu versehen. Die Herstellung soll in der Weise geschehen, daß man den Klebstoff löst, auf einer geeigneten Unterlage, z. B. einer Glasplatte, ausbreitet, das Lösemittel teilweise verdunsten läßt und, solange das entstehende Häutchen noch klebrig ist, die Metallfolie aufträgt. Das soll die in dem genannten Beschluß dargelegten Vorzüge, auf die es hier im einzelnen nicht ankommt, vor anderen bereits bekannten Herstellungsarten haben. Letztere bestanden darin, daß man nicht erst ein Häutchen aus Klebstoff herstellte, sondern vielmehr entweder die Metallfolie mit der Klebstofflösung bestrich und letztere eintrocknen ließ, oder daß man pulverförmigen Klebstoff (Harz, Gelatine) auf die Metallfolie streute und durch Erwärmen zum Anhaften brachte.

Die Klägerin macht geltend, daß die nach ihrem Verfahren hergestellten Metallfolien mit Klebstoff einen „neuen Stoff" im Sinne des § 35 Abs. 2 PatG. darstellten und daß die Erzeugnisse der Beklagten mit ihren eigenen identisch seien. Daraus — so wird gefolgert — ergebe sich, daß die Erzeugnisse der Beklagten bis zum Beweise des Gegenteils als nach dem patentierten Verfahren hergestellt gälten und daß die Beklagte den Gegenbeweis zu führen habe, widrigenfalls die Klage begründet sei.

Diese Folgerung wird vom Berufungsgericht mit der Erwägung zurückgewiesen, daß es sich bei der Erfindung der Klägerin um die Herstellung eines Erzeugnisses, nicht eines Stoffes, noch weniger eines neuen Stoffes handle. Der Entscheidung des Berufungsgerichts kann nicht entgegengetreten werden.

Der Absatz 2 des § 35 findet sich zuerst in dem Patentgesetz von 1891. Er ist — veranlaßt durch die Beratungen der Bundesratskommission von 1886 — eingefügt worden durch die Reichstagskommission. Nach dem Bericht dieser Kommission (Nr. 152 der Drucksachen S. 8) wollte die Regierungsvorlage im § 4 („ist das Patent für ein Verfahren erteilt, so erstreckt sich die Wirkung auch auf die mittels des Verfahrens hergestellten Erzeugnisse") allen Zweifeln über den Patentschutz derartiger Erzeugnisse ein Ende machen. In der Reichstagskommission wurde gewünscht, den Schutz noch ausgiebiger zu gestalten, und es wurde deshalb beantragt, dem § 4 hinzuzufügen: handelt es sich um ein Verfahren zur Herstellung eines neuen Stoffes, so gilt bis zum Beweise des Gegenteils der neue Stoff als nach dem patentierten Verfahren hergestellt. Diese Bestimmung ist sodann dem damaligen § 34 (jetzigen § 35) angefügt und in etwas abgeänderter Fassung Gesetz geworden. Auffällig ist, daß, während im Absatz 2 des § 4 von „Erzeugnissen" des Verfahrens die Rede ist, der beantragte Absatz 3 des § 4 (jetzt also Absatz 2 des § 35) von „Stoffen" spricht. Das rührt offenbar daher, daß der Antragsteller, wie der Bericht S. 8 angibt, „namentlich" die Interessen der chemischen Industrie, welche „Stoffe" herstellt, im Auge hatte. Das Wort „namentlich" weist nun aber schon darauf hin, daß doch nicht ausschließlich an chemische Stoffe gedacht ist. Es ist danach zuzugeben, daß im § 35 auch Stoffe gemeint sein können, die Erzeugnisse mechanischer Verfahren sind, also eines Verfahrens, wie es hier gegeben ist. Die Entscheidung des Rechtsstreits ist mithin davon abhängig, ob die der Klägerin geschützte Zusammenfügung von Blattmetall mit daran haftender Klebstoffschicht als ein Stoff, insbesondere als ein neuer Stoff, im Sinne des § 35 anzusehen ist. Das ist in Übereinstimmung mit dem Berufungsgericht verneint worden. Stoffe im Sinne des § 35 sind Substanzen, die in der Regel zur technischen Verwendung oder zur technischen Weiterverarbeitung bestimmt sind, die keine Einzelindividualität aufweisen, die äußerlich nicht formgestaltet sind, oder bei denen es wenigstens auf die Formgebung nicht in erster Linie ankommt. Schon danach erscheint es nicht unzweifelhaft, ob das Erzeugnis der Klägerin sich als Stoff bezeichnen läßt. Dieser Zweifel wird bestätigt durch die weitere Erwägung, ob ein neuer Stoff vorliegt. Neuheit des Stoffes ist gegeben, wenn Unterschiede in den mechanischen oder chemischen Eigenschaften gegenüber dem Bekannten hervortreten. Aber nicht jeder Unterschied in den Eigenschaften genügt. Der Unterschied muß so durchgreifend und das Wesen der Substanz betreffend sein, daß nicht etwa nur ein mit einzelnen besseren Eigenschaften ausgestatteter alter, bereits bekannter Stoff vorliegt. Die Klägerin behauptet, daß ihr Erzeugnis infolge der dickeren und zusammenhängenden Klebstoffschicht haltbarer und beständiger sei, als die vorher bekannten, gummierten Metallfolien, und daß der Klebstoff nicht durch die Poren der Folien auf die unrechte Seite durchgedrungen sei. Es mag sein, daß ihr Erzeugnis sich dadurch als wertvoller erweist. Aber es kann dem Berufungsgericht nicht entgegengetreten werden, wenn es, wie nach dem Zusammenhang seiner Ausführungen angenommen werden muß, zu dem Ergebnis gekommen ist, daß diese behaupteten besseren Eigenschaften nicht das Wesen der Substanz ergreifen und dieses nicht in der Art umgestaltet haben, daß man von einem neuen Stoff sprechen kann. Diese Ausführung ist zudem im wesentlichen tatsächlicher Art. Muß darin dem Berufungsgericht gefolgt werden, so kann sich die Klägerin auf die Vermutung des § 35 Abs. 2 nicht berufen, vielmehr hätte sie ihrerseits den Nachweis führen müssen, daß das Erzeugnis der Beklagten in dem ihr patentierten Verfahren hergestellt ist.

---

38. Über die Ausbedingung von Leistungen zugunsten Dritter bei einer bäuerlichen Gutsübergabe unter der Herrschaft des gemeinen Rechts, insbesondere über ein den Geschwistern des Gutsübernehmers eingeräumtes Einlösungsrecht (Vorkaufsrecht).

IV. Zivilsenat. Urt. v. 12. Februar 1925 i. S. M. (Bekl. u. Widerkl.) w. H. (Kl. u. Widerbekl.). IV 488/24.

I. Landgericht Hannover.
II. Oberlandesgericht Celle.

Am 8. Juli 1877 haben der Hofbesitzer Heinrich M., sein Sohn Heinrich Julius M. und dessen damalige Braut (die Beklagte) einen notariellen Übergabe-, Ehe- und Erbvertrag geschlossen, laut dessen der Vater seinen in der Höferolle eingetragenen Vollhof auf den Sohn als Anerben übertrug und die Brautleute sich für den Fall kinderlosen Versterbens nach der Regel „längst Leib, längst Gut" gegenseitig als Erben einsetzten. In dem Vertrag ist ferner bestimmt:

„Der Hofannehmer und seine Nachfolger haben den Hof in dem bisherigen Umfang oder Bestand, abgesehen von einzelnen Änderungen, in der Familie zu erhalten.

Sollten sie denselben veräußern, haben die (im Vertrag genannten drei) Geschwister des Bräutigams das Vorkaufsrecht."

Heinrich Julius M. ist im Jahre 1917 kinderlos gestorben. Seine Witwe und alleinige Erbin, die Beklagte, hat den Hof durch notariellen „Übergabevertrag" vom 14. Januar 1923 auf B., den Ehemann einer Seitenverwandten von ihr, übertragen. Die Auflassung ist in derselben Urkunde, die Eintragung des neuen Eigentümers im Grundbuche demnächst erfolgt. Die Klägerin, die einzige Überlebende von den Geschwistern des Heinrich Julius M., hat auf Grund der Behauptung, vorkaufsberechtigt zu sein, Eintritt in den Vertrag vom 14. Januar 1923 und, nachdem die Beklagte dies verweigert hatte, Schadensersatz verlangt. Sie begehrt im Prozeß als Teilbetrag des Schadens 5000 Goldmark nebst Zinsen. Die Beklagte hat widerklagend die Feststellung beantragt, daß die Klägerin aus der Übertragung des Hofes auf B. keinerlei Ansprüche gegen sie herleiten könne.

Das Oberlandesgericht hat die Widerklage abgewiesen und den mit der Klage geltend gemachten Schadensersatzanspruch dem Grunde nach für gerechtfertigt erklärt.

Die Revision der Beklagten hatte keinen Erfolg.

Gründe:

Der Übergabevertrag vom 8. Juli 1877 ist unter der örtlichen und zeitlichen Herrschaft des gemeinen Rechts abgeschlossen. Nach diesem Recht bestimmen sich gemäß Art. 170 EG. z. BGB. Inhalt und Wirkungen der durch den Vertrag begründeten Schuldverhältnisse. Dies gilt insbesondere auch für die Frage, ob dadurch, daß in dem Vertrag zwischen Vater und Sohn ein „Vorkaufsrecht" zugunsten der Geschwister des Sohnes festgesetzt wurde, die Geschwister ein Forderungsrecht erlangten, trotzdem sie zu dem Vertrag nicht zugezogen worden waren. Das Berufungsgericht hat die Frage mit Recht bejaht. Denn so bestritten in der Wissenschaft und Praxis des gemeinen Rechts das Recht des Dritten aus einem zu seinen

Gunsten geschlossenen Vertrag auch im allgemeinen war, so war ein solches Recht doch kraft unbestrittenen Gewohnheitsrechts für den Fall anerkannt, daß bei einer bäuerlichen Gutsübernahme von den abtretenden Eltern Leistungen an die Geschwister des übernehmenden Kindes ausbedungen wurden (RGZ. Bd. 2 S. 276). Die Geschwister des Hofannehmers Heinrich Julius M. erwarben danach nicht nur auf diejenigen Abfindungssummen von je 15000 ℳ, welche ihnen 4 Jahre nach der Hofannahme, sowie auf die weiteren je 9000 ℳ, die ihnen für den Fall kinderlosen Versterbens des Hofannehmers zu zahlen waren, ein unmittelbares Recht, sondern wurden auch aus dem zu ihren Gunsten bedungenen „Vorkaufsrecht" unmittelbar berechtigt. Ein Vorkaufsrecht ist regelmäßig unvererblich. Das ist jetzt in § 514 BGB. ausgesprochen, aber auch für das gemeine Recht anzunehmen (vgl. Mot. Bd. 2 S. 351 zu § 486, § 487 Nr. 1 des 1. Entw. zum BGB.). Eine von der Regel abweichende Bestimmung ist in dem vorliegenden Vertrag nicht getroffen. Als vorkaufsberechtigt kommt daher, nachdem die beiden anderen Geschwister des Hofannehmers Heinrich Julius M. gestorben sind, nur noch die Klägerin in Betracht. Hiervon geht auch das Berufungsgericht stillschweigend aus. Als gegenüber einem Vorkaufsrecht der Klägerin verpflichtet wird im Berufungsurteil mit Recht die Beklagte angesehen, weil sie im Sinne der in Rede stehenden Vertragsbestimmung Nachfolgerin des Hofannehmers ist und die in dieser Bestimmung dem Hofannehmer und seinen Nachfolgern auferlegte Verpflichtung sowohl als Mitvertragschließende als auch als alleinige Erbin des Hofannehmers zu vertreten hat.

Die Beklagte hat das Vorhandensein der vertragsmäßigen Voraussetzungen eines Anspruchs der Klägerin mit doppelter Begründung verneint: 1. Durch die umstrittene Vertragsbestimmung habe die Erhaltung des Hofes in der M.schen Familie erreicht werden sollen. Mit dem kinderlosen Ableben des Hofannehmers und seiner für diesen Fall im Vertrag festgesetzten alleinigen Beerbung durch die Beklagte sei aber der Hof der M.schen Familie bereits endgültig verloren gegangen. Die Familie sei dadurch, daß für diesen Fall den Geschwistern des Hofannehmers, eventuell deren Erben weitere je 9000 ℳ ausgesetzt seien, völlig abgefunden worden. 2. Der Vertrag vom 14. Januar 1923 sei kein Kaufvertrag, sondern ein zum großen

Teil unentgeltlich abgeschlossener Übergabevertrag. — Hilfsweise hat die Beklagte 3. geltend gemacht: Unter der Familie, in der der Hof nach dem Vertrag habe erhalten werden sollen, sei die Familie des Hofannehmers Heinrich Julius M. und seiner Ehefrau zu verstehen; zu dieser Familie gehöre auch Frau B. und ihr sei ihr Ehemann, da er mit ihr in allgemeiner Gütergemeinschaft lebe, gleichzustellen.

Dem gegenüber führt das Berufungsgericht zu 1 und 3 aus: Die Familie, in der der Hofabgeber Heinrich M. den Hof habe erhalten wissen wollen, sei seine eigene Familie, und zwar seien nur seine Blutsverwandten zu der Familie zu rechnen. Dies letztere folge insbesondere daraus, daß es sich um einen bereits im Jahre 1877 in die Höferolle eingetragenen Hof gehandelt habe, und daß das Höferecht mit auf dem Gedanken aufgebaut sei, das Gut in der Familie der Blutsverwandten des letzten Besitzers zu erhalten. Nach dem damals geltenden Gesetz, betreffend das Höferecht in der Provinz Hannover, vom 2. Juni 1874 (§ 13 Abs. 2) habe die Witwe noch nicht zu den Anerben gehört. Die gegenteilige Bestimmung in der neuen Fassung des Gesetzes vom Jahre 1909 (§ 10) habe gerade um deswillen manchen Widerspruch erfahren, weil dadurch die Möglichkeit geschaffen worden sei, daß der Hof aus der Familie, aus der er stamme, herausfalle. Dies zu verhindern, sei eben der Zweck der Vereinbarung des Vorkaufsrechts gewesen, das hiernach auch dann und gerade dann habe wirksam werden sollen, wenn durch die Klausel „längst Leib, längst Gut" die Witwe des kinderlos sterbenden Hofannehmers seine Nachfolgerin auf dem Hofe würde. Gerade dann sei die Gefahr des Übergangs in eine blutsfremde Familie am größten gewesen. Durch die im Vertrag für die Geschwister des Hofannehmers bei kinderlosem Ableben vorgesehene Abfindung habe nur das gesetzliche Erbrecht der Geschwister abgegolten werden sollen. Das Vorkaufsrecht habe eine Sicherung gegen Veräußerung an dritte Personen darstellen und den Geschwistern nebenher zustehen sollen.

Diese Ausführung enthält eine rechtlich mögliche und deshalb für das Revisionsgericht bindende Vertragsauslegung. Die Revision wendet zwar ein, der Hof würde durch den Eintritt der Klägerin in den von der Beklagten mit B. abgeschlossenen Vertrag der Familie des Hofabgebers Heinrich M. nicht erhalten, sondern dieser Familie aus der Hand der Beklagten, die nicht zu den Blutsverwandten von Heinrich M. gehöre, wieder zugeführt werden, und eine Pflicht, den der Familie bereits entfremdeten Hof dieser wieder zuzuführen, habe der Hofabgeber niemandem auferlegt. Der Hofabgeber hat indessen, das ist die deutlich erkennbare Auffassung des Berufungsgerichts, die mit seinem Sohn durch die Regel „längst Leib, längst Gut" verbundene Ehefrau nicht als eine Familienfremde angesehen und deshalb durchaus der Meinung sein können, daß durch den Eintritt der Geschwister des Hofannehmers in einen von der Witwe mit einem Fremden abgeschlossenen Veräußerungsvertrag der Hof in der Familie erhalten würde, zu der er sonst nur seine Blutsverwandten (im Gegensatz zu den mit seiner Schwiegertochter in der aufsteigenden oder Seitenlinie verwandten Personen) rechnete. Allerdings hinderte der Vertrag von 1877 es nicht, daß der Hof auf dem Wege der gesetzlichen Beerbung oder infolge einer testamentarischen Anordnung der Beklagten auf eine mit dem Hofabgeber nicht verwandte Person übergehen konnte. Aber der Umstand, daß auf diesen Fall keine Vorsorge für die Erhaltung des Hofes in der Familie getroffen ist, steht der Vertragsauslegung des Berufungsgerichts nicht entgegen, daß ein Geschäft unter Lebenden, durch das die Witwe den Hof an einen Familienfremden veräußerte, das Einlösungsrecht der Geschwister des Hofannehmers zur Geltung brachte.

Zu 2. führt das Berufungsgericht aus: a) Dem Zweck der Vertragsvorschrift, den Hof in der Familie zu erhalten, entspreche die Einräumung des Rechts an die Geschwister des Hofannehmers, in jeden Veräußerungsvertrag einzutreten, ohne Rücksicht darauf, ob es sich um einen eigentlichen Kaufvertrag oder einen kaufähnlichen Übergabevertrag handle. Daß dieses Recht auf einen Kaufvertrag in strengem Sinne habe beschränkt werden sollen, folge aus dem Gebrauch des nur den Normalfall treffenden Wortes „Vorkaufsrecht" um so weniger, als es im Vertrag allgemein für den Fall der Veräußerung, nicht nur für den des Verkaufs gewährt werde. b) Der Vertrag von 1923 bezeichne sich übrigens zwar als Übergabevertrag. In Wahrheit liege aber ein Kaufvertrag vor, da der Erwerber als Entgelt für die Übertragung des Eigentums der Veräußerin nicht nur eine Leibzucht bestellt und die auf dem Hof ruhenden Lasten und Hypotheken übernommen, sondern auch an die Erben der Veräußerin — oder von dieser noch zu bestimmende Personen — eine Geldsumme zu entrichten versprochen habe.

Gegen diese Ausführung wird von der Revision nichts vorgebracht. Sie ist in ihrem zweiten Teil (b) insofern nicht unbedenklich, als die Feststellungen des Berufungsgerichts die Annahme einer mit Kauf gemischten Schenkung nicht ausschließen. Aber die erste Erwägung (a) trägt die Entscheidung schon für sich allein; sie ist rechtlich einwandfrei. Wie nach dem geltenden Rechte (vgl. Komm. v. RGRäten 5. Aufl. Anm. 1 zu § 504 BGB.), ist auch nach dem von dem Grundsatz der Vertragsfreiheit beherrschten gemeinen Recht ein obligatorisches Einlösungsrecht nicht nur in der Form des Vorkaufs rechtlich möglich. Gleich einem Kaufvertrag kann jeder andere Veräußerungsvertrag zur Bedingung für die Ausübung eines Einlösungsrechts gemacht werden. Voraussetzung ist nur, daß dieser Veräußerungsvertrag auch für das zwischen dem Einlösungsberechtigten und dem Verpflichteten entstehende Vertragsverhältnis zum Inhalt erhoben werden kann. Daß dies für den von der Beklagten mit B. abgeschlossenen Veräußerungsvertrag zutrifft, nimmt das Berufungsgericht, nach dem Zusammenhang seines Urteils, ohne ersichtlichen Rechtsirrtum an.

Die Beklagte hat dadurch, daß sie an den schuldrechtlichen Veräußerungsvertrag mit B. gleich die Eigentumsübertragung angeschlossen hat, dem Einlösungsrecht der Klägerin zuwidergehandelt; sie hat auch die Erfüllung des Eintrittsverlangens der Klägerin verweigert. Sie haftet deshalb, auch darin ist dem Berufungsgericht beizutreten, der Klägerin auf das Erfüllungsinteresse.

---

39. 1. Ist die in die Anstellungsurkunde einer preußischen Volksschullehrerin vor Erlaß der Reichsverfassung aufgenommene Klausel, die Anstellung erfolge mit der Maßgabe, daß die Verheiratung der Lehrerin die sofortige Aufhebung der Anstellung zur Folge habe, durch Art. 128 Abs. 2 RVerf. rechtsunwirksam geworden?

2. Hat die Preußische Landesschulkasse das Diensteinkommen auch solchen Volksschullehrerinnen zu zahlen, deren wegen Verheiratung erfolgte Entlassung aus dem Schuldienste rechtsunwirksam ist?

Volksschullehrer-Diensteinkommengesetz vom 17. Dezember 1920 (GS. S. 623)/1. April 1923 (GS. S. 239) — VDG. — § 35 Abs. 1, § 39a.

III. Zivilsenat. Urt. v. 13. Februar 1925 i. S. 1. Landesschulschulkasse (Bekl.), 2. Stadtgemeinde B. (Nebeninterven.) w. Frau Z. (Kl.). III 1041/23.

I. Landgericht I Berlin.
II. Kammergericht daselbst.

Die Klägerin wurde durch Verfügung der Regierung in P. vom 31. Juli 1915 mit Wirkung vom 1. Oktober 1915 einstweilig und durch Verfügung vom 13. April 1916 mit Wirkung vom 1. April 1916 endgültig als Lehrerin an der Volksschule in B.-H. angestellt. Die Anstellung erfolgte nach der Anstellungsurkunde mit der Maßgabe, daß die Verheiratung der Klägerin die sofortige Aufhebung der Anstellung zur Folge habe. Am 27. Oktober 1919 heiratete die Klägerin. Sie wurde deshalb durch Beschluß der Regierung in P. vom 1. Dezember 1919 mit rückwirkender Kraft zum 27. Oktober 1919 aus dem Schuldienst entlassen. Sie hält diese Entlassung nach Art. 128 Abs. 2 RVerf. für unzulässig und verlangt deshalb mit der Klage Zahlung ihres Gehalts für die Zeit bis zum 30. September 1922 unter Abzug von Beträgen, die sie für zeitweise Tätigkeit als Vertreterin noch nach ihrer Entlassung erhalten hat.

Die beklagte Landesschulkasse bestreitet ihre Passivlegitimation, hält auch die Entlassung der Klägerin für gerechtfertigt, da die Reichsverfassung die sogenannten Zölibatsklauseln jedenfalls für die früher angestellten Lehrerinnen nicht beseitigt habe.

Das Landgericht hat durch Zwischenurteil den Gehaltsanspruch der Klägerin der Landesschulkasse gegenüber für die Zeit vom 1. April 1920 bis zum 30. September 1922 dem Grunde nach für gerechtfertigt erklärt. Die Beklagte hat Berufung eingelegt. Die Klägerin hat sich ihr mit Rücksicht auf die Erhöhung der seit 1. Juli 1922 fälligen Bezüge angeschlossen. Das Kammergericht hat die Berufung der Beklagten zurückgewiesen mit der Maßgabe, daß auch der neue Antrag der Klägerin dem Grunde nach für gerechtfertigt erklärt werde. Die gegen dieses Urteil von der Beklagten und der ihr als Nebenintervenientin beitretenden Stadt B. eingelegten Revisionen wurden zurückgewiesen.

Gründe:

Das Kammergericht hat die Entlassung der Klägerin aus dem Schuldienst als gegen Art. 128 Abs. 2 RVerf. verstoßend für unwirksam erklärt. Es hat ferner ausgeführt, daß die Beklagte das der Klägerin für die Zeit vom 1. April 1920 ab zustehende Gehalt zu zahlen habe. In beiden Richtungen bekämpft die Revision der Beklagten diese Darlegungen, während sich die Revision der Nebenintervenientin nur gegen die Anwendung der genannten Vorschrift der Reichsverfassung wendet. Der Senat trägt jedoch kein Bedenken, dem Berufungsurteil beizutreten.

1. Hinsichtlich der Auslegung des Art. 128 Abs. 2 RVerf., der alle Ausnahmebestimmungen gegen weibliche Beamte beseitigt, ist an der bisherigen Rechtsprechung (RGZ. Bd. 102 S. 145, Bd. 106 S. 154) festzuhalten: die Bestimmung enthält sofort geltendes Recht; mit ihr sind Vorschriften unvereinbar, die die Entlassung von Lehrerinnen für den Fall ihrer Verheiratung anordnen; Gesetze, Verordnungen und Erlasse dieses Inhalts sind rechtsunwirksam, auch soweit sie älter als die Reichsverfassung sind. Wegen der näheren Begründung dieser Sätze wird auf die angeführten beiden Entscheidungen des Senats verwiesen, die zu erschüttern den Revisionsklägerinnen nicht gelungen ist. (Die von ihnen gegen die früheren Urteile erhobenen Einwendungen werden zurückgewiesen und dann fortgefahren:)

Zu keiner anderen Beurteilung des vorliegenden Falles kann der Umstand führen, daß die Anstellungsurkunde der Klägerin die Maßgabe enthält, die Verheiratung der Klägerin habe die sofortige Aufhebung ihrer Anstellung zur Folge. Die Entscheidung RGZ. Bd. 37 S. 298 leitet allerdings die Gültigkeit der Heiratsklausel noch aus dem Gesichtspunkt des Vertrags her und fordert ihre Aufnahme in die Anstellungsurkunde. Der grundsätzliche Standpunkt hat sich aber seit Erlaß dieses am 30. April 1896 verkündeten Urteils gewandelt. Mit der in der neueren Rechtsprechung des Reichsgerichts zum Durchbruch gelangten Auffassung von der Natur des Beamtenverhältnisses und der Beamtenanstellung ist die besonders von der Nebenintervenientin vertretene Ansicht unvereinbar, die in der Anstellungsurkunde der Klägerin enthaltene Verheiratungsklausel bilde einen Teil des zwischen ihr und der Anstellungsbehörde geschlossenen Anstellungsvertrags, in eine derartige Abmachung greife Art. 128 Abs. 2 RVerf. nicht ein. Die Anstellung des Beamten erfolgt nicht durch Vertrag, sondern durch einen einseitigen Akt der Staatsgewalt. Die in der Anstellungsurkunde etwa enthaltenen Anstellungsbedingungen sind keine Vertragsabreden; sie geben nur — mehr oder minder ausführlich — das das zu begründende Beamtenverhältnis beherrschende öffentliche Recht wieder. Das Recht der Behörde, die Klägerin im Fall ihrer Verheiratung zu entlassen, beruhte nicht auf einem mit ihr geschlossenen Vertrag, sondern auf den Bestimmungen des preußischen Schulrechts, die das Ausscheiden einer Lehrerin aus dem Dienst bei ihrer Verheiratung verlangten. Auf sie wies wegen ihrer besonderen Wichtigkeit die Anstellungsurkunde ausdrücklich hin. Sie sind aber durch die Reichsverfassung aufgehoben worden, und damit hat auch der Vorbehalt in der Ernennungsurkunde seine rechtliche Bedeutung verloren. ...

Die Entlassung der Klägerin aus dem Schuldienst entbehrt somit des Rechtsgrundes. Ihr gesetzliches Diensteinkommen steht ihr trotzdem zu.

2. Sie fordert es auch mit Recht von der Beklagten, soweit die Bezüge seit dem 1. April 1920, über die allein in den Vorinstanzen bisher erkannt ist, in Frage kommen. Seit dem genannten Tage sind gemäß § 35 Abs. 1 VDG. alle Schulverbände zum Ausgleich der persönlichen Volksschullasten zu einer Landesschulkasse — der Beklagten — vereinigt. Allerdings liegt ihr nach § 39a VDG. nur ob die Zahlung des baren Diensteinkommens und der Kinderbeihilfen einschließlich des Ausgleichszuschlags sowie des örtlichen Sonderzuschlags und der Frauenbeihilfe an die Lehrer (Lehrerinnen), soweit sie in planmäßigen Stellen angestellt oder in freien planmäßigen Stellen vollbeschäftigt werden. Aus der ursprünglichen Fassung dieser Vorschrift, die der Landesschulkasse die Gehaltszahlung an die Lehrer (Lehrerinnen) übertrug, „soweit sie in planmäßigen Stellen vollbeschäftigt werden", hat der Senat in dem Urteil vom 14. Dezember 1923 (III 199/23) die Folgerung gezogen, daß die Landesschulkasse zu Leistungen nur verpflichtet sei, soweit planmäßige Stellen vorhanden seien. Die Richtigkeit dieser Auffassung des Ge-

setzes wird durch seine jetzige Fassung nur noch klarer gestellt. § 36 Abs. 3 VDG., auf welche Bestimmung das Kammergericht hinweist, bildet keinen Gegengrund. Denn der Umfang, in dem das Diensteinkommen der Lehrer (Lehrerinnen) aus der Landesschulkasse gezahlt wird, ergibt sich erst aus § 39 VDG.

In dem früher entschiedenen Fall wurde aus dieser Erwägung heraus nicht die Landesschulkasse, sondern der örtliche Schulverband für zahlungspflichtig erklärt, weil es an einer planmäßigen Stelle für die damalige Klägerin fehlte. Im Gegensatz dazu ist hier die Klägerin in einer planmäßigen Stelle angestellt worden. Auf sie trifft § 39a VDG. also zu. Ihre Entlassung aus ihrer Stelle ist nach dem zu 1 Ausgeführten rechtsunwirksam und kann daher nicht die Folge haben, daß sich die Klägerin mit ihren Gehaltsansprüchen nunmehr statt an die Beklagte an den Schulverband (die Nebenintervenientin Stadt B.) wenden müßte. Die Beklagte beruft sich zu Unrecht auf § 5 des Gesetzes, betr. die Erweiterung des Rechtswegs, vom 24. Mai 1861 (GS. S. 242). Diese Vorschrift bestimmt allerdings, daß die Entscheidungen der Disziplinar- und Verwaltungsbehörden darüber, ob ein Beamter aus seinem Amt zu entfernen usw. sei, für die Beurteilung der vor den Gerichten geltend gemachten vermögensrechtlichen Ansprüche maßgebend seien. Unter Entfernung aus dem Amt ist aber nur die im Wege des Disziplinarverfahrens verhängte, auf Entfernung aus dem Amt gerichtete Disziplinarstrafe zu verstehen (Urteil des Senats vom 13. Februar 1913 III 258/11). Ob eine Entlassungsverfügung der vorgesetzten Dienstbehörde an sich geeignet ist, das Beamtenverhältnis zu beendigen, unterliegt der Nachprüfung durch die Gerichte. Das von der Beklagten angezogene Urteil des Senats vom 20. März 1914 (III 18/14) steht dieser Auffassung nicht entgegen. Auch dort ist geprüft worden, ob der Verwaltungsakt, durch den sich der damalige Kläger beschwert fühlte, seine Versetzung in ein anderes Amt, den gesetzlichen Erfordernissen (§ 87 Nr. 1 des Disziplinargesetzes vom 21. Juli 1852) entsprach. Die unrechtmäßige Entlassung der Klägerin würde ihr die Eigenschaft als Inhaberin einer planmäßigen Lehrerinnenstelle auch dann nicht genommen haben, wenn die Schulbehörde inzwischen die Stelle erneut besetzt haben sollte. Die Ansprüche der Klägerin gegen sie sind dadurch nicht beeinträchtigt worden.

Die Passivlegitimation der Beklagten ist also von den Vorinstanzen mit Recht bejaht worden.

---

40. 1. Wann ist der Anfechtungsklage des § 271 HGB. der Erfolg deshalb zu versagen, weil der angefochtene Beschluß der Generalversammlung nicht auf dem gerügten Formverstoße beruht?

2. Hat ein Verstoß gegen § 274 Abs. 2 HGB. die Anfechtbarkeit des Statutenänderungsbeschlusses zur Folge?

II. Zivilsenat. Urt. v. 13. Februar 1925 i. S. Agrippinahaus Aktiengesellschaft (Bekl.) w. T. (Kl.). II 52/24.

I. Landgericht Köln, Kammer für Handelssachen.
II. Oberlandesgericht daselbst.

Am 30. August 1921 fand eine ordentliche Generalversammlung der Beklagten statt mit folgender Tagesordnung: 1. Vorlage des Geschäftsberichts nebst Bilanz und Gewinn- und Verlustrechnung für das Geschäftsjahr 1920/21. Beschlußfassung über deren Genehmigung. 2. Entlastung des Vorstandes und des Aufsichtsrats. 3. Wahl zum Aufsichtsrat. 4. Wahl von Rechnungsprüfern für das Geschäftsjahr 1921/22. 5. Vergleich mit einem Hypothekengläubiger. 6. Statutenänderung des § 1, betreffend Zweck des Unternehmens, des § 18, betreffend Aufsichtsratsfunktionen, des § 21 Abs. 5, betreffend Befugnisse des Vorstandes und des § 37, Erhöhung der Aufsichtsratstantieme und Übernahme der Tantiemesteuer auf die Aktiengesellschaft. Die Beklagte hatte damals ein Grundkapital von 1600000 M. Davon waren 1523000 M mit 1523 Stimmen durch den Kläger und sechs weitere Aktionäre in der Versammlung vertreten, 325 Stimmen davon entfielen auf den Kläger. Vor Eintritt in die Tagesordnung widersprach der Kläger der Abhaltung der Versammlung, weil der Geschäftsbericht nebst der Gewinn- und Verlustrechnung den Aktionären nicht rechtzeitig zur Verfügung gestellt worden sei. Der Widerspruch wurde durch Beschluß der Versammlung gegen die Stimmen des Klägers zurückgewiesen. Sodann wurden mit demselben Stimmenverhältnis (1198 gegen 325) die Punkte 1,

2, 3, 5 und 6 der Tagesordnung erledigt. Nur zu Punkt 4 (Wahlen von Rechnungsprüfern für das Geschäftsjahr 1921/22) stimmte auch der Kläger mit der Mehrheit. Zu Punkt 6 wurde die Änderung der daselbst erwähnten vier Paragraphen der Satzung beschlossen. Insbesondere erhielt § 1 Abs. 3, der bis dahin gelautet hatte: „Gegenstand des Unternehmens ist der Erwerb, die Bebauung und die Vermietung eines Grundstückskomplexes in Köln", folgende Fassung: „Zweck der Gesellschaft ist: 1. der Erwerb und der Verkauf von bebauten und unbebauten Grundstücken, der Bau, der Verkauf und die Verwertung von Wohn- und Geschäftshäusern, 2. die Bewirtschaftung der erbauten oder erworbenen Baulichkeiten in Selbstverwaltung, 3. die Beteiligung an anderen Unternehmungen im In- und Auslande, deren Geschäftsbetrieb zu dem Zweck der Gesellschaft in Beziehung steht". Gegen alle Beschlüsse erhob der Kläger zu Protokoll des Notars Widerspruch.

Mit der innerhalb der Monatsfrist des § 271 Abs. 2 HGB. erhobenen Anfechtungsklage beantragte der Kläger, alle in der Generalversammlung gefaßten Beschlüsse für nichtig zu erklären. Als allgemeinen Anfechtungsgrund machte er geltend, daß die Versammlung nicht hätte abgehalten werden dürfen, weil ihm und auch anderen Aktionären die Vorlagen der Verwaltung vorher nicht rechtzeitig zugegangen seien; die Anfechtung der zu den §§ 1, 18 und 21 beschlossenen Satzungsänderung wurde außerdem auch auf ungenügende Ankündigung des Verhandlungsgegenstandes gestützt.

Das Landgericht erklärte den zu Punkt 6 der Tagesordnung gefaßten Beschluß, soweit er den § 1 der Satzung betrifft, für nichtig. Es nahm an, daß insoweit wegen ungenügender Ankündigung des — durch die Tagesordnung bekanntgegebenen — Verhandlungsgegenstandes ein für das Ergebnis der Beschlußfassung möglicherweise erheblicher Verstoß gegen § 274 Abs. 2 HGB. und den mit dieser Vorschrift übereinstimmenden § 28 Abs. 1 der Satzung der Beklagten vorliege. Im übrigen wies es die Klage ab. Das Oberlandesgericht gab im vollen Umfang der Klage statt. Die Revision der Beklagten wurde zurückgewiesen.

Gründe:

Das Berufungsurteil beruht auf der Erwägung, daß bei der Einberufung der Generalversammlung zwei Verstöße gegen gesetzliche

Bestimmungen vorgekommen seien, die sowohl einzeln wie namentlich im Verein miteinander auf den Besuch der Versammlung und damit auf alle in der Versammlung gefaßten Beschlüsse von Einfluß gewesen sein könnten. Die beiden Verstöße erblickt es einmal darin, daß der Kläger vor der Generalversammlung trotz rechtzeitig gestellten Verlangens die Vorlagen der Verwaltung nicht innerhalb der Frist des § 263 Abs. 2 HGB. (und des § 35 Abs. 3 der Satzung der Beklagten), sondern drei Tage zu spät zugesandt erhalten hat, ferner in einer Verletzung des § 274 Abs. 2 HGB. (§ 28 Abs. 2 der Satzung), die darin liegen soll, daß die im Punkt 6 der Tagesordnung enthaltene Ankündigung hinsichtlich der §§ 1 und 18 der Statuten nicht genügt habe, um die beabsichtigte Änderung des Gesellschaftsvertrags nach ihrem wesentlichen Inhalt erkennbar zu machen. Das Berufungsgericht ist der Ansicht, es sei in den Bereich der Möglichkeit zu ziehen, daß bei ordnungsmäßiger Vorbereitung der Versammlung alle Aktionäre sich eingefunden und so viele sich dem Kläger angeschlossen hätten, daß die für die Erledigung des Punktes 6 der Tagesordnung erforderliche Dreiviertelmehrheit nicht erreicht worden wäre. Ferner sei es nicht ausgeschlossen, daß die Mehrheit, wenn sie sich einer unter Umständen ausschlaggebenden Minderheit gegenübergesehen hätte, sich dieser in den anderen Punkten der Tagesordnung entgegenkommend gezeigt haben würde, um sie für den letzten Punkt willfährig zu machen, mit anderen Worten: hätte die Minderheit ein Viertel der Stimmen erreicht, so hätte sie nicht nur den Beschluß zum Punkt 6 der Tagesordnung durch das Stimmenverhältnis beeinflussen können, sondern sie würde auch taktisch einen weit erheblicheren Einfluß auf den ganzen Verlauf der Versammlung und auf sämtliche Beschlüsse gehabt haben. Wenn die Beklagte hiergegen einwende, es sei nach Lage der Umstände ganz unwahrscheinlich, daß ohne die vorgekommenen Formverstöße auch nur ein Aktionär mehr zur Versammlung gekommen wäre, so sei zu erwidern, daß die bloße Unwahrscheinlichkeit sie von den Folgen der Verstöße nicht befreien könne. Die gesetzlichen und statutarischen Vorschriften, deren Verletzung hier in Frage stehe, seien eigens gegeben zum Schutze des einzelnen Aktionärs und der Minderheiten, ihre peinlichste Beobachtung seitens der Verwaltungen und der Mehrheiten müsse verlangt werden, wenn anders nicht die Minderheiten völlig rechtlos gestellt werden sollten. Solle trotz vorgekommener Gesetzesverletzung ein Beschluß Geltung haben, so doch nur dann, wenn die Gesellschaft zweifellos nachweise, daß der Verstoß ohne jeglichen Einfluß auf die Beschlußfassung gewesen sei. Solchen einwandfreien Nachweis vermöge die Beklagte nicht zu erbringen, eine Wahrscheinlichkeitserwägung genüge nicht.

Diese Beurteilung ist insoweit nicht zu beanstanden, als das Berufungsgericht den grundsätzlichen Standpunkt einnimmt, daß die Klage des § 271 HGB. nicht den Nachweis des ursächlichen Zusammenhanges zwischen dem gerügten Formverstoß und dem angefochtenen Beschluß erfordere, daß aber auch andererseits der Verstoß dann unschädlich sei, wenn die Gesellschaft ihrerseits dartue, daß der Beschluß nicht auf dem Verstoß beruhen könne. Das Reichsgericht hat sich schon mehrfach in diesem Sinn ausgesprochen (vgl. RGZ. Bd. 90 S. 206, 208, Bd. 103 S. 6), und auch die Revision erhebt nur Einwendungen nach der Richtung, daß das Berufungsgericht in den Anforderungen an die Bedeutungslosigkeit des Verstoßes zu weit gegangen sei. Sie macht geltend, die von dem Berufungsgericht selbst für unwahrscheinlich gehaltene Möglichkeit, daß alle Aktionäre sich zur Generalversammlung eingefunden hätten und daß hierdurch der ganze Verlauf der Versammlung geändert worden wäre, könne nicht entscheidend sein; maßgebend sei allein, wie aller Voraussicht nach bei ordnungsmäßiger Einhaltung der Formvorschriften der Gang der Versammlung gewesen wäre; hierbei hätte aber das Urteil auf die Tatsache eingehen müssen, daß die Mehrheit der Aktionäre von den 1600 Aktien 1198 in ihren Händen gehabt habe und daß ihr dadurch ein entscheidendes Übergewicht gegeben gewesen sei; selbst wenn von den 1600 Aktien 1597 statt 1523 in der Versammlung vertreten gewesen wären, hätte die Majorität noch immer die Dreiviertelmehrheit besessen; die Möglichkeit, daß ein Kompromiß zwischen Mehrheit und Minderheit erfolgt wäre, sei unter diesen Verhältnissen als ausgeschlossen anzusehen; vielmehr müsse der Beweis als erbracht angesehen werden, daß auch bei Beachtung der Formvorschriften das Ergebnis der Versammlung nicht anders ausgefallen wäre, als es tatsächlich gewesen ist.

Der Angriff ist nicht begründet. Das Oberlandesgericht geht mit Recht davon aus, daß ein bei der Berufung oder Vorbereitung der Generalversammlung unterlaufener, an sich das Anfechtungsrecht begründender Formverstoß nicht schon deshalb als bedeutungslos angesehen werden kann, weil es unwahrscheinlich ist, daß der angefochtene Beschluß auf ihm beruht. Erst dann ist dem Verstoß die Erheblichkeit abzusprechen, wenn es klar zutage liegt, daß er die Beschlußfassung nicht beeinflussen konnte; das folgt nicht nur aus dem vom Berufungsgericht zutreffend gekennzeichneten Zweck der Formvorschriften, sondern auch daraus, daß grundsätzlich Ursächlichkeit des Verstoßes nicht erforderlich ist. Selbstverständlich haben bei der Prüfung der Frage, ob die Ursächlichkeit ausnahmsweise zu verneinen ist, Möglichkeiten der Einwirkung, die außerhalb jeder vernünftigen Berechnung liegen, außer Betracht zu bleiben. Daß aber das Berufungsgericht hiergegen gefehlt und rechtsirrig den gegebenen Fall noch als einen solchen angesehen hätte, bei dem die Möglichkeit eines anderen Ergebnisses der Beschlußfassung nicht von der Hand zu weisen ist, kann nicht anerkannt werden. Damit die 1198 Stimmen der Mehrheit nicht mehr die Dreiviertelmehrheit darstellten, wäre allerdings erforderlich gewesen, daß statt 1523 mindestens 1598 von den überhaupt vorhandenen 1600 Aktien in der Versammlung vertreten waren. Mag nun auch die Wahrscheinlichkeit, daß bei ordnungsmäßiger Vorbereitung der Versammlung dieses Mehr von Aktien mit dem vom Berufungsgericht als möglich angenommenen Erfolg vertreten gewesen wäre, äußerst gering sein, so läßt sich mangels jedes den Rest dieser Wahrscheinlichkeit aufhebenden tatsächlichen Anhalts doch nicht sagen, daß das Berufungsgericht mit einer Möglichkeit gerechnet hat, die nicht mehr in Betracht kommen konnte.

Die Revision rügt weiter, das Berufungsgericht hätte zu dem Vorbringen der Beklagten Stellung nehmen müssen, sie habe dem Kläger gegenüber ihrer Formpflicht dadurch genügt, daß ihm der — nachher verspätet zugesandte — Geschäftsbericht rechtzeitig in ihren Geschäftsräumen vorgelegt worden sei. Auf diese Rüge kommt es nicht an, weil sie nur Bezug hat auf einen der beiden vom Berufungsgericht angenommenen Verstöße und zwar auf denjenigen, den das Berufungsgericht selbst für minder belangreich erklärt. Getragen wird die Entscheidung durch die Feststellung des Verstoßes, der in der ungenügenden Ankündigung der beabsichtigten Satzungsänderung lag. Gegen die Annahme des Berufungsgerichts, daß dieser Formfehler vorliege, ist aber ein Angriff nicht erhoben und sie ist auch jedenfalls insoweit nicht zu beanstanden, als es sich um die Änderung des § 1 der Satzung handelt. Die Ankündigung „Statutenänderung des § 1 betreffend Zweck des Unternehmens" ergab entgegen § 274 Abs. 2 HGB. nichts über den wesentlichen Inhalt der beabsichtigten Änderung. Daß die Verletzung der eben erwähnten Vorschrift die Anfechtbarkeit des gefaßten Beschlusses zur Folge hat, wird von dem erkennenden Senat in Übereinstimmung mit der herrschenden Lehre in ständiger Rechtsprechung angenommen (vgl. RGZ. Bd. 68 S. 232). Das neuerdings in der Literatur (Hueck, Anfechtbarkeit und Nichtigkeit von Generalversammlungsbeschlüssen bei Aktiengesellschaften) gegen diese Auffassung geäußerte Bedenken kann der Senat nicht teilen. Allerdings enthält der § 274 Abs. 2 nur eine sogenannte Sollvorschrift, aber wenn § 256 Abs. 2 bestimmt, daß über Gegenstände, deren Verhandlung nicht ordnungsmäßig eine gewisse Zeit vor dem Tage der Generalversammlung angekündigt ist, Beschlüsse nicht gefaßt werden können, so ist hieraus, weil zur ordnungsmäßigen Ankündigung die Beachtung des § 274 Abs. 2 gehört, die Erheblichkeit des Verstoßes zu folgern.

Hiernach ist die Revision zurückzuweisen. Daß der zu Punkt 4 der Tagesordnung (Wahl von Rechnungsprüfern) gefaßte Beschluß nicht gegen, sondern mit den Stimmen des Klägers zustande gekommen ist, steht der Klage, soweit sie auch gegen diesen Beschluß gerichtet ist, nicht entgegen, weil der Kläger vor dem Eintritt in die Tagesordnung der Abhaltung der Versammlung widersprochen und damit zu erkennen gegeben hat, daß er in erster Reihe mit der Vornahme der Wahl nicht einverstanden sei.

---

41. 1. Genügt es für den Fall, daß die Eisenbahn trotz Erteilung eines Frachtbriefduplikats eine nachträgliche Verfügung des Absenders ohne Vorlegung des Duplikats befolgt hat, zur Sachberechtigung des auf Schadensersatz klagenden Empfängers, wenn er das Frachtbriefduplikat zwar nicht selbst vom Absender übergeben erhalten hatte, aber ein anderer, dem der Absender das Duplikat zugesandt hatte, dieses für den Empfänger besitzt?

2. Wann ist im letzteren Falle mittelbarer Besitz des Empfängers am Frachtbriefduplikat anzunehmen?

HGB. § 455 Abs. 2 Satz 2.
EisenbahnverkehrsO. § 73 Abs. 5 Satz 2.

I. Zivilsenat. Urt. v. 14. Februar 1925 i. S. Go. (Kl.) w. Deutsche Reichsbahngeſ. (Bekl.). I 242/24.

I. Landgericht Mainz, Kammer für Handelssachen.
II. Oberlandesgericht Darmstadt.

Anfangs September 1918 hatte der Kläger durch seinen Aufkäufer, den Kaufmann Hugo Ger., von dem damaligen Sergeanten Ko. in Mainz 17 Mille Zigarren zum Preise von 13900 ℳ gekauft, der sie seinerseits von F. in H. gekauft hatte. Vereinbarungsgemäß sollten die Zigarren nach Posen, dem damaligen Wohnort des Klägers, gesandt und die 13900 ℳ gegen Aushändigung des Duplikatfrachtbriefs gezahlt werden. Zu diesem Zweck hatte die Deutsche Bank im Auftrag des Klägers bei der Bankfirma Kr. & Co. in Mainz ein Akkreditiv gestellt. Am 12. September 1918 lieferte F. für Ko. die Zigarren bei der Güterabfertigung der Station Heppenheim als Eilgut auf, wobei dem Absender ein Duplikatfrachtbrief erteilt wurde. Eine entsprechende Eintragung über Erteilung des Duplikats in Spalte 3 des Versandbuchs über den Güterverkehr, das die Eilgut- und Güterabfertigung der Station Heppenheim zu führen hatte, unterblieb jedoch. Als Empfänger war im Frachtbrief bezeichnet der „Spediteur N. zur Verfügung Hugo Ger. in Posen.“ Die Firma Kr. & Co. beanstandete diese Anschrift, als Ko. bei ihr das Geld erheben wollte, zahlte aber schließlich am 18. September 1918, nachdem in der Anschrift des Duplikatfrachtbriefs der Name des Spediteurs N. durchstrichen und statt dessen der Name des Klägers Go. hineingeschrieben worden war und auch die Deutsche Bank eine zustimmende Erklärung abgegeben hatte, die 13900 ℳ an Ko. aus.

Ehe es jedoch soweit gekommen war, hatte sich folgendes ereignet: Die anfängliche Beanstandung der Anschrift des Duplikatfrachtbriefs durch die Bank in Mainz hatte zur Folge gehabt, daß der Absender F. auf Veranlassung von Ko. durch eine nachträgliche Verfügung vom 12. September 1918 und dann durch ein unmittelbar an die Eilgüterabfertigung in Posen gerichtetes Telegramm vom 16. September 1918 die Bahn anwies, die Zigarren nicht an N. auszuhändigen, sondern ihm zurückzusenden. Eine zweite nachträgliche Verfügung vom 16. September 1918, offenbar nach Behebung der Beanstandung von Kr. & Co., wonach die Ware „an Spediteur Go. in Posen" auszuliefern sei, kam zu spät. Denn die Eisenbahn hatte die Zigarren an F. zurückgehen lassen. Die nachträglichen Verfügungen sind von der Güterabfertigung in Heppenheim angenommen und weiterbefördert worden, ohne daß dabei der Duplikatfrachtbrief vorgelegt wurde. Ebensowenig hat der Duplikatfrachtbrief vorgelegen, als die Zigarren in Posen zurückgesandt wurden. F. hat die bei ihm wieder eingetroffenen Zigarren an seinen Käufer Ko. weitergesandt, der jedoch eine abermalige Übersendung nach Posen an den Kläger nicht veranlaßte.

Der Kläger fordert, gestützt auf eine Abtretungserklärung des N., von der Eisenbahn Ersatz des ihm durch ihr Verschulden entstandenen Schadens.

Die beklagte Eisenbahn bestritt unter anderem die Sachberechtigung des Klägers und wies darauf hin, daß der Rechtsvorgänger des Klägers, N., den Duplikatfrachtbrief vom Absender nicht übergeben erhalten habe und der Kläger selber in keinerlei vertraglichen Beziehungen zu ihr stehe.

Das Landgericht hat die Eisenbahn klagegemäß verurteilt.

Das Berufungsgericht wies die Klage ab. Die Revision des Klägers führte zur Aufhebung und Zurückverweisung.

Gründe:

Es unterliegt nach den Feststellungen der Vorinstanzen keinem Zweifel, daß die Eisenbahn ein doppeltes Versehen begangen hat. Einmal versäumte es der Bahnbeamte in Heppenheim, die Spalte 3 des Versandbuchs auszufüllen. Das hatte zur Folge, daß bei der nachträglichen Verfügung des Absenders F. von der Erteilung des Frachtbriefduplikats nichts bekannt war und die nachträgliche Verfügung befolgt wurde, ohne daß die Bahn Vorlegung des Duplikats verlangte. Zum andern war es auch von der Güterabfertigung in Posen schuldhaft gehandelt, der nachträglichen Verfügung zu entsprechen. Denn aus dem mit Duplikatstempel versehenen Frachtbrief ergab sich, daß ein Duplikat erteilt worden war.

Trotzdem kommt das Berufungsgericht zur Klagabweisung, weil der Empfänger, Spediteur N., den Duplikatfrachtbrief nicht erhalten habe. Dieser Grund erscheint jedoch nicht als zutreffend.

Allerdings bestimmen § 455 Abs. 2 Satz 2 HGB. und § 73 Abs. 5 Satz 2 EVO., daß bei Befolgung einer nachträglichen Verfügung, die ohne Vorlegung des Frachtbriefduplikats vorgenommen wird, die Eisenbahn dem Empfänger, „dem der Absender die Urkunde übergeben hat", für den daraus entstehenden Schaden haftet. Auch ist es richtig, daß als Empfänger nach dem Frachtbrief nur der Spediteur N. in Betracht kommt, da die nachträgliche einseitige Änderung auf dem Duplikatfrachtbrief die Eisenbahn nicht berührt.

Aber auch mittelbarer Besitz des Duplikatfrachtbriefs kann für den Schadensersatzanspruch des Empfängers nach § 455 Abs. 2 Satz 2 HGB., § 73 Abs. 5 Satz 2 EVO. genügen. In Betracht kommt, wie erwähnt, allein die Urschrift des Frachtbriefs mit der Anschrift: „An den Spediteur N. zur Verfügung Hugo Ger.". Hiernach war die Ware für Ger. bestimmt. Ger. hat auch den Duplikatfrachtbrief von der Bankfirma Kr. & Co. erhalten, die ihn vom Absender einlöste. Ger. war deshalb in der Lage, seinen Besitz am Duplikat vom Absender herzuleiten. Er erscheint somit als derjenige, „dem der Absender die Urkunde übergeben hat". Sofern nun der auf dem Frachtbrief als Empfänger bezeichnete Spediteur N. damit einverstanden war, daß Ger. für ihn das Duplikat übergeben erhalten sollte, könnte sich N. und damit auch der Kläger als dessen Rechtsnachfolger darauf berufen. Auch Düringer-Hachenburg sehen es in Anm. 7 zu § 455 HGB. für genügend zur Herstellung der Klageberechtigung des Empfängers an, wenn er den Duplikatfrachtbrief nur mittelbar besitzt. In dieser Beziehung sind jedoch die Verhältnisse noch nicht genügend aufgeklärt und bestimmte Feststellungen bisher nicht getroffen worden. Es läßt sich aber sehr wohl denken, daß die Aushändigung des Frachtbriefs an Ger. mit ausdrücklicher oder zu unterstellender stillschweigender Zustimmung des N. geschah. Denn der Duplikatfrachtbrief hat nicht die Bedeutung eines sogenannten Traditionspapiers (§ 61 Abs. 6 EVO.). Seine Bestimmung erschöpft sich wesentlich darin, daß er den Käufer, der nur gegen Duplikatfrachtbrief zahlen will, davor sichert, daß der Verkäufer nicht nach Empfang des Kaufpreises anderweit über die Ware verfügt. Dagegen schafft der Besitz des Duplikats kein Frachtvertragsverhältnis, bewirkt nicht den Eintritt des Empfängers in den Frachtvertrag. Für den Empfang der Eilgutsendung konnte somit dem Spediteur N. am Besitz des Duplikats nichts gelegen sein, und es wäre eine leere Form, wenn derjenige, für den die Ware bestimmt war, für den also der Spediteur als frachtvertragsmäßiger Empfänger den Schadensersatzanspruch nach § 455 Abs. 2 Satz 2, § 73 Abs. 5 Satz 2 EVO. geltend zu machen hätte, dem Spediteur erst noch das Frachtbriefduplikat, das er mit dessen Zustimmung vom Absender übergeben erhielt, aushändigen müßte, um so die Sachberechtigung des Spediteurs herzustellen.

Nach den Akten scheint übrigens der Fall so zu liegen, daß — trotz des Zusatzes „zur Verfügung Hugo Ger." — der, für den die Ware bestimmt war, gar nicht Ger., sondern der Kläger selbst gewesen ist. Denn Ger. war nach dem Tatbestand des zweiten Urteils nur der Einkäufer des Klägers. Er kaufte die Ware für den Kläger auf, vermittelte dann, wie er bezeugt hat, später auch deren Verkauf an die Firma P. & Co. in A. Und nach dem Tatbestand des ersten Urteils hat der Kläger den Duplikatfrachtbrief zu den Akten überreicht; er wird ihn also anscheinend von Ger. ausgehändigt erhalten haben. Das Berufungsgericht spricht sich hierüber nicht näher aus. Ist aber die Sachlage so, dann erhellt nach dem Gesagten erst recht, daß die Sachberechtigung des N. gegeben war. Frachtrechtlicher Empfänger war N., und sogenannter Destinatär war dann der Kläger, der zugleich die Forderung, die ja im unterstellten Fall, wenngleich nicht formell, so doch sachlich nur in seiner Person begründet sein konnte, von N. abgetreten erhielt. Dessen Zustimmung, daß der Kläger das Duplikat für ihn erhalte, wird dann mangels entgegenstehender Umstände im Zweifel zu unterstellen sein. Der vorher betonte Formalismus würde in diesem Fall um so krasser hervortreten. . . .

---

42. 1. **Ist im Falle des § 18 Abs. 2 GrBO., wenn zwei sich ausschließende Anträge auf Eintragung verschiedener Eigentümer gestellt sind und der durch Vormerkung gesicherte Eintragungsantrag sich innerhalb der gesetzten Frist als begründet erweist, dem ersten Antrage unter Beseitigung der inzwischen erfolgten Eintragung des anderen Eigentümers von Amts wegen stattzugeben?**

2. Steht dem aus der Vormerkung Berechtigten gegen den eingetragenen Eigentümer ein Anspruch auf Einwilligung in die Umschreibung im Grundbuche zu?

V. Zivilsenat. Urt. v. 28. Januar 1925 i. S. der Kaufleute Z. u. M. (Kl.) w. Gr. (Bekl.). V 168/24.

I. Landgericht Halberstadt.
II. Oberlandesgericht Naumburg a. S.

Der Gastwirt Pf. verkaufte sein Grundstück Nr. 2 in A. mit Mühlengerechtsame und Elektrizitätswerk durch notariellen Vertrag vom 2. Mai 1922 an den Ingenieur B. und ließ es in demselben Vertrag dem Käufer auf. Dieser verkaufte das Grundstück mit notariellem Vertrag vom 7. Oktober 1922 an die Kläger, die Kaufleute Z. und M., weiter, welche es ihrerseits am 5. November 1922 notariell an den Beklagten Gr. veräußerten und ihm im Dezember 1922 tatsächlich übergaben. In einem weiteren notariellen Vertrag vom 27. Januar 1923 übertrug Gr. das Grundstück zu $^1/_4$ an seine Ehefrau und verkaufte die ideelle Hälfte an Frau Dr. L. in H.; in derselben Urkunde erteilte der bis dahin noch im Grundbuch eingetragene erste Verkäufer Pf. der Frau Dr. L. Vollmacht, das Grundstück an sich selbst und die Eheleute Gr. aufzulassen. Diese Auflassung ist zugleich mit den Anträgen auf Eintragung des Eigentumswechsels zur notariellen Urkunde vom 11. Februar 1923 erklärt, welche am 14. Februar 1923 dem Grundbuchamt eingereicht ist. Dieses erließ darauf gemäß § 18 Abs. 1 GrBO. unterm 15. Februar eine Zwischenverfügung, durch welche es den Antragstellern eine Frist von sechs Wochen bestimmte zur Vorlegung der erforderlichen Bescheinigung über die Entrichtung oder Sicherstellung der Grunderwerbssteuer.

Inzwischen waren die Verkäufer zu 2 (B.) und 3 (die Kläger) zu der Ansicht gelangt, daß die Kaufverträge vom 7. Oktober und 5. November 1922 wegen unrichtiger Angabe des Kaufpreises nichtig seien, und B. verkaufte am 7. Februar 1923 das Grundstück nochmals an die Kläger und erteilte ihnen die Auflassung. Unterm 17. Februar 1923 lief der Antrag auf Eintragung des B. als Eigentümer auf Grund der Auflassung vom 2. Mai 1922 beim

Grundbuchamt ein. Das Grundbuchamt entsprach der Vorschrift des § 18 Abs. 2 GrBO. in der Weise, daß es einerseits den neuen Eigentümer, andererseits eine Vormerkung zugunsten der Eheleute Gr. und Frau Dr. L. zur Sicherung des Rechts auf Eintragung als Eigentümer am 19. Februar 1923 im Grundbuch eintrug. Den unter Beifügung der nötigen Bescheinigungen des Finanzamts am 23. Februar 1923, also innerhalb der gesetzten Frist, wiederholten Antrag auf Eintragung der Ehefrau L. und der Eheleute Gr. beschied das Grundbuchamt dahin, daß inzwischen der Ingenieur B. als Eigentümer eingetragen, der Eintrag Gr. und L. durch Eintragung der Vormerkung erledigt und ihre Eintragung als Eigentümer nicht mehr möglich sei. Schließlich sind am 5. März 1923 die Kläger auf Grund der Auflassung vom 7. Februar 1923 im Grundbuch als Eigentümer eingetragen.

Die Kläger fordern mit der Klage als Grundstückseigentümer Verurteilung des Beklagten zur Räumung des Grundstücks und des Elektrizitätswerks. Der Beklagte, welcher sich die Ansprüche seiner Frau und der Frau Dr. L. auf Grundbuchberichtigung hat abtreten lassen, beantragt neben Abweisung der Klage im Wege der Widerklage Verurteilung der Kläger, darein zu willigen in erster Reihe, daß das Grundbuch durch Eintragung der Eheleute Gr. und der Frau Dr. L. zu den angegebenen Anteilen berichtigt werde, hilfsweise, daß die Genannten als Eigentümer eingetragen werden. Das Landgericht hat die Klage abgewiesen und dem Hilfsantrag der Widerklage stattgegeben. Die Kläger haben Berufung eingelegt und beantragt, unter Abänderung des Urteils nach dem Klagantrage zu erkennen und die Widerklage abzuweisen. Sie haben noch geltend gemacht, der Beklagte und Frau Dr. L. hätten dem Pf. 200000 ℳ gegeben, um ihn zur Auflassungsvollmacht zu bewegen. Hierin liege ein Verstoß gegen die guten Sitten, da es geschehen sei in Kenntnis der von Pf. an B. gegebenen Auflassung. Überdies habe der Beklagte auf das Recht aus der Vormerkung verzichtet. Der Beklagte hat dies bestritten, und die Berufung der Kläger ist zurückgewiesen. Der Revision der Kläger ist stattgegeben.

Gründe:

Die Klage auf Räumung ist aus § 985 BGB. an sich schlüssig begründet. Denn die Kläger sind eingetragene Eigentümer, der Beklagte ist Besitzer des streitigen Grundstücks. Der Beklagte beruft sich dagegen auf die für ihn, seine Ehefrau und Frau Dr. L. eingetragene Vormerkung, kraft deren er und seine Mitberechtigten ihre Eintragung als Eigentümer des Grundstücks mit Vorrang vor den Klägern fordern dürften. Die Kläger bestreiten wiederum die Rechtswirksamkeit der Vormerkung.

(Es werden zunächst die Einreden der Arglist und des Verzichts gegen die Berufung auf die Vormerkung näher erörtert. . . .)

Erweisen sich demnächst die Angriffe gegen die Rechtswirksamkeit der zugunsten des Beklagten und seiner Mitberechtigten eingetragenen Vormerkung als unbegründet, so bedarf es weiter der Prüfung, welche rechtliche Bedeutung der Vormerkung zukommt und ob danach die getroffene Entscheidung gerechtfertigt ist.

Das trifft zu hinsichtlich der Abweisung der Klage. Die Voraussetzungen des § 18 Abs. 2 GrBO. liegen unzweifelhaft vor, da ein zweiter an sich begründeter Antrag auf Eintragung eines neuen Eigentümers beim Grundbuchamt einging, während die durch Zwischenverfügung gesetzte Frist zur Hebung des dem ersten gleichartigen Antrag entgegenstehenden Hindernisses noch lief. Die Eintragung der Vormerkung zugunsten des Antrags Gr.-L. ist daher zu Recht erfolgt, ebenso die Eintragung des neuen Eigentümers B. Die Grundbuchordnung regelt in § 18 Schlußsatz nur den Fall ausdrücklich, daß der früher gestellte Antrag demnächst zurückgewiesen wird; alsdann soll die Vormerkung oder der Widerspruch von Amts wegen gelöscht werden. Für den hier vorliegenden Fall, daß innerhalb der gesetzten Frist die fehlenden Steuerbescheinigungen beigebracht werden und damit das Eintragungshindernis beseitigt ist, muß die Entscheidung aus dem Zusammenhang der Gesetzesvorschriften entnommen werden. Die Meinung des Grundbuchamts, daß durch die Eintragung der Vormerkung der erste Antrag endgültig erledigt sei, kann nicht als zutreffend anerkannt werden. Die Zwischenverfügung läßt die Wirksamkeit des Antrags unberührt (Güthe-Triebel, Bem. 34 zu § 18). Wird das Hindernis behoben, so ist im Fall des § 18 Abs. 1 GrBO. die beantragte Eintragung (sofern nicht ein sonstiger Mangel besteht) vorzunehmen, ohne daß es einer Erneuerung des Antrags bedürfte. Auch die Eintragung der Vormerkung nach § 18 Abs. 2 GrBO. enthält keinen endgültigen Bescheid auf den

Eintragungsantrag. Die Vormerkung erfolgt nur zugunsten der einstweiligen Erledigung der beiden Anträge. Die Vormerkung hat den Zweck, den öffentlichrechtlichen Anspruch des Antragstellers gegen das Grundbuchamt auf Schutz gegen die Vereitelung oder Beeinträchtigung seines Antrags durch die Erledigung späterer Anträge für den Fall der Beseitigung des der Eintragung entgegenstehenden Hindernisses zu verwirklichen. Dadurch wird zugleich die Erledigung des zweiten Antrags vor dem ersten, die an sich durch die Ordnungsvorschrift des § 17 GrBO. ausgeschlossen ist, unter Vorbehalt ermöglicht; nur insofern gilt die Eintragung der Vormerkung als Erledigung des ersten Antrags. Nach rechtzeitiger Hebung des dem ersten Antrag entgegenstehenden Hindernisses hat das Grundbuchamt die noch ausstehende endgültige Entscheidung über beide Anträge von Amts wegen zu treffen. Da dem ersten Antrag durch die Vormerkung der ihm durch § 17 GrBO. gebührende Vorrang gesichert ist, so hat die Löschung der späteren Eintragung zu erfolgen, soweit sie dem ersten Antrag entgegensteht. Einer Bewilligung des inzwischen eingetragenen Berechtigten im Sinne des § 19 der GrBO. bedarf es nicht, weil der erste Antragsteller sein Recht nicht von demjenigen des zweiten ableitet, vielmehr dessen Recht nur unter dem sich aus der Vormerkung ergebenden Vorbehalt eingetragen ist. Dies gilt auch dann, wenn die auf Grund des späteren Antrags erfolgte Eintragung, falls sie ohne diesen Vorbehalt bewirkt wäre, die Erledigung des ersten Antrags ausschließen würde. Obwohl ein neuer Eigentümer eingetragen ist, greift die Vorschrift des § 22 Abs. 2 GrBO. nicht ein. Denn nicht die Berichtigung des Grundbuchs, sondern dessen Fertigstellung durch Beendigung eines schwebenden Verfahrens steht in Frage. Die Vorschriften der §§ 883flg., insbesondere des § 888 BGB., finden auf die Vormerkung von Amts wegen nach § 18 Abs. 2 GrBO. keine Anwendung. Denn diese dient weder zur Sicherung eines schuldrechtlichen Anspruchs, noch setzt sie einen solchen voraus, sie soll vielmehr im Rahmen des von Amts wegen durchzuführenden Grundbuchverfahrens einen vorläufigen Schutz gewähren für den öffentlichrechtlichen Anspruch des Antragstellers gegen das Grundbuchamt auf endgültige Bescheidung eines Eintragungsantrags. Sie unterscheidet sich daher wesentlich von der Vormerkung aus § 883flg. BGB., welche die Sicherung privater persönlicher Ansprüche auf die Bestellung, Aufhebung oder Änderung dinglicher Rechte an Grundstücken zum Ziele hat. Die hier vertretene Rechtsauffassung über die Bedeutung und Tragweite der nach der Grundbuchordnung von Amts wegen einzutragenden Vormerkung ist die im Schrifttum und der Rechtsprechung herrschende. Vgl. Bohmeyer, die Vormerkung von Amts wegen nach der RGrBO. S. 66—74, du Chesne in LeipzZ. Bd. 5 S. 511 und in der Festschrift für Wach I S. 335; Scherer in Seuff. Bl. f. RA. Bd. 75 S. 706; Güthe-Triebel GrBO. Anm. 46, 51 zu § 18; Predari[2] Anm. 11 zu § 18 GrBO.; von Staudinger, Bem. V zu § 888 BGB.; Planck-Strecker § 888 Bem. 2k; Rosenberg § 883 BGB. Anm. 7; RGRäte Komm. § 883 Anm. 2 a. E., § 888 Anm. 2, § 892 Anm. 6 S. 130; Enneccerus-Wolff, Lehrbuch 5. Bearb. II, 1 § 48 Bem. 15, RGZ. Bd. 55 S. 340, Bd. 62 S. 375; ZBl. f. FG. Bd. 11 S. 746, KGJ. Bd. 53 A S. 109.

Dem Grundbuchamt hätte es danach obgelegen, nach Eingang der Steuerbescheinigungen durch den Bevollmächtigten der Antragsteller Gr.-L. diese zu den angegebenen Anteilen als Eigentümer unter Beseitigung der Eintragung des B. im Grundbuch einzutragen. Diese Beseitigung hätte sich auch auf die Eintragung der Kläger zu erstrecken, da die aus dem Grundbuch ersichtliche Vormerkung auch ihnen gegenüber durchgreift (Komm. der RGRäte, Bem. 6 zu § 892 BGB.; Güthe-Triebel, Bem. 51 zu § 18 GrBO.). Der Beklagte und seine Mitberechtigten können diesen Erfolg durch Beschwerde im Grundbuchverfahren erreichen, sofern ihrem Eintragungsantrag sonstige Bedenken nicht entgegenstehen. Bei dieser Sachlage können die Kläger auf ihr von vornherein zugunsten der Vormerkungsberechtigten beschränktes Eigentum dem Beklagten gegenüber, der zu diesen Berechtigten gehört, sich nicht berufen, vorbehaltlich ihrer oben erörterten Einwände gegen die Rechtswirksamkeit der Vormerkung.

Dagegen ist der Widerklagantrag in der gestellten Form nicht begründet. Wie sich aus den vorstehenden Ausführungen ergibt, bedürfen die Antragsteller Gr. und L. zu ihrer Eintragung als Eigentümer nicht der Zustimmung der Kläger. Ein Anspruch auf Einwilligung der Kläger in die Umschreibung im Grundbuch steht ihnen daher nicht zu. Daraus folgt jedoch im vorliegenden Fall nicht notwendig die Abweisung der Widerklage in vollem Umfang. Denn es ist zu beachten, daß die Kläger sich nicht lediglich ablehnend verhalten, sondern die Rechtsunwirksamkeit der Vormerkung aus verschiedenen materiellrechtlichen Gründen behaupten und ihr formales Eigentum gegen die Vormerkungsberechtigten durchzusetzen suchen. Die Einnahme dieses Rechtsstandpunkts könnte für den Beklagten und seine Mitberechtigten vielleicht ein rechtliches Interesse an der Feststellung begründen, daß die Kläger nicht berechtigt seien, der vom Beklagten geforderten Umschreibung der Vormerkung in die endgültige Eintragung zu widersprechen. Wenn der Beklagte seinen Antrag in der Widerklage entsprechend umstellt, so würde darin möglicherweise eine nach § 268 Nr. 2 ZPO. zulässige Beschränkung gefunden werden können (vgl. Stein, Bem. IV und V, 2 zu § 268 ZPO.). Gegebenenfalls würde das Oberlandesgericht alsdann weiter zu prüfen haben, ob die Voraussetzungen des § 256 ZPO. vorliegen und insbesondere ein Rechtsverhältnis, wenn nicht zwischen den Parteien, so doch beider Parteien zum Grundstück besteht (vgl. RGZ. Bd. 41 S. 347).

---

43. 1. Ist ein Streik, der sich auf die Angestellten der Eisenbahn beschränkt, als höhere Gewalt im Sinne des § 456 HGB. und des § 84 der Eisenbahnverkehrsordnung anzusehen?

2. Kann ein solcher Streik im Einzelfalle als grobes Verschulden der Leute der Eisenbahn angesehen werden, für das diese aufzukommen hat?

EVO. § 5.

I. Zivilsenat. Urt. v. 16. Februar 1925 i. S. Deutsche Reichsbahngesellschaft (Bekl.) u. Reichsgewerkschaft deutscher Eisenbahnbeamten (Nebenintervenientin) w. T. (Kl.). I 255/24.

I. Landgericht I Berlin.
II. Kammergericht daselbst.

Die Klägerin lieferte Ende Januar 1922 in Mülheim an der Ruhr bei der Eisenbahn eine Wagenladung mit Kakao und Schokoladewaren zur Beförderung nach Berlin an ihre dortige Zweigniederlassung auf. Kurz darauf brach der Eisenbahnerstreik aus. Der

Bahnwagen, der zu einem damals in Wustermark liegenden Güterzug gehörte, wurde durch Aushilfspersonal von dort nach Berlin gefahren. Hier ereignete sich auf dem Bahnhof Beusselstraße ein Zusammenstoß, durch den der Bahnwagen mit den Waren der Klägerin zertrümmert wurde. Die Klägerin fordert Ersatz für die hierbei beschädigten und vernichteten Waren und entgangenen Gewinn. Sie bezifferte diesen Anspruch zunächst nach dem damaligen Stande der Papiermark und erhob im weiteren Verlauf eine zweite Klage, mit der sie den Geldentwertungsschaden erstattet verlangte.

Beide Klagen wurden vom Landgericht, das höhere Gewalt für vorliegend erachtete, abgewiesen. Die Klägerin legte Berufung ein, die sie damit begründete, daß der Schaden nicht durch höhere Gewalt verursacht worden sei, sondern durch grobes Verschulden der Bahn. Letzteres insofern, als die Bahn den Güterzug in Wustermark hätte belassen können, keinesfalls aber ihn durch ungeschultes und streckenunkundiges Personal habe fahren lassen dürfen, ferner auch deshalb, weil den Lokomotivführer ein grobes Verschulden treffe und endlich, weil die Bahn ihrem Personal rechtzeitig höhere Besoldung hätte bewilligen sollen.

Beide Prozesse sind zur gemeinschaftlichen Verhandlung und Entscheidung miteinander verbunden worden. Das Kammergericht erklärte den Klaganspruch dem Grunde nach für gerechtfertigt.

Die Revision der Beklagten hatte keinen Erfolg.

Gründe:

Das Berufungsgericht nimmt im Anschluß an das Urteil des Senats vom 4. März 1922 (RGZ. Bd. 104 S. 150) an, daß der Eisenbahnerstreik nicht als höhere Gewalt anzusehen sei, und kommt zur Feststellung des Klaganspruchs dem Grunde nach in der Erwägung, daß die Arbeitsniederlegung ein grobes Verschulden der Bahnangestellten sei, für das die Bahn nach § 5 EVO. aufzukommen habe.

Die Revision greift das Vorderurteil in beiden Punkten an, allein zu Unrecht. Soweit unter Bezugnahme auf das jene Entscheidung des Senats betreffende Schrifttum Verletzung des Begriffs der höheren Gewalt gerügt wird, besteht keine Veranlassung, den darin eingenommenen, übrigens bereits in dem Urteil vom 31. Januar 1923 I 168/22 wiederholten Standpunkt zu verlassen. Im Urteil vom 4. März 1922 hatte der Senat gesagt, es erscheine geboten, das Verhalten der gesamten Arbeiterschaft in bezug auf die Wahrnehmung des Dienstes als inneren Betriebsvorgang aufzufassen. Dieser Umstand ist deshalb von entscheidender Bedeutung, weil es dann bei Arbeitsniederlegung an dem Begriffsmerkmal fehlt, daß das Ereignis außerhalb des Betriebs stehen und in diesem Sinn von außen auf ihn einwirken muß. Hiergegen wird im Schrifttum hauptsächlich eingewendet, daß beim Streik der Bedienstete die Arbeit völlig niederlege, also den Willen habe und betätige, nicht weiter als „Werkzeug des Unternehmers" zu handeln (Rundnagel, Haftung der Eisenbahn usw., 3./4. Aufl. S. 78, auch S. 20 Anm. 9 und Aufsatz des jetzigen Mitherausgebers Sperber in der Verkehrsrechtlichen Rundschau 1922 Heft 24). Dabei wird aber übersehen, daß es gar nicht in der Absicht der Streikenden liegt, aus ihrem Dienstverhältnis zur Bahn auszuscheiden, sondern gerade im Gegenteil, für das fortzusetzende Dienstverhältnis höhere Gehalts- und Lohnforderungen durchzusetzen. Ihre Arbeitsniederlegung ist nur als einstweilige und vorübergehende gedacht und gewollt. Sie bleiben von ihrem Standpunkt aus Betriebskräfte der Eisenbahn und werden auch von letzterer so angesehen (Düringer-Hachenburg HGB. § 458 Anm. 9 a. E., Ritter HGB. § 432 Anm. 4). Das Versagen dieser lebenden Betriebskräfte ist mithin ein Ereignis, das sich im Betriebskreis der Eisenbahn abspielt, keineswegs aber von außen auf sie einwirkt.

Man hat ferner geglaubt, hier einen Unterschied machen zu sollen zwischen dem Streik der Eisenbahnarbeiter und Eisenbahnbeamten (v. d. Leyen in Anm. zu JW. 1922 S. 1320[6]). Im vorliegenden Fall waren es bekanntlich vornehmlich die Lokomotivführer, also Beamte, die sich an dem Ausstand beteiligt haben. Es wird gesagt, da der Streik den Beamten verboten gewesen sei, also eine unerlaubte Handlung darstelle, so liege insoweit höhere Gewalt vor. Allerdings war den Beamten der damaligen Reichsbahn durch die VO. des Reichspräsidenten vom 1. Februar 1922 (RGBl. S. 187) die Einstellung oder Verweigerung der Arbeit verboten worden (RGSt. Bd. 56 S. 412flg., 419flg.). Inwiefern aber deshalb die hier zu entscheidende Frage anders zu beurteilen sein soll, ist nicht einzusehen. Die Tätigkeit der Eisenbahnbeamten gehört wie die der Eisenbahnarbeiter zum Eisenbahnbetrieb. Das Versagen dieser Tätigkeit bleibt also immer ein inneres Betriebsereignis, mag die Arbeitseinstellung verboten sein oder nicht. Das ist auch für andere Fälle niemals bezweifelt worden (zu vgl. für Diebstahl am Frachtgut durch Leute der Bahn Blume-Weirauch, Eisenbahnverkehrsordnung Anm. 2 zu § 95).

Ebensowenig vermag der Umstand, daß die Eisenbahner sich in Organisationen zusammengeschlossen haben, an der Beurteilung etwas zu ändern. Dazu hat die Nebenintervenientin ausgeführt, daß die Beamten in den Streik nicht in ihrer Eigenschaft als Dienstausübende eingetreten seien, sondern „als Objekte von Gedanken politischer Machtausübung". Was damit gemeint sein soll, ist nicht ganz klar. Denn ohne Beziehung zum Beamtenverhältnis wäre die ganze Bewegung sinnlos, und wenn die Beamten sich Führer wählten, deren Weisungen sie nachkamen, so wurden sie damit keineswegs zu „Objekten". Die ganze Erwägung ist aber nicht nur unklar, sondern überhaupt abwegig, weil die Arbeitnehmer dadurch, daß sie eine Organisation bildeten, nicht aufhörten, Betriebskräfte der Bahn zu sein. Daß aber der Streik den Eisenbahnern nicht durch betriebsfremde Gewalt aufgezwungen wurde, ist vom Vorderrichter ohne erkennbaren Rechtsirrtum festgestellt worden.

Endlich ist die erwähnte Entscheidung des Senats dahin gedeutet worden, daß ihre Grundsätze nur für örtliche Teilstreiks der Eisenbahner Geltung hätten, nicht aber auch für einen allgemeinen Eisenbahnerstreik wie den vom Februar 1922 (Oertmann in der Verkehrsrechtlichen Rundschau 1922 Sp. 392). Auch dies trifft nicht zu. Allerdings handelte es sich damals nur um einen Teilstreik von Eisenbahnarbeitern in Brockau. Aber der Senat hat in jenem Urteil nur ausgesprochen, daß die Sache anders beurteilt werden könne, „wenn die Eisenbahner durch außerhalb des Eisenbahnbetriebs stehende Personen oder besondere Ereignisse, wie etwa Generalstreik, gezwungen worden seien, in den Ausstand zu treten". So aber lag hier der Fall nicht. Der Streik blieb auf die Eisenbahn beschränkt. Solange aber der Streik nur auf Entschließungen der Eisenbahner allein beruht, bleibt er eine innere Betriebsangelegenheit, mag er auch das gesamte Personal der Eisenbahn umfassen. Wenn daher in dem Urteil eine Ausnahme für den Fall zugelassen wird, daß ein Ereignis außerhalb des Betriebskreises die Arbeitseinstellung nach sich gezogen hat, so könnte hierunter etwa ein Generalstreik im eigentlichen Sinne fallen, d. h. eine Arbeitsniederlegung sämtlicher werktätigen Angestelltenkreise, oder Einwirkungen feindlicher Besatzungsmächte und ähnliches (im Ergebnis ebenso: Senckpiehl, die Haftung von Eisenbahn, Post, Spediteuren S. 49). Mit Recht hat hiernach das Berufungsgericht den Einwand der höheren Gewalt verworfen.

Das grobe Verschulden der Eisenbahner, für das der Vorderrichter die Beklagte nach § 5 EVO. verantwortlich macht, ist darin gefunden worden, daß — zumal bei der Plötzlichkeit, mit der die Arbeit niedergelegt wurde — die zur Beförderung aufgelieferten Güter liegen blieben, wo sie gerade waren, und dort jeder Obhut entbehrten, daß sie dadurch „ganz ersichtlich" zahlreichen schweren Betriebsgefahren, z. B. durch Zusammenstoß von Zügen, Inbrandgeraten infolge von Funkenflug und dergleichen, wie auch betriebsfremden Schädigungen, namentlich Diebstahl, ausgesetzt waren. Der Senat sieht keinen Anlaß, dieser schlüssig begründeten Annahme grob fahrlässigen Verhaltens der Eisenbahner entgegenzutreten. In rechtlicher Beziehung könnte sich das Bedenken ergeben, daß die Bahn im vorliegenden Fall gar nicht in die Lage gekommen sei, sich dieser streikenden Eisenbahner zur Ausführung der Beförderung zu bedienen und daß das Verschulden der Streikenden gerade darin bestanden habe, daß die Bahn sich ihrer nicht bedienen konnte. Dem stünde jedoch schon der Umstand entgegen, daß die Bahn nach § 5 EVO. unzweifelhaft auch für Säumigkeit eines nicht streikenden Eisenbahners bei Ausführung einer Güterbeförderung, also für schuldhaftes Unterlassen haftet. Ist aber das der Fall, so ist nicht einzusehen, wie es einen rechtlichen Unterschied begründen könnte, ob ein einzelner oder einzelne Leute der Bahn sich einer Unterlassung schuldig machen oder ob die Eisenbahner in ihrer Gesamtheit auf gemeinsame Verabredung hin diese Unterlassung begehen. Der Sinn des § 5 EVO. ist denn auch offensichtlich ein anderer. Nicht darauf kommt es an, ob die Leute der Bahn, die im gegebenen Fall mit der Ausführung der Beförderung betraut waren, schuldhaft handelten, sondern ob ein eingetretener Schaden in ursächlichem Zusammenhang steht mit einem schuldhaften Verhalten der Leute der Bahn oder anderer Personen, die allgemein mit der Ausführung von Güterbeförderungen von ihr befaßt waren. Übrigens gehört schon rein sprachlich der Beziehungssatz „deren sie sich bei Ausführung der Beförderung bedient" nur zu den unmittelbar vorangehenden Worten „für andere Personen" und dient lediglich zur näheren Bezeichnung dieser Personen als Hilfspersonal. Ursächlicher Zusammenhang aber zwischen dem Eintritt des Schadens und dem Streik ist vom Berufungsgericht ohne Rechtsirrtum festgestellt worden. Es ist selbstverständlich, daß ohne den Streik die Bahn keinen Anlaß gehabt hätte, zur Aufrechterhaltung ihres Betriebs Aushilfspersonal einzustellen, und die hierdurch hervorgerufene Gefahr von Zusammenstößen war nach Annahme des Vorderrichters „ganz ersichtlich". Voraussehbarkeit eines solchen Schadens wäre aber für die Annahme adäquater Verursachung nicht einmal erforderlich. Die Ursächlichkeit des Streiks für den Eintritt des Schadens wird endlich auch nicht dadurch beseitigt, daß die Bahn Aushilfspersonal einstellte und dieses sich im vorliegenden Fall den Anforderungen des Betriebs nicht gewachsen zeigte. Denn die Bahnverwaltung und das Aushilfspersonal taten ihr Bestes, um den arg gefährdeten Betrieb nicht zum völligen Erliegen kommen zu lassen. Es waren, wie das Kammergericht mit Recht sagt, nur Gegenmaßnahmen gegen die Wirkungen des Streiks, er allein war die eigentliche Schadensursache.

---

44. Wann ist der Vertretene verpflichtet, ein Geschäft zu genehmigen, das der Vertreter unter Verstoß gegen § 181 BGB. mit sich selbst vorgenommen hat?

VI. Zivilsenat. Urt. v. 17. Februar 1925 i. S. C. (Kl.) w. M. (Bekl.). VI 74/24.

I. Landgericht Hamburg.
II. Oberlandesgericht daselbst.

Im Mai 1916 starb in Hamburg die Witwe Lu. Für die unbekannten Erben wurde der Beklagte als Nachlaßpfleger bestellt. Er ließ am 16. Juni und 7. Juli 1916 durch den Auktionator L. die Gebrauchsgegenstände und die Schmuckgegenstände des Nachlasses öffentlich versteigern. Im Auftrag des Beklagten hat der Auktionator in der Versteigerung für den Beklagten sowohl Gebrauchs- als auch Schmuckgegenstände erworben. Später — 1920 — wies sich die Klägerin als Erbin aus. Mit der noch im Jahr 1920 erhobenen Klage verlangt sie vom Beklagten Herausgabe der durch ihn erworbenen Sachen. Das Landgericht wies die Klage ab. Das Oberlandesgericht wies durch ein Teilurteil die Berufung der Klägerin in Ansehung der Gebrauchsgegenstände zurück. Die Revision hatte Erfolg.

Aus den Gründen:

Im Gegensatz zum Landgericht und zugunsten der Klägerin ist der Berufungsrichter zu dem Ergebnis gelangt, daß L. die Versteigerung nicht als unmittelbarer Vertreter der Klägerin, vielmehr als Unterbevollmächtigter des Beklagten vorgenommen hat. Zu rechtlichen Bedenken gibt diese — auch von der Revisionsbeantwortung nicht bemängelte — Feststellung keinen Anlaß. Aus ihr folgt einerseits, daß L. kein unter den § 181 BGB. fallendes Geschäft vorgenommen hat, er war als Verkäufer wie als Käufer bevollmächtigter Vertreter derselben Person, nämlich des Beklagten. Aus jener Feststellung folgt aber anderseits, daß der Beklagte es gewesen ist, der ein unter den § 181 BGB. fallendes Geschäft vorgenommen hat. Er hat — in beiden Rollen vertreten durch L. — als Vertreter der Klägerin verkauft und im eigenen Namen gekauft. Mit Recht hat das Oberlandesgericht angenommen, daß dieses Kaufgeschäft zunächst unwirksam geblieben ist und nur durch die Genehmigung der Klägerin Wirksamkeit erlangen kann. Diese Genehmigung hat die Klägerin ursprünglich erteilt, sie hat sie dann aber gemäß § 812 BGB. widerrufen und das Oberlandesgericht hat festgestellt, daß der rechtliche Grund, aus welchem die Klägerin zur Genehmigung verpflichtet zu sein glaubte, tatsächlich nicht bestanden hat. Der Beklagte beruft sich aber nunmehr darauf, daß die Klägerin das Geschäft trotz allem genehmigen müsse, wenn sie nicht Treu und Glauben im Verkehr verletzen oder gar arglistig handeln wolle. Das Oberlandesgericht hat sich dieser Auffassung des Beklagten angeschlossen und die Klägerin für verpflichtet erachtet, die zunächst mit Recht widerrufene Genehmigung schließlich doch zu erteilen. Richtiger wäre es vom Standpunkt des Oberlandesgerichts vielleicht gewesen, bei so bewandten Umständen dem Widerruf der Genehmigung durch die Klägerin von vornherein die Wirksamkeit zu versagen. Indessen das mag unerörtert bleiben, denn der Auffassung des Oberlandesgerichts kann überhaupt nicht beigetreten werden.

Den maßgebenden Rechtssatz, auf welchen der Beklagte sich beruft, daß nämlich jemand, dessen Vertreter einen unter § 181 BGB. fallenden Vertrag „in sich" geschlossen hat, diesen Vertrag genehmigen muß, wenn das Versagen der Genehmigung einen Verstoß gegen Treu und Glauben oder eine Arglist bedeuten würde, hat das Reichsgericht RGZ. Bd. 64 S. 373 aufgestellt. An diesem Satz wird auch festgehalten. Aber Treu und Glauben und Arglist sind Rechtsbegriffe, ihre Anwendung auf den gegebenen Sachverhalt unterliegt der Nachprüfung des Revisionsgerichts. Tritt man in diese Prüfung ein, so zeigt sich, daß der vom Reichsgericht in der angezogenen Entscheidung beurteilte Fall ganz anders gelegen hat, als der jetzt zu entscheidende. In jenem Falle hatte der Gutspächter Anspruch darauf, daß ihm der Verpächter bei Endigung des Vertrags das Inventar zum Taxwerte abnahm. Der Verpächter war wegen des Inventars in Annahmeverzug und wegen des Taxwerts in Leistungsverzug gekommen. Der Pächter ließ darauf das Inventar versteigern und verwendete den Erlös dazu, um einen Teil seines Anspruchs auf Zahlung des Taxwerts zu tilgen. Der Verpächter versteifte sich nun auf den Satz, daß der Pächter nach § 383 BGB. den Erlös hätte hinterlegen müssen, und er wollte das Geschäft, das der Pächter „in sich" vorgenommen hatte — er zahlte als Vertreter des Verpächters den Erlös an sich selbst zur Tilgung eines Teils der Taxwertforderung — nicht gelten lassen und nicht genehmigen. Da hat das Reichsgericht mit Recht gesagt, daß es keinen Unterschied zu ungunsten des Verpächters in sich berge, ob der Pächter durch Hinterlegung des Erlöses dessen Überführen in das Vermögen des Verpächters vorbereite oder ob er es selbst in das Vermögen des Verpächters überführe. Im gegenwärtigen Fall aber handelt es sich für die Klägerin darum, ob sie Geld oder ob sie die Sachen bekommen soll. Sie ist also vor eine ganz andere Frage gestellt, als der Verpächter in dem früheren Fall.

Der Berufungsrichter ist zu dem Ergebnis gelangt, daß bei dem Anordnen und bei dem Durchführen der Versteigerung alles einwandfrei und sauber zugegangen ist, daß der Beklagte wie ein sorgfältiger Hausvater gehandelt und — bei den jetzt allein in Betracht kommenden Gebrauchsgegenständen — auch sein Ermessen unzweifelhaft richtig hat walten lassen. Schon danach kommt er zu zu dem Schluß, daß die Klägerin nach Treu und Glauben zur Genehmigung des Geschäfts verpflichtet ist. Mit diesen Erwägungen hat das Oberlandesgericht die Sache allzusehr vom Standpunkt des Beklagten aus betrachtet. Vollständige Sauberkeit, Wohlüberlegtheit und Anständigkeit seines Vorgehens waren für den Beklagten unbedingt selbstverständlich. Daraus kann er Ansprüche irgendwelcher Art für sich nicht herleiten. Ein gegenteiliges Verhalten hätte ihn geradezu schadensersatzpflichtig gemacht. Auch wenn von alledem ausgegangen wird, was der Berufungsrichter festgestellt hat, so bleibt doch der Klägerin die völlig freie Entschließung, ob sie das von dem Beklagten vorgenommene Insichgeschäft genehmigen will oder nicht. Lehnt sie die Genehmigung ab, weil sie aus Anhänglichkeit an die Erblasserin Wert darauf legt, die Sachen selbst in ihren Besitz zu bekommen, oder ist für sie — im Jahre 1920! — die Überlegung maßgebend gewesen, daß es vorteilhafter für sie sei, Sachwerte zu erhalten, als Papiermarkbeträge, so sind das durchaus verständige Erwägungen, die zu einer Beanstandung im Sinne des Beklagten keinen Anlaß geben. Wie wenig das zutrifft, wird sofort klar, wenn man sich vorstellt, daß die Klägerin im Juli 1916 am Tage nach der letzten Versteigerung in Hamburg erschienen wäre und sich als Erbin ausgewiesen hätte. Der Beklagte hätte dann die von ihm angekauften Sachen noch unversehrt hinter sich gehabt, und wenn nun die Klägerin erklärt hätte, sie genehmige den Ankauf des Beklagten nicht, sie wolle die Sachen haben und dem Beklagten die von ihm gezahlten Beträge zurückgeben, so wäre das sicherlich vollständig loyal gewesen. An dieser Beurteilung des grundlegenden Entschlusses können der Zeitablauf und die Ereignisse, die sich inzwischen abgespielt haben, nichts ändern. Eines dieser Ereignisse ist die Geldentwertung. Um hier einer Schädigung des Beklagten vorzubeugen, hat sich die Klägerin zur sogenannten Aufwertung bereit erklärt. Ein weiteres dieser Ereignisse erblickt der Beklagte darin, daß er einen Teil der Sachen, wie er behauptet, nicht mehr im Besitz hat, manche Sachen auch schon bei der Klagerhebung nicht mehr im Besitz gehabt hat. Ob und inwieweit der Beklagte hier noch zur

Herausgabe verurteilt werden kann, ob und inwieweit er gegebenenfalls Schadensersatz leisten muß, wird sich nach den gesetzlichen Vorschriften, namentlich der §§ 989 flg. BGB., richten müssen. Soweit der Beklagte gutgläubig war, droht ihm kein Nachteil; gegen die Folgen seiner Schlechtgläubigkeit braucht er nicht geschützt zu werden.

Nach alledem kann die Klägerin nicht für verpflichtet erachtet werden, das von dem Beklagten vorgenommene Insichgeschäft zu genehmigen; ihr Herausgabeanspruch ist danach auch in Ansehung der Gebrauchsgegenstände grundsätzlich gerechtfertigt...

---

45. 1. Erfordert der Erwerb des Zwischenbenutzungsrechts nach § 7 des Gesetzes, betr. eine verlängerte Schutzdauer bei Patenten usw., v. 27. April 1920 (RGBl. S. 675) das Erloschensein des Schutzrechts vor dem 1. April 1920 auch dann, wenn lediglich die zur Benutzung der Erfindung erforderlichen Veranstaltungen getroffen sind?

2. Kann die Herstellung von Werkstattzeichnungen als eine Veranstaltung zur Benutzung der Erfindung angesehen werden?

3. Welche Bedeutung hat der Begriff „Bedürfnisse des eigenen Betriebes?

I. Zivilsenat. Urt. v. 18. Februar 1925 i. S. M. & Co. (Kl.) w. Maschinenfabrik A.-N. (Bekl.). I 192/24.

I. Landgericht Nürnberg.
II. Oberlandesgericht daselbst.

Die Klägerin ist Inhaberin des ihr mit Wirkung vom 12. April 1905 verliehenen Deutschen Reichspatents Nr. 169795, das eine Beschickungsvorrichtung für Feuerungen mittels Ringschieber betrifft. Das Patent, das zunächst am 12. April 1920 erloschen war, ist dann vom Reichspatentamt gegen Ende des Jahres 1920 oder zu Anfang des Jahres 1921 gemäß dem PatVerlG. v. 27. April 1920 um fünf Jahre verlängert worden. Die Beklagte ließ im März 1920 von einem ihrer Ingenieure nach dem Patent der Klägerin Werkstattzeichnungen für einen Ringschieber anfertigen und stellte gleich nach dem 12. April 1920 zwei Förderanlagen mit Ringschieber her, die eine zur Verwendung in ihrer Fabrik, die andere für die Aktiengesellschaft D. W. in G. Eine von der Beklagten angebotene Vergütung nach § 7 Abs. 2 PatVerlG. wurde von der Klägerin abgelehnt. Mit der Begründung, daß die Beklagte wissentlich oder grob fahrlässig das Patent Nr. 169795 verletze, klagt die Klägerin auf Unterlassung und Schadensersatz. Die Beklagte beruft sich auf § 7 PatVerlG.

Das Landgericht gab der Klage statt. Das Oberlandesgericht wies die Klage ab. Die Revision der Klägerin blieb ohne Erfolg.

Gründe:

In erster Linie bekämpft die Revision das Vorderurteil aus dem Grunde, weil in allen Fällen Voraussetzung für das Zwischenbenutzungsrecht das Erlöschen des Patents vor dem 1. April 1920 sei, während hier das Patent erst am 12. April 1920 ablief. Sie bittet ferner um Nachprüfung, ob in der Anfertigung der Werkstattzeichnungen eine geeignete Veranstaltung zur Benutzung des Patents erblickt werden könne. Endlich wünscht sie eine Nachprüfung des Revisionsgerichts auch darüber, ob nicht die Lieferung der Anlage für die Aktiengesellschaft D. W. über den Umfang des Zwischenbenutzungsrechts hinausgehe. In keinem der drei Punkte kann jedoch der Revision recht gegeben werden.

1. Es ist nicht richtig, daß § 7 PatVerlG. für beide dort geregelten Fälle das Erloschensein des Patents vor dem 1. April 1920 erfordere. Nur für das Inbenutzungnehmen trifft es zu.

Das geht schon aus dem Wortlaut der Bestimmung selbst hervor. Eine Benutzung des Patents vor dessen Erlöschen ist eine Patentverletzung; sie kann und soll daher kein Zwischenbenutzungsrecht begründen. Deshalb hat der Satzteil in Abs. 1 Satz 1 des § 7 „nachdem das Schutzrecht erloschen war" eine sachlich begründete Beziehung zum Benutzen. Ganz anders bei der Vornahme von Veranstaltungen. Solche können ohne Eingriff in das Patent schon vor dessen Erlöschen vorgenommen werden. Auf die gleiche Auslegung weist der Satzbau hin. Würden zwei, für die Benutzung und die Vorbereitung gleichmäßig zutreffende Zeitbestimmungen gemeint sein, so hätte es näher gelegen, sie durch ein Bindewort wie „und" nebeneinander zu stellen. Statt dessen sind die Worte „die Erfindung" dazwischen geschoben, wodurch allem Anschein nach kenntlich gemacht werden sollte, daß die zweite Zeitbestimmung nur auf das Inbenutzungnehmen der Erfindung Bezug haben soll. Dem entspricht im zweiten Teil desselben Satzes der Ausdruck „vor diesem Tage". Damit wird sichtlich allein auf die Zeitbestimmung des 1. April 1920 hingewiesen. Die zweite Zeitbestimmung „nachdem das Schutzrecht erloschen war" ist kein „Tag". Diese Auslegung ergibt somit: Alle Handlungen, die ein Zwischenbenutzungsrecht begründen sollen, müssen vor dem 1. April 1920 vorgenommen worden sein. Dieser Tag ist der maßgebende Stichtag und der Ton liegt auf der Vornahme der Handlung vor diesem Stichtag; die Handlungen selbst dürfen nicht unberechtigt gewesen sein. Soweit also eine Benutzung des Patents in Frage kommt, muß das Patent zur Zeit der Benutzung schon erloschen gewesen sein.

Diese Auslegung findet ihre Bestätigung in der Geschichte des Gesetzes. Der erste Entwurf (Verhandlungen der Nationalversammlung Bd. 338 S. 873, Aktenstück Nr. 926) lautete in § 2:

„Wer vor dem Inkrafttreten dieses Gesetzes die Erfindung, nachdem das Patent erloschen war, in gutem Glauben benutzt oder die zur Benutzung erforderlichen Veranstaltungen getroffen hat, ist .... befugt ...."

Hier fehlt also die spätere Einfügung „vor diesem Tage" und, in seine Bestandteile aufgelöst, lautet der Satz:

1. Wer vor dem Inkrafttreten dieses Gesetzes die Erfindung, nachdem das Patent erloschen war, in gutem Glauben benutzt,

oder 2. wer vor dem Inkrafttreten dieses Gesetzes die zur Benutzung erforderlichen Veranstaltungen getroffen hat ....

Im zweiten Falle bildet somit das Erlöschen des Patents vor dem Stichtage keine Voraussetzung für den Erwerb des Zwischenbenutzungsrechts.

Die Begründung des Entwurfs (a. a. O. S. 873 bis 875) spricht sich über die vorstehende Bestimmung nicht aus. Der abgeänderte Entwurf des 6. Ausschusses setzte — nunmehr in § 7 — an die Stelle des Inkrafttretens des Gesetzes lediglich den 1. April 1920 als maßgebenden Stichtag und strich die bisher allgemein vorgesehen gewesene Entschädigungsberechtigung des Patentinhabers (a. a. O. Bd. 342 S. 2903). Nur über diese Streichung hat sich der Abgeordnete Grünewald bei der zweiten Beratung des Entwurfs ausgesprochen (a. a. O. Bd. 333

S. 5268). Die Unterscheidung, die das Gesetz für das Entschädigungsrecht des Patentinhabers macht, ist erst durch den Abgeordneten Burlage hineingebracht worden, und zwar anscheinend durch ein Mißverständnis. Er erklärte, nachdem er zuvor darauf hingewiesen hatte, daß das Patent benützen nur derjenige könne, der sich überzeugt halte und nachweisen könne, daß es erloschen sei, daß aber Veranstaltungen für die Benutzung auch derjenige treffen könne, der damit rechne, daß in kurzer Frist das Patent erlöschen werde, ohne dadurch irgendwie illoyal zu handeln:

„Nun würde es doch offenbar recht unbillig sein, wenn die Vergünstigung, die in § 7 ausgesprochen wird, sich zwar auf diejenigen beziehen soll, die die Veranstaltung getroffen hatten, nachdem das Schutzrecht erloschen ist, aber nicht auf diejenigen, welche die Veranstaltung getroffen haben in der Erwartung, daß das Schutzrecht in der nächsten Zeit erlöschen werde."

Burlage empfiehlt daher als Zusatz den nachmaligen Absatz 2 des § 7. Daraus ist zweierlei zu entnehmen. Einmal faßte der Abgeordnete Burlage offenbar mißverständlich den damaligen § 7 dahin auf, daß er für den Erwerb des Zwischenbenutzungsrechts des Benutzers und Veranstalters völlig gleiche Erfordernisse aufstelle, insbesondere also auch für den Erwerb des Zwischenbenutzungsrechts des Veranstalters das Erloschensein des Schutzrechts zur Zeit der Veranstaltung und vor dem 1. April 1920 als Voraussetzung habe. Und zweitens wünschte er, von dieser Vorstellung geleitet, in das Gesetz noch hineingebracht zu sehen, daß durch Vornahme von Veranstaltungen das Zwischenbenutzungsrecht auch dann begründet werden solle, wenn das Schutzrecht erst nach dem 1. April 1920 erlosch. Auf diese Erklärung des Abgeordneten Burlage erwiderte der Berichterstatter Grünewald, daß er ihm vollständig beitrete, aber, setzte er hinzu:

„Man konnte schon aus dem § 7, wenn man sich Mühe gab, herauslesen, daß man meint, was der Herr Abgeordnete Burlage jetzt beantragt hat."

Diese Auffassung des damaligen Berichterstatters deckt sich also vollkommen mit der vorher gegebenen Auslegung.

Gegenüber einem derartigen Ergebnis müßten es schon gewichtige Gründe sein, die zu einer anderen Auffassung nötigten. Daran fehlt es aber vollständig. Ist die Sachlage so, daß das Patent vor dem

1. April 1920 erloschen war und hatte jemand in einem noch früheren Zeitpunkt, vor dem Erlöschen des Patents, die erforderlichen Veranstaltungen getroffen, war aber dann in der Zwischenzeit, nach Erlöschen des Patents und vor dem 1. April 1920, dazu übergegangen, die Erfindung in Benutzung zu nehmen, so trifft auf ihn natürlich der erste Fall des § 7 zu, die früher vorgenommenen Veranstaltungen kommen nicht mehr in Betracht und eine Entschädigungspflicht besteht nicht. Wer aber schon vor dem Erlöschen des Patents die zur Benutzung der Erfindung nötigen Anstalten trifft, wird selbstverständlich immer die Absicht haben, keine Zeit zur Benutzung der Erfindung verstreichen zu lassen und dazu auch regelmäßig in der Lage sein. Er trifft die vorbereitenden Veranstaltungen ja nur, um unverzüglich das Patent, wenn dessen Zeit abgelaufen ist, in Benutzung nehmen zu können. Würde man also für den zweiten Fall des § 7 auch noch das Erfordernis aufstellen, daß das Schutzrecht vor dem 1. April 1920 in Benutzung noch genommen werden könne, aber nicht genommen werde, so wäre die Regelung des zweiten Falles so gut wie völlig bedeutungslos. Wenn demgegenüber die Revision meint, es könne auch vorkommen, daß, obwohl schon vor Ablauf des Patents Veranstaltungen getroffen worden waren, um es demnächst in Benutzung zu nehmen, diese Absicht in der gemeinfreien Zeit bis zum 1. April 1920 „aus irgendwelchen Gründen" nicht ausgeführt werden konnte, so rechnet sie mit seltenen Ausnahmefällen, auf die die Bestimmung nicht zugeschnitten ist.

Dazu kommt noch ein weiteres. Es ist nicht einzusehen, welchen sachlichen Anlaß der Gesetzgeber gehabt haben sollte, zu verlangen, daß auch für den Erwerb des Weiterbenutzungsrechts durch Veranstaltungen das Erlöschen des Schutzrechts vor dem 1. April 1920 Bedingung sein solle. Ersichtlich wollte das Gesetz den gutgläubigen Benutzer und den gutgläubigen Veranstalter schützen und setzte deshalb im Sinne einer unwiderlegbaren Vermutung allgemein als Stichtag für die Gutgläubigkeit der das Weiterbenutzungsrecht begründenden Handlungen den 1. April 1920 fest. Nur war natürlich eine gutgläubige Benutzung des Schutzrechts begrifflich bloß denkbar, wenn es vor diesem Tage abgelaufen war, während die Veranstaltungen dazu auch getroffen werden konnten, wenn das Schutzrecht erst nach dem 1. April 1920 ablief.

Auch die weitere Erwägung der Revision, daß bei der Auslegung des Vorderrichters viele Patente gefährdet worden wären, die erst nach dem 1. April 1920 zum Erlöschen kamen, kann hieran nichts ändern. Denn man wollte eben, daß die wirtschaftlichen Werte erhalten blieben, die dadurch entstanden waren, daß andere, mit dem Erlöschen des Schutzrechts rechnend, schon vorher Veranstaltungen getroffen und Kosten aufgewandt hatten, um die Erfindung unmittelbar nachher in Benutzung zu nehmen. Es ist also der Gedanke, den der Abgeordnete Grünewald zu § 7 dahin ausgedrückt hat:

„Man hat dabei nicht verkannt, daß eine Maßnahme, wie die in Frage stehende, großen wirtschaftlichen Nutzen für große Volkskreise haben, aber auch gleichzeitig die Interessen anderer verletzen könne, daß sie niemals den Interessen aller gleichzeitig dienen könne und daß es vielleicht nicht zu ändern sei, wenn Personen oder Institute von dem Gesetz einen Nachteil haben. Man hat auch erwogen, daß der Patentinhaber, wenn er den Nutzen dieses Gesetzes genieße, auch den Nachteil tragen könne, daß der Zwischenbenutzer auch noch weiter, ohne eine Vergütung zu zahlen, das Patent in Anspruch nehmen dürfe."

Wenn endlich die Revision noch geltend macht, es habe mehr oder weniger von Zufälligkeiten abgehangen, ob nach dem 1. April 1920 ein Patent rechtzeitig verlängert wurde oder ob sich die Verlängerung hingezogen habe, so daß vielleicht eine auch nur kurze gemeinfreie Zeit später entstand, und es wäre unvernünftig gewesen, das Entstehen oder Nichtentstehen des Zwischenbenutzungsrechts auf solchen Zufälligkeiten aufzubauen, so ist es zwar richtig, daß das Patent einmal erloschen gewesen sein muß (RGZ. Bd. 107 S. 251) und unter Umständen der Zufall dabei eine Rolle spielen kann, ob nach dem 1. April 1920 eine gemeinfreie Zeit entstand oder nicht. Aber daraus folgt nichts gegen die Auslegung der Beklagten. Denn die ganze Regelung des Gesetzes selbst mit ihrer Abstellung auf den 1. April 1920 war in gewissem Sinne eine Zufälligkeit.

2. Daß die Herstellung von Werkstattzeichnungen sehr wohl als Veranstaltung zur Benutzung der Erfindung im Sinne des § 7 PatVerlG. angesehen werden kann, ist für den gleichen Begriff des Vorbenutzungsrechts nach § 5 PatG. anerkannt (JW. 1908 S. 247 Nr. 22) und wird auch von der Revision nicht verkannt. Sie meint

aber, die Herstellung dieser Zeichnungen sei im vorliegenden Falle so einfach und mühelos gewesen, daß man von einem Unterschied zwischen Patentzeichnung und Werkstattzeichnung nicht wohl reden könne. Damit setzt sie sich in Widerspruch mit der Annahme des Berufungsgerichts, das die Werkstattzeichnungen in Augenschein genommen hat und davon ausgeht, ihre Anfertigung habe die Arbeitszeit eines Ingenieurs von einem Monat beansprucht, woraus es dann ohne erkennbaren Rechtsirrtum den Schluß zieht, daß von der Beklagten solche zur Benutzung der Erfindung bestimmten Vorbereitungen getroffen worden sind, die den ernstlichen Willen kundgaben, die Erfindung sofort zu benutzen.

3. Für den Begriff „Bedürfnisse seines eigenen Betriebes" ist ebenfalls auf die gleichartige Bestimmung über das Vorbenutzungsrecht zurückzugreifen. Es fallen darunter die vier Benutzungsarten des § 4 PatG., somit auch die Herstellung für andere, gegebenenfalls sogar unter Erweiterung des Betriebs (JW. 1902 S. 533 Nr. 12). Das Gegenstück zum Recht des Zwischenbenutzers bildet lediglich, daß er seine Befugnisse ebenso wie der Vorbenutzer nicht ohne den Betrieb übertragen kann (§ 7 Abs. 1 Satz 2 PatVerlG.).

---

46. 1. Zur Haftpflicht des Reeders für die Seetüchtigkeit des Schiffes, insbesondere nach Beginn der Reise.

HGB. §§ 614, 645, 651, 652, 606, 513, 559, 485.

I. Zivilsenat. Urt. v. 21. Februar 1925 i. S. St. A.-G. Seeschiffahrt und Überseehandel (Bekl.) w. C. & Co. G. m. b. H. (Kl.). I 231/24.

I. Landgericht Hamburg, Kammer für Handelssachen.
II. Oberlandesgericht daselbst.

Die Klägerin ist auf Grund des von der Beklagten ausgestellten Konnossements vom 15. Juli 1922 Empfängerin einer Partie Leinsaat, welche die Beklagte mit ihrem Dampfer „Hindenburg" von Santa Fé nach Hamburg befördert hat. Ein Teil dieser Ladung war bei Ankunft des Dampfers in Hamburg durch Wasser beschädigt. Die Klägerin verlangt deshalb Schadensersatz von der Beklagten. Die Beklagte beruft sich auf die Freizeichnungsklauseln des Konnossements.

Die Vorinstanzen haben den Klaganspruch dem Grunde nach für gerechtfertigt erklärt. Die Revision der Beklagten hatte keinen Erfolg.

Gründe:

Das Berufungsgericht hat folgendes ausgeführt:

Die streitige Ladung Leinsaat sei von dem Dampfer „Hindenburg" in Santa Fé eingenommen und von dort über Buenos Aires nach Hamburg befördert. Die Ware sei unbeschädigt in Santa Fé an Bord gekommen und auf der Reise von Buenos Aires nach Hamburg durch Eindringen von Wasser in den Laderaum beschädigt worden. Dies sei darauf zurückzuführen, daß man in Buenos Aires über die Peilrohre Viehställe gebaut habe in einer Weise, die es unmöglich gemacht habe, an die Peilrohre heranzukommen. Dadurch sei die Schiffsleitung verhindert worden, während der Reise das Steigen des Wassers im Schiffsraum zu bemerken und zu kontrollieren und demgemäß den hier fraglichen Laderaum und die darin befindliche wasserempfindliche Leinsaatladung vor Wasserbeschädigung zu schützen. Durch das Zubauen der Peilrohre sei das Schiff in einen Zustand versetzt, der es zur Beförderung der erwähnten Ladung untauglich und somit relativ seeuntüchtig gemacht habe. Diese relative Seeuntüchtigkeit sei durch eigene Maßnahmen der Beklagten in dem Zwischenhafen Buenos Aires herbeigeführt, indem der dort angestellte Schiffsinspektor der Beklagten, als ihr am Lande befindlicher Aufsichtsbeamter, fahrlässigerweise die Gefährdung des Schiffes durch Zubauen der Peilrohre zugelassen habe. Dies Verhalten habe die Beklagte zu vertreten, da es durch die Freizeichnungsklauseln des dem Frachtvertrag zugrunde liegenden Konnossements nicht gedeckt werde.

Läßt man nun zunächst die erwähnten Freizeichnungsklauseln außer Betracht, so hat die Beklagte der Klägerin als der legitimierten Empfängerin der Ladung und Konnossementsinhaberin in entsprechender Anwendung der allgemeinen Frachtgrundsätze für den streitigen Schaden aufzukommen, sofern die Beklagte nicht beweist, daß die Beschädigung auf Umständen beruht, die durch die Sorgfalt eines ordentlichen Verfrachters nicht abgewendet werden konnten (§§ 614 Abs. 2, 645, 651, 652, 606 HGB.; Schaps, Seerecht 2. Aufl. § 651 Anm. 5, 6 a. E., § 606 Anm. 5, Vorbem. vor § 556 Anm. 12). Demgemäß hatte die Beklagte an sich für die Seetüchtigkeit des Schiffes zunächst bei Beginn der Frachtreise in Santa Fé (§§ 513, 559, 485 HGB.), dann aber auch insofern während dieser Reise einzustehen, als es zu den gesetzlichen Obliegenheiten der Beklagten und der sie vertretenden Personen, insbesondere des Schiffers gehört, darüber zu wachen, daß die Seetüchtigkeit dem Schiffe während der Reise erhalten bleibt und, falls gemindert, nach Möglichkeit wieder hergestellt wird (Schaps § 513 Anm. 9, §§ 527, 485 HGB.). Des weiteren ist bei Auslegung der maßgeblichen Freizeichnungsklauseln des Konnossements zu beachten, daß alle Unklarheiten dieser Klauseln zu Lasten der Beklagten gehen, die das Konnossement ausgestellt hat und sich auf darin enthaltene Sonderabreden beruft, durch welche ihre gesetzlichen Verpflichtungen eingeschränkt sein sollen. Und zwar gilt das um so mehr, als Freizeichnungen hinsichtlich der Seetüchtigkeit des Schiffes wenig üblich und unter Umständen sittenwidrig sind.

Nun lauten die fraglichen Konnossementsbedingungen, deren wenig stilgerechte Fassung bereits das Berufungsgericht hervorgehoben hat, an den hier maßgeblichen Stellen folgendermaßen:

„Daß der Kapitän, die Eigentümer oder Agenten des Schiffes oder die zur Schiffsbesatzung gehörigen Personen nicht verantwortlich sind ... für irgendwelchen Verlust oder Beschädigung, welche aus Gefahren oder Unfällen auf Meeren, Flüssen ... entstehen ..„ sei es, daß die oben erwähnten Gefahren oder Ursachen oder der dadurch entstandene Verlust oder Beschädigung bei oder nach Beginn der Reise verursacht werde, durch irgendeinen Akt der Unterlassung, Nachlässigkeit, Versäumnis ... des ... Kapitäns, Mannschaft ... oder anderer Personen im Dienste der Reederei, die an Bord des besagten oder irgendeines anderen Schiffes, das ihnen gehört oder von ihnen gemietet wurde, sich befinden oder durch Seeuntauglichkeit des Schiffes, vorausgesetzt, daß alle nötigen Maßregeln getroffen wurden, um solcher Untauglichkeit vorzubeugen."

Sieht man von dem nach obigem unrichtigen Gesichtspunkt des Berufungsgerichts ab, daß der Reeder und Verfrachter gesetzlich nur für die Seetüchtigkeit des Schiffs bei Beginn der Reise hafte, so scheidet der im Berufungsurteil verwertete Umstand aus, daß nicht anzunehmen sei, die Reederei habe mit jener Konnossementsklausel ihre Haftung über ihre gesetzlichen Verpflichtungen hinaus erweitern wollen. Dann ergibt sich aber als das Nächstliegende die Annahme, daß die Worte der Klausel „bei oder nach Beginn der Reise" auf die unmittelbar vorher erwähnte „Seeuntauglichkeit des Schiffes" zu beziehen sind. Danach würde die Beklagte von ihrer oben dargelegten gesetzlichen Haftung für die Seeuntauglichkeit des Schiffes (bei oder nach Beginn der Reise) nur dann befreit sein, wenn „alle nötigen Maßregeln getroffen wurden, um solcher Untauglichkeit vorzubeugen". Und weiterhin ist aus der Sonderstellung, welche in der Konnossementsklausel der Seeuntauglichkeit des Schiffes eingeräumt ist, zu entnehmen, daß insoweit eine Ausnahme gemacht werden soll von der vorhergehenden allgemeinen Freizeichnung von Nachlässigkeiten des Kapitäns, der Mannschaft usw. Denn der Nachsatz „vorausgesetzt, daß alle nötigen Maßregeln getroffen wurden, um solcher Untauglichkeit vorzubeugen", hätte keinen Sinn, wenn die danach von dem Schiffer und der Schiffsmannschaft zu gewährleistende Pflicht, für die Seetauglichkeit des Schiffes — besonders während der Reise — zu sorgen, auf dem Umwege der allgemeinen Freizeichnung von Nachlässigkeit der Schiffsbesatzung usw. ihrer Wirksamkeit entkleidet werden könnte. Demgemäß haftet die Beklagte für Nachlässigkeiten dieser Personen, durch welche während der Reise die Seeuntüchtigkeit des Schiffes verursacht oder ihre rechtzeitige und gehörige Beseitigung verhindert ist, da alsdann nicht „alle nötigen Maßregeln getroffen wurden, um solcher Untauglichkeit vorzubeugen". Die Beklagte haftet aber in derselben Weise für diese Seeuntüchtigkeit nach allgemeiner Rechtsvorschrift auch dann, wenn sie durch Personen verursacht ist, die in den Freizeichnungsklauseln nicht aufgeführt sind, aber zu den Erfüllungsgehilfen der Beklagten hinsichtlich ihrer erwähnten, die Frachtreise umfassenden Sorgfaltspflicht eines ordentlichen Verfrachters gehören. Es ist daher unerheblich, ob — wie die Beklagte behauptet — der Einbau der Viehställe mit der Wirkung des Zubauens der Peilrohre von dem Schiffer und den Schiffsoffizieren geleitet ist oder ob dabei der angeblich in Buenos Aires ansässige Schiffsinspektor der Beklagten tätig oder schuldhafterweise untätig gewesen ist, und ob dieser Schiffsinspektor an sich oder im vorliegenden Streitfall zu den in den Freizeichnungsklauseln aufgeführten Personen gehört. Denn jedenfalls ist dieser Schiffsinspektor ebenso wie der Schiffer und jeder Schiffsoffizier Erfüllungsgehilfe der Beklagten hinsichtlich der mehrerwähnten Sorgfaltspflicht eines ordentlichen Verfrachters. Somit kann es dahingestellt bleiben, ob etwa auch anzunehmen ist, daß ein etwaiges Unterlassen der gehörigen Verschraubung des einen Peilrohrs seitens der Schiffsbesatzung eine Seeuntüchtigkeit des Schiffes herbeigeführt haben würde, welche nicht von den Konnossementsfreizeichnungen umfaßt wird, da auch solchenfalls nicht alle nötigen Maßregeln getroffen wären, um der Seeuntauglichkeit vorzubeugen.

Das Berufungsgericht hat ohne erkennbaren Rechtsirrtum festgestellt, daß das Schiff infolge des Verbauens der Peilrohre relativ seeuntüchtig, d. h. nicht geeignet gewesen sei, die betreffende Ladung gegen die gewöhnlichen Seegefahren der Frachtreise zu schützen. Es kann keinem begründeten Zweifel unterliegen, daß diese relative Seeuntüchtigkeit von der in der Konnossementsklausel erwähnten Seeuntauglichkeit mit umfaßt wird. Ebensowenig ist zu bezweifeln, daß, soweit grundsätzlich nur eine Haftung der Beklagten mit Schiff und Fracht in Frage kommen sollte, die Voraussetzungen für eine persönliche Haftung derselben nach § 774 HGB. gegeben sind. Nach beiden Richtungen sind weder in der Revisionsinstanz, noch vorher von den Parteien Einwendungen erhoben.

---

47. 1. Kann ein Ehescheidungsurteil, nach dessen Erlassung beide Parteien auf das Recht der Berufung verzichtet haben, von einer Partei im Wege der Berufung mit der Begründung angefochten werden, daß sie während des ganzen Rechtsstreits und deshalb auch zur Zeit der Erteilung der Prozeßvollmacht prozeßunfähig gewesen sei?

2. Kann der gesetzliche Vertreter, wenn er in einen zunächst von der prozeßunfähigen Partei selbst geführten Rechtsstreit eintritt, von seiner Genehmigung der bisherigen Prozeßführung eine einzelne Prozeßhandlung ausnehmen?

ZPO. §§ 56, 514, 579 Nr. 4.

IV. Zivilsenat. Urt. v. 23. Februar 1925 i. S. Ehem. Sch. (Kl. u. Widerbekl.) w. Ehefr. Sch. (Bekl. u. Widerkl.). IV 495/24.

I. Landgericht Kaiserslautern.
II. Oberlandesgericht Zweibrücken.

Auf die im April 1922 erhobene Klage des Mannes und die Widerklage der Frau hatte das Landgericht die Ehe der Parteien aus beiderseitigem Verschulden geschieden. Gleich nach der Verkündung dieses Urteils erklärten die Parteien durch ihre Prozeßbevollmächtigten zum Sitzungsprotokoll, daß sie auf Berufung verzichten. Gleichwohl legte die Beklagte Berufung ein; sie machte geltend, daß sie seit Anfang Februar 1922 geisteskrank und deshalb prozeßunfähig, ihr Berufungsverzicht daher unwirksam sei. Auf ihren Antrag wurde ihr vom Vormundschaftsgericht zu ihrer Vertretung in allen persönlichen und vermögensrechtlichen Angelegenheiten ein Pfleger bestellt. Dieser trat als ihr gesetzlicher Vertreter in den Prozeß ein mit der Erklärung, daß er ihrer Prozeßführung, insbesondere der Erhebung der Widerklage und ihrem Widerrufe des Verzichts auf die Berufung, also nicht ihrem Berufungsverzicht nachträglich zustimme. Nach Beweisaufnahme über den Geisteszustand der Beklagten änderte das Oberlandesgericht das erste Urteil, dem Berufungsantrag entsprechend, zugunsten der Beklagten ab.

Auf die Revision des Klägers wurde das Berufungsurteil aufgehoben und die Berufung gegen das landgerichtliche Urteil als unzulässig verworfen.

Aus den Gründen:

Die Entscheidung hängt in erster Linie von der Zulässigkeit der Berufung gegen das landgerichtliche Urteil und diese wiederum von der Wirkung der Erklärung des Berufungsverzichts ab. Daß der in § 514 ZPO. behandelte Verzicht auf das Recht der Berufung auch gegenüber einem auf Ehescheidung lautenden Urteil zulässig ist und insbesondere von dem Prozeßbevollmächtigten jedes Ehegatten gegenüber dem Prozeßgericht oder gegenüber dem anderen Prozeßbevollmächtigten erklärt werden kann, steht in der Rechtsprechung des Reichsgerichts fest (RGZ. Bd. 59 S. 346, Bd. 104 S. 133, Bd. 105 S. 351). Vorliegendenfalls haben noch in der Sitzung des Landgerichts, in der das Urteil verkündet worden ist, die beiden Prozeßbevollmächtigten gemeinschaftlich auf Berufung verzichtet. Sie haben damit die Verzichtserklärung sowohl gegenüber dem Gericht als auch jeder dem anderen gegenüber abgegeben. Der beiderseitige Verzicht hat für jede der beiden Parteien den Verlust des Rechts der Berufung und damit die Unzulässigkeit dieses Rechtsmittels zur Folge gehabt, so daß das Urteil noch vor Ablauf der Berufungsfrist rechtskräftig geworden ist (RG. Warn. 1923/24 Nr. 132). Die Rechtskraft des Urteils kann weder durch einen Widerruf des Berufungsverzichts in Frage gestellt werden (RG. ebenda), noch kann in dem durch das rechtskräftige Urteil formell abgeschlossenen Verfahren die Unwirksamkeit des Verzichts mit der Begründung verfochten werden, daß die Beklagte während des ganzen Prozesses und deshalb auch zur Zeit der Erteilung der Prozeßvollmacht an ihren Rechtsanwalt prozeßunfähig gewesen sei. Diese Behauptung, die darauf hinauskommt, daß die Beklagte im Verfahren nicht nach Vorschrift der Gesetze vertreten gewesen sei, kann vielmehr nur noch zur Grundlage für eine Nichtigkeitsklage gemäß § 579 Nr. 4 ZPO. genommen werden. Die eingelegte Berufung ist unzulässig. Der Fall liegt in dieser Beziehung ebenso, wie wenn die Rechtskraft des Urteils nicht durch den beiderseitigen Berufungsverzicht, sondern mit Ablauf der Berufungsfrist eingetreten wäre und eine Partei die Zulässigkeit einer nachträglich eingelegten Berufung damit begründen wollte, daß die Zustellung des Urteils an ihren Prozeßbevollmächtigten die Berufungsfrist nicht in Lauf gesetzt habe, weil die Prozeßvollmacht infolge ihrer Prozeßunfähigkeit unwirksam gewesen sei. Die Unmöglichkeit eines solchen Vorgehens ist vom Reichsgericht bereits dargelegt (Warn. 1917 Nr. 258).

Der Verweisung der Beklagten auf die Nichtigkeitsklage als denjenigen Rechtsbehelf, mit welchem sie den Mangel gehöriger Vertretung geltend machen könne, steht die von ihrem Pfleger abgegebene Genehmigungserklärung nicht entgegen. Denn da der Pfleger von seiner Genehmigung der Prozeßführung der Beklagten den Berufungsverzicht ausgenommen hat, liegt überhaupt keine wirksame Genehmigung vor. Die Prozeßführung ist ein einheitliches Ganzes. Der Mangel, den sie infolge der Prozeßunfähigkeit einer Partei hat, wird durch die Genehmigung des gesetzlichen Vertreters mit rückwirkender Kraft geheilt (vgl. § 56 Abs. 2, § 551 Nr. 5,

§ 579 Nr. 4 ZPO.; Warn. 1915 Nr. 305); es wird dann so angesehen, als sei der Prozeßunfähige prozeßfähig gewesen. Daraus folgt, daß die Genehmigung nicht auf einen Teil der Prozeßhandlungen beschränkt werden kann. Wenn der gesetzliche Vertreter in den von dem Prozeßunfähigen geführten Rechtsstreit eintritt, hat er nur die Wahl, entweder die bisherige Prozeßführung zu genehmigen oder die Folgen der Prozeßunfähigkeit geltend zu machen. Schließt er eine einzelne Prozeßhandlung, etwa ein von dem Prozeßunfähigen abgelegtes Geständnis oder, wie hier, einen Rechtsmittelverzicht von der Genehmigung aus, so ist die eingeschränkte Genehmigung völlig unwirksam (vgl. Hellwig, Lehrb. des Zivilprozeßrechts Bd. 2 S. 340; auch Stein, ZPO. § 56 Bem. I Abs. 3 sowie Förster-Kann, ZPO. § 56 Bem. 1a aa).

---

48. Kann eine Partei, deren Berufung mangels rechtzeitigen Nachweises der Zahlung der Prozeßgebühr durch Beschluß gemäß § 520 Abs. 3 ZPO. a. F. als unzulässig verworfen wurde, ihren Berufungsantrag im Wege der Anschlußberufung erneuern?

III. Zivilsenat. Urt. v. 24. Februar 1925 i. S. O. (Kl.) w. Freistaat Mecklenburg-Schw. (Bekl.). III 411/24.

Der Kläger, ein früheres vertraglich angestelltes Mitglied der Mecklenburg-Schweriner Hofkapelle, ist im Jahre 1908 nach 28 Dienstjahren wegen Dienstunfähigkeit in den Ruhestand getreten. Mit der vorliegenden Klage hat er die Feststellung begehrt, daß er ein in den Ruhestand versetzter Beamter sei, auf den das Landesbesoldungsgesetz in Anwendung komme. Hilfsweise hat er die Verurteilung des Beklagten zu seiner Gleichstellung mit einem in Ruhestand versetzten Beamten beantragt. Das Landgericht hat den Beklagten unter Abweisung der Mehrforderung zur Gewährung von $^{1}/_{4}$ des Ruhegehalts verurteilt, die ein in den Ruhestand versetzter mecklenburgischer Beamter nach 28 Dienstjahren gemäß dem jeweiligen Besoldungsgesetz bezieht. Die Berufung des Klägers ist durch zugestellten Beschluß als unzulässig verworfen worden, weil er binnen der ihm gesetzten Frist die Zahlung der erforderten Prozeßgebühr nicht nachgewiesen hat. Auf die Berufung des Beklagten ist die Klage vom Oberlandesgericht in vollem Umfang abgewiesen worden. Das Reichsgericht hat auf die Revision des Klägers das Berufungsurteil aufgehoben und die Sache an die Vorinstanz zurückverwiesen. In der neuen Verhandlung 2. Instanz hat sich der Kläger der Berufung des Gegners angeschlossen. Er hat dessen Verurteilung beantragt, ihm die Ruhegehaltsbezüge eines in den Ruhestand versetzten mecklenburgischen Beamten der Besoldungsgruppe VII nach 28 Dienstjahren gemäß der jeweiligen Besoldungsordnung zu gewähren. Die Anschlußberufung ist als unzulässig verworfen worden. Auf die Revision des Klägers wurde das Berufungsurteil, soweit es dies ausspricht, aufgehoben und die Sache in diesem Umfang an das Berufungsgericht zurückverwiesen.

Aus den Gründen:

Der Kläger hatte das Urteil des Landgerichts mit der selbständigen Berufung ohne jede Einschränkung, also soweit es zu seinen Ungunsten ergangen ist, angefochten. In demselben Umfang greift er es mit der Anschlußberufung an. Das Berufungsgericht glaubt bei dieser Sachlage annehmen zu sollen, daß der die selbständige Berufung verwerfende, den Parteien zugestellte Beschluß der Anschließung im Wege stehe. Dieser Ansicht kann nicht beigepflichtet werden. Der Beschluß stützt sich auf den der Zivilprozeßordnung durch das Gesetz vom 21. Dezember 1922 (RGBl. 1923 S. 9) eingefügten, seit dem 1. Juni 1924 durch den § 519 Abs. 5 ersetzten § 520 Abs. 3. Die Vorschrift bestimmte, daß, wenn der Berufungskläger nicht innerhalb der ihm gesetzten Frist die Zahlung der ihm für die Berufungsinstanz abgeforderten Prozeßgebühr nachgewiesen habe, die Berufung als unzulässig zu verwerfen sei. Einem auf dieser gesetzlichen Grundlage ergangenen Beschluß kann nicht die Tragweite beigemessen werden, daß er die durch die Berufung betroffenen Streitpunkte dergestalt erledigt, daß über die dabei in Betracht kommenden Fragen und Anträge eine Entscheidung im Wege der Anschlußberufung nicht von neuem begehrt werden kann. Zwar war ein Rechtsbehelf gegen Beschlüsse der bezeichneten Art nicht gegeben, insbesondere war eine dem jetzigen § 519b Abs. 2 Halbs. 2 entsprechende Bestimmung in der ZPO. a. F. nicht enthalten, und die Beschlußform war lediglich im Interesse der Vereinfachung des Verfahrens an die Stelle der Urteilsform gesetzt worden. Daraus allein ist jedoch nicht zu folgern, daß der Beschluß das Verfahren hinsichtlich der von der Berufung des Klägers ergriffenen Streitpunkte abschließen und beenden soll. Nach § 521 Abs. 1 ZPO. kann sich der Berufungsbeklagte der Berufung des Gegners selbst dann anschließen, wenn er auf die Berufung verzichtet hat. Der Gesetzgeber hat sich bei dieser Vorschrift u. a. von der Erwägung leiten lassen, daß die auch in sonstigen Beziehungen gegen früher erweiterte Zulassung der Anschließung die Einlegung zweckloser, nur vorsorglich, für den Fall der Anfechtung durch den Gegner eingelegter Rechtsmittel verhindern werde (vgl. Hahn, Materialien z. ZPO., Bd. 1 S. 354). Mit Rücksicht hierauf hat das Reichsgericht die Anschließung einer Partei auch dann noch für zulässig erachtet, wenn sie ihre selbständige Berufung zurückgenommen hat und aus diesem Grunde des Rechtsmittels rechtskräftig für verlustig erklärt ist (RGZ. Bd. 38 S. 430). Wie es aber den Entschluß der Zurücknahme durch die Offenhaltung der Anschließung zu erleichtern gilt, so ist ein Gleiches auch dann geboten, wenn es sich darum handelt, ob eine Partei die von ihr für die Berufungsinstanz erforderte Prozeßgebühr bezahlen und sich durch den Nachweis der Zahlung die Weiterverfolgung ihrer Berufung sichern soll. Nicht entgegenhalten läßt sich, daß schwerlich die Absicht des Gesetzgebers gewesen sei, eine Partei in demselben Verfahren zweimal zu dem gleichen Rechtsmittel zuzulassen. Die Anschließung an die Berufung des Gegners ist nicht selbst ein Rechtsmittel, sondern bedeutet nur das Recht des Berufungsbeklagten, auch von sich aus durch Anträge die Grenzen zu bestimmen, innerhalb deren der Rechtsstreit in der Berufungsinstanz von neuem zu verhandeln ist (§ 537 ZPO.; vgl. RGZ. Bd. 29 S. 378 flg., Bd. 41 S. 382). Der erkennende Senat hat allerdings auf dem Gebiet der Revision die das Rechtsmittel gemäß § 554a ZPO. als unzulässig verwerfenden Beschlüsse für unabänderlich und das Verfahren beendigend erklärt (JW. 1906 S. 756 Nr. 29 und 1912 S. 543 Nr. 23). Allein er hat diesen Grundsatz und die damit gegebene formelle Rechtskraft des angefochtenen Urteils auch hier nicht in voller Strenge gehandhabt, sondern sich durch ihn an der Berücksichtigung anderer wichtiger Interessen, insbesondere bei der

Entscheidung über Anträge auf Wiedereinsetzung gegen die Versäumung der Frist zum Nachweis der Zahlung von Gebührenvorschüssen, nicht behindern lassen. Diesem Standpunkt haben sich andere Senate des Reichsgerichts angeschlossen (Warn. 1917 S. 287 Nr. 186, 1922 S. 124 Nr. 103). . . .

---

49. 1. Findet § 12 WZG. auch dann Anwendung, wenn ein Wort, das einem anderen als Warenzeichen geschützt ist, als Bestandteil einer Firma verwendet wird?
2. Anwendungsgebiet des § 13 WZG.
3. Zur Frage der Verwechslungsgefahr nach § 16 UWG.

II. Zivilsenat. Urt. v. 24. Februar 1925 i. S. Firma Zigarettenfabrik J. M. A.-G. (Kl.) w. Firma Tabak- und Zigarettenfabrik „Lamata" A. M. & Co. G. m. b. H. (Bekl.). II 264/24.

I. Landgericht Dresden, Kammer für Handelssachen.
II. Oberlandesgericht daselbst.

Im Jahre 1875 gründete der Fabrikant J. Malzmann in Dresden eine Zigarettenfabrik unter der Firma J. Malzmann. Nach seinem Tode führten seine Erben das Geschäft als offene Handelsgesellschaft fort. Einer dieser Erben, der Sohn Adolf Malzmann, trat jedoch im Jahre 1914 aus der Gesellschaft aus. Im Dezember 1921 wurde die offene Handelsgesellschaft in die jetzt klagende Aktiengesellschaft Zigarettenfabrik J. Malzmann umgewandelt. Kurz vorher, im September 1921, hatte Adolf Malzmann zusammen mit zwei anderen Kaufleuten die verklagte GmbH. gegründet und unter der Firma Tabak- und Zigarettenfabrik „Lamata" A. Malzmann & Co. in das Handelsregister des Amtsgerichts Dresden eintragen lassen.

Für die Rechtsvorgängerin der Klägerin, die Firma J. Malzmann, waren seit dem 20. Mai 1912 die Worte „Malzmann-Zigaretten" und „Zigaretten Malzmann" als Warenzeichen für Zigaretten und anderes unter Nr. 159207 und 159208 in der Zeichenrolle des Patentamts eingetragen. Die beiden Zeichen, deren Anmeldung am 15. Juli 1921 erneuert wurde, sind nach den bei den Akten befindlichen Auszügen aus der Zeichenrolle auf die jetzige Klägerin umgeschrieben.

Die Klägerin hat, indem sie davon ausgeht, daß zwischen den beiden Firmen wegen Gleichheit des nach ihrer Ansicht wichtigsten Firmenbestandteils, des Namens Malzmann, Verwechslungsgefahr bestehe, im Juni 1923 die gegenwärtige Klage erhoben, mit der sie in erster Linie Verurteilung der Beklagten dahin verlangte, daß diese den Namen „Malzmann" aus ihrer Firma zu beseitigen und die dementsprechende Änderung des Handelsregistereintrags auf ihre Kosten herbeizuführen habe. Hilfsweise stellte sie den Antrag: der Beklagten solle untersagt werden, ihre Firma in der Weise zu gebrauchen, daß deren Bestandteile, insbesondere auf ihren Zigaretten, Packungen, Briefbogen und sonstigen Schriftstücken, auseinandergezogen seien oder sonst irgendwie selbständig voneinander in die Erscheinung träten. Den Hilfsantrag begründete sie durch den Hinweis darauf, daß die Beklagte auf ihren Zigaretten und Packungen den Firmenbestandteil „Lamata" getrennt von den Worten „Malzmann & Co." verwende, so daß er wie eine Markenbezeichnung wirke; überdies bringe sie auf ihren Zigaretten den Namen „Malzmann" an derselben Stelle an und gebe auch den übrigen Worten der Aufschrift die gleiche Anordnung, wie die Klägerin dies tue, auch gebrauche sie zur Sortenunterscheidung dieselben Farbenbezeichnungen wie die Klägerin. Die Beklagte bestritt das Vorliegen einer Verwechslungsgefahr und bat um Abweisung der Klage.

Das Landgericht hat der Beklagten verboten, ihre Firma so zu gebrauchen, daß deren Bestandteile, namentlich auf Zigarettenpackungen, Briefbogen und sonstigen Schriftstücken, auseinandergezogen seien oder auch sonst irgendwie selbständig voneinander erscheinen; insbesondere werde der Beklagten untersagt, dies in der Weise zu tun, wie es auf den zu den Akten überreichten Zigaretten und Zigarettenpackungen geschehen sei.

Gegen dieses Urteil haben beide Parteien Berufung eingelegt. Das Oberlandesgericht hat die Berufung der Klägerin, die in erster Reihe die Verurteilung der Beklagten zur Streichung des Namens Malzmann aus ihrer Firma und hilfsweise die Untersagung der Verwendung dieses Namens als Zigarettenaufschrift erstrebte, zurückgewiesen und auf die Berufung der Beklagten, die sich lediglich gegen die — nach Ansicht der Beklagten in der landgerichtlichen Verurteilung liegende — Untersagung des selbständigen Gebrauchs des Firmenbestandteils „Lamata“ richtete, das angefochtene Urteil dahin „erläutert und ergänzt“, daß sich das vom Landgericht ausgesprochene Verbot nicht auf den Alleingebrauch des Wortes „Lamata“ oder der Worte „Tabak- und Zigarettenfabrik Lamata“ erstrecke.

Die Revision der Klägerin hatte Erfolg.

Gründe:

Zur Begründung des Klaganspruchs hatte sich die Klägerin, abgesehen von dem in erster Linie angeführten § 16 UWG., auch auf die Vorschriften des Warenzeichengesetzes, insbesondere §§ 12, 20 daselbst, berufen. Der auf Beseitigung des Namens „A. Malzmann“ aus der Firma der Beklagten gerichtete, an erster Stelle erhobene Anspruch der Klägerin ist denn auch auf Grund dieses Gesetzes gerechtfertigt.

Wie oben erwähnt, ist die Klägerin Inhaberin der schon im Jahre 1912 für ihre Rechtsvorgängerin eingetragenen Warenzeichen „Malzmann-Zigaretten“ und „Zigaretten Malzmann“. Ist ein Wort als Warenzeichen geschützt, so ist nach § 12 WZG. die Verwendung dieses (oder nach § 20 WZG. eines zum Verwechseln ähnlichen) Wortes zum Zwecke jeder Warenbezeichnung und schlechthin verboten, gleichviel auf welche Weise diese Verwendung betätigt wird. Da nun eine Firma zunächst und unmittelbar zwar nur der Bezeichnung des Geschäftsbetriebs dient, mittelbar aber auch die Herkunft der aus ihm stammenden Waren kennzeichnet, so wird das Warenzeichen auch dadurch, daß es in einer Firma als deren Bestandteil gebraucht wird, in einer Weise verwendet, die in den nach § 12 WZG. geschützten Rechtskreis des Warenzeichenschutzes eingreift. Wer in einem Geschäfte kauft, das in seiner Firma ein ihm bekanntes oder ein mit diesem verwechselbares Warenzeichen führt, nimmt ohne weiteres an, er erhalte mit jenem Warenzeichen versehene und dadurch gekennzeichnete Waren (RGZ. Bd. 100 S. 267; Urteile des erkennenden Senats vom 4. Januar 1924 II 208/23 und vom 30. April 1924 II 419/23). Auf den Schutz des § 13 WZG. kann sich die Beklagte nicht berufen. Das Gegenteil träfe, da die Firma der Beklagten jünger ist als das Warenzeichen der Klägerin, nur dann zu, wenn der Name „A. Malzmann" ein notwendiger Bestandteil der Firma wäre. Das ist jedoch nicht der Fall. Nach § 4 GmbHGes. muß die Firma der Gesellschaft entweder von dem Gegenstande des Unternehmens entlehnt sein oder die Namen der Gesellschafter oder den Namen wenigstens eines von ihnen mit einem das Vorhandensein eines Gesellschaftsverhältnisses andeutenden Zusatz enthalten. Hier aber liegt eine Verknüpfung beider Möglichkeiten insofern vor, als der Name des Gründers der Sachfirma nachgestellt ist. Das war selbstverständlich nicht notwendig, sondern ist willkürlich geschehen. Willkürlichen Bestandteilen jüngerer Firmen aber steht der Schutz des § 13 WZG. nicht zur Seite (RGZ. Bd. 64 S. 63, Bd. 100 S. 266 und die beiden oben erwähnten Urteile des erkennenden Senats).

Verfehlt ist die Auffassung des Berufungsgerichts (und zwar auch von seinem abweichenden Standpunkt über die Aufnahme des Namens in die Firmenbezeichnung aus), daß die Beklagte trotz des Zeichenschutzes des Wortes „Malzmann" in Verbindung mit dem Worte „Zigaretten" nach § 13 WZG. berechtigt sei, auf den von ihr erzeugten Zigaretten und auf deren Verpackung oder Umhüllung die Worte „Malzmann & Co." als Abkürzung ihrer Firma anzubringen. Die Bestimmung des § 13 WZG. gestattet dem Inhaber eines mit einem Warenzeichen gleichlautenden Namens, diesen seinen vollen oder verkehrsüblich abgekürzten Namen, z. B. als Unterschrift einer Anpreisung der Ware auf dieser selbst oder in Inseraten usw., anzubringen, und entsprechendes gilt auch für den Inhaber einer mit einem älteren Warenzeichen gleichlautenden oder zum Verwechseln ähnlichen Firma. Niemals darf aber der Name oder die Firma, sei es in abgekürzter oder unabgekürzter Form, als Schlagwort in warenzeichenmäßiger Weise zur Kennzeichnung der Erzeugnisse des Namensinhabers oder der Firma verwendet werden. Gerade das geschieht jedoch ohne Zweifel dadurch, daß die Beklagte die Worte „Malzmann & Co." als Abkürzung ihrer Firma auf ihre Zigaretten und deren Umhüllung oder Verpackung aufdruckt.

Aus diesen Erwägungen war das angefochtene Urteil aufzuheben und die Beklagte dem ersten Klagantrag entsprechend zu verurteilen.

Das Urteil hätte übrigens, auch wenn es auf den § 16 UWG.

allein ankäme, nicht aufrecht erhalten werden können; denn die hierzu in Betracht kommenden Ausführungen des Oberlandesgerichts sind nach verschiedener Richtung rechtsirrig. Offenbar hat sich der Berufungsrichter die Wirkung, die das jahrzehntelange Bestehen der Klägerin und ihrer Rechtsvorgängerin, der Firma J. Malzmann (seit 1875), und das etwa 12jährige Bestehen der beiden Warenzeichen der Klägerin auf das kaufende Publikum ausgeübt hat, nicht genügend zum Bewußtsein gebracht. Diese Wirkung wird im Zweifel darin bestehen, daß sich der Verkehr mehr oder weniger an die Bezeichnungen „Malzmann-Zigaretten" und „Zigaretten Malzmann" als Kennzeichnung der Erzeugnisse der Klägerin gewöhnt hat. Für die Frage, inwieweit eine derartige Wirkung eingetreten war, ist die vom Landgericht eingeholte Auskunft des Zentralverbandes Deutscher Tabakgroßhändler von wesentlicher Bedeutung. Sodann verkennt das Berufungsgericht die Unterscheidungskraft des der Firmenbezeichnung der Beklagten beigefügten, an sich unverständlichen und nichtssagenden Wortes „Lamata". Gerade wenn der Name „Malzmann" als Zigarettenerzeugungsstätte vom Betriebe der Klägerin und ihrer Rechtsvorgängerin her beim verbrauchenden Publikum schon mehr oder weniger bekannt war, mußte bei der Firma der Beklagten nicht sowohl das (viel eher an eine Sortenbezeichnung gemahnende) Wort „Lamata", als vielmehr der Name „Malzmann" als Schlagwort in die Augen fallen und mutmaßlich auch in der Erinnerung des flüchtigen Beschauers haften bleiben. Der Eindruck, daß es sich bei den Erzeugnissen der Beklagten um die bekannte Malzmann-Zigarette handle, kann aber nach den Regeln der Erfahrung durch den einer bestimmten Bedeutung entbehrenden Zusatz „Lamata" nicht beseitigt werden. Fraglos rechtsirrtümlich ist des weiteren die Annahme, es müßten mit Rücksicht darauf, daß die Beklagte den Firmenbestandteil „Malzmann" als den Familiennamen eines ihrer Gesellschafter benütze, an die Verwechslungsgefahr höhere Anforderungen gestellt werden als in einem anderen Fall; das Gesetz kennt eine derartige Verschiedenheit des Maßstabs bei der Beurteilung der Verwechslungsfähigkeit nicht. Und endlich berücksichtigt das Berufungsgericht nicht oder jedenfalls nicht in hinreichendem Maße den Umstand, daß die Aufnahme des Namens „Malzmann" in ihre Firma für die Beklagte durchaus keine Notwendigkeit, ihr auf § 4 Abs. 1 GmbHGes.

beruhendes Recht auf Hereinnahme dieses Namens vielmehr vermöge der Vorschrift des § 16 UWG. durch das Vorkommen desselben Familiennamens in der älteren Firma der Klägerin von vornherein beschränkt war.

---

50. Ist nach dem 15. Februar 1924 die Einlegung der Revision zum Zwecke des Verzichts auf den Scheidungsanspruch noch zulässig?

Verordnung zur Entlastung des Reichsgerichts vom 15. Januar 1924.

IV. Zivilsenat. Urt. v. 26. Februar 1925 i. S. W. (Bekl.) w. W. (Kl.). IV 498/24.

I. Landgericht III Berlin.
II. Kammergericht daselbst.

Das Kammergericht hat die Scheidungsklage des Mannes abgewiesen, dagegen auf die Widerklage der Frau die Ehe der Parteien geschieden und den Kläger für schuldig an der Scheidung erklärt. Die Frau hat zum Zwecke der Zurücknahme der Widerklage oder des Verzichts auf den Widerklaganspruch Revision eingelegt.

In der mündlichen Verhandlung, in welcher der Kläger nicht vertreten war, hat die Beklagte erklärt, daß sie auf den Scheidungsanspruch verzichte, und beantragt, den Rechtsstreit bezüglich der Widerklage für erledigt zu erklären.

Gründe:

Dem Antrag der Revision kann nicht entsprochen werden. Wie das Reichsgericht in dem Beschluß vom 10. Juli 1924, RGZ. Bd. 108 S. 351, ausgesprochen hat, werden nach Art. I § 2 der Verordnung vom 15. Januar 1924 (RGBl. I S. 29) die Urteile, die von den Oberlandesgerichten in den dort bezeichneten Ehesachen in der Berufungsinstanz erlassen sind, rechtskräftig, wenn die Revision im Urteil nicht für zulässig erklärt worden ist. Das ist hier nicht geschehen. Ein rechtskräftiges Urteil kann aber nicht aufgehoben werden, auch nicht im Interesse der Aufrechterhaltung einer Ehe. Die von der Revision angeführten Entscheidungen des Reichsgerichts vom 3. März 1924 (LZ. 1924 Sp. 371) und 10. Juli 1924 (Warn. 1923/4 Nr. 192) stehen dieser Auffassung nicht entgegen. Denn in beiden Fällen handelte es sich um Revisionen, die zur Zeit des Inkrafttretens der Verordnung vom 15. Januar 1924 schon eingelegt waren, bei denen deshalb nach Art. II Abs. 5 die Zulässigkeit der Revision vom Reichsgericht zu prüfen war. Die Urteile der Oberlandesgerichte waren also noch nicht rechtskräftig, als die Revision zurückgenommen und der Verzicht auf den Klaganspruch erklärt wurde.

---

51. Fällt die Rüge, daß die beantragte Wiederholung der Beweisaufnahme abgelehnt und die Entscheidung lediglich auf die in einem Vorprozeß erhobenen Beweise gegründet worden ist, unter § 286 ZPO. und damit unter die VO. zur Entlastung des Reichsgerichts vom 15. Januar 1924 (RGBl. I S. 29)?

VI. Zivilsenat. Urt. v. 27. Februar 1925 i. S. Vieh-Vers.-Ges. in Schw. (Bekl.) w. J. (Kl.). VI 401/24.

I. Landgericht Neuruppin.
II. Kammergericht Berlin.

Aus den Gründen.

... Der Streit der Parteien hat sich in erster Linie darum gedreht, ob wirklich ein Diebstahl an den verschwundenen Pferden begangen worden ist. Der Berufungsrichter hat die Frage auf Grund der im Vorprozeß erhobenen Beweise bejaht und hat den Antrag der Beklagten, die Beweisaufnahme zu wiederholen, abgelehnt. Darüber beschwert sich die Revision unter Berufung auf RGZ. Bd. 105 S. 219. Diese Rüge scheitert an der Verordnung zur Entlastung des Reichsgerichts vom 15. Januar 1924 (RGBl. I S. 29). Danach darf die Revision zurzeit auf eine Verletzung des § 286 ZPO. nicht gestützt werden. Nur auf dieser Vorschrift fußt aber die Rüge der Revision, denn sie macht geltend, daß ein zu dem „gesamten Inhalt der Verhandlungen" gehöriger Beweisantrag der Beklagten nicht berücksichtigt, vielmehr mit unzutreffenden Gründen abgelehnt worden sei.... (Folgt die Zurückweisung anderer Angriffe.)

---

52. Satzungsmäßige Verpflichtung eines gemeinnützigen Bauvereins (eingetr. Genossenschaft), ein von ihm bebautes Grundstück einem Mitgliede zu übereignen. Bedarf sie der Form des § 313 BGB.?

II. Zivilsenat. Urt. v. 27. Februar 1925 i. S. Hans H. (Kl.) w. Gemeinnützigen Bauverein „Kriegerheim", e. G. m. b. H. (Bekl.). II 87/24.

I. Landgericht Stettin.
II. Oberlandesgericht daselbst.

Der Vater des Klägers, Friedrich H., war Mitglied der beklagten Genossenschaft, deren Unternehmen die Erbauung von Häusern zum Verkauf oder Vermieten an Genossen sowie die Vornahme von sämtlichen damit in Zusammenhang stehenden Rechtsgeschäften zum Gegenstande hat, und deren Zweck darauf gerichtet ist, minderbemittelten Familien oder Personen gesunde und zweckmäßig eingerichtete Wohnungen in eigens dazu erbauten oder angekauften Häusern zu billigen Preisen zu verschaffen. Friedrich H. trat am 9. September 1920 dadurch aus der Genossenschaft aus, daß er sein Geschäftsguthaben auf seinen Sohn, den Kläger, übertrug und daß der Kläger an seiner Stelle Genosse wurde. Am 9. November 1921 erließen Vorstand und Aufsichtsrat der Genossenschaft einen Beschluß, durch welchen der Kläger auf Grund der Satzung (wegen einer mit den Interessen der Genossenschaft nicht vereinbaren Handlungsweise) aus der Genossenschaft ausgeschlossen und in dessen Ausführung er in der Liste der Genossen gelöscht wurde. Der Kläger behauptete, der Beschluß sei zu Unrecht ergangen, um die beklagte Genossenschaft von der ihm gegenüber eingegangenen Verpflichtung zu befreien, ihm das Hausgrundstück Akazienhof 1 mietweise und auf Verlangen käuflich zu überlassen. Er klagte mit dem Antrage,

1. den Beschluß vom 9. November 1921 und des Klägers Streichung in der Liste der Genossen für ungültig zu erklären und seine Wiedereintragung in die Liste anzuordnen,
2. festzustellen, daß die Beklagte verpflichtet sei, ihm das Hausgrundstück „Akazienhof 1" gegen einen nach Maßgabe der Satzung und Bestimmungen der Beklagten zu bemessenden Mietzins mietweise zu übergeben und auf Verlangen nach Maßgabe dieser Satzung und Bestimmungen zu verkaufen und zu übereignen.

Die beklagte Genossenschaft erkannte den Anspruch zu 1 an, und es erging insoweit ein Anerkenntnisteilurteil. Dagegen verlangte sie die Abweisung des Antrags zu 2, indem sie geltend machte: Die vom Kläger behauptete Verpflichtung würde zu ihrer Gültigkeit der Form des § 313 Satz 1 BGB. bedurft haben, die nicht gewahrt sei; dem Kläger sei das Recht auf den Hauserwerb abgesprochen worden, weil er die den Bestimmungen gemäß verlangte Anzahlung trotz Fristsetzung nicht geleistet habe; endlich habe nicht der Kläger, sondern dessen Vater das in Rede stehende Haus zugewiesen erhalten, und zwar am 20. Oktober 1920, als er schon nicht mehr Genosse gewesen sei.

Das Landgericht hielt den letzterwähnten Grund für durchgreifend und wies den Klagantrag zu 2 ab. Der Kläger legte Berufung ein und behauptete: Anfänglich habe sein Vater ein Haus erwerben wollen. Nachdem jedoch Vorstand und Aufsichtsrat beschlossen hätten, daß bei der Zuteilung von Erwerbshäusern Kriegsbeschädigte bevorzugt werden sollten, sei sein Vater aus der Genossenschaft ausgetreten und er, der Kläger, als Schwerkriegsbeschädigter, an Stelle seines Vaters Genosse geworden. In einer gemeinsamen Sitzung des Vorstandes und des Aufsichtsrats sei sodann beschlossen worden, ihm, dem Kläger, das Grundstück Akazienhof 1 zuzuteilen, und es sei zwischen Vorstand und Aufsichtsrat einerseits und ihm und seinem Vater andererseits vereinbart worden, daß auf die von ihm zu leistende Anzahlung von 8000 *M* ein Betrag verrechnet werden solle, den sein Vater früher für ein Dreizimmerhaus angezahlt gehabt habe, sowie daß sein Vater den Rest der Anzahlung für ihn leisten solle. Die Leistung sei bis zum 22. oder 23. August 1921 geschehen, an welchem Tage sein Vater die schließlich noch rückständigen 2750 *M* für ihn gezahlt habe. Entsprechend den vom Vorstand und Aufsichtsrat am 21. Dezember 1920 beschlossenen „Selbsthilfebestimmungen" habe er im März 1921 mit den Ausschachtungsarbeiten für das auf dem Grundstück Akazienhof 1 zu errichtende Haus begonnen und bei der Ausführung des Baues auch die übrigen ihm nach jenen Bestimmungen obliegenden Arbeiten verrichtet. Mit Rücksicht auf die Schwierigkeit der Beschaffung von Baugeldern seien Vorstand und Aufsichtsrat etwa im März 1921 an die kriegsbeschädigten Genossen mit der Aufforderung herangetreten, die ihnen aus der Ludendorff-(Volks-)Spende und aus ihrer Kapitalabfindung zufließenden Beträge der Beklagten zur Verfügung zu stellen, und sie hätten sich verpflichtet, die notwendigen Anträge an das Hauptversorgungsamt für die Genossen zu stellen. Der Kläger sei der Aufforderung nachgekommen und die Beklagte habe auch seinen schriftlichen Antrag an das Hauptversorgungsamt entgegengenommen. Anfang Juli 1921 hätten Vorstand und Aufsichtsrat wegen des weiteren Steigens der Baukosten beschlossen, die Anzahlung auf die Fünfzimmerhäuser auf 16000 *M* heraufzusetzen und ihm dies am 9. Juli 1921 mitgeteilt. Als dann sein Vater die letzten 2750 *M* auf die ursprüngliche Anzahlung von 8000 *M* entrichtete, habe sich herausgestellt, daß sein Antrag an das Hauptversorgungsamt von der Beklagten nicht weitergegeben worden sei. Der Grund für die Nichtweitergabe sei darin zu suchen, daß der Beklagten inzwischen von Frau L., einer Kriegerwitwe mit nur einem Kind, für das Hausgrundstück Akazienhof 1 ein Gebot von 45000 *M* gemacht worden sei und daß man deshalb ihm, dem Kläger, die Anwartschaft wieder habe entziehen wollen. In der Sitzung des Vorstandes und des Aufsichtsrats vom 25. August 1923 sei demgemäß beschlossen und ihm eröffnet worden, daß er die weiteren 8000 *M* Anzahlung binnen 14 Tagen zu leisten habe, und daß die Beklagte nach fruchtlosem Ablauf der Frist über das Grundstück anderweitig verfügen werde. Hiergegen habe er sofort Widerspruch erhoben. Denn wenn auch sein Vater den von der Beklagten zurückgehaltenen Antrag sofort an das Hauptversorgungsamt abgegeben habe, so habe die Beklagte doch genau wissen müssen, daß die ihm aus der Volksspende und als Kapitalabfindung zustehenden 4600 und 5000 *M* nicht so schnell ausgezahlt werden würden. Das Verhalten der Beklagten sei daher arglistig und nicht geeignet, die Entziehung der Anwartschaft zu rechtfertigen.

Das Oberlandesgericht wies die Berufung des Klägers mit der Begründung zurück, daß eine Verpflichtung der Beklagten zur Übereignung des Grundstücks wegen Nichtbeobachtung der in §§ 313 BGB. vorgeschriebenen Form nicht bestehe. Die Revision hatte Erfolg.

Aus den Gründen:

... Aus den, später in einigen Punkten abgeänderten, Satzungen der Beklagten, auf die der Kläger seinen Klaganspruch stützt und die das Oberlandesgericht für maßgebend erachtet, kommen folgende Bestimmungen in Betracht:

§ 2 Abs. 1: „Der Gegenstand des Unternehmens ist die Erbauung von Häusern zum Verkauf an Genossen, sowie die Vornahme von sämtlichen damit im Zusammenhang stehenden Rechtsgeschäften."

Abs. 3: „Der Geschäftsbetrieb der Genossenschaft ist auf den Kreis der Mitglieder beschränkt."

§ 20 Abs. 1: „Über nachstehende Angelegenheiten beschließen Vorstand und Aufsichtsrat in gemeinschaftlicher Sitzung:

... c) über den Erwerb von Grundeigentum,

d) über die Baupläne und über die Verträge für den Bau von Vereinshäusern,

... h) über die Feststellung der Grundsätze für die Vergebung der Wohnungen, des Mietsvertragsmusters und der Hausordnung,

..."

§ 36: „Die Mitglieder sind berechtigt:

... 2: bei allen Verkäufen von Hausgrundstücken nach Maßgabe der zu erlassenden Grundsätze und der Bedingungen betr. den Erwerb von Vereinshäusern berücksichtigt zu werden" ...

§ 46 Abs. 1: „Zur Erwerbung eines Hausgrundstücks sind nur Genossen berechtigt, die ihren Geschäftsanteil voll eingezahlt haben."

§ 47 Abs. 1: „Eigentumsrecht an dem Erwerbshausgrundstücke wird auf den Anwärter erst übertragen, nachdem er mindestens drei Jahre in einem Genossenschaftshause gewohnt und ein Drittel des Kaufpreises getilgt hat."

Abs. 2: „Sobald ein Drittel des Kaufpreises getilgt ist, wird gegen Verpfändung des Grundstückes für den Restbetrag des Kaufgeldes das Hausgrundstück dem erwerbenden Genossen zum Eigentum übertragen und die Überschreibung auf seinen Namen im Grundbuche beantragt."

§ 48 Abs. 1: „Bis zum Übergange des Eigentums wird das Hausgrundstück an den Anwärter vermietet."

Abs. 2: „Unter mehreren berechtigten Erwerbern um ein Erwerbshaus bestimmt das Los denjenigen, dem es zugewiesen werden soll." ...

§ 50 Abs. 1: „Erwerbshäuser sollen nur nach Maßgabe des Bedürfnisses hergerichtet werden. Die Inangriffnahme des Baues hat daher die vorherige Anmeldung des Hausanwärters zur Voraussetzung."

Abs. 2: „Sobald das Erwerbshaus zur Vergebung an den Genossen fertiggestellt worden ist, wird der Anwärter unter Angabe des Preises und der Erwerbsbedingungen hiervon benachrichtigt und aufgefordert, sich bei dem Vorstande zu einem bestimmten Termine zwecks Übernahme des Hausgrundstückes zu melden."

§ 51: „Der Genossenschaft sind folgende Rechte an den Erwerbshausgrundstücken vorbehalten: 1. Das Wiederkaufsrecht ... 2. Das Vorkaufsrecht ... 3. Das Recht, zu verlangen" usw.

Ferner heißt es in den vom Vorstand und Aufsichtsrat der Beklagten am 21. Dezember 1920 beschlossenen „Selbsthilfebestimmungen":

„Jeder bauende Genosse ist verpflichtet, nachstehende Bestimmungen anzuerkennen und soweit sie die Selbsthilfearbeiten betreffen, diese Selbsthilfearbeiten auch tatsächlich auszuführen, anderenfalls die Genossenschaft, vertreten durch Vorstand und Aufsichtsrat, das Recht hat, dem betr. Genossen das Hausanwärterrecht zu entziehen ...

Dem Anwärter steht ein Benutzungsrecht des Hauses nicht eher zu, als bis ihm diese Genehmigung durch den Vorstand und Aufsichtsrat erteilt ist" ...

Danach kann dem Oberlandesgericht nicht zugegeben werden, daß der Kläger, selbst im Falle der Richtigkeit seiner Sachdarstellung, nur eine „sehr lose Anwartschaft" auf das Erwerbshaus Akazienhof 1 gehabt und daß es zur Rechtfertigung des von ihm mit der vorliegenden Klage geltend gemachten Anspruchs eines in gerichtlicher oder notarieller Form mit der Beklagten abgeschlossenen Vertrags bedurft hätte. Die Verpflichtung der Beklagten, ein von ihr zu diesem Zweck erworbenes oder noch zu erwerbendes Grundstück nach Bebauung mit einem Wohnhause einem ihrer Genossen mietweise und auf Verlangen käuflich zu überlassen, war in den Satzungen begründet, und der um die Überlassung sich bewerbende Genosse erlangte ein der Verpflichtung der Beklagten entsprechendes, höchstpersönliches Recht schon dann, wenn die berufenen Organe der Beklagten die Überlassung an ihn satzungsgemäß beschlossen und diesen Beschluß ihm mitteilten. Daß die Beklagte befugt blieb, die Überlassungsbedingungen nach Maßgabe der Satzungen und der auf Grund der Satzungen beschlossenen Bestimmungen noch näher festzusetzen (vgl. auch § 316 BGB.), ändert an der Klagbarkeit des Rechts nichts.

Das Oberlandesgericht hätte deshalb prüfen müssen, ob dem Kläger, wie er behauptet hat, das Grundstück Akazienhof 1 mit dem darauf zu errichtenden Fünfzimmerhause vom Vorstand und vom Aufsichtsrate der Beklagten zugeteilt worden ist, sowie ob der Kläger die ihm nach den „Selbsthilfebestimmungen" obliegende Mitarbeit an dem Hausbau verrichtet, die ihm auferlegte erste Anzahlung von 8000 ℳ nur deshalb nicht innerhalb der ihm bestimmten Frist geleistet hat, weil die Beklagte es — der ihm gegebenen Zusage zuwider — unterlassen hatte, seinen Antrag auf Auszahlung der ihm zustehenden Kapitalabfindung von 5000 ℳ und der ihm aus der Ludendorff-Spende bewilligten Unterstützung von 4600 ℳ rechtzeitig an das Fürsorgeamt zu befördern. Mit der letzteren Behauptung hat der Kläger nicht, wie das Oberlandesgericht meint, einen neuen Klagegrund geltend machen, sondern lediglich den Einwand der Beklagten entkräften wollen, daß er durch Nichteinhaltung der Frist für die Leistung der zweiten Anzahlung sein Recht auf Überlassung des Grundstücks verwirkt habe. ...

---

53. Wie ist die Vereinbarung auszulegen, nach welcher der Käuferin gestattet ist, gegen einen Disparitäts- oder Risikoaufschlag von 50% den in Goldmark vereinbarten Kaufpreis am Fälligkeitstage in Papiergeld zu begleichen?

II. Zivilsenat. Urt. v. 6. März 1925 i. S. Firma R. u. M. (Kl.) w. Firma D. u. S. (Bekl.). II 594/24.

I. Landgericht Nordhausen.
II. Oberlandesgericht Naumburg a. S.

Die Klägerin verkaufte der Beklagten einen Kraftwagen, den sie ihr brieflich am 15. Oktober 1923 zu 10500 Goldmark angeboten hatte. Die Kaufverhandlungen zogen sich längere Zeit hin, weil die Klägerin wertbeständige Zahlungsmittel verlangte, der Beklagten aber solche nicht zur Verfügung standen. Schließlich kam zwischen den Parteien am 29. November 1923 eine Einigung dahin zustande, daß die Klägerin von ihrem Verlangen auf wertbeständige Zahlung abging und sich bereit fand, gegen einen Disparitätsaufschlag von 50%, Papiergeld als Bezahlung entgegenzunehmen. Demgemäß stellte die Beklagte am gleichen Tage drei Schecks aus, zwei über je 5 Billiarden und einen über 6 Billiarden Papiermark. Da die Einlösung des letzterwähnten Schecks von der bezogenen Bank mangels Deckung abgelehnt wurde und eine Mahnung der Klägerin vom 11. Dezember 1923 erfolglos blieb, verlangte die Klägerin, im Wechselprozeß klagend, von der Beklagten Zahlung von 6000 Billionen Mark nebst 40% Zinsen seit dem 8. Dezember 1923 abzüglich der von der Beklagten am 2. Januar 1924 gezahlten 800 Billionen Mark. Die Beklagte machte den Einwand der Arglist geltend und behauptete, der Aufschlag von 50% sei ihr aufgenötigt worden, weil sie nicht wertbeständig habe zahlen können; eine derartige Preisregelung sei ungesetzlich und verstoße gegen die guten Sitten; dies gelte schon von der Zeit, in der sich die Währung in Dauerschwankung befunden habe, viel mehr aber noch für den 29. November 1923, wo die Währung bereits längere Zeit stabil gewesen sei.

Die beiden Vorinstanzen wiesen die Klage ab. Die Revision der Klägerin hatte Erfolg. Die Beklagte wurde mit dem Vorbehalt der Ausführung ihrer Rechte verurteilt, der Klägerin 6000 Reichsmark nebst Zinsen seit dem 8. Dezember 1923 nach dem Zinssatz von 2% über den jeweiligen Reichsbankdiskont zu zahlen.

Aus den Gründen:

... Das Berufungsgericht prüft sodann, welches der wirkliche Wille der Parteien bei Bewilligung des 50%igen Risikoaufschlages neben dem auf 10500 Goldmark bemessenen Kaufpreis gewesen sei, und kommt dabei zu folgendem Ergebnis: Als ehrliche Kaufleute hätten sich beide Teile bei der Preisbemessung davon bestimmen lassen, daß Leistung und Gegenleistung in einem annähernden Gleichwertigkeitsverhältnis haben stehen sollen; die Klägerin habe einen Preis verlangen wollen, der seinem inneren Wert nach 10500 Goldmark entsprochen habe, und auch die Beklagte habe nur solche Aufwendungen machen wollen, die diesem Wert entsprochen hätten. Weil der Beklagten die Tilgung des Kaufpreises in wertbeständigen Zahlungsmitteln nicht möglich gewesen sei, hätten die Parteien in der sicheren Annahme, das nicht wertbeständige Zahlungsmittel der Papiermark werde noch weiter an Wert verlieren, zu dem Ausweg eines Disparitäts- oder Risikozuschlags gegriffen, d. h. eines Zuschlags zum Kaufpreis etwa entsprechend den als möglich vorgestellten weiteren Kurssenkungen, die in der vorhergehenden Zeit sehr erheblich gewesen seien. Die bestimmende Vorstellung der Parteien bei der Einführung des Disparitätszuschlags sei also nicht etwa die gewesen, daß wegen des fehlenden wertbeständigen Zahlungsmittels unter allen Umständen ein 50%iger Zuschlag zu leisten gewesen sei, sondern die, daß die dem vereinbarten Goldmarkpreis von 10500 am Zahlungstag entsprechende Summe in nicht wertbeständigen Zahlungsmitteln nach den bisherigen Erfahrungen mit der Wertbemessung der Mark alsbald entwertet sein mußte, also keine angemessene Gegenleistung darstellen würde. Die Unsicherheit der Markbewertung im Geschäftsverkehr sei die Grundlage gewesen, von der aus beide Parteien die Einführung des Gefahrenzuschlags für notwendig gehalten hätten. Wie aus dem Ausdruck „Disparitätsaufschlag" zu folgern sei, habe den Gefahren der Kursbewegung begegnet werden sollen. Deshalb sei es verfehlt, wenn die Klägerin ausführe, daß sie wegen der um 10 Tage verzögerten Gutschrift der Schecks einen Zinsaufwand von 6 Billiarden (nämlich 6% täglich für die Anschaffung von Wertpapieren für 10000 Billionen) gehabt habe; gegen solche Gefahren habe der Risikoaufschlag nicht schützen sollen. Weil nun die für die Einführung des Risikozuschlags von beiden Teilen unterstellte Grundlage der fortschreitenden Markentwertung zur Zeit der Vereinbarung nicht mehr vorgelegen habe, vielmehr die Mark seit dem 20. November 1923 als feststehend habe betrachtet werden müssen (1 Billion Papiermark = 1 Goldmark, 1 Dollar = 4200 Milliarden Mark), so könne die Klägerin aus der Risikovereinbarung, da dieser die Grundlage entzogen gewesen sei, keine Rechte mehr herleiten; denn aus dem Sinken der Mark habe der Klägerin ein Schaden nicht mehr erwachsen können.

Diese Ausführungen sind nicht frei von Rechtsirrtum.

Die Abrede der Parteien darf nicht unter Zugrundelegung der Erfahrungen gewertet werden, die seit nunmehr länger als 1¼ Jahr mit der Stabilisierung der Mark gemacht worden sind; maßgebend ist vielmehr die Auffassung und die Beurteilung der Verhältnisse, von der sich die Parteien bei Abschluß des Vertrags leiten ließen und den Umständen nach leiten lassen mußten. Damals bestanden bereits die sogenannten Dollarschatzanweisungen und auch die Rentenmark als wertbeständige Zahlungsmittel; damit wurde die Flucht der Bevölkerung von der Papiermark — man hatte sich bereits seit längerer Zeit neben Sachwerten auf Aktien und ausländische Devisen geworfen — noch allgemeiner und man wandte sich nunmehr vorzugsweise gerade der Rentenmark und den Dollarschatzanweisungen als legalem wertbeständigen Zahlungsmittel zu. Ob es gelingen würde, einer weiteren Inflation der Reichsbanknoten durch Stillegung der Reichsbanknotenpresse Einhalt zu tun oder ob unabweisbare Geldbedürfnisse des Reichs zur Wiederaufhebung dieser Maßregel zwingen würden, darüber war die Ansicht in den beteiligten Kreisen sehr geteilt. Auch dadurch, daß in Berlin für die Papierbanknoten der Kurs von 1 Billion = 1 Rentenmark oder 4200 Milliarden = 1 Dollar eingeführt wurde, war diese Frage noch keineswegs zugunsten der Stabilisierung entschieden; denn ein früherer Versuch des Reichs, die Papiermark zu befestigen, war gescheitert, und es war diesem Stützungsversuch ein um so tieferes Sinken der Papiermark gefolgt. Der Kurs der Papiermark hing im wesentlichen von der Beurteilung ab, welche die deutsche Währungspolitik vom Ausland erfuhr, und daß dieses Vertrauen zunächst außerhalb der Kreise, auf welche der in Berlin eingeführte Zwangskurs einwirken konnte, kein besonders großes war, zeigt der Kurs der Papiermark an den ausländischen Börsen und kam z. B. auch in Köln in den zeitweilig für den Dollar gezahlten, den amtlichen Kurs weit übersteigenden Papiermarkpreisen zum Ausdruck.

So lagen die Verhältnisse, als die Parteien ihren Vertrag abschlossen. Die Klägerin wollte an sich nur wertbeständig verkaufen, d. h. sie wollte, daß ihr der Kaufpreis in wertbeständigem Gelde zufloß. Diesem Verlangen wurde die Beklagte nicht gerecht, wenn sie die Möglichkeit hatte, den in Goldmark festgesetzten Preis in Papiermark zu begleichen, zumal wenn die Begleichung durch Scheck erfolgte, dessen Einlösung immerhin eine Reihe von Tagen in Anspruch nahm, während deren der Kurs nach den bisherigen Erfahrungen erheblich sinken konnte. Es bedeutete mithin unter Berücksichtigung der damaligen Verhältnisse ein großes Entgegenkommen der Klägerin, wenn sie von der Zahlung in wertbeständigem Gelde Abstand nahm und sich darauf einließ, daß der Kaufpreis sich auf 150% von 10500 Goldmark, am 29. November zahlbar in Papiermark, belaufen sollte. Das konnte zum Vorteil der Klägerin ausschlagen, wenn sich der Papiermarkkurs entsprechend den Erfahrungen der letzten neun Tage hielt; es konnte aber auch das Gegenteil der Fall sein, wenn nämlich die Papiermark bis zum Eingang des Geldes um mehr als 50% sank. Es handelte sich also um ein aleatorisches Geschäft. Wenn sich die Beklagte hierbei in den Gewinn- und Verlustmöglichkeiten getäuscht hat, so kann sie daraus keine Rechte herleiten. Daß die Parteien, wie der Berufungsrichter meint, mit Sicherheit angenommen haben, die Papiermark werde bis zum Eingang des Geldes weiter im Kurse gesunken sein, davon kann nach dem festen Stande der Papiermark während der dem Vertragsabschluß vorhergehenden neun Tage keine Rede sein. Aber die Parteien haben mit der Möglichkeit des Sinkens gerechnet, und nach Lage der Sache mußte ein vorsichtiger Geschäftsmann mit einer solchen Möglichkeit damals gewiß rechnen.

Von einer bedingten Bewilligung des Risikozuschlags kann demnach keine Rede sein. Es wird damit in die Vereinbarung ein Gedanke hineingetragen, der mit dem wirklich erklärten Willen nicht im Einklang steht. Hierbei darf auch nicht außer acht gelassen werden, daß es sich hier nicht um einen besonders gearteten, auf die besonderen Verhältnisse der Parteien zugeschnittenen Vertrag handelt; gerade im Automobilhandel waren vielmehr zur fraglichen Zeit solche Verträge sehr häufig, und der Berufungsrichter hätte den mit derartig typischen Verträgen verbundenen Sinn durch Befragung der beteiligten Handelskreise leicht ermitteln können.

Hiernach war die Beklagte antragsgemäß zur Zahlung der Hauptsumme zu verurteilen. Bezüglich der Zinsen konnte dem Antrag der Klägerin nicht vollständig entsprochen werden, da der Satz von jährlich 40 % seit längerer Zeit nicht mehr üblich ist, sondern die normale, von den Banken geforderte Höhe erheblich übersteigt. Den beiderseitigen Interessen wird durch die im Urteilstenor bezeichnete Zinsnormierung nach Möglichkeit Rechnung getragen....

---

54. Wie ist nach eingetretener Markstabilisierung ein Darlehen zu behandeln, das Ende 1923 auf einen Monat gegen fünfhundertprozentige Verzinsung gegeben worden ist?

BGB. §§ 242, 607.

IV. Zivilsenat. Urt. v. 9. März 1925 i. S. K. & P. (Bekl.) w. F. (Kl.). IV 588/24.

I. Landgericht III Berlin.
II. Kammergericht daselbst.

Die Klägerin hat am 23. November 1923 der Beklagten ein Darlehen von 5000 Billionen Papiermark zu einem Zinssatz von 575 % auf einen Monat gewährt. Sie berechnet ihr Guthaben an Hauptsumme und Zinsen nebst einigen unwesentlichen Kostenbeträgen auf 35530 Billionen Mark und verlangt mit der Klage diesen Betrag nebst 5 % Zinsen seit 1. Januar 1924. Die Beklagte hat am 17. März 1924 nach Zustellung der Klage 6000 Billionen Mark bezahlt und erachtet damit ihre Schuld als getilgt. Das Landgericht erkannte auf Abweisung der Klage, das Kammergericht verurteilte die Beklagte zur Zahlung des verlangten Betrags abzüglich der bezahlten 6000 Billionen Mark. Die Revision der Beklagten hatte Erfolg.

Gründe:

Das Berufungsurteil sagt, die Beklagte sei mit ihrem Einwand, daß ihr die Zahlung des verlangten Betrags unter dem Gesichtspunkt des § 242 BGB., mit Rücksicht auf Treu und Glauben im Verkehr, nicht zugemutet werden könne, nicht zu hören, weil das zwischen den Parteien geschlossene Geschäft einen stark spekulativen Einschlag aufweise. Der Vertrag sei zu einer Zeit abgeschlossen worden, als die deutsche Papiermark nach rapider, ständig fortschreitender Entwertung ihren tiefsten Stand eben erst erreicht gehabt habe. Am 23. November 1923 habe kein Mensch voraussehen können, daß die Mark vom 20. November an stabil bleiben würde. Beide Teile seien davon ausgegangen, daß die Mark weiter fallen werde. Die Klägerin habe sich gegen diese Gefahr durch Vereinbarung eines hohen Zinsfußes schützen müssen; die Beklagte dagegen habe gehofft, daß sie nach Monatsablauf in erheblich wertloser gewordenem Geld würde zurückzahlen können; sie habe auf einen Minderaufwand bei der Geldbeschaffung für die Rückzahlung spekuliert (Spekulation à la baisse). Sie habe aber dabei auch die Möglichkeit mit in Kauf nehmen müssen, daß die Sache anders kommen und durch die seit 15. November eingeführte Rentenmark ein weiteres Sinken der Papiermark verhindert und sie gezwungen sein würde, den Betrag von über 35000 Billionen Papiermark an die Klägerin zurückzuzahlen. Diese Gefahr habe die Beklagte übernommen und müsse die Folgen tragen; sie dürfe die Last nicht einfach auf die Vertragsgegnerin hinüberschieben, indem sie vertragsbrüchig werde und ihre Zahlungsverpflichtung auf ein Minimum reduzieren wolle. Auf Verträge mit einem derartigen spekulativen Einschlag, wie sie gerade während der Inflationszeit aus reiner Spekulationslust zahlreich abgeschlossen worden seien, fänden die Grundsätze über die Nichtzumutbarkeit von Leistungen keine Anwendung.

Diese Ausführungen des Berufungsgerichts über die Behandlung von Spekulationsgeschäften mögen richtig sein; aber für ihre Anwendung auf den vorliegenden Fall fehlt es an einer ausreichenden tatsächlichen Unterlage. Das Berufungsgericht nimmt an, daß beide Teile mit einem weiteren Sinken der Papiermark gerechnet haben; welche Vorstellungen sie sich aber über die Art dieses Sinkens und über den nach einem Monat zu erwartenden Geldstand gemacht haben, darüber sagt es nichts. Die Sache kann danach ebensogut auch so liegen, daß beide Teile der Meinung waren, bei dem nach einem Monat zu erwartenden Geldstand werde der Betrag, dessen Rückzahlung vereinbart wurde, dem Werte nach etwa dem hingegebenen Betrag nebst angemessener Verzinsung gleichkommen (die Bezeichnung der gesamten Erhöhung des über die Darlehenssumme hinaus versprochenen Betrags als Zinsen war ungenau, aber unerheblich), daß also ein Vertrag mit dem normalen Inhalt eines Darlehensvertrags — Hingabe von Geld mit Verabredung der Rückerstattung in gleicher Art, Güte und Menge unter Berücksichtigung des zu erwartenden Kursstandes — geschlossen worden ist. Was das Berufungsurteil über eine Hoffnung der Beklagten sagt, daß sie nach Monatsablauf in erheblich wertloser gewordenem Geld zurückzahlen könne und einen Minderaufwand bei Beschaffung der Mittel für die Rückzahlung haben werde, könnte nur dann als berechtigt anerkannt werden, wenn festgestellt wäre, die Beklagte habe sich der Hoffnung hingegeben, der Minderwert des Geldes werde so erheblich sein, daß er durch die vereinbarte zahlenmäßige Erhöhung der Rückzahlungssumme nicht ausgeglichen werde. Daß das die Meinung der Beklagten gewesen sei, ergibt sich aus dem Berufungsurteil nicht. Der allerdings gerichtsbekannte Umstand allein, daß in der vorausgegangenen Zeit der Geldwert während eines Monats bei weitem stärker als auf ein Sechstel gesunken war, kann zur Begründung der Annahme, die Beklagte habe auch für den in Betracht kommenden Monat ein gleiches erwartet, nicht ausreichen; es müssen die gerade zur Zeit des Vertragsschlusses, nach Einführung der Rentenmark, obwaltenden Verhältnisse in Betracht gezogen werden. Darüber, daß das durch die Zeitverhältnisse herbeigeführte objektive Risiko nicht ohne weiteres die Annahme rechtfertigt, die Vertragschließenden hätten ein solches Risiko auf sich nehmen wollen, vgl. RGZ. Bd. 106 S. 425, Bd. 107 S. 22. Die Ausführungen des Berufungsurteils, daß die Beklagte versuche, ihre Zahlungsverpflichtung auf ein Minimum zu reduzieren, sind nicht vereinbar mit dem unstreitigen Umstand, daß sie kurz nach dem Vertrag die Rückerstattung des empfangenen Betrags in voller Höhe nebst einer 20%igen Vergütung angeboten hat.

Mit Recht sagt die Revision, daß das aleatorische Moment hier im Zahlungsmittel liege und nicht im Geschäft, indem ein Darlehensgeschäft in Papiermark damals überhaupt nur in ähnlicher Weise, wie hier geschehen, habe abgeschlossen werden können. Es wird von der Rechtsprechung anerkannt, daß der Schuldner nicht für die Folge des Fehlens von wertbeständigem Geld als Wertmesser im Geschäftsverkehr einzustehen braucht (RGZ. Bd. 107 S. 128).

So wie die Sache liegt, ist auch eine weitere Klarstellung des

Sachverhalts durch neuerliche Verhandlung vor dem Tatrichter nicht zu erwarten. Welche Gedanken sich die eine oder die andere Partei über die weitere Entwicklung der Geldverhältnisse gemacht hat, das wird sich nicht mit einer solchen Sicherheit feststellen lassen, daß es die Grundlage für ein richterliches Urteil bilden könnte. Bezeichnend ist nach dieser Richtung, daß die Klägerin selbst im Prozeß zweierlei Darstellungen über ihre damaligen Berechnungen gibt: wo sie sich gegen den von der Beklagten erhobenen Vorwurf des Wuchers verteidigt, trägt sie vor, sie habe mit weiterem starken Fallen der Papiermark rechnen müssen; wo sie sich gegen die von der Beklagten angerufene clausula rebus sic stantibus verwahrt, trägt sie vor, man habe damals schon mit der Stabilisierung der Mark zu rechnen gehabt. Es handelt sich hier um eines der „in der Zeit allgemeiner Begriffsverwirrung" abgeschlossenen Geschäfte, von denen erst nachträglich „die Schleier gefallen sind" (so Abraham in der JW. 1924 S. 1583). Hier muß der Richter eingreifen und nach objektiven Gesichtspunkten aussprechen, wie die Leistung des Schuldners nach Treu und Glauben zu bewirken ist. Die Befürchtungen, die Alsberg in der JW. 1924 S. 1748 zu dem Urteil des I. Strafsenats RGSt. Bd. 58 S. 321 in der Richtung äußert, daß das Ende der Vertragstreue auf dem Gebiet der Kreditgeschäfte zu gewärtigen sei, wenn Darlehnsgeschäfte der damaligen Zeit unter dem Gesichtspunkt der Preistreibereiverordnung behandelt würden, gehen wohl schon an sich zu weit; jedenfalls stehen sie aber einer Nachprüfung der in jener Übergangszeit geschlossenen Geschäfte unter dem Gesichtspunkt von Treu und Glauben nicht entgegen. Auch die Berücksichtigung des objektiv allerdings vorhandenen Risikos für beide Teile steht einer Ermäßigung des Anspruchs der Klägerin unter dem bezeichneten Gesichtspunkt nicht entgegen, weil das Risiko auf beiden Seiten sehr ungleich war. Die Klägerin konnte im höchsten Falle die hingegebenen 5000 Billionen Mark verlieren, die Beklagte dagegen das Fünffache davon (wenn man einen Teil der vereinbarten 575% als wirkliche Verzinsung in Ansatz bringt); für die Beklagte konnte das — wie sie auch behauptet — das Ende ihrer geschäftlichen Existenz bedeuten.

Unter den gegebenen Umständen kann von hier aus — in Übereinstimmung mit dem unter Mitwirkung von Handelsrichtern erlassenen Urteil erster Instanz — gesagt werden, daß die von der Beklagten eine Woche nach dem Vertragsschluß angebotene und später auch geleistete Rückzahlung des Darlehensbetrags nebst 20%iger Vergütung nach Treu und Glauben eine ausreichende Leistung war, und daß, da die Klägerin das Angebot ablehnte, der Beklagten das Recht zustand, sich von der Einhaltung des auf einen Monat abgeschlossenen Vertrags loszusagen (RGZ. Bd. 106 S. 10).

Ob damals auch andere Banken in gleicher Weise verfuhren wie die Klägerin, ist unerheblich; allgemein scheint übrigens ein solches Verfahren nicht gewesen zu sein (vgl. Lehmann in JW. 1924 S. 1682). Auch darauf kommt es nicht an, ob sich die Klägerin das Geld zu ähnlichen Bedingungen anderwärts beschafft hatte; es wäre dann ihre Sache gewesen, ihrem Gläubiger gegenüber sich auf § 242 zu berufen.

Die Klägerin hat behauptet, die Beklagte habe das Darlehen aufgenommen, um damit spekulative Geschäfte mit Wertpapieren zu machen; die Beklagte hat behauptet, sie habe das Geld zum Betrieb ihres Geschäftes gebraucht. Auch dieser Frage braucht nicht weiter nachgegangen zu werden, weil sie für die Beurteilung des Darlehensgeschäfts, um dessen Erledigung es sich hier allein handelt, keine unmittelbare Bedeutung hat.

Da schon die Anwendung des § 242 BGB. die Abweisung der Klage rechtfertigt, braucht auf den von der Beklagten erhobenen Einwand nicht eingegangen zu werden, daß das Bestehen der Klägerin auf Bezahlung des durch den Umschwung der Verhältnisse übermäßig gewordenen Betrags als Verstoß gegen die Wuchergesetze oder gegen die Preistreibereiverordnung anzusehen sei (vgl. hierzu Lehmann in JW. 1924 S. 1682, RGSt. Bd. 58 S. 328 Abs. 1 a. E.).

Auch bedarf es keines Eingehens auf den von der Revision herangezogenen Gesichtspunkt des Wegfalls der Geschäftsgrundlage (nach Oertmann); bei der Ungewißheit darüber, wie sich beide Teile den Verlauf des Geschäfts gedacht haben, kann man hier nicht wohl von einer bestimmten Grundlage sprechen, auf der das Geschäft geschlossen wäre.

55. Ist, wenn im Laufe eines Haftpflichtprozesses der eingeklagte Schaden infolge fortgesetzter Geldentwertung die im Versicherungsvertrage als Höchstgrenze der Haftpflichtversicherung bestimmte Summe überschritten hat, eine gesetzliche Verpflichtung des Versicherers anzuerkennen, dem Versicherungsnehmer für den Mehrbetrag Deckung zu gewähren?

Versicherungsvertragsgesetz vom 30. Mai 1908 §§ 50, 56, 63, 150.

VI. Zivilsenat. Urt. v. 10. März 1925 i. S. C. Versicherungs-Aktiengesellschaft (Bekl.) w. Gewerkschaft G. H. (Kl.). VI 418/24.

I. Landgericht Naumburg a. S.
II. Oberlandesgericht daselbst.

Die Klägerin hat bei der Beklagten am 24. Mai 1921 eine Versicherung gegen Haftpflichtansprüche aus Personen- und Sachschäden mit 150000 *M* Versicherungssumme für Sachschäden genommen. Am 22. Juli 1921 geriet ein neben der Grubenbahn der Klägerin gelegenes, dem Rittergutsbesitzer Th. in St. gehöriges Gerstenfeld in Brand, und zwar nach Behauptung des Eigentümers durch Funkenflug aus der Grubenlokomotive. Klägerin, die ihre Ersatzpflicht bestritt, wurde durch Klage der Landfeuersozietät zu M. und des Feldeigentümers auf Zahlnng von 43352,50 *M* Entschädigung in Anspruch genommen und überließ die Prozeßführung gemäß § 12 der Allgemeinen Versicherungsbedingungen der jetzigen Beklagten. Nachdem der damals eingeklagte Anspruch in zwei Instanzen dem Grunde nach für gerechtfertigt, die jetzige Klägerin auch in Ansehung der eingetretenen Geldentwertung für ersatzpflichtig erklärt und jener Streit wegen des Betrags an das Landgericht zurückverwiesen war, erklärte die gegenwärtige Beklagte der heutigen Klägerin durch Schreiben vom 18. Juli 1923, sie mache von § 12 Abs. 3 der Versicherungsbedingungen Gebrauch, wonach sie sich durch Zahlung der Versicherungssumme und Übernahme der nach einem Streitwert von dieser Höhe zu berechnenden Kosten von weiteren Leistungen befreien könne.

Die Klägerin erhob darauf die vorliegende Klage, zunächst auf Feststellung gerichtet, daß die Beklagte ihr den gesamten Schaden, zu dessen Erstattung sie in jenem Vorprozeß verurteilt werde, zu ersetzen habe. Das Landgericht gab der Klage statt. Die Beklagte erhob Berufung mit dem Antrage, die Klage abzuweisen, soweit von ihr mehr als 150000 Papiermark verlangt würden. Inzwischen war die Klägerin im Vorprozeß zu Zahlungen verurteilt. Sie schloß sich wegen der von ihr daraufhin an die Landfeuersozietät und an Th. gezahlten 458,48 und 1590 Goldmark, sowie wegen 388,09 Goldmark aufgewendeter Kosten nebst Zinsen der Berufung an. Vom Oberlandesgericht wurde unter Zurückweisung der Berufung auf die Anschlußberufung die Beklagte verurteilt, an die Klägerin 2436,57 Goldmark nebst gewissen Zinsen zu zahlen. Die Revision der Beklagten hatte Erfolg.

Gründe:

Im Laufe des vorerwähnten Haftpflichtprozesses, der auf seiten und namens der damals beklagten Gewerkschaft Gute Hoffnung von der Versicherungsgesellschaft Colonia geführt wurde, hat der dort eingeklagte Schaden zufolge fortgesetzter Geldentwertung die im Versicherungsvertrag der jetzigen Prozeßparteien als Höchstgrenze der Haftpflichtversicherung bestimmte Summe von 150000 Papiermark überschritten. Für den Streit der gegenwärtigen Prozeßparteien kann es, wie auch das angefochtene Urteil annimmt, auf die Frage, ob und inwieweit die Beklagte die soeben genannte Versicherungssumme aufzuwerten habe, erst ankommen, wenn nicht ohnehin eine gesetzliche Verpflichtung der Beklagten besteht, der Klägerin Deckung für den Haftpflichtschaden in seinem schließlich festgestellten Umfang von 2436,57 Goldmark zu gewähren. Die Vorinstanzen bejahen solche Deckungspflicht. Ihren dafür entwickelten Gründen vermag jedoch das Revisionsgericht im wesentlichen Einklang mit der Revision nicht beizutreten.

Das landgerichtliche Urteil weist auf den § 12 der Allgemeinen Versicherungsbedingungen hin, wonach es dem Versicherungsnehmer nicht gestattet ist, Haftpflichtansprüche, die gegen ihn erhoben werden, ohne vorherige Genehmigung der Gesellschaft anzuerkennen, und wonach dann, wenn aus einem Versicherungsfall ein Prozeß entsteht, dieser von der Gesellschaft im Namen des Versicherungsnehmers zu führen ist. Das Landgericht folgert hieraus, daß das Risiko des Prozesses und die Gefahr einer während des Prozesses eingetretenen Geldentwertung zu Lasten der Beklagten gehen. Das Berufungsurteil billigt den Standpunkt und versucht, ihn aus der Entstehungsgeschichte des § 150 Abs. 2 VersVG. als berechtigt nachzuweisen. Ebenso wie nach dieser Vorschrift der Versicherer die Kosten der von ihm veranlaßten Rechtsverteidigung und die während des Prozesses für den Dritten erwachsenen Zinsen auch insoweit zu ersetzen habe, als sie die Versicherungssumme übersteigen, ohne daß dabei schuldhafter Verzug des Versicherers vorauszusetzen sei, müsse dieser auch für die während des von ihm geführten Schadensprozesses eintretende Geldentwertung als eine Folge der von ihm veranlaßten Verzögerung der Befriedigung des Dritten aufkommen. Danach ergebe sich, daß der für die Vergleichung der Schadenssumme maßgebende Zeitpunkt spätestens der Beginn des Schadensprozesses sei. Habe damals die Schadenssumme, wie vorliegend der Fall sei, weniger als die Versicherungssumme betragen, so bleibe der Anspruch des Versicherten, in vollem Umfange von dieser Forderung befreit zu werden, unverändert bestehen, auch wenn sich die Schadenssumme infolge der Geldentwertung ziffermäßig ändere.

Auszugehen ist von der grundsätzlichen Vorschrift des § 50 VersVG., daß der Versicherer nur bis zur Höhe der Versicherungssumme hafte. Einzuräumen ist, daß dieser Grundsatz im angeführten § 150 Abs. 2 eine Abschwächung erfahren und das Berufungsurteil über die Entstehung dieser Bestimmung wesentlich zutreffend berichtet hat. Die Haftpflicht des Versicherers für die Kosten eines von ihm veranlaßten Rechtsstreits war schon in dem Entwurf eines Versicherungsvertragsgesetzes von 1905 vorgesehen und in dessen Begründung als eine der allgemeinen Vorschrift des § 63 Abs. 1 Satz 2 entsprechende Verpflichtung bezeichnet. Ihre Ausdehnung auf Zinsen wurde aus dem gleichen Gedanken heraus von der Reichstagskommission vorgeschlagen (Bericht Nr. 602 S. 97flg., 1905—1907). Der Antragsteller führte aus: „Die Verzögerung in der Befriedigung des Dritten gehe hier vom Versicherer aus, und es sei gerechtfertigt, den durch solche Verzögerung entstehenden Zuwachs an Zinsen dem Versicherer ohne Rücksicht auf die Höhe der Versicherungssumme aufzubürden." Auf einen auch im Berufungsurteil angedeuteten Widerspruch eines Regierungsvertreters bemerkte der Antragsteller u. a.: „Wenn der Versicherer durchaus berechtigterweise verlange, daß ein zweifelhafter Fall durch den Prozeß klar gestellt werde, so liege kein

Verschulden vor. Aber die Billigkeit erfordere, daß er die Folgen der in seinem Interesse liegenden Verzögerung der Befriedigung des Dritten trage." Für die Gesetzesfassung des § 150 Abs. 2 sind diese Erwägungen gewiß von ursächlicher Bedeutung geworden, und die Richtlinien, in denen sie sich bewegen, mögen sich auch als geeignet auffassen lassen, eine Haftung des Versicherers über die Versicherungssumme hinaus für einen während des Schadensprozesses ziffermäßig infolge Geldentwertung anwachsenden Haftpflichtanspruch zu begründen. Aber Gesetz ist letzteres nicht geworden. Im Gesetz haben die angeführten Erwägungen nur zur Ausdehnung der Haftung des Versicherers auf zwei genau bestimmte, verhältnismäßig eng begrenzte Nebenforderungen geführt. Wollte man hieraus die Haftbarkeit des Versicherers für einen ein maßlos Vielfaches der Versicherungssumme umfassenden Geldentwertungsanspruch folgern, so wäre das ein Schluß vom Minderen auf Größeres, der unzulässig ist. Abzulehnen ist auch der Beweisgrund des Berufungsurteils, wonach als spätester maßgebender Zeitpunkt für die Vergleichung der Schadenssumme mit der Versicherungssumme der Beginn des Schadensprozesses in Betracht kommen soll. Es ereignet sich nicht selten, daß im Lauf des Haftpflichtprozesses die verfolgte Klageforderung, auch ganz abgesehen von Kosten, Zinsen und Geldentwertung, über den Betrag der Versicherungssumme anwächst. Ein solches Vorkommnis ist für das betreffende Haftpflichtversicherungsverhältnis durchaus bedeutsam. Während der vorher eingeklagte Schaden im Enderfolg vom Haftpflichtversicherer zu tragen war, fällt der ausgedehnte Schaden dem Versicherer nur in der durch die Versicherungssumme begrenzten Höhe, darüber hinaus aber dem Versicherungsnehmer endgültig zur Last. Nicht anders kann das Rechtsverhältnis im Falle eines während des Haftpflichtprozesses durch Geldentwertung verursachten Anwachsens der Entschädigungsforderung beurteilt werden.

Die Revisionsbeantwortung versuchte aus dem § 56 VersVG. nachzuweisen, daß der Haftpflichtversicherer den ganzen Schaden zu tragen habe, wenn nur zur Zeit des Eintritts des Versicherungsfalls sich die Schadenshöhe in der Grenze der Versicherungssumme halte. Der Versuch muß jedoch versagen, weil die Vorschriften des Versicherungsvertragsgesetzes über einen bestimmten Versicherungswert, zu denen auch der von Unterversicherung handelnde § 56 gehört, auf die Haftpflichtversicherung unanwendbar sind. Abzulehnen ist ferner der Beweisgrund beider Vorinstanzen, daß der Versicherer die Gefahr des Haftpflichtprozesses, auf den auf seine Veranlassung hin der Versicherungsnehmer sich eingelassen habe, tragen und darum auch für die während der Prozeßdauer eingetretene Geldentwertung aufkommen müsse. Dem Versicherer fallen die Gefahr und Kosten des auf seine Weisung geführten Haftpflichtprozesses grundsätzlich und ohne weiteres nur insofern zur Last, als die Klageforderung nicht über die vertraglich festgelegte Versicherungssumme hinausgeht. Abs. 3 des § 12 der Allgemeinen Versicherungsbedingungen besagt ausdrücklich: „Übersteigt der Haftpflichtanspruch die Versicherungssumme, so hat die Gesellschaft die Kosten nur in der Höhe zu tragen, als sie sich bei Berechnung nach der der Versicherungssumme entsprechenden Wertklasse stellen würden. Die Gesellschaft ist in solchen Fällen aber auch berechtigt, durch Bezahlung der Versicherungssumme und ihres Anteils an den bis dahin erwachsenen Kosten sich von weiteren Leistungen zu befreien. Dabei ist in Abs. 1 und 2 des § 12 vorbedungen, daß der Versicherungsnehmer Haftpflichtansprüche nicht ohne vorherige Genehmigung der Gesellschaft anerkennen oder befriedigen oder darüber einen Vergleich abschließen dürfe, und daß ein aus einem Versicherungsfall entstehender Prozeß von der Gesellschaft im Namen des Versicherungsnehmers zu führen sei, der dem von der Gesellschaft zu bezeichnenden Rechtsanwalt Vollmacht zu erteilen und die Führung des Prozesses lediglich der Gesellschaft zu überlassen habe. Die Bestimmungen lassen deutlich ersehen, wie, ungeachtet der dem Versicherer eingeräumten Herrschaft über die Prozeßführung, die ihn treffende Prozeßgefahr und Haftung grundsätzlich nach Maßgabe der vereinbarten Versicherungssumme begrenzt ist.

Die Revisionsbeantwortung zog aus dem Tatbestand des landgerichtlichen Urteils den Satz heran: „Sie — nämlich die Klägerin — hat im Auftrag des Beklagten und gemäß § 12 der Versicherungsbedingungen den Geschädigten gegenüber ihre Entschädigungspflicht bestritten und es auf den Prozeß ankommen lassen" und folgerte, daß die Beklagte als Auftraggeberin der Klägerin als Beauftragter die Beträge zu erstatten habe, die diese an die Haftpflichtgläubiger infolge der Geldentwertung habe leisten müssen. Allein jenem Tatbestandssatz kommt nicht die Bedeutung zu, daß die auf Grund der Urteile im Vorprozeß geleisteten Zahlungen der Klägerin als erforderliche Aufwendungen zur Ausführung eines Auftrags der Beklagten (vgl. §§ 669, 670 BGB.) anzusehen seien. Der wesentliche Inhalt des Satzes liegt in seinem Hinweis auf den § 12 der Versicherungsbedingungen, und schon darum läßt sich aus dem Satz nicht folgern, daß die Beklagte für einen Schaden, insoweit er über die Versicherungssumme hinausreicht, zu haften habe.

Ehrenberg (Zeitschr. f. d. ges. Versicherungswissenschaft Bd. 23 S. 267) hält den Versicherer, falls während des Schadensersatzprozesses die Haftpflichtschuld des Versicherungsnehmers infolge Geldentwertung über die Ziffer der Versicherungssumme hinaus gewachsen ist, zur Erstattung des ganzen Schuldbetrags für verpflichtet, weil der Schadensersatzprozeß mit dem Dritten ausschließlich im Interesse des Versicherers begonnen worden war. Er meint, der Versicherungsnehmer dürfe dem Versicherer entgegenhalten: „Hättest du damals die Forderung des Dritten glatt bezahlt, so würde jetzt der Schaden die Versicherungssumme nicht übersteigen..." Indes auch dieser auf die Interessenlage der Beteiligten abgestellten Erwägung kann nicht beigestimmt werden. Abgesehen davon, daß es an einem Interesse des Versicherungsnehmers an dem gegen ihn gerichteten Schadensersatzprozeß regelmäßig auch dann nicht fehlen wird, wenn die Klageforderung geringer als die Versicherungssumme ist, hat man in solchen Prozessen überaus häufig mit der Möglichkeit als naheliegend zu rechnen, daß der eingeklagte Anspruch im Laufe des Rechtsstreits erhöht wird. Diesem Gesichtspunkt und dem angeführten § 12 der Bedingungen entspricht es, das Interesse des Versicherers auch an dem Haftpflichtprozeß, der mit einer den Betrag der Versicherungssumme nicht erreichenden Schadenssumme begonnen hat, nicht als unbedingt ausschließlich, sondern immer als grundsätzlich begrenzt durch den Versicherungssummenbetrag zu denken.

Unzweifelhaft ist zu der Zeit, als das Versicherungsvertragsgesetz zustande kam, die Möglichkeit eines Währungssturzes, wie er sich in den Jahren 1922, 1923 in Deutschland vollzog, nicht in Betracht gezogen worden. Will man deshalb in der streitigen Haftbarkeitsfrage eine Gesetzeslücke annehmen, so ist es doch nicht angängig, diese im Sinne der Entscheidungen der Vorinstanzen auszufüllen. Mit solcher Ausfüllung würde man der wirtschaftlichen und rechtlichen Lage der Versicherungsgesellschaften und dem vermutlichen Willen des Gesetzgebers nicht gerecht werden.

Man kann auch an eine Lücke im Versicherungsvertrag und an deren Ergänzung unter Verwendung der §§ 157, 242 BGB. denken. Als die Parteien ihr Versicherungsverhältnis eingingen, war bei dem damaligen Stande des Dollars gleich 61,25 Papiermark der Wert der Mark schon erheblich gesunken und war auch weitere Verschlechterung unserer Währung zu besorgen. Aber sicherlich hat keine der Parteien an einen maßlosen Währungssturz, wie er später erfolgt ist, als möglich gedacht. Sie rechneten noch mit Papiermark als geeignetem Wertmaßstab, und die Beklagte wollte mit der bedungenen, damals reichlich bemessenen Versicherungssumme von 150000 ℳ für jeden einzelnen Sachschaden ihre Haftung entsprechend begrenzen. Unter solchen Umständen kann die im damaligen Vorstellungsvermögen der Parteien merkbare Lücke nicht die Zumutung begründen, daß die Beklagte einen unter die Versicherung fallenden Sachschaden ohne Rücksicht auf die vereinbarte Versicherungssumme zu vergüten habe.

Ist sonach den Vorinstanzen nicht beizutreten, so muß das Berufungsurteil aufgehoben und die Sache an das Berufungsgericht zurückverwiesen werden. Dieses wird bei der anderweiten Sachverhandlung in erster Reihe zu prüfen haben, ob die Beklagte bei der Behandlung des erheblichen Schadensfalles die ihr nach den Leitsätzen von Treu und Glauben und der Verkehrssitte obliegenden Pflichten aus dem Versicherungsvertrag erfüllt oder ein für den im Verlauf der Zeit durch fortschreitende Geldentwertung herbeigeführten Umfang des Schadens ursächliches vertretbares Verschulden begangen hat (vgl. auch JW. 1924 S. 61 D, Veröffentl. d. Aufsichtsamts f. Privatversicherung 1924 S. 42). Ist ein solches Verschulden nicht anzunehmen, so wird hauptsächlich in Frage kommen, ob die von der Beklagten der Klägerin angebotenen 150000 Papiermark durch gerichtliche Entscheidung aufzuwerten sind.

56. Ist, wenn ein Beamter Anspruch auf Unfallpension erhebt, weil er infolge eines im Dienst erlittenen Betriebsunfalls dauernd dienstunfähig geworden sei, die Entscheidung der Verwaltungsbehörde darüber, ob der Beamte dienstunfähig ist, für die Gerichte maßgebend?

Unfallfürsorgeges. für Beamte und für Personen des Soldatenstandes vom 18. Juni 1901 (RGBl. S. 211) — UnfFürsG. — § 1 Abs. 1. RBeamtengeſ. § 155. RVerf. Art. 129 Abs. 1 Satz 4.

III. Zivilsenat. Urt. v. 13. März 1925 i. S. Frau K. (Kl.) w. Deutsche Reichspost (Bekl.). III 973/23.

I. Landgericht Magdeburg.
II. Oberlandesgericht Naumburg a. S.

Im Jahre 1912 wurde die Klägerin im Reichspostdienste als Telephongehilfin angestellt, und zwar auf Kündigung ohne Übertragung einer planmäßigen Stelle. Zum 1. Oktober 1921 wurde ihr das Dienstverhältnis gekündigt. Die Klägerin behauptet, daß sie durch einen im Oktober 1915 erlittenen Betriebsunfall dienstunfähig geworden sei. Ihr Antrag, ihr deshalb eine Pension gemäß dem UnfFürsG. zu gewähren, ist durch Bescheid des Reichspostministers vom 24. Dezember 1921 zurückgewiesen worden, da er nicht die Überzeugung gewonnen habe, daß sie dauernd dienstunfähig sei. Sie hat Klage erhoben mit dem Antrage, die Beklagte zu verurteilen, ihr vom 1. Oktober 1921 an in monatlichen Vorauszahlungen als Pension $66^{2}/_{3}$ % des von ihr bis dahin bezogenen Diensteinkommens zu zahlen. Die Beklagte hat Klagabweisung beantragt, sie hat bestritten, daß die Klägerin infolge des Betriebsunfalls dienstunfähig geworden sei; die bei ihr bestehenden Krankheitserscheinungen seien auf andere Ursachen zurückzuführen. Zur Entscheidung über die Frage der Dienstunfähigkeit seien die Gerichte zudem nicht berufen. Die Vorinstanzen haben die Klage abgewiesen. Die Revision der Klägerin wurde zurückgewiesen.

Gründe:

§ 1 Abs. 1 UnfFürsG. gewährt den Reichsbeamten, welche in reichsgesetzlich der Unfallversicherung unterliegenden Betrieben beschäftigt sind, eine Pension, wenn sie infolge eines im Dienst erlittenen Betriebsunfalls dauernd dienstunfähig werden. Diesen von der Klägerin erhobenen Pensionsanspruch haben die Vorinstanzen abgewiesen, weil über die Dienstunfähigkeit der Klägerin nicht das Gericht, sondern die der Klägerin vorgesetzte Dienstbehörde zu befinden habe, die ihre Dienstunfähigkeit verneint habe. Dieser Standpunkt entspricht der Rechtsprechung des Reichsgerichts (RGZ. Bd. 44 S. 35; vgl. auch Bd. 74 S. 103 und Warn. 1916 S. 181). Nach § 155 RBeamtenG. sind die Entscheidungen der Verwaltungsbehörden darüber, ob ein Beamter — wegen Dienstunfähigkeit — in den Ruhestand zu versetzen ist, für die Beurteilung der vor den Gerichten geltend gemachten vermögensrechtlichen Ansprüche maßgebend. § 9 UnfFürsG. bestimmt, daß auf die nach seinen §§ 1—3 zu gewährenden Bezüge die für die Beteiligten geltenden Bestimmungen über die Pension Anwendung finden. Daraus folgt, daß die Entscheidung darüber, ob eine einen Pensionsanspruch nach § 1 Abs. 1 UnfFürsG. begründende Dienstunfähigkeit vorliegt, gleichfalls den Verwaltungsbehörden gebührt.

An diesem Rechtszustand hat Art. 129 Abs. 1 Satz 4 RVerf. nichts geändert. Die dort gegebene Vorschrift, daß für die vermögensrechtlichen Ansprüche der Beamten der Rechtsweg offen stehe, überträgt den Gerichten nicht die Nachprüfung der Frage, ob ein Beamter mit Recht in den Ruhestand versetzt ist. Die Feststellung der dafür regelmäßig die Voraussetzung bildenden Dienstunfähigkeit des Beamten liegt weiterhin der Verwaltungsbehörde ob. Erst ihr Ausspruch, daß der Beamte dienstunfähig und deshalb in den Ruhestand zu versetzen sei, bringt den Pensionsanspruch zum Entstehen. Nicht anders steht es in den Fällen, in denen das Beamtenverhältnis nicht durch Versetzung in den Ruhestand, sondern durch Kündigung sein Ende erreicht. Auch hier hängt nach der vom Gesetz getroffenen Regelung der Anspruch auf Unfallpension davon ab, daß die Verwaltungsbehörde die Dienstunfähigkeit des Beamten feststellt. Diese Feststellung nachzuprüfen, waren die Gerichte bisher nicht befugt, trotzdem schon § 149 RBeamtenG. den Beamten für ihre vermögensrechtlichen Ansprüche den Rechtsweg gab. Es fehlt an jedem Anhalt dafür, daß der dem angeführten § 149 entsprechende Art. 129 Abs. 1 Satz 4 RVerf. in dieser Richtung die Befugnisse der Gerichte hat erweitern wollen.

Die Bedenken, die die Revision aus der Reichsverfassung gegen die Vorentscheidung herzuleiten versucht hat, sind also unbegründet. . . .

---

57. Inwieweit ist durch die Grundsätze über die Anstellung von Militäranwärtern der Rechtsweg eröffnet?

III. Zivilsenat. Urt. v. 13. März 1925 i. S. R. (Kl.) w. Deutsches Reich (Bekl.). III 343/24.

I. Landgericht Hannover.
II. Oberlandesgericht Celle.

Der Kläger, Militäranwärter und im Besitz eines Zivilversorgungsscheins vom 14. Oktober 1915, hat sich am 24. Juli 1919 bei der Eisenbahndirektion Hannover, die einen eigenen Anstellungsbezirk bildete, gemeldet. Am 28. Oktober 1919 meldete er sich nochmals, wurde am 14. November 1919 als Anwärter für den Kanzleidienst eingetragen und am 1. April 1920 als Kanzleiaspirant einberufen. Am 1. Oktober 1920 nach abgelegter Prüfung wurde er Kanzleidiätar und am 20. August 1921 als Kanzleiassistent planmäßig angestellt. Dabei wurde ihm mitgeteilt, es sei ihm eine der in Titel 1 Ziff. 12 des Haushalts der Eisenbahn für Kanzleiassistenten (Gruppe IV) vorgesehenen Stellen verliehen, er erhalte aber für seine Person die Bezüge der Gruppe V. Diese persönliche Einreihung wurde nach einiger Zeit widerrufen. Am 7. November 1922 erbat er von der Reichsbahndirektion Hannover eine Entscheidung im Sinne des § 150 RBeamtG., die ihm nach Anfrage beim Reichsverkehrsministerium am 22. März 1923 mitteilte, er sei aus Gruppe IV zu besolden. Noch in demselben Monat erhob er die Klage, mit der er die Differenz zwischen beiden Gruppen für die Zeit vom 1. August 1921 bis 30. Juli 1922 mit 1614,40 *M* nebst Zinsen seit Klagetag fordert.

Die Vorinstanzen haben die Klage abgewiesen.

Die Revision konnte keinen Erfolg haben aus folgenden

Gründen:

Die Benachrichtigung der Eisenbahndirektion Hannover vom 20. August 1921, der die Bestallung des Klägers beigefügt war, ging dahin, daß ihm „vom 1. August 1920 ab eine der im Titel 1 Ziff. 12 des Haushalts der Reichseisenbahnverwaltung für Kanzleiassistenten (Gruppe IV) vorgesehenen Stellen" verliehen werde. Vom genannten Tage erhalte er für seine Person die Bezüge der Gruppe V.

Mit Recht hat das Berufungsgericht den Anspruch des Klägers, soweit er auf diesen letzten Satz gestützt ist, zurückgewiesen. Die Besoldung eines Beamten wird lediglich durch die Besoldungsgesetze bestimmt und richtet sich innerhalb dieser nach der Gruppe, der er angehört. Hiernach steht dem Kläger die Besoldung der Gruppe IV zu, die er tatsächlich erhält. Wenn ihm irrtümlich und unter Verletzung der gesetzlichen Bestimmungen höhere Sätze bewilligt worden sind, so erwächst ihm daraus nicht ein Anspruch auf diese, vielmehr kann der Irrtum jederzeit berichtigt werden.

Aus dem Staatsvertrage, betreffend den Übergang der Staatseisenbahnen auf das Reich vom 31. März/30. April 1920, kann der Kläger ebenfalls für sich nichts herleiten. Nach ihm sind die Eisenbahnländerbeamten mit dem 1. April 1920 sämtlich Reichsbeamte geworden, Länderbeamte gab es an diesem Tage nicht mehr. Der Kläger ist aber erst mit diesem Tage in Dienst getreten und hat überhaupt nicht im Dienste eines Eisenbahnlandes gestanden. Die den ehemaligen Länderbeamten in dem Staatsvertrage zugesicherten Gewährleistungen, Rücktritt in den Landesdienst usw., greifen für ihn nicht Platz.

Die Fußnote des Reichsbesoldungsgesetzes zu Gruppe IV besagt: „die am 31. März 1920 im Amte befindlich gewesenen Inhaber von Stellen der Klassen 17a [1], [3], [4], [5], [6], 18 [1] und 24 [2] des Besoldungsgesetzes vom 15. Juli 1909 erhalten für ihre Person die Bezüge der Gruppe V." Nach den Ausführungsbestimmungen zum Reichsbesoldungsgesetz vom 21. März 1921 (RGBl. S. 257) erhalten „die am 31. März 1920 als außerplanmäßige Beamte (Diätare) vorhanden gewesenen Anwärter auf diese Stellen für ihre Person die Diätensätze der Gruppe V." Und die Verfügung des Reichsfinanzministers vom 20. Oktober 1921 billigt die Auffassung, daß diese Diätare nach ihrer planmäßigen Anstellung auch das Grundgehalt der Gruppe V zu beziehen haben. Sie hat auch keine Bedenken, daß allen am 31. März 1920 in diesen Stellen auf Probe oder zur Probedienstleistung einberufen gewesenen Anwärtern das

Grundgehalt bzw. die Diäten der Gruppe V gewährt werden. Sie sagt aber auch ausdrücklich weiter, „den bis zu diesem Zeitpunkte noch nicht einberufen gewesenen Anwärtern können jedoch die Bezüge der Gruppe V nicht zugestanden werden."

Daß hieraus der Kläger, der erst am 1. April 1920 in den Dienst eingetreten ist, seine Ansprüche nicht herleiten kann, bedarf keiner Ausführung. Den klaren Bestimmungen gegenüber haben auch weder der Bericht der Eisenbahndirektion Hannover, der den gegenteiligen Standpunkt vertritt, noch die Anmerkung eines Kommentars, wie das Berufungsurteil zutreffend bemerkt, entscheidende Bedeutung.

Hiernach ist der Kläger, der — was er selbst nicht bestreitet — zu Recht in Gruppe IV der Reichsbesoldungsordnung planmäßig angestellt ist, nach den für die Besoldung maßgebenden gesetzlichen Vorschriften nur berechtigt, die Sätze der Gruppe IV für sich in Anspruch zu nehmen.

Nun beruft sich der Kläger auf das Mannschaftsversorgungsgesetz vom 30. Mai 1906 und die Grundsätze über die Anstellung von Militäranwärtern und meint, aus ihnen die Grundlage für seine Ansprüche, wenn diese über die Besoldungsgesetze hinausgingen, entnehmen zu können. Sie seien nämlich gleichmäßig und ausgleichend anzuwenden und mit ihnen vertrage es sich nicht, daß er, der bereits am 1. Oktober 1919 als Kanzlist planmäßig hätte angestellt sein können, wenn der Krieg nicht dazwischengetreten wäre, hinter gleichberechtigten und jüngeren Anwärtern anderer Reichsbahndirektionen zurückstehen solle, die vor dem 1. April 1920 einberufen worden seien und nun die Bezüge der Gruppe V erhielten. Diese Unbilligkeit widerspreche den Absichten dieser Bestimmungen.

Der Kläger will also für die ihm verliehene Stelle der Gruppe IV die Bezüge der höheren Gruppe V beanspruchen, weil entgegen den Vorschriften der Anstellungsgrundsätze andere gleichberechtigte und jüngere Anwärter vor ihm einberufen und daraufhin in den Genuß der Bezüge der höheren Gruppe getreten seien. Das Berufungsurteil hat insoweit den Rechtsweg mit Recht für nicht gegeben erachtet.

Das Reichsgericht hat in RGZ. Bd. 48 S. 84 ausgesprochen, daß den Militäranwärtern auf Grund der Anstellungsgrundsätze subjektive Rechte zustehen. Diese können aber im Rechtswege nicht weiter verfolgt werden, als er überhaupt zugelassen ist. Denn durch sie ist eine Erweiterung des Rechtswegs nicht gegeben worden und die Militäranwärter haben in dieser Hinsicht keine andere Stellung als die übrigen Beamten (RGZ. Bd. 49 S. 1, Bd. 104 S. 253).

Einen im Rechtswege verfolgbaren Anspruch auf Verleihung eines bestimmten Amtes, sei es überhaupt, sei es zu einem bestimmten Termine, gibt es nicht, er wäre mit den staatlichen Hoheitsrechten nicht vereinbar. Dies sprechen die Erläuterungen zu den Anstellungsgrundsätzen § 1 (Zentralblatt 1907 S. 344) für Inhaber des Zivilversorgungsscheins noch besonders aus.

Damit entfällt aber auch der Rechtsweg für einen Ersatzanspruch, der auf Grund einer angeblich verspäteten Verleihung einer Stelle erhoben wird. Art. 129 RVerf. hat hierin gegenüber § 149 RBG. nichts geändert (RGZ. Bd. 103 S. 430, Bd. 104 S. 253; III 306/23).

Andererseits kann ein Beamter Gehaltsansprüche im Rechtswege nur verfolgen, soweit ihm solche aus dem ihm bereits verliehenen Amte erwachsen. Für einen Anspruch auf die Bezüge der Gruppe V, den der in Gruppe IV angestellte Kläger erhebt, ist also der Rechtsweg verschlossen (RGZ. Bd. 103 S. 430, Bd. 104 S. 252, Bd. 107 S. 328).

Hiernach rechtfertigt sich die die Zulässigkeit des Rechtswegs verneinende Entscheidung des Berufungsgerichts.

Da auch die Zurückweisung des Anspruchs des Klägers, soweit er auf § 839 BGB. gegründet war, zu rechtlichen Bedenken keinen Anlaß gibt, war die Revision als unbegründet zurückzuweisen.

---

58. Wie gestalten sich die Rechtsfolgen und die Beweislast, wenn beim Annahmeverzug des Käufers der Verkäufer die Kaufsache am unrechten Orte versteigern läßt?

BGB. § 383. HGB. § 373.

I. Zivilsenat. Urt. v. 14. März 1925 i. S. B. (Bekl.) w. B. & Co. (Kl.). I 292/24.

I. Landgericht Düsseldorf, Kammer für Handelssachen.
II. Oberlandesgericht daselbst.

Die Klägerin kaufte von der Beklagten im Februar 1920 30000 kg Naturasphalt Trinidad-Goudron zum Preise von 295 ℳ je 100 kg. Mit der Klage verlangte sie Rückzahlung des für einen Teil der Ware gezahlten Kaufpreises nebst Fracht und Rollgeld mit zusammen 36989,40 ℳ, weil die gelieferte Ware nicht vertragsgemäß gewesen sei und der Beklagten zur Verfügung stehe. Weitere Ware wurde der Klägerin nach Dresden zugesandt, aber von ihr nicht angenommen. Die Beklagte nahm diese Ware daraufhin nach Düsseldorf zurück und ließ sie dort im Wege des Selbsthilfeverkaufs veräußern. Sie verlangt mit der Widerklage von der Klägerin 27766,90 ℳ nebst 5% Zinsen seit 6. August 1920 als Unterschied zwischen dem vertraglichen Kaufpreis und dem Erlös beim Selbsthilfeverkauf. Das Landgericht wies die Klage ab und gab der Widerklage statt. Das Oberlandesgericht wies auch die Widerklage ab.

Die Revision der Beklagten hatte Erfolg.

Gründe:

Das angefochtene Urteil erachtet den Widerklaganspruch, um den es sich allein noch handelt, für unbegründet, weil die Beklagte den Selbsthilfeverkauf nicht in Dresden, wo sich die von der Klägerin zur Verfügung gestellte Ware befand, sondern in Düsseldorf vorgenommen habe. Grundsätzlich dürfe der Verkäufer die Belange des Käufers nicht aus dem Auge lassen, ihm namentlich keine unnötigen Kosten verursachen. Deshalb sei regelmäßig dort zu verkaufen, wo sich die Ware zur Zeit der Annahmeverweigerung befinde. Der Verkäufer dürfe davon nur abweichen, wenn besondere Gründe die Wahl eines anderen Ortes als geboten erscheinen ließen. Die Beklagte habe solche Gründe für die Vornahme des Verkaufs in Düsseldorf nicht dargetan. Der einzige, den sie dafür vorbringe — daß sich in Dresden kein Markt für die Ware befunden habe —, sei durch das Gutachten des Sachverständigen widerlegt. Danach sei in Dresden eine ganze Anzahl von Firmen vorhanden gewesen, die regelmäßig Geschäfte in Naturasphalt, auch in Trinidad-Goudron, machten, darunter führende Häuser des Großhandels und maßgebende Verbraucherfirmen. Auch ein Marktpreis habe in Dresden bestanden, und für einwandfreie Ware hätten sich Preise erzielen lassen, die ihm nahe gekommen wären. Habe die Beklagte also Düsseldorf ohne triftigen Grund als Ort des Selbsthilfeverkaufs erwählt, so sei dieser Verkauf der Klägerin gegenüber unwirksam, die auf ihn gestützte Schadensersatzforderung unbegründet.

Diese Rechtsauffassung ist nicht zu billigen.

Allerdings hat der Verkäufer bei der Wahl des Ortes für den Selbsthilfeverkauf auch den Vorteil des Käufers mit zu bedenken. Versteigerung am unrechten Orte aber hat, sofern nur die übrigen Voraussetzungen des öffentlichen Verkaufs (§ 383 BGB., § 373 HGB.) vorliegen, nicht die weittragende Folge, daß der Gegner den Verkauf nicht als für seine Rechnung geschehen gelten zu lassen braucht. Vielmehr bewendet es bei dem Verkauf. Nur braucht der Gegner das Ergebnis nicht ohne weiteres hinzunehmen, sondern es muß ihm das höhere Ergebnis, das am richtigen Ort erzielt worden wäre, gutgebracht werden. Und der Sachschuldner muß dafür einstehen, wenn das Ergebnis der Versteigerung durch den Verkauf an anderem Ort beeinflußt ist; er ist beweispflichtig, wenn der Sachgläubiger behauptet, beim Verkauf am rechten Ort wäre mehr erlöst worden. Im gegenwärtigen Fall also liegt der Beklagten der Beweis ob, daß eine Versteigerung in Dresden dem Gesamtergebnis nach nicht weniger, oder jedenfalls nicht mehr, erbracht hätte, als die in Düsseldorf vorgenommene (RGZ. Bd. 95 S. 116, Bd. 104 S. 421). Je nach dem Erfolg des ihr obliegenden Beweises werden die einzelnen Posten und das Schlußergebnis ihrer mit 27766,90 *M* Widerklageforderung endigenden Aufstellung nachzuprüfen sein. Neben der dazu gegebenen Begründung der Beklagten wird auf die Gegenbehauptungen der Klägerin eingegangen werden müssen; sie mag diese Behauptungen ergänzen, sofern sie über das wahrscheinliche Ergebnis einer in Dresden abgehaltenen Versteigerung Näheres zu behaupten vermag.

---

59. 1. Ist eine letztwillige Verfügung des Inhalts gültig, daß nicht der einzelne Erbe, sondern nur die Mehrheit der Erben die Auseinandersetzung hinsichtlich des zum Nachlaß gehörigen Grundbesitzes verlangen kann?

2. Unter welchen Voraussetzungen ist die Minderheit der Erben nicht an den Mehrheitsbeschluß gebunden?

IV. Zivilsenat. Urt. v. 16. März 1925 i. S. S. u. Gen. (Bekl.) w. L. u. Gen. (Kl.). IV 118/24.

I. Landgericht Kassel.
II. Oberlandesgericht daselbst.

Die Kläger und die Beklagten zu 1—3 sind die Kinder des Kaufmanns Friedrich L. in Kassel. Er starb am 9. Dezember 1902 unter Hinterlassung eines am 14. Juli 1896 errichteten Testaments. In diesem hatte er seine 11 Kinder zu Erben eingesetzt und seiner Ehefrau den Nießbrauch vermacht. Der § 4 des Testaments bestimmt:

„Nach dem demnächstigen Tode oder der etwaigen Wiederverheiratung meiner Ehefrau soll das Grundvermögen nur dann verkauft werden können, wenn zwei Drittel meiner direkten, also unmittelbaren Kinder und Erben dafür stimmen."

Zum Nachlaß des L. gehörten gewisse im Grundbuch von Kassel eingetragene Parzellen und die ideelle Hälfte an einer weiter eingetragenen Parzelle; die andere Hälfte der letzteren war Eigentum der Frau des Erblassers. Im Jahre 1905 wurden die 11 Kinder des Erblassers auf Antrag als Miteigentümer des Grundbesitzes ihres Vaters zu ideellen Anteilen von je $^1/_{11}$ eingetragen. Zwei Brüder sind unverheiratet und ohne Hinterlassung einer letztwilligen Verfügung im Kriege gefallen. Die Mutter der Parteien starb am 11. Januar 1922.

In einer notariellen Verhandlung vom 29. November 1922 erklärten die Kläger gegenüber dem miterschienenen Kaufmann R. folgendes: Sie hätten durch notarielle Verträge vom 18. Mai bzw. 14. Juli 1922 dem R. das einem jeden von ihnen nach dem Grundbuch zustehende ideelle $^1/_{11}$ der eingetragenen Grundstücke, sowie das einem jeden von ihnen nach dem Grundbuch zustehende ideelle $^1/_{22}$ des daselbst weiter eingetragenen Grundstücks verkauft. Es habe sich aber herausgestellt, daß die Eintragung im Grundbuch unrichtig sei und daß, weil eine Erbauseinandersetzung und Auflassung noch gar nicht zwischen den Erben stattgefunden habe, diese Grundstücke noch den gesamten Erben in ungeteilter Erbengemeinschaft zuständen. Sie verpflichteten sich daher dem R. gegenüber auf sein Verlangen, insoweit diese ideellen Anteile in Betracht kämen, die bezeichneten Verträge wieder aufzuheben und ihm an Stelle der ideellen Anteile das einem jeden von ihnen zustehende Erbteil ($^1/_{11}$) für denselben Preis von 258957,23 ℳ zu verkaufen, außerdem sofort auf Kosten des R., aber auf ihren Namen, gegen die drei übrigen Erben ihres Vaters (die Beklagten zu 1—3) Klage darauf zu erheben, daß sie gemäß § 4 des Testaments ihre Zustimmung dazu gäben, daß das ganze väterliche Grundeigentum an R. für im ganzen 475000 ℳ verkauft und aufgelassen werde. Der in diesem Vertrag übernommenen Verpflichtung sind die Kläger durch Erhebung der Klage dieses Prozesses vom 19. Dezember 1922 nachgekommen.

Das Landgericht hat die Beklagten zu 1—3 nur verurteilt, in die Berichtigung des Grundbuchs dahin einzuwilligen, daß die Grundstücke den Klägern und den Beklagten zu 1—3 in ungeteilter Erbengemeinschaft nach ihren Eltern und ihren verstorbenen Brüdern zustehen; im übrigen ist die Klage abgewiesen. Auf die Berufung der Kläger hat das Oberlandesgericht das erste Urteil, soweit es hier noch in Betracht kommt, dahin geändert:

A. Die Beklagten zu 1, 2 und 3 werden verurteilt:
   a) Es folgt dieselbe Verurteilung, wie in erster Instanz;
   b) ihre Zustimmung dazu zu geben, daß
      α) die Grundstücke dem Kaufmann R. zum Preise von 475000 ℳ ... verkauft werden;
      β) dem Amtsgericht in Kassel als Grundbuchamt gegenüber zu erklären, daß sie mit den Klägern und dem genannten R. darüber einig sind, daß das Eigentum an den zu α genannten Parzellen an R. übergeht und zu bewilligen, daß er als Eigentümer ... eingetragen werde.

B. Es wird festgestellt, daß die Beklagten zu 1, 2, 3 nicht berechtigt sind, die Zwangsversteigerung der Nachlaßgrundstücke zum Zweck der Aufhebung der Gemeinschaft zu beantragen, daß sie vielmehr gehalten sind, ihren Zwangsversteigerungsantrag zurückzunehmen.

Auf die Revision der Beklagten ist das Urteil zu A, b, α und β aufgehoben; im übrigen ist die Revision zurückgewiesen.

Gründe:

1. Das Berufungsgericht führt aus, der Zweck der vom Erblasser im § 4 des Testaments getroffenen Anordnung sei klar. Der Erblasser wollte sein Grundvermögen, den Hauptbestandteil seines Nachlasses, seinen Kindern möglichst erhalten und deshalb eine Veräußerung nur zulassen, wenn zwei Drittel seiner unmittelbaren Erben dies wollten. Diesem Willen des Testators würde man aber nicht gerecht werden, wenn man die Anordnung nur auf den freihändigen Verkauf der Grundstücke beschränken wollte. Vielmehr lasse sich die Bestimmung nur dahin auffassen, daß nicht bloß der freihändige Verkauf der Grundstücke, sondern auch der Antrag auf Zwangsversteigerung (§ 180 ZwVG.) an die Zweidrittelmehrheit gebunden sei, da andernfalls der mit der Anordnung verfolgte Zweck jederzeit vereitelt werden könnte. Demgemäß hätten sich die Beklagten zu 1—3 dem Willen der Kläger als der Zweidrittelmehrheit hinsichtlich des von den Klägern beschlossenen Verkaufs zu fügen und Auflassung an R. zu erteilen.

Diese Ausführungen sind, soweit sie die Auslegung des Testaments betreffen, rechtlich unbedenklich....

2. Das Berufungsgericht nimmt weiter an, daß der Erblasser die Bestimmung im § 4 des Testaments wirksam treffen konnte und folgert dies aus § 2044 BGB. Auch diese von der Revision bekämpfte Ansicht ist zu billigen. Wenn der Erblasser nach § 2044 Abs. 1 die Auseinandersetzung in Ansehung des Nachlasses oder einzelner Nachlaßgegenstände ausschließen kann, so muß es auch zulässig sein, daß er sie erschwert. Eine Erschwerung liegt insofern vor, als nicht mehr der einzelne Erbe die Auseinandersetzung hinsichtlich des Grundbesitzes verlangen kann, wie dies nach dem Gesetz der Fall sein würde (§§ 2042 Abs. 1 und 2, 753 Abs. 1 Satz 1 BGB., § 180 ZwVG.), sondern nur die Mehrheit der Erben. Anderseits ist nach der Auslegung des Berufungsgerichts auch insofern eine Abweichung von den gesetzlichen Bestimmungen angeordnet, als nicht Zwangsversteigerung beantragt zu werden braucht, die Mehrheit der Erben vielmehr den freihändigen Verkauf mit Wirkung für die Minderheit beschließen kann. Auch diese Anordnung ist rechtlich zulässig. Das folgt aus § 2048 Abs. 1 Satz 2 BGB. Allerdings ist dort nur gesagt, der Erblasser könne anordnen, daß die Auseinander-

setzung nach dem billigen Ermessen eines Dritten erfolgen solle. Aber damit ist nicht ausgesprochen, daß dies notwendig ein außerhalb der Erbengemeinschaft stehender Dritter sein muß. Denn der Satz 2 enthält nur einen Anwendungsfall des Satzes 1, und es ist kein Grund ersichtlich, weshalb der Erblasser die Bestimmung nicht einem oder mehreren Miterben, denen er besonderes Vertrauen schenkt, sollte übertragen können. Auch der Testamentsvollstrecker kann ein Miterbe sein, und nach § 315 kann die Bestimmung der Leistung einer der Vertragsparteien übertragen werden. Der § 137 BGB. steht nicht im Wege. Die Befugnis zur Teilnahme an der Verfügung über den Nachlaßgegenstand (§ 2040) wird den in der Minderheit gebliebenen Miterben nicht entzogen. Sie sind nur kraft der Teilungsanordnung schuldrechtlich verpflichtet, sich der Bestimmung der Mehrheit zu fügen (§ 137 Satz 2). Die Verfügung kann nur von allen Erben vorgenommen werden und darauf ist gerade hier die Klage gerichtet.

3. Die Revision macht geltend, der am 29. November 1922 bedungene Kaufpreis stelle jetzt ein Nichts dar. Es könne den Beklagten deshalb nicht zugemutet werden, in den Verkauf und die Auflassung zu diesem Preis zu willigen. Die Beklagten haben sich schon in den Vorinstanzen auf diesen Standpunkt gestellt. Sie haben behauptet, der von R. zugesagte Kaufpreis habe schon im Mai 1922 — der erste Vertrag mit R. war vom 18. Mai 1922 — nicht dem Werte der Grundstücke entsprochen. Der Einwand ist gerechtfertigt. Seine gesetzliche Grundlage findet er im § 2048 Satz 3 BGB. Danach ist die von dem Dritten auf Grund der Anordnung des Erblassers getroffene Bestimmung für die Erben nicht verbindlich, wenn sie offenbar unbillig ist; die Bestimmung erfolgt in diesem Fall durch Urteil. Es wäre schon eine offenbare Unbilligkeit gegenüber den Beklagten gewesen, wenn die die Zweidrittelmehrheit der Erben ausmachenden Kläger im Jahre 1922 den Grundbesitz zu einem seinem Wert nicht entsprechenden Kaufpreis an R. verkauft hätten, und es wäre eine noch größere Unbilligkeit, wenn die Beklagten jetzt gezwungen würden, den Vermögenswert, den sie in ihrer Beteiligung an den Nachlaßgrundstücken besitzen, für 475000 Papiermark, also für ein Nichts, an R. herauszugeben. Demgegenüber können die Kläger nicht geltend machen, sie wollten

ihr Wort dem R. gegenüber nicht brechen, sondern bei dem Vertrage stehen bleiben, selbst wenn sie gesetzlich dazu nicht verpflichtet wären. Einen solchen Standpunkt können sie für ihre Person einnehmen, sie können aber von den Beklagten nicht verlangen, daß sie ein Gleiches tun.

Aus dem Gesagten ergibt sich schon jetzt, daß die bisherige Bestimmung der Mehrheit der Erben gegenüber den Beklagten hinfällig ist. Die Klage müßte deshalb, soweit sie auf Zustimmung der Beklagten zum Verkauf des Grundbesitzes für 475000 Papiermark und auf Auflassung gerichtet ist, abgewiesen werden. Dem können die Kläger nur dadurch zuvorkommen, daß sie eine angemessene Aufwertung der den Beklagten von R. zu gewährenden Gegenleistung anbieten und ihre Anträge entsprechend ändern. Eine solche Entscheidung würde allerdings nur zwischen den Parteien Recht schaffen. Ob und inwieweit R. gegenüber der Erbengemeinschaft zu einer Aufwertung verpflichtet ist, ist hier nicht zu entscheiden. Sollte sich herausstellen, daß die Kläger bei Abschluß des Vertrags mit R. planmäßig zum Schaden der Beklagten gehandelt haben, so würde zu prüfen sein, ob nicht der Vertrag nach § 138 BGB. nichtig und aus diesem Grunde der Anspruch zu A b unbegründet ist.

Unbegründet ist die Revision, soweit die Beklagten verurteilt sind, ihren Zwangsversteigerungsantrag zurückzunehmen. Wie sich aus dem zu 2 Ausgeführten ergibt, kann dieser Antrag wirksam nur von einer Zweidrittelmehrheit der Erben beschlossen werden.

---

60. Ist der Verfasser (schlechthin oder unter gewissen Voraussetzungen) zum Rücktritte vom Verlagsvertrage berechtigt, wenn der Verleger einseitig den Ladenpreis erhöht?

VerlG. §§ 21, 23, 30, 32. BGB. § 326.

I. Zivilsenat. Urt. v. 16. März 1925 i. S. Kr. (Kl.) w. F. (Bekl.). I 285/24.

I. Landgericht Weimar.
II. Oberlandesgericht Jena.

Unter dem 26.—27. Juli 1901 schlossen die Parteien über ein vom Kläger zu verfassendes Repetitorium der Haut- und Geschlechtskrankheiten einen Verlagsvertrag, wonach der Beklagte das Verlagsrecht für alle Auflagen erhielt und die Vergütung des Klägers nach der Zahl der Druckbogen berechnet werden sollte. Das Buch erlebte weitere Auflagen; im Mai 1922 erschien die zwölfte (6000 Stück). Für diese vereinbarten die Parteien, daß der Kläger 15% des Ladenpreises für das geheftete Buch erhalten sollte. Der Beklagte setzte am 6. Mai 1922 den Ladenpreis auf 20 ℳ fest und überwies gleichzeitig dem Kläger 18000 ℳ als Vergütung für die ganze Auflage. Ende September 1922 ging der Beklagte, wie die meisten Verleger, zur Preisbestimmung nach Grund- und Schlüsselzahl über. Er setzte die Grundzahlen für das Werk — wie hoch im Anfang, ist streitig — fest, ohne den Kläger zu fragen. Etwa Ende Januar 1923 betrug die Grundzahl für das geheftete Stück 1,80 ℳ, für das gebundene 3 ℳ. In einem Schriftwechsel, der im November 1922 begann und teils von den Parteien selbst, teils von ihren Rechtsanwälten geführt wurde, machte der Kläger geltend, daß in der vom Beklagten vorgenommenen Regelung eine Erhöhung des Ladenpreises liege, und beanspruchte die Zahlung einer weiteren Vergütung. Als keine Einigung zustande kam, erklärte der Kläger unterm 12. Juli 1923, daß er vom Verlagsvertrag zurücktrete. Mit der im September 1923 erhobenen Klage verlangte er 1. die Feststellung, daß er an den Vertrag nicht mehr gebunden sei, und 2. Verurteilung des Beklagten zur Unterlassung weiteren Vertriebs des Werkes. Der Beklagte beantragte Klagabweisung.

Das Landgericht erkannte nach dem Klagantrage. Auf Berufung des Beklagten wies das Oberlandesgericht die Klage ab. Die Revision des Klägers blieb ohne Erfolg.

Gründe:

Der Klaganspruch auf Feststellung und Unterlassung gründet sich darauf, daß der Verlagsvertrag durch gesetzlich gerechtfertigten Rücktritt des Klägers aufgelöst worden sei. Als Grund zu seiner unterm 12. Juli 1923 abgegebenen, im Rechtsstreit dann mit Berufung auf die §§ 32, 30 des VerlG. vom 19. Juni 1901 wiederholten Rücktrittserklärung bezeichnet der Kläger, daß der Beklagte bei der Verbreitung des ihm in Verlag gegebenen Werkes nicht vertragsmäßig verfahren sei. Vertragswidrig habe er gehandelt, indem er 1. den Ladenpreis (dem § 21 Satz 3 des Verlagsgesetzes zuwider) ohne Zustimmung des Verfassers erhöht habe, 2. vom Juni 1922 ab das Buch nur gebunden in den Handel gebracht, den Preis dafür unverhältnismäßig viel höher als für das geheftete Stück berechnet, auf diese Weise sich selber einen versteckten Gewinn verschafft, den Kläger aber, dessen Vergütung nach dem gehefteten Buche berechnet worden sei, an seinem Anspruch verkürzt habe, 3. die Ausgleichsverhandlungen wegen Zahlung einer weiteren Vergütung nicht im Einklang mit Treu und Glauben geführt, namentlich dabei nicht mitgeteilt habe, daß er das Buch nur gebunden verkaufe.

1. Es wird ausgeführt, daß auf den Vertrag nach dem Willen der Beteiligten das VerlG. anzuwenden ist, obwohl er vor dessen Inkrafttreten geschlossen wurde.

2. Das Berufungsgericht kommt nach rechtlich bedenkenfreier Darlegung der geschäftlichen Umstände, welche mit der Geldentwertung für den Absatz des Buches wie für den Buchhandel überhaupt eintraten, zu dem Ergebnis: Der Beklagte habe durch Bestimmung des Preises nach Grund- und Schlüsselzahl allerdings, in jedem Fall seit dem März 1923, eine wesentliche und dauernde Erhöhung des Ladenpreises vorgenommen, die nach gesetzlicher Vorschrift (§ 21 Satz 3 VerlG.) stets der Zustimmung des Verfassers bedürfe. Zur neuen Festsetzung der Grundzahlen hätte er also dessen Einverständnis nachsuchen müssen. Dadurch, daß er sie festgesetzt habe, ohne den Kläger zu fragen, habe er gegen den § 21 VerlG. verstoßen. Unter den näher geschilderten und rechtlich fehlerfrei gewürdigten Umständen des vorliegenden Falles gewinnt das angefochtene Urteil jedoch die Überzeugung, daß der Verstoß des Beklagten nur unerheblich, mithin der deswegen erklärte Rücktritt des Klägers ungerechtfertigt sei (§ 32 verb. mit § 30 Abs. 3 VerlG.).

a) Der Kläger habe, so führt das Urteil aus, die einseitige Erhöhung des Ladenpreises durch den Verleger als eine Verletzung seiner Rechte nur im Hinblick auf seinen Vergütungsanspruch empfunden, aber nicht nachgewiesen, daß er in seinen Ansprüchen geschädigt worden sei.

Durch die Auszahlung der 18000 ℳ am 6. Mai 1922 habe

er den Wert von rund 62 Dollar erhalten, während er, monatlich nach dem jeweiligen Absatz bezahlt, bis zum November 1923 einschließlich (wo er auf das Urteil des Landgerichts hin den Vertrieb einstellte) etwa 48 1/2 Dollar bekommen hätte. Das Oberlandesgericht verkennt nicht, daß bei Vergleichung mehrerer Zahlungen, die zu verschiedener Zeit unter wirtschaftlich verschiedenen, zumal durch schwankende oder verfallende Währung gekennzeichneten Umständen, geleistet wurden, gewisse Ungenauigkeiten unterlaufen; daß weder der Dollarstand, noch die etwa verwendbaren Richtzahlen in Grundlage und Ergebnis zuverlässig und völlig frei von Willkür und Fehlern sind. Aber es gelangt, alles dies erwägend, aus eingehend erörterten Gründen, die großenteils in Tatsachenwürdigung und freier Schätzung bestehen (§§ 286, 287 ZPO.), zu der Überzeugung: der Kläger habe schon am 6. Mai 1922 mehr erhalten, als ihm nach der von ihm selbst vorgeschlagenen Zahlungsweise (je nach dem Absatz bis zur Zeit des oberlandesgerichtlichen Urteils) zugeflossen wäre.

Vorwiegend tatsächlicher Art sind auch die Erwägungen, mit denen das Oberlandesgericht in Betracht zieht, daß ein Teil der Auflage — nach der für glaubhaft erachteten Angabe des Beklagten (§ 286 ZPO.) 1483 Stück — infolge der Einstellung des Vertriebs noch unverkauft ist. Hierfür würde, so führt das Urteil aus, dem Kläger bei monatlicher Vergütung nach dem Absatz noch sein Anteil von 15 % gebühren. Wann der Rest abgesetzt werde, sei ungewiß, es könne sich noch ein Jahr oder länger verzögern. Möge nun im Ergebnis die Summe, welche der Kläger seit 1922 bis zur endgültigen Erschöpfung der Auflage nach dem Absatz erhalten würde, höher sein als jene, die er am 6. Mai 1922 mit einer einzigen Zahlung empfangen habe, so sei er doch niemals geschädigt. Denn der Empfang eines Markbetrags im Werte von 62 Dollar am 6. Mai 1922 habe — bei der hohen Kaufkraft eines solchen Betrags zu damaliger Zeit, dem hohen Zinssatz während der ganzen Zwischenzeit und ferner deshalb, weil tropfenmäßige Zahlung geringer, auf mehrere Jahre verteilter Einzelposten nicht den wirtschaftlichen Wert einer einzigen größeren Zahlung besitze — so viel Vorteil geboten, daß der Kläger nicht geschädigt, sondern begünstigt erscheine.

Die Rechtsansicht des Berufungsgerichts, daß der Kläger in

seinen Ansprüchen nicht geschädigt worden sei, findet schon im Gesetz, von dem die vorgetragenen Vereinbarungen nicht abweichen, ausreichende Begründung. Nach ihm ist die Vergütung bei der Ablieferung des Werkes zu entrichten (VerlG. § 23 Satz 1). Als die 12. Auflage des Buches fertig vorlag, übermittelte der Beklagte dem Kläger als Entgelt, der Abmachung entsprechend, 15 % des damals auf je 20 *M* bestimmten Ladenpreises der 6000 Stück, also 18 000 *M*. Damit war der Kläger vorerst vertragsgemäß abgefunden. Um etwaige Nachforderungen, die aus nachträglicher Erhöhung des Ladenpreises entstanden wären, handelt es sich hier nicht, weil der Kläger keinen Anspruch auf Mehrvergütung geltend macht, sondern Folgen aus seinem Rücktritt vom Vertrag gezogen wissen will. Deshalb geht es auch fehl, wenn der Kläger ausführt, der Beklagte hätte sich bei den im Rechtsstreit von ihm gegebenen Übersichten der monatlichen Verkaufspreise (nach Grundzahl und Schlüsselzahl) und der daraus zu berechnenden Vergütung nicht auf bloße Durchschnittsangaben beschränken dürfen, sondern eine genaue Abrechnung nach den wirklich erzielten Preisen bieten müssen.

Die Einwendungen der Revision wider die Gründe des Berufungsgerichts weisen nirgends einen rechtlichen Fehler nach. Mit Unrecht bemängelt der Kläger, daß das Oberlandesgericht bei der Abwägung der tatsächlich geleisteten Zahlung gegen die, welche nach anderer Berechnungs- und Vergütungsart zu leisten gewesen wäre, die jeweilige Wirtschaftslage, besonders die wechselnde Kaufkraft der Mark, berücksichtigt. Je nach der Kaufkraft des Zahlungsmittels bedeutet die in ihm gebotene Leistung einen verschiedenen wirtschaftlichen Wert; sie wird im Verkehr dementsprechend eingeschätzt. Und das Berufungsgericht wäre unrichtig verfahren, wenn es den grundsätzlich angewandten Maßstab des Dollarstandes angelegt hätte, ohne seine Tauglichkeit durch Heranziehung der Begleitumstände nachzuprüfen, die Schätzung danach gegebenenfalls zu berichtigen. Die aus dem angefochtenen Urteil ersichtliche Betrachtungsweise war also durchaus angebracht und wegen des Einflusses, den die Geldverschlechterung samt ihren Folgen auf die Verhältnisse des Buchhandels ausgeübt hat, erforderlich. — Auch darin ist der Revision nicht beizustimmen, daß mindestens bis zum Sommer 1922 jeder Preisaufschlag, selbst der nur zur Ausgleichung gesunkenen Geldwerts vorgenommene, als Erhöhung des Ladenpreises angesehen werden müsse, weil Recht und Pflicht zur Aufwertung erst für spätere Zeit von der Rechtsprechung anerkannt worden seien. Doch kommt es hierauf nicht an, und die Rüge ist insoweit überhaupt gegenstandslos, weil der Ladenpreis von 20 *M*, auf Grund dessen im Mai 1922 der Beklagte das Honorar der 12. Auflage berechnete und dem Kläger zahlte, bis zum 22. September 1922 unverändert beibehalten worden ist. — Gelangt das Berufungsgericht — indem es nach einem rechtlich fehlerfreien Maßstabe die dem Kläger gewährte Leistung mit dem Betrage vergleicht, den er bei Zahlung von 15 % Anteil am monatlichen Absatz empfinge, — zu dem Ergebnis, daß der Kläger keinen Schaden erlitten habe, so ist das nach allem dem nicht zu beanstanden. Die Einzelheiten der Schätzung gehören dem Bereiche der freien Tatsachenwürdigung an (§§ 286, 287 ZPO.), aus dem zurzeit keine Revisionsrüge hergeleitet werden kann (VO. v. 15. Januar 1924, RGBl. I S. 29). Dies gilt auch von dem Streit der Parteien über die Grundzahl in der Zeit von September 1922 bis zum Januar 1923 und den daraus folgenden Unterschied für das rechnungsmäßige Ergebnis. Das angefochtene Urteil hat übrigens diesen Streitpunkt keineswegs, wie der Kläger meint, außer acht gelassen. (Wird ausgeführt.)

b) Die Revision führt jedoch weiterhin aus, daß der Kläger gesetzlichen Grund gehabt habe, vom Vertrag zurückzutreten, selbst wenn er an seinen Vergütungsansprüchen nicht nachweislich verkürzt sein sollte. In der Erhöhung des Ladenpreises ohne Zustimmung des Verfassers dürfe nie eine bloß unerhebliche Verfehlung des Verlegers gesehen werden. Dergleichen Auffassung widerspreche der Vorschrift des § 21 Satz 3 VerlG., wonach schlechthin Zustimmung des Verfassers geboten sei, gleichviel, ob ihn die Erhöhung des Ladenpreises schädige oder nicht. Eigenmächtige Erhöhung sei stets geeignet, eine — nicht notwendig in Schmälerung des Absatzes bestehende — Schädigung herbeizuführen. Immer liege deshalb in ihr eine erhebliche Verletzung des Verlagsvertrags, auf die sich der § 30 Abs. 3 VerlG. nicht entsprechend anwenden lasse. Hier, wo der Kläger 15 % vom Ladenpreis des gehefteten Buches habe beziehen sollen, sei durch eigenmächtige Erhöhung des Preises Unklarheit des Vergütungsanspruchs herbeigeführt worden; sie widerstreite dem Zweck des Gesetzes wie den Belangen des Verfassers und bedeute für diesen stets einen erheblichen Nachteil.

Umgekehrt wird für den Beklagten die Ansicht verfochten, daß einseitige Erhöhung des Ladenpreises durch den Verleger dem Verfasser keinen Rücktrittsgrund gebe, weil die Preisbestimmung nicht zur Vervielfältigung oder Verbreitung des Werkes gehöre, mithin die erforderliche Voraussetzung fehle, nach § 32 den § 30 VerlGes. entsprechend anzuwenden.

Diese Auslegung des § 32 VerlG. kann nicht gebilligt werden. Sie wird auch im Schrifttum nicht vertreten. Alle Erläuterungen des Gesetzes, die der Frage überhaupt gedenken, beantworten sie dahin, daß eigenmächtige Erhöhung des Ladenpreises durch den Verleger den Tatbestand des § 32 enthalten, also einen Rücktrittsgrund bieten könne. Denn unter Vervielfältigung und Verbreitung des Werkes wird mit Recht das gesamte Verhalten begriffen, welches diesem Zweck dient; dazu gehört die Preisbestimmung.

Nicht beizupflichten ist aber auch der Meinung des Klägers, daß einseitige Erhöhung des Ladenpreises durch den Verleger dem Verfasser schlechthin ein Rücktrittsrecht gebe, daß sie also stets unter die erheblichen Vertragsverletzungen zu zählen sei, wenn es bei ihr auf Erheblichkeit überhaupt ankomme.

Allerdings eignet dem Verlagsvertrag ein persönliches Vertrauensverhältnis. „Der Urheber vertraut dem Verleger sein Persönlichkeitsgut an, der Verleger traut dem inneren Wert und der äußeren Verwertbarkeit der fremden geistigen Schöpfung. Für den Urheber hängt von der Persönlichkeit des Verlegers, von dessen Tätigkeit, Ruf und Gewissenhaftigkeit, für den Verleger von der Persönlichkeit des Urhebers, von dessen Befähigung, Namen und Kraftanspannung in erheblichem Umfang die Erreichung des beabsichtigten Erfolges ab. Es handelt sich zuletzt auf beiden Seiten um eine Fülle nicht erzwingbarer Verpflichtungen, die in einer gegenseitigen Treupflicht zusammenlaufen" (v. Gierke, Deutsches Privatrecht III S. 751; Kohler, UrheberR. (1907) S. 310; de Boor, Urheberrecht und Verlagsrecht (1917) S. 273 flg.). Wird das Vertrauen erschüttert, so kann dadurch eine erhebliche Gefährdung des Vertragszwecks und eine grobe Verletzung vertraglicher Pflichten gegeben sein (RG. I 339/20 v. 20. April 1921). Erschütterung oder

Verlust des Vertrauens darf aber nicht von Irrtum oder gar Willkür abhängen; es muß eine vernünftige, den Grundsätzen von Treu und Glauben im Verkehr und dem Wesen und Zweck des besonderen Vertrags entsprechende Ursache vorliegen. In eigenmächtiger Erhöhung des Ladenpreises kann nicht, wie die Revision will, schlechthin und allgemein, ohne Rücksicht auf Anlaß, Umstände und Maß der Erhöhung, ein Grund zur Erschütterung des Vertrauens und eine solche Verletzung des Vertrags gefunden werden, die den Verfasser erheblich benachteiligt. Die vom Kläger vertretene Auslegung hat die Stimmen des Schrifttums gegen sich. (So z. B. Kohler S. 298 § 50 a. E.; Allfeld Anm. 3b zu § 32 verb. m. Anm. 3e zu § 30; Daude zu § 32 S. 173 Abs. 4; Mittelstaedt und Hillig, VerlagsR. S. 115 Bem. 3 verb. m. S. 114 Bem. 1.) Aus dem im § 32 enthaltenen Gebot entsprechender Anwendung ergibt sich, daß grundsätzlich in jedem Fall geprüft werden muß, ob der Verstoß des Verlegers gegen den Vertrag dem Verfasser einen erheblichen Nachteil bringt. Nur wenn das zu bejahen ist, kann der Verfasser vom Vertrag zurücktreten.

Für den gegenwärtigen Fall wird im angefochtenen Urteil — unter Würdigung der besonderen aus den §§ 21 und 26 VerlG. etwa zu entnehmenden Gegengründe — dargelegt, daß dem Kläger keine Verkürzung an Vergütung und auch sonst kein erheblicher Nachteil entstanden ist, der als „besonderes Interesse“ den sofortigen Rücktritt vom Vertrag rechtfertigen könnte (VerlG. § 32 verb. m. § 30 Abs. 2). Es wird ausgeführt, in welche außerordentlichen wirtschaftlichen Zustände sich der Beklagte durch den Währungsverfall versetzt sah: „Die Markentwertung, wie sie in ihrem ungeheuren Ausmaß gerade in den hier in Betracht kommenden Jahren 1922 und 1923 eintrat, hat Verhältnisse geschaffen, die unvorhersehbar und völlig andere waren, als sie bei der Regelung des § 21 VerlG. vorausgesetzt wurden. Hätte ein Verleger in diesen Jahren etwa den Ladenpreis unverändert gelassen, so hätte er nicht nur seine, sondern auch des Verfassers Interessen verletzt, da er dann das Buch tatsächlich umsonst verschleudert haben würde. In diesem Sinn hat die beklagte Verlagsbuchhandlung den Ladenpreis des Werkes im Laufe des Sommers 1922 erheblich ermäßigt, indem sie ihn vom Mai bis September unverändert beließ. Daß dies nachträglich ausgeglichen werden durfte, ja mußte, liegt auf der Hand." Die Erwägung der Revision, daß der Kläger durch die ohne seine Zustimmung vorgenommene Preiserhöhung in Unklarheit über die ihm wirklich gebührende Vergütung versetzt worden sei, erscheint demgegenüber nicht stichhaltig. Jedenfalls gab sie dem Kläger zum Rücktritt keinen zureichenden Grund, um so weniger, als, auch ohne eigenmächtige Preiserhöhung des Verlegers, der Währungsverfall schon für sich allein genügte, Zweifel über die als entsprechendes Entgelt zu bestimmende Vergütung hervorzurufen.

Nicht zu billigen ist allerdings die Auffassung des Oberlandesgerichts, daß dem Verfasser ein Rücktrittsrecht nur einzuräumen sei, wenn ein besonders wichtiger Grund für die Aufhebung des Vertrags, namentlich eine schwere Verletzung der dem Verleger obliegenden Pflichten gegeben sei. Mit solcher Auslegung würde im Ergebnis eine wesentlich verschiedene Behandlung des Verfassers und des Verlegers herbeigeführt: Für den Verleger wäre der Rücktritt wegen nicht rechtzeitiger Ablieferung bloß dann ausgeschlossen, wenn das Unterbleiben rechtzeitiger Ablieferung für ihn einen unerheblichen Nachteil mit sich brächte (§ 30 Abs. 3 VerlG.). Der Verfasser dagegen dürfte bei vertragswidrigem Verhalten des Verlegers in Vervielfältigung oder Verbreitung des Werkes schon dann nicht zurücktreten, wenn die Verfehlung des Gegners keine schwere, der ihm zur Seite stehende Grund kein besonders wichtiger wäre. Das entspräche weder dem Wortsinn, noch dem Zweck des Gesetzes und würde dem Wesen des Verlagsvertrags nicht gerecht.

Obwohl diese Rechtsansicht des Berufungsgerichts abgelehnt werden muß, legen seine Ausführungen doch schlüssig dar, daß der Beklagte durch die in eigenmächtiger Preisbestimmung enthaltene Vertragsverletzung dem Kläger weder in geldlicher noch in sittlicher Hinsicht einen erheblichen Nachteil zugefügt hat. Wie bereits erwähnt, hat nach den Feststellungen des Berufungsgerichts der Kläger durch die vom Beklagten einseitig vorgenommene Ladenpreiserhöhung keine Verkürzung an Vergütungsansprüchen, also überhaupt keinen Vermögensnachteil erlitten; denn daß ein Schaden am Absatz des Buches oder sonst in geldlicher Beziehung eingetreten sei, ist nicht behauptet und wird vom Berufungsgericht obendrein ausdrücklich als nicht zutreffend bezeichnet. Übrigens wäre ein Vermögensschaden selbst dann nicht ohne weiteres als entstanden zu betrachten, wenn nach der genau durchgeführten neuen Preisbemessung sich doch eine gewisse Nachtragsforderung für den Kläger ergeben hätte; denn es durfte damit gerechnet werden, daß die Parteien sich darüber noch geeinigt haben würden. Ohne zureichenden Grund meint sodann der Kläger, daß sein für das Verlagsverhältnis unentbehrliches Vertrauen durch die Handlungsweise des Beklagten stärker erschüttert worden sei, als sich mit dem Fortbestehen des Vertrags vereinigen lasse. Diese Auffassung — letztlich hervorgerufen oder doch stark beeinflußt durch den geraume Zeit vorherrschenden Irrtum, daß „Mark gleich Mark" sei — wird den außergewöhnlichen wirtschaftlichen Verhältnissen nicht gerecht, unter deren Druck der Beklagte die Berechnung nach Grundzahl und Schlüsselzahl einführte. Der Buchhandel hatte eine Zeitlang versäumt, sich bei der Bestimmung seiner Preise der Geldentwertung anzupassen. Dies sollte nachgeholt werden. Erstrebt wurde möglichst gemeinsames und gleichartiges Vorgehen des ganzen Berufsstandes. Die aus weiterem Zögern drohenden nachteiligen Folgen mahnten zu schleunigem Handeln. Da zunächst wenigstens als Ziel eine Ausgleichung der geschehenen und eine Anpassung an weiter fortschreitende Geldentwertung ins Auge gefaßt wurde, so ist erklärlich und muß berücksichtigt werden, daß es vielfach nicht klar zum Bewußtsein kam, ob und in welchem Umfang die getroffenen Maßnahmen eine wirkliche Erhöhung des Ladenpreises bedeuteten. Ja der Zweifel, ob es überhaupt eine solche gewesen sei, läßt sich nicht schlechthin als grundlos beiseite schieben. Das Berufungsgericht begeht keinen Rechtsirrtum, wenn es angesichts derartiger außerordentlicher Umstände annimmt: durch das Verhalten des Beklagten habe das Vertrauen des Klägers nicht erschüttert oder gar völlig beseitigt zu werden brauchen; ein erheblicher Nachteil sei dem Kläger auch in dieser Hinsicht nicht zugefügt worden.

c) Ebensowenig wie hiernach das Berufungsgericht bei der Beurteilung der einseitigen Ladenpreiserhöhung gegen die §§ 21, 32, 30 des Verlagsgesetzes verstoßen hat, liegt eine Verletzung des § 326 BGB. vor. Zutreffend führt das angefochtene Urteil aus, daß die im § 326 BGB. verordneten Rechtsfolgen nur bei Verletzung einer Hauptverpflichtung, nicht beim Verstoß gegen bloße Nebenpflichten, einzutreten haben. Ohne Rechtsirrtum würdigt es das Verhalten des Beklagten dahin, daß er eine solche Pflichtverletzung, eine schuldhafte „positive Vertragsverletzung", nicht begangen habe. — Die Ausführung der Revision, daß überhaupt nur der § 326 BGB. Anwendung finde, weil der Verleger in Verzug gekommen sei und für den § 30 Abs. 3 VerlG. kein Raum bleibe, geht fehl. Das Berufungsgericht entnimmt, ohne Verstoß gegen Rechtsgrundsätze, dem Gesamtinhalt des Klagvortrags in Verbindung mit dem Schriftwechsel, daß der Kläger die Ladenpreiserhöhung durch den Beklagten als Verletzung seiner Rechte nur im Hinblick auf seinen Vergütungsanspruch empfunden habe. An ihr aber ist er nach der bereits vorhin erwähnten rechtsirrtumsfreien Feststellung des Berufungsgerichts nicht verkürzt; ein Anspruch auf Vergütung, mit dessen Erfüllung der Beklagte in Verzug gekommen wäre, besteht nicht Und abzulehnen ist die schon in anderem Zusammenhang als unhaltbar dargelegte Ansicht, daß dem Kläger lediglich wegen der einseitigen Erhöhung des Ladenpreises nichts mehr an der weiteren Erfüllung des Verlagsvertrags durch den Beklagten gelegen sei.

3. Zu der Frage nach dem Preisunterschied des gehefteten und des gebundenen Buches nebst den daraus zu ziehenden Folgerungen bemerkt das Berufungsgericht mit Recht: es sei gleichgültig, ob überhaupt geheftete Stücke abgesetzt seien, wenn der Preisunterschied zwischen gebundenen und gehefteten nur Auslagen für Stoff, Buchbinderarbeit und Kapitalzins umfasse; denn die Berechnung der Vergütung nach dem gehefteten Buch sei dann, sofern keine besondere abweichende Vereinbarung dargetan werde, die richtige und schädige den Verfasser nicht. Es erörtert sodann eingehend die Angaben der Parteien und erachtet in freier richterlicher Beweiswürdigung die Ausführungen des Beklagten, wonach an dem gebundenen Buche kein besonderer Verlegerverdienst gegenüber dem gehefteten vorhanden sei, für glaubhaft.... Daß der Vorderrichter mit dieser Würdigung den in der Revisionsbegründung besonders hervorgehobenen § 138 Abs. 2 ZPO. verletzt habe, ist nicht ersichtlich. War es danach gleichgültig für die Vergütung, ob und in welchem Umfang geheftete oder gebundene Bücher abgesetzt wurden, so kann der Kläger auch keinen rechtserheblichen Vorwurf daraus herleiten, daß der Beklagte ihm in den Auseinandersetzungsverhandlungen wegen der Vergütung nicht mitgeteilt hat, er verkaufe das Buch nur gebunden.

Inwiefern der Beklagte bei den Ausgleichsverhandlungen sonst noch gegen Treu und Glauben verstoßen haben sollte, ist nicht dargelegt und jedenfalls nicht Gegenstand besonderer Revisionsrüge.

---

61. Inwieweit hat die Verwaltungsbehörde, wenn sie wegen eines nach ihrer Auffassung strafbaren Artikels eine Zeitung gemäß § 21 RepSchutzG. verbieten will, auf gerichtliche Entscheidungen Rücksicht zu nehmen, die den Inhalt des Artikels für nicht strafbar erklären?

Gesetz zum Schutze der Republik vom 21. Juli 1922.
RVerf. Art. 131 Abs. 1. BGB. § 839.

III. Zivilsenat. Urt. v. 13. März 1925 i. S. Preuß. Staat (Bekl.) w. Gebrüder W. (Kl.). III 55/24.

I. Landgericht Göttingen.
II. Oberlandesgericht Celle.

Die Klägerin ist Verlegerin des G.er Tageblatts. Die am 17. August 1922 erschienene Nr. 192 dieser Tageszeitung wurde wegen eines „Dollarkurs über 1000" überschriebenen Artikels auf Verfügung des Oberpräsidenten der Provinz H. vorläufig beschlagnahmt. Das Amtsgericht G. bestätigte die Beschlagnahme durch Beschluß vom 18. August 1922, das Landgericht hob sie dagegen durch Beschluß vom 22. August 1922 auf. Am 23. August 1922 verbot der genannte Oberpräsident „auf Grund der §§ 20 und 21 des Gesetzes zum Schutze der Republik vom 21. Juli 1922" das Erscheinen des G.er Tageblatts auf die Dauer von zwei Wochen. Dieses Verbot wurde durch Beschluß des Staatsgerichtshofs zum Schutze der Republik, der aber erst am 19. September 1922, also nach Ablauf der Verbotsfrist, erging, aufgehoben.

Für den Schaden, der ihr durch das Verbot des Erscheinens der Zeitung erwachsen ist, macht die Klägerin den Preußischen Staat verantwortlich. Sie legt dem Oberpräsidenten der Provinz H. und dem Minister des Innern Fahrlässigkeit zur Last. Ersterer habe das objektiv ungerechtfertigte Verbot ohne pflichtmäßige Prüfung der Sach- und Rechtslage erlassen und trotz begründeter Gegenvorstellungen aufrecht erhalten, letzterer habe schuldhafterweise der Beschwerde der Klägerin nicht alsbald abgeholfen. Beide Beamte hätten auch durch verzögerte Behandlung der Beschwerde bewirkt, daß der Staatsgerichtshof zum Schutz der Republik mit ihr erst nach Ablauf der Verbotsfrist befaßt worden sei. Ihren Schaden berechnet die Klägerin auf 265490,50 ℳ und hat beantragt, den Beklagten zur Zahlung dieses Betrags nebst Zinsen zu verurteilen.

Der Beklagte hat Klagabweisung beantragt. Er behauptet, daß das Verbot des Oberpräsidenten sachlich durchaus gerechtfertigt gewesen sei. Jedenfalls falle weder ihm noch dem Minister des Innern ein Verschulden zur Last.

Das Landgericht hat den Klaganspruch dem Grunde nach für gerechtfertigt erklärt, das Oberlandesgericht die Berufung des Beklagten zurückgewiesen. Die Revision des Beklagten wurde zurückgewiesen.

Gründe:

Als rechtliche Grundlage für das Verbot des Erscheinens des G.er Tageblatts konnte dem Oberpräsidenten von den in seinem Verbot angeführten Bestimmungen des RepSchutzG. nur der § 21, nicht auch der die Beschlagnahme von Druckschriften behandelnde § 20 dienen. § 21 bestimmt, daß, wenn durch den Inhalt einer periodischen Druckschrift die Strafbarkeit einer der in den §§ 1—8 des Gesetzes bezeichneten Handlungen begründet wird, die periodische Druckschrift, wenn es sich um eine Tageszeitung handelt, bis auf die Dauer von 4 Wochen verboten werden kann. Das hier fragliche Verbot war also nur dann gerechtfertigt, wenn der beanstandete Artikel „Dollarkurs über 1000“ eine der genannten Vorschriften des RepSchutzG. verletzte. Von ihnen kommt unzweifelhaft nur § 8 Nr. 1 in Betracht. Er bedroht den mit Strafe, der öffentlich oder in einer Versammlung die verfassungsmäßig festgestellte republikanische Staatsform des Reichs oder eines Landes beschimpft oder dadurch herabwürdigt, daß er Mitglieder der republikanischen Regierung des Reichs oder eines Landes beschimpft oder verleumdet. In Übereinstimmung mit dem Beschluß des Landgerichts vom 22. August 1922, dem Beschluß des Staatsgerichtshofs zum Schutz der Republik vom 19. September 1922 und dem erstinstanzlichen Urteil nimmt das Oberlandesgericht an, daß der Zeitungsartikel diesen Tatbestand nicht erfülle, daß das Verbot also zu Unrecht ergangen sei. Weiter führt es aus, daß der Oberpräsident die gebotene sorgfältige Prüfung des

Artikels vor Erlaß seines Verbots verabsäumt habe, bei deren Vornahme er die Unanwendbarkeit des § 8 Nr. 1 a. a. O. erkannt haben würde. Schon diese Fahrlässigkeit mache den Beklagten für den der Klägerin durch das Nichterscheinen ihrer Zeitung erwachsenen Schaden haftbar, so daß es keiner Erörterung bedürfe, ob dem Oberpräsidenten noch in anderer Richtung und ob auch dem Minister des Innern ein Verschulden zur Last falle.

Diese Begründung greift die Revision sowohl in objektiver wie in subjektiver Richtung an. Indessen ist ihr der Erfolg zu versagen.

1. Daß der Artikel „Dollarkurs über 1000“ keine Beschimpfung der verfassungsmäßig festgestellten republikanischen Staatsform des Reichs (die Länder betrifft er überhaupt nicht) und keine Verleumdung von Mitgliedern der republikanischen Regierung des Reichs enthält, nimmt die Revision nicht in Abrede. Sie sucht aber darzulegen, daß in ihm solche Mitglieder beschimpft würden. Sie meint, es sei verfehlt, in dem Artikel nur eine Kritik der Erfüllungspolitik zu sehen. Vielmehr erhebe er einen überaus gehässigen Angriff gegen die Personen, die die Erfüllungspolitik ausführten, gegen die Regierungsmitglieder, die leitenden Politiker des Kabinetts Wirth. Sie würden persönlich aufs äußerste verunglimpft. Diese Ausführungen beruhen auf einer Verkennung der dem Rechtsmittel der Revision gezogenen Grenzen. Dem Revisionsgericht ist eine Würdigung des streitigen Artikels in tatsächlicher Hinsicht nicht gestattet. Es muß vielmehr die ihm von dem Tatrichter gegebene Auslegung — soweit sie nicht etwa selbst wieder auf einem Rechtsverstoß beruht, wofür es hier an einem Anhalt fehlt — als richtig hinnehmen und kann nur prüfen, ob der danach gegebene Tatbestand die gesetzlichen Voraussetzungen der in Frage kommenden Strafvorschrift erfüllt. Das Oberlandesgericht hat nun festgestellt, daß der Artikel überhaupt keine persönlichen Angriffe gegen irgendwelche Regierungsmitglieder enthalte; die Angriffe richteten sich gegen eine bestimmte Art der Politik, die allerdings auch dem an einer Stelle erwähnten Kabinett Wirth zur Last gelegt werde; nichts aber deute darauf hin, daß auch auf dessen Mitglieder die etwa als Beschimpfungen aufzufassenden Ausdrücke des Artikels gemünzt seien. Damit ist der Anwendung des § 8 Nr. 1 RepSchutzG. der Boden entzogen. Er setzt voraus, daß

sich der Angriff erkennbar gegen die Person von Regierungsmitgliedern richtet (Kiesow-Zweigert, RepSchutzG. § 8 zu B Nr. 1 Anm. III, 1). Natürlich braucht er nicht unmittelbar ausgesprochen zu werden. Aber irgendwie muß diese persönliche Richtung des Angriffs zum Ausdruck kommen. Daß das hier der Fall sei, hat der Vorderrichter ohne jede Einschränkung verneint und damit diese der tatsächlichen Beurteilung unterliegende Frage (vgl. Kiesow-Zweigert a. a. O.) für den anhängigen Rechtsstreit abschließend erledigt.

Unerörtert kann bei dieser Sachlage bleiben, ob, falls der Artikel wirklich eine Beschimpfung von Regierungsmitgliedern in dem von der Revision vertretenen Sinn enthielte, darin auch eine Herabwürdigung der verfassungsmäßig festgestellten republikanischen Staatsform des Reichs läge. Auch dieses zweite Tatbestandsmoment hat der Vorderrichter in Übereinstimmung mit dem Staatsgerichtshof zum Schutz der Republik verneint, ohne daß die Revisionsbegründung in dieser Hinsicht begründete Angriffe zu erheben versucht hätte.

2. Zur Verschuldensfrage ist vorweg zu bemerken, daß es sich bei dem Verbot einer Druckschrift auf Grund des § 21 RepSchutzG. nicht um eine lediglich in das Ermessen der zuständigen Verwaltungsbehörde gestellte Maßnahme handelt. Die angeführte Vorschrift sagt zwar, daß eine periodische Druckschrift verboten werden kann, aber doch nur dann, wenn durch ihren Inhalt die Strafbarkeit einer der in den §§ 1—8 des Gesetzes bezeichneten Handlungen begründet wird. Zweckmäßigkeitserwägungen darüber, ob von der Untersagungsbefugnis Gebrauch gemacht werden soll, können erst dann Platz greifen, wenn zunächst festgestellt ist, daß einer der Fälle der §§ 1—8 RepSchutzG. tatsächlich vorliegt. Nur dann kann die Frage nach einem Verschulden des Beamten regelmäßig nicht mehr gestellt werden (RGZ. Bd. 99 S. 256, Bd. 106 S. 219). Die zunächst erforderliche Ermittlung der Strafbarkeit des Inhalts der Druckschrift dagegen ist kein Akt des Verwaltungsermessens. Die für das Verbot zuständige Stelle muß insoweit in eine objektive Untersuchung an der Hand des Gesetzes eintreten. Verfährt sie dabei schuldhaft, so führt sie eine vermögensrechtliche Haftung des Staates herbei, über die der ordentliche Richter, ohne in der Prüfung der Verschuldensfrage irgendwie beschränkt zu sein, zu befinden hat. Die Vorinstanzen waren also berechtigt und verpflichtet, die Frage zu erörtern, ob der

Oberpräsident bei Prüfung des seinem Verbote des G.er Tageblatts zugrunde liegenden Artikels die erforderliche Sorgfalt angewendet hat. Sie haben diese Frage übereinstimmend verneint, ohne daß ihnen dabei ein Rechtsverstoß zur Last fiele.

Zunächst lehnt es das Oberlandesgericht ab, ein Verschulden des Oberpräsidenten daraus zu folgern, daß seine Auffassung nachher von dem über die Berechtigung des Verbots entscheidenden Staatsgerichtshof und von dem über die zivilrechtlichen Folgen entscheidenden Gerichte für unrichtig befunden ist, stellt sich damit also auf einen dem Beklagten günstigen Standpunkt. Es sieht aber einen Verstoß des Oberpräsidenten gegen seine Amtspflichten darin, daß er, trotzdem er gewußt habe, daß die wegen desselben Artikels erfolgte Beschlagnahme der Zeitung durch einen Beschluß des Landgerichts aufgehoben war, es unterlassen habe, sich von den Gründen dieses Beschlusses Kenntnis zu verschaffen. Wenn die Revision demgegenüber darauf hinweist, daß der Oberpräsident über das Verbot der Zeitung selbständig zu befinden gehabt habe, ohne an die gerichtliche Entscheidung gebunden zu sein, so hat das auch der Vorderrichter nicht verkannt. Er hebt sogar ausdrücklich hervor, daß der Oberpräsident in bewußtem Gegensatz zu dem Gericht sich habe entschließen können. Er verlangt nur, daß sich der Oberpräsident über den Inhalt des landgerichtlichen Beschlusses vorher habe vergewissern müssen, um die Sach- und Rechtslage voll übersehen, alle gegen die von ihm beabsichtigte Maßnahme sprechenden Gründe würdigen zu können. Diese Auffassung des Oberlandesgerichts ist durchaus zu billigen. Sie entspricht dem gegenseitigen Verhältnis der Gerichte und Verwaltungsbehörden. Da sie beide Organe desselben Staatswesens sind, müssen sie bei aller Selbständigkeit ihrer Entschließungen doch so weit Hand in Hand gehen, daß sie, falls irgend angängig, die Gründe prüfen, die die mit der gleichen Frage befaßte andere Dienststelle zu einer von der beabsichtigten eigenen Entscheidung abweichenden Stellungnahme geführt haben. Ein solches ein Gegeneinanderarbeiten nach Möglichkeit ausschließendes Verhalten der Behörden ist nicht bloß im Interesse der Staatsautorität, sondern auch in dem der ihr unterworfenen Staatsangehörigen dringend erforderlich. Ein Hindernis, die Begründung des landgerichtlichen Beschlusses zuvor einzusehen, lag nach den zutreffenden Darlegungen des Berufungsrichters nicht vor. Die Sache war nicht mehr eilbedürftig, nachdem die Beschlagnahme aufgehoben war, der Artikel also ungehemmt verbreitet werden durfte. Seit seinem Erscheinen waren zudem bereits sechs Tage ins Land gegangen. Wenige Tage weiteren Zuwartens hätten nach der Annahme der Vorinstanz die Wirkung des Verbots nicht beeinträchtigt. Bei dieser Sachlage vermag die von der Revision betonte und an sich durchaus anzuerkennende (vgl. RGZ. Bd. 107 S. 120/21) Pflicht des Verwaltungsbeamten zum entschlossenen Handeln das Vorgehen des Oberpräsidenten nicht zu entschuldigen. Ebensowenig kann er sich auf die damaligen politischen Verhältnisse berufen, denen er bei Prüfung der gesetzlichen Voraussetzungen seines Einschreitens keinen Einfluß einräumen durfte. Die ohne sachlichen Nachteil mögliche Heranziehung des landgerichtlichen Beschlusses war um so mehr geboten, als die Wirkungen der geplanten und dann ausgeführten Maßnahme außerordentlich weittragende waren. Mit Recht betont das Oberlandesgericht, daß der in dem Verbot des Erscheinens einer Tageszeitung liegende erhebliche Eingriff in die gewerbliche und politische Freiheit nebst seinen schweren wirtschaftlichen Folgen für das davon betroffene Unternehmen eine besonders sorgfältige Prüfung zur Pflicht machte. Mit ihr war die völlige Nichtbeachtung der Entscheidung des Landgerichts unvereinbar.

In der vom Oberlandesgericht gebilligten Begründung des erstinstanzlichen Urteils wird auch noch darauf hingewiesen, daß der Oberpräsident in seinem Verbot überhaupt nicht zum Ausdruck gebracht habe, in welchen Sätzen des Artikels „Dollarkurs über 1000" er denn eine Beschimpfung von Mitgliedern der republikanischen Regierung des Reichs erblicke, und daß selbst im Laufe des Rechtsstreits keine solche Darlegung gegeben sei. In der Berufungsinstanz sind dann allerdings, ersichtlich veranlaßt durch diese Erwägung des ersten Richters, Ausführungen hierzu vom Beklagten gemacht worden. Immerhin konnte der Umstand, daß anfänglich eine Begründung des Verbots in dem entscheidenden Punkt nicht einmal versucht worden war, dafür verwertet werden, daß es erlassen worden sei auf Grund eines durch den Artikel hervorgerufenen allgemeinen Eindrucks, nicht aber auf Grund seiner genauen Prüfung nach dem RepSchutzG. Dieses Gesetz war bei Erlaß des Verbots zwar erst wenige Wochen alt. Daraus kann aber keine Entschuldigung für das Verhalten des Oberpräsidenten hergeleitet werden. Denn ihm wird kein Irrtum bei der Auslegung einer Rechtsnorm, sondern eine unzureichende Würdigung des von ihm beanstandeten Artikels in tatsächlicher Hinsicht, in der Richtung, ob er einen Angriff gegen die Person von Regierungsmitgliedern enthalte, zur Last gelegt.

Auf Grund der erörterten Umstände ist das Oberlandesgericht zu dem Ergebnis gelangt, daß der Oberpräsident bei Feststellung der gesetzlichen Voraussetzungen für sein Einschreiten gegen das G.er Tageblatt nicht mit der durch seine Amtspflicht gebotenen Sorgfalt zu Werke gegangen sei. Nach dem, was vorstehend dargelegt ist, beruht diese Schlußfolgerung nicht auf Rechtsirrtum. Die Revision meint freilich, daß der Oberpräsident auch nach Kenntnisnahme von dem landgerichtlichen Beschluß und bei nochmaliger Erwägung der Sachlage an der Hand von dessen Begründung die Zeitung verboten haben würde. Sie leugnet also den ursächlichen Zusammenhang zwischen dem schuldhaften Verhalten des genannten Beamten und dem schädigenden Ereignis. Damit tritt sie aber in Widerspruch zu den Feststellungen des angefochtenen Urteils. Dort ist gesagt, es müsse angenommen werden, daß, wenn eine sorgfältige Prüfung des Artikels erfolgt wäre, insbesondere unter Kenntnisnahme der Gründe des landgerichtlichen Beschlusses, der Oberpräsident erkannt haben würde, daß entgegen dem vielleicht bei oberflächlicher Betrachtung sich zunächst aufdrängenden Eindruck durch die in dem Zeitungsartikel enthaltenen Schärfen der doch ziemlich eng umgrenzte Tatbestand des § 8 Nr. 1 a. a. O. nicht erfüllt werde; jener erste Eindruck habe eben einer sorgfältigen Prüfung, wie sie von einem höheren Beamten zu verlangen sei und auch ohne allzu großen Zeitverlust habe erfolgen können, unmöglich standhalten können. Aus diesen Sätzen ergibt sich mit Deutlichkeit, daß der Berufungsrichter zu der Überzeugung gelangt ist, der Oberpräsident würde bei Anwendung der erforderlichen Sorgfalt das Verbot nicht erlassen haben. An diese tatsächliche Beurteilung des ursächlichen Zusammenhangs zwischen schuldhaftem Handeln und schädigendem Erfolg ist das Revisionsgericht gebunden.

Auch im übrigen ist das angefochtene Urteil rechtsirrtumsfrei begründet. Der Beklagte hat demnach gemäß Art. 131 Abs. 1

RVerf. in Verbindung mit § 1 des Preuß. StaatshaftungsG. vom 1. August 1909 und § 839 BGB. der Klägerin für den ihr durch das Zeitungsverbot entstandenen Schaden aufzukommen.

---

62. Haften Körperschaften des preußischen öffentlichen Rechts bei öffentlichrechtlichen Verträgen für das sogenannte Vertrauensinteresse?

III. Zivilsenat. Urt. v. 13. März 1925 i. S. Kommunalverband Landkreis M. (Kl.) w. M. (Bekl.). III 61/24.

I. Landgericht Kassel.
II. Oberlandesgericht daselbst.

Der Beklagte war bei dem Kommunalverband Kreis M. als Kreisausschußsekretär angestellt. Auf sein Ansuchen wurde er verabschiedet und ihm dabei vom Kreisausschuß ein Ruhegehaltszuschuß zugesagt. An diese Zusage hält sich der Kommunalverband nicht mehr gebunden. Er hat Klage auf Rückzahlung erhoben und Antrag auch auf Feststellung gestellt, daß er nicht verpflichtet sei, dem Beklagten Zuschußzahlungen zu seinem ihm aus der Pensionskasse zustehenden Ruhegehalt zu leisten. Diesem Feststellungsantrag ist im ersten Rechtszug stattgegeben, vom Berufungsgericht ist jedoch die Klage überhaupt abgewiesen worden. Der Kommunalverband hat Revision eingelegt, die zur Aufhebung der angefochtenen Entscheidung und zur Zurückverweisung an das Berufungsgericht geführt hat.

Gründe:

Das angefochtene Urteil geht davon aus, daß der den Zuschuß bewilligende Beschluß des Kreisausschusses der Rechtswirksamkeit entbehre; diese Annahme beruht lediglich auf Auslegung der Kreisordnung für die Provinz Hessen-Nassau, eines durch § 6 EG. zur ZPO., VO. vom 28. September 1879 (RGBl. S. 299) und § 549 Abs. 1 ZPO. der Erörterung in diesem Rechtszug entzogenen Gesetzes. Trotzdem hält das Berufungsgericht den Kläger dem Beklagten gegenüber für gebunden, denn das Verhalten des Kreisausschusses gegenüber dem Beklagten sei ein schuldhaftes; der Kläger habe daher den Beklagten so zu stellen, als ob der Beschluß des Kreisausschusses rechtswirksam sei und ihn, den Kläger, binde. Das Berufungsgericht läßt also den Kläger für das sogenannte Vertrauensinteresse (RGZ. Bd. 81 S. 398, 399, Bd. 94 S. 196) haften. Mit Recht wird das von der Revision beanstandet.

Grundsätzlich kann eine Körperschaft wie der Kläger nur durch ordnungsmäßiges Handeln ihrer gesetzlich berufenen Organe in rechtsverbindlicher Weise vertraglich verpflichtet werden. Haben ihre Organe bei Vertragsabschlüssen ordnungswidrig gehandelt, so ist zu unterscheiden, ob das in Ausübung privatrechtlicher Vertretungsmacht erfolgte oder in Ausübung öffentlicher Gewalt geschah. Im ersten Falle haftet die Körperschaft gemäß §§ 31, 89 BGB., in letzterem entfällt zwar grundsätzlich eine Haftung, jedoch greift gegebenenfalls Art. 77 EG. z. BGB. Platz (RGZ. Bd. 55 S. 172). Hier, wo es sich um die Pensionierung eines Beamten handelt, steht ein Privatrechtsverhältnis überhaupt nicht in Frage, wenn es sich auch um vermögensrechtliche und auf dem Rechtsweg zu entscheidende Ansprüche handelt (RGZ. Bd. 107 S. 189, 190). Demnach könnte hier nur Art. 77 EG. z. BGB. Anwendung finden (RGZ. Bd. 86 S. 122), der auf das einschlägige Landesrecht verweist. Dieses ist für Preußen vorab im Gesetz vom 1. August 1909 (GS. S. 691) niedergelegt, das jedoch lediglich die in Art. 131 der Reichsverfassung gewährleistete Deliktshaftung (§ 839 BGB.) regelt (RGZ. Bd. 106 S. 219), die in diesem Zusammenhang nicht in Frage steht und deshalb hier nicht zu erörtern ist, wo es sich einzig um die Rechtsgültigkeit eines Vertragsverhältnisses öffentlichen Rechtes handelt. Auf ein solches finden die Vorschriften des bürgerlichen Rechtes weder unmittelbare noch entsprechende oder sinngemäße Anwendung. Nur diejenigen Rechtsgedanken, die sich sowohl im bürgerlichen wie im öffentlichen Recht finden und in ersterem eine auch auf das letztere anwendbare Fassung gefunden haben, leiden im öffentlichen Recht — dann aber nur als ein zu diesem gehöriger Rechtssatz — Anwendung (RGZ. Bd. 107 S. 190). Nun hat aber der Gedanke, daß ein vom unberechtigten Vertreter abgeschlossener, der Rechtsgültigkeit ermangelnder Vertrag öffentlichen Rechtes die betreffende Körperschaft zwar an sich nicht binde, ihr aber im Hinblick auf das — im bürgerlichen Recht anzuerkennende — Vertrauensinteresse dennoch eine entsprechende Verpflichtung auferlegen könne, im preußischen Recht keinen

Niederschlag gefunden und ist abzulehnen. Die angefochtene Entscheidung ist demnach rechtlich nicht zu halten. Wenn nun aber auch die Unwirksamkeit des fraglichen Beschlusses festgestellt worden und die Haftung des Klägers auf das Vertrauensinteresse abzulehnen ist, so bleibt noch zu prüfen, ob der Zahlungsanspruch des Klägers gerechtfertigt und wenn dies der Fall, ob neben ihm überhaupt noch Raum für eine besondere Feststellung ist. Hinsichtlich des Zahlungsanspruchs wird auch zu prüfen sein, ob er selbst dann noch durchgreifen kann, wenn das vom Berufungsgericht bereits als schuldhaft angesehene Verhalten des Kreisausschusses als eine Amtspflichtverletzung seiner Mitglieder (RGZ. Bd. 89 S. 15) aufgefaßt werden sollte, was, wie oben angeführt, hier nicht zu erörtern war.

---

63. Wie ist bei einem auf ausländische Währung lautenden, in der Inflationszeit fällig gewordenen Wechsel der Betrag zu berechnen, den der Wechselschuldner in deutschem Gelde zu zahlen hat?

II. Zivilsenat. Urt. v. 17. März 1925 i. S. H. & Co. (Kl.) w. W. St. Aktiengesellschaft (Bekl.). II 595/24.

I. Landgericht I Berlin, Kammer für Handelssachen.
II. Kammergericht daselbst.

Die Beklagte ist Akzeptantin eines von der Klägerin am 31. März 1923 an eigene Order gezogenen, am 20. Juni 1923 in Berlin zahlbaren Wechsels über 5000 schwedische Kronen. Der Wechsel wurde bei Verfall nicht eingelöst. Mit der Klage forderte die Klägerin einen Betrag in deutscher Währung, der am Zahlungstage der Wechselsumme nebst 6 % Zinsen seit dem Verfalltag entsprach. Das Landgericht gab diesem Antrage statt. Der von der Beklagten eingelegten Berufung schloß sich die Klägerin mit neuen Klaganträgen an. Das Kammergericht verurteilte die Beklagte zur Zahlung von 5000 schwedischen Kronen nebst 6 % Zinsen seit dem 20. Juni 1923, im übrigen wies es die Klage ab. Nach den Entscheidungsgründen ist das Urteil so zu verstehen, daß die Beklagte, soweit die Hauptforderung in Betracht kommt, sich gemäß Art. 37 WO.

durch Zahlung von 170 Millionen Papiermark befreien kann, d. h. durch Zahlung des Papiermarkbetrags, der nach dem Kurse vom 20. Juni 1923 5000 schwedischen Kronen gleichkommt.

Auf die Revision der Klägerin hat das Reichsgericht die Beklagte verurteilt, der Klägerin 5000 schwedische Kronen nebst 6 % Zinsen seit dem 20. Juni 1923 oder nach ihrer Wahl in deutschem Geld einen Betrag zu zahlen, der am Tage der Zahlung 1307,69 $ nebst 6 % Zinsen seit dem 20. Juni 1923 entspricht.

Gründe:

Das Berufungsgericht geht zutreffend davon aus, daß auf Wechselschulden, die in ausländischer Währung ausgedrückt sind, § 244 BGB. nicht anwendbar ist, daß vielmehr Art. 37 WO. Platz greift, wonach die Wechselsumme — von dem hier nicht in Betracht kommenden Falle, daß der Wechsel effektiv auf die ausländische Währung lautet, abgesehen — nach ihrem Werte zur Verfallzeit in der Landesmünze gezahlt werden kann. Diesen Wert setzt es hier in der Weise fest, daß es die geschuldeten 5000 schwedischen Kronen nach dem Kurse des Verfalltags (20. Juni 1923) in 170 Millionen Papiermark und damit in eine Geldsumme umrechnet, die schon zur Zeit der Erlassung des angefochtenen Urteils überhaupt nichts mehr bedeutete. Einen höheren Betrag glaubt es, trotz des von ihm als unbefriedigend bezeichneten Ergebnisses, angesichts der Vorschrift des Art. 37 WO. deshalb nicht bestimmen zu können, weil eine Aufwertung der Ansprüche aus Wechseln nicht statthaft sei.

Mit Recht wendet sich die Revision gegen diese Auffassung. Der erkennende Senat hat in dem von der Revision angezogenen Urteile RGZ. Bd. 108 S. 337 für den Fall des Art. 40, ebenso aber auch für den hier gegebenen Fall des Art. 37 WO. ausgesprochen, daß bei einem in der Inflationszeit fällig gewordenen, auf holländische Gulden lautenden Wechsel der Wert, den die Wechselsumme zur Verfallzeit hatte, nicht zu ermitteln sei nach dem Kurse der als Wertmesser unbrauchbar gewordenen Papiermark, sondern daß Umrechnung in die stabile Währung des nordamerikanischen Dollars stattzufinden und daß der Schuldner, wenn er mit deutschem Geld erfüllen will, einen Betrag hinzugeben habe, der bei der Hingabe dem errechneten Dollarbetrag entspricht. Danach ist auch bei dem hier streitigen, auf schwedische Kronen lautenden Wechsel zu verfahren. Um eine Aufwertung der Wechselforderung handelt es sich dabei nicht. Geschuldet sind aus dem Wechsel, wie auch das Berufungsgericht zutreffend annimmt, nur schwedische Kronen; die Zahlung in deutschem Gelde kann nicht gefordert werden, sondern ist der Beklagten nur gestattet. Die allein geschuldeten Kronen werden aber nicht aufgewertet, sondern es wird nur der Wert, den sie zur maßgebenden Verfallzeit gehabt haben, in Ermangelung eines der deutschen Währung zu entnehmenden Maßstabs anderweit ermittelt.

Die danach anzustellende Berechnung ergibt als Wert, den die Wechselsumme am 20. Juni 1923 gehabt hat, 1307,69 $. Nur durch Zahlung eines Reichsmarkbetrags, der am Zahlungstage diesem Dollarbetrage gleichkommt, kann sich die Beklagte, wenn sie nicht in der ausländischen Währung erfüllen will, befreien.

---

64. Ist die Verheiratung einer weiblichen Dauerangestellten ein wichtiger Grund zur Kündigung?

RV. Art. 128. BGB. § 626.

III. Zivilsenat. Urt. v. 17. März 1925 i. S. Sch. (Kl.) w. Stadt H. (Bekl.). III 118/24.

I. Landgericht Hannover.
II. Oberlandesgericht Celle.

Die Klägerin ist seit 1. Mai 1913 im Betriebe des städtischen Elektrizitätswerks in H. als sogenannte Dauerangestellte im Bürodienst beschäftigt gewesen. Die vertragliche Kündigungsfrist war auf einen Monat festgesetzt, jedoch hat die städtische Finanzkommission am 25. November 1919 beschlossen, „den dauernd Angestellten einen rechtlichen Anspruch auf Ruhegeld, Witwen- und Waisenversorgung zuzugestehen und für die Kündigung vorzuschreiben, daß sie nur geschehen darf, wenn ein wichtiger Grund vorliegt". Die Klägerin hat sich am 9. September 1922 verheiratet. Daraufhin ist ihr am 1. Dezember 1923 zum 1. Januar 1924 gekündigt worden. Unter Bezugnahme auf Art. 128 der Reichsverfassung bestreitet sie die Rechtswirksamkeit der Kündigung und fordert Zahlung des Gehalts für das Jahr 1923 mit 300000 M.

Das Landgericht hat der Klage stattgegeben, das Oberlandesgericht hat sie abgewiesen. Die Revision konnte keinen Erfolg haben aus folgenden

Gründen:

Die Revision wendet sich in erster Linie gegen die Annahme des Berufungsgerichts, daß das zwischen den Parteien bestehende Dienstverhältnis ein rein privatrechtliches gewesen sei. Sie weist auf das preußische Gesetz vom 8. Juli 1920 und den Beschluß der städtischen Finanzkommission vom 25. November 1919 hin, durch welche die Dauerangestellten in wesentlichen Punkten den Beamten gleichgestellt worden seien, und meint, bei der Grundeinstellung der Gesetzgebung und des Volksempfindens für die völlige Gleichstellung von Mann und Frau, die auch bei den Behörden der Beklagten geherrscht habe, müsse angenommen werden, daß auch im Sinne der Parteien die weiblichen Dauerangestellten auch bezüglich der Verheiratung den Beamten und jedenfalls den männlichen Dauerangestellten hätten gleichgestellt werden sollen; die Verheiratung sei danach als wichtiger Grund zur Kündigung nicht anzusehen.

Dem kann nicht beigetreten werden. Die Revision geht anscheinend selbst davon aus, daß ursprünglich nur ein privatrechtliches Dienstverhältnis geschlossen gewesen sei, meint aber, es sei durch die späteren, die Gleichstellung der Dauerangestellten mit den Beamten in wesentlichen Punkten herbeiführenden Vorschriften in seiner Rechtsnatur geändert worden. Dabei verkennt sie aber, daß Ansprüche auf Ruhegehalt, Witwen- und Waisenversorgung, Bemessung des Lohnes nach den Sätzen der Staatsbeamten mit Privatdienstverträgen ohne weiteres vereinbar und in ihnen häufig festgelegt sind, daß aber auch die Stellung und die Rechte eines Beamten nur durch ausdrückliche Verleihung erworben werden. Gerade hiervon ist aber im vorliegenden Falle keine Rede. Der Beschluß der Finanzkommission gibt zwar den Dauerangestellten Rechte auf Ruhegehalt usw., wie sie auch den Beamten zustehen, läßt aber im übrigen ihre Stellung unverändert und macht nach wie vor zu 6 einen Unterschied zwischen ihnen und Beamten. Und das Gesetz betreffend vorläufige Regelung verschiedener Punkte des Gemeindebeamtenrechts vom 8. Juli 1920 (GS. S. 383) regelt im Anschluß an das preußische Besoldungsgesetz vom 7. Mai 1920 (GS. S. 191) nur die Angleichung der Bezüge der Gemeindebeamten, ständig Angestellten und Anwärter an die der Staatsbeamten und findet nach § 1 Abs. 4 nur auf die nach Gemeindebeschluß den Beamten gleichzuachtenden ständig Angestellten und Anwärter Anwendung, aber auch nur unter Ausschluß von Ruhegehalt und Witwen- und Waisenversorgung. Ob die Klägerin unter diese nach Gemeindebeschluß den Beamten gleichzuachtenden ständig Angestellten zu zählen ist, und ob das Gesetz überhaupt die Stellung von Gemeindebeamten zu ändern in der Lage war, kann dahingestellt bleiben, jedenfalls hat es darin nichts geändert.

Nun versucht die Revision, aus dem Beschlusse der Finanzkommission in Verbindung mit dem Volksempfinden und der politischen Einstellung der Behörde der Beklagten einen Sinn, d. h. einen Willen der Parteien nach der Richtung herzuleiten, daß die Verheiratung einer weiblichen Dauerangestellten nicht als wichtiger Grund zur Kündigung habe angesehen werden sollen. Selbst wenn man annehmen wollte, daß im Falle einer einseitigen, die Verhältnisse der Angestellten regelnden Anordnung einer Behörde von einem Willen der Parteien überhaupt die Rede sein kann, so fehlt es doch an jedem Anhalte dafür, daß er auf seiten der Beklagten vorhanden war. Die Behauptung der Revision, daß ihre Behörden sich politisch und organisatorisch für die volle Gleichstellung der Frau mit dem Manne eingesetzt hätten, ist tatsächlich und neu, also in der Revisionsinstanz nicht zu beachten. Aus dem Beschlusse selbst ergibt sich ein dahingehender Wille der Beklagten nicht, obwohl es selbstverständlich gewesen wäre, ihn zu Absatz c, der den wichtigen Grund als Voraussetzung der Kündigung vorschreibt, zum Ausdruck zu bringen, wenn er vorhanden gewesen wäre. Und zum Überfluß stellt das Berufungsurteil noch fest, er sei nur gefaßt worden, um eine Befreiung von der Angestelltenversicherung herbeizuführen.

Hieraus ergibt sich einmal, daß zwischen den Parteien nur ein privatrechtliches Dienstverhältnis besteht, das der Klägerin kein Recht gibt, sich auf Art. 128 RV. zu berufen, dann aber auch, daß von einem die Verheiratung einer weiblichen Dauerangestellten als wichtigen Grund zur Kündigung ausschließenden Parteiwillen nicht die Rede sein kann. Mit Recht hat also das Berufungsgericht die Entscheidung darauf abgestellt, ob ein wichtiger Grund im Sinne des § 626 BGB. vorliegt, m. a. W. ob der Beklagten nach verständigem Ermessen unter den obwaltenden Umständen die Fortsetzung des Dienstverhältnisses nicht zugemutet werden kann (RGK. § 626 Anm. 1).

Die Frage hat es bejaht. Durch die Verheiratung habe die Klägerin sich in eine Lage versetzt, die sie nach dem sittlichen Zweck der Ehe und dem gewöhnlichen Verlaufe der Natur bei Schwangerschaft und nach der Geburt ganz oder teilweise an der Wahrnehmung ihrer Tätigkeit hindern werde. Auch ohne dies werde ihre Arbeitskraft für die täglich 8 bis 10 Stunden dauernde berufliche Tätigkeit durch die hinzutretende Inanspruchnahme als Hausfrau beeinträchtigt. Die Beklagte müsse auf eine Erzielung gewisser Durchschnittsleistungen ihrer Angestellten halten, eine Herabsetzung aus Entgegenkommen gegen einzelne Angestellte stelle die notwendige Gesamtleistung in Frage. Daß im einzelnen Falle vielleicht die Behinderung nicht eintrete, sei belanglos. Bei etwa 2000 weiblichen Dauerangestellten müsse die Beklagte gerade in der Zeit der Herabsetzung der Gehälter mit einer Häufung der Verheiratungen rechnen. Damit werde die Prüfung, ob und wann die Tätigkeit einer Verheirateten nachlasse, derart erschwert und fast unmöglich gemacht, daß sie jedenfalls bei einer Tätigkeit, wie sie die Klägerin ausübe, die Verheiratung als solche als wichtigen Grund zur Kündigung benutzen dürfe, weil sie eben die Herabsetzung der Leistungsfähigkeit wahrscheinlich mache.

Dazu träten bevölkerungs- und sozialpolitische Erwägungen. Die 8 bis 10stündige Arbeitszeit müsse bei etwaiger Schwangerschaft den Gesundheitszustand der Klägerin und des Kindes ungünstig beeinflussen. Bei der augenblicklich herrschenden Arbeitslosigkeit sei es aber auch angebracht, verheiratete Frauen, die ihre Männer nicht zu unterhalten brauchten, zu entlassen, um für Arbeitslose Platz zu schaffen.

(Folgen Ausführungen betreffs der Zahl der weiblichen Dauerangestellten der Beklagten....)

Ob ein wichtiger Grund im Sinne des § 626 BGB. vorliegt, ist im wesentlichen Tatfrage. In der Revisionsinstanz ist nur nachzuprüfen, ob in abstracto ein bestimmtes Handeln, eine bestimmte Eigenschaft oder ein bestimmtes Ereignis einen wichtigen Grund zur Auflösung eines Dienstverhältnisses bilden kann (RGZ. Bd. 78 S. 22). Und das ist für den Fall der Verheiratung einer weiblichen Angestellten ohne weiteres zu bejahen.

Für den Arbeitgeber bedeutet die ununterbrochene Tätigkeit

seiner Angestellten und die Bewältigung der den einzelnen zugewiesenen Aufgaben ein lebenswichtiges Moment für die Aufrechterhaltung eines ordnungsmäßigen Betriebes. Ein Abgehen von diesem Grundsatze hätte unvermeidliche Störungen der Geschäftsführung, aber auch eine Mehrbelastung der übrigen Angestellten und finanzielle Nachteile im Gefolge, die auf sich zu nehmen ihm nicht zugemutet werden kann. Im Interesse einer reibungslosen Abwicklung der Geschäfte liegt es aber auch, daß er den Eintritt von Störungen nicht erst abwartet, sondern rechtzeitig die erforderlichen Maßnahmen trifft, um sie, wenn sie in erheblichem Umfange und nach dem gewöhnlichen Laufe der Dinge zu erwarten sind, zu vermeiden. Daß diese Voraussetzungen bei der Verheiratung einer weiblichen Angestellten für den vorliegenden Fall gegeben sind, hat das Berufungsgericht zutreffend dargelegt. Dazu kommt noch, daß die Beklagte als Stadtgemeinde auch soziale Pflichten und besondere Rücksicht auf die herrschende Arbeitslosigkeit zu nehmen hat, ein Standpunkt, den auch die Reichspersonalabbauverordnung ausdrücklich vertritt.

Der einzige Einwand, den die Revision zu diesem Punkte erhoben hat, daß nämlich eine Verhinderung der Klägerin in der Wahrnehmung ihrer Tätigkeit durch Eintritt der Folgen der Verheiratung ungewiß sei, kommt nach Vorstehendem nicht in Betracht. Der weitere Einwand, daß die Erschwerung der Verheiratung die weibliche Angestellte auf den Weg der außerehelichen Lebensgemeinschaft dränge, ist nicht geeignet, ein Abgehen von den oben entwickelten Grundsätzen zu rechtfertigen.

---

65. **1. Ist die sogenannte Reichsangehörigkeitsklausel, wenn sie sich in einer Fideikommißstiftungsurkunde über ein infolge des Versailler Vertrags an Polen gefallenes Landgut findet, auch auf den Fall zu beziehen, daß der Fideikommißbesitzer gemäß Art. 91 des bezeichneten Vertrags die polnische Staatsangehörigkeit erwirbt?**

2. Kann auf Grund von Ansprüchen, die sich nicht gegen den Fideikommißbesitzer als solchen, sondern gegen ihn persönlich richten, an einem zum Fideikommißvermögen gehörigen Gegenstand ein Zurückbehaltungsrecht geltend gemacht werden?

3. Über die Auseinandersetzung zwischen dem Fideikommißfolger und den Erben des letzten Besitzers wegen der Nutzungen des letzten Jahres und der noch vorhandenen Früchte.

Pr. ALR. §§ 47, 56, 74, 75, 212 II 4. BGB. § 273.
Vertrag von Versailles Art. 91.

IV. Zivilsenat. Urt. v. 19. März 1925 i. S. v. P. (Bekl.) w. v. P. (Kl.). IV 526/24.

I. Landgericht III Berlin.
II. Kammergericht daselbst.

Der Kammerherr v. P. errichtete im Jahre 1907 mit einem Rittergut nebst lebendem und totem Inventar sowie einem Brillantdiadem das v. P.'sche Familienfideikommiß, dem im Jahre 1908 die landesherrliche Genehmigung erteilt wurde. Erster Fideikommißbesitzer war der Stifter. Das Fideikommißgut liegt in dem Teil Westpreußens, der infolge des Vertrags von Versailles an die Republik Polen abgetreten worden ist. Ende August 1919 beantragte der Stifter bei dem Oberlandesgericht in Marienwerder die Auflösung des Familienfideikommisses. Er starb vor Abschluß des Verfahrens im September 1919. Sein Nachfolger im Besitz des Fideikommisses ist sein Sohn geworden. Dieser hat im Mai 1921 gegen die Witwe des Stifters auf Herausgabe des Diadems Klage erhoben. Die Vorinstanzen gaben der Klage statt.

Die Revision der Beklagten hatte keinen Erfolg.

Aus den Gründen:

In der Sache selbst streiten die Parteien:

1. um die Sachbefugnis des Klägers. Der Kläger gründet sie auf seine Eigenschaft als Fideikommißfolger, deren Entstehung unstreitig ist, deren Fortdauer aber von der Beklagten deswegen bestritten wird, weil der Kläger die polnische Staatsangehörigkeit erworben hat. Die Beklagte beruft sich auf den § 3 VII der Stiftungsurkunde. Dort ist bestimmt:

„Als Nachfolger für das Fideikommiß sind, werden und bleiben ausgeschlossen und verlieren das innegehabte Fideikommiß....

c) Jeder Fideikommißanwärter, welcher ... nicht deutscher Reichsangehöriger ist, für sich und seine gesamte Deszendenz unter allen Umständen.

Jeder Fideikommißanwärter, welcher ... seine deutsche Reichsangehörigkeit verliert, verliert hiermit für sich, seine Witwe und alle seine Nachkommen das Recht auf das Fideikommiß.

Ein derartiger Wechsel ... der Staatsangehörigkeit ist so zu behandeln, als sei das Fideikommiß durch den Tod des Besitzers frei geworden, und es ist weiter in Betracht zu ziehen, daß für die Nachkommen und Witwe dieses Fideikommißbesitzers unter keinen Umständen irgendein Anspruch auf die Nachfolge in das Fideikommiß bestehen soll."

Das Berufungsgericht führt dazu aus: Die klare und bestimmte Fassung dieser Bestimmung lasse keinen Raum für eine abweichende Auslegung. Gleichwohl sei dadurch, daß der Kläger nach dem Übergang des Fideikommißguts an das polnische Staatsgebiet polnischer Staatsangehöriger geworden sei, keine Verwirkung seines Rechtes eingetreten, weil die Bestimmung infolge der veränderten Verhältnisse ihre Geltung verloren habe. Seit Anfang des 20. Jahrhunderts sei in der Praxis der preußischen Fideikommißbehörden darauf bestanden worden, daß die deutsche Reichsangehörigkeit als Voraussetzung für die Nachfolge in das Fideikommiß bestimmt würde. Es habe dadurch eine Sicherung für das Bestehen der deutschen Eigenart des Fideikommisses, insbesondere für eine gemeinnützige Tätigkeit des Fideikommißbesitzers innerhalb des deutschen Vaterlandes und seines Staatswesens geschaffen werden sollen, indem bei einem nicht unter einer solchen Klausel stehenden Besitzer eine ersprießliche Wirksamkeit für deutsche Interessen als nicht gewährleistet angesehen worden sei. Für die östlichen preußischen Provinzen komme hinzu, daß durch die Begünstigung der Errichtung deutscher Fideikommisse auch dem Vordringen des Polentums begegnet und das Verbleiben jener Güter in deutscher Hand gesichert werden sollte. Die Erreichung dieser staatlicherseits verfolgten Zwecke sei für das Fideikommiß des Klägers mit der Lostrennung vom Deutschen Reiche unmöglich geworden. Auch vom Standpunkt des Stifters aus betrachtet, habe die Bestimmung ihre Bedeutung eingebüßt. Der Stifter sei ein Mann von kerndeutscher Gesinnung gewesen. Die Aufnahme der Bestimmung habe sicher auch seinen eignen Wünschen entsprochen. Sollte er (was die Beklagte unter Beweisangebot behauptet hatte und was das Berufungsgericht unterstellt) im Jahre 1907 eine Eroberung östlicher Teile Preußens befürchtet haben und auch für diesen Fall einen nichtdeutschen Fideikommißbesitzer haben ausschließen wollen, so sei doch nicht minder gewiß, daß er sich die weitgehenden Veränderungen, die der Weltkrieg gebracht habe, nicht vorgestellt habe und daß er eine starre Aufrechterhaltung der Bestimmung nicht auch bei solchen damals außerhalb jeder Voraussicht liegenden Änderungen der Verhältnisse gewollt habe. Dem könnten die in der Bestimmung gebrauchten Ausdrücke „unter allen Umständen" und „unter keinen Umständen" nicht entgegengehalten werden. Sie verlören die ihnen auf den ersten Blick zukommende Bedeutung, wenn man den Standpunkt betrachte, den der Stifter zu der Zeit eingenommen habe, als die Veränderungen eingetreten oder doch übersehbar gewesen seien. Aus einer solchen Betrachtung könne ein Rückschluß auf das vom Stifter seinerzeit mit der Bestimmung Bezweckte gezogen werden. Sehr bezeichnend seien in dieser Hinsicht seine beiden Briefe an den Kläger vom 24. und 28. Juni 1919. Er spreche darin aus, daß sich infolge der Zugehörigkeit des Fideikommißguts zu Polen noch vieles ändern werde, erkläre es für angezeigt, sich zur Vermeidung polnischer Verhetzungen den Polen gegenüber möglichst ruhig zu verhalten und sich auf bessere Zeiten zu verlassen, und schließe mit der Bemerkung: „Nun sind wir also wieder wie vor 200 Jahren Kaschuben. Das Deutschtum wollen wir in unserer Gegend nach besten Kräften in Frieden hochhalten, soweit das möglich ist." Der Stifter finde sich also bereits mit dem Gedanken ab, polnischer Staatsangehöriger werden zu müssen, und gelobe zugleich, sein Deutschtum trotzdem bewahren zu wollen. Damit bringe er selbst zum Ausdruck, daß er ein starres Festhalten an der Bestimmung für unzweckmäßig und unmöglich erachte und daß, wenn sie auch buchstäblich nicht mehr erfüllt werden könne, ihrem Sinne durch Pflege deutscher Art und Sitte genügt werden solle. Dem Gedanken, sich dadurch seiner eignen Stiftung unwürdig zu machen, habe er sicherlich keinen Raum gewährt. Freilich habe er dann die Auflösung des Fideikommisses betrieben, vielleicht um das Rittergut zu veräußern und so der Notwendigkeit, Pole zu werden, zu entgehen. Wäre das aber nicht gelungen, so hätte er sich, das beweise der Brief vom 24. Juni 1919, unter verständnisvoller Würdigung der Verhältnisse der Notwendigkeit gefügt, wie es eine große Anzahl anderer Fideikommißbesitzer im Interesse des Deutschtums getan habe. Diese würden ja sämtlich, wenn man der Ansicht der Beklagten folgte, ihre Rechte am Fideikommiß verwirkt haben, ein unannehmbares Ergebnis. Es sei überhaupt nicht einzusehen, wie sich ein deutscher Reichsangehöriger gegenüber dem Bestreben Polens, das Deutschtum in den bisher preußischen Landesteilen zurückzudrängen, im Besitz des Fideikommisses sollte halten können. Solle also das Fideikommiß, dem vornehmlichen Willen des Stifters gemäß (§§ 47, 75 II 4 Pr. ALR.), bei der Familie und zu ihrem Besten erhalten werden, so sei die Bestimmung über die Reichsangehörigkeit als außer Kraft getreten zu behandeln. Der Fall liege ebenso, wie wenn der Stifter als Voraussetzung für den Besitz des Fideikommisses eine bestimmte Prüfung vorgeschrieben hätte, die nicht mehr abgelegt werden könne, oder die Zugehörigkeit zu einem bestimmten Regiment, das jetzt aufgelöst sei. Gegen diesen Vergleich lasse sich nicht einwenden, daß der Kläger für Deutschland habe optieren können. Selbst wenn er sich, wie die Beklagte behaupte, um die polnische Staatsangehörigkeit beworben haben sollte, würde er immer nur unter dem Zwang der Verhältnisse gehandelt haben, da er andernfalls als Ausländer von der Ausweisung bedroht gewesen sei. Diese Lage wäre einer Unmöglichkeit gleich zu achten.

Diese Ausführung enthält insofern eine Unstimmigkeit, als in ihrem ersten Satz gesagt ist, daß die klare und bestimmte Fassung der wiedergegebenen Bestimmung der Stiftungsurkunde keine vom Wortlaut abweichende Auslegung zulasse. Denn wenn im Anschluß daran auseinandergesetzt wird, daß die Bestimmung (Reichsangehörigkeitsklausel) infolge der Änderung der Verhältnisse ihre Geltung verloren habe oder, wie es später ausgedrückt wird, als außer Kraft getreten zu behandeln sei, so kommt dies in Wahrheit darauf hinaus, daß die Klausel entgegen ihrem sich „unter allen Umständen" Geltung beilegenden Wortlaut einschränkend dahin ausgelegt wird, sie sei auf einen unter den vorliegenden Umständen eingetretenen Wechsel der Staatsangehörigkeit nicht zu beziehen. Diese von der Revision bekämpfte Auslegung ist rechtlich nicht zu beanstanden, insbesondere nicht aus dem von der Revision als verletzt bezeichneten § 133 BGB. Der Senat hat in wiederholten neueren Entscheidungen (so bei Gruchot Bd. 62 S. 250 und in RGZ. Bd. 99 S. 85, vgl. auch Bd. 108 S. 85) dargelegt, daß bei einer letztwilligen Verfügung, da sie nicht vor dem Erbfall wirksam werde und in der Zwischenzeit hinsichtlich des Gegenstandes der Zuwendung und hinsichtlich des Personenkreises der Bedachten Änderungen vorkommen könnten, der Natur der Sache nach für die Auslegung ein weiter Spielraum sei. Das Gesetz gebe für einzelne Fälle solcher Änderungen Auslegungsregeln (§§ 2067 bis 2071, 2169 Abs. 3, 2172 Abs. 2, 2173 BGB.). In den durch diese Regeln gewiesenen Richtungen sei auch in anderen Fällen sachlicher oder persönlicher Veränderung durch Auslegung zu ermitteln, was nach der Willensrichtung des Erblassers zu der Zeit, da die Verfügung von ihm getroffen worden, als von ihm gewollt anzusehen sei, sofern er vorausschauend das spätere Ereignis bedacht haben würde. — Dieser Gesichtspunkt hat auch bei dem mit einem Erbrechtsgeschäft verwandten Fideikommißstiftungsgeschäft, mag es durch letztwillige Verfügung oder, wie hier, durch einseitige Verfügung unter Lebenden errichtet worden sein, Anspruch auf Beachtung, unbeschadet der Möglichkeit einer „Erklärung" (authentischen Interpretation) der Fideikommißstiftung durch einen Familienschluß gemäß § 1 des Familienschlußgesetzes vom 15. Februar 1840 (GS. S. 20), §§ 7, 12 der Familiengüterverordnung in der Fassung vom 30. Dezember 1920 (GS. 1921 S. 77). Das Berufungsgericht hat daher mit Recht untersucht, ob vom Standpunkt des Fideikommißbesitzers, wie er sich aus dem Inhalt der Stiftungsurkunde im ganzen und aus allen, auch außerhalb der Erklärung liegenden, aber für den damaligen Willen des Erklärenden schlüssigen Tatsachen ergibt, anzunehmen ist, daß die in der Stiftungsurkunde für den Erwerb und die Fortdauer des Anwärterrechts und des Fideikommißbesitzes gesetzte Bedingung der Reichsangehörigkeit auch für den vom Fideikommißstifter nicht vorausgesehenen und gar nicht voraussehbaren Fall einer solchen Veränderung des Staatsgebiets und der sonstigen staatlichen Verhältnisse, wie sie der Versailler Vertrag gebracht hat, habe gelten sollen. Das Berufungsgericht hat diese Frage auf Grund einer eingehenden, mit der Revision nicht angreifbaren Sachwürdigung verneint. Auf der Grundlage dieser Sachwürdigung konnte es ihm auch unerheblich erscheinen, ob der Kläger als ein deutscher Reichsangehöriger, der zur Zeit des Inkrafttretens des Versailler Vertrags seinen Wohnsitz in einem an Polen abgetretenen Gebiet hatte, gemäß Art. 91 Abs. 1 des Vertrags von Rechts wegen die polnische Staatsangehörigkeit unter Verlust der deutschen Reichsangehörigkeit erworben und die neue Staatsangehörigkeit gemäß Abs. 3 daselbst behalten hat, weil er von seinem Rechte der Option für die deutsche Reichsangehörigkeit innerhalb der dort vorgesehenen zweijährigen Frist keinen Gebrauch gemacht hat, oder ob die Behauptung der Beklagten zutrifft, daß der Kläger sich erst nach dem 1. Januar 1908 in dem abgetretenen Gebiet niedergelassen habe und deshalb gemäß Abs. 2 daselbst die polnische Staatsangehörigkeit nur mit besonderer, von ihm nachgesuchter Ermächtigung des polnischen Staates habe erwerben können und erworben habe. Ersterenfalls würde der Kläger durch eine Unterlassung, letzterenfalls durch eine positive Handlung dazu mitgewirkt haben, daß er zurzeit polnischer Staatsangehöriger ist. Diese Mitwirkung ist in dem einen wie in dem anderen Falle nach der wesentlich auf tatsächlichem Gebiet liegenden Auffassung des Berufungsgerichts lediglich unter dem Zwang der Verhältnisse, nämlich deshalb geschehen, weil der Kläger sich als deutscher Reichsangehöriger in dem Besitz des Fideikommißguts nicht hätte halten können und davon bedroht gewesen wäre, als Ausländer ausgewiesen zu werden.

Der Revision kann auch darin nicht gefolgt werden, daß die Reichsangehörigkeitsklausel, selbst wenn sie nach dem Willen des Stifters den vorliegenden Fall nicht treffen sollte, doch jedenfalls nach dem bei der Genehmigung der Fideikommißerrichtung erklärten Willen des Landesherrn auch auf den vorliegenden Fall zu beziehen sei. Ganz abgesehen davon, daß sich die Revision auch hierbei mit der maßgebenden Sachwürdigung des Berufungsgerichts in Widerspruch setzt, hat der Wille des Landesherrn gar nicht die ihm von der Revision zugeschriebene Bedeutung. Die Errichtung eines Fideikommisses, dessen Reinertrag 30000 ℳ jährlich überstieg, hatte nach § 56 II 4 Pr. ALR. neben der gerichtlichen Bestätigung die besondere landesherrliche Genehmigung zur notwendigen Voraussetzung. Die Notwendigkeit der landesherrlichen Genehmigung wie der gerichtlichen Bestätigung aber ändert daran nichts, daß nach dem Gesetz

(§§ 47, 74, 75 II 4 Pr. ALR.) ein rechtsgeschäftlicher Vorgang, nämlich der in förmlicher Weise durch Verlautbarung erklärte Wille des Stifters, dafür entscheidend war, daß und wie das Familienfideikommiß zustande kam. Eine Auslegung der Stiftungsurkunde hat daher, wie geschehen, aus dem Willen des Stifters, nicht aus demjenigen des Landesherrn zu erfolgen.

Gegen den Kläger ist freilich trotz seines Erwerbes der polnischen Staatsangehörigkeit, über den die Parteien einig sind, der Beschluß des Liquidationsausschusses in Posen vom 15. Februar 1924 ergangen, durch den auf Grund des polnischen Liquidationsgesetzes vom 15. Juli 1920 (abgedruckt in Übersetzung bei Rukser, die Rechtsstellung der Deutschen in Polen S. 171) das Rittergut und das Brillantdiadem zur Liquidation bestimmt sind und der Verkauf dieser Gegenstände unter bestimmten Maßnahmen angeordnet ist. Die Beklagte hat auch aus diesem Beschluß hergeleitet wissen wollen, daß der Kläger die Sachbefugnis verloren habe. Das Berufungsgericht ist dem mit der Begründung entgegengetreten: Der Liquidationsausschuß habe durch den Beschluß den Verkauf der Gegenstände der Liquidation an eine Person mit bestimmten Eigenschaften dem Kläger überlassen und sich nur die Entscheidung darüber vorbehalten, ob ihm der Erwerber genehm sei. Es sei dies eine der drei Arten der Liquidation, die das polnische Liquidationsgesetz in Art. 2 zulasse. Dem Kläger sei danach durch den Beschluß nicht untersagt, hinsichtlich des Diadems irgendwelche Maßnahmen zu treffen. Vielmehr müsse er gerade, wenn er dem Beschluß nachkommen wolle, das ihm vorenthaltene Diadem im Wege der Klage zu erlangen suchen. Solange die Liquidation nicht durchgeführt worden sei, habe er auch das Eigentum nicht verloren.

Gegen diese Ausführung ist vom Standpunkt des revisiblen Rechtes kein Bedenken zu erheben. Auch die Revision läßt sie gelten und nimmt sie zur Grundlage für ihre Rüge,

2. daß das Berufungsgericht die §§ 226, 826 BGB. durch Nichtanwendung verletzt habe. Sie macht geltend, der Kläger verlange die Herausgabe des Diadems nicht zu dem Zweck, um es für das Fideikommiß zu erhalten, sondern um es zum Verkauf an einen Polen bereitzustellen; dadurch würde es der Beklagten als der nach der Stiftungsurkunde eventuell zu seiner Nachfolgerin Berufenen ent-

zogen werden. Die Rüge ist unbegründet. Der Kläger hat nach seiner von ihm eingehend begründeten, von der Beklagten nicht widerlegten Behauptung gegen den Liquidationsbeschluß mit allen ihm zu Gebote stehenden Rechtsbehelfen angekämpft. Welchen Erfolg diese Rechtsbehelfe gehabt haben oder noch haben werden, steht dahin. Es kann schon deshalb keine Rede davon sein, daß seine Rechtsausübung im vorliegenden Prozeß nur den Zweck haben könne, der Beklagten Schaden zuzufügen (§ 226 BGB.), oder daß er der Beklagten in einer gegen die guten Sitten verstoßenden Weise Schaden zufüge (§ 826 BGB.).

3. Die Beklagte hat schließlich aus § 273 BGB. ein Zurückbehaltungsrecht an dem Diadem geltend gemacht und dieses Recht damit begründet, daß

a) ihr Ehemann ihr in seinem Testament vom 22. Juli 1919 ein Wohnungsrecht auf dem Gut und eine Geldrente von 8000 ℳ zu Lasten des Klägers ausgesetzt, dieser jedoch weder die Ausübung des Wohnungsrechts gestattet, noch die Rente gezahlt habe,

b) der Kläger zur Herausgabe ihr gehöriger Sachen, sowie

c) zur Mitteilung einer Abrechnung nebst Belegen über die Nutzungen des letzten Jahres zum Zweck der Auseinandersetzung mit den Erben des Stifters verpflichtet sei,

d) das Fideikommißvermögen und deshalb auch das Diadem nach § 812 BGB. zum Allodialnachlaß zurückgefordert werden könnte, wenn man annehme, daß nach Lostrennung des Fideikommißguts von Preußen der Zweck der Fideikommißstiftung weggefallen sei.

Daß der letzte Zurückbehaltungsgrund (d) nicht zutrifft, folgt schon aus den Erörterungen unter 1 und 2. Zu deren Ergänzung sei hier nur noch auf die Schlußbestimmung des § 3 VII der Stiftungsurkunde hingewiesen, daß, falls sich später die Nichtigkeit einer der dort getroffenen Ausschlußbestimmungen ergäbe, die Stiftungsurkunde im übrigen Geltung behalten sollte.

Bei Beurteilung der übrigen Zurückbehaltungsgründe geht das Berufungsgericht mit Recht davon aus, daß die Beklagte kein Zurückbehaltungsrecht wegen solcher Ansprüche hat, die ihr nicht gegen den Kläger als Fideikommißbesitzer, sondern gegen ihn persönlich zustehen. Wie sie wegen solcher Ansprüche nicht zu einer Zwangsvollstreckung in das Fideikommißvermögen oder zur Aufrechnung gegen eine

Fideikommißforderung berechtigt wäre, kann sie diese Ansprüche gegenüber dem Fideikommißvermögen auch nicht auf dem Wege zur Geltung bringen, daß sie diesem Vermögen einen dazu gehörigen Gegenstand vorenthält. Es folgt dies aus der Rechtsnatur des Familienfideikommisses als eines gegenüber dem übrigen Vermögen des jeweiligen Besitzers, dem Allod, rechtlich selbständigen, nicht nur Aktiva, sondern auch eigene Passiva umfassenden Sondervermögens. Während regelmäßig der Begriff Vermögen die Gesamtheit alles dessen erschöpft, was einer Person gehört und von ihr geschuldet wird, der einzelne also regelmäßig nur ein Vermögen besitzt, ist der Fideikommißbesitzer Inhaber zweier Vermögen. Hat er als Gläubiger etwas von einem Dritten zu dem einen Vermögen zu fordern, als Schuldner etwas an denselben Dritten aus dem anderen Vermögen zu leisten, so besteht auf seiner Seite zwischen Gläubiger und Schuldner nicht die von § 273 BGB. vorausgesetzte Identität. Danach scheiden zunächst (a) das Wohnungsrecht und der Rentenanspruch aus. Beide Rechte haben ihre Grundlage nicht etwa in der Stiftungsurkunde, sondern in dem Testament des Stifters vom 22. Juli 1919 und belasten nur den Kläger persönlich als Allodialerben, mag die Zuwendung dieser Rechte an die Beklagte auch darin ihren Grund haben, daß dem Kläger durch seine Berufung zur Nachfolge in das Fideikommiß, nach einem Ausdruck des Erblassers im Testament, eine „große Bevorzugung" gegenüber den beiden anderen Miterben, nämlich seiner Mutter und seiner Schwester, zuteil wurde. Dieser natürliche Zusammenhang reicht wegen der Zugehörigkeit des Rechtes und der Verbindlichkeiten des Klägers zu zwei selbständigen Vermögen, nämlich seines Herausgabeanspruchs zum Fideikommißvermögen und seiner Verpflichtungen aus dem Testament zum Allodialvermögen, zur Anwendung des § 273 BGB. gegen ihn nicht aus. Das gleiche gilt für das Verhältnis des Klaganspruchs zu der etwaigen, auch nur das Allodialvermögen betreffenden Verpflichtung des Klägers (b), der Beklagten gehörige Sachen an sie herauszugeben.

Anders, aber für die Beklagte im Ergebnis nicht günstiger ist die Rechtslage hinsichtlich des von ihr als Zurückbehaltungsgrund geltend gemachten Auseinandersetzungsanspruchs (c). Dieser Anspruch richtet sich allerdings gegen den Fideikommißbesitzer als solchen. Er stützt sich auf § 212 II 4 Pr. ALR., laut dem die Auseinandersetzung zwischen dem Fideikommißfolger und den Erben des letzten Besitzers wegen der Nutzungen des letzten Jahres, sowie wegen der noch vorhandenen Früchte nach den bei der Lehre vom Nießbrauch erteilten Vorschriften (I 21 §§ 143flg.) zu geschehen hat. An die Stelle der in dieser Bestimmung angezogenen, durch Art. 89 Nr. 1b Pr. AG. z. BGB. aufgehobenen §§ 143flg. I 21 Pr. ALR. sind die entsprechenden Vorschriften des Bürgerlichen Gesetzbuchs getreten. Diese geben aber den Erben des Vorbesitzers kein Recht auf Verteilung der Nutzungen des letzten Wirtschaftsjahres und demgemäß auch nicht den von der Beklagten als Miterbin geltend gemachten Anspruch auf Mitteilung einer mit Belegen versehenen Abrechnung über diese Nutzungen. Die sinngemäße Anwendung des § 1055 mit § 592 BGB. ergibt vielmehr den Rechtssatz: Tritt der Fideikommißfolgefall im Laufe des Wirtschaftsjahres ein, so hat der Fideikommißfolger die Kosten, die der Vorbesitzer auf die noch nicht getrennten, jedoch nach den Regeln einer ordnungsmäßigen Wirtschaft vor dem Ende des Wirtschaftsjahres zu trennenden Früchte eines landwirtschaftlichen Grundstücks verwendet hat, insoweit zu ersetzen, als sie einer ordnungsmäßigen Wirtschaft entsprechen und den Wert dieser Früchte nicht übersteigen. Diesen Kostenerstattungsanspruch, dessen Berechnung nicht Sache des Fideikommißfolgers, sondern der Erben des Vorbesitzers wäre, hat die Beklagte nicht geltend gemacht. Es kann deshalb auf sich beruhen, ob, wenn ein solcher Anspruch geltend gemacht würde, die Gründung eines Zurückbehaltungsrechts auf ihn nicht durch den in § 106 II 4 mit angezogenen § 600 I 18 Pr. ALR. ausgeschlossen würde (vgl. Rambohr, das Familienfideikommiß S. 659 Nr. 6).

---

66. Kann die Beschwerde und die weitere Beschwerde in Angelegenheiten der freiwilligen Gerichtsbarkeit zu Protokoll des Amtsrichters eingelegt werden?

FGG. §§ 21, 29.

IV. Zivilsenat. Beschl. v. 19. März 1925 in der Fürsorgeerziehungssache B. in Neuß. IV B. 9/25.

I. Amtsgericht Neuß.
II. Landgericht Düsseldorf.

Das Amtsgericht Neuß ordnete mit Beschluß vom 2. Dezember 1924 an, daß die vier Kinder des Invaliden B. in Neuß gemäß §§ 63, 67 des Jugendwohlfahrtsgesetzes zur vorläufigen Fürsorgeerziehung zu bringen seien. Die vom Vater gegen den Beschluß eingelegte Beschwerde wurde vom Landgericht hinsichtlich dreier Kinder zurückgewiesen; der Beschluß wurde dem B. am 23. Dezember zugestellt. Am 30. gl. Mts. ging beim Landgericht ein Schriftstück des B. vom 29. Dezember ein, in dem er bat, seine 17 jährige Tochter Gertrud freizugeben, da er sie für die Haushaltung brauche. Das Landgericht sandte das Schreiben an das Amtsgericht Neuß mit dem Ersuchen, den B. darüber zu Protokoll vernehmen zu lassen, ob er weitere Beschwerde einlegen wolle. Der Amtsrichter in Neuß lud den B. auf den 5. Januar 1925 vor sich und nahm an diesem Tage eine Erklärung entgegen, wonach B. auf Befragen angab, daß er gegen den landgerichtlichen Beschluß hinsichtlich der Tochter Gertrud weitere Beschwerde einlege, und daß dies die Absicht seiner Eingabe vom 29. Dezember gewesen sei. Das darüber aufgenommene Schriftstück enthält den Schlußvermerk: v. g. u. und die Unterschrift des B. und des Amtsrichters. Die Akten mit dieser Erklärung gingen am 7. Januar beim Landgericht ein und wurden von ihm dem Kammergericht zur Entscheidung über die weitere Beschwerde vorgelegt.

Das Kammergericht erachtet die weitere Beschwerde für unzulässig, weil sie nicht in der vorgeschriebenen Form, nämlich nicht zu Protokoll des Gerichtsschreibers nach §§ 29, 21 FGG., eingelegt sei. Es würde die weitere Beschwerde als unzulässig verwerfen, sieht sich daran aber gehindert durch einen Beschluß des Bayerischen Obersten Landesgerichts vom 4. Juni 1923, abgedruckt im Jahrbuch für Entscheidungen in Angelegenheiten der freiwilligen Gerichtsbarkeit Bd. 1 S. 25, worin ausgesprochen wird, daß der Formvorschrift des § 29 FGG. auch genügt sei, wenn die Beschwerde vor dem Amtsrichter erklärt und von ihm zu Protokoll genommen werde. Es hat deshalb die weitere Beschwerde dem Reichsgericht vorgelegt.

Die Voraussetzungen für das Verfahren nach § 28 Abs. 2, 3 FGG. sind gegeben.

Was den streitigen Punkt anlangt, so bestand bisher in Rechtsprechung und Rechtslehre beinahe völlige Einigkeit dahin, daß die Einlegung der weiteren Beschwerde zu Protokoll des Amtsrichters unzulässig sei (für die erste Beschwerde nach § 21 FGG. liegt die Sache insofern anders, als dort die Einlegung durch formlose Beschwerdeschrift zulässig ist und die Rechtsprechung dem von der Partei mitunterschriebenen Protokoll des Amtsrichters die Eigenschaft einer solchen Beschwerdeschrift zuerkannt hat). Abweichend nur Weißler, FGG. 21 A. 2b und ein Beschluß des Kammergerichts vom 29. Oktober 1888 zu dem im wesentlichen gleichlautenden § 53 des preußischen Ausführungsgesetzes zum Gerichtsverfassungsgesetz, abgedruckt KGJ. Bd. 8 S. 3. Eine ausführliche Zusammenstellung des Materials findet sich bei Unger in der Zeitschr. für ZP. Bd. 38 S. 511 A. 34 und Bd. 42 S. 118 A. 40, sowie bei Schlegelberger, FGG. A. II 2 zu § 29. Das Kammergericht hat sich zum § 29 FGG. erstmals in einem Beschluß vom 21. Mai 1900 in diesem Sinn ausgesprochen, abgedruckt in den Mitt. des RJA. Bd. 1 S. 41 und im KGJ. Bd. 20 A. S. 145, und daran in weiteren Entscheidungen festgehalten. Auch das Bayerische Oberste Landesgericht hat bisher in diesem Sinne erkannt (Samml. v. Entsch. Bd. 5 S. 510, Bd. 9 S. 409, Bd. 12 S. 655).

In dem oben erwähnten Beschluß vom 4. Juni 1923 sagt nun das Bayerische Oberste Landesgericht, daß es von seiner bisherigen Rechtsprechung abgehen wolle, ohne die abweichende Rechtsprechung des Kammergerichts zu erwähnen. Es glaubt den Wortlaut des § 29 FGG. deshalb nicht für maßgebend ansehen zu sollen, weil der mit dieser Vorschrift verfolgte Zweck — daß nämlich der Beschwerdeführer bei der Einlegung der weiteren Beschwerde, die nur auf Verletzung von Rechtsnormen gestützt werden könne, durch eine mit dem gerichtlichen Verfahren und dem materiellen Recht vertraute Person beraten werde und so der Gebrauch von vornherein aussichtsloser Rechtsbehelfe vermieden werde — durch die Entgegennahme der Erklärung durch den Richter in noch höherem Maße gewahrt werde.

Das Kammergericht führt dagegen in seinem Vorlegungsbeschluß aus, bei der Auslegung von Formvorschriften komme nicht nur der Zweck, sondern auch das Wesen der Formvorschrift als solcher in Betracht; das Wesen der Formvorschrift bestehe aber gerade darin, daß eine Rechtshandlung eben nur in der vom Gesetzgeber verlangten Art und Weise vorgenommen werden könne, nicht aber auf andere Art und von anderen Personen, wenn auch hierdurch ein gleichartiges Endergebnis erzielt werden könnte. An der Vorschrift des Gesetzes müsse festgehalten werden, wenn das auch im Einzelfall als formalistisch erscheinen könne, wie auch in RGZ. Bd. 101 S. 429 gesagt werde. Das Kammergericht weist schließlich noch darauf hin, daß auch der bei einem Kollegialgericht angestellte Richter einen Prozeß bei einem solchen Gericht nicht selbst führen könne, sondern sich durch einen Rechtsanwalt vertreten lassen müsse, obwohl er die gleiche berufliche Vorbildung wie dieser genossen habe.

Der Senat tritt den Ausführungen des Kammergerichts im Ergebnis bei. Es geht nicht an, Formvorschriften mit der bloßen Erwägung beiseite zu schieben, daß der Zweck der Vorschrift auch auf andere Weise ebensogut erreicht werden könne. Das würde schließlich dahin führen, daß von Fall zu Fall geprüft werden müßte, ob unter den jeweils gegebenen Umständen der Zweck der Formvorschrift auch ohne ihre Einhaltung erreicht worden sei. Für die Sicherheit des Rechtsverkehrs sind aber Formvorschriften, die ihn allgemein und für jeden Fall regeln, nicht zu entbehren (RGZ. Bd. 109 S. 374, Bd. 110 S. 169).

Aus der Entstehungsgeschichte des Gesetzes über die freiwillige Gerichtsbarkeit ist etwas Bestimmtes über den Grund, aus welchem die Fassung der §§ 21, 29 gewählt worden ist, nicht zu entnehmen. Doch ist S. 39 der Denkschrift gesagt, die Vorschriften über die Form der Beschwerdeeinlegung seien den Bestimmungen in § 73 der Grundbuchordnung nachgebildet. Sie enthalten aber in Wirklichkeit gerade in dem hier in Betracht kommenden Punkte eine Abweichung von § 73 GBO., indem dort (und infolgedessen auch in § 80 GBO.) die Einlegung der Beschwerde zu Protokoll des Grundbuchamts — also entweder des Grundbuchrichters oder des Grundbuchführers, vgl. Güthe, A. C II 2 zu § 80 GBO. — zu erfolgen hat. Die Abweichung ist sicherlich in bewußter Weise erfolgt, wenn man im übrigen, wie erwähnt, die Bestimmungen der Grundbuchordnung als Vorlage benützte; der Grund der Abweichung ist aber nicht ersichtlich gemacht. Es kann sein, daß Gründe von der Art obgewaltet haben, wie sie Unger in der Zeitschrift für Zivilprozeß Bd. 38

S. 511 erörtert: man habe einerseits nicht dem Amtsrichter die bequeme Gelegenheit an die Hand geben wollen, auf die Willensentschließung der Beteiligten hinsichtlich Einlegung der Beschwerde und Art ihrer Begründung einzuwirken, anderseits nicht dem Amtsrichter eine dem richterlichen Ansehen abträgliche Mitwirkung bei Anfechtung seiner eigenen Verfügung auferlegen wollen. Diese Erwägungen würden allerdings auch für die Grundbuchordnung zutreffen; aber vielleicht hat man erwogen, daß beim Grundbuchamt nur Geschäfte mehr formaler Art verhandelt werden, während beim Richter der freiwilligen Gerichtsbarkeit sachliche Geschäfte von oft tief in das Familienleben eingreifender Wirkung verhandelt werden, bei denen die Rücksicht auf die persönliche Auffassung des Richters eine größere Rolle spielt als beim Grundbuchamt.

Schließlich kommt auch noch in Betracht, daß die Gerichtsverfassung den Gerichtsschreiber nicht als bloßen Gehilfen des Richters behandelt, sondern ihm bestimmte Geschäfte in ausschließlicher und selbständiger Weise überträgt; von der Rechtsprechung wird sogar die Zuständigkeit des Gerichtsschreibers im einzelnen Falle nicht bloß gegenüber dem Richter, sondern auch gegenüber anderen, aus dem Gerichtschreiberstand hervorgegangenen Beamten abgegrenzt (JW. 1905 S. 52 Nr. 26, Urteil vom 9. Juli 1923 IV 53/23). Diese Rechtslage nötigt zu dem Schlusse, daß auch die Vorschrift in § 21 FGG. bewußt auf eine Scheidung der Zuständigkeit abzielt, durch welche ja auch in keiner Weise eine Erschwerung des Geschäftsverkehrs für die Parteien verursacht wird.

---

67. Ist ein aus dem abgetretenen Teile eines früher preußischen Kreises nach dem Versailler Vertrag gebildeter polnischer Kreis Rechtsnachfolger des früheren Kreises betreffs des in Preußen verbliebenen Vermögens des letzteren?

ZPO. § 23.

III. Zivilsenat. Urt. v. 20. März 1925 i. S. R. (Kl.) w. poln. Landkreis W. (Bekl.). III 110/24.

I. Landgericht Stolp.
II. Oberlandesgericht Stettin.

Laut Vertrag vom 21. Dezember 1918 war der Kläger vom 1. Dezember 1918 ab als Kreisoberingenieur auf die Dauer von 5 Jahren bei dem ehemals preußischen Kreisverbande Neustadt angestellt. Durch die Grenzziehung nach dem Versailler Vertrag ist dieser Kreis in drei Teile zerrissen. Ein Teil ist bei Preußen — Kreis Lauenburg — geblieben, ein zweiter ist zum Freistaat Danzig und ein dritter zu Polen gekommen. Letzteres hat einen Teil dem Nachbarkreis Puck (Putzig) zugeschlagen, der Rest ist als Kreis Weyherowo (Neustadt) organisiert.

Der preußische Kreis Neustadt hatte eine Starkstromanlage erbaut, von der etwa 10 km Hochspannungsleitung noch jetzt auf preußischem Gebiete sich befinden.

Der Kläger behauptet, der Kreis Weyherowo sei in den Vertrag mit ihm eingetreten und habe bis zum 1. März 1920 seine Verpflichtungen erfüllt. Danach habe er aber zunächst sein Einkommen willkürlich herabgesetzt und ihn schließlich mit Schreiben vom 16. März 1921 fristlos entlassen. Er hat Klage auf Zahlung des rückständigen Gehalts erhoben.

Das Landgericht hat die Klage wegen örtlicher Unzuständigkeit des Gerichts abgewiesen und das Oberlandesgericht hat dieses Urteil bestätigt. Die Revision des Klägers wurde zurückgewiesen aus folgenden

Gründen:

Das Berufungsgericht ist mit Recht davon ausgegangen, daß seine Zuständigkeit durch die Bestimmung des Art. 304b Abs. 2 V. V. nach der alle Streitfragen bezüglich der vor Inkrafttreten des Versailler Vertrags zwischen Staatsangehörigen der alliierten und assoziierten Mächte und deutschen Reichsangehörigen geschlossenen Verträge durch den gemischten Schiedsgerichtshof zu regeln sind, nicht in Frage gestellt werde. Allerdings geht der Grund, der Vertrag vom 21. Dezember 1918 sei zwischen deutschen (preußischen) Staatsangehörigen geschlossen worden, fehl. Denn zu den Staatsangehörigen der alliierten und assoziierten Mächte sind, wie das Reichsgericht in RGZ. Bd. 106 S. 56 ausgesprochen hat, auch die früheren Reichsangehörigen zu rechnen, die in einem von dem Deutschen Reiche an eine alliierte oder assoziierte Macht abgetretenen Gebiete wohnen und Staatsangehörige dieser Macht geworden sind. Anderseits hat aber der Beklagte die Verpflichtungen, auf die der Kläger seine Ansprüche stützt, erst im Februar 1920 nach der Besetzung des Kreises Neustadt übernommen. Ein Vertragsverhältnis zwischen den Parteien ist also erst nach dem Inkrafttreten des Friedensvertrags zustande gekommen.

Die Frage, ob ein fremder Staat vor deutschen Gerichten verklagt werden kann, hat das Berufungsgericht abweichend von der in RGZ. Bd. 62 S. 165 ausgesprochenen Auffassung des Reichsgerichts beantwortet. Einer Richtigstellung zu diesem Punkte bedarf es nicht. Was dort aus der im internationalen Verkehr anerkannten Unabhängigkeit und Gleichheit souveräner Staaten gefolgert ist, daß nämlich ein Staat an seiner völkerrechtlichen Unabhängigkeit auch dann Einbuße erleiden würde, wenn er aus rein privatrechtlichen Ansprüchen vor den Gerichten eines anderen Staates belangt und damit der Staatsgewalt dieses Staates als der Trägerin der Rechtsprechung unterstellt würde, trifft für den Beklagten nicht zu. Ihm als einem Kreisverbande fehlen diese völkerrechtlichen Eigenschaften, die eine Inanspruchnahme vor inländischen Gerichten ausschließen, und er kann aus rein privatrechtlichen Verhältnissen, sobald die übrigen Voraussetzungen gegeben sind, vor deutschen Gerichten belangt werden. Hierin ist dem Berufungsurteil in seinem Endergebnisse zuzustimmen.

Die Entscheidung dreht sich hiernach lediglich um die Frage, ob der Beklagte im Inlande Vermögen besitzt und damit der Gerichtsstand des § 23 ZPO. gegeben ist. Den hierfür obliegenden Beweis hat der Kläger nicht geführt.

Die Anlage ist von dem früheren preußischen Kreise Neustadt erbaut und war sein Eigentum. Die Rechtspersönlichkeit dieses Kreises als einer öffentlichrechtlichen Körperschaft beruhte auf seiner Errichtung durch den preußischen Staat, dessen Kreisordnung vom 13. Dezember 1872/19. März 1881 eine Bildung von Kreisen unter Zuweisung eines bestimmten Gebiets und eine Änderung dieser Gebietsgrenzen nur im Wege der Gesetzgebung zuließ. Seine Rechtspersönlichkeit war an das ihm zugewiesene Gebiet gebunden. Nun ist dieses durch die Ausführung des Friedensvertrags auseinandergerissen und zu einem Teile an den Freistaat Danzig, zum andern an Polen gefallen, ein Rest ist bei Preußen geblieben. Polen hat das ihm zugeteilte Stück wiederum in zwei Teile gespalten und den einen dem polnischen Kreise Puck zugewiesen, aus dem anderen den

Kreis Weyherowo gebildet. Damit ist die Rechtspersönlichkeit des alten Kreises erloschen.

Wenn der Kläger also behaupten will, daß an dem jetzt noch in Preußen liegenden Stück der Leitung Vermögensrechte des Beklagten bestehen, so muß er dartun, daß sie in irgendeiner Form auf den Beklagten übergegangen sind, daß er der Rechtsnachfolger des alten preußischen Kreises geworden ist.

Einen privatrechtlichen Titel, der eine Sondernachfolge begründet hätte, hat der Kläger, wie das Berufungsgericht zutreffend feststellt, nicht behauptet, Vereinbarungen sind nach dieser Richtung nicht getroffen worden.

Wenn der Kreis Weyherowo, wie der Kläger behauptet, die Aktiva und Passiva des Kreises Neustadt und die Verzinsung und Tilgung der Anleihe, aus der die Leitung erbaut ist, übernommen hat, so genügte diese einseitige Erklärung nicht, ihm nun auch die Vermögensrechte des alten Kreises zu übertragen. Und wenn die Überlandzentrale in Stolp mit dem Beklagten in ein Verrechnungsverhältnis auch bezüglich des in Preußen liegenden Teiles der Leitung getreten sein sollte, wie der Kläger behauptet, so kann auch dieser Umstand nicht dartun, daß der Beklagte Vermögensrechte an diesem Teile besitzt.

Aber auch die völkerrechtlichen Vorgänge bieten hierfür keinen Anhalt.

Will man die auf Grund des Friedensvertrags eingetretene Staatensukzession nicht auf das Eigentum des früheren Staates beschränken, sondern es auch auf das Eigentum von öffentlichrechtlichen Selbstverwaltungskörpern ausdehnen, so muß sie jedenfalls vor den territorialen Grenzen haltmachen. Das ist an sich selbstverständlich, aber auch die einhellige Ansicht des Schrifttums.

Der in Preußen belegene Teil der Leitung unterlag also der Staatensukzession seitens des Staates Polen nicht. Weitergehende Rechte als dieser konnte aber der neue, erst von ihm geschaffene Kreis Weyherowo aus den völkerrechtlichen Vorgängen nicht erwerben.

Sonach sind Vermögensrechte des Beklagten weder aus einer Sondernachfolge in die Rechte des früheren Kreises Neustadt, noch aus dem Friedensvertrage herzuleiten, soweit der hier fragliche Teil der Leitung in Betracht kommt. Wem dieser Teil zugefallen ist, bedarf keiner Untersuchung.

Ein Gerichtsstand des Beklagten aus § 23 ZPO. ist danach nicht dargetan. . . .

---

68. Ist ein Kaufvertrag über ein Grundstück, den ein nicht in der Form des § 313 BGB. bevollmächtigter Vertreter geschlossen hat, nichtig oder nur unwirksam? Kann der Vertrag durch Genehmigung des Vertretenen wirksam werden?

BGB. §§ 177, 313.

VI. Zivilsenat. Urt. v. 20. März 1925 i. S. K. u. Gen. (Bekl.) w. G. (Kl.). VI 440/24.

I. Landgericht Hamburg.
II. Oberlandesgericht daselbst.

Im Herbst 1922 suchte der Kläger einen Bauernhof zu kaufen. Er wurde von dem Zweitbeklagten S. an den Erstbeklagten K. gewiesen, der ein notarielles Kaufangebot des Landwirts L. für dessen in der Gemeinde K. belegenes Grundstück an der Hand hatte. Dieses Angebot war ihm von L. am 11. Oktober 1922 mit einem Kaufpreise von 6000000 *M* und einer Annahmefrist bis zum 25. April 1923 derart gemacht worden, daß L. verpflichtet sein sollte, das Grundstück an einen von K. zu benennenden Käufer aufzulassen.

Die Verhandlungen zwischen dem Kläger und den Beklagten führten dazu, daß jener dem L. für seinen Hof am 31. Oktober 1922 ein notarielles Kaufangebot zum Preise von 8000000 *M* machte und den Beklagten eine Provision von 6250000 *M* versprach, von der K. 3250000 *M* und S. 3000000 *M* erhalten sollten. Das notarielle Angebot des Klägers wurde an demselben Tage von dem Beklagten K. als Bevollmächtigten des L. notariell angenommen, wobei dieser sich durch eine notariell beglaubigte Vollmacht des L. vom 31. Oktober 1922, in der auf das Recht zum Widerruf verzichtet war, auswies. Die den Beklagten versprochenen Provisionen gelangten an beide zur Zahlung. Zur Auflassung des Hofes an den

Kläger kam es indes nicht, weil die Höfebank in K., für die, wie er wußte, ein gesetzliches Vorkaufsrecht an dem Grundstück bestand, dieses Recht ausübte und gegen Zahlung des Kaufpreises angeblich selbst die Auflassung erhielt.

Der Kläger behauptet die Nichtigkeit des zwischen ihm und L. geschlossenen Kaufvertrags, die er daraus herleitet, daß die Vollmacht auf den Beklagten K. nicht der Form des § 313 BGB. entsprochen habe und deshalb die von ihm erklärte notarielle Annahme seines Kaufangebots auch nicht zum Abschluß des Kaufvertrags habe führen können. Infolgedessen verlangt er von den Beklagten aufgewertet die Rückzahlung der ihnen gewährten Provisionen.

Die Beklagten bestreiten die Nichtigkeit des Kaufvertrags. Sie sind in den Vorinstanzen zur Rückzahlung der empfangenen Provisionen zu aufgewerteten Beträgen verurteilt worden. Ihre Revision hatte Erfolg.

Gründe:

Ohne Rechtsirrtum hat das Berufungsgericht die Beklagten als Mäkler bei dem Zustandekommen des Kaufvertrags angesehen. Als solche hatten sie die ihnen zugesagten Provisionen nur verdient, wenn der zwischen dem Kläger und L. geschlossene Kaufvertrag vom 31. Oktober 1922 gültig war, so daß der Kläger die ihnen gezahlten Beträge im Falle der Ungültigkeit des Vertrags von ihnen zurückverlangen kann.

Die Revision verkennt nicht, daß eine Vollmacht, wenn sie durch ihre Unwiderruflichkeit zur Folge hat, daß sie den Grundstückseigentümer zur Übertragung seines Grundstücks verpflichtet, der Form des § 313 BGB. bedarf. Dies ist auch anerkannten Rechtens (RGZ. Bd. 79 S. 212, Bd. 81 S. 51, Bd. 94 S. 147, Bd. 104 S. 236, Bd. 108 S. 125). Die genannten Voraussetzungen für die Formbedürftigkeit der Vollmacht lagen hier vor. Die dem Beklagten K von L. erteilte Vollmacht vom 31. Oktober 1922 bezieht sich zwar allgemein auf alle mit dem Hofe des L. zusammenhängenden Angelegenheiten und ist als Generalvollmacht bezeichnet. Aber sie ist trotzdem keine abstrakte, für sich selbst bestehende Vollmacht, sondern lehnt sich, wie schon aus der Zeit ihrer Entstehung hervorgeht, an den Auftrag an, für L. die Annahme des von dem Kläger gemachten Kaufangebots zu erklären. Beide waren dergestalt miteinander verbunden, daß die Vollmacht einen Teil des Auftragsvertrags bildete. Indem sie beide unwiderruflich waren, legten sie zusammen in bindender Weise die Veräußerungsverpflichtung des L. fest und dienten damit dem gleichen Zweck, wie das Hauptgeschäft selbst, so daß auch die für dieses geltende Formvorschrift für sie in Betracht kam.

Die Revision geht fehl, wenn sie meint, daß die Beobachtung dieser Form im gegebenen Falle entfiel, weil L. bereits auf Grund seines notariellen Kaufangebots an den Beklagten K. vom 11. Oktober 1922 verpflichtet war, das Grundstück an einen von diesem zu benennenden Käufer aufzulassen. Denn mag durch dieses Angebot vielleicht auch die Möglichkeit gegeben gewesen sein, dem Kläger ohne weiteres das Grundstück zu verschaffen, so bleibt doch bestehen, daß der Kläger selbst dem L. ein eigenes Kaufangebot gemacht hatte und es sich um dessen Annahme handelte. Dieses Geschäft aber war ein neues Geschäft, das von der Formvorschrift für das zu ihm gehörige Nebengeschäft nicht entband, weil sich vorher der Grundstückseigentümer bezüglich der Veräußerung seines Hofes gegenüber dem Beklagten K., also einem anderen Kaufbewerber als dem Kläger, bereits gültig gebunden hatte. Daß ein wirtschaftlicher Zusammenhang zwischen beiden Geschäften bestand und K. die Bindung des L. aus dem ihm selbst gemachten Kaufangebot vielleicht dazu benutzte, um ihn auch zur Annahme des Kaufangebots des Klägers und zur Erteilung der unwiderruflichen Vollmacht gefügig zu machen, ändert an der Rechtslage nichts.

Aus dem Formmangel der Vollmacht folgt jedoch nicht die Nichtigkeit des Kaufvertrags gemäß § 313 BGB., wie das Berufungsgericht anzunehmen scheint, sondern nur, daß der notariell abgeschlossene Kaufvertrag zwischen dem Kläger und L. für letzteren ohne gehörige Vollmacht abgeschlossen worden ist. Dies bedingte aber nur eine Unwirksamkeit des Kaufvertrags, die durch eine rechtswirksame Genehmigung des Vollmachtgebers geheilt werden konnte (RGZ. Bd. 108 S. 129). Eine Heilung des Kaufvertrags durch nachfolgende Auflassung und Eintragung kam, weil es sich nur um die auf dem Mangel gehöriger Vollmacht beruhende Unwirksamkeit des Geschäfts, nicht aber um eine Nichtigkeit des Kaufvertrags wegen Fehlens der Form aus § 313 BGB. handelte, überhaupt nicht in Frage. Wenigstens nicht für das Kaufgeschäft selbst. Höchstens eine Heilung der mangelnden Form des Auftrags und der Vollmacht wäre denkbar auch diese scheitert indes an der Erwägung, daß die Auflassung namens des L. ebenfalls von einem Nichtbevollmächtigten erklärt sein würde und deshalb auch als unwirksam angesehen werden müßte. Darum bedarf es nicht erst der Prüfung, ob auch die Auflassung an die Höfebank in Verbindung mit ihrer Eigentumseintragung, über deren Vornahme noch Zweifel bestehen, die heilende Wirkung hätte äußern können. Wesentlich ist allein, ob der Mangel der Vollmacht durch eine nachträgliche Genehmigung des Kaufgeschäfts von seiten des L. wirksam ausgeglichen worden ist.

Eine solche Genehmigung ist zwar in den Vorinstanzen von den Beklagten nicht ausdrücklich behauptet worden. Aber da L. von dem Abschluß des Kaufvertrags mit dem Kläger Kenntnis gehabt und am Tage der Annahme des klägerischen Kaufangebots ersichtlich zum Zwecke dieser Annahme dem Beklagten K. Vollmacht erteilt hat, so liegt eine spätere Genehmigung des Kaufvertrags immerhin nahe. Dies um so mehr, als für L. schon aus seinem Kaufangebot an K. die Verpflichtung zur Übertragung des Hofes bestand. Auch weist die angebliche Auflassung des Grundstücks an die Höfebank und die Zahlung des Kaufgelds an L. auf eine Genehmigung des nicht mit gehöriger Vollmacht geschlossenen Kaufvertrags hin, da für eine Ausübung des Vorkaufsrechts der Höfebank, die zur Auflassung an sie Anlaß geben konnte, überhaupt kein Raum war, solange der notarielle Kaufvertrag zwischen dem Kläger und L. durch Genehmigung des letzteren noch nicht rechtswirksam geworden war (RGZ. Bd. 98 S. 49). Die vorgebrachten Tatsachen geben deshalb Anlaß zu der vom Berufungsrichter vorzunehmenden Prüfung, ob der Kaufvertrag zwischen dem Kläger und L. durch eine wirksame Genehmigung des letzteren rechtsgültig geworden ist. . . .

---

69. Erfordernisse des Pensionierungsbescheids. Mitteilung hinsichtlich des Ruhegehaltsanspruchs.

Preuß. Gesetz, betr. die Pensionierung der unmittelbaren Staatsbeamten usw., vom 27. März 1872 (GS. S. 268) § 24.

III. Zivilsenat. Urt. v. 20. März 1925 i. S. Preuß. Staat. (Bekl.) w. S. (Kl.). III 134/24.

I. Landgericht Halle.
II. Oberlandesgericht Naumburg a. S.

Der Kläger, Hauptmann der Schutzpolizei in B., hatte im Dezember 1921 um seine Dienstentlassung unter Gewährung der gesetzlichen Pension gebeten. Auf dieses Gesuch telegraphierte der preuß. Minister des Innern am 26. Februar 1922 an den Regierungspräsidenten in M.: „Polizeihauptmann S. entlassen, Gehaltszahlung einstellen. Erlaß folgt." Ein Erlaß folgte indessen zunächst nicht. Durch Schreiben der Verwaltungsstelle der Schutzpolizei in B. vom 17. März und durch Mitteilung des Regierungspräsidenten in M. vom 6. April 1922 erhielt der Kläger Kenntnis von dem Telegramm des Ministers; einen Bescheid über die etwaige Gewährung von Ruhegehalt enthielten diese Mitteilungen nicht. Durch Erlaß vom 17. Juni 1922 hat der Minister den Entlassungsantrag genehmigt und bemerkt: als Zeitpunkt des Ausscheidens gelte der 28. Februar 1922, Versorgungsansprüche könnten nicht anerkannt werden. Von diesem Erlaß hat der Regierungspräsident durch Schreiben vom 27. Juni, dem Kläger am 2. Juli zugegangen, Mitteilung gemacht.

Der Kläger hat den Standpunkt vertreten, erst dieses ihm am 2. Juli zugegangene Schreiben habe die Frist des § 24 Preuß. Pensionsgesetzes im Lauf gesetzt, seine Versetzung in den Ruhestand sei daher mit dem 31. Oktober 1922 in Kraft getreten. Mit der Klage hat er Gehalt für die Monate April bis Oktober 1922 gefordert; nach diesem Antrag hat das Landgericht erkannt. Das Oberlandesgericht hat die Berufung des Beklagten zurückgewiesen. Die Revision ist zurückgewiesen worden.

Gründe:

Nach den Feststellungen des Berufungsrichters ist der Kläger durch seine Anstellung als Polizeihauptmann und durch die Behändigung der Bestallungsurkunde unmittelbarer preuß. Staatsbeamter geworden (§ 32 Abs. 1 BDEG. vom 17. Dezember 1920) und damit den allgemeinen beamtengesetzlichen Bestimmungen unterworfen worden. Für die Beendigung des Dienstverhältnisses des Klägers sei daher, so erwägt der Berufungsrichter weiter, das BeamtenpensGes. vom 27. März 1872 maßgebend; das preuß. SchutzpolizeibeamtenGes. vom 16. August 1922 sei erst später in Kraft getreten und deshalb hier belanglos. — Gegen diese Ausführungen sind keine Bedenken zu erheben; auch die Revision ficht sie nicht an.

In Auslegung des § 24 BPensG. nimmt der Berufungsrichter an, der Pensionierungsbescheid müsse, um die Wirkung des § 24 auszulösen, die Versetzung des Beamten in den Ruhestand aussprechen und die Entscheidung darüber treffen, ob dem Beamten eine Ruhegehaltsanspruch zustehe; bejahendenfalls müsse der Bescheid den Ruhegehaltsanspruch abschließend und erschöpfend regeln. — Der Beklagte hatte die Vorschrift des § 24 für unanwendbar erachtet, weil sie voraussetze, daß den Beamten ein Ruhegehaltsanspruch überhaupt zukommen könne; letzteres sei, wie der Beklagte unter Hinweis auf die „Kann"-Vorschrift des § 32 BDEG. auszuführen suchte, vor dem Inkrafttreten des Schutzpolizeigesetzes nicht der Fall gewesen. Der Berufungsrichter hat das letztere dahingestellt gelassen; er nimmt im Gegensatz zu dem Beklagten an, daß § 24 BPensG. auch für solche Fälle anwendbar sei. Weder § 24 selbst, noch eine andere Stelle des BPensG., insbesondere auch nicht dessen § 1, gebe einen Anhalt für die vom Beklagten vertretene Auffassung.

Dem ist beizupflichten. Die Angriffe der Revision sind nicht begründet. Der Wortlaut des § 23 („Ob") läßt deutlich erkennen, daß der Pensionierungsbescheid sich auch dann, wenn die pensionierende Behörde einen Ruhegehaltsanspruch nicht für begründet erachtet, darüber aussprechen muß, ob dem Beamten ein Ruhegehaltsanspruch zustehen solle oder nicht. Der Bescheid soll Klarheit schaffen. Dies hat der ministerielle Bescheid gerade im vorliegenden Fall nicht getan, solange er die Ruhegehaltsfrage offen ließ, hatte doch der Kläger ausdrücklich um die Gewährung des gesetzlichen Ruhegehalts gebeten, ohne daß der Minister in seinem Telegramm vom 26. Februar dieses Gesuch auch nur berührt hat. . . .

---

70. Verstößt die Ausführungsbestimmung I Abs. 2 Satz 2 zu § 76 der Eisenbahnverkehrsordnung, wonach die vom Empfänger beantragte unmittelbare Weitersendung des Frachtguts von der Eisenbahn abgelehnt werden kann, gegen den sogenannten Beförderungszwang der Eisenbahn?

HGB. § 453. Eisenbahnverkehrsordnung §§ 3, 76.

I. Zivilsenat. Urt. v. 21. März 1925 i. S. L. & Co. (Kl.) w. Deutsche Reichsbahnges. (Bekl.). I 350/24.

I. Landgericht Beuthen O./S.
II. Oberlandesgericht Breslau.

Die Klägerin bezog im Mai und Juni 1920 von den Berg- und Hüttenwerken C. und L. Zinkerze, die sie an das L.-Werk in Sch. bei Beuthen O.-Schl. weiter verkaufte. Um ihrer Abnehmerin die Bezugsquelle nicht preiszugeben, sandte sie die Zinkerze zunächst mit der Eisenbahn an die Anschrift eines Spediteurs in Kattowitz, der dann seinerseits die Wagen ohne Umladung mit neuem Frachtbrief an das L.-Werk aufgeben sollte. Ein Teil der Zinkerzladungen ist in dieser Weise befördert worden. Dagegen hat die Eisenbahn eine derartige Weitersendung von 13 in der Zeit vom 23. bis 29. Juni und von 7 am 1. und 2. Juli 1920 in Kattowitz eingetroffenen Bahnwagen zunächst verweigert und erst am 5. und 6. Juli 1920 zugelassen. Durch das Stehenbleiben der beladenen Wagen in Kattowitz erwuchsen Wagenstandgelder, die die Bahn von dem Kattowitzer Spediteur als Empfänger erhob. Die Klägerin verlangte als dessen Rechtsnachfolgerin die Erstattung dieser Wagenstandgelder, weil sie die Weigerung der Bahn für unberechtigt hielt. Ferner forderte sie aus dem gleichen Grunde und, weil die Weigerung nur aus Schikane geschehen sei, von der Eisenbahn den ihr durch das verspätete Eintreffen in Sch. entstandenen Schaden, da im Juli die Verbandspreise herabgesetzt worden seien. Das Landgericht verurteilte die Eisenbahn zur Erstattung der Wagenstandgelder und stellte den Schadensersatzanspruch dem Grunde nach fest.

Die Berufung der Eisenbahn führte zur Klagabweisung. Die Revision der Klägerin blieb erfolglos.

Gründe:

Die Entscheidung der Rechtsfrage hängt wesentlich von der Gültigkeit der Ausführungsbestimmung I Abs. 2 Satz 2 zu § 76 EVO. ab. Zu der letztgenannten Bestimmung, die von der Ablieferung handelt, fügt die Ausführungsbestimmung I Abs. 1 Nr. 4 hinzu, daß der im Frachtbrief bezeichnete Empfänger, statt das Gut abzunehmen, auch die Anweisung erteilen kann, es solle dieses mit neuem Frachtbrief von der Bestimmungsstation nach einer anderen

Station gesandt werden. In Satz 2 des Absatzes 2 dieser Ausführungsbestimmung ist dann gesagt: „Die Ausführung der Anweisung kann abgelehnt werden."

Nach § 453 HGB. darf die Eisenbahn, von hier nicht in Frage kommenden Ausnahmen abgesehen, die Übernahme von Gütern zur Beförderung nicht ablehnen. Die Klägerin hält die wiedergegebene Ausführungsbestimmung mit dem in § 453 HGB. angeordneten sogenannten Beförderungszwang der Eisenbahn nicht für vereinbar und die Revision macht dies erneut unter Hinweis auf § 3 EVO. geltend.

Dieses Vorbringen ist zwar nach § 471 HGB. an sich beachtlich, aber nicht begründet, und es muß im Ergebnis dem Vorderrichter beigetreten werden, der die Ausführungsbestimmung über das Ablehnungsrecht für gültig hält. In § 453 HGB. ist von „Übernahme von Gütern zur Beförderung", die nicht verweigert werden könne, die Rede, in § 3 EVO. allgemein von der „Beförderung". Darauf legt die Revision Wert, augenscheinlich deshalb, weil sie meint, daß damit auch die Fortsetzung der Beförderung des Frachtguts im Sinne der Umbehandlung getroffen werde. Allein die Verschiedenheit der Wortfassung bedeutet keinen sachlichen Unterschied. Auch bei der Umbehandlung wird ein neuer Frachtvertrag abgeschlossen, das Gut somit aufs neue übernommen (zu vgl. Rundnagel, 3.—4. Aufl. S. 22), nur daß hier eine Entladung und eine Neubeladung erspart werden. Mit dieser Unterscheidung wird also nichts gewonnen. Vielmehr läßt sich die Frage nur beantworten, wenn man prüft, ob durch Ablehnung der Umbehandlung tatsächlich der Empfänger in die Unmöglichkeit versetzt wird, das Gut weiter befördern zu lassen. Davon kann jedoch keine Rede sein. Ohne die Anweisung des Empfängers würde zunächst der Frachtvertrag in der üblichen Weise abzuwickeln gewesen sein. Der Empfänger hätte also gemäß § 80 EVO. das Frachtgut abzunehmen und den Bahnwagen zu entladen gehabt und er wäre dann in keiner Weise gehindert gewesen, das Gut alsbald aufs neue bei der Bahn zur Beförderung nach einem anderen Ort aufzuliefern. Hier greifen nun die Ausführungsbestimmungen ein, die im Gegensatz zu den Bestimmungen des Handelsgesetzbuchs und der Eisenbahnverkehrsordnung reines Vertragsrecht darstellen (§ 2 EVO.). Diese Ausführungsbestimmungen geben dem Empfänger, der das Frachtgut gleich weiter versandt haben will, die Möglichkeit, seinen Zweck unter Ersparung der Ausladung und Neubeladung in der Weise zu erreichen, daß er bloß einen neuen Frachtvertrag mit der Eisenbahn abschließt. Darin liegt selbstverständlich eine erhebliche Vereinfachung des Geschäftsgangs für den Empfänger. Nur einen Anspruch auf Gewährung dieser Erleichterung soll der Empfänger nicht haben, was durchaus verständlich ist. Denn an sich hat er kein Recht, den Bahnwagen, auf dem das Frachtgut befördert worden ist, länger zu behalten, als zur Entladung erforderlich ist. Auf der Empfangsstation werden meist neue Beförderungsaufträge zur Erledigung vorliegen und die Zahl der verfügbaren Wagen wird regelmäßig nur begrenzt sein. Eine Anweisung des Empfängers im Sinne der Ausführungsbestimmung I Abs. 1 Nr. 4 zu § 76 EVO. könnte also, wenn ihr unbedingt zu entsprechen wäre, unter Umständen für die Abwicklung des Güterverkehrs zu Schwierigkeiten führen, weshalb die Bahn hier — im Gegensatz zur nachträglichen Verfügung des Absenders nach § 73 EVO. — freie Hand behalten soll und Entladung verlangen kann. Die Umbehandlung des Frachtguts nach I Abs. 1 Nr. 4 der Ausführungsbestimmungen zu § 76 EVO. ist somit ihrem Wesen nach nur eine besondere Art der Abwicklung des Frachtvertrags (zu vgl. auch RGZ. Bd. 102 S. 94). Lehnt daher die Eisenbahn die Ausführung der Anweisung des Empfängers ab, so verbleibt es bei der regelmäßigen Abwicklung des Frachtvertrags, ohne daß jedoch durch die Ablehnung dem Empfänger irgendwie verwehrt würde, sogleich im Anschluß daran einen neuen Frachtvertrag mit der Bahn abzuschließen.

Die Gültigkeit der streitigen Ausführungsbestimmung steht hiernach außer jedem Zweifel. Daß sich aber die Eisenbahn nicht aus § 826 BGB. haftbar gemacht hat, ist vom Vorderrichter mit rechtlich einwandfreier und im übrigen auf Tatsachenwürdigung gestützter Begründung dargelegt worden.

---

71. 1. Bedarf der Vertrag über die Einräumung eines dinglichen Vorkaufsrechts der Form des § 313 BGB.?

2. Bedarf der Vertrag über die Bestellung eines dinglichen

Wiederkaufsrechts zugunsten des Veräußerers eines Rentenguts gemäß Art. 29 Preuß. AG. z. BGB. der Form des § 313 BGB.?

3. Bedarf die Festsetzung des Preises und der näheren Bedingungen für das Wiederkaufsrecht in dem Ansiedlungsvertrage gemäß § 20 Abs. 2 des Reichssiedlungsgesetzes vom 11. August 1919 der Form des § 313 BGB.?

V. Zivilsenat. Urt. v. 21. März 1925 i. S. Schleswig-Holsteinische Höfebank G. m. b. H. (Kl.) w. Sch. (Bekl.). V 531/24.

I. Landgericht Kiel.
II. Oberlandesgericht daselbst.

Die Klägerin, ein gemeinnütziges Siedlungsunternehmen, hat durch notariellen Vertrag vom 17. August 1923 einen Teil der Herrschaft H., darunter auch das Dorf Schw., von dem Landgrafen Alexander Friedrich von Hessen gekauft, um die Pächter des Landes auf diesem als freie Eigentümer anzusiedeln. Sie hat zu letzterem Zweck mit den Pächtern Verträge geschlossen, durch welche die Pächter sich verpflichteten, ihr Pachtland von ihr als Eigentum zu erwerben. Zu den Pächtern gehörte auch der Beklagte. Mit ihm hat die Klägerin am 7. September 1923 einen privatschriftlichen, von dem Beklagten und ihrem Vertreter, dem Prokuristen M., unterschriebenen Vertrag errichtet, in welchem der Beklagte sich verpflichtete, mit der Klägerin einen Vertrag abzuschließen, wie er in der Anlage jenes Vertrags als Entwurf beigefügt war, während die Klägerin das Recht erhielt, aber nicht die Verpflichtung übernahm, diesen Vertrag mit dem Beklagten abzuschließen. Gleichzeitig erteilte der Beklagte der Klägerin in dem Vertrag vom 7. September 1923 die unwiderrufliche Vollmacht, den Vertrag in seinem Namen mit sich selbst abzuschließen, auch die Auflassung für ihn entgegenzunehmen, Eintragungen jeder Art für ihn im Grundbuch zu bewilligen. In dem beigefügten, lediglich vom Beklagten unterzeichneten Entwurf war zunächst bestimmt, daß für den Vertrag die ihm als Anlage beigefügten allgemeinen Verkaufsbedingungen der Klägerin maßgebend seien, soweit nicht in den besonderen Bedingungen abändernde Vereinbarungen getroffen seien. Es ist dann weiter bestimmt, daß die Klägerin dem Beklagten als künftiges Renten- und Anerbengut unter

Vorbehalt des dinglichen Wiederkaufsrechts näher bezeichnete Flächen der Gemeinde Schw. verkauft. Der Kaufpreis soll in näher angegebenen Geld- oder Roggenrenten bestehen. Die in dem Vertragsentwurf in Bezug genommenen allgemeinen Verkaufsbedingungen enthalten unter Nr. 13 die Bestimmung, daß der Klägerin ein dingliches Wiederkaufsrecht für gewisse Fälle bestellt wird. In § 19b ist bestimmt, für den Fall, daß das Grundstück nicht Rentengut würde, solle statt des in Ziffer 13 vorgesehenen Wiederkaufsrechts ein Wiederkaufsrecht auf Grund des § 20 des Reichssiedlungsgesetzes für den Fall eingetragen werden, daß der Käufer oder ein späterer Eigentümer das Grundstück ganz oder teilweise veräußert oder aufgibt oder es nicht dauernd bewohnt oder bewirtschaftet. Unter dem 31. März 1924 gab der Beklagte der Klägerin gegenüber die schriftliche Erklärung ab, daß der geschlossene Vertrag nichtig sei. Darauf hat die Klägerin am 4. April 1924, auf Grund der Vollmacht des Beklagten vom 7. September 1923 als Vertreterin des Beklagten mit sich selbst abschließend, den Kauf gemäß dem Entwurf des Vertrags und den allgemeinen Verkaufsbedingungen zu gerichtlichem Protokoll beurkunden lassen. Eine Auflassung des Grundstücks an den Beklagten ist noch nicht erfolgt. Die Klägerin hat wegen entstandener Streitigkeiten Klage gegen den Beklagten erhoben und u. a. in erster Instanz den Antrag gestellt, festzustellen, daß der Vertrag vom 7. September 1923/4. April 1924 rechtsverbindlich sei. Durch Teilurteil hat das Landgericht die Klägerin mit diesem Feststellungsbegehren abgewiesen. Ihre Berufung ist zurückgewiesen. Auch die Revision der Klägerin blieb ohne Erfolg.

Gründe:

Das Berufungsgericht führt aus, daß Verträge, durch welche nur die Verpflichtung zum Erwerb von Grundeigentum übernommen werde, ohne daß sich zugleich der Veräußerer zur Eigentumsübertragung verpflichte, der Form des § 313 BGB. nicht unterlägen; durch die Vereinbarungen vom 7. September 1923 habe sich der Beklagte aber nicht nur zum Erwerb, sondern unter gewissen Bedingungen auch zur Wiederveräußerung des zu kaufenden Grundstücks verpflichtet. Die Einräumung eines Wiederkaufsrechts bedürfe aber der Form des § 313 BGB. Hier handele es sich um ein dingliches Wiederkaufsrecht; dieses sei im Bürgerlichen Gesetzbuch, welches nur das schuldrechtliche Wiederkaufsrecht kenne, nicht geregelt. Auf Grund des Art. 62 EG. z. BGB., wonach die landesgesetzlichen Vorschriften bei Rentengütern unberührt bleiben, sei in Art. 29 preuß. AG. z. BGB. bei Rentengütern die Begründung eines dinglichen Wiederkaufsrechts zugunsten des Veräußerers zugelassen. Dieses Recht sei dem dinglichen Vorkaufsrecht des Bürgerlichen Gesetzbuchs nachgebildet. Wenn auch die Einigung über die Belastung eines Grundstücks mit einem Recht nach § 873 BGB. keiner Form bedürfe, so bedürfe doch der Vertrag, durch den die Verpflichtung zur Bestellung eines dinglichen Vorkaufsrechts begründet werde, der Form des § 313 BGB. Dies sei allerdings streitig und in der Plenarentscheidung RGZ. Bd. 72 S. 385, in welcher die Frage, ob ein Vertrag über die Einräumung eines persönlichen Vorkaufsrechts in Ansehung eines Grundstücks der gerichtlichen oder notariellen Beurkundung bedürfe, bejaht sei, noch unentschieden gelassen. Überwiegende Gründe sprächen aber für die Bejahung. Entscheidend sei, daß nach § 1098 BGB. das dingliche Vorkaufsrecht auch das persönliche Vorkaufsrecht enthalte und daß ihm Dritten gegenüber die Wirkung einer Vormerkung zur Sicherung des durch die Ausübung des Rechtes entstehenden Anspruchs auf Übertragung des Eigentums beigelegt sei. Ebenso erzeuge nach Art. 29 § 5 preuß. AG. z. BGB. die Einräumung des dinglichen Wiederkaufsrechts ein persönliches Schuldverhältnis zwischen dem Berechtigten und Verpflichteten auf Eigentumsübertragung und habe Dritten gegenüber auch das dingliche Wiederkaufsrecht die Wirkung einer Vormerkung zur Sicherung des durch die Ausübung des Rechts entstehenden Anspruchs auf Übertragung des Eigentums. Eine dingliche Einigung im Sinne von § 873 BGB. sei hier noch nicht erfolgt. Denn die allgemeinen Verkaufsbedingungen seien lediglich als Bestandteile des Vertragsentwurfs in Bezug genommen, der für den noch zu errichtenden Vertrag, zu dessen Abschluß sich der Beklagte am 7. September 1923 verpflichtet hatte, maßgebend sein sollte. Der Beklagte sei also damals nur die Verpflichtung eingegangen, das Wiederkaufsrecht zu bestellen. Ein Vorvertrag zur Eingehung eines Grundstückskaufvertrags unterliege aber derselben Formvorschrift, wie der in Aussicht genommene Hauptvertrag. Wenn man aber die Vereinbarung vom 7. September 1923 nur als bindende Vertragsofferte würdigen wollte, würde auch diese

Offerte derselben Form bedürfen. Daß der Beklagte durch die Wiederkaufsabrede sich zur bedingten Übereignung eines Grundstücks verpflichtete, das ihm noch nicht gehörte, ändere hieran nichts. Die Verpflichtung zur Weiterveräußerung sei hier auch nicht lediglich die gesetzliche Folge des dem Vertrag entsprechend vorgenommenen Eigentumserwerbs; vielmehr beruhe die Eigentumsübertragungspflicht des Wiederverkäufers lediglich auf der Vertragsabrede beim Kauf. Sei hiernach die Wiederverkaufsabrede aus Ziffer 13 der allgemeinen Verkaufsbedingungen nichtig, so habe dies gemäß § 139 BGB. die Nichtigkeit des ganzen einheitlichen Rechtsgeschäfts zur Folge, es sei denn, daß dieses auch ohne die ungültige Bestimmung geschlossen worden wäre. Ohne die Einräumung des Wiederkaufsrechts würde die Klägerin sich aber auf den Vertrag nicht eingelassen haben. Sie hätte sich höchstens mit dem Wiederkaufsrecht aus § 20 Reichssiedlungsgesetzes begnügt, das sie dann aber vertraglich anders ausgestaltet hätte. Die Bestimmung der Ziffer 13 Abs. 1 wäre also nicht einfach weggeblieben, sondern der Vertrag wäre anders geschlossen worden. Dies sei aber ein anderer Fall als der in § 139 BGB. vorgesehene Ausnahmefall. Übrigens würde, wenn das gesetzliche Wiederkaufsrecht, wie aus der Aussage des Zeugen M. zu entnehmen sei, anders ausgestaltet worden wäre, als es seinem gesetzlichen Inhalt nach sich darstelle, ein vertragsmäßiges Wiederkaufsrecht geschaffen worden sein, das der Form des § 313 BGB. unterlegen habe. Mit dem einheitlichen Rechtsgeschäft falle auch die Vollmacht, die an sich schon nichtig sei, weil sie unwiderruflich zur Übereignung eines Grundstücks ausgestellt sei und die Klägerin zum Abschluß mit sich selbst ermächtigte.

Die Revision wendet sich zunächst gegen die uneingeschränkte Übertragung der Grundsätze vom dinglichen Vorkaufsrecht des Bürgerlichen Gesetzbuchs auf das dingliche Wiederkaufsrecht des Ansiedlungsrechts. Sie bestreitet aber auch, daß der schuldrechtliche Vertrag über die Bestellung eines dinglichen Vorkaufsrechts der Form des § 313 BGB. bedürfe. Das dingliche Vorkaufsrecht sei nach § 1094 BGB. eine Belastung des Grundstücks; die Einigung über die Belastung eines Grundstücks mit einem Recht sei nach § 873 BGB. formfrei. Auch die obligatorischen Verträge über Rechte an Grundstücken seien, wie in den Protokollen der zweiten Lesung des

Entwurfs des BGB. Bd. I S. 463 hervorgehoben sei, formfrei gelassen. Durch die Einfügung des § 1098 Abs. 2 BGB. seitens der zweiten Kommission sei an dem Wesen des dinglichen Vorkaufsrechts nichts geändert, es handle sich hier nur um eine redaktionelle Änderung. Nach den Motiven zum BGB. (Bd. 3 S. 450) gehe aber der Zweck des Vorkaufsrechts nicht sowohl dahin, dem Berechtigten das Eigentum zu verschaffen, als vielmehr dahin, einen dem Berechtigten unerwünschten Eigentumswechsel zu verhüten. Wäre das dingliche Vorkaufsrecht nichts anderes, als ein in der Form der Vormerkung verdinglichtes persönliches Vorkaufsrecht, so wäre es überhaupt überflüssig. Das durch Vormerkung gesicherte persönliche Vorkaufsrecht gehe im Fall der Nichtigkeit auf den gutgläubigen Erwerber nicht über, wohl aber das dingliche Vorkaufsrecht. Beim dinglichen Wiederkaufsrecht des Art. 29 preuß. AG. z. BGB. komme der Belastungscharakter noch stärker zum Ausdruck. Nach der Begründung des Gesetzes solle es zur Sicherung der Selbständigkeit der Rentengüter, ihrer Erhaltung in gutem Kulturzustand und ihrer Erhaltung in deutscher Hand dienen. Die Auffassung einer bedingten Rückübertragung von Eigentum trete diesen Zwecken gegenüber ganz in den Hintergrund.

Diesen Ausführungen der Revision konnte nicht beigepflichtet werden. Das Bürgerliche Gesetzbuch kennt nur ein persönliches, schuldrechtliches Wiederkaufsrecht, aber kein dingliches. Dagegen ist bei Rentengütern, deren gesetzliche Regelung in Art. 62 EG. z. BGB. dem Landesrecht vorbehalten ist, in Preußen durch Art. 29 preuß. AG. z. BGB. die Bestellung eines dinglichen Wiederkaufsrechts durch Vertrag für zulässig erklärt worden. Die in Art. 29 des Entwurfs des preuß. AG. z. BGB. enthaltenen Vorschriften über das dingliche Wiederkaufsrecht bei Rentengütern sind nach der Begründung (S. 102), soweit es tunlich war, den Vorschriften des Bürgerlichen Gesetzbuchs über das dingliche Vorkaufsrecht nachgebildet. Die Abweichungen werden daselbst mit der rechtlichen Natur des Wiederkaufsrechts und mit den Zwecken, die es bei Rentengütern verfolgt, gerechtfertigt. Der Vertrag über die Bestellung eines persönlichen Vorkaufsrechts an einem Grundstück bedarf nach der Entscheidung der vereinigten Zivilsenate vom 24. Januar 1910 RGZ. Bd. 72 S. 385 der gerichtlichen oder notariellen Beurkundung. Diese Rechtsauffassung wird im wesentlichen damit begründet, daß der Eigentümer sich bereits mit dem Abschluß des Vertrags über die Einräumung des Vorkaufsrechts wenigstens bedingt zur Übertragung des Eigentums an einem Grundstück verpflichtet hat. Ob auch der Vertrag über die Einräumung eines dinglichen Vorkaufsrechts der Form des § 313 BGB. bedarf, ist in dem Plenarbeschluß unentschieden gelassen. Diese Frage ist aber entgegen der Revision mit dem Berufungsgericht zu bejahen. Das dingliche Vorkaufsrecht begründet nach § 1098 Abs. 1 BGB. zwischen dem Berechtigten und dem Verpflichteten die rechtlichen Beziehungen aus dem persönlichen Vorkaufsrecht gemäß §§ 504 bis 514 BGB. Dieses enthält aber bereits die bedingte Verpflichtung des Verkäufers zur Übertragung des Eigentums (RGZ. Bd. 72 S. 389, 392). Es bedarf deshalb der Kausalvertrag bei dem dinglichen Vorkaufsrecht derselben Form, wie bei dem persönlichen Vorkaufsrecht, d. h. der Form des § 313 BGB. Wolff, Sachenrecht (5. Aufl.) § 126 A. 20; Immerwahr in Iherings Jahrbüchern Bd. 40 S. 295. In § 1098 Abs. 2 BGB. wird dem dinglichen Vorkaufsrecht Dritten gegenüber die Wirkung einer Vormerkung zur Sicherung des durch die Ausübung des Rechts entstehenden Anspruchs auf Übertragung des Eigentums beigelegt. Auch durch diese Bestimmung ist zum Ausdruck gebracht, daß die Wirkung des dinglichen Vorkaufsrechts in der Sicherung eines persönlichen Anspruchs auf Übertragung des Eigentums besteht. Mag das dingliche Vorkaufsrecht auch in § 1094 BGB. als Grundstückslast aufgefaßt sein, so ist es doch durch die von der zweiten Kommission eingefügte Bestimmung des § 1098 Abs. 2 BGB. zugleich der Sicherung des daneben bestehenden persönlichen Vorkaufsrechts gewidmet und insofern, wie schon in dem erwähnten Plenarbeschluß hervorgehoben ist, kein eigentlich dingliches Recht geblieben. Deshalb kann auf die Annahme der zweiten Kommission, daß für die Ausdehnung des in § 313 BGB. vorgeschriebenen Formzwanges auf die obligatorischen Verträge über sonstige Rechte an Grundstücken kein Bedürfnis bestehe, weil die Formalisierung des dinglichen Vertrags hier genüge (Protokolle Bd. I S. 463, 464) für das dingliche Vorkaufsrecht, wie es schließlich im Bürgerlichen Gesetzbuch gestaltet worden ist, kein ausschlaggebendes Gewicht gelegt werden, um so weniger, als in den Protokollen Bd. II S. 99 die entgegengesetzte

Auffassung hervortritt. Überflüssig war deshalb die Aufnahme des dinglichen Vorkaufsrechts in das Bürgerliche Gesetzbuch nicht, da es dem persönlichen Vorkaufsrecht gegenüber gewisse Besonderheiten aufweist (§§ 1099 flg.), und eine rechtliche Verschiedenheit zwischen beiden Vorkaufsrechten vor allem insofern besteht, als das dingliche Vorkaufsrecht von zwingenden Rechtsnormen beherrscht wird, während bezüglich des persönlichen Vorkaufsrechts Vertragsfreiheit herrscht. Auch wenn der Schutz des guten Glaubens an die Richtigkeit des Grundbuchs, der dem durch Vormerkung gesicherten persönlich Vorkaufsberechtigten nicht zur Seite steht, dem dinglichen Vorkaufsberechtigten zuzubilligen sein möchte (Wolff § 126 unter 2a), so stände dies der Annahme des Formzwanges für das dingliche Kausalgeschäft nicht entgegen, weil, wie bereits hervorgehoben, dadurch eine bedingte Verpflichtung zur Übereignung eines Grundstücks begründet wird (Wolff § 126 A. 20).

Was vom dinglichen Vorkaufsrecht gilt, muß aber auch bei dem ihm nachgebildeten dinglichen Wiederkaufsrecht des Art. 29 preuß. AG. z. BGB. Platz greifen. Auch der Vertrag über die Einräumung eines persönlichen Wiederkaufsrechts bedarf nach der Rechtsprechung des Reichsgerichts (JW. 1911 S. 320 Nr. 7, Warn. 1921 Nr. 122) zu seiner Rechtswirksamkeit der in § 313 Satz 1 BGB. vorgeschriebenen Form, weil dadurch zugunsten des Berechtigten die Verpflichtung des anderen Teils zur künftigen Übertragung des Eigentums an einem Grundstück beim Vorhandensein gewisser Voraussetzungen begründet wird. Für das dingliche Wiederkaufsrecht werden in Art. 29 § 5 Abs. 1 preuß. AG. z. BGB. die Vorschriften des § 497 Abs. 1 und der §§ 498 bis 502 BGB. auf das Rechtsverhältnis zwischen dem Berechtigten und dem Verpflichteten für anwendbar erklärt. Auch hier werden also dieselben Rechte und Pflichten wie beim persönlichen Wiederkaufsrecht — mit Ausnahme des Preises und der Zeitdauer — für Käufer und Verkäufer begründet. Hier tritt die Verpflichtung des Wiederverkäufers zur Übertragung des Eigentums, die schon durch den Vorbehalt des Wiederkaufs seitens des Verkäufers im Kaufvertrag begründet wird, noch schärfer in die Erscheinung, als beim Vorkauf, weil der Wiederkauf nach § 497 Abs. 1 BGB. schon mit der Erklärung des Verkäufers gegenüber dem Käufer, daß er das Wiederkaufsrecht ausübe, zustande kommt.

Hier hängt also das Zustandekommen des Wiederkaufs, abgesehen vom Eintritt etwaiger noch besonders vereinbarter Bedingungen für die Ausübung des Rechts, lediglich von dem Willen des Käufers ab, während beim Vorkauf Voraussetzung für die Ausübung des Vorkaufsrechts der Abschluß eines Kaufvertrags mit einem Dritten ist, der Verpflichtete es also immer noch in der Hand behält, ob er die Möglichkeit für die Ausübung des Vorkaufsrechts schaffen will. Auch die Wirkung, die das Wiederkaufsrecht Dritten gegenüber hat, ist entsprechend den Bestimmungen über das dingliche Vorkaufsrecht geregelt. Denn Art. 29 § 5 Abs. 2 preuß. AG. z. BGB. bestimmt entsprechend der Vorschrift des § 1098 Abs. 2 BGB., daß Dritten gegenüber das Wiederkaufsrecht die Wirkung einer Vormerkung zur Sicherung des durch die Ausübung des Rechtes entstehenden Anspruchs auf Übertragung des Eigentums hat. Deshalb ist es auch hier gerechtfertigt, die Formvorschrift des § 313 BGB., welche für die Einräumung des persönlichen Wiederkaufsrechts an einem Grundstück erfüllt sein muß, auf den Vertrag über die Bestellung eines dinglichen Wiederkaufsrechts an einem Grundstück auszudehnen.

Die Formvorschrift gilt allerdings nur für das Kausalgeschäft. Die dingliche Einigung über die Belastung des Grundstücks mit dem Wiederkaufsrecht ist nach § 873 BGB. formfrei. Ohne Rechtsirrtum hat das Berufungsgericht aber angenommen, daß hier lediglich eine schuldrechtliche Verpflichtung zur Bestellung eines dinglichen Wiederkaufsrechts eingegangen, aber noch keine dingliche Einigung über dasselbe zustande gekommen ist. Denn die Bestimmung in Ziffer 13 der allgemeinen Verkaufsbedingungen, wonach ein dingliches Wiederkaufsrecht zugunsten der Klägerin bestellt wird, kommt hier nur als Bestandteil des Vertragsentwurfs in Betracht, dessen Inhalt für den erst noch abzuschließenden Rentengutsvertrag maßgebend sein sollte. Der Rentengutsvertrag selbst mit dem gesamten in Aussicht genommenen Inhalt, also auch mit der Verpflichtung zur Einräumung des Wiederkaufsrechts, sollte erst noch geschlossen werden. Eine Umdeutung nach § 140 BGB., dessen Verletzung die Revision in diesem Zusammenhang noch rügt, kam nicht in Frage, da jeder Anhalt dafür fehlt, daß die Parteien vor Abschluß des förmlichen Rentengutsvertrags schon eine dingliche Einigung über das Wiederkaufsrecht vorgenommen haben würden. Für den Beklagten, der lediglich einen

Vorvertrag geschlossen hat, lag keine Veranlassung vor, teilweise schon endgültige Vereinbarungen zu treffen.

Die Revision will ferner die Anwendung des § 313 BGB. auf den Vertrag über die Bestellung des dinglichen Wiederkaufsrechts ausgeschlossen wissen, weil der Rentengutsvertrag selbst, in welchem das Wiederkaufsrecht bestellt werde, formfrei sei. Denn nach Art. 12 § 1 preuß. AG. z. BGB. genüge für den Rentengutsvertrag bei den durch Vermittlung der Generalkommission begründeten und bei den vom Staat ausgegebenen Rentengütern die schriftliche Form. Die gemeinnützigen Siedlungsgesellschaften seien aber in der Siedlungsgesetzgebung (preuß. Besitzfestigungsgesetz vom 26. Juni 1912 § 1 Abs. 1 Nr. 2, Ausführungsanweisung II zu den Siedlungsgesetzen) als vermittelndes Organ für die Rentengutsbildung der Generalkommission und dem Kulturamt gleichgestellt. Es rechtfertige sich deshalb die Ausdehnung des Formprivilegs des Art. 12 § 1 preuß. AG. z. BGB. auf die Rentengutsverträge bei den von der gemeinnützigen Siedlungsgesellschaft ausgegebenen oder durch ihre Vermittlung begründeten Rentengütern. Diese Rechtsanschauung findet aber in der Siedlungsgesetzgebung keine Stütze. Allerdings ist die Aufteilung größerer Landflächen und die Rentengutsbildung im Laufe der Zeit zum großen Teil in die Hände privater Banken und gemeinnütziger provinzieller Siedlungsgesellschaften gelangt, welche die Rentengutsbildung vielfach ohne Mitwirkung der Generalkommission durchführten. Für diese Gesellschaften kommen aber die Erleichterungen, die das Gesetz im Fall der Vermittlung der Auseinandersetzungsbehörden vorsieht, in Wegfall. Mangels einer anderweitigen gesetzlichen Regelung müssen also die von ihnen bei der Rentengutsbildung zu errichtenden Kaufverträge gerichtlich oder notariell abgeschlossen werden, und zum Erwerbe des Eigentums an den von ihnen begründeten Rentengütern ist Auflassung erforderlich (Haack, Die preußische Agrargesetzgebung. Teil I die preußischen Gesetze über Rentengüter S. 40 A. 4 zu § 12 Rentengutsgesetzes). Auch von diesem Gesichtspunkt aus ist daher die Formfreiheit des Vertrags über die Einräumung des Wiederkaufsrechts nicht zu rechtfertigen.

Verfehlt ist ferner der Versuch der Revision, die Formfreiheit des Vertrags daraus herzuleiten, daß die Verpflichtung des Beklagten zum Wiederverkauf hier schon auf einer gesetzlichen Bestimmung, nämlich dem § 20 Reichssiedlungsgesetzes, beruhe, also nicht erst durch die vertraglichen Kaufbedingungen begründet worden sei. Dies würde nur dann zutreffen, wenn es sich in dem Vertragsentwurf lediglich um die Wiederholung des Inhalts des gesetzlichen Wiederkaufsrechts handelte. Die Revision übersieht aber, daß das Wiederkaufsrecht des § 20 RSiedlGes. auf bestimmte Fälle beschränkt ist. Es greift nur Platz, wenn der Ansiedler die Ansiedlerstelle ganz oder teilweise veräußert oder aufgibt, oder wenn er sie nicht dauernd bewohnt oder bewirtschaftet. In § 13 der allgemeinen Vertragsbedingungen der Klägerin ist ihr das Wiederkaufsrecht aber auch noch für andere Fälle, insbesondere auch für den Fall eingeräumt, daß der Beklagte seine vertraglichen Verpflichtungen in bestimmten Richtungen nicht erfüllen sollte. Auf andere Fälle kann aber das Wiederkaufsrecht des § 20 ReichsSiedlGes. nicht ausgedehnt werden. Eine Bestellung des Wiederkaufsrechts für andere als die in § 20 Abs. 1 vorgesehenen Fälle gehört auch nicht zu den näheren Bedingungen, die nach § 20 Abs. 2 in dem Ansiedlungsvertrag festgesetzt werden können (Haack, Siedlungsgesetze S. 58).

Die Revision macht noch geltend:

Wenn das Berufungsgericht annehme, daß die von der gesetzlichen Regelung des § 20 RSiedlGes. abweichenden zulässigen Vertragsabreden über die Bedingungen und Gegenleistungen des gesetzlichen Wiederkaufsrechts, wie sie durch die Bezugnahme auf Ziffer 13 Abs. 4 und 5 der allgemeinen Bedingungen getroffen seien, wiederum der Form des § 313 BGB. bedurft hätten, weil alle Abreden, aus denen sich der Veräußerungsvertrag zusammensetze, gemäß § 313 BGB. zu beurkunden seien, so übersehe es, daß dies nur gelte, wenn die grundlegende Eigentumsübertragungspflicht selbst der Form des § 313 BGB. bedürfe. Dies sei beim gesetzlichen Wiederkaufsrecht nach § 20 RSiedlGes. nicht der Fall. Deshalb unterlägen auch die näheren Bedingungen, die nach § 20 Abs. 2 a. a. O. im Ansiedlungsvertrag festzulegen seien, lediglich der Form des Ansiedlungsvertrags. Dieser sei aber, wie das Berufungsgericht anerkenne, hier formlos gültig, weil er nur die Verpflichtung des Beklagten, ein Grundstück zu erwerben, nicht aber auch eine Verpflichtung der Klägerin, ein Grundstück zu Eigentum zu übertragen, enthalte. Der Revision ist hier zuzugeben, daß es auf Rechtsirrtum beruht, wenn das Berufungsgericht die Form des § 313 BGB. für die vertragliche Abrede hinsichtlich des Preises und der näheren Bedingungen des gesetzlichen Wiederkaufsrechts für erforderlich erklärt. Der in den vom Berufungsgericht angezogenen Entscheidungen RGZ. Bd. 93 S. 220 und Bd. 95 S. 7 ausgesprochene Grundsatz, daß der Formzwang des § 313 BGB. sich nicht nur auf die Verpflichtung zur Übertragung des Eigentums an einem Grundstück, sondern auch auf alle Vereinbarungen erstreckt, aus denen sich der schuldrechtliche Veräußerungsvertrag zusammensetzen soll, hat keine Geltung für Fälle, in denen die Verpflichtung zur Eigentumsübertragung bereits durch Gesetz begründet ist. Fehlt es in solchem Fall an der Voraussetzung einer vertraglichen Verpflichtung zur Übertragung des Eigentums an einem Grundstück, wie sie in § 313 BGB. aufgestellt ist, so kann die dort vorgeschriebene Form auch nicht für die übrigen Vereinbarungen, insbesondere für die Festsetzung der Gegenleistungen des Erwerbers, erforderlich sein. Für die Festsetzung der in § 20 Abs. 2 Satz 1 RSiedlGes. bezeichneten Wiederkaufsbedingungen bedarf es daher nur der Wahrung der Form des Ansiedlungsvertrags. Dieser ist hier aber formfrei, da er zunächst nur die Verpflichtung des einen Teils zum Erwerb eines Grundstücks, nicht auch eine Verpflichtung des anderen Teils zur Übertragung des Eigentums an einem Grundstück begründet (RGZ. Bd. 95 S. 7). Diese Erwägung des Berufungsgerichts ist aber nur hilfsweise angestellt und gefährdet den Bestand des angefochtenen Urteils nicht, wenn die in erster Linie gegebene Begründung sich als tragfähig erweist. Diese geht dahin, daß hier der Fall des § 139 BGB. um deswillen nicht gegeben sei, weil der Vertrag nicht schlechthin auch ohne das dingliche Wiederkaufsrecht, sondern nur unter anderweiter vertragsmäßiger Ausgestaltung des gesetzlichen Wiederkaufsrechts des § 20 RSiedlGes. geschlossen worden wäre. . . .

(Es wird näher ausgeführt, daß hierin kein Rechtsirrtum enthalten sei.)

Behält es hiernach bei der Formbedürftigkeit des ganzen einheitlichen Vertrags sein Bewenden, so versagt auch der letzte Revisionsangriff, daß der Berufungsrichter auch die der Klägerin in dem Vertrag erteilte Vollmacht zu Unrecht für nichtig erklärt habe. In diesem Punkt befindet sich der Berufungsrichter vielmehr im

Einklang mit der Rechtsprechung des Reichsgerichts, wenn er die unwiderrufliche Vollmacht für formbedürftig erklärte, welche die Klägerin zum Abschluß eines Vertrags mit sich selbst ermächtigte, der die Verpflichtung des Beklagten zur Übertragung des Eigentums an einem Grundstück wegen der Wiederverkaufsklausel in sich schloß.

---

72. 1. Bedeutung der Ablehnung der Freizeicheneigenschaft durch das Patentamt für die Gerichte.

2. Wann ist in der Charakterisierung eigener Ware durch einen Zusatz wie „nach" oder „System" oder dgl. zu dem geschützten Namen oder sonstigen Wortzeichen eines anderen eine nach § 13 WZG. zulässige Art- oder Beschaffenheitsangabe zu erblicken?

WZG. §§ 4, 8, 13.

II. Zivilsenat. Urt. v. 24. März 1925 i. S. A. E. & J. Akt.-Ges. (Bekl.) w. E. (Kl.). II 15/24.

I. Landgericht I Berlin, Kammer für Handelssachen.
II. Kammergericht daselbst.

Für die Klägerin, eine Buchhandlung für Medizin und Naturwissenschaften in Berlin, wurde am 11. September 1911 das Wort „Tallquist" als Warenzeichen für Haemoglobin-Skalen (Vorrichtungen zur Blutprüfung) unter Nr. 148354 in die Zeichenrolle des Reichspatentamts eingetragen. Am 16. Juni 1921 wurde der Zeichenschutz erneuert. Tallquist ist der Name eines finnischen Arztes in Helsingfors, der ein Verfahren zur Blutprüfung erdacht und veröffentlicht hat. Zur Anwendung dieses Verfahrens hatte sich die Klägerin im Jahre 1904 im Einverständnis mit Professor Tallquist eine von diesem aufgestellte Farbenskala, sogenannte Haemoglobin-Skala, als Gebrauchsmuster eintragen lassen. Bald nach Ablauf dieses Gebrauchsmusterschutzes erfolgte die Anmeldung des obigen Warenzeichens.

Die Beklagte, eine Glasinstrumentenfabrik, stellte ebenfalls Haemoglobin-Skalen her und bot sie unter der Bezeichnung „nach T. W. Tallquist" in Preisverzeichnissen und sonstigen geschäftlichen Anpreisungen zum Kauf an. Sie verwendete hierbei genau die gleiche Buchform, denselben grünen

Einbanddeckel wie die Klägerin und außerdem denselben Aufdruck „Tallquist's Haemoglobin-Skale" und „Haemoglobin-Skale T. W. Tallquist". Die Klägerin erblickte in diesem Verhalten der Beklagten eine Verletzung ihres Zeichenrechts und erhob Klage auf Unterlassung der Benutzung des Namens „Tallquist" für Haemoglobin-Skalen. Demgegenüber berief sich die Beklagte auf die angeblich seit spätestens dem Jahre 1907 bestehende Freizeicheneigenschaft des Wortes „Tallquist", die sie daraus herleitete, daß ihrer Angabe nach sämtliche Firmen, welche Haemoglobin-Skalen herstellten und in den Handel brächten, seit jener Zeit ihre Erzeugnisse nach der veröffentlichten Arbeit des Professors Tallquist hergestellt hätten und der Klägerin daher die Eintragung des Wortzeichens „Tallquist" hätte versagt werden müssen. Ein von der Beklagten im August 1922 beim Patentamt gestellter Antrag auf Löschung des klägerischen Warenzeichens (§ 8 WZG.) wurde zurückgewiesen, weil der Beweis, daß das Wort „Tallquist" oder „T. W. Tallquist" von anderen Firmen als von der Klägerin gebraucht worden sei oder gebraucht werde, nicht erbracht, diese Art des Gebrauchs als bloße Beschaffenheitsangabe aber auch nicht geeignet sei, die Freizeicheneigenschaft des Personennamens zu begründen.

Beide Vorinstanzen haben antragsgemäß erkannt, das Kammergericht nach dem im Berufungsverfahren erweiterten Antrag der Klägerin dahin, daß der Beklagten verboten wurde, Haemoglobin-Skalen und deren Verpackung oder Umhüllung mit dem Worte „Tallquist" mit oder ohne Zusatz, insbesondere mit dem Zusatz „nach" oder „System ..." zu versehen, solche Waren in Verkehr zu bringen oder diese Worte auf Ankündigungen oder dgl. anzubringen. Die Revision der Beklagten wurde zurückgewiesen.

Gründe:

Die Revision kommt auf den in erster Instanz in den Vordergrund gestellten Einwand der Freizeicheneigenschaft des Wortes „Tallquist" nicht mehr zurück. Dieser Einwand ist auch verfehlt. Denn die ordentlichen Gerichte sind, wie das Berufungsgericht mit Recht bemerkt, an die Auffassung des Patentamts, daß Freizeicheneigenschaft nicht vorliege und das Zeichen daher eintragbar sei, gebunden. Diese seine Auffassung hat das Patentamt hier durch den auf die Löschungsanregung der Beklagten aus §§ 4, 8 WZG. erlassenen Beschluß vom 8. Januar 1923 bestätigt. Die Berufung auf Freizeicheneigenschaft ist daher im gerichtlichen Verfahren ausgeschlossen (RGZ. Bd. 38 S. 77 und 104; RGSt. Bd. 28 S. 277)

Die Revision macht ferner nicht mehr geltend:

a) daß die Bezeichnung der Beklagten für die von ihr hergestellten und vertriebenen Haemoglobin-Skalen „nach T. W. Tallquist" oder „nach Tallquist" als Beschaffenheitsangabe schon vor der für die Klägerin erfolgten Zeicheneintragung „Tallquist" im Verkehr gebräuchlich gewesen sei, die Eintragung daher nach § 4 WZG. nicht hätte erfolgen dürfen;

b) daß sich das Wortzeichen „Tallquist" jedenfalls in der späteren Zeit zum Warennamen umgebildet habe.

Die Auffassung des Berufungsgerichts, diese Umbildung sei in der Zeit bis Ende Januar 1911 mit Rücksicht auf den bis zu diesem Zeitpunkt bestehenden Gebrauchsmusterschutz der Klägerin und für die spätere Zeit mit Rücksicht auf ihren Zeichenschutz rechtlich nicht möglich gewesen, ist in der Begründung allerdings nicht einwandfrei, im Ergebnis ist ihr aber beizutreten. Denn es ist nicht einzusehen, weshalb nicht unabhängig von dem der Klägerin durch den Gebrauchsmusterschutz gewährleisteten ausschließlichen Recht auf Herstellung und Vertrieb der Haemoglobin-Skalen (§ 4 des Gesetzes betr. den Schutz von Gebrauchsmustern vom 1. Juni 1891) die Bezeichnung selbst, nämlich „Haemoglobin-Skalen Tallquist" oder „nach Tallquist" oder „System Tallquist" hätte zur Beschaffenheitsangabe werden können.

Ebenso ist, wie der erkennende Senat bereits mehrfach ausgesprochen hat (RGZ. Bd. 108 S. 8flg., ferner Urteile vom 19. Oktober 1923 II 723/22 und vom 2. Dezember 1924 II 218/24), die Umwandlung des eingetragenen Wortzeichens zum Warennamen rechtlich nicht unmöglich. Aber sie kann — vgl. die genannten Urteile — doch nur ganz ausnahmsweise und nur beim Vorliegen ganz besonderer Umstände anerkannt werden. Eine Umbildung zum Warennamen liegt jedenfalls nicht vor, so lange noch ein beteiligter Verkehrskreis, sei es auch nur ein erheblicher Teil der Kunden des Zeicheninhabers, an der Bedeutung des Wortes als Hinweis auf den Geschäftsbetrieb festhält (RGZ. Bd. 108 S. 6). Das ist hier der Fall. Denn nach dem Tatbestand des Berufungsurteils hat die Beklagte in Übereinstimmung mit der Feststellung im Beschluß des Patentamts vom

8. Januar 1923 für die Zeit vor und nach der Zeicheneintragung selbst nicht eine allgemeine Verwendung der Bezeichnung als Warennamen behauptet, und das gleiche gilt auch für die Zeit des Gebrauchsmusterschutzes der Klägerin; die Beklagte hat vielmehr nur von einem solchen Gebrauch „durch sie selbst und einige andere Firmen schon lange vor der (im September 1911) für die Klägerin erfolgten Eintragung des Zeichens" gesprochen. Im übrigen hat das Berufungsgericht aber auch aus dem während des patentamtlichen Löschungsverfahrens von der Beklagten an die Klägerin gerichteten Schreiben vom 27. März 1922 festgestellt, daß die Beklagte (nach ihrer eigenen dortigen Angabe) die Haemoglobin-Skalen früher aus Finnland (d. h. von Tallquist selbst) und später von der Klägerin und anderen deutschen Firmen (die sie ihrerseits wieder von der Klägerin gekauft hätten) bezogen und erst neuerdings selbst hergestellt habe. Hiernach besteht der Zeichenschutz der Klägerin rechtswirksam fort. Daß die Beklagte die von der Klägerin oder deren Abnehmern bezogenen Skalen unter der Bezeichnung „nach Tallquist" oder „nach T. W. Tallquist" anpreisen oder in den Verkehr bringen durfte, unterliegt keinem Zweifel, sie bediente sich aber hierbei nicht einer Beschaffenheitsangabe, sondern des Zeichens der Klägerin mit dem Zusatz „nach".

Die Revision beschränkt sich auf die Rüge der Verletzung der §§ 13 und 20 WZG.; sie behauptet einerseits, eine andere sachliche Bezeichnung als die von ihr verwendete sei nicht möglich, die Angabe des Namens des Erfinders sei auch bei anderen medizinischen Erzeugnissen üblich und notwendig; anderseits bemängelt sie die Feststellung des Bestehens einer Verwechslungsgefahr zwischen dem Zeichen „Tallquist" und der von ihr gebrauchten Bezeichnung „nach Tallquist" oder einer ähnlichen Wendung, z. B. „System Tallquist". Die Rüge ist jedoch nicht begründet. Nach dem Zweck des § 13 WZG. soll, wie das Berufungsgericht in Übereinstimmung mit dem Schrifttum (Seligsohn S. 172, Freund-Magnus S. 173) und der Rechtsprechung (ROHG. Bd. 20 S. 353 zu dem analogen § 10 des alten Markenschutzgesetzes von 1874, RGZ. Bd. 49 S. 101, RG. im Blatt für Patent-, Muster- und Zeichenwesen 1902 S. 280) und mit den Motiven S. 16 (im Blatt für Patent-, Muster- und Zeichenwesen 1895 S. 36) zutreffend annimmt, durch ein bestehendes Zeichenrecht der für den allgemeinen Verkehr unentbehrliche Gebrauch von Art-, Herkunfts- oder Beschaffenheitsangaben nicht gehindert werden. Zur Verwendung von Beschaffenheitsangaben ist es nicht erforderlich, daß das betreffende Wort als solche Angabe bereits üblich war, es reicht vielmehr aus, daß es, sobald es auf Waren usw. angebracht oder in bezug auf sie im Geschäftsverkehr gebraucht wird, nach den Regeln der Sprachbildung als Hinweis auf die Beschaffenheit anzusehen ist (ebenso Freund-Magnus S. 177 und die dort erwähnte Entsch. des Reichsgerichts im Blatt für Patent-, Muster- und Zeichenwesen 1900 S. 277). Das gleiche gilt für die nach § 13 ebenfalls gestattete Angabe der Art der eigenen Ware. Erfolgt diese Charakterisierung der eigenen Ware aber durch einen Zusatz wie „nach" oder „System" oder dgl. zu dem geschützten Namen oder sonstigen Wortzeichen eines anderen, so ist nur dann eine nach § 13 WZG. zulässige Art- oder Beschaffenheitsangabe anzunehmen, wenn der Zusatz den unbefangenen Durchschnittsverbraucher ganz unzweideutig erkennen läßt, daß es sich um eine andere Ware als die des Zeicheninhabers handle. Deshalb hat das Reichsgericht in zahlreichen Entscheidungen (z. B. in JW. 1903 S. 392 Nr. 27, 1904 S. 184 Nr. 34 und RGSt. Bd. 31 S. 32flg.) die bloße Hinzufügung eines der erwähnten Zusätze zum Wortzeichen eines anderen bei gleicher oder gleichartiger Ware als nicht unter den Schutz des § 13 fallend betrachtet, da hierdurch nicht, jedenfalls nicht ausschließlich, eine Angabe über die Ware gemacht, sondern mindestens zugleich auch auf die Ware des Zeicheninhabers hingewiesen wird und das Publikum in den Irrtum versetzt werden kann, es habe die Ware des Zeicheninhabers oder eine auf diese sich beziehende geschäftliche Ankündigung vor sich (ebenso Seligsohn S. 175 a. E. und S. 176, Kent S. 344, Freund-Magnus S. 178 a. E. und S. 179). Daß es an der klaren Unterscheidung der beiderseitigen gleichen Ware hier gefehlt hat, stellt das Berufungsgericht bedenkenfrei fest. Es geht davon aus, daß es für die Klägerin selbst als die von Professor Tallquist für Deutschland allein ermächtigte Vertriebsfirma der Haemoglobin-Skalen sehr nahe liegt, ihre Ware mit dem Zusatz „nach Tallquist" oder „System Tallquist" zu versehen. Das Berufungsgericht nimmt danach an, der redliche Verkehr habe mit der Wahrscheinlichkeit einer gleichartigen Herstellung der Skalen der Beklagten rechnen müssen. Im übrigen muß die Berufung auf den Schutz des § 13 auch wegen der warenzeichenmäßigen Verwendung des schlagwortartig gebrauchten Wortes ausscheiden.

Die weitere Rüge, die sich gegen die Annahme der Verwechslungsgefahr richtet, kann ebenfalls keinen Erfolg haben. Das ergibt sich schon aus den vorstehenden Darlegungen. Das Berufungsgericht bewegt sich hier auf rein tatsächlichem Gebiet und geht von tatsächlich und rechtlich zutreffenden Voraussetzungen aus. Daß es dabei übersehen haben sollte, daß der Kreis der Abnehmer der Skalen ausschließlich aus Fachleuten besteht, ist nicht ersichtlich. Es genügt aber, was die Revision anscheinend nicht berücksichtigt, zur Annahme der Verwechslungsgefahr, daß ein nicht ganz unmaßgeblich geringer Teil der Interessenten der Verwechslungsgefahr unterliegen kann. Daß dies hier der Fall ist, hat das Berufungsgericht einwandfrei festgestellt.

---

73. Können diejenigen Personen, die gemäß der Verordnung des Reichspräsidenten vom 25. August 1923 (RGBl. I S. 833) Devisen abgeliefert haben, Ansprüche gegen die Ablieferungsstellen im ordentlichen Rechtswege verfolgen?

I. Zivilsenat. Urt. v. 25. März 1925 i. S. D. Bk. (Bekl.) und Deutsches Reich (Nebenintervenient) w. B. u. Gen. (Kl.). I 380/24.

I. Landgericht Frankfurt a. M.
II. Oberlandesgericht daselbst.

Nach der Verordnung des Reichspräsidenten vom 25. August 1923 waren ausländische Zahlungsmittel und Werte in gewissem Umfang abzuliefern. Der Abliefernde erhielt als Gegenleistung Goldanleihe (§ 7) oder nach seiner Wahl Reichsmark oder Gutschrift auf ein wertbeständiges Steuerkonto oder andere wertbeständige Gutschrift.

Der Kläger zu 2 hat, um seiner Verpflichtung zu genügen, am 15. September 1923 durch die Klägerin zu 1 holländische Noten im Betrage von 1017,50 Gulden bei der beklagten Bank einreichen lassen. Letztere war als Ablieferungsstelle bestimmt. Den Gegenwert hat die Beklagte dem Kläger zu 2 am 4. Oktober 1923 auf dessen Konto mit 51 957 746 000 Papiermark überwiesen. Der Kläger zu 2 hat diese Überweisung zurückgewiesen. Die Kläger fordern mit der Klage Herausgabe einer Goldquittung oder Goldanleihe über den Gegenwert von 1017,50 holländischen Gulden. Die Beklagte bat um Klagabweisung. Sie erhob die Einrede der Unzulässigkeit des Rechtswegs und führte zur Sache aus: Die Kläger hätten mit der Beklagten vereinbart, daß der Gegenwert in Mark zu beschaffen sei. Von dieser Vereinbarung habe die Beklagte der Reichsbankhauptstelle Frankfurt a. M. Mitteilung gemacht und gebeten, den Markbetrag dem Reichsbankgirokonto der Beklagten zu vergüten. Das sei erst am 4. Oktober geschehen. Am selben Tage habe die Beklagte den erhaltenen Markbetrag dem Konto des Klägers zu 2 überwiesen.

Die Kläger bestritten, daß eine Vereinbarung, den Gegenwert in Papiermark zu überweisen, getroffen sei; in einem Schreiben vom 15. September habe sie ausdrücklich Ausstellung einer Goldquittung verlangt.

Das Landgericht Frankfurt a. M. verwarf die Einrede der Unzulässigkeit des Rechtswegs. Die Berufung des Nebenintervenienten wurde vom Oberlandesgericht zurückgewiesen. Auch seine Revision hatte keinen Erfolg.

Gründe:

Das Berufungsgericht hat ausgeführt:

Der Parteistreit unterliege der Aburteilung durch die ordentlichen Gerichte, weil die Beklagte als Person des Privatrechts den Klägern gegenüberstehe, wenngleich sie in Ausübung öffentlichrechtlicher Befugnisse gehandelt haben möge. Ob die Ansprüche zu Unrecht gegen sie (und nicht gegen den Reichsfiskus) erhoben seien, komme für die Zulässigkeit des Rechtswegs nicht in Frage. Abgesehen hiervon sei der erhobene Anspruch auch seiner Art nach der Verfolgung im ordentlichen Rechtsweg nicht entzogen, so daß nicht erörtert zu werden brauche, ob es zulässig sei, einen öffentlichrechtlichen Tatbestand durch Erhebung eines Schadensersatz- oder Bereicherungsanspruchs vor die ordentlichen Gerichte zu bringen. Die Ablieferung der ausländischen Werte stelle sich weder als Abgabe noch als Steuer dar, denn es werde vom Staat ein als gleichwertig gedachter Gegenwert geleistet. Die Höhe des zu leistenden Gegenwerts sei durch die Verordnung des Reichspräsidenten festgesetzt. Damit ständen sich Staat und Ablieferungspflichtiger nicht als Obrigkeit und Untertan, sondern als Schuldner und Gläubiger gegenüber. Die Verordnung enthalte nichts, was der Geltendmachung des Anspruchs im ordentlichen Rechtsweg entgegenstehe.

Der Nebenintervenient bemängelt diese Ausführungen; die Beklagte habe den Klägern nicht als Privatperson, sondern als Staatsbehörde kraft besonderer Gesetzesbestimmung gegenüber gestanden. Die Ablieferung sei eine Abgabe; gleichgültig sei für deren Begriff, ob eine Gegenleistung gewährt werde. Auch bei der Abwicklung der Ablieferung (worunter verstanden sein wird: bei der Entrichtung der Gegenleistung) stehe das Reich dem Ablieferungspflichtigen allein als Staatsgewalt gegenüber. Der Rechtsweg sei deshalb ausgeschlossen.

Diese Einwendungen sind nicht begründet.

Die durch die Verordnung des Reichspräsidenten vom 25. August 1923 angeordnete Ablieferungspflicht von ausländischen Zahlungsmitteln ist keine Steuer im Sinne der Abgabenordnung, so daß deren § 227, durch welchen bestimmt ist, daß in Steuersachen der Rechtsweg vor den ordentlichen Gerichten ausgeschlossen ist, auf den vorliegenden Fall keine Anwendung finden kann. Denn Steuern im Sinne der Reichsabgabenordnung sind nach § 1 nur Geldleistungen. Um eine solche handelt es sich hier nicht. Nun mag es sein, daß es auch einzelne Arten von Steuern geben kann, die nicht den sämtlichen Erfordernissen des § 1 gerecht werden und auf die die Reichsabgabenordnung deshalb nicht zutrifft, wie heutzutage mehrfach angenommen wird. Aber auch ein solcher im übrigen weitergehender Begriff von Steuern erfordert nach der herrschenden Meinung doch immer, daß der Staat gerade eine Geldleistung auferlegt; nur auf Geldsteuern ist die ganze gegenwärtige wissenschaftliche Steuerlehre eingestellt (vgl. Strutz, Grundlehren des Steuerrechts, S. 8). Um eine Steuer handelt es sich also bei der Ablieferungspflicht von Devisen nicht. Der weitergehende Oberbegriff ist der der Abgaben. Zu den Abgaben können auch Naturalleistungen (also nicht nur Geldleistungen) gehören. Aber die Ablieferungspflicht der ausländischen Zahlungsmittel läßt sich auch nicht unter den Begriff der Abgaben bringen. Einmal kann von Abgaben nur gesprochen werden, wenn eine Leistungspflicht von einem öffentlichrechtlichen Gemeinwesen auferlegt wird zum Zweck der Erzielung von Einkünften. Um das handelt es sich hier wiederum nicht. Zweitens steht folgendes entgegen: Die Verordnung verfügt nicht eine allen Staatsangehörigen gleichmäßig auferlegte allgemeine Ablieferungspflicht, sondern sie verfügt nur die Ablieferung gewisser einzeln bezeichneter Wertgegenstände. Es ist nämlich angeordnet, daß diejenigen Rechtspersönlichkeiten, die im Besitz von ausländischen Vermögensgegenständen im Sinne des § 3 der Verordnung waren, gewisse, wenigstens der Art nach einzeln bezeichnete ausländische Zahlungsmittel und Wertpapiere, und zwar zunächst diejenigen gewisser namentlich bezeichneter ausländischer Staaten, oder Gold oder Silber abzuliefern haben, wogegen ihnen ein in der Verordnung bezeichneter Gegenwert gewährt wird. Es läßt sich nicht leugnen, daß diese Regelung die Ablieferungspflicht einer Beschlagnahme oder einer Enteignung begrifflich stark annähert. Denn nach der herrschenden Anschauung ist Enteignung die zwangsweise Übertragung des Eigentums an einer Sache in das öffentliche Gut gegen Entschädigung (vgl. z. B. Handwörterbuch der Staatswissenschaften Bd. 3 S. 956). Der einzige Umstand, der mit der gebräuchlichen, aber nicht begrifflich notwendigen Art der Enteignung nicht ganz übereinstimmt, ist der, daß der Abgabepflichtige sich die einzelnen hinzugebenden Vermögensgegenstände aussuchen kann, wenn er einen größeren Bestand davon, als zur Ablieferung erforderlich, besitzt. Ist sonach die Ablieferungspflicht einer Enteignung im wesentlichen gleichzuachten, so ist Art. 153 Abs. 2 der Reichsverfassung heranzuziehen, nach welchem für den Streit über die Höhe der Entschädigung der Rechtsweg offensteht. Zur Verschließung desselben hätte es bei der geschilderten Sachlage einer gesetzlichen Anordnung bedurft.

Aus vorstehendem ergibt sich, daß die Einrede der Unzulässigkeit des Rechtswegs mit Recht zurückgewiesen ist, soweit die Klage aus den Bestimmungen der Verordnung oder einem unter gesetzlichem Zwang geschlossenen Vertrag mit der Beklagten Rechte auf den Gegenwert gegen die letztere herleiten zu können vermeint.

Die Klage stützt sich aber noch auf einen anderen Grund, und für diesen ist — ohne daß es auf alles vorstehend Erörterte ankommt — der Rechtsweg gleichfalls zulässig. Schon in der Klageschrift ist von einem Versehen der beklagten Bank die Rede. Im Schriftsatz der Kläger vom 3. März 1924 wird sodann ausgeführt, daß die Beklagte ihre Pflichten „verletzt" habe; zum Schluß ist die Klage ausdrücklich auf Schadensersatz gestützt und daraufhin der Antrag gestellt, die Beklagte zur Herausgabe einer Goldquittung oder von Goldanleihe zu verurteilen. In den weiteren Schriftsätzen ist immer mehr als materieller Kernpunkt die Frage hervorgetreten, ob die Beklagte ihre Pflicht verletzt habe, indem sie dem Kläger zu 2 Papiermark überweisen ließ, und ob sie für diese behauptete Pflichtverletzung schadensersatzpflichtig sei.

Für den — ohne Rüge der Klagänderung — so begründeten Klagantrag steht der Rechtsweg ohne weiteres offen. Zwar hat das Reichsgericht in ständiger Rechtsprechung angenommen, öffentlichrechtliche Ansprüche könnten nicht dadurch der Entscheidung durch die bürgerlichen Gerichte zugängig gemacht werden, daß man sie in ein „privatrechtliches Gewand kleide" (RGZ. Bd. 103 S. 134). Immer ist aber betont worden, daß diese Unzulässigkeit nur dann vorliegt, „wenn es sich in Wahrheit um nichts anderes als um den öffentlichrechtlichen Tatbestand selbst handelt"; es dürfe nicht lediglich die öffentlichrechtliche Handlung der Behörde sein, die angefochten werde; der geltend gemachte Anspruch dürfe nicht lediglich die „Kehrseite" des öffentlichrechtlichen Verhältnisses sein (RGZ. Bd. 105 S. 40). Hier ist nun die Sachlage anders. Es handelt sich nicht um irgendeine behördliche Maßnahme oder eine derartige Verfügung, sondern — selbst wenn man annehmen wollte, daß die Beklagte eine Art von behördlicher Tätigkeit bei der Annahme der Noten ausgeübt habe — nur darum, daß sie unrichtiger- und schuldhafterweise der Reichsbankanstalt (vgl. § 29 der Durchführungsbestimmungen) berichtet haben soll, die Kläger wünschten Auszahlung in Papiermark. Der zur Entscheidung stehende Fall hat also in den wesentlichen Punkten Ähnlichkeit mit dem Falle RGZ. Bd. 104 S. 243, wo ein Beamter pflichtwidrig seine Amtspflicht verletzt und dadurch den Eigentümer eines beschlagnahmten Gegenstandes wirtschaftlich geschädigt hat. Für den daraus entspringenden Schadensersatzanspruch steht der Rechtsweg offen. Verschlossen wäre er nur, wenn die Klage — offen oder verschleiert — darauf abzielte, der Richter solle durch seinen Spruch einen öffentlichrechtlichen Staatsakt aufheben oder sonst irgendwie beseitigen (RGZ. Bd. 107 S. 367). Das ist hier nicht der Fall.

74. Unter welchen Voraussetzungen werden die Lotsen des Kaiser Wilhelm-Kanals auch außerhalb des eigentlichen Kanalbezirks als Zwangslotsen tätig?

Betriebsordnung für den Kaiser Wilhelm-Kanal vom 23. Februar 1911. HGB. § 737.

I. Zivilsenat. Urt. v. 25. März 1925 i. S. Deutsches Reich (Bekl.) w. W. & K. (Kl.). I 372/24.

I. Landgericht Kiel.
II. Oberlandesgericht daselbst.

In der Nacht vom 14. zum 15. August 1917 ist auf der Elbe vor der Brunsbütteler Schleuse des Kaiser Wilhelm-Kanals der Dampfer der Klägerin „Dione" mit dem Dampfer der Hamburger Firma A. K. „Hermia" zusammengestoßen. Dabei sind beide Schiffe beschädigt worden. Nach dem Spruch des Deutschen Seeschiedsgerichts hat die Klägerin der Firma A. K. den Schaden zu ersetzen. Sie hat nun behauptet, daß sie auf Grund des Spruchs am 17. Mai 1918 der Firma A. K. 129800,40 *M* gezahlt und außerdem einen eigenen Schaden von 109118 *M* erlitten habe. Ihren Gesamtschaden von 238918,40 *M* nebst Zinsen verlangt sie vom Beklagten erstattet. Sie vertritt die Ansicht, daß der Beklagte ihr für den Gesamtschaden aufzukommen habe, weil dieser durch den auf dem klägerischen Dampfer „Dione" als Zwangslotse tätigen Kanallotsen S. verschuldet sei. Der Klaganspruch ist durch rechtskräftiges Urteil dem Grunde nach für gerechtfertigt erklärt worden. Im Verfahren über den Betrag hat die Klägerin auch den Geldentwertungsschaden beansprucht und die ursprüngliche Forderung in 154140 Goldmark umgerechnet. Der Beklagte hat ausgeführt, daß der Klaganspruch nur für die Papiermarkforderung von 238918,40 *M* dem Grunde nach rechtskräftig festgestellt sei. Im übrigen bestreitet er nach wie vor die Berechtigung des Klaganspruchs. In den Vorinstanzen ist er durch Teilurteil zur Zahlung von 5000 Goldmark nebst Zinsen verurteilt worden. Seine Revision hatte keinen Erfolg.

Gründe:

Die Revision wendet sich nur insoweit gegen das Berufungsurteil, als dort angenommen ist, daß der den Dampfer der Klägerin

„Dione“ führende Kanallotse S. zur Zeit des Unfalls als Zwangslotse tätig gewesen sei. In der Tat ist dies insofern von entscheidender Bedeutung, als der von der Klägerin erhobene und in den Vorinstanzen zum Teil zuerkannte Anspruch dem Beklagten gegenüber nur dann gerechtfertigt ist, wenn der Dampfer „Dione“ sich zu der maßgeblichen Zeit unter Führung eines Zwangslotsen befunden hat (§ 737 HGB., § 1 Reichshaftungsges. v. 22. Mai 1910, RGBl. S. 798).

Der von der Verwaltung des Kaiser Wilhelm-Kanals, einer Reichsbehörde, angestellte Kanallotse ist Reichsbeamter. Er handelt in Ausübung der ihm anvertrauten öffentlichen Gewalt, soweit er als Zwangslotse tätig ist. Denn die Anordnung des Lotsenzwanges ist eine polizeiliche Maßregel und als solche Ausfluß eines Hoheitsrechts, mag dabei ein Hoheitsrecht des Landes Preußen oder des Reichs in Frage kommen. Demgemäß hat der Beklagte nach § 1 des Gesetzes vom 22. Mai 1910 für ein Verschulden einzustehen, das der Kanallotse S. begangen hat, wenn dieser dabei als Zwangslotse, also in Ausübung der ihm anvertrauten öffentlichen Gewalt, tätig gewesen ist (RGZ. Bd. 87 S. 348, Bd. 93 S. 36, Bd. 96 S. 166, Bd. 105 S. 100; ferner RG. v. 19. Dezember 1924 III 481/24).

Das Berufungsgericht hat in dem jetzt angefochtenen Urteil ausdrücklich auf sein zwischen denselben Parteien ergangenes Urteil vom 8. Dezember 1923 Bezug genommen. Dort ist ausgeführt: der Machtbereich der Verwaltung des Kaiser Wilhelm-Kanals erstrecke sich abgesehen von dem Kanal selbst bei Brunsbüttel nur auf die dortige Reede (Kanalreede) und der Zusammenstoß der fraglichen Schiffe habe sich außerhalb dieser Reede zugetragen. Dabei ist auf die, im übrigen auch in dem Urteil vom 8. Dezember 1923 angeführte, Aussage des Zeugen Regierungsrats M. nicht weiter eingegangen, daß außerhalb des genannten Reedebezirks noch für einen Teil des an die Reede angrenzenden Elbfahrwassers dem Kanalamt die Wasserpolizeigewalt übertragen sei. Es war dies aber auch insofern nicht erforderlich, als der genannte Zeuge ausdrücklich bekundet hat, daß die von ihm erwähnte Ausdehnung der Polizeigewalt des Kanalamts über den Reedebezirk hinaus nur zu technischen Polizeizwecken erfolgt sei und keine unmittelbare Bedeutung habe für das dem Kanalamt übertragene Polizeiverordnungsrecht und die Abgrenzung des örtlichen Geltungsbereichs der zur Zeit des Schiffszusammenstoßes geltenden Betriebsordnung für den Kaiser Wilhelm-Kanal vom 23. Februar 1911 (RZentrBl. S. 265, Beilage zu Nr. 33). Danach ist davon auszugehen, daß im Sinne der Betriebsordnung für den Kaiser Wilhelm-Kanal die hier maßgeblichen Grenzen der Kanalreede und des Kanalpolizeibezirks sich decken und daß der Zusammenstoß außerhalb des Kanalpolizeibezirks erfolgt ist.

Nun besagen die einschlägigen Vorschriften der Betriebsordnung für den Kaiser Wilhelm-Kanal vom 23. Februar 1911 folgendes:

§ 8. „Alle den Kanal befahrenden Schiffe ... sind dem Lotsenzwang unterworfen."

§ 10 Abs. 2. „Die Kanallotsen kommen in der Regel an Bord: 1. Bei Brunsbüttel auf der Elbe außerhalb der Kanalreede."

§ 14. „Der Kanallotse übernimmt mit Antritt seines Dienstes an Bord die verantwortliche Führung des Schiffes durch den Kanal." ...

§ 21. „Lotspflichtige Dampfer ... dürfen nur unter Leitung von Kanallotsen in den Kanalpolizeibezirk einlaufen."

Diese Vorschriften können nur dahin verstanden werden, daß der Kanallotse — in der Regel — bei Brunsbüttel außerhalb der Kanalreede und des Kanalpolizeibezirks an Bord des durch den Kanal zu lotsenden Schiffes kommt, daß er gleich mit Antritt seines Dienstes an Bord die verantwortliche Führung des Schiffes übernimmt, um das Schiff an der von ihm für geeignet gehaltenen Stelle in den Kanalpolizeibezirk hinein und dann über die Kanalreede in den Kanal zu führen, und zwar während dieser ganzen Zeit als Zwangslotse. Es liegt auf der Hand, daß diese Regelung jedenfalls dann, wenn der Kanallotse grundsätzlich als Zwangslotse tätig sein und während seines Dienstes an Bord des zu lotsenden Schiffes die verantwortliche Führung desselben haben soll, durchaus vernünftig und zweckdienlich ist. Eine gehörige und sachgemäße Führung des Schiffes über die Kanalreede nach der Kanalmündung setzt voraus, daß das Schiff an der von dem Lotsen für geeignet gehaltenen Stelle in die Kanalreede einläuft und daß dementsprechend grundsätzlich er allein unter eigener Verantwortung und auch für den Kapitän des Schiffes verbindlich diese Stelle zu bestimmen hat. Und weiterhin kann das Schiff unter Umständen gezwungen sein, nach Anbordkommen des Kanallotsen eine Zeitlang in der Nähe der

Grenze der Kanalreede zu fahren und sich dabei bald innerhalb bald außerhalb dieser Grenze zu bewegen. Es wäre unzweckmäßig und einer ordnungsmäßigen Führung des Schiffes nicht dienlich, wenn dabei je nach dem Standort des Schiffes innerhalb oder außerhalb der Kanalreede die Kommandogewalt wiederholt wechseln und der Kanallotse bald als Zwangslotse der entscheidende Führer des Schiffes, bald als einfacher Lotse unter dem Kapitän als dem eigentlichen Schiffsführer tätig sein würde.

Es fragt sich aber, ob diese in der Betriebsordnung getroffene Regelung (vgl. aber auch die Betriebsordnung vom 31. März 1922) mit den Befugnissen des Kanalamts vereinbar ist, das die Betriebsordnung für den Kaiser Wilhelm-Kanal erlassen hat. In dieser Beziehung kommt folgendes in Betracht.

Der Schiffszusammenstoß hat sich im August 1917 ereignet. Es finden also die Artikel 97 und 171 der Reichsverfassung vom 11. August 1919 (vgl. auch das Wasserstraßengesetz vom 29. Juli 1921 RGBl. S. 961) keine Anwendung. Vielmehr beruhte die derzeit dem Kanalamt zustehende Polizeigewalt ausschließlich auf einer Übertragung der entsprechenden Hoheitsrechte seitens Preußens auf das Reich. Nach den vom Berufungsgericht getroffenen und insoweit von keiner Seite beanstandeten Feststellungen reichte die danach dem Kanalamt zustehende Polizeigewalt grundsätzlich nicht über die Grenzen der Brunsbütteler Reede (Kanalpolizeibezirk) hinaus. Dies hindert aber nicht, daß gewisse polizeiliche Befugnisse des Kanalamts über den Kanalpolizeibezirk mit rechtlicher Wirksamkeit hinausgreifen konnten. Solches ist unter anderem dann anzunehmen, wenn ein derartiges Hinausgreifen für eine ordnungsmäßige Ausübung der Polizeihoheit innerhalb des Kanalpolizeibezirks erforderlich war. Denn alsdann enthielt die Übertragung der Polizeigewalt innerhalb der genannten Grenzen als selbstverständliche und notwendige Folge die Berechtigung zu einer Überschreitung dieser Grenzen in dem angegebenen Umfange. Dies um so mehr, wenn — wie hier — längere Zeit hindurch in Gemäßheit der maßgeblichen Betriebsordnung des Kaiser Wilhelm-Kanals eine solche Grenzüberschreitung hinsichtlich des unter Lotsenzwang stehenden Reviers in aller Öffentlichkeit stattgefunden hat und von dem Staate Preußen, welcher die Polizeigewalt für den Kanalbezirk auf das Kanalamt übertragen, außerhalb dieses Bezirks aber grundsätzlich die Polizeihoheit behalten hat, ohne irgendwelchen Widerspruch geduldet ist. Dabei ist zu beachten, daß auch die Preußische Polizeiverordnung für die Brunsbütteler Reede vom 14. Juni 1901 — wie von dem Berufungsgericht festgestellt und von den Parteien nicht bestritten ist — ganz im Sinne der erwähnten Vorschriften der Kanalbetriebsordnung gehalten ist, indem in § 2 Abs. 2 jener Preußischen Polizeiverordnung ausdrücklich vorgeschrieben ist, daß die Schiffe, welche in den Kanal von der Elbe aus einlaufen wollen, den Kanallotsen außerhalb der Grenzen der Brunsbütteler Reede abwarten müssen (vgl. auch die Polizeiverordnung für die Brunsbütteler Reede vom 1. April 1922).

Wie vorstehend dargelegt ist, hatte das Kanalamt in Gemäßheit der Betriebsordnung vom 23. Februar 1911 ein begründetes und zum Ausdruck gebrachtes Interesse daran, daß die Schiffe, welche in den Bezirk der Brunsbütteler Reede behufs Benutzung des Kaiser Wilhelm-Kanals einliefen, schon kurz vor der Grenze des Kanalbezirks und in dem dieser Grenze unmittelbar benachbarten Außenbezirk unter der verantwortlichen Führung eines Zwanglotsen standen. Der Bezirk, welcher demgemäß außerhalb der Brunsbütteler Reede von dem Kanalamt rechtswirksam unter Lotsenzwang gestellt werden konnte und durch die genannte Kanalbetriebsordnung gestellt worden ist, reichte so weit, als dies erforderlich war, um dem Kanallotsen eine sachgemäße Führung des Schiffes in die Kanalreede hinein, sowie in der Nähe der Außengrenze derselben zu gewährleisten. Die Feststellungen des Berufungsgerichts geben einen genügenden Anhalt für die Annahme, daß der Schiffszusammenstoß nicht allzuweit entfernt von der Kanalreede erfolgt ist, also an einer Stelle, für welche das Kanalamt damals rechtswirksam einen Lotsenzwang in der dargelegten Weise angeordnet hatte. Somit hat sich der Dampfer „Dione" zur Zeit des Unfalls unter der Führung eines Zwangslotsen befunden, für dessen Verschulden in Ausübung seines Dienstes der Beklagte einzustehen hat. Die von den Vorinstanzen bejahte Frage, ob ein solches für den Schaden ursächliches Verschulden vorliegt, braucht hier nicht nachgeprüft zu werden.

---

75. Ist ein gegen Sicherheitsleistung für vorläufig vollstreckbar erklärtes Urteil auch dann als vollstreckbarer Schuldtitel, der den Gläubiger zur Anfechtung berechtigt, anzusehen, wenn die geforderte Sicherheit nicht geleistet ist?

Anfechtungsgesetz vom 21. Juli 1879/20. Mai 1898 § 2.
ZPO. § 751 Abs. 2.

VI. Zivilsenat. Urt. v. 27. März 1925 i. S. B. (Bekl.) w. L. (Kl.).
VI 460/24.

I. Landgericht Heidelberg.
II. Oberlandesgericht Karlsruhe.

Die Frage wurde bejaht aus folgenden

Gründen:

Das Berufungsgericht nimmt an, als vollstreckbarer Schuldtitel, der nach § 2 des Reichsgesetzes vom 21. Juli 1879 / 20. Mai 1898 den Gläubiger zur Anfechtung berechtige, sei ein gegen Sicherheitsleistung für vorläufig vollstreckbar erklärtes Urteil auch dann anzusehen, wenn — wie im vorliegenden Falle — die geforderte Sicherheit nicht geleistet ist. Das Gesetz unterscheide nicht; die Leistung der Sicherheit sei nur Voraussetzung für die Durchführung der Vollstreckung auf Grund des Titels. Obgleich die Revision in dieser Hinsicht keinen Angriff erhoben hat, ist von Amts wegen eine Nachprüfung der, soweit ersichtlich, vom Reichsgericht bisher noch nicht entschiedenen Frage geboten. Sie führt zur Billigung der Auffassung des Vorderrichters.

Zwar findet sich in der Rechtsprechung verschiedener Oberlandesgerichte wie auch im Schrifttum (insbesondere Hartmann-Meikel, Anfechtungsgesetz, 6. Aufl., S. 104; vgl. über den Stand der Meinungen Note 1 daselbst) die Ansicht vertreten, wenn ein Urteil nur gegen Sicherheitsleistung für vorläufig vollstreckbar erklärt sei, so müsse der Anfechtungskläger den Nachweis der Leistung der Sicherheit erbringen, weil andernfalls die Bedingung der Vollstreckbarkeit nicht eingetreten sei. Diese Auffassung ist jedoch abzulehnen. Im Schrifttum hat sich namentlich Jaeger (Die Gläubigeranfechtung außerhalb des Konkurses, S. 130, Anm. 19 zu § 2 AnfG.) dagegen gewendet. Er legt zutreffend dar, daß es zur Verfolgbarkeit des Anfechtungsanspruchs einer vollstreckbaren Ausfertigung des Titels (§§ 724 flg.

ZPO.) nicht bedarf und daß noch weniger vom Anfechtungskläger verlangt werden kann, er müsse die Erfüllung der erst hinter dem Erfordernis der Vollstreckungsklausel in Betracht kommenden Voraussetzungen des tatsächlichen Beginns der Zwangsvollstreckung dartun, die in den §§ 750 bis 752 ZPO. — hier steht § 751 Abs. 2 in Frage — bezeichnet sind. In den Motiven zu § 2 des Gesetzes vom 21. Juli 1879 (mitgeteilt bei Hartmann-Meikel a. a. O. S. 97 flg.) ist ausdrücklich gesagt: „Es genügt das Vorhandensein des vollstreckbaren Schuldtitels; daß derselbe mit der Vollstreckungsklausel versehen sei, erscheint nicht geboten." Auch hat der erkennende, früher als der VII. bezeichnete Senat bereits ausgesprochen, daß für die Anfechtung die Vollstreckungsklausel als Erfordernis nicht vorgeschrieben ist (Urteil VII 321/15 vom 21. Januar 1916). Daraus ist zu folgern, daß der Gesetzgeber das Vorhandensein eines solchen Schuldtitels, der den Gläubiger, ohne eine weitere Handlung seinerseits, zur Durchführung der Zwangsvollstreckung berechtigen würde, nicht hat erfordern wollen. Von den im § 2 AnfG. für die Zulässigkeit der Anfechtung vorgesehenen beiden Fällen, daß entweder die Zwangsvollstreckung in das Vermögen des Schuldners zu einer vollständigen Befriedigung des Gläubigers nicht geführt hat, oder daß anzunehmen ist, sie würde zu einer solchen nicht führen, kann bei einer Anfechtung ohne Erwirkung der Vollstreckungsklausel selbstverständlich nur der zweite in Frage kommen. Hier wäre es offensichtlich ohne jeden praktischen Wert, wollte man die Vollstreckungsklausel als Voraussetzung der Anfechtung erfordern. Dasselbe ist aber auch bezüglich der Leistung einer Sicherheit zu sagen, die zwar gemäß § 751 Abs. 2 ZPO. vom Gläubiger vor dem Beginn der Zwangsvollstreckung nachzuweisen ist, zu der aber kein Anlaß besteht, wenn eine Durchführung der Vollstreckung gar nicht beabsichtigt wird. Dabei ist hervorzuheben, daß die Anfechtung keineswegs ein Akt der Zwangsvollstreckung ist, vielmehr lediglich zu deren Vorbereitung dient, indem sie die Ausdehnung des Kreises derjenigen Gegenstände ermöglicht, welche der gegenüber dem Schuldner, nicht gegenüber dem Anfechtungsbeklagten zu betreibenden Vollstreckung unterliegen. Dies hat das Reichsgericht mehrfach grundsätzlich ausgesprochen (RGZ. Bd. 41 S. 91, Bd. 57 S. 105, Bd. 68 S. 139, 140).

Die vom Berufungsgericht angestellte Erwägung, daß im § 2

AnfG. zwischen den Arten der vollstreckbaren Schuldtitel nicht unterschieden werde, ist ebenfalls geeignet, die hier vertretene Ansicht zu stützen. Auch die Sondervorschrift im § 10 AnfG. kennt keinen Unterschied der vorläufig vollstreckbaren Schuldtitel (vgl. RGZ. Bd. 96 S. 338).

Weiter kommt noch folgende Erwägung hinzu: Nach der Gegenmeinung würden solche Rechtsuchende, die aus Mangel an Mitteln zur Sicherheitsleistung nicht in der Lage sind, bis zum Eintritt der Rechtskraft des Urteils gehindert sein, ihre Anfechtungsansprüche zu verfolgen. Die Verzögerung könnte ihnen leicht Schaden bringen, und zwar einerseits bezüglich der Wahrung der im § 3 Nr. 2—4 AnfG. vorgesehenen Fristen, wobei, wenn der um den vollstreckbaren Titel zu führende Rechtsstreit lange Zeit dauert, möglicherweise auch die Schutzvorschrift des § 4 AnfG. versagen könnte, anderseits im allgemeinen schon deshalb, weil in Anfechtungssachen aus wirtschaftlichen Gründen Eile geboten zu sein pflegt. Eine derartige Benachteiligung unbemittelter Parteien kann keinesfalls in der Absicht des Gesetzgebers gelegen haben.

Nach alledem ist der Stellungnahme des Oberlandesgerichts zu der erörterten Rechtsfrage beizustimmen. ...

---

76. 1. Kann die Zustellung der Verfügung des Landrats, durch welche die nach der Bekanntmachung über den Verkehr mit landwirtschaftlichen Grundstücken vom 15. März 1918 erforderliche Genehmigung versagt wird, mit Wirkung beiden Vertragsteilen gegenüber an den Notar erfolgen, der den Grundstückskaufvertrag beurkundet und mit dem Antrag auf Genehmigung dem Landratsamt eingereicht hat?

2. Kann in mündlichen Vorstellungen beim Landratsamt auf Abänderung des erteilten Bescheids eine wirksame Beschwerdeeinlegung gefunden werden, auch wenn die Aufnahme eines Protokolls unterblieben ist?

3. Kann der Verkäufer, der die Erteilung der Genehmigung arglistig hintertrieben hat, unter dem Gesichtspunkt des Schadensersatzes auf Erfüllung des Vertrags in Anspruch genommen werden?

4. Zurückbehaltungsrecht des Käufers an dem ohne Genehmigung übergebenen Grundstück wegen Verwendungen.

BGB. §§ 249, 826, 273, 1000.

V. Zivilsenat. Urt. v. 28. März 1925 i. S. Sch. (Kl.) w. R. (Bekl.). V 323/24.

I. Landgericht Stolp.
II. Oberlandesgericht Stettin.

Durch den vom Notar Justizrat J. in St. beurkundeten Vertrag vom 23. Mai 1922 hat der Kläger sein im Grundbuch von N. Band III Blatt 45 verzeichnetes, etwa 31 Morgen großes Grundstück an die beklagte Ehefrau verkauft. Im § 5 ist gesagt, die Vertragsteile seien sich darüber einig, daß der Vertrag zur Gültigkeit der landrätlichen Genehmigung bedürfe und bei Versagung der Genehmigung keine Wirksamkeit habe. Die Beklagten zahlten zunächst an den Notar 22500 ℳ auf den Kaufpreis an, widersprachen aber demnächst der Auszahlung an den Kläger mit der Behauptung, sie seien vom Vertrag zurückgetreten. Mittels Schreibens vom 15. Juni 1922 setzte der Justizrat J. im Auftrage des Klägers den Beklagten zur Zahlung der an der Anzahlung von 50000 ℳ fehlenden 27500 ℳ eine Frist von einer Woche mit der Androhung, daß der Kläger nach Ablauf der Frist die Erfüllung des Vertrags ablehne und Schadensersatz beanspruche. Am 22. Juni 1922 zahlten die Beklagten weitere 24000 ℳ an den Kläger und erhielten das Grundstück nebst Inventar übergeben. Am 16. Juni 1922 hatte der Notar den Vertrag mit dem Antrag auf Erteilung der Genehmigung dem Landratsamt eingereicht. Am 17. Juli 1922 wurde dem Notar der Bescheid des Landrats vom 12. Juli 1922, daß die Genehmigung versagt werde, mit dem Ersuchen zugestellt, den Beteiligten hiervon Kenntnis zu geben und ihnen gleichfalls mitzuteilen, daß jedem Teil binnen zwei Wochen nach der Bekanntmachung dieser Entscheidung die Beschwerde bei dem Regierungspräsidenten in Köslin zustehe. Der Notar verfügte zwei dementsprechende Benachrichtigungsschreiben an den Kläger und an die beklagte Ehefrau, in denen angegeben war, daß die Beschwerdefrist am 31. Juli 1922 ablaufe. Die Beklagten bestreiten, dieses Benachrichtigungsschreiben erhalten zu haben. Der beklagte Ehemann verhandelte in der Folgezeit, und zwar auch schon vor dem 31. Juli 1922 auf dem Landratsamt mit dem Kreissekretär B., um eine anderweite Entscheidung des Landrats herbeizuführen. Das Landratsamt stellte auf Grund dieser mündlichen Vorstellungen des beklagten Ehemanns weitere Ermittelungen an und reichte diese Vorgänge mit einem am 18. Oktober 1922 zu Protokoll erklärten Antrag des beklagten Ehemanns auf Genehmigung des Kaufvertrags mittels Schreibens vom 19. Oktober 1922 an den Regierungspräsidenten ein mit dem Antrag, unter Aufhebung seines ablehnenden Bescheids den Vertrag nachträglich zu genehmigen. Der Regierungspräsident gab diesem Antrag durch Verfügung vom 3. Dezember 1922 unter den dem Landrat etwa erforderlich erscheinenden und von ihm noch zu stellenden Auflagen statt. Der Landrat versah den Vertrag unter dem 20. Dezember 1922 mit dem Genehmigungsvermerk unter der Auflage, daß der Käufer das Grundstück ohne vorherige Zustimmung des Landrats vor Ablauf von fünf Jahren nicht weiterverkaufe bei Vermeidung einer zu zahlenden Summe von 50000 *M* und daß er zur Sicherung des Rechtes des Landkreises Stolp eine Sicherungshypothek von 50000 *M* auf dem Kaufgrundstück eintragen lasse.

Der Kläger vertritt den Standpunkt, daß mangels wirksamer Einlegung eines Rechtsmittels gegen den Bescheid des Landrats vom 12. Juli 1922 der Kaufvertrag vom 23. Mai 1922 infolge der Versagung der landrätlichen Genehmigung hinfällig geworden sei, und hat deshalb auf Herausgabe des Grundstücks nebst Inventar geklagt. Die Beklagten haben eingewendet, der Bescheid des Landrats vom 12. Juli 1922 sei mangels einer an sie erfolgten ordnungsmäßigen Zustellung nicht rechtskräftig geworden, im übrigen sei dagegen von dem beklagten Ehemann durch seine mündlichen Vorstellungen bei dem Landratsamt noch vor dem 31. Juli 1922 in wirksamer Weise Beschwerde eingelegt worden.

Das Landgericht hat die Beklagten nach dem Klagantrag verurteilt, das Oberlandesgericht hat auf die Berufung der Beklagten die Klage abgewiesen. Die Revision hatte Erfolg.

Aus den Gründen:

Das Berufungsgericht stellt fest, daß der Notar Justizrat J. bei der Einreichung des Kaufvertrags vom 23. Mai 1922 an das Landratsamt nicht mehr als Bevollmächtigter der Beklagten gehandelt habe und nimmt an, daß deshalb auch die an den Notar erfolgte Zustellung des Bescheids des Landratsamts vom 12. Juli 1922 den Lauf der Beschwerdefrist gegenüber den Beklagten nicht eröffnet habe, diese Frist auch mangels einer späteren ordnungsmäßigen Zustellung des Bescheids an die Beklagten diesen gegenüber überhaupt nicht in Lauf gesetzt worden sei. Dabei geht das Berufungsgericht von folgenden Erwägungen aus: Die Zustellung an Justizrat J. sei den Beklagten gegenüber nur wirksam gewesen, wenn dieser von den Beklagten beauftragt gewesen sei, nicht nur die mechanische Handlung der Übersendung des Kaufvertrags an das Landratsamt auszuführen, sondern auch die Verhandlungen mit diesem als ihrem Vertreter zu führen, insbesondere auch die Entscheidung für sie in Empfang zu nehmen. Diese Voraussetzung des Klaganspruchs habe der beweispflichtige Kläger nicht nachgewiesen. Die Bekundungen des Notars reichten zum Nachweis einer soweit gehenden Willensäußerung der Beklagten nicht aus, zumal keineswegs eine allgemeine Regel dahin aufgestellt werden könne, daß ein Vertragschließender, der dem Notar die von diesem in Aussicht gestellte Einreichung des Grundstückskaufvertrags an das Landratsamt überlasse und sich selbst untätig verhalte, damit zum Ausdruck bringe, daß er dem Notar die gesamte Vertretung in dem Verfahren vor der Verwaltungsbehörde überlassen wolle. Auch ergäben die Umstände des vorliegenden Falles deutlich, daß der Notar bei der Einreichung des Vertrags an das Landratsamt nicht mehr als Bevollmächtigter der Beklagten gehandelt habe. Die Einreichung sei nämlich nicht im unmittelbaren Anschluß an die Beurkundung des Vertrags, sondern erst am 16. Juni 1922 geschehen, nachdem der Notar an die Beklagten das Schreiben vom 15. Juni 1922 gerichtet hatte, in dem er sich einseitig auf den Standpunkt des Klägers gestellt hatte. Mit dieser Stellungnahme sei seine Vertretungsbefugnis für die Beklagten schon aus dem Grunde eines Interessenwiderstreits nach Maßgabe der für ihn durch seine Standespflichten als Anwalt gegebenen Richtlinien entfallen. Im Einklang hiermit beginne das an die Beklagten gerichtete Schreiben vom 17. Juli 1922, in dem der Notar den Beklagten die Versagung der Genehmigung mitteile, mit den Worten: „Namens des Herrn S. überreiche ich Ihnen Abschrift des Bescheides." Bei dieser Sachlage könne die Behändigung des Bescheids an den Notar nicht als eine den Vorschriften entsprechende Bekanntgabe an die Beklagten gelten.

Der Revision ist zuzugeben, daß diese Ausführungen Anlaß zur

Beanstandung geben. Im Gegensatz zum Berufungsgericht muß angenommen werden, daß in Fällen der vorliegenden Art eine Vermutung dafür spricht, daß der Notar seitens der Beteiligten ermächtigt ist, den Antrag auf Genehmigung des Grundstückskaufvertrags bei dem Landratsamt zu stellen. Indem die Beteiligten sich an den Notar wenden, um einen zwischen ihnen vereinbarten Grundstückskaufvertrag zu beurkunden, bringen sie der Regel nach zum Ausdruck, daß sie seine Dienste zur Herbeiführung eines rechtsgültigen Vertrags in Anspruch nehmen wollen. Der Notar hat nicht lediglich die ihm mitgeteilten Abreden zu beurkunden, sondern auch sein Augenmerk darauf zu richten, ob Bedenken gegen die Gültigkeit des zu beurkundenden Geschäfts bestehen. Ergeben sich in dieser Beziehung Zweifel, so ist ihm durch Artikel 40 des Preußischen Gesetzes über die freiwillige Gerichtsbarkeit die Pflicht auferlegt, die Zweifel den Beteiligten mitzuteilen und den Inhalt der Mitteilung, sowie die von den Beteiligten darauf abgegebenen Erklärungen in dem Protokoll festzustellen. Demgemäß wird der Notar auch für verpflichtet zu erachten sein, bei der Beurkundung von Kaufverträgen, die unter die Verordnung vom 15. März 1918 fallen, die Beteiligten auf das Erfordernis der landrätlichen Genehmigung zu dem Vertrag hinzuweisen. Ist das, wie § 5 des vorliegenden Vertrags ergibt, geschehen, so rechtfertigt sich aus denselben Erwägungen, auf denen der § 15 der Grundbuchordnung beruht, die Vermutung, daß mangels einer ausdrücklichen anderweiten Erklärung der Beteiligten der Notar von ihnen auch hat ermächtigt werden sollen, die Herbeiführung der vollen Wirksamkeit des Vertrags durch Stellung eines Antrags auf Genehmigung bei dem Landratsamt zu betreiben. Die dem Notar im § 15 GBO. beigelegte Ermächtigung, auf Grund von ihm beurkundeter oder beglaubigter Erklärungen Eintragungsanträge namens der Antragsberechtigten zu stellen, beruht auf der Erwägung, daß sich die Vermutung der Bevollmächtigung aus dem besonderen Verhältnis rechtfertige, in welches der Notar durch die Leistung seiner Dienste zu den Beteiligten getreten sei (Motive S. 80; Denkschrift S. 37). Diese Erwägung trifft, wie gezeigt, auch auf Fälle der vorliegenden Art zu. Auf demselben Standpunkt steht das Preußische Gesetz vom 10. Februar 1923 über den Verkehr mit Grundstücken (GS. S. 25), das im § 9 bestimmt, daß Behörden, Notare und sonstige Urkundspersonen verpflichtet sind, eine von ihnen über ein genehmigungspflichtiges Rechtsgeschäft aufgenommene Urkunde mit einer entsprechenden Mitteilung der zuständigen Behörde einzureichen, und daß die Mitteilung als Antrag auf Erteilung der Genehmigung zu gelten hat. Ist aber der Notar zur Stellung des Antrags auf Erteilung der nach der Verordnung vom 15. März 1918 erforderlichen Genehmigung als ermächtigt anzusehen, so muß er auch zur Empfangnahme des Bescheids, der auf seinen Antrag ergeht, als ermächtigt gelten. Denn die Ermächtigung zur Stellung eines Antrags enthält im Zweifel auch die Ermächtigung, die Benachrichtigung hinsichtlich der auf den Antrag erlassenen Entscheidung in Empfang zu nehmen, wie auch in feststehender Rechtsprechung angenommen wird, daß der Notar, der gemäß § 15 GBO. einen Eintragungsantrag gestellt hat, die ihn gemäß § 18 GBO. beanstandenden oder ihn ablehnenden Entscheidungen des Grundbuchamts und die Benachrichtigung von der Erledigung des Antrags zu erhalten hat. Die Sache mag anders liegen, wenn ein Beteiligter selbst den Antrag auf Genehmigung an das Landratsamt richtet und den Notar nur um Übersendung der erforderlichen Vertragsausfertigung an den Landrat ersucht, also eine Ermächtigung des Notars zur Erwirkung der Genehmigung nicht stattgefunden hat. So lag aber die Sache hier nicht. Der Notar J. hat nicht lediglich eine Vertragsausfertigung an das Landratsamt übersandt, sondern auch selbst den Antrag auf Erteilung der Genehmigung gestellt. Da der Antrag nicht ausdrücklich namens eines der Beteiligten gestellt war, hatte er als namens beider Teile gestellt zu gelten, da nach der Preuß. Ausf.-Verf. vom 27. März 1918 zu § 5 Abs. 2 jeder an dem Geschäft Beteiligte den Antrag anbringen kann. Mit Recht hat danach das Landratsamt seinen Bescheid dem Notar zugestellt, den es als Bevollmächtigten beider Parteien ansehen mußte. Die Zustellung ist den Beklagten gegenüber nur dann unwirksam, wenn in Wahrheit der Notar von ihnen zur Empfangnahme der Zustellung nicht ermächtigt war. Die Beweislast hierfür trifft nicht, wie das Berufungsgericht angenommen hat, den Kläger, sondern die Beklagten, die die für eine Bevollmächtigung des Notars streitende Vermutung widerlegen müssen, indem sie besondere Umstände, die die Absicht einer Ausschließung der Bevollmächtigung des Notars erkennen lassen, oder einen späteren Widerruf oder eine Einschränkung der Ermächtigung dartun.

Das Berufungsgericht sieht nun allerdings als bewiesen an, daß der Notar bei der Stellung des Antrags bei dem Landratsamt nicht mehr als Bevollmächtigter der Beklagten gehandelt habe. Es schließt das aus den Schreiben, die der Notar am 15. Juni und und 17. Juli 1922 an die Beklagten gerichtet hat und in denen er als Vertreter des Klägers aufgetreten sei. Dem Landratsamt gegenüber hat aber der Notar seinen Willen, lediglich in Vertretung des Klägers zu handeln, nicht erkennbar gemacht, auch nicht, als er aus dem an ihn gerichteten Ersuchen des Landrats, den ablehnenden Bescheid beiden Parteien mit einer Belehrung über das Beschwerderecht mitzuteilen, ersehen mußte, daß der Landrat ihn als Vertreter beider Parteien ansah und deshalb den Bescheid lediglich ihm zustellen ließ. Ist er aber nach außen als Vertreter auch der Beklagten aufgetreten, so kann es nur darauf ankommen, ob er in Wahrheit dazu von den Beklagten ermächtigt war. Umstände, die die Annahme nahe legen könnten, die Beklagten hätten den Notar nicht zur Stellung des Genehmigungsantrags ermächtigen wollen, sind aber nicht dargetan. Die Bekundung des Notars, er nehme mit Bestimmtheit an, daß er, wie er es immer tue, auch bei der Beurkundung des Vertrags vom 23. Mai 1922 mit den Parteien darüber gesprochen habe, daß der Vertrag dem Landratsamt zur Genehmigung eingereicht werden müsse und daß das von seiner Seite aus geschehen werde, spricht im Gegenteil dafür, daß die Einreichung des Vertrags durch den Notar ausdrücklich besprochen und dagegen von den Beklagten kein Widerspruch erhoben worden ist. Es kann sich daher nur fragen, ob nachträglich ein Widerruf der Ermächtigung stattgefunden hat oder ob Umstände eingetreten sind, aus denen die Absicht der Beklagten zu entnehmen ist, ihre weitere Vertretung durch den Notar auszuschließen. In dieser Beziehung könnte in Betracht kommen, daß nach dem Schreiben des Notars vom 12. Juni 1922 an den Kläger die Beklagten dem Notar erklärt hatten, sie seien vom Vertrage zurückgetreten. Anderseits haben aber die Beklagten auf die im Schreiben vom 15. Juni 1922 ihnen gegenüber erklärte Fristsetzung eine weitere Zahlung an den Kläger geleistet, die Übergabe des Grundstücks entgegengenommen und auch durch ihr späteres Verhalten gezeigt, daß sie bei dem Vertrage stehen bleiben und dessen Genehmigung durch die Verwaltungsbehörde erreichen wollten. Mangels einer im Berufungsurteil getroffenen Feststellung, daß die Beklagten dem Notar ihre Vertretung im Genehmigungsverfahren entzogen haben, kann daher die Annahme des Berufungsgerichts, daß die Zustellung des Bescheids vom 12. Juli 1922 an den Notar J. den Beklagten gegenüber die Beschwerdefrist nicht in Lauf gesetzt habe, nicht als gerechtfertigt anerkannt werden.

Das Berufungsgericht hat weiter angenommen, daß der beklagte Ehemann auch innerhalb der vom 17. Juli 1922 ab berechneten Beschwerdefrist gegenüber dem zur Entgegennahme einer Beschwerde zuständigen Kreissekretär B. seinen Willen, sich mit der ergangenen Entscheidung nicht zufrieden zu geben, klaren Ausdruck verliehen und damit rechtzeitig die Beschwerde erhoben habe. Es könne, so führt das Berufungsgericht aus, den Beklagten nicht schädlich sein, daß der Kreissekretär es im Widerspruch mit seinen Dienstobliegenheiten unterlassen habe, die erhobene Beschwerde aktenkundig zu machen. Denn eine Form sei für die Beschwerde nicht vorgeschrieben und werde auch durch allgemeine Grundsätze des Verwaltungsrechts nicht vorgeschrieben. Die Bestimmung der Preuß. Ausf.-Verf. vom 27. März 1918 zu § 5 Abs. 3, wonach die Einlegung der Beschwerde schriftlich oder mündlich zu Protokoll erfolgen solle, könne als eine bloße für die nachgeordneten Dienststellen gegebene Verwaltungsanordnung nicht die Wirkung haben, den Inhalt der an die Allgemeinheit gerichteten und objektives Recht schaffenden Vorschriften einschränkend abzuändern.

Auch diese Ausführungen werden von der Revision mit Recht bekämpft. Allerdings enthält die Verordnung vom 15. März 1918 keine Vorschrift über die Form, in der die im § 5 zugelassene Beschwerde einzulegen ist, sie überträgt aber im § 8 den Landeszentralbehörden den Erlaß der Bestimmungen zur Ausführung dieser Verordnung. Den auf Grund dieser Ermächtigung erlassenen Bestimmungen der Landeszentralbehörden muß daher die gleiche rechtliche Wirkung für die Allgemeinheit beigelegt werden, als wenn sie in der Verordnung selbst getroffen wären. Der in der Preußischen Verfügung vom 27. März 1918 zu § 5 Abs. 3 gegebenen Bestimmung, daß die Beschwerde schriftlich oder zu Protokoll sowohl beim Landrat als auch beim Regierungspräsidenten eingelegt werden kann, kommt daher nicht die Natur einer für die nachgeordneten Dienststellen gegebenen Verwaltungsanordnung zu, sondern sie stellt sich als eine für die Allgemeinheit bestimmte und verbindliche Vorschrift dar, was sich übrigens auch aus ihrem Inhalt ohne weiteres ergibt. Daß sich diese Vorschrift nicht in den auf Grund des § 8 der BRVO. erlassenen Ausführungsbestimmungen vom 16. März 1918 (JMBl. S. 69) befindet, sondern in den von den zuständigen Ministern aufgestellten Grundsätzen für die Ausführung der Verordnung, begründet, wie das Reichsgericht (Entsch. Bd. 102 S. 5) bereits ausgesprochen hat, für die Wirksamkeit der Bestimmung keinen Unterschied. In den von dem beklagten Ehemann nach dem Tatbestand des Berufungsgerichts gemachten Anstrengungen, durch mündliche Vorstellungen auf dem Landratsamt eine anderweitige Entscheidung dieser Behörde herbeizuführen, kann hiernach eine den gegebenen Vorschriften genügende Einlegung der Beschwerde nicht gefunden werden, und zwar um so weniger, als darin ein Wille, die Entscheidung des für eine Beschwerde allein zuständigen Regierungspräsidenten anzurufen, nicht zum Ausdruck gelangt ist. Es mag sein, daß der beklagte Ehemann, wenn er bei seinem Versuch, das Landratsamt zu einer Änderung seines Bescheids zu veranlassen, auf die Wirkungslosigkeit einer derartigen anderweiten Entscheidung hingewiesen und über die Möglichkeit und die Formerfordernisse einer Beschwerde belehrt worden wäre, diesen Weg beschritten haben würde. Das kann aber nichts daran ändern, daß er tatsächlich eine den bestehenden Vorschriften entsprechende Beschwerde nicht eingelegt hat, die Entscheidung des Landrats mit Ablauf der zweiwöchigen Beschwerdefrist rechtskräftig und damit der zwischen den Parteien geschlossene Kaufvertrag hinfällig geworden ist.

Der Klaganspruch würde hiernach gerechtfertigt sein, soweit nicht der von den Beklagten erhobene Einwand der Arglist durchgreift. Wenn es richtig ist, wie die Beklagten behaupten, daß der Kläger in der Absicht, sich von dem Vertrag loszumachen, bei dem Landratsamt unrichtige Angaben über die Beklagten vorgebracht und damit vorsätzlich die Erteilung der Genehmigung zu dem Vertrag hintertrieben hat, so würde dem Kläger der Einwand der Arglist entgegengesetzt werden können, wenn er sich auf diese Versagung der landrätlichen

Genehmigung zu dem Zwecke berufen wollte, um damit die Wirkungslosigkeit der auf Grund späterer Ermittelungen erteilten nachträglichen Genehmigung und die Hinfälligkeit des Vertrags darzutun (Warn. 1908 Nr. 38, 1917 Nr. 174; RGZ. Bd. 96 S. 313, Bd. 107 S. 357; Seuff. Arch. Bd. 78 Nr. 175). Allerdings ist der Vertrag vom 23. Mai 1922 mit dem Eintritt der Rechtskraft des landrätlichen Bescheids vom 12. Juli 1922 endgültig unwirksam geworden und konnte daran durch die nachträgliche Erteilung der Genehmigung nichts mehr geändert werden (RGZ. Bd. 102 S. 1). Der Kläger ist aber den Beklagten gegenüber, wenn er das Wirksamwerden des Vertrags durch ein gegen die guten Sitten verstoßendes Vorgehen vorsätzlich vereitelt hat, zum Schadensersatz gemäß § 826 BGB. verpflichtet und muß daher gemäß § 249 BGB. den Zustand herstellen, der ohne sein sittenwidriges Eingreifen bestanden hätte, d. h. er muß sich den Beklagten gegenüber so behandeln lassen, als wenn der Vertrag vom 23. Mai 1922 durch Erteilung der Genehmigung wirksam geworden wäre, er muß also den Beklagten unter dem Gesichtspunkt des Schadensersatzes alles gewähren, was er bei Gültigkeit des Vertrags auf Grund desselben zu leisten gehabt hätte. Die Beklagten würden also die vom Kläger verlangte Herausgabe des Kaufgrundstücks zu verweigern berechtigt sein. Ein Bedenken hiergegen unter dem Gesichtspunkt der öffentlichen Interessen, deren Wahrung die Verordnung vom 15. März 1918 bezweckt, läßt sich im vorliegenden Fall nicht begründen, da durch die nachträgliche, auf Grund eingehender Ermittelungen erteilte Genehmigung zu dem Vertrag feststeht, daß gegen die Überlassung des Kaufgrundstücks an die Beklagten im öffentlichen Interesse nichts einzuwenden ist.

Sollte sich der dem Kläger gemachte Vorwurf eines arglistigen Verhaltens als unbegründet erweisen, so würde es einer Stellungnahme zu dem von den Beklagten geltend gemachten Zurückbehaltungsrecht bedürfen. Der Umstand, daß im § 7 der Verordnung vom 15. März 1918 die vor der Genehmigung des Vertrags erfolgte Besitzübertragung am Grundstück unter Strafe gestellt ist, würde, wie das Reichsgericht bereits mehrfach ausgesprochen hat (Urteil vom 24. November 1923 V 652/22 und Urteil vom 7. Februar 1925 V 166/24) der Geltendmachung eines Zurückbehaltungsrechts durch die Beklagten nicht entgegenstehen. Im übrigen würde ein in dieser Hinsicht etwa bestehendes Bedenken sich dadurch erledigen, daß der Vertrag vom 23. Mai 1922 nachträglich die landrätliche Genehmigung erhalten hat, ein öffentliches Interesse demnach der Belassung des Grundstücks im Besitz der Beklagten bis zu deren Befriedigung wegen der von ihnen gemachten Verwendungen nicht entgegensteht. . . .

---

77. Wie gestaltet sich in Ehesachen die Verpflichtung zur Vorauszahlung der Prozeßgebühr, wenn von beiden Seiten Berufung eingelegt wird?

ZPO. § 519 Abs. 6. GKG. §§ 77, 82.

IV. Zivilsenat. Beschl. v. 30. März 1925 i. S. Ehem. W. (Kl.) w. Ehefr. W. (Bekl.). IV B. 20/25.

I. Landgericht I Berlin.
II. Kammergericht daselbst.

Die Ehe der Parteien ist durch Urteil des Landgerichts auf Klage und Widerklage geschieden worden. Beide Parteien haben Berufung eingelegt; von beiden wurde unter Fristsetzung die Zahlung der Prozeßgebühr in gleicher Höhe gefordert. Die Beklagte hat fristgemäß gezahlt, der Kläger nicht. Seine Berufung wurde deswegen durch den angefochtenen Beschluß als unzulässig verworfen.

Die Beschwerde beanstandet, daß dieselbe Gebühr doppelt angefordert worden ist. Dieses Verfahren entspricht jedoch den Vorschriften des Gerichtskostengesetzes seit seiner Fassung vom 21. Dezember 1922 und den Bestimmungen des § 519 Abs. 6 ZPO. Das gleiche wurde von dem erkennenden Senat auch für die Behandlung wechselseitiger Revisionen in Ehesachen schon unter dem alten Gerichtskostengesetz angenommen (Warn. 1911 Nr. 147).

Die Zahlung der Gebühr für die Berufung hat nach § 519 Abs. 6 ZPO. als Erfüllung einer Formvorschrift zu gelten. Diese Form muß für die Berufung jeder der beiden Parteien erfüllt sein. Damit steht im Einklang, daß nach § 77 GKG. bei wechselseitigen Berufungen Schuldner der Gebühr beide Parteien sind. In Ehesachen ist zwar nach § 13 GKG. die Gebühr nur einmal zu berechnen. Daraus folgt aber nur, daß beide Eheleute für dieselbe Gebühr nach § 82 GKG. als Gesamtschuldner haften. Demnach ist bei wechselseitigen Berufungen in Ehesachen von beiden Eheleuten unter Fristsetzung gemäß § 519 Abs. 6 ZPO. die nach dem einheitlichen Streitgegenstand zu berechnende Prozeßgebühr anzufordern. Aber die Zahlung durch den einen Ehegatten tilgt auch die Schuld des andern und erfüllt, wenn sie innerhalb der gesetzten Fristen erfolgt, für beide die Formvorschrift des § 519 Abs. 6 ZPO.

Unter dem alten Gerichtskostengesetz hat der Senat die Zahlung durch einen Ehegatten nur dann als auch für den andern wirksam erachtet, wenn der Zahlende erklärte, daß das Gezahlte für beide Rechtsmittel haften solle. Dies beruhte auf der früheren rechtlichen Gestaltung der Zahlungspflicht. Zu zahlen war ein Vorschuß für eine erst später fällig werdende Gebühr, nicht wie jetzt die bereits fällig gewordene Prozeßgebühr selbst. Ob und inwieweit bei wechselseitigen Berufungen in Ehesachen auch unter dem neuen Recht das Verfahren sich nachträglich so gestalten kann, daß der Staat durch die einmalige Zahlung der von beiden Eheleuten als Gesamtschuldnern gemäß §§ 77, 82 GKG., § 519 Abs. 6 ZPO. geforderten Prozeßgebühr nicht seine volle Befriedigung erhält, bedarf nicht der Erörterung. Jedenfalls würde dies nichts daran ändern, daß der Staat im Zeitpunkt der Zahlung diejenige Gebühr erhalten hat, die er damals von beiden Eheleuten zu fordern berechtigt war.

Für den vorliegenden Fall ergibt sich hieraus, daß die Zahlung der Prozeßgebühr durch die Beklagte, da sie auch innerhalb der dem Kläger gesetzten Frist erfolgte, sowohl für sie wie für den Kläger zur Wahrung der Formvorschrift des § 519 Abs. 6 ZPO. genügte.

---

78. Findet § 1042 Abs. 2 ZPO. n. F. Anwendung, wenn vor dem Inkrafttreten der Verordnung vom 13. Februar 1924 (RGBl. I S. 135) über die Vollstreckbarkeit eines Schiedsspruchs in erster Instanz durch Urteil erkannt ist?

VI. Zivilsenat. Urt. v. 31. März 1925 i. S. v. M. u. Gen. (Bekl.) w. W. (Kl.). VI 18/25.

I. Landgericht Görlitz.
II. Oberlandesgericht Breslau.

Der Kläger verlangt die Vollstreckbarkeitserklärung eines gegen die Beklagten auf seinen Antrag am 5. Februar 1924 ergangenen Schiedsspruchs. Die Beklagten haben die Unzulässigkeit des Schiedsverfahrens eingewendet. Das Landgericht hat durch Urteil vom 26. Mai 1924 die Zwangsvollstreckung aus dem Schiedsspruch für zulässig erklärt. Gegen dieses Urteil haben die Beklagten am 30. Juni 1924 Berufung eingelegt und ihren früheren Einwand gegen das Klageverlangen wiederholt. Der Kläger hat diesen Einwand mit Rücksicht auf § 1042 Abs. 2 ZPO. n. F. nicht mehr für beachtlich gehalten. Das Oberlandesgericht hat durch Urteil vom 28. November 1924 die Berufung zurückgewiesen.

Die Revision der Beklagten hatte Erfolg.

Gründe:

Da über die Berufung der Beklagten durch Urteil entschieden ist, so bestehen gegen die Zulässigkeit der Revision keine Bedenken. An der Tatsache, daß infolge der Neueinführung des Beschlußverfahrens für die Vollstreckbarkeitserklärung eines Schiedsspruchs für diese jetzt in landgerichtlichen Sachen nur zwei Instanzen in Betracht kommen, kann die Zulässigkeit der Revision nicht scheitern, da sich die Beschränkung des Instanzenzugs in diesem Falle nur aus der Form der Entscheidungen ergibt und darum nicht Platz greift, wenn diese Form fehlt. Ob die Revision zuzulassen wäre, wenn die Berufung irrtümlich anstatt durch Urteil durch Beschluß beschieden wäre (RGZ. Bd. 32 S. 429; JW. 1902 S. 90, 1903 S. 99), bedarf nicht der Entscheidung, da über das Rechtsmittel gegen das landgerichtliche Urteil mit Recht durch Urteil erkannt ist.

Nach § 1042 ZPO. n. F. ist fortan zwar ein Schiedsspruch durch Beschluß für vorläufig vollstreckbar zu erklären und hiergegen nur die sofortige Beschwerde zulässig. Da aber im gegebenen Falle die Vollstreckbarkeitserklärung noch vor dem Inkrafttreten der Verordnung vom 13. Februar 1924 durch Urteil erfolgt ist, so hat das Berufungsgericht mit Recht die Berufung als das zulässige und gegebene Rechtsmittel gegen die Vollstreckbarkeitserklärung angesehen. Denn die Zulässigkeit und damit auch die Art eines Rechtsmittels gegen die vor dem Inkrafttreten der Verordnung verkündeten Entscheidungen richtet sich nach Art. VII Abs. 4 das. nach den bisherigen Vorschriften. In welcher Form über das Rechtsmittel zu entscheiden ist, ist zwar aus Art. VII Abs. 4 nicht unmittelbar zu entnehmen. Aber trotzdem kann es keinem Zweifel unterliegen, daß auch die Entscheidung in der bisherigen Form zu treffen ist, also hier durch Urteil zu treffen war, weil nach der Struktur der Rechtsmittel nur für die Entscheidung über die Beschwerde die Beschlußform vorgesehen ist und dies grundsätzlich voraussetzt, daß auch schon in der ersten Instanz durch Beschluß entschieden worden ist. Das Gegenteil ist vom Gesetz nicht bestimmt; es kann darum auch von einer Umleitung in das Beschlußverfahren (Kann, „Die Zivilprozeßordnung" 1924 zu § 1042) nicht die Rede sein und noch weniger daran gedacht werden, daß zufolge der Novelle die anhängigen Prozesse auf Vollstreckbarkeitserklärung eines Schiedsspruchs für erledigt zu erklären wären (vgl. Goldschmidt, „Zivilprozeßordnung" zu § 1042). Ob darum die Nichtanwendung des § 1042 ZPO. n. F. nur damit zu begründen ist, daß hinsichtlich der formellen Behandlung der Sache die alten prozessualen Vorschriften Anwendung finden, kann auf sich beruhen. Denn auch schon aus dem geltenden Rechtsmittelsystem der Zivilprozeßordnung kann hergeleitet werden, daß die Entscheidung über eine Berufung grundsätzlich nicht durch Beschluß getroffen werden kann. Insbesondere wäre diese Entscheidungsform für den Fall der Abänderung des vorangegangenen Urteils aus dem Gesetz nicht zu rechtfertigen, da, soweit dieses für die Entscheidung über die Berufung gegen ein Urteil überhaupt die Beschlußform zugelassen hat, sich diese Ausnahme nur auf den Fall der ohne mündliche Verhandlung erfolgenden Verwerfung des Rechtsmittels bezieht (§ 519b ZPO.). Aus diesen Gründen hat das Reichsgericht in RGZ. Bd. 18 S. 361 und Bd. 48 S. 404 auch schon für ähnliche Fälle das Urteil für die richtige Entscheidungsform erklärt, und auf dem gleichen Gedanken beruht es auch, daß, wenn das Berufungsgericht abweichend vom ersten Urteil die Unzuständigkeit des angerufenen Gerichts und die Überweisung an das zuständige Gericht aussprechen will, die Entscheidung durch Urteil erfolgen muß, obwohl der betreffende Ausspruch sonst durch Beschluß zu geschehen hat (RGZ. Bd. 95 S. 281; Warneyer 1915 Nr. 24, 28).

Rechtsirrtümlich ist aber die sachliche Entscheidung des Berufungsgerichts über die Berufung, da die neue Bestimmung des § 1042 Abs. 2 ZPO. im vorliegenden Falle zu Unrecht angewendet ist.

Zwar ist es richtig, daß neue Prozeßgesetze wegen ihres öffentlichrechtlichen Charakters auch auf bereits anhängige Sachen angewendet werden müssen. Aber dies gilt nur, soweit sich aus etwaigen Übergangsbestimmungen nicht ein anderes ergibt. Solche Übergangsvorschriften sind nun freilich hinsichtlich der Anwendung des § 1042 Abs. 2 ZPO. n. F. vom Gesetze nicht ausdrücklich getroffen. Aber aus dem Wortlaut und dem Sinn dieser Vorschrift ergibt sich, daß das Gesetz nur für das Beschlußverfahren die Einwendungen gegen den Schiedsspruch hat beschränken wollen, weil sich dieses für eine eingehende Erörterung der im § 1041 ZPO. bezeichneten Einwendungen nicht eignet und es deshalb angebracht erschien, ihre Erledigung in das mit den Garantien der mündlichen Verhandlung ausgestattete Aufhebungsverfahren zu verweisen. Deshalb paßt diese Vorschrift nicht auf anhängige Sachen, bei denen auch für das Vollstreckungsverfahren noch mit einer mündlichen Verhandlung zu rechnen ist und die Entscheidung über die Vollstreckbarkeit des Schiedsspruchs durch Urteil geschieht. Denn mag es an sich auch denkbar sein, den Beklagten mit seinen Einwendungen gegen den Schiedsspruch hier ebenfalls in das Aufhebungsverfahren zu verweisen und ihm dazu auch das Recht auf Aussetzung des Vollstreckungsverfahrens zu gewähren, so wäre es doch formalistisch und eine unnütze Prozeßhäufung, wenn man ihn behufs Geltendmachung seiner Einwendungen zu einem neuen Prozeß nötigen wollte, obwohl er bereits in dem anhängigen Rechtsstreit über die Vollstreckbarkeitserklärung Gelegenheit zu ihrer Anbringung und zweckgemäßen Erledigung hat. Deshalb zwingen prozeßpolitische Erwägungen dazu, es insoweit bei den alten Vorschriften zu belassen und auf die frühere Vorschrift des § 1042 ZPO. zurückzugreifen. Dagegen mag zwar das Bedenken bestehen, daß diese Vorschrift nicht mehr in Kraft ist und als Übergangsvorschrift nicht ausdrücklich aufrecht erhalten worden ist. Aber dieses Bedenken ist nicht gewichtig genug, um die Unzweckmäßigkeit der anderen Behandlung in den Kauf zu nehmen. Vielmehr muß eine stillschweigende Aufrechterhaltung der früheren Regelung als im Sinne des Gesetzes liegend angenommen werden, die es erlaubt, auch ohne ausdrückliche

Bestimmung auf die Vollstreckbarkeitserklärung des Schiedsspruchs die bisherigen Vorschriften anzuwenden.

Das Berufungsgericht wird deshalb in eine Prüfung der gegen den Schiedsspruch erhobenen Einwendungen einzutreten haben.

---

79. Nach welchen Grundsätzen hat die Aufwertung des Kaufpreises bei beiderseits nicht erfüllten Kaufgeschäften des Großhandels zu erfolgen?

BGB. § 242.

Vereinigte Zivilsenate. Beschl. v. 31. März 1925 i. S. B. (Kl.) w. L. & Co. (Bekl.) und L. (Kl.) w. Gebr. G. (Bekl.). VI 258/199/24.

Die Sach- und Rechtslage, die Einzelheiten der streitigen Punkte und der Inhalt des ergangenen Beschlusses ergeben sich aus den folgenden

Gründen:

Der I. und der II. Zivilsenat haben in den Entscheidungen RGZ. Bd. 108 S. 379, Bd. 109 S. 97 und S. 241 übereinstimmend die Ansicht vertreten, daß bei beiderseits noch nicht erfüllten Großhandelsgeschäften für die Aufwertung des Kaufpreises weder der Lebenshaltungsindex noch auch der Dollarkurs eine geeignete Grundlage bildet, sondern daß grundsätzlich vom heutigen Marktpreis der zu liefernden Ware auszugehen sei. Den heutigen Marktpreis wollen die beiden Senate nicht unter allen Umständen in ganzer Höhe an Stelle des vereinbarten Kaufpreises setzen, sondern es soll, wenn die besonderen Umstände des Falles es rechtfertigen, der aufzuwertende Kaufpreis auf einen geringeren Betrag als den heutigen Marktpreis festgesetzt werden; es sei je nach Umständen eine gewisse Kürzung des Marktpreises geboten; wenn der heutige Marktpreis nicht allein auf Geldentwertung, sondern auch auf Warenkonjunktur beruhe, solle der Vorteil der Warenkonjunktur dem Käufer zugute kommen.

Der VI. Zivilsenat ist hingegen der Auffassung, die er in seiner Entscheidung RGZ. Bd. 109 S. 146 niedergelegt hat, daß bei Lieferungsgeschäften des Großhandels die Aufwertung des vereinbarten Kaufpreises keinesfalls höher bemessen werden darf, als bis zum vollen Ausgleich der eigentlichen Geldentwertung, d. h. des Verlustes des Geldes an seinem inneren oder Goldwert. Eine Aufwertung nach dem Lebenshaltungsindex verwirft auch der VI. Senat, aber er sieht als geeigneten Maßstab der eigentlichen Geldentwertung, der Verminderung des inneren Geldwerts, den Kurs des Dollars oder einer anderen annähernd ebenso wertbeständig gebliebenen ausländischen Währungseinheit an. Dagegen ist er der Meinung, daß der heutige Marktpreis der zu liefernden Ware einen geeigneten Ausgangspunkt für die Aufwertung des Kaufpreises nicht abgeben kann, daß jedenfalls über den kursmäßigen Goldbetrag des vereinbarten Kaufpreises hinaus ein höherer Marktpreis nicht für die Aufwertung in Frage kommen darf.

Der VI. Senat hat demgemäß die Entscheidung der Vereinigten Zivilsenate über folgende Fragen eingeholt:

1. Ist es rechtlich zulässig, bei Großhandelsgeschäften, wenn die Sachlieferung noch aussteht, den Goldwert des vereinbarten Kaufpreises nach dem für die Zeit des Vertragsabschlusses amtlich festgestellten Berliner Mittelkurse einer wertbeständig gebliebenen ausländischen Währungseinheit (Dollar, englisches Pfund, holländischer Gulden) zu berechnen?
2. Findet die Aufwertung in dem so berechneten Goldwert ihre Höchstgrenze?

oder

3. darf darüber hinaus auch noch ein heutiger höherer Marktpreis berücksichtigt werden?

Die Vereinigten Zivilsenate haben die ihnen gestellten Fragen in folgender Weise neu gefaßt:

1. Findet bei Großhandelsgeschäften, die beiderseits noch unerfüllt sind, die Aufwertung des vereinbarten Kaufpreises in dem für die Zeit des Vertragsabschlusses amtlich festgestellten Berliner Mittelkurs einer wertbeständig gebliebenen ausländischen Währungseinheit (Dollar, englisches Pfund, holländischer Gulden) ihre Höchstgrenze?
2. Darf ein heutiger höherer Marktpreis neben anderen Umständen als Anhaltspunkt für die Höhe der Aufwertung berücksichtigt werden?

Die erste Frage ist verneint, die zweite bejaht worden.

Dafür waren folgende Erwägungen maßgebend:

Der VI. Zivilsenat geht davon aus, daß der innere Tauschwert der deutschen Währung sich seit Jahren vermindert habe, und daß es Aufgabe der Aufwertung sei, diese Verminderung wett zu machen. Er hat darauf hingewiesen, daß der Begriff des inneren Tauschwerts des Geldes ein in den heutigen Geldtheorien allgemein anerkannter Begriff sei. Dafür ist u. a. Bezug genommen auf Ausführungen von Menger im 4. Bande des Handwörterbuchs der Staatswissenschaften, 3. Aufl. unter dem Artikel „Geld" auf S. 592, wo die Kaufkraft des Geldes als „äußerer Tauschwert" bezeichnet und zu dem inneren Wert als „innerem Tauschwert" in Gegensatz gestellt sei.

Die Vereinigten Zivilsenate haben sich der Meinung des VI. Senats, daß der Ausgangspunkt für die Beantwortung der gestellten Fragen von dem inneren Tauschwert des Geldes zu nehmen sei, nicht anzuschließen vermocht. Zwei Gründe waren dafür maßgebend. Einmal hat der Begriff des inneren Tauschwerts mannigfachen Widerspruch in der neueren Geldtheorie gefunden. Es ist dafür Bezug zu nehmen auf die auch bereits vom VI. Zivilsenat angeführten Äußerungen von Helfferich, Das Geld, 6. Aufl. 1923 S. 563 flg., der ausführt, daß die Erfahrungen der Kriegszeit und der Nachkriegszeit ihn dazu geführt hätten, den Begriff des inneren Tauschwerts fallen zu lassen, weil sich nicht mit irgendwelcher Sicherheit unterscheiden lasse, ob die Veränderung der Preise von Veränderungen auf der Seite des Geldes oder auf der Seite der Waren abhängig gewesen sei. Aus gleichen Gründen haben auch andere Geldtheoretiker, und zwar nicht nur Anhänger der nominalistischen Theorie (Knapp, Bendixen usw.), sondern auch Anhänger der metallistischen Theorie und vermittelnder Theorien den Begriff des inneren Tauschwerts des Geldes mehr oder weniger fallen lassen.[1] Die Vereinigten Zivilsenate haben deshalb Bedenken getragen, ihre Entscheidung auf einer immerhin so bestrittenen Theorie aufzubauen.

---

[1] Vgl. hierfür weiter: Mises, Theorie des Geldes, 2. Aufl., S. 170 flg.; Wagemann, Allgem. Geldlehre, S. 62 flg.; Liefmann, Grundsätze der Volkswirtschaftslehre, Bd. 2 S. 162; Heyn in Conrads Jahrbüchern, 3. Folge, Bd. 51 S. 382 flg.; Bendixen, Geld und Kapital, 3. Aufl., S. 109. D. E.

Sie sind aber darüber hinaus der Meinung, daß der Beantwortung der gestellten Fragen überhaupt keine Geldtheorie zugrunde gelegt werden sollte, daß die Beantwortung vielmehr auf dem durch § 242 BGB. gewiesenen Wege aus den tatsächlichen Verhältnissen, wie sie sich in der Kriegszeit und in der Nachkriegszeit gestaltet haben, zu entnehmen ist.

Hiervon ausgehend sind sie zu dem Ergebnis gelangt, daß die Veränderungen der amtlichen Berliner Notierungen des Dollars oder die Veränderungen der New Yorker Wechselkurse auf Deutschland oder der New Yorker Kurse für Auszahlung Berlin für Aufwertungsfragen nicht maßgebend sein können, und zwar weder in der Weise, daß die Höhe der Aufwertung nach den genannten Kursen zu bemessen sei, noch auch in der Weise, daß die Kurse wenigstens das Höchstmaß für die Höhe der Aufwertung abzugeben hätten. Dies Ergebnis rechtfertigt sich durch drei Erwägungen.

1. Die genannten Kurse haben sich weder zu der Veränderung der Warenpreise in Deutschland, noch zu der Verminderung des Wertes der deutschen Währung parallel bewegt. Das ergibt sich aus einer Betrachtung der Kursänderungen des Dollars seit Beginn des Krieges.

Die Parität in New York ist 4 ℳ = 95,28 Cents. In der ersten Hälfte des September 1914 stand die Mark etwas über pari, 96 7/8. Ende September fing sie an zu sinken bis etwa 87,80 im Dezember und erholte sich zum Jahresschluß etwas. 1915 sank sie langsam weiter, stieg wieder im Oktober und setzte dann ihre Abwärtsbewegung fort bis zum April 1916. Dann fing sie plötzlich an zu steigen, behielt ihren günstigen Stand monatelang bei und fiel auf den Stand vom April 1916 erst wieder im September 1916. Sie senkte sich langsam weiter, stieg Ende Dezember nach der deutschen Erklärung der Friedensbereitschaft auf kurze Zeit erheblich an und senkte sich langsam weiter bis Ende Oktober 1917. Dann stieg sie wieder erheblich und behielt ihren verhältnismäßig günstigen Stand bis September/Oktober 1918 bei. Dies wird teils auf die Friedensverhandlungen mit Rußland und auf die erfolgreichen Kämpfe in Italien und Frankreich zurückgeführt, von anderer Seite dagegen darauf, daß die Reichsbank Ende 1917 eine große auswärtige Anleihe erhalten habe, die die Möglichkeit von Interventionen gegeben habe. Wie Pohle, Vorträge der Gehe-Stiftung, Bd. 9 Heft 5 S. 6 bemerkt, verminderte sich an der Züricher Börse von Oktober 1917 bis Januar 1918 der Kursverlust des deutschen Geldes von 50% auf weniger als 29%. Es ist daraus zu ersehen, welche zum Teil sehr erheblichen Schwankungen während des Krieges stattgefunden haben, die sämtlich mit der Veränderung des inneren Wertes des deutschen Geldes außer Zusammenhang standen.

Ein Gleiches ergibt sich für die Nachkriegszeit aus den Statistiken und den graphischen Darstellungen, die in den Veröffentlichungen des Statistischen Reichsamts, Wirtschaft und Statistik, sich je auf den ersten Seiten der Jahresbände finden. Anfang Februar 1920 stand der Dollar in Berlin 91 ℳ, stieg bald bis auf 100, fing dann im März an zu fallen, erreichte seinen tiefsten Stand von 34,75 am 25. Mai, stieg wieder etwas, pendelte dann monatelang zwischen 50 und 80 und erreichte den Stand von 100 erst wieder im September 1921. Kein Zweifel ist, daß das deutsche Geld ohne Golddeckung sich in den anderthalb Jahren beträchtlich vermehrt hatte, der innere Geldwert also andauernd gesunken war. Aus 1922 ist bemerkenswert, daß im August und Oktober plötzliche starke Stürze der Mark auftraten, die durch keine besondere innere Geldbewegung veranlaßt waren. Im Februar 1923 erfolgte dann die bekannte Stützungsaktion der Regierung, die den Dollar von 49000 Ende Januar bis auf 20000 zurückdrängte, bis sie Mitte April ihr Ende fand. Auch zu dieser Zeit hatte die Papiergeldvermehrung entgegen der Dollarbewegung erhebliche Fortschritte gemacht.

Vorstehende Übersicht zeigt, daß die Kursgestaltung in wesentlichem Ausmaße durch äußere Ursachen beeinflußt ist, hauptsächlich wohl durch verstärktes und dringliches Angebot deutschen Geldes[1], außerdem durch Kriegsaussichten, Friedensverhandlungen, Stützungsaktionen, Spekulationen usw. Letzteres ist auch im Schrifttum so gut wie ausnahmslos anerkannt. Es ergibt sich daraus, daß die Bewegung der New Yorker Kurse, wie des Berliner Dollarkurses und die Bewegung des inneren Wertes des deutschen Geldes nur das

[1] Vgl. hierfür: Wagemann, Allgem. Geldlehre, S. 314, 315; Diehl, Über Fragen des Geldwesens, S. 50; Bendixen, Weltwirtschaftl. Archiv, Bd. 13 (1918) S. 65 flg.; Pohle, Vorträge der Gehe-Stiftung, Bd. 9 Heft 5 S. 18. D. E.

gemein haben, daß sie beide schließlich auf einem sehr tiefen Standpunkt angekommen sind. Die Bewegung ist aber nicht irgendwie parallel gegangen. Es läßt sich deshalb nicht sagen, daß der New Yorker oder der Berliner Kurs zu irgendeinem Zeitpunkt oder während einer längeren Periode den Grad der Entwertung des deutschen Geldes annähernd richtig angibt. Es läßt sich auch nicht etwa in der Weise helfen, daß man einen durchschnittlichen Kurs, der von einzelnen Schwankungen absieht, der Aufwertung zugrunde legt. Dazu sind die Schwankungen ihrem Grade nach viel zu erheblich gewesen und haben sich der Zeit nach über viel zu große Perioden erstreckt. Dies ist der erste Grund, weshalb die Vereinigten Zivilsenate Bedenken getragen haben, der Aufwertung die Umrechnung nach dem Dollarkurs zugrunde zu legen.

2. Der zweite Punkt, der in die gleiche Richtung weist, ist der Umstand, daß die Aufwertung nach dem Dollarkurs zu geringe Ergebnisse gegenüber den heutigen Warenpreisen gibt, und zwar so geringe Ergebnisse, daß sie mit der heutigen wirtschaftlichen Lage unverträglich erscheinen. Das ist vom VI. Zivilsenat in keiner Weise bestritten worden. Es ist allgemein anerkannt und ergibt sich zu voller Deutlichkeit aus den von Zeiler angefertigten Übersichten und den Anschauungen, die er im Schrifttum vielfach vertreten hat. Angesichts dieser Sachlage erübrigt sich ein weiteres Eingehen auf Einzelheiten. Nur auf folgenden Punkt ist hinzuweisen: Der VI. Zivilsenat vermeint, in der Weise helfen zu können, daß, wenn sich Ergebnisse zeigen, die für den einzelnen nicht tragbar sind und sich volkswirtschaftlich als ungesund darstellen, auf Grund der clausula rebus sic stantibus dem Verkäufer die Möglichkeit eines Rücktritts vom Vertrag zu gewähren sei. Die Vereinigten Zivilsenate haben dies jedoch nicht als eine sachgemäße Abhilfe ansehen können. Es mag sein, daß in einzelnen Fällen volkswirtschaftlich bedeutsame Interessen nicht verletzt werden, wenn dem Verkäufer der Rücktritt von einem Vertrag nachgelassen wird, der vor längeren Jahren abgeschlossen und bis heute beiderseits unerfüllt geblieben ist. Aber es läßt sich nicht anerkennen, daß eine in weitem Umfang zugelassene Möglichkeit des Rücktritts vom Vertrag als allgemeine Regel ein volkswirtschaftlich billigenswertes Ergebnis herbeiführt. Verträge müssen nach Möglichkeit aufrecht erhalten werden, und die Interessen des Käufers, der ohne sein

Verschulden bis heute die Lieferung der gekauften Ware entbehren mußte und heute noch ein erhebliches Interesse an der Lieferung, wenn auch zu aufgewertetem Preis, haben wird, dürfen nicht außer Betracht gelassen werden.

3. Ein dritter Grund, der die Aufwertung nach dem Dollarstand nicht für angezeigt erscheinen läßt, bewegt sich auf rechtlichem Boden. Die Aufwertung schöpft ihre innere, gesetzliche Berechtigung aus dem § 242 BGB. Das ist heutzutage allgemein anerkannt, und auch der VI. Senat stützt seine Auffassung auf die genannte Gesetzesvorschrift. Nun hat sich die Rechtsprechung des Reichsgerichts dahin ausgebildet, daß bei der Anwendung des § 242 auf Aufwertungsfragen die Gesamtlage der auf beiden Seiten vorhandenen berechtigten Interessen zu berücksichtigen ist. Das hat z. B. seinen Ausdruck gefunden in RGZ. Bd. 107 S. 87 (billige Rücksichtnahme auf die Interessen beider Teile usw.) und Bd. 108 S. 85 (Berücksichtigung aller ... festzustellenden Tatsachen) sowie S. 176 (Berücksichtigung aller Umstände des Falles). Danach läßt sich jedenfalls aus § 242 nichts dafür entnehmen, daß bei der Aufwertung beiderseits unerfüllter Großhandelsgeschäfte die genannte Bestimmung, wie der VI. Senat will, nur im Sinne eines geringeren Maßes der Aufwertung, als der Umrechnung nach dem Dollarstand entsprechen würde, nicht aber im Sinne einer darüber hinausgehenden Aufwertung in Betracht zu kommen habe. Vielmehr ergibt die in der geschilderten Rechtsprechung gebilligte Auslegung des § 242 im Gegenteil, daß sämtliche berechtigte Interessen beider Parteien in Rücksicht zu ziehen sind. Ergibt also eine billige Abwägung der Interessenlage beider Parteien im Rahmen des § 242, daß über die Aufwertung nach dem Dollarstand hinauszugehen ist, so stehen dem rechtliche Bedenken nicht entgegen. Insbesondere sind Bedenken aus dem Begriff der Aufwertung nicht zu entnehmen, da die Aufwertung ein rechtlich bestimmter Begriff überhaupt nicht ist. Als Umstände, die zugunsten der Interessenlage des Käufers zu berücksichtigen sind, mag auch auf diejenigen Punkte hingewiesen werden, die in der Entscheidung des I. Zivilsenats (RGZ. Bd. 108 S. 379 flg.) Erwähnung gefunden haben. Aus diesen Gründen ist die erste Frage verneint worden.

Die soeben angestellten Erörterungen führen ohne weiteres auch zu einer Bejahung der zweiten Frage. Die Berücksichtigung der heutigen Warenpreise bei der Aufwertung des Kaufpreises aus beiderseits unerfüllten Großhandelsgeschäften ist rechtlich zulässig. Da das in Zweifel gezogen ist, erschien ein positiver Ausspruch in der angegebenen Richtung notwendig. Dabei ist jedoch zu betonen, daß der Ausspruch sich nur auf den Fall beiderseits unerfüllter Großhandelsgeschäfte bezieht. Die rechtliche Möglichkeit der Berücksichtigung der heutigen Tagespreise ergibt sich aus folgender Überlegung. Es ist allseitig anerkannt, daß in den Jahren 1920 bis 1923 die Warenpreise in Deutschland verglichen mit den Warenpreisen des Auslandes übermäßig niedrig waren, auch wenn man den derzeitigen Stand der deutschen Währung berücksichtigt. In den amtlichen Veröffentlichungen, Wirtschaft und Statistik, Bd. I S. 431 1. Spalte, findet sich eine Vergleichung der deutschen Großhandelsindexziffern mit denen der übrigen Länder für 1920 und 1921 unter Berücksichtigung der Markentwertung. Die Verhältniszahlen z. B. für Januar 1921 lauten: Deutschland 1436, Amerika 2071, England 2480, Schweden 3275. Ebenda Bd. II S. 235 1. Spalte findet sich ein internationaler Warenpreisstand auf Gold umgestellt für 1920 bis 1922. Die Verhältniszahlen z. B. für Januar 1922 lauten: Amerika 148, England 135, Frankreich 132, Deutschland 80,6. Diese damals in Deutschland vorherrschend gewesenen niedrigen Preise sind die Quelle der heute zu lösenden Zweifel. Aus ihnen leitet sich der Streit über die Höhe der Aufwertung her. Wenn die deutschen Warenpreise, wie es heute mehr oder minder der Fall ist, schon damals, in Gold umgerechnet, den Weltpreisen gleich oder wenigstens annähernd gleich gewesen wären, dann könnten überhaupt keine Zweifel entstehen: dann würden die damaligen Papiermarkpreise, wenn nach dem Dollar aufgewertet, im Regelfalle die heutigen Marktpreise ergeben. Nun waren die Ursachen des niedrigen Preisstandes verschiedene. Im allgemeinen wurde die Preisspannung zwischen den deutschen und den ausländischen Preisen nicht klar erkannt. Diese Erkenntnis hat sich vielmehr nur langsam durchgesetzt. Die Fabrikanten erhöhten ihre Preise, aber nur zögernd und häufig kaum mehr, als dem fortschreitenden Fallen der Mark entsprach, so daß die bisherige Spannung bestehen blieb. Die Preise zeigten ein ausgesprochenes Beharrungsvermögen. Außerdem kamen in erheblichem Umfang die

Regierungsmaßnahmen in Betracht. Die Regierung suchte erklärlicherweise darauf hinzuwirken, daß die Preise niedrig gehalten wurden. Das wurde durch das Verbot der Preistreiberei, durch Festsetzung von Höchstpreisen u. dergl. zu erreichen versucht. Von einem gleichen Bestreben wurde die Rechtsprechung in jenen Zeiten geleitet. Alle diese Maßnahmen haben auf den Preisstand einen erheblichen Einfluß ausgeübt.

Der geschilderte niedrige Preisstand bewirkt nun, daß, wenn heute nach dem Dollarkurs aufgewertet wird, die aufgewerteten Preise in der Mehrzahl der Fälle nicht entfernt den heutigen Marktpreisen gleich kommen, vielmehr nur einen Bruchteil derselben erreichen, ein Ergebnis, das der Regel nach den berechtigten Interessen der Verkäufer im Großhandel nicht gerecht wird. Die Berücksichtigung jener damals herrschenden ungewöhnlichen und vorübergehenden Verhältnisse fällt nach der Auffassung der Vereinigten Zivilsenate in den Bereich des § 242. Daraus ergibt sich, daß es rechtlich zulässig ist, die heutigen Marktpreise bei der Festsetzung der aufzuwertenden Kaufpreise in Betracht zu ziehen. Das ist durch die Bejahung der zweiten Frage ausgesprochen worden.

Zu einem weitergehenden Ausspruch lag dagegen weder Veranlassung, noch die rechtliche Möglichkeit vor. Der I. und der II. Zivilsenat haben ihren angegebenen Urteilen die Auffassung zugrunde gelegt, daß bei der Aufwertung von den heutigen Marktpreisen auszugehen sei, vorbehaltlich insbesondere des Vorteils der Warenkonjunktur, der dem Käufer zugute kommen soll. Es mag sein, daß man in manchen Fällen auf diese Weise zu einem gesunden, den Interessen beider Parteien Rechnung tragenden Ergebnis gelangt. Es mag auch sein, daß die Aufwertung nach dem Lebenshaltungsindex (den Reichsteuerungszahlen) zu ähnlichen, vielleicht sogar noch besser den beiderseitigen Interessen gerecht werdenden Ergebnissen kommt. Die Vereinigten Zivilsenate haben sich jedoch nicht in der Lage gesehen, hierüber Richtlinien aufzustellen. Denn einmal würde ein solcher Ausspruch sich weit aus dem Bereich derjenigen Fragen, die vom VI. Senat gestellt sind, entfernen. Und sodann liegt zu einem solchen Ausspruch auch nicht einmal die rechtliche Möglichkeit vor. Die zu 2 zu entscheidende Rechtsfrage ist nur die, ob die Berücksichtigung der heutigen Marktpreise innerhalb des Rahmens des

§ 242 rechtlich zulässig ist. Die Aufstellung von bestimmten Richtlinien in den angedeuteten Einzelheiten ist nicht mehr Frage des Rechts, sondern der tatsächlichen Beurteilung im Einzelfall. Mithin konnte die Antwort der Vereinigten Zivilsenate auf die gestellte Frage sich nur dahin erstrecken, daß die Berücksichtigung der heutigen Marktpreise bei der Aufwertung, die nach der angeführten Rechtsprechung die sämtlichen Umstände des Einzelfalls zu berücksichtigen hat, im Rahmen des § 242 rechtlich zulässig ist.

Aus diesen Gründen rechtfertigt sich die getroffene Entscheidung.

---

80. 1. Forderung einer deutschen Firma gegen eine österreichische Zweigniederlassung in London als „Gut" eines Deutschen im Sinne des Art. 297 des Versailler Vertrags. Wann befindet sich das Gut „in Feindesland"?

2. Nachträglich getroffene „außerordentliche Kriegsmaßnahmen" im Sinne des § 3 der Anlage zu Art. 297, 298 VersV.

VI. Zivilsenat. Urt. v. 3. April 1925 i. S. Banque des Pays (Bekl.) w. Firma B. (Kl.). VI 222/24.

I. Landgericht Stade.
II. Oberlandesgericht Celle.

Die Klägerin hat mit der Londoner Zweigniederlassung der verklagten Bank, die früher und noch während des Krieges ihren Sitz in Wien hatte, im Jahre 1909 einen Vertrag geschlossen, durch den sie damit betraut wurde, für die Zweigstelle in London Kreditgeschäfte mit kapitalsuchenden Personen und Unternehmungen in Deutschland zu vermitteln. An Provision für solche Vermittlungen sollte sie $^1/_8$ von der Provision der Bank für jedes Geschäft in jährlicher Abrechnung erhalten. Bei Kriegsausbruch hatte die Klägerin noch 227 £ 3 sh englischer Währung an Provision zu beanspruchen. Während des Krieges wurde auf Grund der englischen Kriegsgesetzgebung die Liquidation der Londoner Zweigniederlassung der Beklagten vom englischen Handelsamt angeordnet und zu ihrer Durchführung ein Liquidator (Controller) bestellt. Wegen des genannten Betrags hat die Klägerin am 8. Oktober 1920 beim Amtsgericht Harburg einen Arrest gegen die Wiener Bank und deren Londoner Zweigniederlassung erwirkt und diesen durch Pfändung einer noch höheren Pfundforderung vollzogen, welche die letztere gegen die Firma H. C. M. in Harburg hat. Die Klägerin hat darauf gegen die Beklagte Klage auf Zahlung von 227 £ 3 sh erhoben. Das Oberlandesgericht hat die Beklagte verurteilt, der Klägerin 227 £ 3 sh samt 5 % Zinsen seit dem 2. April 1921 zu zahlen. Auf die Revision der Beklagten wurde das Urteil aufgehoben und die Sache an das Berufungsgericht zurückverwiesen aus folgenden

Gründen:

Die Entscheidung des Berufungsgerichts steht insoweit in Widerspruch mit der bisherigen Rechtsprechung des Reichsgerichts, als sie annimmt, daß die als „Gut" eines Deutschen im Sinne des Art. 297 VersV. anzusehende Forderung der Klägerin der Liquidationsbefugnis des englischen Staats deshalb nicht unterlegen habe, weil sie sich beim Inkrafttreten des Versailler Vertrags — am 10. Januar 1920 — nicht „in Feindesland" befunden habe. In den RGZ. Bd. 107 S. 44, Bd. 108 S. 265 und JW. 1925 S. 248 mitgeteilten Entscheidungen haben der V. und der III. Zivilsenat des Reichsgerichts ausgesprochen, daß die Bestimmungen des Art. 297 des VersV. und der Anlage zu diesem selbst solche Forderungen Deutscher mit umfassen, die nach allgemeinen Rechtsgrundsätzen als in Deutschland befindlich anzusehen sind. Dieser in den angeführten Entscheidungen eingehend und überzeugend begründeten Ansicht schließt sich der erkennende Senat an. Wäre also eine allgemeine Beschlagnahme aller Forderungen Deutscher gegen in England wohnende Schuldner einschließlich der dortigen Zweigniederlassungen österreichischer Banken erfolgt, so würde sie auch Forderungen mit umfaßt haben, die — wie der Anspruch der Klägerin — an sich deutschem Recht unterliegen, und sie müßte auch insoweit von Deutschland, seinen Gerichten und Behörden, wie von seinen Staatsbürgern als wirksam anerkannt werden. Allerdings müßte der Akt, um diese Wirkung auszuüben, vor dem 10. Januar 1920, dem Tage des Inkrafttretens des Versailler Vertrags, stattgefunden haben. Denn wenn auch die Bestimmung in § 3 der Anlage zu Art. 297, 298 unter dem Begriff der außerordentlichen Kriegsmaßnahmen im Sinne des Versailler Vertrags auch solche versteht, die eventuell erst nachträglich getroffen werden, so bezieht sich doch diese Ausdehnung nur auf solche „außerordentliche Kriegsmaßnahmen“, die in der Zeit zwischen dem Abschluß des Versailler Vertrags und seiner Ratifikation — seinem Inkrafttreten — bewirkt werden, nicht aber auch auf solche, die erst nach dem Inkrafttreten des Vertrags erfolgen, da nach dem Friedensschlusse von Kriegsmaßnahmen keine Rede mehr sein kann (siehe auch Urteil des deutsch-italienischen gemischten Schiedsgerichtshofs vom 12. Januar 1925).

Die Entscheidung hängt demnach davon ab, ob in England vor dem 10. Januar 1920 auch solche Forderungen Deutscher, die nach allgemeinen Rechtsgrundsätzen als in Deutschland befindlich anzusehen sind, gegen in England wohnende Schuldner, auch gegen dortige Zweigniederlassungen österreichischer Banken, von Maßnahmen betroffen sind, die ihre Einklagung in Deutschland hindern. Der Umstand, daß die Liquidation des Vermögens der Londoner Zweigniederlassung der Beklagten aufgehoben ist, steht der Fortdauer einer früheren Beschlagnahme der Forderungen Deutscher gegen diese nicht notwendig entgegen. Nach der Behauptung der Beklagten hat aber das englische Handelsamt die Liquidation der Beklagten gegenüber erst aufgehoben, nachdem sich die Beklagte verpflichtet hatte, „Schulden an frühere feindliche Staatsangehörige, deren Eigentum, Rechte und Interessen in England der Zurückbehaltung und Liquidation gemäß den betreffenden Friedensverträgen unterliegen, an den Verwalter feindlichen Eigentums zu berichtigen“. Darin kann sogar eine ausdrückliche Aufrechterhaltung einer früheren Beschlagnahme oder auch eine neue Beschlagnahme erblickt werden. Als letztere würde sie jedoch nach dem oben Gesagten unwirksam sein, wenn sie erst nach dem 10. Januar 1920 erfolgt wäre.

Das Berufungsgericht wird noch Untersuchungen in der angegebenen Richtung anzustellen haben. Das Urteil war daher aufzuheben und die Sache an das Berufungsgericht zurückzuverweisen.

---

81. Zum Begriffe der Widerrechtlichkeit der Drohung im Sinne des § 123 BGB.

II. Zivilsenat. Urt. v. 3. April 1925 i. S. H., A. & Co. u. Gen. (Bekl.) w. Dr. R. (Kl.). II 237/24.

I. Landgericht Hamburg, Kammer für Handelssachen.
II. Oberlandesgericht daselbst.

Die beklagte Firma lieferte der Klägerin auf Grund zweier Kaufabschlüsse im März 1923 insgesamt rund 20000 kg Glaubersalz und übersandte ihr zwei Rechnungen über die Lieferung, in denen die Ware als „technisch eisen- und säurefrei" bezeichnet war. Die Klägerin stellte der Beklagten die ganze Lieferung zur Verfügung, weil die Ware die in den Rechnungen angegebenen Eigenschaften nicht besitze. Am 14. Mai 1923 schloß der Inhaber der klagenden Firma mit dem Prokuristen der Beklagten, W., ein von der Beklagten schriftlich bestätigtes Abkommen, wodurch diese sich verpflichtete, die der Klägerin gelieferten zwei Waggons Glaubersalz zurückzunehmen und der Klägerin bis zum 1. Juli 1923 die bezahlten Rechnungsbeträge und die ihr entstandenen Zoll-, Fracht- und sonstigen Unkosten zu erstatten; die Klägerin verzichtete dagegen auf Erstattung ihres Verdienstausfalls und verpflichtete sich, im Interesse der Beklagten nach deren Anordnungen den Verkauf der Ware zu betreiben. Auf Grund dieser Abmachung hat die Klägerin die Ware bestmöglich verkauft und fordert nunmehr Ersatz der bezahlten Rechnungsbeträge und ihrer sonstigen Auslagen unter Abzug des aus dem Verkauf der Ware erzielten Erlöses; insgesamt verlangt sie Zahlung von 3252,62 schweiz. Frs.

Das Landgericht sprach die Klage zu. Im Berufungsverfahren fochten die Beklagten das Abkommen vom 14. Mai 1923 wegen Drohung an mit der Begründung, der Inhaber der klagenden Firma habe an jenem Tage in Bremen dem Prokuristen W. auf dessen Bemerkung, daß der Fakturenvermerk bezüglich der Eisen- und Säurefreiheit der Ware auf Versehen eines Angestellten beruhe, ihm, dem Prokuristen, dann entgangen sei und deshalb für die beklagte Firma nicht bindend sein könne, erklärt: er werde den Prokuristen persönlich verklagen und wegen Betrugs anzeigen, denn anders sei sein Verhalten nicht zu charakterisieren. Nur infolge dieser Drohung habe sich W. zu dem Vergleiche bereit gefunden. Das Oberlandesgericht wies die Berufung der Beklagten zurück. Die Revision der Beklagten hatte keinen Erfolg.

Gründe:

Die einzige Rüge der Revision richtet sich gegen die Zurückweisung der Anfechtung des Abkommens vom 14. Mai 1923 wegen Drohung (§ 123 BGB.). Sie ist jedoch nicht gerechtfertigt.

Der Vorderrichter verneint die Widerrechtlichkeit der Drohung mit Klage und Strafanzeige, die nach der Darstellung der Beklagten der Inhaber der klagenden Firma dem Prokuristen W. gegenüber ausgesprochen haben soll, weil eine derartige Auslassung zwischen Vertragsparteien an sich nicht widerrechtlich sei und besondere Umstände, die das Vorgehen des Dr. R. als gegen das Recht oder die guten Sitten verstoßend erscheinen ließen, dem Vorbringen der Beklagten nicht zu entnehmen seien. Diese Begründung ist insofern nicht völlig ausreichend, zum mindesten mißverständlich, als sie der Annahme Raum gibt, die Verneinung der Widerrechtlichkeit der Drohung beruhe auf der Erwägung, daß die Drohung als solche, ihrem Inhalt nach, einen Verstoß gegen die Rechtsordnung nicht dargestellt habe. Eine solche Auffassung wäre unzutreffend; denn die Widerrechtlichkeit wird im Falle des § 123 BGB. nicht durch den Inhalt der drohenden Äußerung, sondern durch deren Zweck — die beabsichtigte Beugung des Willens des Bedrohten — bestimmt. Um eine widerrechtliche Bedrohung kann es sich aber im vorliegenden Falle deshalb nicht handeln, weil das behauptete Inaussichtstellen der Klagerhebung und einer Strafanzeige wegen Betrugs, mochte auch Dr. R. den Inhaber der beklagten Firma damit zur Rücknahme der Ware zu bestimmen suchen, nach Sachlage einen von der Rechtsordnung zugelassenen Rechtsbehelf darstellte (RGZ. Bd. 108 S. 102 flg.). Dr. R. konnte sein Verlangen nach Lieferung „technisch eisen- und säurefreier" Ware auf den Inhalt der ihm von den Beklagten übersandten Fakturen stützen. Daß die gelieferte Ware diese Eigenschaften besessen habe, haben die Beklagten selbst niemals behauptet. Dr. R. hatte daher einen Anspruch auf Wandlung des Kaufvertrags; zum mindesten aber liegt kein Anlaß vor, daran zu zweifeln, daß er bei der Besprechung mit W. gutgläubig angenommen hat, es stehe ihm ein solches Recht zu. Unter diesen Umständen war er berechtigt, dem W., der die erwähnte Zusicherung nicht gelten lassen wollte, nicht bloß Klagerhebung, sondern auch Erstattung einer Betrugsanzeige wegen des von diesem selbst in der fraglichen Angelegenheit beobachteten Verhaltens in Aussicht zu stellen, falls er nicht in die Rücknahme der Ware einwillige. Denn auch die Veranlassung eines Strafverfahrens ist in Fällen wie der gegenwärtige ein von der Rechtsordnung zugelassener Rechtsbehelf, dessen sich ein Benachteiligter bedienen darf und erfahrungsgemäß nicht selten bedient, um auf diese Weise, abgesehen von der Bestrafung des Angezeigten, raschmöglichst eine Klärung der Sach- und Rechtslage herbeizuführen.

Ist demnach die Widerrechtlichkeit der Drohung zu verneinen, so erweist sich die angefochtene Entscheidung als begründet, ohne daß auf die vom Vorderrichter gleichfalls verneinte Frage des ursächlichen Zusammenhangs zwischen Drohung und Vergleichsabschluß eingegangen zu werden braucht.

---

82. Zur Beurteilung der Tragweite von Erklärungen der Gemeindebehörde gegenüber Beamten in Besoldungsangelegenheiten.

III. Zivilsenat. Urt. v. 3. April 1925 i. S. Pr. (Kl.) w. Stadtgem. Berlin (Bekl.). III 545/24.

I. Landgericht I Berlin.
II. Kammergericht daselbst.

Der Kläger war seit dem 1. Januar 1919 als Polizeiinspektor bei der Amtsverwaltung Berlin-Steglitz angestellt. In der maßgebenden Besoldungsordnung war das Amt des Polizeiinspektors in die Gruppe 1 b eingestuft. Infolge der Verstaatlichung der Polizei in den Berliner Vororten trat der Kläger vom 1. Juli 1921 an in den preußischen Staatsdienst über, in dem er als Polizeiinspektor dem Polizeipräsidium Berlin zugeteilt wurde. Als solcher erhält er die Bezüge der Gruppe 9 der staatlichen Besoldungsordnung. Am 18. Mai/21. Juni 1921 haben die Gemeindekörperschaften der Stadtgemeinde Berlin beschlossen, daß die bisherigen kommunalen Polizeibeamten, soweit sie von der staatlichen Polizei übernommen und nicht Bürobeamte sind, hinsichtlich der Besoldung usw. dafür schadlos gehalten werden, daß sie nach den staatlichen Bestimmungen gegebenenfalls geringere Bezüge erhalten, als ihnen nach der Rechtslage am

1. Oktober 1920 zustehen würden; die Ansprüche nach der Rechtslage an diesem Tage sollten aber nur insoweit maßgebend sein, als nicht auf Grund des Reichssperrgesetzes vom 21. Dezember 1920 die Gehälter herabgesetzt werden könnten oder müßten. Unter Bezugnahme auf diesen Beschluß wurde dem Kläger durch Schreiben der Berliner Gemeindeverwaltung vom 26. Januar 1922 mitgeteilt, daß er den Unterschiedsbetrag, der sich bei Gegenüberstellung der Bezüge der staatlichen Gruppe 9 und der Berliner Gruppe 1b — entsprechend der staatlichen Gruppe 10 — bei einem Besoldungsdienstalter vom 1. Oktober 1906 ergebe, gezahlt erhalten werde. Seit dem 1. Juli 1922 hat die Stadtgemeinde Berlin die Zahlung der Differenzbeträge mit der Begründung abgelehnt, daß nach der neuen Berliner Besoldungsordnung die Polizeiinspektoren in Gruppe 9 eingereiht seien und daß Gruppe 10 für diese nur als Aufrückstelle in Betracht komme. Nach ablehnender Bescheidung durch die zuständigen Instanzen hat der Kläger gegen die Stadtgemeinde auf Zahlung des Unterschieds zwischen den Gehaltsgruppen 9 und 10 und zwar für die Zukunft in Höhe der jeweiligen Differenz geklagt. Das Landgericht hat der Klage entsprochen. Das Kammergericht hat sie auf die Berufung der Beklagten abgewiesen. Die Revision des Klägers führte zur Aufhebung des Berufungsurteils und zur Zurückweisung der Berufung.

Gründe:

Das Berufungsgericht verkennt bei den Erwägungen, die es zur Abweisung der Klage bestimmt haben, die Bedeutung und die Tragweite der Mitteilung vom 26. Januar 1922. Mit aller Deutlichkeit gibt hier die Beklagte zu erkennen, daß sie dem Kläger den Unterschied zwischen den Bezügen der Gruppe 9 der staatlichen Besoldungsordnung und der Berliner Gruppe 1b zahlen wolle und sie hebt dabei ausdrücklich hervor, daß die Gruppe 1b der staatlichen Gruppe 10 entspreche. Hieraus mußte und durfte der Kläger entnehmen, daß die Beklagte ihm nicht nur den damaligen, sondern den jeweiligen Unterschied zwischen dem Diensteinkommen aus Gruppe 9 und dem aus Gruppe 10 vergüten wolle. Es nimmt zwar das Schreiben vom 26. Januar auf den Beschluß der Berliner Gemeindekörperschaften vom 18. Mai/21. Juni 1921 Bezug, in welchem als Grundlage für die Beurteilung der Schlechterstellung der früheren kommunalen Polizeibeamten die Rechtslage vom 1. Oktober 1920 bezeichnet wird. Da jedoch der Kläger an diesem Tage das Gehalt der Gruppe 1b bereits bezog und da das Schreiben diese Gruppe mit der Gruppe 10 ausdrücklich gleichstellt, so ist der Einwand der Beklagten hinfällig, daß das Gehalt der Gruppe 10 dem Kläger niemals zugebilligt worden sei. Ebensowenig kann sie daraus zu ihren Gunsten etwas herleiten, daß die Entschädigungsansprüche der bisherigen kommunalen Polizeibeamten in dem bezeichneten Beschlusse durch die Verweisung auf das Reichssperrgesetz vom 21. Dezember 1920 begrenzt seien. Die Mitteilung erwähnt nichts davon, daß die Beschränkung auch dem Kläger gegenüber Bedeutung gewinne und daß dessen Entschädigung deshalb an gewisse sich hieraus ergebende Bedingungen oder Voraussetzungen geknüpft werden solle. Eine Stellungnahme zu dem Streit der Parteien über den Sinn und die Tragweite der Verweisung erscheint demnach nicht erforderlich. Nach der von der Beklagten nicht bestrittenen Behauptung des Klägers stand diesem bis zum 15. Februar 1922 der Rücktritt in den Kommunaldienst frei. Die Beklagte mußte damit rechnen, daß der Kläger für den Fall eines solchen Wiedereintritts die Beleihung mit einer Stelle aus Gruppe 10 erhoffte und mußte deshalb annehmen, daß die Mitteilung über die Schadloshaltung für dessen Entschließung über den Rücktritt von der größten Wichtigkeit war. Hätte sie also ihre Zusage nach den erwähnten Richtungen hin beschränken wollen, so hätte sie dies nach dem auch für die Auslegung öffentlichrechtlicher Erklärungen maßgebenden Grundsatz von Treu und Glauben dem Kläger in unzweideutiger Weise kundgeben müssen. Dieser Anforderung hat sie nicht entsprochen. Der Kläger war somit zu der Annahme berechtigt, daß sich die Beklagte ihm gegenüber zu einer vorbehaltlosen Entschädigung in dem bezeichneten Umfang verpflichten wolle.

Die Vorschriften des Reichssperrgesetzes werden durch die Zusicherung nicht verletzt. Denn es handelt sich bei ihr nicht um die Regelung der Dienstbezüge eines Beamten der Beklagten, sondern um den Ausgleich der Nachteile, die der Kläger durch die geringere Besoldung als staatlicher Beamter erfährt. Die Zusage liegt daher auf einem Gebiete, das von dem Reichssperrgesetz nicht berührt wird. Die Frage, ob diesem Gesetz zuwiderlaufende Versprechungen der

Gemeinden der Rechtswirksamkeit entbehren, bedarf demgemäß keiner Beantwortung.

---

83. Zur Frage der Rechtskraftwirkung eines in der Inflationszeit über den Nennbetrag einer Papiermarkforderung ergangenen Urteils.

BGB. §§ 242, 286, 288. ZPO. § 322.

IV. Zivilsenat. Urt. v. 4. April 1925 i. S. L. (Bekl.) w. Sch. (Kl.). IV 573/24.

I. Landgericht II Berlin.
II. Kammergericht daselbst.

In einem Vorprozeß wurde der Beklagte durch Urteil des Landgerichts vom 13. Dezember 1920 verurteilt, an den Kläger als Betrag einer ungerechtfertigten Bereicherung 28808,30 ℳ nebst 4% Zinsen von 13808,30 ℳ seit dem 22. Juni 1919 und von 15000 ℳ seit dem 16. Juli 1919 zu zahlen. Dieses Urteil wurde durch Urteil des Kammergerichts vom 16. Dezember 1922 bestätigt. Der Beklagte legte Revision ein. Die Weiterverfolgung dieses Rechtsmittels wurde aber auf Grund des Art. V Abs. 4 des Gesetzes zur weiteren Entlastung der Gerichte vom 27. März 1923 (RGBl. I S. 217) durch Beschluß des Reichsgerichts vom 12. November 1923 für unzulässig erklärt.

Im gegenwärtigen Rechtsstreit erhebt der Kläger eine Nachforderung wegen der inzwischen eingetretenen Geldentwertung. Dem Klagantrage gemäß haben die Vorinstanzen den Beklagten verurteilt, an den Kläger 2000 Goldmark nebst 4% Zinsen seit dem 19. Dezember 1923 als dem Tage der neuerlichen Inverzugsetzung zu zahlen. Die Revision des Beklagten hatte Erfolg.

Gründe:

Die rechtskräftig gewordene Verurteilung des Beklagten im Vorprozeß beruht nach dem Berufungsurteil vom 16. Dezember 1922 auf folgenden Feststellungen und Erwägungen: Die im gesetzlichen Güterstande lebende Frau des Klägers habe ohne dessen Zustimmung aus den Mitteln des eingebrachten Gutes dem Beklagten am 22. Juni und 16. Juli 1919 je 15000 ℳ als Darlehen gegeben. Die Verfügung der Frau über das Geld sei nach §§ 1395, 1396 BGB. unwirksam gewesen. Der Beklagte habe den Mangel der rechtlichen Wirksamkeit der Verfügung beim Empfange des Geldes gekannt. Er hafte deshalb in Höhe der empfangenen 30000 ℳ, abzüglich eines durch Aufrechnung getilgten Betrags von 1191,70 ℳ, also in Höhe der Klagesumme von 28808,30 ℳ nebst den eingeklagten Zinsen gemäß §§ 812, 819 Abs. 1 in Verbindung mit § 818 Abs. 4 BGB. aus ungerechtfertigter Bereicherung, ohne sich auf den Wegfall der Bereicherung berufen zu können.

Im Berufungsurteil des gegenwärtigen Rechtsstreits wird ausgeführt: Das im Vorprozeß als „Vollanspruch" erhobene Begehren sei dem Kläger rechtskräftig zuerkannt worden. Indem der Kläger in diesem Prozeß Aufwertung des durch die Inflation in ein Nichts zerronnenen Anspruchs aus dem rechtskräftigen Papiermarkschuldtitel verlange, mache er keinen neuen oder erweiterten Anspruch geltend, sondern er verlange infolge der Verminderung des Markwerts eine nur ziffermäßige Erhöhung des ihm geschuldeten Markbetrags (RGZ. Bd. 106 S. 184). Der materielle Anspruch sei also völlig derselbe geblieben. Da dieser Anspruch bereits rechtskräftig zuerkannt sei, sei keine Einwendung gegen ihn mehr zulässig. Es könne sich deshalb nur noch darum handeln, in welchem Umfange der Kläger die Aufwertung verlangen könne.

Diese Ausführung unterliegt rechtlichen Bedenken. Infolge der während des Vorprozesses eingetretenen Verminderung des Markwerts hat sich die rechtskräftig gewordene Verurteilung schließlich nur auf einen geringfügigen Teilbetrag der ursprünglich eingeklagten, auf der Grundlage des § 242 BGB. zu befriedigenden Forderung erstreckt. Daraus folgt zugunsten des Klägers, daß er durch die Rechtskraft gemäß § 322 Abs. 1 ZPO. nicht gehindert ist, denjenigen Teil der Forderung, welcher durch den ihm rechtskräftig zuerkannten Papiermarkbetrag nicht gedeckt ist, im gegenwärtigen neuen Rechtsstreit einzuklagen. Anderseits ist es dem Beklagten, da seine im Vorprozeß ausgesprochene Verurteilung nur hinsichtlich des dort ausgeurteilten Teilbetrags Rechtskraft schafft, unbenommen, im neuen Rechtsstreit die gegenwärtige Forderung nach Grund und Betrag in Frage zu ziehen und dadurch das Gericht zu einer neuen Prüfung nach beiden Richtungen zu nötigen. Diese Auffassung entspricht der neueren gleichmäßigen Rechtsprechung des Reichsgerichts, wie sie in Urteilen des V. (JW. 1925 S. 56 Nr. 14), VI. (RGZ. Bd. 109 S. 153)[1], I. (RGZ. Bd. 109 S. 195, 345) und II. Zivilsenats (RGZ. Bd. 109 S. 375) sowie in dem Urteile IV 563/24 vom 4. April 1925 niedergelegt ist. Der danach ausgebildete Rechtssatz, daß das in der Inflationszeit ergangene, einen Geldanspruch ohne Berücksichtigung der Geldentwertung zusprechende Urteil für die im „Aufwertungsprozeß" geltend gemachte Nachforderung keine Rechtskraftwirkung hat, läßt die in RGZ. Bd. 106 S. 184, Bd. 108 S. 38 entwickelte Annahme, daß Schadensersatzansprüche, die im Laufe des Rechtsstreits wegen der Geldentwertung erhöht werden, nicht mit der Einrede der Verjährung bekämpft werden können, unberührt. Bei dieser Annahme handelt es sich um eine Folgerung aus der Wirkung der Klagerhebung, bei jenem Rechtssatz um die nach der Sachlage zur Zeit der letzten mündlichen Verhandlung zu würdigende Tragweite des Urteils.

Da das Berufungsgericht sich zu Unrecht durch die Rechtskraft des Urteils im Vorprozeß gebunden gefühlt hat, hat es alle nicht bloß das Maß der Aufwertung betreffenden Einwendungen des Beklagten zurückgewiesen. Es ist insbesondere ohne eigene neue Prüfung davon ausgegangen, daß ein Fall des § 819 Abs. 1 in Verbindung mit § 818 Abs. 4 BGB. vorliege und daß der Beklagte sich deshalb nicht gemäß § 818 Abs. 3 BGB. mit dem Fortfall der Bereicherung verteidigen könne. Es hat auch die vom Beklagten im Vorprozeß zur Abwendung der Zwangsvollstreckung bewirkte Hinterlegung der (dann bei der Hinterlegungsstelle gänzlich entwerteten) Urteilssumme in einer Schlußbemerkung nur unter dem Gesichtspunkte gewürdigt, daß der Kläger nicht gehalten gewesen sei, Bezahlung aus dem hinterlegten Papiermarkbetrag zu erstreben, während jener Umstand, wenn es auf die Frage der fortdauernden Bereicherung des Beklagten ankommt, auch für diese Frage Bedeutung hat.

Aus diesen Gründen muß das Berufungsurteil aufgehoben und die Sache in die Vorinstanz zurückverwiesen werden. Für das zu erneuernde Berufungsverfahren sei noch darauf hingewiesen, daß der Klaganspruch nicht nur, wie es in den Gründen des vorliegenden

---

[1] Vgl. auch RGZ. Bd. 110 S. 127, 147. D. E.

Berufungsurteils allein geschehen ist, als ein aus § 242 BGB. hergeleiteter Aufwertungsanspruch, sondern gemäß der Klage, dem Urteile des Landgerichts und dem Tatbestand des Berufungsurteils auch als ein auf § 286 Abs. 1, § 288 Abs. 2 BGB. gegründeter Schadensersatzanspruch wegen Verzugs des Beklagten mit Zahlung der im Vorprozeß eingeklagten 28808,30 ℳ beurteilt werden kann und nötigenfalls beurteilt werden muß (vgl. RG. Warn. 1925 Nr. 50 S. 67; RGZ. Bd. 109 S. 348, 290).

---

84. Kann ein wegen Formmangels nichtiger Grundstücksveräußerungsvertrag unter Umständen als Vertrag über Bestellung einer Dienstbarkeit aufrecht erhalten werden?

BGB. § 140.

V. Zivilsenat. Urt. v. 6. April 1925 i. S. E. (Kl.) w. Ehel. O. (Bekl.). V 353/24.

I. Landgericht Paderborn.
II. Oberlandesgericht Hamm.

Der Kläger hat den beklagten Eheleuten (seinem Schwiegersohn und seiner Tochter) aus Anlaß ihrer im Jahre 1905 erfolgten Verheiratung ein ihm gehöriges Grundstück übergeben. Er behauptet, die Übergabe sei nur leihweise erfolgt und seien daher die Beklagten verpflichtet, ihm das Grundstück zurückzugeben. Denn eine bestimmte Zeit sei für die Leihe nicht vereinbart worden; auch habe er das Grundstück infolge der nicht vorhergesehenen Änderungen seiner Vermögensverhältnisse jetzt selbst notwendig. Er hat deshalb auf Herausgabe des Grundstücks geklagt. Die Beklagten haben Abweisung der Klage beantragt, da ihnen das Grundstück als Mitgift mit in die Ehe gegeben worden sei; damit sei ihnen zum mindesten ein lebenslängliches Nutznießungsrecht an ihm zugesagt worden. Das Landgericht hat der Klage willfahrt; das Oberlandesgericht hat dagegen auf Klagabweisung erkannt.

Die Revision des Klägers hatte keinen Erfolg.

Gründe:

Das Berufungsgericht erachtet für erwiesen, daß das Grundstück im Jahre 1905 den Beklagten vom Kläger als Mitgift übergeben worden ist. Es erwägt, daß das Versprechen einer solchen Mitgift an sich der Form des § 313 BGB. bedurft habe und daß es daher mangels Beobachtung dieser Form nichtig sei. Trotzdem sei es unter dem Gesichtspunkt der Konversion (§ 140 BGB.) als Zusage eines lebenslänglichen Nießbrauchs aufrecht zu erhalten. Denn aus dem Zweck des Versprechens ergebe sich, daß die Parteien, wenn sie die Nichtigkeit der auf die Übertragung des Eigentums gerichteten Vereinbarung gekannt hätten, doch zum mindesten die Zusage der Bestellung eines Nießbrauchs im Auge gehabt hätten.

Die Revision bekämpft diese Annahme als auf Verletzung des § 140 BGB. beruhend, weil das Berufungsgericht damit an die Stelle des vereinbarten nichtigen Vertrags etwas setze, was die Parteien nicht vereinbart hätten. Sie übersieht dabei aber, daß es sich bei der Konversion nicht um die Auslegung eines wirklich vorhandenen Parteiwillens, sondern um die Ermittelung eines hypothetischen Willens, d. i. dessen handelt, was die Parteien gewollt hätten, wenn sie die Nichtigkeit des vorgenommenen Rechtsgeschäfts gekannt hätten. In dieser Hinsicht hat aber der Berufungsrichter die oben erwähnte Feststellung getroffen, und diese Feststellung ist mangels Rechtsirrtums im gegenwärtigen Rechtszuge maßgebend. Es steht ihr insbesondere nicht entgegen, daß der Nießbrauch ein erheblich schwächeres Recht ist als das Eigentum. Denn für die Frage, ob das nichtige Geschäft in Gestalt eines anderen Rechtsgeschäfts, dessen Erfordernisse vorliegen, aufrecht zu erhalten ist, kommt es nicht darauf an, ob der wirtschaftliche Erfolg, der durch das nichtige Geschäft erzielt werden sollte, auch durch das andere Geschäft in vollem Umfang erreicht wird, sondern es genügt, wenn dieser Erfolg wenigstens soweit erreicht wird, daß anzunehmen ist, die Parteien hätten mangels Erzielung des vollen Erfolgs wenigstens die teilweise Verwirklichung ihrer Zwecke gewollt. In diesem Sinn hat sich auch nicht nur das Schrifttum ausgesprochen (vgl. insbesondere v. Tuhr, BGB. II, 1 S. 287; RGR. Komm. § 140 BGB.), sondern es hat auch das Reichsgericht bereits wiederholt diese Auffassung in Fällen vertreten, in denen die Frage streitig war, ob ein wegen Formmangels nichtiger Grundstücksveräußerungsvertrag nicht als ein auf Bestellung einer Grunddienstbarkeit gerichteter Vertrag aufrecht erhalten werden könne (vgl. Urteil vom 4. Dezember 1908 VII 389/08, auszugsweise abgedruckt, DJZtg. 1909 S. 321, und neuerdings Urteil vom 17. Juni 1922 V 592/21). Die Revisionsrüge muß daher versagen.

---

85. 1. Hat der Angestellte an den von ihm im Dienste seines Arbeitgebers hergestellten Kunstwerken ein Urheberrecht?
2. Zum Recht des Angestellten, an diesen Kunstwerken seinen Namen anzubringen.

Gesetz, betreffend das Urheberrecht an Werken der bildenden Künste und der Photographie, vom 9. Januar 1907 §§ 1, 13.
Gesetz gegen den unlauteren Wettbewerb vom 7. Juni 1909 § 1.

I. Zivilsenat. Urt. v. 8. April 1925 i. S. G. und L. (Bekl.) w. J. & H. (Kl.). I 251/24.

I. Landgericht I Berlin.
II. Kammergericht daselbst.

Der Beklagte G. war vom 15. Februar 1919 bis zum 31. März 1921 leitender Architekt bei der Klägerin, die für Wohnungen und Gaststätten künstlerische Innenausstattungen herstellt. Darüber, wem das Urheberrecht an dem von G. herzustellenden Innenausstattungen zustehen solle, enthielt der durch Briefwechsel zustande gekommene Anstellungsvertrag nichts. Als Angestellter der Klägerin hat er für diese die Inneneinrichtung des Weinrestaurants „Riviera" und der Lokale „Alt-Holland" sowie „Kurfürstendamm-Kasino" hergestellt. Nach Aufgabe seiner Stellung bei der Klägerin ließ er in der „Riviera" in großer Schrift die Bemerkung anbringen „Gesamtentwurf Otto G, K. . . . straße 27", und der Zweitbeklagte machte in seinem Auftrage von den Innenräumen dieses Restaurants für ihn photographische Aufnahmen.

Die Klägerin nimmt für sich das Urheberrecht an den von G. als ihrem damaligen Angestellten hergestellten Raumkunstwerken in

Anspruch und verlangt daher von beiden Beklagten Unterlassung der Vervielfältigung der Einrichtung des Lokals „Riviera" und anderer von ihr unter Mitwirkung des Beklagten G. eingerichteter Raumausstattungen, insbesondere im Wege der Photographie oder Nachbildung der Einrichtungen, ferner Vernichtung der hergestellten Photographien, Platten und Abzüge. Sie fordert außerdem vom Beklagten G. Beseitigung der bezeichneten Inschrift und Unterlassung gleichartiger Inschriften für die Zukunft in den von ihr eingerichteten Räumen. Die Beklagten behaupten, daß das Urheberrecht an den Raumausstattungen dem Erstbeklagten zustehe.

Das Landgericht wies die Klage ab, das Kammergericht gab ihr statt. Die Revision der Beklagten führte zur Aufhebung und Zurückverweisung.

Gründe:

Das Berufungsgericht geht mit dem ersten Richter davon aus, daß die hier in Betracht kommenden Einrichtungen als kunstgewerbliche Erzeugnisse urheberrechtlich nach Maßgabe des Kunstschutzgesetzes vom 9. Januar 1907 geschützt sind und daß dieser Schutz auch dem Angestellten, der ihr Urheber ist, gebührt. Der Vorderrichter gelangt aber zur Verurteilung, weil er aus dem Anstellungsvertrag eine stillschweigende Übertragung des Urheberrechts auf die damalige Arbeitgeberin des Erstbeklagten, die Klägerin, entnehmen zu können glaubt. Er führt dazu aus: Ein solcher Übergang des Urheberrechts vom Angestellten auf den Dienstherrn sei regelmäßig da anzunehmen, wo der Arbeitnehmer gerade zu dem Zwecke angestellt worden sei, um dem Dienstherrn künstlerische, insbesondere kunstgewerbliche Arbeiten zu liefern. Nach dem Anstellungsvertrage habe G. künstlerisch selbständig für die Klägerin zu arbeiten gehabt, und daraus sei zu folgern, daß in der Tat die Klägerin das Urheberrecht an den von G. ausgeführten Einrichtungen erworben habe.

1. Diesen Ausführungen ist in ihrem Ausgangspunkt beizustimmen. Wie auch im Schrifttum überwiegend angenommen wird (Allfeld, Kunstschutz-Ges. S. 27 und 69, Anm. 12 zu § 1 und Anm. 9 zu § 10; Goldbaum, Urheberrecht, S. 23; Riezler, Urheber- und Erfinderrecht, S. 42; Daude, Kunstschutz-Ges., S. 17; Osterrieth, das Urheberrecht an Werken der bildenden Künste usw., S. 29 Anm. V; E. Müller, Urheber- und Verlagsrecht, Bd. II S. 20, 68,

70, 90, 140), erwirbt im Bereiche des Kunstschutzgesetzes, das hier die Regelung des Geschmacksmustergesetzes vom 11. Januar 1876 (§ 2 das.) nicht übernommen hat, allgemein der Urheber des Kunstwerks das Urheberrecht, auch wenn er das Werk als Angestellter hergestellt hat. Diese Regel erleidet aber eine tiefgreifende Einschränkung dann, wenn und soweit der Anstellungsvertrag auf die Herstellung von solchen Kunstwerken und namentlich kunstgewerblichen Erzeugnissen zielt, deren geschäftliche Verwertung ohne den Besitz des Urheberrechts nicht möglich ist, auf deren Vervielfältigung also der Geschäftsbetrieb des Dienstherrn beruht. Es leuchtet ohne weiteres ein, daß z. B. ein Holzschneider oder ein Kupferstecher kein Urheberrecht an denjenigen Holzstöcken oder Platten erwerben kann, die er für seinen Dienstherrn bearbeitet hat, wenn dessen Unternehmen auf die Herstellung von Holzschnitten oder Kupferstichen gerichtet ist. In solchen Fällen ergibt der Vertragszweck ohne weiteres, daß das künftige Urheberrecht auf den Arbeitgeber übergehen soll.

Ganz verschieden davon ist indessen die Rechtslage, wenn es sich um einmalige Schöpfungen handelt, für die ihrer Art nach eine Vervielfältigung nicht in Betracht kommt. Hält man überhaupt daran fest, daß das künstlerische Urheberrecht zunächst immer in der Person des Urhebers entsteht, auch wenn er das Kunstwerk im Angestelltenverhältnis hergestellt hat, so würde es an jedem erkennbaren Grunde fehlen, auch in solchen Fällen die gleiche Absicht der Vertragschließenden aus dem Anstellungsvertrag entnehmen zu wollen.

Diese grundsätzliche Unterscheidung ist mit Recht von den Beklagten immer betont, aber vom Vorderrichter nicht gemacht worden. Schon deshalb kann das zweite Urteil nicht aufrecht erhalten bleiben. Es war von den Beklagten behauptet worden und wird jetzt auch von der Revision geltend gemacht, daß es sich bei den hier in Rede stehenden Einrichtungen um kunstgewerbliche Werke der Raumkunst handle, die immer gerade nur den auszustattenden Räumlichkeiten und ihrer Zweckbestimmung nach den besonderen Absichten des Künstlers angepaßt gewesen seien, also um einmalige Ausstattungen, die in ihrer Art nicht wiederholt würden. Dies war nach dem Gesagten rechtlich erheblich. Eine Entscheidung in der Sache selbst ist für das Revisionsgericht nicht möglich, weil für die beiden jetzt vornehmlich betroffenen Raumausstattungen, „Alt-Holland“ und „Kurfürstendamm-Kasino", der Vorderrichter das tatsächliche Vorbringen der Parteien noch nicht geprüft und zu dem neuen Vorbringen der Klägerin über die Gasträume der „Riviera" noch keine Stellung genommen hat. Es wird hierbei vor allem darauf ankommen, ob G., wie die Klägerin für die Räume in „Alt-Holland" und im „Kurfürstendamm-Kasino" behauptet, „nach bekannten Mustern" gearbeitet hat oder ob, wie er es darstellt, die Raumeinrichtung und -Ausstattung seine „höchst-persönliche, künstlerisch individuelle" Schöpfung ist, für die eine Wiederholung als ausgeschlossen gelten muß. Das gleiche gilt für die Räume der ehemaligen „Riviera", falls hierüber noch Streit bestehen sollte. Würde freilich G. überhaupt nur für den Entwurf und die Einrichtung solcher Einzelausstattungen von der Klägerin angestellt worden sein, so würde schon dies genügen, um die Annahme eines stillschweigend vereinbarten Übergangs des Urheberrechts an den von ihm für die Klägerin herzustellenden Werken auszuschließen, und allein entscheidend sein, ob es sich vorliegend um eigene Kunstschöpfungen G.s handelt, einerlei, ob sie eine Vervielfältigung gestatten oder nicht.

Im übrigen ist nach dem Vorbringen der Klägerin der Fall einer Miturheberschaft (§ 8 KunstUG.) nicht ausgeschlossen (zu vergleichen die spätere Erörterung zu 3).

2. Die Stellung des Zweitbeklagten ist vom Vorderrichter nicht erschöpfend geprüft worden. (Wird ausgeführt.)

3. Sollte die erneute Verhandlung zu dem Ergebnis führen, daß die Klägerin das Urheberrecht des Beklagten G. nicht erworben hat, so wäre damit noch nicht entschieden, ob ihm das Recht zustand, in den betreffenden Räumlichkeiten die Inschrift anzubringen „Gesamtentwurf Otto G., K . . . straße 27". Denn die Klägerin hatte behauptet, daß ihr Mitinhaber H. in näher beschriebener Weise künstlerischer Mitarbeiter G.s gewesen sei. Es käme dann ein Miturheberrecht der Klägerin in Frage und dieses Recht könnte verletzt sein, wenn der Beklagte G., wie dies in der früheren Gaststätte „Riviera" geschehen war, eine Tafel mit der Inschrift „Gesamtentwurf Otto G. usw." anbringen ließe.

Für das von der Klägerin in Anspruch genommene Untersagungsrecht ist aber noch eine weitere Rechtsgrundlage möglich, die im Wettbewerbsrecht wurzelt. In diesem Zusammenhang ist zunächst auf das Recht des Künstlers auf Anbringung seines Namens am Kunstwerk einzugehen. Ist er nicht durch einen Arbeitsvertrag gebunden, so bedarf dieses Recht nach der positiven Seite, im Gegensatz zum Untersagungsrecht des § 13 KunstUG., überhaupt keiner Erörterung, und er mag sich im Falle nachträglicher Anbringung seines Namens mit dem Erwerber des Kunstwerks auseinandersetzen. Anders, wenn der Künstler, wie hier, im Angestelltenverhältnis tätig war. Aber auch dann wird man ihm das Recht auf Anbringung seines Namens grundsätzlich zugestehen müssen. Diese Befugnis ist ein Ausfluß des Persönlichkeitsrechts, das zwar insoweit im Kunstschutzgesetz nicht besonders geregelt, aber in dieser Ausstrahlung durch die schon erwähnte Vorschrift des § 13 als an sich bestehend stillschweigend anerkannt worden ist, wenn es dort heißt, der Name oder Namenszug des Urhebers dürfe auf dem Werk von einem anderen als dem Urheber selbst nur mit dessen Einwilligung angebracht werden. Ob freilich dies Recht des Urhebers auch im vorliegenden Falle ausgeübt werden kann, erscheint nicht unzweifelhaft. Es handelt sich hier um die Ausstattung ganzer Räume. Das Kunstwerk besteht somit nicht in der Herstellung und Anbringung einzelner Gegenstände oder ihrer Summe, sondern in der Gesamtausstattung, die als solche, also in ihrer Gesamtwirkung, den ästhetischen Eindruck hervorbringen soll. Es ist vorerst nicht ersichtlich, wie dann auf dem Kunstwerk selbst der Name oder Namenszug des Urhebers angebracht werden könnte. Das wäre zunächst noch in tatsächlicher Beziehung zu erörtern, wobei gleichzeitig nicht außer Betracht bleiben darf, ob die Anbringung von Namen bei diesem Zweig des Kunstgewerbes überhaupt üblich ist. Keinesfalls fällt die Angabe der Wohnung des Urhebers unter das Namensrecht.

Allein dieses Namensrecht des Urhebers muß da seine Grenze finden, wo seine Geltendmachung einen unlauteren Wettbewerb darstellt (Rosenthal, Ges. gegen den unl. Wettbewerb, 5. Aufl., S. 259 Anm. 24 zu § 16). Es bedarf somit vornehmlich der Prüfung, ob Form und Inhalt der Inschrift, namentlich die Angabe der Wohnung, den Anschein erwecken, als sei die Ausführung der Werke dem Beklagten G. selbst, der ein Wettbewerbsunternehmen betreibt, in Auftrag gegeben worden, und ob etwa insofern ein Verstoß gegen die guten Sitten angenommen werden muß (§ 1 UWG). . . .

4. Schließlich würde gegebenenfalls auch noch dazu Stellung zu nehmen sein, ob nach den Umständen des Falles die Übertragung der Urheberrechte auf die Klägerin das etwa vorhandene Recht G.s, seinen Namen auf den Werken anzubringen, ohne weiteres beseitigte oder unberührt ließ.

---

86. 1. Zur nachträglichen Geltendmachung des Geldentwertungsschadens.

2. Zur Frage, ob ein Anspruch auf Aufwertung verauslagter Prozeßkosten besteht und in welchem Verfahren er geltend zu machen ist.

3. Kann die Aufwertung einer Sicherheit verlangt werden, die zur Herbeiführung der Vollstreckbarkeit eines Urteils in barem Gelde hinterlegt worden ist?

BGB. §§ 242, 286, 363. 3. Steuernotverordnung vom 14. Februar 1924. ZPO. §§ 91, 103 flg. Gesetz über die Erstattung von Prozeßkosten vom 13. Dezember 1923 (RGBl. I S. 1186).

I. Zivilsenat. Urt. v. 8. April 1925 i. S. F. (Kl.) w. C. (Bekl.). I 363/24.

I. Landgericht Köln.
II. Oberlandesgericht daselbst.

Am 13. Februar 1922 erwirkte die Klägerin gegen den Beklagten bei dem Landgericht in Köln ein Urteil auf Zahlung von 25000 *M* nebst Zinsen. Am 7. März 1922 hinterlegte sie die Sicherheit von 25000 *M*, von deren Leistung die Vollstreckbarkeit des Urteils abhängig gemacht worden war, in bar. Am 8. März 1922 zahlte der Beklagte daraufhin Urteilssumme, Zinsen und Kosten und legte dann gegen das Urteil Berufung ein. Am 14. Mai 1923 änderte das Oberlandesgericht das landgerichtliche Urteil dahin ab, daß der Beklagte nur noch zur Zahlung von 19000 *M* nebst Zinsen verurteilt und die Berufung im übrigen zurückgewiesen wurde. Von den Kosten des Rechtsstreits wurden der Klägerin $^1/_4$, dem Beklagten $^3/_4$ auferlegt. Am 13. Oktober 1923 zahlte der Beklagte an die Klägerin die festgesetzten Kosten. Mit der vorliegenden, Ende September 1923 erhobenen Klage verlangt die Klägerin, nachdem ihr zunächst gestellter Antrag auf Verurteilung des Beklagten zur Einwilligung in die Rückzahlung der hinterlegten Sicherheit durch Einwilligungserklärung vom 15. Oktober 1923 erledigt worden war, Ersatz des Geldentwertungsschadens wegen der verspäteten Zahlung der Urteilssumme, wegen Entwertung der Sicherheit und der von ihr im Laufe des Vorprozesses geleisteten Kostenbeträge. Das Landgericht wies die Klage ab; die Berufung der Klägerin wurde zurückgewiesen. Ihre Revision hatte zum Teil Erfolg.

Gründe:

1. Bei der Summe von 19000 *M*, zu deren Zahlung der Beklagte im Vorprozeß verurteilt worden ist, handelt es sich um einen Kaufpreis für zu liefernde Waren, den die Klägerin im voraus bezahlt, dann aber, als die Lieferung ausblieb, zurückgefordert hatte. Nach ihrer Behauptung ist der Beklagte mit der Rückzahlung am 15. Juni 1919 in Verzug geraten; die Zahlung ist nach Hinterlegung der Sicherheit, von der die Vollstreckbarkeit des landgerichtlichen Urteils abhängig gemacht worden war, am 8. März 1922 erfolgt. Das Oberlandesgericht scheint anzunehmen, daß die Klägerin damals nicht berechtigt gewesen sei, neben dem Betrage von 19000 *M* noch den Schaden ersetzt zu verlangen, der ihr durch die Entwertung dieses Geldes in der Zeit vom 15. Juni 1919 bis zum 8. März 1922 entstanden ist. Das kann nicht als zutreffend anerkannt werden. Die Frage ist nicht nach der damaligen Rechtsanschauung, sondern nach der heute bestehenden besseren Einsicht zu beantworten. Danach aber muß gesagt werden, daß die Klägerin einen Anspruch auf Ersatz des Geldentwertungsschadens hatte sowohl aus dem Rechtsgrunde des Verzugs (§ 286 BGB.) wie deshalb, weil es den Anforderungen von Treu und Glauben widersprochen hätte, wenn es dem Beklagten gestattet worden wäre, eine Schuld in Höhe von über 5000 Goldmark mit etwa 300 Goldmark zu begleichen (§ 242 BGB.). Diese Beträge ergeben sich, wenn man den Papiermarkbetrag von 19000 *M* für Juni 1919 und den 8. März 1922 in nordamerikanische Dollars umrechnet, wie es zur Vergleichung des Wertverhältnisses von der Klägerin geschehen und zulässig ist. Die Klägerin hat daher am 8. März 1922 weit weniger gezahlt erhalten, als ihr unter Berück-

sichtigung der Geldentwertung zukam, selbst wenn dabei in Betracht gezogen wird, daß ihr 6000 Papiermark mehr gezahlt wurden, als sie nach dem Urteil im zweiten Rechtszuge zu beanspruchen hatte. Es fragt sich daher, ob sie mit der jetzt erhobenen Nachforderung ausgeschlossen ist. Dafür ist nichts Ausreichendes festgestellt. Daß der Anspruch im Vorprozeß geltend gemacht und aberkannt worden sei, ist nicht behauptet worden. Für eine vertragliche Einigung über die Höhe der Forderung der Klägerin oder für einen Verzicht auf ihre Rechte aus der Geldentwertung bietet der Parteivortrag keine genügenden Anhaltspunkte. Die bloße Annahme einer Leistung als Erfüllung schließt es nicht aus, geltend zu machen, daß sie unvollständig gewesen sei (§ 363 BGB.). Einen Vorbehalt bei der Annahme der Zahlung brauchte die Klägerin zur Erhaltung ihrer Rechte nicht zu erklären. Die in dieser Beziehung in der 3. Steuernotverordnung getroffene Regelung kann auf andere ihr nicht unterliegende Rechtsverhältnisse nicht übertragen werden. Gründe der Rechtssicherheit, wie das Landgericht meint, stehen der Klage entscheidend nicht entgegen. Das angefochtene Urteil unterliegt daher in diesem Punkt der Aufhebung.

2. Was die Kosten des Vorprozesses anlangt, so hält das Oberlandesgericht dafür, daß die Klägerin sie in aufgewerteter Höhe nur erstattet verlangen könnte beim Vorliegen der Voraussetzungen des § 826 BGB. Das ist nicht richtig. Zunächst würde Verzug des Beklagten mit der Zahlung der festgesetzten Kosten den Anspruch in gleicher Weise rechtfertigen, wie es sonst bei Geldentwertungsschäden der Fall ist, die auf einem Verzuge des Schuldners beruhen. Dieser Rechtsgrund scheidet hier allerdings aus, weil, wie das Oberlandesgericht sagt, Verzug insoweit nicht feststellbar ist. Aber auch § 242 BGB. stützt das Verlangen der Klägerin. Die Pflicht der unterliegenden Partei, die dem Gegner erwachsenen Kosten des Rechtsstreits zu erstatten, beruht auf dem Gesetz (§ 91 ZPO.), und auf dieses gesetzliche Schuldverhältnis ist § 242 BGB. ebenso anwendbar wie auf Schuldverhältnisse anderer Art. Die Leistung muß danach von dem Schuldner so bewirkt werden, wie es Treu und Glauben mit Rücksicht auf die Verkehrssitte erfordert. Treu und Glauben entspricht es aber keinesfalls, wenn der Beklagte der Klägerin am 13. Oktober 1923 nur ebensoviel Papiermark erstattet hat, als von

ihr in der Zeit seit November 1920 an Prozeßkosten aufgewendet worden waren. Auch das prozessuale Bedenken des Landgerichts ist nicht begründet. Der Anforderung der Kostenfestsetzung (§§ 103flg. ZPO.) ist genügt. Es handelt sich nur darum, ob und wie die festgesetzten Kosten aufzuwerten sind. Ob es zulässig wäre, darüber im Kostenfestsetzungsverfahren nachträglich zu entscheiden, kann dahingestellt bleiben. Denn das Gesetz über die Erstattung von Prozeßkosten vom 13. Dezember 1923 (RGBl. I S. 1186), das am 1. Januar 1924 in Kraft getreten ist, galt noch nicht, als die Klägerin den Anspruch auf Aufwertung der festgesetzten Kosten im vorliegenden Rechtsstreit erhob, und es war ihr nicht zuzumuten, nach dem 31. Dezember 1923 von der Weiterverfolgung ihres Rechts im Klagewege Abstand zu nehmen, um nachträgliche Kostenfestsetzung zu betreiben. Bis dahin aber war die Klage deswegen nicht unzulässig. Das Urteil in RGZ. Bd. 66 S. 198flg. steht dem nicht entgegen. Daher unterliegt das Berufungsurteil auch in diesem Punkt der Aufhebung.

3. Im übrigen aber ist die Revision unbegründet. Nach der vom Landgericht getroffenen Feststellung, die das Berufungsgericht offenbar hat aufrecht erhalten wollen, wäre die Klägerin nicht vor dem 2. Oktober 1923 in den Wiederbesitz der hinterlegten 13000 Papiermark gelangt. Dieses Geld war damals aber bereits so gut wie wertlos. Es braucht deshalb nicht untersucht zu werden, ob die Klägerin den Beklagten aus dem Gesichtspunkt des Verzugs dafür verantwortlich machen kann, daß ihr die Summe statt am 2. erst, wie geschehen, am 19. Oktober 1923 gezahlt worden ist. An einem anderen Rechtsgrunde, aus dem die Aufwertung der Sicherheit gefordert werden könnte, fehlt es aber. Daß die Klägerin zur Herbeiführung der Vollstreckbarkeit des landgerichtlichen Urteils die Sicherheit hinterlegte und diese dann infolge der allgemeinen Geldentwertung wertlos wurde, ist nicht als Folge davon anzusehen, daß der Beklagte mit der Rückzahlung des Kaufpreises in Verzug geriet. Wenn sich die Klägerin, was von ihrem freien Belieben abhing, zur Hinterlegung entschloß, so war es auch ihre Sache, der Entwertung vorzubeugen. Das hätte durch rechtzeitigen Umtausch des baren Geldes in wertbeständige Zahlungsmittel geschehen können, wenn sie einen entsprechenden Antrag gestellt hätte. Keinesfalls ist der Beklagte für

die Entwertung der Sicherheit verantwortlich zu machen, solange er die Einwilligung in ihre Rückzahlung nicht verzögerte. Insoweit ist die Revision hiernach zurückzuweisen.

---

87. Kann die Frist für den Nachweis der Zahlung der Prozeßgebühr nur einmal durch Nachsuchung des Armenrechts gehemmt werden?

ZPO. § 519 Abs. 6.

IV. Zivilsenat. Beschl. v. 20. April 1925 i. S. L. (Kl.) w. N. M. G. m. b. H. (Bekl.). IV B. 24/25.

I. Landgericht I Berlin.
II. Kammergericht daselbst.

Der Kläger hat am 3. Dezember 1924 gegen das Urteil des Landgerichts I in Berlin vom 14. Oktober 1924 Berufung eingelegt. Durch Verfügung vom 20. Dezember 1924, zugestellt am 24. Dezember, ist ihm zur Zahlung der Prozeßgebühr Frist bis zum 22. Januar 1925 gesetzt worden. Wegen nicht erfolgter Zahlung der Gebühr ist durch den angefochtenen Beschluß seine Berufung als unzulässig verworfen worden. Der Kläger macht in seiner Beschwerde geltend, daß die ihm gesetzte Frist infolge eingereichter Armenrechtsgesuche noch nicht abgelaufen sei.

Der Kläger hat fünfmal um Bewilligung des Armenrechts nachgesucht. Das erste Gesuch vom 6. November 1924 wurde mit Beschluß vom 26. November, zugestellt am 29. November, abgelehnt. Dieses noch vor Einlegung der Berufung angebrachte Gesuch kommt hier nicht in Betracht.

Das zweite Gesuch erfolgte gleichzeitig mit der Berufungseinlegung. Es wurde am 20. Dezember 1924 abgelehnt, also an demselben Tage, an dem die Fristsetzung erfolgte. Auch die Zustellung des ablehnenden Beschlusses wurde am gleichen Tage bewirkt wie die Zustellung der Fristsetzung, am 24. Dezember.

Die Folge dieses Armenrechtsgesuchs war, daß die Frist für die Zahlung der Prozeßgebühr bis zum Ablauf von 2 Wochen nach Zustellung des ablehnenden Beschlusses nach § 519 Abs. 6 ZPO. nicht laufen konnte. Diese Hemmung des Fristablaufs hinderte aber nicht die Setzung der Frist selbst. Diese konnte an dem gleichen Tage bestimmt werden, an dem das Armenrechtsgesuch abgelehnt wurde. Es war auch nicht unzulässig, die Frist in der Weise zu bestimmen, daß ihr Endtermin festgelegt wurde. Nur mußte hierbei die Hemmung des Fristenlaufs durch das Armenrechtsgesuch berücksichtigt werden. Der Endtermin mußte so weit über den Zustellungstag des das Armenrechtsgesuch ablehnenden Beschlusses hinausgelegt werden, daß auch nach Ablauf von weiteren 2 Wochen noch genügender Zeitraum für die Zahlung der Prozeßgebühr verblieb. Das ist hier geschehen.

Den weiteren Armenrechtsgesuchen kommt für den Ablauf der Frist keine Bedeutung zu. Die Hemmung der Frist durch Einreichung eines Armenrechtsgesuchs kann nur einmal erfolgen. Durch die einmalige Hemmung der Frist wird das Interesse des Berufungsklägers, das die Vorschrift des § 519 Abs. 6 Satz 4 ZPO. schützen will, ausreichend gewahrt. Auch wird durch die zweiwöchige Dauer der Hemmung über die Zustellung des Beschlusses hinaus ihm immer noch die Möglichkeit gegeben, durch Wiederholung seines Gesuchs die Bewilligung des Armenrechts rechtzeitig zu erreichen. Dagegen kann es nicht in sein Belieben gestellt sein, durch Wiederholung unbegründeter Armenrechtsgesuche den Ablauf der Frist und damit die Erfüllung einer Formvorschrift für die Zulässigkeit der Berufung ins Ungewisse hinauszuschieben. Auch der Umstand, daß er selbst von der Berechtigung seiner Gesuche überzeugt ist und sie nicht etwa nur zum Zweck der Verlängerung der Frist einreicht, vermöchte dies nicht zu rechtfertigen.

---

88. Wird in Preußen der Nachweis der Zahlung der Prozeßgebühr für die — oberlandesgerichtliche — Berufungsinstanz durch die Einzahlung des erforderten Betrags bei der Gerichtskasse erbracht? ZPO. § 519 Abs. 6.

III. Zivilsenat. Beschl. v. 21. April 1925 i. S. K. (Bekl.) w. H. & Söhne (Kl.). III B. 10/25.

I. Landgericht Limburg.
II. Oberlandesgericht Frankfurt a. M.

Der Beklagte hat gegen das landgerichtliche Urteil Berufung eingelegt. Durch ordnungsmäßig zugestellte Verfügung des Vorsitzenden des Berufungsgerichts ist ihm zum Nachweis der Zahlung der Prozeßgebühr für die Berufungsinstanz eine Frist bis zum 16. März 1925 bestimmt worden. Durch Beschluß vom 20. März 1925 hat das Oberlandesgericht wegen Nichteinhaltung der Frist die Berufung des Beklagten als unzulässig verworfen. Die hiergegen form- und fristgerecht eingelegte sofortige Beschwerde ist nicht begründet.

Allerdings hat der Beklagte mit der Beschwerdeschrift eine Quittung der Gerichtskasse in Frankfurt a. M. vom 16. März 1925 vorgelegt, wonach an diesem Tage 10 ℳ bei ihr eingezahlt worden sind. Diese am letzten Tage der gesetzten Frist erfolgte Zahlung reichte aber zur Erfüllung der dem Beklagten als Berufungskläger obliegenden Verpflichtung nicht aus. Nach § 519 Abs. 6 ZPO. mußte er innerhalb der Frist nicht bloß die für die Berufungsinstanz von ihm erforderte Prozeßgebühr zahlen, sondern auch den Nachweis erbringen, daß diese Zahlung erfolgt war. Der Nachweis war dem Berufungsgericht gegenüber zu führen. Die Gerichtskassen, die in Preußen bei den Amtsgerichten errichtet sind, können als Bestandteil der Oberlandesgerichte, auch insoweit sie die bei diesen erwachsenden Gerichtskosten erheben (§ 2 Abs. 2 der Preußischen Kassenordnung für die Justizbehörden), nicht angesehen werden. Die noch innerhalb der Frist erfolgte Einzahlung der Prozeßgebühr bei der Gerichtskasse in Frankfurt a. M. enthielt deshalb nicht schon den Nachweis, den der Beklagte dem Oberlandesgericht daselbst zu erbringen hatte. Zu dessen Akten ist eine Nachricht von der Gebührenzahlung erst nach Fristablauf gelangt.

---

89. Ist eine Abnahme im Sinne des § 640 Abs. 1 BGB. ausgeschlossen, wenn der Besteller ohnehin im Besitz der Sache und des daran ausgeführten Werks ist?

BGB. §§ 635, 638, 640, 646.

VI. Zivilsenat. Urt. v. 24. April 1925 i. S. Gr. (Kl.) w. St. (Bekl.). VI 10/25.

I. Landgericht Köln.
II. Oberlandesgericht daselbst.

Durch Vertrag vom 11. Februar 1914 übertrug der Kläger der Beklagten die Eisenbetonarbeiten an dem Um- und Neubau, den er auf seinem Grundstück in K. auszuführen gedachte. Die Beklagte hat auch mit den Arbeiten begonnen, es kam aber wegen der Ausführung zu Zwistigkeiten unter den Parteien. Im Mai 1914 hörte die Beklagte auf zu arbeiten. Ob sie ihrerseits die Arbeiten eingestellt hat oder ob der Kläger ihr das Weiterarbeiten untersagt hat, ist unter den Parteien streitig. In einem Vorprozeß hat die Beklagte ihren Werklohn eingeklagt und durch rechtskräftig gewordenes Versäumnisurteil des Landgerichts in Köln auch zugesprochen erhalten. Im Juni 1922 hat der Kläger Klage erhoben, die Mangelhaftigkeit der von der Beklagten ausgeführten Arbeiten gerügt und gestützt auf besondere Vertragsabrede, aber auch auf § 635 BGB., beantragt, die Beklagte zu verurteilen, dem Kläger allen Schaden zu ersetzen, der ihm durch die mangelhafte Herstellung der Eisenbetonarbeiten entstanden ist und noch entstehen wird, und zwar zunächst einen Teilbetrag von 10000 ℳ nebst 4% Zinsen seit Klagezustellung zu zahlen. Das Landgericht hat dem Verjährungseinwand der Beklagten stattgegeben und die Klage abgewiesen. In der Berufungsinstanz hat der Kläger seinen Antrag wiederholt, nur statt des Teilbetrags von 10000 Papiermark 2000 Goldmark nebst 4% Zinsen seit dem 10. Juni 1920 verlangt. Das Oberlandesgericht hat die Berufung zurückgewiesen. Die Revision hatte Erfolg.

Aus den Gründen:

1. Die beiden Vorinstanzen lassen die Klage an dem Einwande der Verjährung scheitern. Das bekämpft die Revision zunächst mit der Ausführung, daß die eingeklagten Schadensersatzansprüche sich nicht auf den § 635 BGB. stützten, also auch nicht der kurzen Verjährung nach § 638 BGB. unterlägen; die Klagansprüche seien vielmehr auf die §§ 286 und 326 BGB. gegründet. Das ist nicht richtig. Die Beklagte hat allerdings nur einen Teil der ihr durch Werkvertrag übertragenen Arbeiten ausgeführt, aber diesen Teil hat sie auch ausgeführt und wegen der Mängel, welche dem ausgeführten Teil der Arbeiten unmittelbar innewohnen, ist die Klage erhoben worden ... (wird ausgeführt).

2. Die Frage, ob die Verjährungsfrist zu laufen begonnen hat, ist, wie die Revision mit Recht ausführt, vom Berufungsrichter noch nicht rechtlich einwandfrei entschieden worden. Nach § 638 Abs. 1 BGB. beginnt die Verjährung regelmäßig mit der Abnahme des Werkes. Das Landgericht hatte im gegenwärtigen Falle eine Abnahme nicht für möglich erachtet und deshalb — ohne den § 646 BGB. zu nennen, aber offenbar in dessen mindestens entsprechender Anwendung — den Beginn der Verjährung auf den Zeitpunkt festgestellt, in welchem die Beklagte mit ihren Arbeiten aufhörte. Der Berufungsrichter hat sich dem im Ergebnis angeschlossen, betont aber, daß die §§ 638 und 646 nicht unmittelbar anwendbar seien, da das Werk weder abgenommen noch vollendet worden sei. Äußerstenfalls nimmt er an, daß die Verjährung in Lauf gesetzt worden sei, als der Kläger dazu überging, die Arbeit durch eine andere Firma fortführen zu lassen. Auch in dem § 6 des Vertrags der Parteien findet er eine Vereinbarung über die Verjährung, dahin lautend, daß die Verjährung beginne, wenn die Beklagte mit ihren Arbeiten aufhöre.

Diese letztere Annahme ist rechtlich zu beanstanden. In dem genannten § 6 übernimmt die Beklagte für die Güte ihrer Arbeiten und Materialien eine dreijährige volle, ersatzpflichtige Garantie, verpflichtet sich, alle während dieser Zeit entstehenden Mängel kostenlos zu beseitigen, alle Schäden, die sich aus mangelhafter Arbeit ergeben, zu ersetzen, und gibt dem Kläger das Recht, notwendige Ausbesserungen unter bestimmten, strengen Voraussetzungen auf ihre, der Beklagten, Kosten selbst ausführen zu lassen. Wenn der Berufungsrichter meint, daß diese Abrede „der Interessenlage des Unternehmers dienen" sollte, so irrt er. Das Gegenteil ist der Fall, die Haftung des Unternehmers wird gegenüber den gesetzlichen Vorschriften verschärft. Es ist deshalb unmöglich, aus der vertraglichen Vereinbarung der Parteien in der — ausdrücklich jedenfalls nicht berührten — Frage des Verjährungsbeginns eine Begünstigung des Unternehmers herauszulesen.

3. Unrichtig ist auch die Annahme der Vorinstanzen, daß im gegenwärtigen Falle eine Abnahme nach der Beschaffenheit des Werkes ausgeschlossen gewesen sei. Zu einer Abnahme im Sinne des § 640 BGB. gehört nach der ständigen Rechtsprechung des Reichsgerichts regelmäßig die körperliche Hinnahme der Leistung des Unternehmers durch den Besteller, verbunden mit der — sei es ausdrück-

lichen, sei es stillschweigenden — Erklärung des Bestellers, daß er die Leistung als eine der Hauptsache nach dem Vertrag entsprechende Erfüllung anerkenne (vgl. RGZ. Bd. 57 S. 338 flg., Bd. 64 S. 240, Bd. 107 S. 343, bei Warn. Bd. 1 S. 348 Nr. 460, im Recht 1913 Nr. 36, in Seuff. Arch. Bd. 75 S. 157). Im Anschluß an eine Entscheidung des Oberlandesgerichts Rostock in Seuff. Arch. Bd. 64 Nr. 191 wird jetzt die Auffassung vertreten, daß eine Abnahme im Sinne des § 640 BGB. unmöglich sei, wenn der Unternehmer die Leistung dem Besteller nicht übergeben, dieser sie aus der Hand des Unternehmers nicht hinnehmen kann, weil er ohnehin schon im Besitz der Sache und des daran ausgeführten Werkes ist; das wird namentlich auch dann angenommen, wenn der Besteller auf seinem Grundstück bauen, an oder in seinem Hause Arbeiten vornehmen läßt (vgl. Planck-Oegg (4), Anm. 1c zu § 640, Kommentar von RGR. Anm. 1 zu § 646 BGB). Das Reichsgericht hat sich mit dieser Frage ausdrücklich noch nicht beschäftigt, es ist aber stillschweigend stets davon ausgegangen, daß eine Abnahme auch in den eben genannten Fällen möglich ist. In RGZ. Bd. 57 S. 337 flg. handelte es sich um ein Herrschaftshaus, das auf dem Gute des Besitzers errichtet worden war, in RGZ. Bd. 57 S. 377 und Bd. 69 S. 381 um das Decken von Dächern an Häusern, die sich im Besitz der Besteller befanden, in der Entscheidung bei Warn. Bd. 1 S. 348 Nr. 460 um den Anbau eines Saales, in der Entscheidung des erkennenden Senats vom 13. Januar 1925 VI 285/24 um den Neubau einer Fabrikhalle auf dem Grundstück des Bestellers, in der Entscheidung des erkennenden Senats vom 2. Dezember 1924 VI 140/24 (abgedruckt bei Warn. Bd. 17 S. 79 Nr. 61) um die Wiederherstellung eines durch den Krieg zerstörten Gebäudes auf dem Grundstücke des Bestellers. In allen diesen Fällen ist mit der Möglichkeit einer Abnahme gerechnet worden. Dem ist auch nach erneuter Nachprüfung der Frage beizutreten. Kann das Werk körperlich nicht „hingenommen" werden, weil es sich schon im Besitze des Bestellers befindet, so beschränkt sich die Abnahme auf die Erklärung des Bestellers, daß er die Leistung als eine der Hauptsache nach dem Vertrag entsprechende Erfüllung anerkenne. Unklarheiten brauchen deshalb nicht einzutreten. Der Fall RGZ. Bd. 69 S. 381 zeigt klar, wie man die Abnahme eines am eigenen Hause vorgenommenen

Werkes in unzweideutiger Weise ablehnen kann. Der Besteller hat damals die von dem Unternehmer auf das Dach aufgebrachte Betonschicht herunterreißen und selbst eine neue Zementhaut aufbringen lassen. Der Gedanke, daß bei der hier vertretenen Meinung das Anwendungsgebiet des § 646 BGB. zu sehr verengt werde, kann nicht ausschlaggebend ins Gewicht fallen. Unter § 646 fallen die zahlreichen Werkverträge, welche auf Leistungen nicht körperlicher Art gerichtet sind, namentlich die Transportverträge (vgl. RGZ. Bd. 66 S. 16; JW. 1905 S. 484 Nr. 1).

4. War hiernach eine Abnahme auch im vorliegenden Falle nach der Beschaffenheit des Werkes nicht ausgeschlossen, so kann die Verjährung nach § 638 BGB. nur mit der Abnahme zu laufen begonnen haben. Die von den Vorinstanzen mehr oder minder deutlich vorgenommene Anwendung des § 646 BGB., die Berechnung des Beginns der Verjährung von der Vollendung des Werks oder dem Zeitpunkt, an welchem die Beklagte ihre Tätigkeit eingestellt hat, ist deshalb unzulässig. Die Hilfsvorschrift ist unanwendbar, wenn einer Anwendung der Hauptvorschrift nichts im Wege steht.

Darüber, ob der Kläger die Arbeiten der Beklagten abgenommen hat, ist eine einwandfreie Feststellung vom Berufungsrichter bisher noch nicht getroffen worden. Auf eine Bejahung der Frage könnte es deuten, wenn der Berufungsrichter die Verjährung mit dem Zeitpunkt beginnen läßt, in welchem der Kläger dazu überging, die Arbeit durch eine andere Firma fortführen zu lassen. Unter welchem rechtlichen Gesichtspunkte der Berufungsrichter diese Tatsache gewürdigt haben mag, ist aus den Gründen seines Urteils nicht zu ersehen. Daß es ein anderer Gesichtspunkt gewesen wäre, als der der Abnahme, ist nach dem Inhalt des Urteils kaum denkbar, vgl. die schon oben angezogenen Entscheidungen des Reichsgerichts in Seuff. Arch. Bd. 75 S. 157 und bei Warn. Bd. 1 S. 348 Nr. 460; indessen der Berufungsrichter verneint an anderer Stelle seines Urteils ausdrücklich, daß eine Abnahme stattgefunden habe.

5. Bei dieser Unklarheit muß das angefochtene Urteil aufgehoben und die Sache zu anderweiter Verhandlung und Entscheidung an das Berufungsgericht zurückverwiesen werden. Aufgabe des Oberlandesgerichts wird es nunmehr sein, zu prüfen, ob der Kläger die Arbeiten der Beklagten abgenommen hat. Von Bedeutung sind dafür die

Worte und die Taten des Klägers. Der Berufungsrichter wird also die — bisher von ihm offen gelassene — Frage entscheiden müssen, ob der Kläger es war, der in seiner Unzufriedenheit mit den Leistungen der Beklagten ihr die Weiterarbeit entzog, oder ob die Beklagte ihrerseits wegen einer Vertragsuntreue des Klägers die Arbeiten eingestellt hat. Entscheidend kann auch sein, in welcher Weise der Kläger die Arbeiten der Beklagten bei der Förderung seines Baues verwendet hat, ob er sie mit kleinen Änderungen und Nachbesserungen schließlich doch benutzt und damit der Hauptsache nach als Erfüllung angenommen oder ob er sie von Grund aus umgestaltet und gewissermaßen ein neues Werk an ihre Stelle gesetzt hat....

---

90. 1. Rechtliche Natur des dem Pächter nach § 6 Abs. 3 ReichsSiedlGes. vom 11. August 1919 zustehenden Vorkaufsrechts.
2. Zum Begriff des Restguts in § 6 Abs. 3 a. a. O.
3. Kann der Pächter auf sein Vorkaufsrecht einseitig verzichten?

V. Zivilsenat. Urt. v. 25. April 1925 i. S. Schl. H. Höfebk. (Bekl.) w. R. (Kl.). V 352/24.

I. Landgericht Kiel.
II. Oberlandesgericht daselbst.

Der Kläger war Pächter des zu dem Gute P. gehörenden sogen. „Verwalterhofes“, der im Jahre 1921 an den Fabrikbesitzer R. in W. verkauft wurde. Die Beklagte als gemeinnütziges Siedlungsunternehmen übte das ihr auf Grund des Reichssiedlungsgesetzes zustehende Vorkaufsrecht aus und übertrug nach Austausch einiger kleinen Parzellen die um etwa $^1/_2$ ha vergrößerte Hofstelle durch Rentengutsvertrag vom 14. Oktober 1921 dem Schlossereibesitzer K. in Str. Die Auflassung des Grundstücks an ihn ist am 25. August 1922 erfolgt. Wegen Verletzung des ihm auf Grund des § 6 Abs. 3 des Reichssiedlungsgesetzes zustehenden Vorkaufsrechts verlangt der Kläger von der Beklagten Schadensersatz.

Das Landgericht hat den Klaganspruch dem Grunde nach für gerechtfertigt erklärt. Die Berufung der Beklagten ist zurückgewiesen. Ihre Revision blieb ohne Erfolg.

Aus den Gründen:

Nach § 6 Abs. 3 des Reichssiedlungsgesetzes vom 11. August 1919 (RGBl. S. 1429) haben Pächter, soweit landwirtschaftlich genutzte Grundstücke (einschließlich Staatsdomänen) von gemeinnützigen Siedlungsgesellschaften zum Zweck der Ansiedlung übernommen werden, ein Vorkaufsrecht für ein bei der Verteilung etwa übrig bleibendes Restgut oder für Parzellen, die geeignet sind, Inventar und sonstiges Betriebskapital des zur Siedlung übergebenen landwirtschaftlichen Grundstücks möglichst zu verwerten. Der Ansicht der Revision, daß mit dieser Bestimmung den Pächtern nicht ein Vorkaufsrecht im eigentlichen Sinne, vielmehr ein schuldrechtliches Vorzugsrecht des Inhalts gegeben sei, daß sie bei der Verteilung der zur Aufteilung gelangenden Landfläche in erster Linie durch ein ihnen zu machendes Kaufangebot berücksichtigt werden müßten, ist nicht beizupflichten. Zunächst muß schon von vornherein davon ausgegangen werden, daß, wenn ein Gesetz einen so allgemein feststehenden Rechtsbegriff anwendet, wie es der Rechtsbegriff des Vorkaufsrechts ist, es diesen Begriff in dem Sinne hat gebrauchen wollen, in dem man ihn allgemein im Rechtsleben versteht. Dies muß aber im vorliegenden Fall um so mehr gelten, als sich die erwähnte, das Vorkaufsrecht des Pächters betreffende Bestimmung des § 6 Abs. 3 RSG. inmitten der Vorschriften der §§ 4, 5, 6 Abs. 1 und 2, 7—11 befindet, die von dem Vorkaufsrecht des gemeinnützigen Siedlungsunternehmens handeln. Es ist nicht anzunehmen, daß das Gesetz den Rechtsbegriff des Vorkaufsrechts in demselben Paragraphen in verschiedenem Sinne gebraucht hat: im Abs. 1 und 2 in dem Sinne des eigentlichen Vorkaufsrechts, im Abs. 3 dagegen im Sinne eines bloßen Vorzugsrechts. Diese Annahme ist um so mehr auszuschließen, als die Bestimmung des § 13 Abs. 3 RSG.: „Nach Ermessen der Aufsichtsbehörde gilt als zur Siedlung bereit gestellt auch solches Land aus dem Besitzstand der großen Güter, das ohne Mitwirkung des Siedlungsunternehmens an Ansiedler veräußert oder mit dem Recht des Kaufs zu einem von der Aufsichtsbehörde genehmigten Preis verpachtet ist" ergibt, daß sich das Reichssiedlungsgesetz des Unterschieds zwischen einem „Vorkaufsrecht" und einem „Ankaufs- oder Vorzugsrecht" sehr wohl bewußt gewesen ist; vgl. auch Ziff. 5b der Preuß. Ausführungsanweisung IV zum Reichssiedlungsgesetz vom

3. Februar 1920: „Pacht mit Kaufanwartschaft" (abgedruckt bei Krause, Die preußischen Siedlungsgesetze. II. Aufl. S. 261) und Vertragsmuster zu einem Landpachtvertrag mit Kaufanwartschaft; Anlage zu der Preuß. Ausführungsanweisung V vom 13. Februar 1920 § 4: „Der Arbeitgeber verpflichtet sich weiter, dem Arbeitnehmer auf Verlangen das verpachtete Land zum Eigentum zu überlassen." (Krause a. a. O. S. 279). Wenn demgegenüber von der Revision darauf hingewiesen wird, daß es bei der schnellen Gesetzgebung nicht möglich gewesen sei, die Gesetzesentwürfe mit der gleichen Sorgfalt zu erledigen, wie früher, und daß bei der Annahme dieser erst bei der zweiten Lesung des Gesetzes eingefügten Bestimmung von den anwesenden Regierungsvertretern, den Antragstellern und den Mitgliedern des Plenums der Nationalversammlung über die Tragweite dieser Vorschrift keine Klarheit geschaffen worden sei, so kann das zu einem anderen Ergebnis nicht führen. Es ist allerdings zutreffend, daß die Bestimmung des § 6 Abs. 3 RSG. in den Aufbau der §§ 4—11 RSG., die lediglich von dem Vorkaufsrecht des gemeinnützigen Siedlungsunternehmens handeln, nicht hineinpaßt und zweckmäßiger an einer anderen Stelle des Gesetzes eingefügt worden wäre (vgl. Holzapfel, Die Siedlungsgesetzgebung im Reich und in Preußen Anm. 6 zu § 5 S. 35; Haack, Teil II die Preußische Agrargesetzgebung in „Siedlungsgesetze" S. 34). Es ist auch richtig, daß die Vorschrift des § 6 Abs. 3 RSG. ihre Entstehung dem erst während der Beratung des Gesetzes am 1. Juli 1919 gestellten, und am gleichen Tage bei der zweiten Lesung mit den Abänderungsanträgen Löbe und Schiele angenommenen, Antrage Böhm und Gen. verdankt (Verhandlungen der Verfassunggebenden deutschen Nationalversammlung Bd. 337 S. 287, 308, 309, Bd. 327 S. 1194). Bei der dritten Lesung des Gesetzes wurde jedoch der Entwurf nochmals an den Haushaltungsausschuß zurückverwiesen (Bd. 327 a. a. O. S. 1459). Dieser hat sich alsdann auch mit dem Abs. 3 des § 6 beschäftigt und ihm — wenn auch nur aus sprachlichen Gründen — eine andere Fassung gegeben (Bd. 337 S. 361). Erst dann ist das Gesetz in dritter Lesung am 19. Juli 1919 angenommen worden. Bei dieser Behandlung des Gesetzentwurfs kann nicht angenommen werden, daß sich die Nationalversammlung und der Haushaltungsausschuß der Tragweite jener Bestimmung nicht bewußt geworden sein sollten.

Der Annahme, daß das Vorkaufsrecht des § 6 Abs. 3 RSG. ein wahres Vorkaufsrecht ist, steht nicht entgegen, daß in der Preußischen Ausführungsanweisung III vom 7. Februar 1920 unter Ziff. 2 ausgesprochen ist, das Reichssiedlungsgesetz unterscheide zwei Vorkaufsrechte, nämlich das des gemeinnützigen Siedlungsunternehmens nach § 4 des Gesetzes und das des Landlieferungsverbandes nach § 14 des Gesetzes (Krause a. a. O. S. 239), daß dagegen das Vorkaufsrecht des Pächters aus § 6 Abs. 3 RSG. nicht erwähnt ist. Denn diese Ausführungsanweisung befaßt sich lediglich mit dem der Bereitstellung des Landes zu Siedlungszwecken dienenden Vorkaufsrecht; sie hatte daher keine Veranlassung, sich mit dem ganz anderen Zwecken dienenden Vorkaufsrecht des Pächters zu beschäftigen oder dieses auch nur zu erwähnen.

Wenn die Revision weiter darauf hinweist, daß auch der in § 20 RSG. gebrauchte Rechtsbegriff des Wiederkaufsrechts sich mit dem gleichen im Bürgerlichen Gesetzbuch verwendeten Rechtsbegriff nicht decke, so würde daraus noch keineswegs zu folgern sein, daß auch der Rechtsbegriff des Vorkaufsrechts im Sinne des § 6 Abs. 3 RSG. einen anderen Inhalt als der Rechtsbegriff des Vorkaufsrechts im Sinne des Bürgerlichen Gesetzbuchs hat. Ob sich, wie die Revision weiter geltend macht, bei Anwendung des auf § 6 Abs. 3 RSG. bezugnehmenden § 1 Abs. 4 des sog. Flüchtlingssiedlungsgesetzes vom 7. Juni 1923 (RGBl. I S. 364) praktische und die Siedlungsgesellschaften geldlich belastende Schwierigkeiten ergeben würden, falls man das „Vorkaufsrecht" des § 6 Abs. 3 RSG. als ein wahres Vorkaufsrecht ansähe, bedarf keiner Prüfung. Denn selbst wenn dies zuträfe, würde hieraus ein Rückschluß auf die rechtliche Natur des dem Pächter in § 6 Abs. 3 RSG. eingeräumten Vorkaufsrechts nicht gezogen werden können.

Auch die weitere Ansicht der Revision, daß sich der Gesetzgeber bei Annahme eines Vorkaufsrechts den Vorwurf einer sicher nicht gewollten Schwerfälligkeit gefallen lassen müsse, ist nicht begründet. Die Annahme der Revision, es müsse die Siedlungsgesellschaft in den Fällen, in denen sie selbst durch Ausübung des ihr zustehenden Vorkaufsrechts in den Besitz einer zur Besiedlung geeigneten Fläche gelangt sei, ihrerseits erst wieder einen Kaufvertrag mit einem Dritten abschließen, um den Pächter in den Eigenbesitz der von ihm gepachteten Fläche gelangen zu lassen, trifft nicht zu. Es steht nichts im Wege, daß die Siedlungsgesellschaft dem Pächter durch freiwillige Vereinbarung, ohne daß es des Abschlusses eines Vertrags mit dem Dritten und der Ausübung des Vorkaufsrechts durch den Pächter bedarf, das Eigentum an dem bisher von ihm gepachteten Grundstück überträgt. Die Revision meint weiter, der Zweck des § 6 Abs. 3 RSG., das Los des von der Siedlung betroffenen Pächters etwas zu erleichtern, werde bei Annahme eines Vorzugsrechts besser erreicht, als bei Annahme eines Vorkaufsrechts. Der Zweck des Gesetzes könne bei Annahme eines Vorkaufsrechts geradezu verfehlt werden: Wenn nämlich vermögende Bauerssöhne oder sonstige geeignete Siedler vorhanden seien, die in der Lage seien, hohe Kaufpreise zu zahlen, so werde es dem Pächter unter Umständen unmöglich gemacht werden, das Recht des Eintritts in den zwischen dem Siedlungsunternehmen und dem vermögenden Ansiedler geschlossenen Kaufvertrag auszuüben. Diese Schwierigkeiten mögen bestehen. Sie bestehen aber nicht minder, wenn man das dem Pächter in § 6 Abs. 3 RSG. eingeräumte Vorkaufsrecht lediglich als ein Vorzugsrecht ansieht. Denn auch in diesem Falle besteht für die Siedlungsgesellschaft nicht die Pflicht und auch wohl kaum die Geneigtheit, das Grundstück dem Pächter zu einem geringeren Kaufpreis anzubieten, als er der Siedlungsgesellschaft von anderen vermögenden Kaufliebhabern geboten worden ist. Auch das weitere Bedenken der Revision, daß die Maßnahmen des Siedlers zur Beschaffung des Kaufpreises vereitelt werden würden, wenn ihm eine bestimmte Aussicht auf den Landerwerb infolge des Vorkaufsrechts des Pächters nicht gemacht werden könne, ist nicht begründet. Denn ganz abgesehen davon, daß die Sachlage auch in diesem Punkt keine andere sein würde, wenn man das Recht des Pächters als ein Vorzugsrecht ansieht, wird sich die Frage, ob der Pächter das Vorkaufsrecht auszuüben beabsichtigt, unschwer bereits vor Abschluß des Vertrags mit dem Siedler durch Verhandlungen mit dem Pächter endgültig klären lassen (vgl. hins. des Vorkaufsrechts des Siedlungsunternehmens Pr. Ausf. Anw III vom 7. Februar 1920 Ziff. 5 Abs. 2 bei Krause a. a. O. S. 243).

Die Annahme, daß dem Pächter durch § 6 Abs. 3 RSG. lediglich ein Vorzugsrecht habe eingeräumt werden sollen, ist aber auch mit dem Zweck dieser Bestimmung nicht in Einklang zu bringen.

Diese Bestimmung bezweckt, es dem bisherigen Pächter, dem durch die Übernahme des von ihm gepachteten Grundstücks durch ein gemeinnütziges Siedlungsunternehmen die Möglichkeit genommen worden ist, seinen Pachtvertrag mit dem Verpächter zu erneuern, auf diese Weise zu ermöglichen, seine Arbeitskraft, sein Inventar und sein sonstiges Betriebskapital an Ort und Stelle zu verwenden (RGZ. Bd. 104 S. 324, 326). Es soll vermieden werden, daß auf der einen Seite durch Gründung von Ansiedlerstellen neue wirtschaftliche und volkswirtschaftliche Werte geschaffen, während auf der anderen Seite durch Vertreibung des Pächters nicht minder wertvolle Werte vernichtet werden. Dieser den Schutz des Pächters erstrebende Zweck der Vorschrift würde aber nicht voll erreicht werden, wenn dem Pächter lediglich ein Ankaufsrecht gegeben würde. Mit Recht weist das Landgericht darauf hin, daß, wenn es sich nur um ein Ankaufsrecht handeln würde, die Siedlungsgesellschaft in der Lage wäre, das Land dem Pächter zu ungünstigen Bedingungen anzubieten und es, wenn er auf diese nicht eingeht, anderweit besser zu verkaufen. Gegen derartige Maßnahmen wird der Pächter geschützt, wenn ihm durch die Ausübung eines Vorkaufsrechts die Möglichkeit gegeben wird, in einen von der Siedlungsgesellschaft mit dem Erwerber des Restguts förmlich abgeschlossenen, für die Gesellschaft bindend gewordenen und daher für den Pächter nach allen Richtungen hin klar zu übersehenden Kaufvertrag einzutreten.

Hiernach ist das dem Pächter in § 6 Abs. 3 RSG. eingeräumte Vorkaufsrecht ein wahres Vorkaufsrecht und nicht lediglich ein Vorzugs- oder Ankaufsrecht. Auf diesem Standpunkt steht auch überwiegend das Schrifttum: Ponfick-Wenzel, Reichssiedlungsgesetz 2. Aufl. S. 151—152; Holzapfel, Siedlungsgesetzgebung S. 35; Haack in der Zeitschrift für Agrar- und Wasserrecht, Jahrg. 1921 bis 1922 S. 169, der annimmt, daß im Fall der anderweiten Veräußerung eines Restguts der Pächter das Kaufrecht als Vorkaufsrecht auch gegen den dritten Erwerber geltend machen könne; ferner Haack, Die preußische Agrargesetzgebung Teil II S. 35: Da ausdrücklich von einem Vorkaufsrecht die Rede sei, werde als Voraussetzung für dessen Ausübung ein mit einem Dritten abgeschlossener Kaufvertrag verlangt werden müssen (A. M. Jeschke, Das Vorkaufsrecht des Pächters nach § 6 Abs. 3 des Reichssiedlungsgesetzes im Archiv für innere Kolonisation Bd. XVI S. 5flg.). Auch der erkennende Senat hat in seinem Urteil vom 4. März 1922 V 442/21 in RGZ. Bd. 104 S. 324flg., insbesondere in dessen letzten, in Bd. 104 nicht abgedruckten, aber in der Zeitschrift für Agrar- und Wasserrecht Jahrgang 1922/23 S. 149—151 und im Archiv für innere Kolonisation Bd. XIV S. 358/359 mitgeteilten Teile angenommen, daß es sich um ein wahres Vorkaufsrecht handle.

Dafür, daß der Gesetzgeber davon ausgegangen ist, es solle der Pächter das ihm eingeräumte gesetzliche Vorkaufsrecht auch unmittelbar gegen den dritten Erwerber des Restguts geltend machen können (so Haack, Wiederkaufsrecht und Vorkaufsrecht zu Siedlungszwecken, Arch. für innere Kolonisation Bd. XIII S. 465), und daß daher dem Pächter ein gesetzliches dingliches Vorkaufsrecht hat gewährt werden sollen, fehlt es an jedem Anhalt. Die Vorschriften der §§ 4—6 Abs. 1 und 2, §§ 7—11 RSG., und insbesondere die des — die Bestimmungen der §§ 1099—1102 BGB. für entsprechend anwendbar erklärenden — § 8 RSG. beziehen sich lediglich auf das Vorkaufsrecht des Siedlungsunternehmens und sind auf das Vorkaufsrecht des Pächters nicht anwendbar. Vielmehr ist anzunehmen, daß das Vorkaufsrecht des Klägers — wie auch sein Pachtrecht selbst — ein rein schuldrechtliches ist, auf das die Vorschriften der §§ 504—511 BGB. entsprechend anzuwenden sind (so auch Ponfick-Wenzel, Reichssiedlungsgesetz 2. Aufl. Anm. 11 zu § 6 und Holzapfel, Siedlungsgesetzgebung Anm. 6 zu § 6 RSG.).

Mit Recht hat auch das Berufungsgericht die Voraussetzungen für die Anwendbarkeit des § 6 Abs. 3 RSG. im vorliegenden Fall als gegeben erachtet. Es führt dazu aus: In dieser Gesetzesbestimmung sei an den Regelfall gedacht, daß nach Aufteilung eines Gutes ein Restgut übrig bleibe. Da im vorliegenden Fall eine Verteilung des von der Beklagten übernommenen Siedlungslandes überhaupt nicht stattgefunden habe, so erscheine die Bezeichnung „Restgut" für die von der Beklagten erworbene und an K. weiter verkaufte Hofstelle dem reinen Wortsinn nach zwar nicht zutreffend. Indessen sei nicht einzusehen, warum der Pächter schlechter gestellt sein sollte, wenn sich das Siedlungsunternehmen auf den Ankauf einer Pachtstelle beschränke, die aus wirtschaftlichen Gründen, weil sie sich zur Aufteilung in einzelne Parzellen nicht eigne, oder weil ihre Aufteilung nicht gelungen sei, eine weitere Zerschlagung nicht dulde, als wenn die Pachtstelle mit anderem Siedlungsland zusammen erworben werde, das zur Aufteilung gelange. Dieselben Gründe, die in letzterem Fall für die Gewährung eines Vorkaufsrechts an den Pächter entscheidend seien, müßten auch im ersteren Fall ausschlaggebend sein und nötigten zu einer entsprechenden Anwendung der Bestimmung des § 6 Abs. 3 RSG. Denn diese Bestimmung habe dem bisherigen Pächter das wirtschaftliche Fortbestehen nach Möglichkeit sichern wollen. Die Rücksicht auf diese Pächterbelange, die das Gesetz schützen wolle, zwinge auch hier im Sinne des Gesetzes zu einer Anwendung des Vorkaufsrechts. Diese Ausführungen des Berufungsgerichts lassen einen Rechtsirrtum nicht erkennen. Die Bestimmung des § 6 Abs. 3 RSG. befaßt sich allerdings nur mit dem Regelfall, in dem das von der Siedlungsgesellschaft erworbene Grundstück aufgeteilt worden und nach erfolgter Aufteilung ein Restgut übrig geblieben ist. Als Restgut im Sinne dieser Vorschrift ist daher in solchen Fällen derjenige Teil des landwirtschaftlichen Grundstücks anzusehen, der nach dem Aufteilungsplan der Siedlungsgesellschaft bei der Aufteilung des Grundstücks übrig bleibt. Ein rechtliches Begriffsmerkmal über ein bestimmtes Verhältnis der Größe des Restguts zur Größe der verteilten Siedlungsfläche ist im Gesetz nicht aufgestellt. Darüber, was von dem Gutskomplex als Restgut übrig zu lassen ist, hat ausschließlich die gemeinnützige Siedlungsgesellschaft zu bestimmen (RGZ. Bd. 104 S. 326, 327). Hiernach würde es keinem Bedenken unterliegen, dem Kläger für den Fall, daß aus dem Verwalterhof nach Abzweigung einer oder einiger Parzellen von ganz geringer Größe zu Siedlungszwecken ein Restgut gebildet worden wäre, das Vorkaufsrecht des § 6 Abs. 3 RSG. zuzugestehen. Es können aber auch Fälle eintreten, in denen sich die Siedlungsgesellschaft nach Erwerb eines Grundstücks zu Siedlungszwecken entschließt, von der Aufteilung zu diesem Zweck völlig abzusehen, z. B. weil sich das Grundstück nachträglich für die Zwecke der Ansiedlung als ungeeignet erweist, oder weil keine Kaufliebhaber für die aus dem Grundstück gebildeten Parzellen vorhanden sind, oder endlich, weil es der Gesellschaft aus irgendwelchen anderen Gründen geboten erscheint, eine Aufteilung zu unterlassen. Ein Grund, in solchen Fällen, in denen das ganze Grundstück unverändert ohne Aufteilung von der Siedlungsgesellschaft wieder abgegeben wird, dem Pächter die Wohltat des Vorkaufsrechts zu versagen, es ihm aber dann zu gewähren, wenn nach Abzweigung von möglicherweise ganz geringfügigen Parzellen zu Siedlungszwecken ein Restgut in fast der gleichen Größe wie das ursprüngliche Grundstück gebildet wird, ist nicht ersichtlich. Geht der Gesetzgeber davon aus, daß die Siedlungsgesellschaft im Falle der Aufteilung eines Grundstücks zu Siedlungszwecken das Vorkaufsrecht des Pächters zu beachten hat, so kann die Stellung der Gesellschaft nicht dadurch verbessert werden, daß sie entgegen der Zweckbestimmung des Gesetzes, Grundstücke zu Siedlungszwecken aufzuteilen, das erworbene Grundstück im ganzen weiter veräußert. Wenn die Revision meint, bei dem Unterlassen einer Aufteilung werde eine unwirtschaftliche Verwertung des Inventars, die durch die Vorschrift des § 6 Abs. 3 RSG. verhindert werden solle, in der Regel vermieden, da der neu angesiedelte Eigentümer den Beschlag des Pächters im ganzen übernehmen könne, so ist demgegenüber darauf hinzuweisen, daß eine Verpflichtung des Erwerbers des Grundstücks zur Übernahme des Inventars des Pächters nicht besteht, und daß auch in diesem Fall die Gefahr besteht, die das Gesetz gerade verhüten will, daß der Erwerber die durch den Verkauf der Pachtstelle geschaffene ungünstige wirtschaftliche Lage des Pächters dazu ausnutzt, den Pächter zu einem unwirtschaftlichen Verkauf seines Inventars an ihn zu nötigen. Das Schutzbedürfnis des Pächters besteht daher nicht minder in Fällen der vorliegenden Art, in denen die Siedlungsgesellschaft das ganze Grundstück weiterveräußert, weil es zur Aufteilung nicht verwendet wird, als in dem Regelfall des § 6 Abs. 3 RSG., in welchem nach Aufteilung ein Restgut übrigbleibt. Das Berufungsgericht hat daher eine entsprechende Anwendung des § 6 Abs. 3 RSG. auf den vorliegenden Fall mit Recht für geboten erachtet. Der Umstand, daß sich das an K. verkaufte Grundstück durch Austausch einiger Parzellen um etwa $^1/_2$ ha vergrößert hat, vermochte das Vorkaufsrecht nicht zu beseitigen. Mit Recht weist das Berufungsgericht darauf hin, daß es nicht von dem Gutdünken der Siedlungsgesellschaft abhängen dürfe, durch Einbeziehung ganz geringfügigen anderen Landes das Vorkaufsrecht des Pächters zu vereiteln. Die Voraussetzungen für die Ausübung des Vorkaufsrechts des Klägers waren hiernach gemäß § 6 Abs. 3 RSG. gegeben.

Die Schadensersatzpflicht der Beklagten hat das Berufungsgericht mit Recht bejaht. (Wird ausgeführt.)

Es kann sich daher nur noch fragen, ob der Kläger auf das ihm zustehende Vorkaufsrecht rechtswirksam verzichtet hat.

Daß das vertraglich eingeräumte Vorkaufsrecht, wie im Bereich der Schuldverhältnisse überhaupt, nicht durch einseitigen Verzicht, sondern nur durch eine vertragliche Vereinbarung erlöschen kann, steht in der Rechtsprechung des Reichsgerichts fest (§ 397 BGB., RGZ. Bd. 72 S. 171; JW. 1912 S. 858 Nr. 14; Urteil des erkennenden Senats vom 28. März 1925 V 472/24). Das gleiche muß aber auch für das dem Pächter durch § 6 Abs. 3 RSG. eingeräumte gesetzliche Vorkaufsrecht gelten, auf das, wie erwähnt, die Bestimmungen der §§ 504 flg. BGB. über das schuldrechtliche Vorkaufsrecht entsprechend anzuwenden sind. Durch eine einseitige Verzichtserklärung des Klägers konnte daher das ihm zustehende Vorkaufsrecht nicht erlöschen. Dazu hätte es vielmehr der ausdrücklichen oder stillschweigenden Annahme der Verzichtserklärung durch die Beklagte bedurft. Daß ein Erlaßvertrag nicht zustande gekommen ist, ergeben die Ausführungen des Berufungsgerichts.

---

91. Kann dem Kommanditisten einer (einfachen) Kommanditgesellschaft die ihm durch den Gesellschaftsvertrag eingeräumte Befugnis zur Geschäftsführung nach Maßgabe des § 117 HGB. entzogen werden?

II. Zivilsenat. Urt. v. 28. April 1925 i. S. Lo. u. Gen. (Bekl.) w. Li. (Kl.). II 290/24.

I. Landgericht Bielefeld, Kammer für Handelssachen.
II. Oberlandesgericht Hamm.

Durch Vertrag vom 13. Dezember 1920 gründeten die drei Beklagten die Kommanditgesellschaft in Firma Hermann Lo. in Bielefeld; die beiden Lo. wurden persönlich haftende Gesellschafter, S. dagegen Kommanditist. Nach § 5 des Vertrags sollten die persönlich haftenden Gesellschafter die Arbeit gleichmäßig unter sich verteilen, und auch der Kommanditist sollte zur Mitarbeit und Leitung berechtigt und verpflichtet sein und Handlungsvollmacht „im Rahmen der Vertretungsbefugnis der persönlich haftenden Gesellschafter“ erhalten. Durch Vertrag vom 10. Mai 1922 trat der Kläger mit einer Einlage von 300000 ℳ als Kommanditist in die Gesellschaft ein. Dieser Vertrag bestimmt in § 3: „Herr Li. erhält das Recht, jederzeit ohne Änderung seiner Rechtsstellung als Kommanditist im übrigen, in die Gesellschaft als Geschäftsführer einzutreten. Das Recht und die Pflicht des Herrn Li. zur Mitarbeit und Leitung und seine Befugnis, die Gesellschaft zu vertreten, sollen im Falle seines Eintritts als Geschäftsführer die gleichen sein, wie sie im § 5 des Vertrags vom 13. Dezember 1920 dem Kommanditisten S. zugebilligt sind.“ Von diesem Rechte machte der Kläger Gebrauch; am 1. März 1923 trat er als Geschäftsführer ein. Mit Schreiben vom 26. Juni 1923 kündigte die Kommanditgesellschaft dem Kläger das Verhältnis als Geschäftsführer für sofort, weil er den mit dieser Stellung verbundenen Pflichten nicht nachgekommen sei; auch sollte die Vergütung, die ihm für die Geschäftsführertätigkeit zugesagt worden war, ihm für die Zukunft entzogen, an seiner Eigenschaft als Kommanditist aber dadurch nichts geändert werden.

Der Kläger verlangt nunmehr Feststellung, daß die Kündigung unwirksam und er als Geschäftsführer nicht Angestellter der Gesellschaft sei, außerdem fordert er Zahlung der rückständigen Vergütung für seine Geschäftsführertätigkeit. Das Landgericht stellte durch Teilurteil die Unwirksamkeit der gegen den Kläger ausgesprochenen Kündigung fest. Die Berufung der Beklagten war erfolglos.

Ihre Revision wurde zurückgewiesen.

Gründe:

Die Annahme des Berufungsgerichts, daß die gegen den Kläger ausgesprochene Kündigung seiner Stellung als Geschäftsführer (unbeschadet seiner Eigenschaft als Kommanditist im übrigen) der rechtlichen Wirksamkeit entbehre, beruht auf der Erwägung, daß der Kläger durch seinen „Eintritt als Geschäftsführer“ — wie der Vertrag vom 10. Mai 1922 die Übernahme dieser Tätigkeit bezeichnet — nicht Angestellter der Gesellschaft, sondern neben den persönlich haftenden Gesellschaftern gleichberechtigter Geschäftsführer geworden sei, ebenso wie der schon früher als Geschäftsführer „eingetretene" Kommanditist S. Die so verliehene Geschäftsführerbefugnis habe dem Kläger nur durch gerichtliche Entscheidung — gemäß § 117 HGB. — entzogen werden können; eine Kündigung dieser Stellung mit der Maßgabe des Fortbestehens seiner Eigenschaft als Kommanditist sei dagegen nicht zulässig.

Der Revisionsangriff, der sich gegen diese Auffassung richtet, ist nicht begründet.

Vor allem ist dem Berufungsgericht darin beizutreten, daß die Verträge vom 10. Mai 1922 und 13. Dezember 1920 keinen Anhalt bieten für die Annahme, es sei für den Fall des „Eintritts" des Klägers als Geschäftsführer die Begründung eines Anstellungsverhältnisses zwischen ihm und der Gesellschaft beabsichtigt gewesen. Es spricht nichts dafür, daß der Kläger in diesem Falle der Gesellschaft und damit den persönlich haftenden Gesellschaftern gegenüber in das Abhängigkeitsverhältnis eines Dienstverpflichteten treten sollte, soweit ein Dienstvertragsverhältnis zwischen dem Kommanditisten und der Kommanditgesellschaft überhaupt möglich ist. Dem Kläger wurde vielmehr das Recht, ohne Änderung seiner Stellung als Kommanditist im übrigen, als Geschäftsführer „einzutreten", im Gesellschaftsvertrage vom 10. Mai 1922 in seiner Eigenschaft als Gesellschafter (der er als Kommanditist war) eingeräumt. Nichts deutet darauf hin, daß er, soweit die Ausübung der Geschäftsführertätigkeit in Frage kam, seiner Eigenschaft als Gesellschafter entkleidet werden sollte. Im Gegenteil: aus der Verleihung der Handlungsvollmacht „im Rahmen der Vertretungsbefugnis der persönlich haftenden Gesellschafter" schließt der Vorderrichter mit Recht, daß für das Verhältnis nach außen seine (wie früher schon des Kommanditisten S.) Gleichstellung mit den persönlich haftenden Gesellschaftern beabsichtigt war. Die Revision erhebt denn auch in dieser Beziehung keine Beanstandung. Beruhte aber die dem Kläger übertragene Geschäftsführung und Handlungsvollmacht auf vertraglicher Erweiterung seiner Gesellschafterrechte, so ist eine Kündigung der Stellung als Geschäftsführer mit der Maßgabe, daß der Kläger im übrigen seine Kommanditisteneigenschaft beibehalten sollte, rechtlich nicht denkbar. Ob eine solche Kündigungsmöglichkeit durch besondere Vereinbarung geschaffen werden könnte, bedarf nicht der Erörterung, da im vorliegenden Falle nichts derartiges verabredet ist. Von Gesetzes wegen können sich die Gesellschafter einer Kommanditgesellschaft eines ihnen mißliebig gewordenen Kommanditisten nur durch Kündigung nach § 132 HGB., welche die Auflösung der Gesellschaft zur Folge hat (§ 131 Nr. 6 das.), oder durch Erzwingung der vorzeitigen Auflösung der Gesellschaft gemäß § 133 daselbst oder durch Erhebung der auch auf die Kommanditgesellschaft Anwendung findenden Ausschließungsklage des § 140 HGB. entledigen.

Der Meinung des Revisionsbeklagten, das Berufungsgericht habe eine auf die Anwendbarkeit des § 117 HGB. gerichtete Vereinbarung der Parteien festgestellt, kann nicht beigetreten werden. Eine solche Feststellung hat der Vorderrichter nicht getroffen. Seine Ausführungen sind vielmehr dahin zu verstehen, daß eben deshalb, weil die Befugnis des Klägers zur Geschäftsführung nicht auf einem Angestelltenverhältnis, sondern auf vertraglicher Ausgestaltung seiner Stellung als Gesellschafter beruhe, die an sich nur die offene Handelsgesellschaft angehende Vorschrift des § 117 entsprechend anzuwenden sei. Diese Auffassung ist, entgegen der Ansicht der Revision, rechtlich nicht zu beanstanden. Die Anwendbarkeit des § 117 ergibt sich aus der erwähnten Beurteilung der Geschäftsführerstellung des Klägers ohne weiteres. Da das Handelsgesetzbuch in den §§ 164 bis 169 diesen Fall nicht regelt und der § 161 Abs. 2 daselbst insoweit, als im Abschnitt über die Kommanditgesellschaft nicht ein anderes vorgeschrieben ist, die für die offene Handelsgesellschaft geltenden Vorschriften für anwendbar erklärt, muß auf den § 117 zurückgegriffen werden, was hier um so näher liegt, als die Stellung des Klägers als Kommanditisten durch Verleihung der gesellschaftsrechtlichen Geschäftsführerbefugnis und einer weitgehenden Handlungsvollmacht der Stellung der Komplementare im Verhältnis nach außen erheblich angenähert worden ist. Es ist auch nicht richtig, daß, wie die Revision meint, § 117 HGB. sich nur auf die Entziehung der einem Gesellschafter gesetzlich zustehenden Rechte beziehe; vielmehr findet die Vorschrift, wie im Schrifttum anerkannt ist, auch auf die Entziehung solcher Befugnisse Anwendung, die — wie hier — einem Gesellschafter über seine gesetzlichen Rechte hinaus durch Vertrag verliehen sind (vgl. Düringer-Hachenburg, HGB. 2. Aufl. § 117 Anm. 1 u. 2; Staub-Koenige, HGB. 10. Aufl. § 117 Anm. 1). Ob die

Parteien bei Vertragsschluß an die Anwendung des § 117 gedacht haben oder nicht, ist bedeutungslos; der Vorwurf der Revision, daß das Berufungsgericht diesen Punkt hätte erörtern sollen, ist daher nicht gerechtfertigt. Ist aber die Anwendbarkeit des § 117 auf die Kommanditgesellschaft — und zwar gleichgültig, ob einem Komplementar oder einem Kommanditisten die Befugnis zur Geschäftsführung entzogen werden soll — zu bejahen, so muß natürlich auch an dem Erfordernis der Entziehung durch gerichtliche Entscheidung festgehalten werden; für eine Abweichung hiervon würde es an jeder inneren Berechtigung fehlen.

---

92. Veräußerung von Handelsgeschäft und Firma. Fortbestehen des Handelsgeschäfts trotz zeitweiliger Einstellung des Geschäftsbetriebs.

HGB. § 23.

II. Zivilsenat. Urt. v. 30. April 1925 i. S. der Firma Sektkellerei Siligmüller & Co., G. m. b. H. (Kl.) w. Dr. Schw. (Bekl.). II 244/24.

I. Landgericht Würzburg, Kammer für Handelssachen.
II. Oberlandesgericht Bamberg.

Die Gesellschafter der offenen Handelsgesellschaft F. A. Siligmüller in Würzburg, nämlich der Kaufmann Otto H. und die Kommerzienratswitwe Auguste H., haben durch Vertrag vom 28. Dezember 1920 die unter der genannten Firma betriebene Sektkellerei ohne Aktiven und Passiven, aber mit dem ausschließlichen Recht zur Weiterführung dieser Firma an den Beklagten verkauft; der hierauf sich beziehende Eintrag in das Handelsregister erfolgte am 29. Dezember 1920. Die im April 1916 gegründete klagende Firma (Sektkellerei Siligmüller & Co., G. m. b. H. in Würzburg), deren Bestandteil „Siligmüller" der Name eines ihrer Gesellschafter ist, verlangt nunmehr Verurteilung des Beklagten zur Unterlassung der Führung der Firma F. A. Siligmüller und zur Beantragung ihrer Löschung im Handelsregister. Sie begründet diesen Antrag damit, daß das Geschäft der Firma F. A. Siligmüller schon einige Jahre vor dem 28. Dezember 1920 zu bestehen aufgehört habe, eine Veräußerung der Firma allein — ohne das Handelsgeschäft — aber rechtsunwirksam sei; der Klaganspruch rechtfertige sich auch daraus, daß der Beklagte durch die Führung seiner Firma, deren Löschung schon vor dem 28. Dezember 1920 geboten gewesen wäre, in das Firmenrecht der Klägerin unbefugt eingreife und dieser gegenüber unlauteren Wettbewerb treibe. Der Beklagte machte geltend, der Betrieb der Firma F. A. Siligmüller sei zwar in den Jahren vor dem Verkauf vorübergehend eingeschränkt, ein völliger Untergang des Geschäfts sei aber weder beabsichtigt gewesen, noch auch eingetreten, vielmehr habe das Geschäft bis zum Verkauf weiterbestanden.

In beiden Vorinstanzen wurde die Klage abgewiesen. Die Revision der Klägerin hatte keinen Erfolg.

Gründe:

Die Grundlage einer Klage nach § 37 Abs. 2 HGB., wie sie die Klägerin erhoben hat, ist ein firmenrechtlich unbefugter Gebrauch einer Firma, durch den der klagende Teil in seinen Rechten verletzt wird. Den unbefugten Gebrauch der Firma F. A. Siligmüller von seiten des Beklagten erblickt die Klägerin darin, daß bei Abschluß des Kaufvertrags vom 28. Dezember 1920 ein unter der Firma F. A. Siligmüller betriebenes Handelsgeschäft nicht mehr bestanden, den einzigen Gegenstand jenes Verkaufs also die Firma F. A. Siligmüller gebildet habe, eine Veräußerung der Firma allein aber, ohne das betreffende Handelsgeschäft, nach § 23 HGB. unzulässig sei.

Das Berufungsgericht erachtet nicht als dargetan, daß das Handelsgeschäft, das früher von der Witwe H. und ihrem Sohne Otto H. unter der Firma F. A. Siligmüller betrieben worden war, schon vor dem 28. Dezember 1920 zu bestehen aufgehört habe. Nach der Feststellung des Vorderrichters waren zwar seit Ende des Jahres 1918 die zum Betriebe der Sektkellerei verwendeten Einrichtungsgegenstände, von kleineren Restbeständen abgesehen, nicht mehr vorhanden, und es war ferner die Herstellung von Ware im eigenen Betrieb seit Sommer 1914, die anderweite Herstellung von Sekt — für Rechnung der Firma — seit 1916 und der Vertrieb von Ware seit Sommer 1917 eingestellt und das Geschäftspersonal seit Herbst 1919 nicht mehr in Verwendung, auch waren, gleichfalls seit Sommer 1917, die Arbeits-, Lager- und Kellerräume nicht mehr im Besitz der Gesellschaft. Die Gesellschafter hätten aber — so wird weiter ausgeführt — weder bei der im Juli 1914 erfolgten Stillegung, noch während der späteren Liquidation des Geschäfts an dessen vollständige Aufgabe gedacht, Otto H. sei vielmehr bestrebt gewesen, sich alle Rechte vorzubehalten und zu wahren, um das Geschäft später entweder selbst wieder aufzunehmen oder durch seine Kinder oder durch Dritte wieder aufnehmen zu lassen. Zu diesem Zweck sei zur Behandlung der schriftlichen Arbeiten ein eigener Geschäftsraum beibehalten worden, und Otto H. habe bis zuletzt die Geschäftsstunden genau eingehalten. Dem Verkauf der inneren Einrichtung und der Aufgabe der Keller könne eine ausschlaggebende Bedeutung nicht beigemessen werden, weil der gewerbliche Betrieb der Firma hauptsächlich aus Handbetrieb bestanden habe und die wenigen hierzu erforderlichen Maschineneinrichtungen sowie Flaschen und Fässer leicht wieder angeschafft und auch die benötigten Keller wieder hätten erworben werden können. Dazu komme, daß die Geschäftsbeziehungen nach außen, insbesondere auch die Beziehungen zu den alten Vertretern und Kunden, bis zum Verkauf und noch darüber hinaus weiter bestanden hätten und daß in den Bestellungen seitens der Kundschaft, welch letztere von der Stillegung des Betriebs wenig gemerkt habe, keine Unterbrechung eingetreten sei, so daß der neue Erwerber das Geschäft ohne Entfaltung einer besonderen Werbetätigkeit im früheren Umfang habe fortführen können.

Die Revision hält diese Auffassung für rechtsirrtümlich; sie meint, es liege hier ein typischer Fall der Umgehung des Verbots des § 23 HGB. vor. Die Rüge ist jedoch nicht begründet.

Ein Handelsgeschäft hört nicht schon unmittelbar mit der auf kürzere oder längere Zeit erfolgenden Einstellung des Gewerbebetriebs, sondern erst dann zu bestehen auf, wenn die wirtschaftlichen Grundlagen des Geschäfts untergegangen sind, sein Aufbau nach innen und nach außen zerstört ist. Letzteres trifft zu, wenn die dem Geschäftsbetrieb dienenden Vermögensstücke dieser Zweckbestimmung endgültig entzogen, z. B. unbrauchbar gemacht oder verkauft, und die geschäftlichen Beziehungen, insbesondere diejenigen zur Kundschaft, in nicht bloß vorübergehender Weise abgebrochen worden sind. Nun ist nicht zu verkennen, daß die Firma F. A. Siligmüller nach den Feststellungen des Vorderrichters von Kriegsausbruch an ihren gesamten Geschäftsbetrieb, sowohl die Herstellung von Sekt als auch den Vertrieb von selbst hergestellter oder anderswoher bezogener Ware, allmählich stillgelegt, noch während des Kriegs sich ihrer Arbeits-, Lager- und Kellerräume entledigt und etwa ein Jahr nach Kriegsende auch ihr Geschäftspersonal entlassen hat. Damit hatte der Betrieb des Handelsgeschäfts, jedenfalls vorläufig, sein Ende erreicht, und da außerdem schon vor Beginn des Jahres 1919 die zum Betrieb der Sektkellerei verwendeten Einrichtungsgegenstände (darunter auch Maschinen) weggegeben wurden, so war die Firma, selbst wenn es ihr an der Möglichkeit zur Beschaffung von Rohstoffen oder von fertiger, weiter zu verkaufender Ware nicht gefehlt haben sollte, jetzt nicht mehr ohne weiteres in der Lage, den Geschäftsbetrieb in ähnlicher Weise, wie er früher stattgefunden hatte, fortzusetzen. Allein damit ist die Frage, ob das Geschäft als solches schon vollständig aufgehört hatte, zu bestehen, noch nicht beantwortet. Diese Frage wäre für die Zeit des Vertragsschlusses nur dann zu bejahen, wenn damals auch alle geschäftlichen Beziehungen der Firma, namentlich auch zu ihren Kunden, endgültig abgebrochen gewesen wären. Das war jedoch nach der Feststellung des Berufungsgerichts nicht der Fall. Die nach wie vor im Handelsregister eingetragene Firma unterhielt bis zum Verkauf einen eigenen Geschäftsraum zur Erledigung der schriftlichen Arbeiten; die Beziehungen zur Kundschaft und zu den auswärtigen Vertretern wurden, wenn zunächst auch keine Lieferung von Ware mehr in Frage kommen konnte, noch aufrecht erhalten, weil die Gesellschafter eine gänzliche Aufgabe des Geschäfts nicht beabsichtigten, sondern mit der Möglichkeit späterer Wiederaufnahme des Betriebs rechneten. Daß diese Willensrichtung der Gesellschafter dann, wenn sie alle Unterlagen ihres Geschäfts endgültig aus der Hand gegeben hätten, für sich allein nicht ausreichen würde, um die rechtliche Möglichkeit eines Verkaufs von Geschäft mit Firma zu begründen, ist der Revision zuzugeben. So lag aber die Sache hier gerade nicht. Der Kundschaft und ebenso den verschiedenen Vertretern der Firma war bis zum 28. Dezember 1920 niemals mitgeteilt worden, daß das Geschäft aufgehört habe, zu bestehen. Man war im Gegenteil bestrebt, die bisherigen Vertreter und Kunden der Firma zu erhalten, obwohl einlaufende Bestellungen nicht mehr ausgeführt werden konnten; denn die Feststellung des Berufungsgerichts über die Aufrechterhaltung der Beziehungen zu den alten Vertretern und zur Kundschaft kann nur dahin aufgefaßt werden, daß die Besteller jeweils auf eine später erfolgende Wiederaufnahme des Geschäftsbetriebs vertröstet und ebenso wie die Vertreter auf das Fortbestehen der Firma hingewiesen wurden.

Unter diesen Umständen war den Gesellschaftern trotz der längeren Stillegung ihres Betriebs und der Weggabe der meisten zum Geschäft gehörigen greifbaren Vermögensstücke in der Möglichkeit, dem Käufer ihre Kundschaft und den Kreis ihrer bisherigen Vertreter zugänglich zu machen, ein Vermögenswert verblieben, der als Geschäft der Firma F. A. Siligmüller mit dieser durch Verkauf übertragen werden konnte. In diesem Zusammenhang ist nicht ganz bedeutungslos die Feststellung des Berufungsgerichts, daß der neue Erwerber eine besondere Tätigkeit zum Anwerben von Kunden nicht nötig gehabt habe, es ihm vielmehr lediglich durch Wiederaufnahme der Verbindung mit den alten Vertretern gelungen sei, in nicht unerheblichem Umfang Aufträge auf die schon früher von der Firma F. A. Siligmüller hergestellten Schaumweinsorten hereinzubekommen. An dem Gesagten wird dadurch, daß die Firma schon einige Zeit vor dem 28. Dezember 1920 bei der Steuerbehörde und der Handelskammer abgemeldet worden und von einem gewissen Jahr an auch nicht mehr im Würzburger Adreßbuch vermerkt gewesen sein sollte, nichts geändert. Denn daß die Klägerin, nachdem ihr Geschäftsbetrieb bis auf weiteres stillgelegt war, sich auch von fernerer Heranziehung zu Steuern und sonstigen Betriebsabgaben oder Beiträgen befreien und der Allgemeinheit gegenüber nicht als eine den Betrieb fortsetzende Firma erscheinen wollte, ist begreiflich. Mit der Frage, ob am 28. Dezember 1920 vom Geschäft selbst nicht noch Bestandteile vorhanden waren, die eine Veräußerung des Geschäfts mit der Firma als rechtlich möglich erscheinen ließen, hat aber jenes Verhalten nichts zu tun.

Die behauptete Umgehung des Verbots des § 23 HGB., das sich in erster Linie auf die Fälle bezieht, wo versucht wird, eine Firma von dem im Betrieb befindlichen Handelsgeschäft wegzuverkaufen und auf diese Art mit ihr allein Handel zu treiben, liegt daher hier nicht vor. Nach der ganzen Sachlage ist der Standpunkt des Berufungsgerichts um so eher gerechtfertigt, als der Firma F. A. Siligmüller, wie damals noch manchen anderen Sektkellereien, zunächst die Beschränkung und in weiterer Folge auch die Stillegung ihres Geschäftsbetriebs durch die außerordentlichen Verhältnisse während des Weltkriegs und unmittelbar nachher aufgezwungen war. Die Gesellschafter Witwe H. und Otto H. hatten aber auch keinen Anlaß, die wirtschaftlichen Grundlagen ihres Geschäfts restlos endgültig aufzugeben und sich dadurch zufolge der, wie angenommen werden kann, ihnen bekannten Vorschrift des § 23 HGB. in die Unmöglichkeit einer Veräußerung der dann allein noch übrigen Firma zu versetzen.

---

93. Kann eine unzulässige Berichtigung des Berufungsurteils mit der Revision angegriffen werden?

ZPO. §§ 319, 567 Abs. 3.

VI. Zivilsenat. Urt. v. 5. Mai 1925 i. S. E. (Kl.) w. Sch. (Bekl.). VI 489/24.

I. Landgericht Leipzig.
II. Oberlandesgericht Dresden.

Der Kläger hat an den Beklagten 3500 Stück Flugmotore zum Preise von 1230 *M* für jedes Stück verkauft, die er vorher angeblich selbst für 950 *M* das Stück gekauft hatte. Er hat auf den Kaufpreis 710000 *M* gezahlt erhalten, weitere Erfüllung hat der Beklagte verweigert. Der Kläger hat deshalb Schadensersatz wegen Nichterfüllung vou ihm verlangt. Der Beklagte hat den Vertrag nicht für verbindlich gehalten und neben dem Antrag auf Abweisung der Klage widerklagend die Zurückzahlung des bereits bezahlten Kaufgelds vom Kläger gefordert.

Das Landgericht hat den Beklagten nur zum Teil nach dem Klagantrage verurteilt und den weitergehenden Klagantrag sowie die Widerklage abgewiesen. Hiergegen hat der Beklagte, soweit das Urteil wegen der Klage und Kosten zu seinen Ungunsten lautete, Berufung eingelegt, der sich der Kläger wegen des abgewiesenen Teils seiner Klage angeschlossen hat. Das Berufungsgericht hat durch Urteil vom 1. Oktober 1924 unter Abänderung des landgerichtlichen Urteils auf die Berufung des Beklagten die Klage ganz abgewiesen und die Anschlußberufung zurückgewiesen. Zu dieser Entscheidung war es auf Grund eines Rechenfehlers gelangt, indem es irrtümlich den Nennwert des dem Kläger entgangenen Gewinns auf 270000 ℳ anstatt auf 770000 ℳ annahm und den an der Hand dieser Summe auf 18290 Goldmark errechneten Schaden des Klägers durch die empfangenen Zahlungen unter Berücksichtigung ihres Goldwerts für beglichen hielt. Später hat es durch Beschluß vom 12. November 1924 das Urteil berichtigt und unter Zurückweisung der Berufung des Beklagten auf die Anschlußberufung des Klägers den Beklagten voll nach dem Klagantrag und zur Tragung sämtlicher Kosten verurteilt.

Gegen das noch nicht berichtigte Urteil hat der Kläger am 5. November 1924 Revision eingelegt und diese auch aufrecht erhalten, nachdem zu seinen Gunsten der Berichtigungsbeschluß ergangen war. Der Beklagte hat um die Zurückweisung der Revision des Klägers gebeten und nach Erlaß des Berichtigungsbeschlusses Anschlußrevision und selbständige Revision sowohl gegen das ursprüngliche wie das berichtigte Berufungsurteil erhoben mit dem Antrage, unter Aufhebung des berichtigten Berufungsurteils nach seinem Berufungsantrag auf gänzliche Abweisung der Klage zu erkennen, gegebenenfalls die Sache an das Berufungsgericht zur anderweiten Verhandlung und Entscheidung zurückzuverweisen. Gegen die Versäumnis der Revisionsfrist hat er die Wiedereinsetzung in den vorigen Stand nachgesucht, weil er erst durch die zu seinen Ungunsten erfolgte Berichtigung des Berufungsurteils Veranlassung bekommen habe, Revision einzulegen. In der Sache selbst hat er eine Berichtigung der geschehenen Art für unzulässig gehalten und das Urteil mit dieser auch darum als verfehlt bezeichnet, weil sich das Berufungsgericht im Falle der Verurteilung mit den noch gegen den Klaganspruch erhobenen Einwendungen hätte abfinden müssen, wozu im Berichtigungsverfahren keine Gelegenheit gewesen sei. Die Revision des Klägers wurde zurückgewiesen, die Anschlußrevision des Beklagten hatte Erfolg.

Aus den Gründen:

Als das angegriffene und allein auch dem Angriff unterliegende Urteil kommt lediglich das oberlandesgerichtliche Urteil vom 1. Oktober 1924 in der durch den Beschluß vom 12. November 1924 berichtigten

Form in Betracht. Auf seinen Angriff beschränkten sich auch die Revisionen des Beklagten, wenn die Berichtigung unzulässig war. Denn ein neues Urteil wurde durch den Berichtigungsbeschluß nicht geschaffen. Vielmehr ist es so anzusehen, als ob das Urteil vom 1. Oktober 1924 von vornherein in der ihm durch den Berichtigungsbeschluß gegebenen Fassung erlassen worden wäre. Darum blieb auch gegen das berichtigte Urteil nur das gegen das ursprüngliche Urteil laufende Rechtsmittel bestehen, ohne daß gegen dasselbe etwa noch ein neues und selbständiges Rechtsmittel zulässig war oder sich der Lauf der Rechtsmittelfrist auch nur änderte (RGZ. Bd. 65 S. 302, Bd. 90 S. 231; JW. 1903 S. 180).

Der Kläger hätte die Änderung des durch den Rechenfehler unrichtigen Urteilsausspruchs zwar auch durch den Antrag auf Berichtigung erreichen können. Doch stand ihm zur Beseitigung der Unrichtigkeit auch der Rechtsmittelweg offen, so daß seine am 5. November 1924 eingelegte Revision an sich zulässig war. Aber nachdem das Berufungsgericht das Urteil vom 1. Oktober 1924 zugunsten des Klägers von Amts wegen berichtigt hatte, war er nicht mehr beschwert. Er durfte deshalb seine Revision zur Hauptsache nicht mehr aufrecht erhalten und, da er dies getan hat, so war seine Revision als unbegründet zurückzuweisen.

Der Beklagte hat Revision und Anschlußrevision eingelegt. Einen doppelten Rechtsschutz hat er nicht. Aber nach seinen Ausführungen kann davon ausgegangen werden, daß er die beiden Rechtsmittel nur wechselseitig zueinander bedingt erhoben hat, d. h. auf die selbständige Revision nur entschieden wissen wollte, falls seine Anschlußrevision nach §§ 556, 522 ZPO. hinfällig wurde, und auf diese nur, wenn sie wirksam blieb. Da letzteres eingetreten ist, so bedurfte es nur der Entscheidung auf die Anschlußrevision und darum auch keines Eingehens auf das Wiedereinsetzungsgesuch des Beklagten.

Seine Revisionsangriffe sind unbegründet, soweit sie sich gegen die Zulässigkeit der Berichtigung des Urteils vom 1. Oktober 1924 richten. Denn da der Berichtigungsbeschluß des Oberlandesgerichts nach § 567 Abs. 3 ZPO. unanfechtbar ist, so unterliegt er der Beurteilung des Revisionsgerichts nicht. Es muß deshalb mit dem berichtigten Urteil auch gerechnet werden, wenn der Berichtigungsbeschluß in der geschehenen Art nicht erlassen werden durfte, und nur darauf kommt es an, ob das Urteil in der berichtigten Form nicht standhält, weil sich das Berufungsgericht nach der Behauptung der Anschlußrevision mit den gegen den Schadensersatzanspruch erhobenen Einwendungen nicht auseinandergesetzt hat (vgl. Gruchot Bd. 29 S. 420). Es handelt sich also in Wirklichkeit nur um die Rüge, daß durch die Berichtigung eine falsche Entscheidung herbeigeführt ist. Sie aber ist begründet, weil die von dem Beklagten erhobenen Einwendungen nicht genügend Berücksichtigung gefunden haben, auf die es ankam, wenn das Berufungsgericht nachträglich zur Verurteilung des Beklagten gelangte. ... (Wird ausgeführt.)

---

94. 1. Darf der Stempelpflichtige, wenn der Staat einen zu Unrecht erhobenen Stempel verspätet zurückzahlt, bei Berechnung des Verzugsschadens auch die Geldentwertung berücksichtigen?

2. Wann kommt der Staat mit der Zurückzahlung eines Stempels in Verzug?

3. Zur Frage der Annahme eines — jede mit der Geldentwertung zusammenhängende Forderung ausschließenden — negativen Schuldanerkenntnisses.

4. Gehört die Kostenerstattung zu den „Zahlungen auf dem Gebiete der Stempelsteuer"?

5. Wer hat über die Aufwertung zu erstattender Kosten zu befinden?

VI. Zivilsenat. Urt. v. 12. Mai 1925 i. S. des Reichsbundes des Textil-Einzelhandels (Kl.) w. Preuß. Staat. (Bekl.). VI 33/25.

I. Landgericht Kiel.
II. Oberlandesgericht daselbst.

In einem Vorprozeß ist der Beklagte verurteilt worden, an den Kläger 177318,50 ℳ nebst 4% Zinsen von 173407 ℳ seit dem 14. Januar 1918 und von 3911,50 ℳ seit dem 9. Juli 1918 zu zahlen und die Kosten des Rechtsstreits zu tragen. Das Urteil des Oberlandesgerichts Kiel erging am 3. April 1922, die Revision des

Beklagten wurde durch Urteil des Reichsgerichts vom 15. Mai 1923 zurückgewiesen. Es handelte sich um Landesstempelbeträge von 173407 und 3911,50 *M*, welche der Beklagte am 4. August 1917 nud 13. Juni 1918 zu Unrecht von dem Kläger eingezogen hatte. Die Rückforderungsansprüche waren am 14. Januar und 9. Juli 1918 rechtshängig geworden. Am 16. Juli 1923 hat der Beklagte die Urteilssumme an den mit der Zwangsvollstreckung beauftragten Gerichtsvollzieher bezahlt. Den im gegenwärtigen Prozeß erhobenen Anspruch stützt der Kläger auf die zwischen der Zahlung und der Zurückzahlung der Stempelbeträge eingetretene Entwertung des deutschen Geldes. Er verlangte zunächst im Wege der reinen Umrechnung Zahlung von 700 GM. nebst Prozeßzinsen. Für diesen Anspruch ist die Zulässigkeit des Rechtswegs durch rechtskräftig gewordenes Zwischenurteil des Landgerichts bejaht worden. Demnächst hat das Landgericht die 700 GM. nebst Zinsen aus dem Gesichtspunkt der Umrechnung (sog. Aufwertung) dem Kläger zugesprochen. Der Beklagte legte Berufung mit dem Ziel der Klagabweisung ein, der Kläger schloß sich der Berufung an und beantragte, den Beklagten zur Zahlung weiterer 1300 GM. nebst 4 % Zinsen seit dem 11. Oktober 1924, dem Tage des Rechtshängigwerdens des neuen Anspruchs, zu verurteilen. Von den nunmehr insgesamt geforderten 2000 GM. rechnete der Kläger 1850 GM. auf die Hauptsumme und 150 GM. auf die bisher nicht erstatteten Kosten des Vorprozesses. Neben den Gesichtspunkt der Umrechnung stellte der Kläger jetzt auch den des Verzugs des Beklagten, er forderte die eingeklagten Beträge nunmehr auch als Schadensersatz. Das Oberlandesgericht hat die Klage in Höhe von 1850 RM. nebst Zinsen abgewiesen und in Höhe von 150 RM. nebst 4 % Zinsen seit dem 11. Juni 1924 zugesprochen. Die Revision des Klägers hatte Erfolg, die Anschlußrevision des Beklagten nicht.

Gründe:

... 1. Bei der Revision handelt es sich um einen Anspruch auf Zurückzahlung zuviel erhobener Stempelbeträge. Der Kläger verfolgt diesen Anspruch nnter dem Gesichtspunkt der Umrechnung (sogenannten reinen Aufwertung) und dem Gesichtspunkt des Verzugsschadens. Der erstere Gesichtspunkt versagt. Nach den maßgebenden Vorschriften des preußischen Landesrechts ist die Aufwertung bei

Ansprüchen auf Erstattung von Stempeln, die vor dem 30. November 1923 gezahlt worden sind, gesetzlich ausgeschlossen, vgl. § 1 Abs. 2e der Landesaufwertungsverordnung vom 7. November 1923 (GS. S. 501) und Art. 2 Nr. 5 der Verordnung vom 18. Januar 1924 (GS. S. 43). Die Verordnung vom 7. November 1923 nahm „Zahlungen auf dem Gebiet der Stempelsteuer" von ihren Vorschriften ausdrücklich aus und die Verordnung vom 18. Januar 1924 schreibt eine Aufwertung nur bei Stempelerstattungen auf Grund von Zahlungen vor, die nach dem 30. November 1923 geleistet worden sind. Die streitigen Stempelbeträge sind in den Jahren 1917 und 1918 bezahlt worden, ihre Aufwertung kann also nicht verlangt werden. Dieselbe Auffassung hat der erkennende Senat schon in dem Urteil RGZ. Bd. 109 S. 264 vertreten.

2. Auf den vom Kläger ebenfalls geforderten Verzugsschaden beziehen sich die vorgenannten Verordnungen nicht. Nur die Aufwertung wird ausgeschlossen, eine etwaige Forderung auf Ersatz von Verzugsschaden wird dem Erstattungsberechtigten nicht abgesprochen. Daß es sich bei der Aufwertung und dem Schadensersatz wegen Verzugs um verschiedene rechtliche Gesichtspunkte handelt, hat der Senat schon wiederholt betont (vgl. die Urteile vom 9. und 16. Januar 1925 VI 214/24 Warn. Bd. 17 Nr. 93 und VI 248/24). Dieselbe Unterscheidung liegt RGZ. Bd. 109 S. 61 flg. und dem sogleich zu erwähnenden Urteil des III. Zivilsenats RGZ. Bd. 109 S. 122 zugrunde. Eine Ausnahmevorschrift, welche die Aufwertung verbietet, kann nicht durch ausdehnende Auslegung auch auf Schadensersatzforderungen erstreckt werden. Umgekehrt hat es der III. Zivilsenat a. a. O. S. 128 abgelehnt, das Verbot des Forderns von Zinsen und Schäden auf den reinen Aufwertungsanspruch auszudehnen.

3. Die Frage nach der Zulässigkeit des Rechtswegs für die Verzugsschadenforderung ist in dem rechtskräftig gewordenen Zwischenurteil des Landgerichts noch nicht berührt worden. Der Rechtsweg ist aber unbedenklich gegeben. Allerdings dürfen öffentlichrechtliche Ansprüche, für welche der ordentliche Rechtsweg nicht eröffnet ist, auch nicht im Wege einer Schadensersatzklage vor den ordentlichen Richter gebracht werden (vgl. RGZ. Bd. 70 S. 395 [betr. Postgesetz], Bd. 80 S. 372 und Bd. 110 S. 164 [betr. Wertzuwachssteuer], Bd. 87 S. 120 [betr. Einkommensteuer]). Wenn aber das Gesetz

einen im Rechtsweg verfolgbaren Anspruch auf Zurückzahlung einer öffentlichen Abgabe wie der Stempelsteuer zuläßt, dann finden darauf auch die allgemeinen Vorschriften des bürgerlichen Rechts über Schuldverhältnisse Anwendung und die Gerichte haben deshalb gegebenenfalls auch darüber zu entscheiden, ob die Steuerbehörden die Erstattungsanträge pünktlich und ordnungsmäßig erledigt haben oder ob ein Schadensersatz wegen Verzugs begründet ist (vgl. das Urteil des früheren VII. Zivilsenats vom 4. Juli 1913 VII 176/13, teilweise abgedruckt im „Recht" 1913 Nr. 2851 flg.). Ähnlich heißt es in der — RGZ. Bd. 109 S. 264 neuerdings bestätigten — Entscheidung RGZ. Bd. 76 S. 275, daß zwar der Anspruch des Staats auf Zahlung einer Steuer — damals der Erbschaftssteuer — ein öffentlichrechtlicher Anspruch ist, daß aber der Staat zu der — damals im Rechtsweg verfolgbaren — Zurückzahlung eines etwa zuviel erhobenen Betrags unter dem privatrechtlichen Gesichtspunkt der ungerechtfertigten Bereicherung verpflichtet ist. Auch der III. Zivilsenat hat bei öffentlichrechtlichen Ansprüchen, welche dem ordentlichen Rechtsweg zugänglich sind, stets den privatrechtlichen Gesichtspunkt des Verzugs für anwendbar erachtet und gegebenenfalls Verzugszinsen zugesprochen (RGZ. Bd. 72 S. 256 und 369, Bd. 92 S. 379).

4. . . .

5. Zur Abweisung der in erster Linie streitigen Forderung von 1850 RM. gelangt der Berufungsrichter auf Grund der Annahme, daß der Kläger den Anspruch durch sein ganzes Verhalten im Vorprozeß und nach Beendigung des Vorprozesses verloren hat. Einen Verzicht glaubt der Berufungsrichter allerdings nicht feststellen zu können, weil der Kläger sein Recht nicht gekannt und nicht den Willen gehabt habe, ein ihm zustehendes Recht aufzugeben. Wie zahllose andere Gläubiger von Papiermarkforderungen, so hat nach der Meinung des Berufungsgerichts auch der Kläger von der Forderung eines Geldentwertungsschadens nur deshalb Abstand genommen, weil die Verfolgung des Anspruchs nach dem damaligen Stand der Rechtsprechung keinen Erfolg zu versprechen schien. Gleichwohl nimmt der Berufungsrichter an, daß der Kläger mit dem Beklagten einen negativen Schuldanerkennungsvertrag geschlossen hat und dabei sogar soweit gegangen ist, die ihm etwa zustehende Forderung aufzuheben. Der Berufungsrichter stellt allerdings, wie der Revisionsbeant-

wortung gegenüber bemerkt sein mag, nicht fest, daß der Kläger den entsprechenden Willen wirklich gehabt hat, er meint nur, daß der Beklagte das ganze Verhalten des Klägers nicht anders habe auffassen können, als ob er diesen Willen habe und auch äußere, und daß der Kläger es sich gefallen lassen müsse, wenn sein Verhalten im Verkehr so ausgelegt werde, wie es nach Treu und Glauben und mit Rücksicht auf die Verkehrssitte zu verstehen sei.

Bei diesen Ausführungen des Berufungsgerichts handelt es sich nicht um der Revision unzugängliche tatsächliche Feststellungen, sondern um eine aus dem Geist des Beklagten heraus vorgenommene Beurteilung des Verhaltens des Klägers. Diese Beurteilung gibt zu rechtlichen Bedenken Anlaß. Zunächst bleibt unklar, ob der Berufungsrichter sich des Unterschieds zwischen dem Anspruch auf Umrechnung oder auf die sogenannte reine Aufwertung und dem Anspruch auf Ersatz von Verzugsschaden bewußt gewesen ist. Unklar aber bleibt vor allem, warum der Beklagte mit einem Geldentwertungsanspruch des Klägers irgendwelcher Art soll gerechnet haben, wenn doch der Kläger ebenso wie zahllose andere Gläubiger von Papiermarkforderungen die Möglichkeit einer rechtlichen Durchführung solcher Ansprüche nach dem damaligen Standpunkt der Rechtsprechung verneinte und verneinen mußte. Wenn Geldentwertungsforderungen allgemein unterblieben, dann kannte die Verkehrssitte solche Forderungen noch nicht. Das Unterlassen einer solchen Forderung konnte dann „mit Rücksicht auf die Verkehrssitte" nicht als negatives Schuldanerkenntnis und sogar als Aufhebungserklärung aufgefaßt werden, der Beklagte konnte höchstens annehmen, daß der Kläger sich abwartend verhalte und seine Ansprüche bis zu einer Klärung der Rechtslage zurückstelle.

Selbst wenn der Beklagte, was bisher nicht festgestellt worden ist, eine fortgeschrittenere Auffassung von der Geldentwertung und ihren Wirkungen gehabt haben sollte, als die Rechtsprechung sie damals noch hatte, so würde das an der Rechtslage nichts ändern. Das Verhalten des Klägers könnte immer nur nach Maßgabe der allgemeinen Rechtsanschauungen beurteilt werden. Im übrigen ist es bekannt, daß es nicht die Verwaltungen des Reichs und der Länder gewesen sind, die in der Frage der Geldentwertung und der Beseitigung oder wenigstens Milderung ihrer Wirkungen führend vorangingen. Namentlich das Reich hat sich lange völlig ablehnend verhalten und eine Reichsverwaltung ist es, durch welche der Beklagte in seinen Stempelangelegenheiten vertreten wird.

6. Der Grund, aus welchem der Berufungsrichter zur Abweisung des auf Zahlung von 1850 RM. gerichteten Anspruchs gelangt ist, trägt hiernach die Entscheidung nicht. Deshalb muß das Urteil des Oberlandesgerichts insoweit aufgehoben und die Sache in diesem Umfang an das Berufungsgericht zurückverwiesen werden. Dazu sei noch folgendes bemerkt. Der Beklagte als Schuldner einer auf ungerechtfertigte Bereicherung gestützten Forderung haftete nach § 818 Abs. 4 BGB. nicht vor dem Eintritt der Rechtshängigkeit wegen Verzugs, es sei denn, daß er den Mangel des rechtlichen Grundes der empfangenen Zahlung schon bei dem Empfang kannte oder später, aber noch vor dem Eintritt der Rechtshängigkeit, erfuhr (vgl. § 819 Abs. 1 BGB. und RGZ. Bd. 93 S. 272, auch Bd. 54 S. 27, Bd. 72 S. 152). Für die Frage, ob der Beklagte jeweils mit dem Eintritt der Rechtshängigkeit der verschiedenen Forderungen oder auch zu einem späteren Zeitpunkt in Verzug geraten ist, kommt es auf den, auch vom Oberlandesgericht mit Recht herangezogenen, § 285 BGB. an. Der bloße Hinweis auf die Entscheidung RGZ. Bd. 92 S. 380 genügt aber nicht, um die Feststellung des Verzugs zu rechtfertigen. Es muß auch der Aufbau des Stempeleinziehungs- und -Erstattungsverfahrens in Betracht gezogen werden. In der erwähnten Entscheidung handelte es sich um Militärhinterbliebenenrenten und hier berechtigte die Zweifelhaftigkeit der Rechtsfrage das beklagte Deutsche Reich allerdings nicht zur Zurückhaltung der Leistung. Ein Stempel dagegen muß von dem für steuerpflichtig Erachteten zunächst bezahlt werden; diesem bleibt es dann überlassen, ihn im Rechtsweg von dem preußischen Staate zurückzufordern. Bei dieser gesetzlichen Regelung wird dem Staat nicht zuzumuten sein, daß er in wirklich zweifelhaften Rechtsfragen auf die einfache Klage des Zahlungspflichtigen hin sofort nachgibt und den vereinnahmten Betrag zurückzahlt. Der Kläger selbst hat die Rechtsfragen, um welche es sich in dem Vorprozeß handelte, für so zweifelhaft gehalten, daß er es, nach seiner Anführung in der Klageschrift des gegenwärtigen Rechtsstreits, nicht wagte, das Urteil des Oberlandesgerichts im Vorprozeß zu vollstrecken. Wann unter solchen Umständen

der Beklagte in Verzug gekommen ist, wird der Berufungsrichter nach der tatsächlichen Lage des Falles zu beurteilen haben. Spätestens trat der Verzug ein, als das Reichsgericht im Vorprozeß gesprochen hatte und dem Beklagten eine — bei der damaligen schnellen Geldentwertung nur kurz zu bemessende — Frist geblieben war, um dem Urteil zu genügen.

7. Bei der Anschlußrevision handelt es sich um den vom Oberlandesgericht zugesprochenen Anspruch auf Erstattung der — aufgewerteten — Kosten des Vorprozesses. Diese Kostenerstattung gehört nicht zu den „Zahlungen auf dem Gebiet der Stempelsteuer", von denen oben unter Nr. 1 die Rede gewesen ist. Die dort erwähnten Verordnungen finden also auf diese Kostenerstattung keine Anwendung. Ihre ausdehnende Auslegung ist auch hier abzulehnen.

Der Anspruch auf Erstattung der 150 RM. ist schon als reiner Aufwertungsanspruch schlüssig. Auf den Verzug kommt es in diesem Zusammenhang nicht an. Es fragt sich lediglich, wieviel der Beklagte jetzt zahlen muß, um seiner — bisher unerfüllten — Kostenerstattungspflicht zu genügen. Diese Frage zu entscheiden, ist nicht der Gerichtsschreiber im Kostenerstattungsverfahren berufen; sie kann nur im ordentlichen Rechtsweg zum Austrag gebracht werden. Das hat der Gerichtsschreiber bei Erlaß seines die Kostenfestsetzung ablehnenden Beschlusses im Vorprozeß richtig erkannt, und dem hat sich der Berufungsrichter mit Recht angeschlossen.

Der Berufungsrichter würdigt den Anspruch allerdings unter dem Gesichtspunkt des Verzugs. Seine Erwägungen genügen aber auch vom Standpunkt der reinen Aufwertung aus ... (Wird ausgeführt.)

Register.

Die Zahlen bedeuten die Seiten.

A. Sachregister.

A

T

U

B. Gesetzesregister.

1. Reichsrecht.

a. Bürgerliches Gesetzbuch.

b. Einführungsgesetz z. Bürgerlichen Gesetzbuche.

c. Handelsgesetzbuch von 1897.

d. Gerichtsverfassungsgesetz.

e. Zivilprozeßordnung.

2. Landesrecht.

Preußen.

a. Allgemeines Landrecht.

b. Einzelne Gesetze und Verordnungen.

3. Ausländisches Recht.

C. Zusammenstellung der Entscheidungen nach der Zeitfolge.

Zusammenstellung
der
im 110. Bande
mitgeteilten Entscheidungen
nach
Oberlandesgerichtsbezirken.

(Die Zahlen bezeichnen die Nummern der Entscheidungen.)

Kolibri 360 GmbH
Ferdinand-Jühlke-Straße 7
99095 Erfurt, Deutschland
produktsicherheit@kolibri360.de